政府会计记账原理、科目使用、分录编写及报表编制实战

政府会计制度编审委员会 ◎ 编著

人民邮电出版社
北京

图书在版编目（ＣＩＰ）数据

 政府会计记账原理、科目使用、分录编写及报表编制实战 ／ 政府会计制度编审委员会编著. -- 北京 : 人民邮电出版社, 2023.4
 ISBN 978-7-115-60435-4

 Ⅰ．①政… Ⅱ．①政… Ⅲ．①单位预算会计 Ⅳ．①F810.6

 中国版本图书馆CIP数据核字(2022)第218430号

内 容 提 要

在政府会计改革的背景下，作者以《政府会计准则》《政府会计制度》《行政事业单位内部控制规范（试行）》为依据，在总结自身多年的实践经验基础上编写了本书。本书全面系统地阐述了政府会计的基本理论与实务。

本书体系完整，系统介绍了政府会计记账原理、政府会计的科目使用规则、常见经济业务与事项的会计分录编写，以及政府会计7种报表的编制实务等内容。

通过对本书的学习，会计工作者可以迅速、准确且全面地掌握政府会计制度，提升实务操作能力。本书也可以作为会计相关专业的教师和学生学习政府会计制度的辅导用书。

- ◆ 编　　著　政府会计制度编审委员会
 　　　责任编辑　李士振
 　　　责任印制　周昇亮
- ◆ 人民邮电出版社出版发行　北京市丰台区成寿寺路 11 号
 　　邮编　100164　　电子邮件　315@ptpress.com.cn
 　　网址　https://www.ptpress.com.cn
 　　河北京平诚乾印刷有限公司印刷
- ◆ 开本：700×1000　1/16
 　　印张：52.5　　　　　　　　　　　2023 年 4 月第 1 版
 　　字数：1 118 千字　　　　　　　　2023 年 4 月河北第 1 次印刷

定价：298.00 元

读者服务热线：(010)81055296　印装质量热线：(010)81055316
反盗版热线：(010)81055315
广告经营许可证：京东市监广登字 20170147 号

前言
PREFACE

2017年10月24日，中华人民共和国财政部（以下简称"财政部"）印发了《政府会计制度——行政事业单位会计科目和报表》（财会〔2017〕25号，以下简称《政府会计制度》），自2019年1月1日起施行，各类行政事业单位应该严格按照政府会计准则和政府会计制度的规定进行会计核算。

《政府会计制度》总结了多年来我国行政事业单位会计改革的有益经验，反映了当前政府会计改革发展的内在需要和方向，相对于旧制度，《政府会计制度》主要有以下重大变化与创新。

一是构建了"财务会计和预算会计适度分离并相互衔接"的会计核算模式，对纳入部门预算管理的现金收支进行平行记账，使财务报表与预算会计报表之间存在勾稽关系。

二是统一了各行政事业单位的会计制度。会计制度的统一，大大提高了政府各部门、各单位会计信息的可比性，为合并单位、部门财务报表和逐级汇总编制部门决算奠定了坚实的制度基础。

三是强化了财务会计的功能。在财务会计中全面引入了权责发生制并增加了应收款项和应付款项的核算内容，对于科学编制以权责发生制为基础的政府综合财务报告、准确反映单位财务状况和运行成本等情况具有重要的意义。

四是改进了预算会计功能。调整完善后的预算会计制度，能够更好地贯彻落实《中华人民共和国预算法》的相关规定，更加准确地反映部门和单位预算收支情况，更加满足部门、单位预算和决算管理的需要。

五是完善了报表体系和结构。调整完善后的报表体系，对于全面反映单位财务信息和预算执行信息，提高部门、单位会计信息的透明度和决策有用性具有重要的意义。

本书既可以作为学习《政府会计制度》的辅导用书，也可以作为提升实操能力的实务用书，编写本书的主要目的在于帮助大家学好和用好《政府会计制度》，总体来讲，本书具有以下特点。

第一，与时俱进，体现政府会计制度的新变化。本书的内容严格依据新的《政府会计制度》，对其进行细致与深入的解读，展现政府会计改革的重点，目的在于使读者能够掌握政府会计中财务会计与预算会计的核算方法，进而提升业务实操能力等。

第二，全面把握政府会计工作的系统性。要成为一名具备专业胜任能力的会计工作者，仅就专业知识来说，需要深刻理解政府会计记账原理、清楚各个会计科目的概念与使用规则、熟练掌握各种经济业务的会计分录编制以及各种会计报表的编制要求。

在内容安排上，本书非常重视政府会计知识的系统性，全面介绍了政府会计记账原理、政府会计的科目使用规则、常见经济业务与事项的会计分录编写要求，以及政府会计7种报表的编制实务。

第三，重在提升读者的实务工作能力。本书根据新的政府会计制度，在阐述政府财务会计和预算会计的核算内容和方法上，配有相应的例题，具有非常强的综合性，可以帮助读者提升自主学习和实际业务操作能力。

在编写本书的过程中，作者参考了相关的教材和资料，借鉴了相关专家的观点，在此谨向这些作者致以诚挚的谢意！

由于作者水平有限，书中难免存在疏漏之处，恳请读者批评指正。

目录

第1章 政府会计基本理论

1.1 政府会计的基本概念 1
1.1.1 政府会计的概念 1
1.1.2 政府会计目标 2
1.2 政府会计对象与要素 4
1.2.1 政府会计对象 4
1.2.2 政府会计要素 4
1.3 政府会计假设 6
1.3.1 政府会计基本假设 6
1.3.2 政府会计核算的一般原则 7
1.3.3 政府会计核算的其他原则 10
1.4 政府会计的记账基础 10
1.5 政府会计与企业会计的区别 11
1.6 政府会计准则体系 13
1.6.1 政府会计准则体系的发展变化 13
1.6.2 《政府会计制度——行政事业单位会计科目和报表》主要内容 14

第2章 政府会计的基本方法

2.1 政府会计的记账方法 21
2.1.1 借贷记账法的特点 21
2.1.2 记账符号和账户结构 21
2.1.3 记账规则 23
2.1.4 试算平衡 24
2.2 政府会计的会计凭证 26
2.2.1 原始凭证 26
2.2.2 记账凭证 30

2.3 政府会计的会计账簿 35
2.3.1 会计账簿的分类与设置 35
2.3.2 会计账簿的使用 38
2.3.3 会计账簿的错误更正方法 39
2.3.4 账簿的更换与保管 40
2.4 政府会计的会计报表 41
2.4.1 政府会计主体财务报表的种类 41
2.4.2 政府会计主体预算会计报表的种类 ... 42
2.4.3 政府会计主体报表的编制要求 42
2.5 账务处理程序 43

第3章 资产类科目的使用规则

1001 库存现金 44
1002 银行存款 49
1011 零余额账户用款额度 52
1021 其他货币资金 56
1101 短期投资 57
1201 财政应返还额度 59
1211 应收票据 60
1212 应收账款 63
1214 预付账款 66
1215 应收股利 68
1216 应收利息 69
1218 其他应收款 70
1219 坏账准备 74
1301 在途物品 75

1302	库存物品	76
1303	加工物品	82
1401	待摊费用	84
1501	长期股权投资	86
1502	长期债券投资	92
1601	固定资产	94
1602	固定资产累计折旧	102
1611	工程物资	104
1613	在建工程	105
1701	无形资产	113
1702	无形资产累计摊销	120
1703	研发支出	121
1801	公共基础设施	122
1802	公共基础设施累计折旧（摊销）	126
1811	政府储备物资	127
1821	文物文化资产	130
1831	保障性住房	133
1832	保障性住房累计折旧	136
1891	受托代理资产	136
1901	长期待摊费用	140
1902	待处理财产损溢	141

第 4 章 负债类科目的使用规则

2001	短期借款	144
2101	应交增值税	145
2102	其他应交税费	151
2103	应缴财政款	153
2201	应付职工薪酬	154
2301	应付票据	157
2302	应付账款	159
2303	应付政府补贴款	160
2304	应付利息	161
2305	预收账款	162
2307	其他应付款	163
2401	预提费用	166
2501	长期借款	167
2502	长期应付款	169
2601	预计负债	171
2901	受托代理负债	172

第 5 章 净资产类科目的使用规则

3001	累计盈余	173
3101	专用基金	174
3201	权益法调整	175
3301	本期盈余	177
3302	本年盈余分配	178
3401	无偿调拨净资产	179
3501	以前年度盈余调整	181

第 6 章 收入类科目的使用规则

4001	财政拨款收入	183
4101	事业收入	186
4201	上级补助收入	189
4301	附属单位上缴收入	190
4401	经营收入	191
4601	非同级财政拨款收入	192
4602	投资收益	193
4603	捐赠收入	197
4604	利息收入	199
4605	租金收入	200
4609	其他收入	201

第 7 章 费用类科目的使用规则

5001	业务活动费用	205
5101	单位管理费用	210
5201	经营费用	214

5301	资产处置费用	218
5401	上缴上级费用	220
5501	对附属单位补助费用	221
5801	所得税费用	222
5901	其他费用	223

第 8 章 预算收入类科目的使用规则

6001	财政拨款预算收入	227
6101	事业预算收入	229
6201	上级补助预算收入	231
6301	附属单位上缴预算收入	233
6401	经营预算收入	234
6501	债务预算收入	235
6601	非同级财政拨款预算收入	236
6602	投资预算收益	237
6609	其他预算收入	239

第 9 章 预算支出类科目的使用规则

7101	行政支出	243
7201	事业支出	247
7301	经营支出	252
7401	上缴上级支出	256
7501	对附属单位补助支出	257
7601	投资支出	258
7701	债务还本支出	260
7901	其他支出	261

第 10 章 预算结余类科目的使用规则

| 8001 | 资金结存 | 267 |
| 8101 | 财政拨款结转 | 273 |

8102	财政拨款结余	278
8201	非财政拨款结转	282
8202	非财政拨款结余	287
8301	专用结余	290
8401	经营结余	291
8501	其他结余	293
8701	非财政拨款结余分配	294

第 11 章 资产类经济业务的会计处理

11.1	库存现金	296
11.1.1	提现和存现	296
11.1.2	差旅费	297
11.1.3	其他涉及现金收支的业务	299
11.1.4	受托代理、代管现金	301
11.1.5	现金溢余	302
11.1.6	现金短缺	304
11.2	银行存款	306
11.2.1	将款项存入银行或其他金融机构	306
11.2.2	支付款项	307
11.2.3	收到银行存款利息、支付银行手续费	307
11.2.4	受托代理、代管银行存款	309
11.2.5	外币业务	310
11.3	零余额账户用款额度	313
11.3.1	收到额度	313
11.3.2	按照规定支用额度	314
11.3.3	提现和退回现金	315
11.3.4	因购货退回等发生国库授权支付额度退回	316
11.3.5	年末,注销额度	317
11.3.6	下年初,恢复额度	319
11.4	其他货币资金	320

11.4.1	形成其他货币资金	320
11.4.2	发生支付	321
11.4.3	余款退回时	321
11.5	**短期投资**	**322**
11.5.1	取得短期投资	322
11.5.2	短期投资持有期间收到利息	323
11.5.3	出售短期投资或到期收回短期投资（国债）本息	324
11.6	**财政应返还额度**	**325**
11.6.1	财政直接支付方式下，确认财政应返还额度	325
11.6.2	财政授权支付方式下，确认财政应返还额度	326
11.7	**应收票据**	**328**
11.7.1	收到商业汇票	328
11.7.2	持商业汇票向银行贴现	329
11.7.3	商业汇票背书转让	330
11.7.4	商业汇票到期	331
11.8	**应收账款**	**332**
11.8.1	发生应收账款时	332
11.8.2	收回应收账款时	333
11.8.3	逾期无法收回应收账款	334
11.9	**预付账款**	**336**
11.9.1	发生预付账款时	336
11.9.2	收到所购物资或劳务以及根据工程进度结算工程价款	337
11.9.3	预付账款退回	338
11.9.4	逾期无法收回的预付账款转为其他应收款	339
11.10	**应收股利**	**340**
11.11	**应收利息**	**340**
11.12	**其他应收款**	**340**
11.12.1	发生暂付款项	341
11.12.2	发生其他各种应收款项	342
11.12.3	拨付给内部有关部门备用金	343
11.12.4	逾期无法收回其他应收款	345
11.13	**坏账准备**	**346**
11.13.1	年末全面分析不需上缴财政的应收账款和其他应收款	347
11.13.2	逾期无法收回应收账款和其他应收款	348
11.14	**在途物品**	**349**
11.14.1	购入材料等物资	349
11.14.2	所购材料等物资验收入库	350
11.15	**库存物品**	**350**
11.15.1	取得库存物品	351
11.15.2	发出库存物品	355
11.15.3	库存物品定期盘点及毁损、报废	358
11.16	**加工物品**	**360**
11.16.1	自制物品	360
11.16.2	委托加工物品	362
11.17	**待摊费用**	**364**
11.17.1	发生待摊费用	364
11.17.2	按照受益期限分期平均摊销	365
11.17.3	将摊余金额一次全部转入当期费用	365
11.18	**长期股权投资**	**366**
11.18.1	取得长期股权投资	366
11.18.2	持有长期股权投资期间	369
11.18.3	出售（转让）长期股权投资	374
11.19	**长期债券投资**	**377**
11.19.1	取得长期债券投资	377
11.19.2	持有长期债券投资期间	378
11.19.3	到期收回长期债券投资本息	379
11.19.4	对外出售长期债券投资	379
11.20	**固定资产**	**380**
11.20.1	取得固定资产	380
11.20.2	与固定资产有关的后续支出	387

11.20.3 固定资产处置 389
11.20.4 固定资产定期盘点清查 392
11.21 固定资产累计折旧 393
  按月计提固定资产折旧 393
11.22 工程物资 395
11.22.1 取得工程物资 395
11.22.2 领用工程物资 396
11.22.3 剩余工程物资转作存货 397
11.23 在建工程 397
11.23.1 建筑安装工程投资 397
11.23.2 设备投资 400
11.23.3 待摊投资 402
11.23.4 其他投资 405
11.23.5 基建转出投资 406
11.23.6 待核销基建支出 407
11.24 无形资产 409
11.24.1 取得无形资产 409
11.24.2 与无形资产有关的后续支出 414
11.24.3 处置无形资产 416
11.25 无形资产累计摊销 419
11.25.1 按月进行无形资产摊销 419
11.25.2 处置无形资产 420
11.26 研发支出 421
11.26.1 自行研究开发项目研究阶段的支出 421
11.26.2 自行研究开发项目开发阶段的支出 421
11.26.3 自行研究开发项目达到预定用途 422
11.26.4 自行研究开发项目不能达到预定用途 422
11.27 公共基础设施 423
11.27.1 取得公共基础设施 423
11.27.2 与公共基础设施有关的后续支出 426

11.27.3 按照规定处置公共基础设施ꓸꓸꓸꓸ428
11.27.4 盘盈和盘亏、毁损或报废的公共基础设施 429
11.28 公共基础设施累计折旧（摊销） 430
11.28.1 按月计提公共基础设施折旧或摊销 430
11.28.2 处置公共基础设施 431
11.29 政府储备物资 432
11.29.1 取得政府储备物资 432
11.29.2 发出政府储备物资 435
11.29.3 政府储备物资盘盈和盘亏、报废或毁损 437
11.30 文物文化资产 438
11.30.1 取得文物文化资产 438
11.30.2 与文物文化资产有关的后续支出 441
11.30.3 按照规定处置文物文化资产 441
11.30.4 盘点文物文化资产 443
11.31 保障性住房 444
11.31.1 保障性住房的取得 444
11.31.2 出租保障性住房 446
11.31.3 处置保障性住房 446
11.31.4 保障性住房定期盘点清查 448
11.32 保障性住房累计折旧 448
  按月计提保障性住房折旧时 449
11.33 受托代理资产 449
11.33.1 受托转赠物资 450
11.33.2 受托储存保管物资 452
11.33.3 罚没物资 453
11.34 长期待摊费用 454
11.34.1 发生长期待摊费用 455
11.34.2 按期摊销或一次转销长期待摊费用剩余账面余额 455
11.35 待处理财产损溢 456

11.35.1 账款核对时发现的现金短缺或溢余 456
11.35.2 盘盈的非现金资产 457
11.35.3 盘亏或毁损、报废的非现金资产 458

第 12 章 负债类经济业务的会计处理

12.1 短期借款 462
12.1.1 借入各种短期借款 462
12.1.2 银行承兑汇票到期却无力偿付 463
12.1.3 归还短期借款本息 463
12.2 应交增值税 464
12.2.1 单位取得资产或接受服务等业务的进项税额的账务处理 465
12.2.2 单位销售资产或提供服务等业务的销项税额的账务处理 470
12.2.3 单位月末转出应交未交、多交的增值税的会计处理 472
12.2.4 单位缴纳增值税的会计处理 473
12.2.5 小规模纳税人业务 475
12.3 其他应交税费 477
12.3.1 发生并缴纳其他应交税费 477
12.3.2 代扣代缴职工个人所得税 478
12.3.3 发生企业所得税纳税义务 480
12.4 应缴财政款 481
12.4.1 取得或应收按照规定应上缴财政的款项 481
12.4.2 处置资产取得应上缴财政的处置净收入 482
12.5 应付职工薪酬 483
12.5.1 计算确认当期应付职工薪酬 484
12.5.2 向职工支付工资、津贴补贴等薪酬 486

12.5.3 从职工薪酬中代扣各种款项 487
12.5.4 缴纳职工社会保险费和住房公积金 488
12.5.5 从应付职工薪酬中支付的其他款项 488
12.6 应付票据 489
以应付票据结算方式购买商品 489
12.7 应付账款 492
以应付账款购买商品 492
12.8 应付政府补贴款 495
应付政府补贴款的业务 495
12.9 应付利息 496
应付利息的计提与支付 496
12.10 预收账款 498
单位预先收取但尚未结算的业务 498
12.11 其他应付款 500
12.11.1 发生暂收款项 500
12.11.2 预拨款项 502
12.11.3 发生其他应付义务 503
12.12 预提费用 504
12.12.1 计提和发生项目间接费用或管理费 504
12.12.2 预提和支付租金 505
12.13 长期借款 507
借入并偿还长期借款 507
12.14 长期应付款 510
单位发生的长期应付款 510
12.15 预计负债 512
产生或有事项的业务的账务处理 512
12.16 受托代理负债 514

第 13 章 净资产类经济业务的会计处理

13.1 累计盈余 515

13.1.1 年末将"本年盈余分配"科目余额转入......515
13.1.2 年末将"无偿调拨净资产"科目余额转入......516
13.1.3 与其他单位发生的调入调出资金结转......516
13.1.4 年末将"以前年度盈余调整"科目余额转入......518

13.2 专用基金 519
13.2.1 年末提取专用基金......519
13.2.2 从收入中提取专用基金并计入费用......519
13.2.3 设置的其他专用基金......520
13.2.4 使用专用基金......520

13.3 权益法调整 521
13.3.1 年末长期股权投资引起的权益法调整......522
13.3.2 处置时长期股权投资引起的权益法调整......522

13.4 本期盈余 523
13.4.1 期末结转......523
13.4.2 年末结转......525

13.5 本年盈余分配 526
13.5.1 本年盈余的结转......526
13.5.2 提取专用基金......527
13.5.3 将"本年盈余分配"科目余额转入累计盈余......528

13.6 无偿调拨净资产 528
13.6.1 调入净资产......528
13.6.2 调出净资产......530
13.6.3 将"无偿调拨净资产"科目余额转入累计盈余......531

13.7 以前年度盈余调整 532
13.7.1 以前年度收入调整......532
13.7.2 以前年度费用调整......533
13.7.3 盘盈非流动资产......533
13.7.4 年末,"以前年度盈余调整"科目余额的结转......534

第14章 收入类经济业务的会计处理

14.1 财政拨款收入 536
14.1.1 收到拨款......536
14.1.2 年末确认拨款差额......537
14.1.3 拨款退回......538
14.1.4 年末结转......540

14.2 事业收入 540
14.2.1 采用财政专户返还方式......541
14.2.2 采用预收款方式......542
14.2.3 采用应收款方式......543
14.2.4 采用其他方式......544
14.2.5 年末结转......544

14.3 上级补助收入 545
14.3.1 日常核算......546
14.3.2 年末结转......547

14.4 附属单位上缴收入 548
14.4.1 日常核算......548
14.4.2 年末结转......549

14.5 经营收入 550
14.5.1 确认经营收入时......550
14.5.2 年末结转......551

14.6 非同级财政拨款收入 552
14.6.1 确认非同级财政拨款收入时......552
14.6.2 年末结转......553

14.7 投资收益 554
14.7.1 出售或到期收回短期债券本息......554
14.7.2 持有的分期付息、一次还本的长期债券投资......555

14.7.3 持有的一次还本付息的长期债券投资 556

14.7.4 出售长期债券投资或到期收回长期债券投资本息 557

14.7.5 成本法下被投资单位宣告分派利润或股利 557

14.7.6 权益法下长期股权投资持有期间 558

14.7.7 年末结转 560

14.8 捐赠收入 560

14.8.1 接受捐赠的货币资金 561

14.8.2 接受捐赠的存货、固定资产等 561

14.8.3 年末结转 562

14.9 利息收入 563

14.9.1 确认银行存款利息收入 563

14.9.2 年末结转 564

14.10 租金收入 565

14.10.1 预收租金 565

14.10.2 后付租金 566

14.10.3 分期收取租金 567

14.10.4 年末结转 568

14.11 其他收入 569

14.11.1 现金盘盈收入 569

14.11.2 科技成果转化收入 569

14.11.3 收回已核销的其他应收款 570

14.11.4 无法偿付的应付及预收款项 571

14.11.5 置换换出资产评估增值 572

14.11.6 其他情况 572

14.11.7 年末结转 573

第 15 章 费用／预算支出类经济业务的会计处理

15.1 业务活动费用与行政支出／事业支出 575

15.1.1 为履职或开展业务活动发生的薪酬和劳务费 575

15.1.2 为履职或开展业务活动发生的预付款项 577

15.1.3 为履职或开展业务活动购买资产或支付在建工程款等 579

15.1.4 为履职或开展业务活动领用库存物品 580

15.1.5 为履职或开展业务活动计提的固定资产、无形资产、公共基础设施、保障性住房的折旧（摊销）...... 581

15.1.6 为履职或开展业务活动发生应负担的税金及附加 582

15.1.7 计提专用基金 584

15.1.8 购货退回等 584

15.1.9 为履职或开展业务活动发生其他各项费用 585

15.1.10 期末／年末结转 586

15.2 单位管理费用 588

15.2.1 为开展管理活动发生的薪酬和劳务费 588

15.2.2 开展管理活动发生的预付款项 590

15.2.3 为开展管理活动购买资产或支付在建工程款 592

15.2.4 管理活动所用固定资产、无形资产计提的折旧（摊销）...... 593

15.2.5 开展管理活动内部领用库存物品 594

15.2.6 开展管理活动发生应负担的税金及附加 594

15.2.7 购货退回等 595

15.2.8 发生的其他与管理活动相关的各项费用 596

15.2.9 期末／年末结转 597

15.3 经营费用与经营支出 598

15.3.1　为经营活动人员支付职工薪酬 599
15.3.2　为开展经营活动购买资产或支付在建工程款 601
15.3.3　经营活动用固定资产、无形资产计提的折旧、摊销 602
15.3.4　开展经营活动内部领用材料或出售发出物品等 603
15.3.5　开展经营活动发生的预付款项 603
15.3.6　开展经营活动发生应负担的税金及附加 605
15.3.7　计提专用基金 606
15.3.8　购货退回等 607
15.3.9　开展经营活动发生的其他各项费用 608
15.3.10　期末 / 年末结转 608
15.4　资产处置费用 609
15.4.1　不通过"待处理财产损溢"科目核算的资产处置 610
15.4.2　通过"待处理财产损溢"科目核算的资产处置 612
15.4.3　期末结转 613
15.5　投资支出 614
15.5.1　以货币资金对外投资时 614
15.5.2　出售、对外转让或到期收回本年度以货币资金取得的对外投资 615
15.5.3　年末结转 616
15.6　上缴上级费用与上缴上级支出 617
事业单位发生并缴纳上缴上级支出 617
15.7　对附属单位补助费用与对附属单位补助支出 619
事业单位发生对附属单位补助支出 619
15.8　所得税费用 621
事业单位发生所得税费用 621
15.9　其他费用与其他支出 623
15.9.1　利息费用 / 利息支出 623
15.9.2　现金资产对外捐赠 625
15.9.3　坏账损失 625
15.9.4　罚没支出 626
15.9.5　其他相关税费、运输费等 ... 627
15.9.6　期末 / 年末结转 628

第 16 章　预算结余类业务的会计处理

16.1　资金结存 630
16.1.1　取得预算收入 630
16.1.2　发生预算支出 631
16.1.3　预算结转结余调整 632
16.1.4　使用专用基金 634
16.1.5　发生会计差错更正、购货退回 635
16.1.6　缴纳企业所得税 636
16.1.7　确认未下达的财政用款额度 ... 636
16.1.8　注销及恢复零余额账户用款额度 637
16.2　财政拨款结转 638
16.2.1　发生会计差错更正、购货退回 640
16.2.2　与其他单位发生财政拨款结转资金的调入和调出业务 641
16.2.3　上缴或注销财政拨款结转资金或额度 642
16.2.4　单位内部调剂财政拨款结转资金 643
16.2.5　年末结转和冲销 643
16.3　财政拨款结余 645
16.3.1　发生会计差错更正、购货退回 ... 646

16.3.2 上缴或注销财政拨款结余资金或额度 647
16.3.3 单位内部调剂财政拨款结余资金 648
16.3.4 年末结转和冲销 649
16.4 非财政拨款结转 650
16.4.1 提取项目管理费或间接费 ... 651
16.4.2 发生会计差错更正、购货退回 651
16.4.3 缴回非财政拨款结转资金 ... 652
16.4.4 年末结转和冲销 653
16.4.5 划转非财政拨款专项剩余资金 655
16.5 非财政拨款结余 655
16.5.1 提取项目管理费或间接费 ... 656
16.5.2 实际缴纳企业所得税 657
16.5.3 发生会计差错更正、购货退回 657
16.5.4 年末结转和冲销 658
16.5.5 划转非财政拨款专项剩余资金 659
16.6 专用结余 660
16.6.1 提取专用基金 660
16.6.2 使用专用基金 661
16.7 经营结余 662
16.7.1 年末经营收支结转 662
16.7.2 年末转入结余分配 663
16.8 其他结余 664
16.8.1 年末结转预算收入及支出 ... 664
16.8.2 其他结余年末转出 665
16.9 非财政拨款结余分配 666
16.9.1 事业单位年末结余转入 666
16.9.2 计提专用基金 667
16.9.3 转入非财政拨款结余 668

第 17 章 行政事业单位会计报表的编制

17.1 行政事业单位会计报表概述 669
17.1.1 会计报表的概念 669
17.1.2 会计报表的编制要求 669
17.1.3 会计报表的分类 670
17.1.4 年终清理 671
17.2 资产负债表 673
17.2.1 资产负债表概述 673
17.2.2 资产负债表的内容 673
17.2.3 资产负债表的编制 674
17.2.4 资产负债表的编制实例 680
17.3 收入费用表 684
17.3.1 收入费用表概述 684
17.3.2 收入费用表的内容 684
17.3.3 收入费用表的编制 685
17.3.4 收入费用表的编制实例 687
17.4 净资产变动表 689
17.4.1 净资产变动表概述 689
17.4.2 净资产变动表的内容 690
17.4.3 净资产变动表的编制 690
17.4.4 净资产变动表的报表数填列方法 690
17.4.5 净资产变动表的编制实例 ... 692
17.5 现金流量表 693
17.5.1 现金流量表概述 694
17.5.2 现金流量表的内容 694
17.5.3 现金流量表的编制 694
17.5.4 现金流量表的编制实例 699
17.6 预算收入支出表 703
17.6.1 预算收入支出表概述 703
17.6.2 预算收入支出表的内容 703
17.6.3 预算收入支出表的编制 704

17.6.4 预算收入支出表的编制实例......706
17.7 预算结转结余变动表............709
17.7.1 预算结转结余变动表概述......709
17.7.2 预算结转结余变动表的内容......709
17.7.3 预算结转结余变动表的编制......709
17.7.4 预算结转结余变动表的报表数填列方法......710
17.7.5 预算结转结余变动表的编制实例......712
17.8 财政拨款预算收入支出表......714
17.8.1 财政拨款预算收入支出表概述......714
17.8.2 财政拨款预算收入支出表的内容......715
17.8.3 财政拨款预算收入支出表的编制......715
17.8.4 财政拨款预算收入支出表的报表数填列方法......715
17.8.5 财政拨款预算收入支出表的编制实例......716
17.9 附注............721
17.9.1 附注的概念......721
17.9.2 附注的主要内容......721
17.9.3 会计报表重要项目的说明......722
17.9.4 本年盈余与预算结余的差异情况说明......733
17.9.5 其他重要事项说明......734
17.10 会计报表的审核、汇总与分析......735
17.10.1 会计报表的审核......735
17.10.2 会计报表的汇总......736
17.10.3 会计报表的分析......736
17.10.4 会计报表分析的方法......739

第 18 章 政府会计合并财务报表

18.1 合并财务报表相关概念......741
18.2 合并财务报表的程序......742
18.2.1 合并财务报表的合并基础......742
18.2.2 编制合并财务报表的主要程序......742
18.2.3 被合并主体需要向合并主体提供的相关资料......743
18.3 部门（单位）合并财务报表......745
18.3.1 部门（单位）合并财务报表的合并范围......745
18.3.2 合并财务报表的合并基础以及抵销事项......746
18.3.3 部门（单位）合并财务报表的具体内容......746
18.3.4 部门（单位）合并财务报表的编制步骤......749
18.4 本级政府合并财务报表............753
18.5 行政区政府合并财务报表......767
18.6 附注......767
18.7 附则......770
18.8 部门（单位）合并收入费用表格式......770

第 19 章 政府会计调整相关业务的会计分录

19.1 总则......772
19.1.1 《政府会计准则第 7 号——会计调整》制定依据及相关概念......772
19.1.2 对政府会计主体会计调整的要求......773
19.2 会计政策及其变更......773
19.2.1 会计政策的定义......773
19.2.2 会计政策的特点......774
19.2.3 会计政策变更的定义及条件......775

19.2.4 会计政策变更的处理方法..........776
19.2.5 追溯调整法.................777
19.2.6 未来适用法.................782
19.3 会计估计变更....................783
19.3.1 会计估计变更的定义.........784
19.3.2 会计估计变更的特点.........784
19.3.3 会计估计变更的会计处理.....784
19.3.4 会计政策变更与会计估计变更的区分..................785
19.4 会计差错更正....................786
19.4.1 前期差错及更正的内容.......787
19.4.2 前期差错及更正的分类.......787
19.4.3 "以前年度盈余调整"科目.....788
19.5 报告日后事项....................796
19.5.1 报告日后事项的定义和期间...796
19.5.2 调整事项.....................797
19.5.3 非调整事项...................797
19.5.4 调整事项的处理原则.........797
19.5.5 报告日后调整事项与会计政策变更在会计处理上的区别.........799
19.6 披露............................800
19.7 附则............................800

第 20 章 政府和社会资本合作项目的账务处理

20.1 关于 PPP 会计准则适用范围的判断............................801
20.1.1 适用 PPP 会计准则的情形.......801
20.1.2 不适用 PPP 会计准则的情形....802
20.2 关于 PPP 会计准则第二条"双特征"的说明........................803
20.3 关于 PPP 会计准则第三条"双控制"标准的说明....................803
20.4 关于 PPP 会计准则第二十条"政府方承担向社会资本方支付款项的义务"的说明........................804
20.5 关于会计科目设置及主要账务处理............................805
20.5.1 应增设的会计科目...........805
20.5.2 主要账务处理...............806
20.6 关于财务报表项目................822
20.6.1 关于资产负债表.............822
20.6.2 关于净资产变动表...........822
20.7 关于新旧衔接规定................822
20.7.1 关于 PPP 会计准则首次执行时已入库的 PPP 项目合同.............823
20.7.2 关于 PPP 会计准则首次执行时未入库的特许经营项目协议.........823
20.7.3 关于 PPP 项目资产折旧（摊销）政策规定......................824
20.8 附则............................824

第 1 章　政府会计基本理论

1.1　政府会计的基本概念

1.1.1　政府会计的概念

政府会计是指用于确认、计量、记录和报告政府和事业单位财务收支活动及其受托责任履行情况的一项管理活动。由于各个国家的政治经济体制和管理体制不同，政府会计的内涵也有一定差别。

我国政府会计是各级政府、各部门、各单位（以下统称"政府会计主体"）对自身发生的经济业务或事项进行会计核算，综合反映政府会计主体预算收支的年度执行结果和公共责任受托履行情况的专业会计。政府会计是以货币为主要计量单位，对各政府会计主体财政资金的活动过程和结果，进行全面、系统、连续的反映和监督，以加强预算管理和财务管理，提高资金使用效率的一门专业会计。政府会计核算的基本情况如表 1-1 所示。

表 1-1　政府会计核算的基本情况

基本情况	解释
会计主体	会计主体是各级政府、各部门、各单位。各部门、各单位是指与本级政府财政部门直接或者间接发生预算拨款关系的国家机关、军队、政党组织、社会团体、事业单位和其他单位，不包括已纳入企业财务管理体系的单位和执行《民间非营利组织会计制度》的社会团体。政府会计主体开展业务活动的目的是谋求最广泛的社会效益，具有明显的非市场性
会计客体	会计客体是政府会计主体的预算执行情况和财务状况、运行情况、现金流量等。政府会计核算监督的对象是资金取得、使用和结果所引起的经济业务活动
政府会计	财务会计提供与政府的财务状况、运行情况（含运行成本，下同）和现金流量等有关的信息，实行权责发生制
	预算会计提供与政府预算执行情况有关的信息，实行收付实现制，国务院另有规定的，依照其规定

1.1.2 政府会计目标

所谓会计目标，是指会计主体对外提供会计信息的目的。会计目标影响会计主体会计报表体系的设计、提供信息的范围和质量规范以及会计要素确认和计量等会计政策的选择。因此，会计目标是会计的重要理论问题，许多国家把它列为设计会计准则理论框架的首要问题。

1. 基本目标

研究会计的基本目标，通常包括三方面的内容：一是会计信息满足何种需要；二是信息使用者是谁；三是提供哪些会计信息。

政府会计的基本目标是提供有助于广大使用者对资源分配做出决策以及评价政府会计主体预算执行情况、财务状况、运行情况和现金流量的信息，反映政府会计主体公共受托责任履行情况，提供有助于预测持续经营所需资源、持续经营所产生资源以及风险和不确定性的信息。这一基本目标包括几个子目标：①提供关于财务资源的来源、分配及使用的信息；②提供关于政府会计主体如何为经营活动融资并满足其现金需求的信息；③提供有助于评价政府会计主体为经营活动融资，以及为满足负债和承诺能力的相关信息；④提供政府会计主体财务状况及其变化的信息；⑤提供有助于评价政府会计主体服务成本、效率和成果等业绩的总体信息；⑥提供表明资源获得、使用是否与法定预算相一致的信息；⑦提供表明资源获得、使用是否与法律和合同要求相一致的信息。

政府会计信息使用者主要有：①各级人民代表大会及其常务委员会；②各级政府及其有关部门；③政府会计主体自身；④债权人；⑤审计机关和其他监督机关；⑥社会公众；⑦其他利益相关者。

政府会计信息使用者的信息需求主要有：①政府预算执行情况的信息；②政府财务状况的信息；③政府运行情况的信息；④政府现金流量情况的信息等。

2. 具体目标

为实现上述基本目标，还必须将基本目标细分为以下具体目标。

（1）核算财政财务收支情况。

政府会计要利用其专门的核算方法，对政府财政资金的活动情况进行连续、全面、系统的反映，为国家预算管理和单位财务管理提供可靠的数据资料。政府会计的日常核算资料，是反映财政财务收支情况和各级领导机关指导国家预算执行的重要依据。

政府会计应当提供政府会计主体在预算年度内依法取得的并纳入预算管理的现金流入、现金流出、结余资金以及历年滚存的资金余额的信息,以便报告使用者进行监督和管理,并为编制后续年度预算提供参考和依据。

（2）分析财政财务收支执行进度,合理调度资金,调节资金供需关系。

经常保持资金需求与供应的协调、平衡,经常保持适当数量的财政库存和单位库存,是保证年度总预算和单位预算顺利执行的必要条件。由于收入和支出是有波动的,在年度预算安排收支平衡的条件下,每个季度、每个月份,甚至每旬的收入和支出,不可能都是平衡的。收入较多时,支出可能并不高;而收入较少时,支出却可能较高。这就需要运用会计提供的有关资金集中、分配和余存的资料,经常分析研究财政库存和经费存款的情况,掌握资金收入和支出的变化规律,以解决年度预算执行过程中财政资金和业务资金需求和供应之间可能出现的矛盾。只有及时掌握资金收、支、余存的情况,才能妥善地调度资金。对该收进的款项,督促有关部门及时、足额地缴入国库,以充实库存;对该支拨的款项,分轻重缓急,保证重点,控制一般,限制暂可不用的开支,以确保在年度内任何时点上的收支平衡。政府会计要通过分析财政财务收支执行进度,调节资金需求与供应的关系,发挥资金调度作用,掌握年度预算执行的主动权。

政府会计应当提供单位现金流入、现金流出、现金净流量及其增减变动方面的信息,提供单位业务活动种类、规模及发展情况的信息,以便评价单位业务活动的成绩,估量现金流量的发展前景,采取措施,组织收入,控制支出,合理调度资金,调剂余缺,使各单位具有持续运营的能力。

（3）检查财政财务收支计划执行结果,实行会计监督,维护国家财经纪律。

国家财政资金和事业单位业务资金的收支,反映着财政、行政、事业等单位活动的范围和方向,反映着国家财经方针、政策的执行情况。政府会计在核算总预算和单位预算收支情况的同时,必须按照财政财务收支计划,以国家有关方针、政策、法令和制度为依据进行严格的检查。要认真研究收入是否及时、足额缴库,是否符合政策;支出是否按预算拨付,有无挪用预算收入、乱拉乱用预算资金、任意支付计划外开支、违反财经纪律等行为发生;资金结余如何分配;各项资金形成的财产物资是否安全保管和合理使用;等等。要充分利用会计信息反映及时、综合性强的特点,认真检查经济业务和财务收支的合理性、合法性和有效性,进行事先控制和事后揭露,保证国家财经方针、政策的执行,保证财政财务收支具有正确的方向。

政府会计应当提供单位有关执行国家财经方针、政策和法规、制度情况的信息资料，揭露铺张浪费、贪污盗窃公共财产的违法乱纪行为，以严肃法纪、抵制不正之风。

政府会计通过其反映和监督职能对财政财务计划执行的过程、进度和结果进行核算、分析和检查，能够起到促进预算收支实现、调节资金供需平衡、保证业务方向正确的作用。因此，政府会计在国家财政管理和单位财务管理中占有重要的地位。

（4）加强资产负债管理，客观反映政府运行成本。

政府会计的财务报告除按照权责发生制核算原则准确反映政府会计主体的运行成本外，还扩大了资产负债的核算范围，使得政府会计主体各项经济业务和事项的会计处理得以全面规范，准确反映相关信息，为相关决策提供更加有用的信息。

政府会计财务报告的具体目标是向财务报告使用者提供与政府的财务状况、运行情况和现金流量等有关信息，反映政府会计主体公共受托责任履行情况，有助于财务报告使用者做出决策或者进行监督和管理。

1.2 政府会计对象与要素

1.2.1 政府会计对象

会计核算对象是社会再生产过程中的资金运动。根据《政府会计准则——基本准则》，政府会计主体应当对其自身发生的经济业务或者事项进行会计核算。

1.2.2 政府会计要素

会计要素是会计内容的具体化，是对会计对象的进一步分类。会计要素有利于设置会计科目，对有关核算内容进行确认、计量和报告，也有利于准确设计会计报表的种类、格式和列示方式。政府会计的基本要素及其具体内容、特点如表1-2、表1-3所示。

表 1-2　　　　　　　　　　　　政府财务会计的基本要素

基本要素	概念	特点
资产	指政府会计主体过去的经济业务或者事项形成的，由政府会计主体控制的，预期能够产生服务潜力或者带来经济利益流入的经济资源	1. 资产是由政府会计主体过去的经济业务或事项形成的。这是指资产必须是现时的资产，它来自政府会计主体过去发生的经济业务或事项，而不是预期、计划的资产，也就是说，资产的存在必须以实际发生的经济交易事项为依据，而预期的资产并没有反映会计主体真实的财务状况 2. 资产是政府会计主体控制的。会计主体只有控制资产，才能够获得和支配资产 3. 资产能够为政府会计主体带来经济利益流入或服务潜力。经济利益流入表现为现金及现金等价物的流入，或者现金及现金等价物流出的减少。服务潜力是指政府会计主体利用资产提供公共产品和服务以履行政府职能的潜在能力
负债	指政府会计主体过去的经济业务或者事项形成的，预期会导致经济资源流出政府会计主体的现时义务	1. 负债是由政府会计主体过去的经济业务或事项形成的。负债必须是现实的负债，它来自政府会计主体过去发生的交易或事项，而不是预期、计划的负债，也就是说，负债的存在必须以实际发生的经济交易事项为依据，而预期的负债并没有反映会计主体真实的财务状况 2. 负债是政府会计主体承担的现时义务。现时义务是指政府会计主体在现行条件下已承担的义务。未来发生的经济业务或者事项形成的义务不属于现时义务，不应当确认为负债 3. 负债的清偿将导致含有服务潜力或者经济利益的经济资源流出政府会计主体
净资产	指政府会计主体资产扣除负债后的净额	政府会计主体净资产增加，表现为资产增加或负债减少；政府会计主体净资产减少，表现为资产减少或负债增加
收入	指报告期内导致政府会计主体净资产增加的、含有服务潜力或者经济利益的经济资源的流入	1. 政府会计主体收入的增加将导致净资产增加，导致资产增加或负债减少（或两者兼而有之），并且最终导致政府会计主体经济利益的增加或服务潜力增强 2. 政府会计主体收入确认是建立在收付实现制原则和权责发生制原则基础之上的。在收付实现制原则下，政府会计主体只要收到资金，就必须确认收入，而不管该笔资金所依托的经济事项是否发生于当期；在权责发生制原则下，政府会计主体只要经济事项发生于当期，并符合一定条件，就必须确认该事项所产生的收入，而不管收入所带来的资金当期有没有收到

续表

基本要素	概念	特点
费用	指报告期内导致政府会计主体净资产减少的、含有服务潜力或者经济利益的经济资源的流出	1. 政府会计主体支出的增加将导致净资产减少，导致资产减少或负债增加（或两者兼而有之），并且最终导致政府会计主体经济利益的减少或服务潜力减弱 2. 政府会计主体的费用确认是建立在收付实现制原则和权责发生制原则基础之上的。在收付实现制原则下，政府会计主体只要支付了资金，就必须确认费用，而不管该笔资金所依托的经济事项是否发生于当期；在权责发生制原则下，政府会计主体只要经济事项发生于当期，并符合一定条件，就必须确认该事项所产生的费用，而不管费用所产生的资金当期有没有支付

表 1-3　　　　　　　　　　政府预算会计的基本要素

基本要素	概念	特点
预算收入	预算收入是指政府会计主体在预算年度内依法取得的并纳入预算管理的现金流入	预算收入一般在实际收到时予以确认，以实际收到的金额计量
预算支出	预算支出是指政府会计主体在预算年度内依法发生并纳入预算管理的现金流出	预算支出一般在实际支付时予以确认，以实际支付的金额计量
预算结余	预算结余是指政府会计主体预算年度内预算收入扣除预算支出后的资金余额，以及历年滚存的资金余额	1. 预算结余包括结余资金和结转资金 2. 结余资金是指年度预算执行终了，预算收入实际完成数扣除预算支出和结转资金后剩余的资金 3. 结转资金是指预算安排项目的支出年终尚未执行完毕或者因故未执行，且下年需要按原用途继续使用的资金

1.3　政府会计假设

1.3.1　政府会计基本假设

会计核算的基本前提是：在组织核算工作之前，首先要解决与确立核算主体有关的一系列重要的问题，这是全部会计工作的基础。政府会计基本假设同企业会计基本假设一样，包括：会计主体、持续经营、会计分期和货币计量四个基本假设。

根据《政府会计准则——基本准则》，政府会计核算应当以政府会计主体持续运行为前提。政府会计的主体包括各级政府、各部门、各单位，具体来说，各部门、各单位是指与本级政府财政部门直接或者间接发生预算拨款关系的国家机关、军队、政党组织、社会团体、事业单位和其他单位，但不包括已纳入企业财务管理体系的单位和执行《民间非营利组织会计制度》的社会团体。政府会计核算应当划分会计期间，分期结算账目，按规定编制决算报告和财务报告。会计期间至少分为年度和月度。会计年度、月度等会计期间的起讫日期采用公历日期。政府会计核算应当以人民币作为记账本位币。发生外币业务时，应当将有关外币金额折算为人民币金额计量，同时登记外币金额。

1.3.2 政府会计核算的一般原则

会计的一般原则是对会计工作和会计信息的基本要求，是处理具体会计业务的基本依据。会计原则既是会计理论的概括，又是会计实践经验的总结。

会计信息质量要求是利益相关者选择适用的会计准则、程序和方法的衡量标准，从某种程度上来说是财务目标的具体化，信息使用者可以通过会计信息质量来判断能够有助于决策的会计信息。《政府会计准则——基本准则》中规定的政府会计信息质量要求主要包括以下几个方面，如图 1-1 所示。

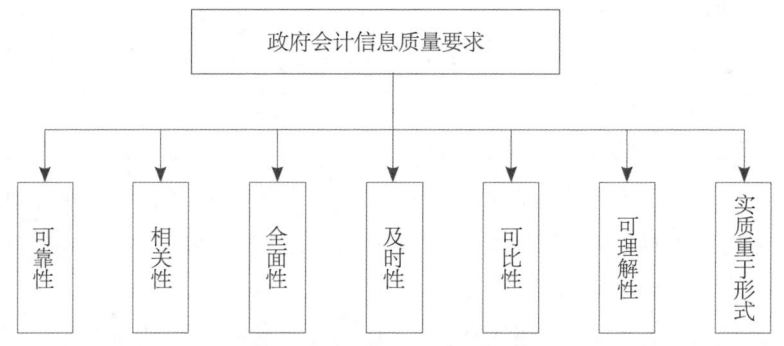

图 1-1 政府会计信息质量要求

1. 可靠性

可靠性是指政府会计主体应当以实际发生的经济业务或者事项为依据进行会计核算，如实反映各项会计要素的情况和结果，保证会计信息真实可靠。可靠性要求政府会计主体在报表中反映的各项信息不能误导信息使用者的判断，不得进行虚假陈述或者误导性陈述。

可靠性是会计的本质属性，其在国际会计准则中被定义为"信息没有重要错误或偏向，并且能够如实反映其拟反映或该反映的情况供使用者作为依据"。该概念涵盖了可靠性的三个方面："如实反映"，即真实性；"没有重要错误"，即可验证性；"没有偏向"，即中立性。其中真实性是可靠性的核心，其强调会计信息与实际相符，但是由于客观条件的限制以及主观专业判断的存在，会计信息的真实性具有相对性；可验证性主要针对的是会计信息的客观真实性，其指对于会计反映的经济业务，其他人员通过检查相同的证据、数据和记录，能够得出相同的或相近的结论信息以保证不同利益相关者均能够信赖会计信息，即对会计原始数据的获取、核算方法的选择等都是可以再次验证的；中立性要求会计反映的信息不失公允，不存在企图取得预定结果或诱发特定行为的偏向，不以任何人的主观意志为转移，不能通过刻意地选择信息披露影响利益相关者的判断与决策。

2. 相关性

政府会计主体提供的会计信息，应当与反映政府会计主体公共受托责任履行情况以及报告使用者决策或者监督、管理的需要相关，有助于报告使用者对政府会计主体过去、现在或者未来的情况做出评价或者预测。

当前政府会计信息主要服务于规范政府债务管理需要，权责发生制下的政府会计核算能准确反映政府会计主体的相关信息，为国家宏观管理、单位内部管理和政府举债融资提供更加有用的信息。

3. 全面性

政府会计主体应当将发生的各项经济业务或者事项统一纳入会计核算，确保会计信息能够全面反映政府会计主体预算执行情况和财务状况、运行情况、现金流量等。不全面的会计信息无法达到可靠性的质量要求，全面性要求政府会计主体在符合重要性和成本效益性的原则下无论是对其有利还是不利的信息均进行反映，不能按照主观判断任意取舍、随意遗漏或者减少应该披露的信息。

政府会计制度要求对固定资产、公共基础设施、保障性住房和无形资产计提折旧或摊销，引入坏账准备等减值概念，确认预计负债、待摊费用和预提费用以及对基本建设投资按照制度规定统一进行会计核算等，这都是会计信息全面性质量要求的体现。

4. 及时性

政府会计主体对已经发生的经济业务或者事项，应当及时进行会计核算，不得提前或者延后。及时性原则要求政府会计主体在收集记录会计信息、处理会计信息、传递和报告会计信息时要及时，政府会计主体在实践中往往要在及时性和可靠性中找到平衡点。及时的会计信息能够帮助信息使用者发现潜在问题，采取行动纠正偏差，滞后的会计信息对信息使用者的有用性较低。

5．可比性

政府会计主体提供的会计信息应当具有可比性，可比性包括纵向可比和横向可比。从纵向上看，同一政府会计主体不同时期发生的相同或者相似的经济业务或者事项，应当采用一致的会计政策，不得随意变更。确需变更的，应当将变更的内容、理由和对单位财务状况、预算执行情况的影响在附注中予以说明。从横向上看，不同政府会计主体发生的相同或者相似的经济业务或者事项，应当采用统一的会计政策，确保不同行政、事业单位会计信息口径一致、相互可比。

政府会计制度有机整合了《财政总预算会计制度》《行政单位会计制度》《事业单位会计制度》《事业单位会计准则》和医院、基层医疗卫生机构、高等学校、中小学校、科学事业单位、彩票机构、地勘单位、测绘单位、国有林场（苗圃）等行业事业单位会计制度和国有建设单位会计制度等的内容，具体如下：一是在科目设置、科目和报表项目说明方面，一般情况下，不再区分行政和事业单位，也不再区分行业事业单位；二是在核算内容方面，基本保留了各项制度中的通用业务和事项，同时根据改革需要增加了各级各类行政事业单位的共性业务和事项；三是在会计政策方面，对同类业务尽可能做出同样的处理规定。

政府会计制度的统一，大大提高了政府各部门、各单位会计信息的可比性，为合并单位、部门财务报表和逐级汇总编制部门决算奠定了坚实的制度基础。

6．可理解性

政府会计主体提供的会计信息应当清晰明了，便于会计信息使用者理解和使用。可理解性要求政府会计主体提供能够使在该领域拥有一定知识的专业人士之外的人看懂和运用的会计信息，只有这样才能实现会计信息的有用性，实现财务报告的目标，满足向投资者等会计信息使用者提供决策有用信息的要求。

政府会计制度增加了净资产变动表，简化了本年盈余与预算结余差异调节表的内容，并将本年盈余与预算结余差异调节表从主表移至附注，同时细化了附注的内容，对提高会计信息的可理解性有重要意义。

7．实质重于形式

政府会计主体应当按照经济业务或者事项的经济实质进行会计核算，不限于以经济业务或者事项的法律形式为依据。

政府会计制度中的平行记账模式相比之前的双分录记账模式，采用实提固定资产折旧的方法，将折旧计入成本费用而不是冲减净资产，这就是会计信息实质重于形式质量要求的体现。

1.3.3 政府会计核算的其他原则

1. 限制性原则

限制性原则是指对于有指定用途的资金，应按照规定的用途使用，并单独反映，即专款专用原则。

在政府会计主体中，出资者对所提供的资金不具有资本收益和资本回收的要求，但具有按预定用途使用的要求，因此在资金管理和核算上就有限制性。行政事业单位中的固定基金、留本基金、专用基金等具有指定用途，事业基金实际上也有具体的使用范围，不能移作他用，特别是不能用于生产经营。政府财政会计方面的各项收入虽可由本级政府统筹分配使用，但在实行复式预算的条件下，有关收入要分别按照规定用于经常性支出和建设性支出，也具有一定的限制性。限制性原则使得政府会计主体的资金使用权力有所减弱，但这也不失为控制资金使用的一种办法，是对使用不要求投资回报的非营利性资金的一种约束。按规定用途使用资金，是政府会计的一个重要原则。

2. 历史成本原则

历史成本原则是指政府会计主体中需要核算记录的财产物资应当按照取得或购建时的实际成本核算。

采用历史成本原则是以整个经济活动中的币值基本稳定为前提的，如果物价发生巨大波动，历史成本就不能确切反映会计主体财产物资的状况。虽然历史成本原则有这种局限性，但它依然是目前比较可行的办法。当物价变动时，除国家另有规定外，不得调整账面价值。

1.4 政府会计的记账基础

政府会计的记账基础即会计处理时，以何种标准确认、计量、报告会计要素的基础。报告会计要素的基础会计确认计量要求，是对会计信息处理方法和程序的要求，它规定对会计要素确认计量的基本原则，实际上也规范着会计报表列示的原则。会计要素确认计量要求，同政府会计主体的经济业务和会计要素的具体内容有很紧密的联系，因而企业会计的记账基础与政府会计的记账基础之间存在着较大的差别。

我国实行适度分离的双体系政府会计，即财务会计采用权责发生制，预算会计采用收付实现制，国务院另有规定的，依照其规定。

权责发生制，是指以取得收取款项的权利或支付款项的义务为标志来确定本期收入和费用的会计核算基础。凡是当期已经实现的收入和已经发生的或应当负担的费用，不论款项是否收付，都应当作为当期的收入和费用；凡是不属于当期的收入和费用，即使款项已在当期收付，也不应当作为当期的收入和费用。

收付实现制，是指以现金的实际收付为标志来确定本期收入和支出的会计核算基础。凡在当期实际收到的现金收入和支出，均应作为当期的收入和支出；凡是不属于当期的现金收入和支出，均不应当作为当期的收入和支出。

1.5 政府会计与企业会计的区别

对于大多数会计人员而言，最早接触的和最常见到的会计都是企业会计。这里通过政府会计与企业会计的比较，以帮助读者更好地理解政府会计核算的特点。

企业是进行生产经营活动的经济组织，是独立的经济核算单位，从事商品生产和商品流通活动，其经营目标是营利，实现资产增值。企业在建设初期或扩大经营规模之时，由所有者投入资本，其各项日常开支均依靠自身的生产经营收入。企业会计的主要特点是：核算成本费用，计算经营盈亏，会计核算以经营盈亏核算为中心。

政府会计主体属于非物质生产部门，是非营利组织，其业务目标在于谋求最广泛的社会效益。政府会计主体的资金大都直接或间接来自纳税人及其他出资者，政府会计主体在此条件下力求做到收支相抵。政府会计主体的性质、任务、资金运动方式与企业不一样，两者核算的对象、任务不同，核算的内容、方法也有很大的差别。政府会计和企业会计的区别具体表现在以下几个方面。

1. 会计核算基础不同

政府会计的预算会计实行收付实现制，财务会计实行权责发生制。而企业会计的核算基础以权责发生制为主。

对于收入和费用，收付实现制是以是否实际发生货币资金的收付为标准来确定其归属期的。凡是本期实际收进款项的收入和本期实际支出款项的费用，不论是否体现本期的工作成果或生产消耗，都作为本期收支计算，而不考虑权利和责任是否发生。

对于收入和费用，权责发生制是以是否体现本期经营成果和生产消耗为标准来确定其归属期的。凡是体现本期经营成果的收入和体现本期生产消耗的支出，不论款项在本期是否实际收进或付出，都作为本期收支计算，而不考虑货币资金的收支是否发生。

2. 会计要素、会计等式不同

我国政府会计包括预算会计和财务会计，预算会计要素分为预算收入、预算支出与预算结余，财务会计要素分为资产、负债、净资产、收入和费用。而企业会计的会计要素则是资产、负债、所有者权益、收入、费用和利润。

由于会计核算基础不同，政府会计比企业会计多了预算会计要素，而且两者的财务会计要素也不尽相同。一是政府会计不存在所有者权益。我国政府会计制度规定采用净资产来确认资产与负债的差额，采用了"定义反映数量、分类反映内容"的方法。二是政府会计没有利润要素。政府会计投资的主要目的是获得社会效益，不以营利为目的，仅核算收支相抵后的结余，所以没有利润要素。

由于会计要素的不同，不同会计主体下的会计等式也是有所区别的，不同会计主体下的会计等式如表1-4所示。

表1-4　　　　　　　　　不同会计主体下的会计等式

会计主体	会计等式
政府	预算结余 = 预算收入 − 预算支出 + 结转资金（预算会计）
政府	资产 = 负债 + 净资产（财务会计）
企业	资产 = 负债 + 所有者权益（静态）
企业	资产 + 费用 = 负债 + 收入 + 所有者权益（动态）

3. 会计报告不同

政府会计主体应当编制决算报告和财务报告。政府决算报告包括决算报表和其他应当在决算报告中反映的相关信息和资料，政府财务报告包括资产负债表、收入费用表、净资产变动表、现金流量表、附注和其他应当在财务报告中披露的相关信息和资料。而企业会计只需要编制财务报告，包括资产负债表、所有者权益变动表、现金流量表和附注。

1.6 政府会计准则体系

1.6.1 政府会计准则体系的发展变化

1. 改革前的政府会计体系

我国政府会计体系基本上形成于1998年前后，主要涵盖财政总预算会计、行政单位会计与事业单位会计。改革前我国政府会计体系包括《财政总预算会计制度》《行政单位会计制度》《事业单位会计制度》《事业单位会计准则》《医院会计制度》《基层医疗卫生机构会计制度》《高等学校会计制度》《中小学校会计制度》《科学事业单位会计制度》《彩票机构会计制度》《地质勘查单位会计制度》《测绘事业单位会计制度》《国有林场与苗圃会计制度（暂行）》《国有建设单位会计制度》等制度，如图1-2所示。

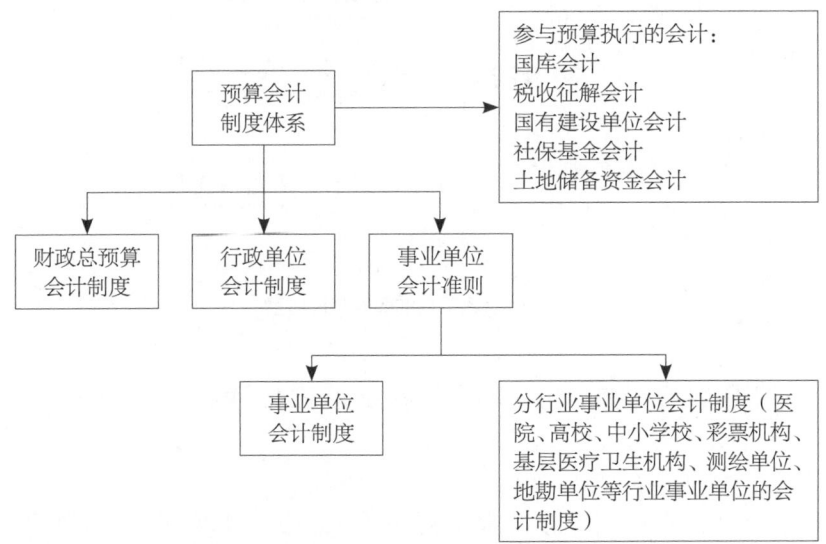

图1-2 改革前的政府会计体系

2010年以来，中华人民共和国财政部（以下简称"财政部"）为适应公共财政管理的需要，先后对上述部分会计制度进行了修订，出台了各个行业的行政事业单位会计制度，基本满足了部门预算管理的需要。但因政府会计领域多项制度并存、体系繁杂、内容交叉、核算口径不一，造成不同部门、单位的会计信息可比性不高。同样业务行政和事业单位的会计标准不同、会计政策不同，导致政府财务报告信息质量较低。

2. 改革后的政府会计体系

为了解决改革前的政府会计体系不能全面准确地反映政府的资产和负债状

况、不能准确核算成本、不能提供信息完整的政府综合财务报告的问题，党的十八届三中全会提出了"建立权责发生制的政府综合财务报告制度"的重大改革举措，2014年新修订的《中华人民共和国预算法》（以下简称《预算法》）对各级政府提出按年度编制以权责发生制为基础的政府综合财务报告的新要求。2015年以来，财政部相继出台了《政府会计准则——基本准则》和存货、投资、固定资产、无形资产、公共基础设施、政府储备物资等10项政府会计具体准则，应用指南以及《政府会计制度——行政事业单位会计科目和报表》。改革后的政府会计体系如图1-3所示。

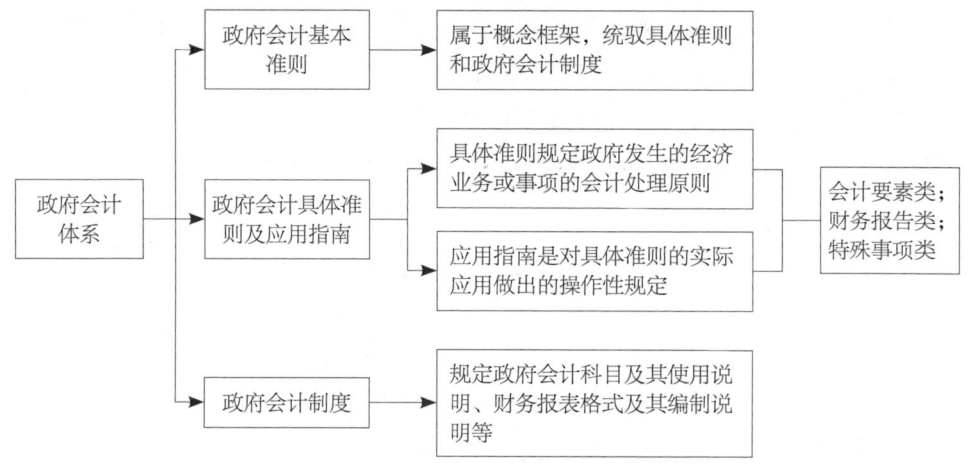

图1-3 改革后的政府会计体系

1.6.2 《政府会计制度——行政事业单位会计科目和报表》主要内容

2017年10月24日，财政部印发了《政府会计制度——行政事业单位会计科目和报表》（以下简称《政府会计制度》），自2019年1月1日起施行，鼓励行政事业单位提前执行。

《政府会计制度》的颁布，构建了"财务会计和预算会计适度分离并相互衔接"的会计核算模式：在科目设置、科目和报表项目说明方面，一般情况下，不再区分行政和事业单位，也不再区分行业事业单位；在核算内容方面，基本保留了各项制度中的通用业务和事项，同时根据改革需要增加了各级各类行政事业单位的共性业务和事项；在会计政策方面，对同类业务尽可能做出同样的处理规定。会计制度的统一，大大提高了政府各部门、各单位会计信息的可比性，为合并单位、部门财务报表和逐级汇总编制部门决算奠定了坚实的制度基础。

1. 政策出台的背景与意义

我国政府会计体系基本上形成于1998年前后，主要涵盖财政总预算会计、行政单位会计与事业单位会计，具体包括《财政总预算会计制度》《行政单位会计制度》《事业单位会计准则》《事业单位会计制度》，以及医院、基层医疗卫生机构、高等学校、中小学校、科学事业单位、彩票机构、地勘单位、测绘单位、国有林场（苗圃）等行业事业单位会计制度和国有建设单位会计制度等有关制度。2010年以来，财政部为适应公共财政管理的需要，先后对上述部分会计制度进行了修订，基本满足了部门预算管理的需要。

党的十八届三中全会提出了"建立权责发生制的政府综合财务报告制度"的重大改革举措，2014年新修订的《预算法》对各级政府提出按年度编制以权责发生制为基础的政府综合财务报告的新要求。

《权责发生制政府综合财务报告制度改革方案》（以下简称《改革方案》）提出，权责发生制政府综合财务报告制度改革是基于政府会计规则的重大改革，其前提和基础任务就是要建立健全政府会计核算标准体系，包括制定政府会计基本准则、具体准则及应用指南，健全完善政府会计制度。在政府会计核算标准体系中，基本准则属于"概念框架"，统驭政府会计具体准则和政府会计制度；具体准则主要规定政府发生的经济业务或事项的会计处理原则，应用指南主要对具体准则的实际应用做出操作性规定；政府会计制度主要规定政府会计科目及其使用说明、报表格式及其编制说明等。政府会计准则和政府会计制度相互补充，共同规范政府会计主体的会计核算，保证会计信息质量。

2015年以来，财政部按照《改革方案》要求，相继出台了《政府会计准则——基本准则》（以下简称《基本准则》）和存货、投资、固定资产、无形资产、公共基础设施、政府储备物资等10项政府会计具体准则，以及应用指南，政府会计体系建设取得积极进展。为了建立健全政府会计体系，经反复研究和论证，决定以统一各类行政事业单位会计标准、夯实各部门和单位编制以权责发生制为基础的政府综合财务报告和全面反映运行成本并同时反映预算执行情况的核算基础为目标，制定适用于各级各类行政事业单位的统一的会计制度。

制定出台《政府会计制度》，是全面贯彻落实党的十八届三中全会精神和《改革方案》的重要成果，是服务全面深化财税体制改革的重要举措，对于提升政府会计信息质量、提高行政事业单位财务和预算管理水平、全面实施绩效管理、建立现代财政制度具有重要的政策支撑作用，在我国政府会计发展进程中具有重要意义。

2. 遵循的原则

在制定《政府会计制度》过程中，主要遵循了以下原则。

（1）归并统一原则。

从行政事业单位通用或共性业务会计处理，以及单位财务报告信息和决算报告信息的可比性出发，归并统一现行行政单位、事业单位和各项行业事业单位会计制度。

（2）继承创新原则。

立足行政事业单位核算现状，充分继承制度中合理的、共性的内容。同时，为满足政府财务会计和预算会计适度分离并相互衔接的核算需要，在会计科目设置和报表体系设计上力求创新。另外，在相关资产科目的核算内容和账务处理说明中，充分吸收2016年以来财政部印发的6项政府会计具体准则的创新与变化。

（3）充分协调原则。

《政府会计制度》依据《中华人民共和国会计法》《预算法》和《基本准则》等法律法规，在严格贯彻《改革方案》要求、着力实现改革目标的前提下，力求与行政事业单位财务规则、财务制度、部门预决算制度、行政事业单位国有资产管理规定、基本建设财务规则等保持协调。

（4）提升质量原则。

从财务报告和决算报告的目标以及信息使用者的需要出发，全面提升会计信息质量。在会计核算内容和范围上着力提高会计信息的可靠性、全面性；在财务会计中全面引入权责发生制，着力提高会计信息的相关性；在会计科目设置、账务处理说明上力求内在一致，着力提高会计信息的可比性；在报表设计及填表说明、附注披露中着力提高会计信息的可理解性。

（5）务实简化原则。

考虑行政事业单位会计工作基础、会计人员接受程度和当前改革所处的阶段，以及核算系统中引入财务会计内容的复杂性，在会计科目设置、核算口径和方法、计量标准、账务处理设计、报表设计和填制等方面，力求做到贴近实务、简便易行。

（6）适当借鉴原则。

在充分考虑我国政府财政财务管理特点的基础上，适当吸收我国企业会计准则改革的成功经验，适当借鉴国际公共部门会计准则的新成果以及国外有关国家政府会计改革的先进经验和做法。

3．体例结构及主要内容

《政府会计制度》由正文和附录组成。正文包括 5 部分内容。

第一部分为总说明，主要规范《政府会计制度》的制定依据、适用范围、会计核算模式和会计要素、会计科目设置要求、报表编制要求、会计信息化工作要求和施行日期等内容。

第二部分为会计科目名称和编号，主要列出了财务会计和预算会计两类科目表，共计 103 个一级科目，其中包括：财务会计下资产、负债、净资产、收入和费用 5 个要素，共 77 个一级科目；预算会计下预算收入、预算支出和预算结余 3 个要素，共 26 个一级科目。

第三部分为会计科目使用说明，主要对 103 个一级会计科目的核算内容、明细核算要求、主要账务处理等进行详细规定。本部分内容是《政府会计制度》的核心内容。

第四部分为报表格式，主要规定财务报表和预算会计报表的格式。其中，财务报表包括资产负债表、收入费用表、净资产变动表、现金流量表及报表附注，预算会计报表包括预算收入支出表、预算结转结余变动表和财政拨款预算收入支出表。

第五部分为报表编制说明，主要包括第四部分列出的 7 张报表的编制说明，以及报表附注应披露的内容。

附录为主要业务和事项账务处理举例。本部分采用列表方式，以《政府会计制度》第三部分规定的会计科目使用说明为依据，按照会计科目顺序对单位通用业务或共性业务和事项的账务处理进行举例说明。

4．重大变化与创新

《政府会计制度》总结了多年来我国行政事业单位会计改革的有益经验，反映了政府会计改革发展的内在需要和发展方向，相对于原有制度有以下重大变化与创新。

（1）重构了政府会计核算模式。

在系统总结分析传统单系统预算会计体系的利弊基础上，《政府会计制度》按照《改革方案》和《基本准则》的要求，构建了"财务会计和预算会计适度分离并相互衔接"的会计核算模式。所谓适度分离，是指适度分离政府预算会计和财务会计功能，决算报告和财务报告功能，全面反映政府会计主体的预算执行信息和财务信息。适度分离主要体现在以下几个方面。一是"双功能"，在同一会计核算系统中实现财务会计和预算会计双重功能，通过资产、负债、净资产、收入、费用 5 个要素进行财务会计核算，通过预算收入、预算支出和预算结余 3 个要素进行预算会计核算。二是"双基础",财务会计采用权责发生制,预算会计采用收付实现制,国务院另有规定的,依照其规定。三是"双报告",通过财务会计核算形成财务报告,通过预算会计核算形成决算报告。所谓相互衔接,是指在同一会计核算系统中政府预算会计要素和相关财务会计要素相互协调,决算报告和财务报告相互补充,共同反映政府会计主体的预算执行信息和财务信息。相互衔接主要体现在以下几个方面。一是对纳入部门预算管理的现金收支进行平行记账。对于纳入部门预算管理的现金收支业务,在进行财务会计核算的同时也应当进行预算会计核算;对于其他业务,仅需要进行财务会计核算。二是财务报表与预算会计报表之间存在勾稽关系。通过编制本年盈余与预算结余差异调节表并在附注中进行披露,反映单位财务会计和预算会计因核算基础和核算范围不同所产生的本年盈余数(即本期收入与费用之间的差额)与本年预算结余数(本年预算收入与预算支出的差额)之间的差异,从而揭示财务会计和预算会计的内在联系。这种会计核算模式既能满足部门编制决算报告的需要,又能满足部门编制财务报告的要求,对于规范政府会计行为,夯实政府会计主体预算和财务管理基础,强化政府绩效管理具有深远的影响。

（2）统一了各项单位会计制度。

《政府会计制度》有机整合了《财政总预算会计制度》《行政单位会计制度》《事业单位会计制度》《事业单位会计准则》和医院、基层医疗卫生机构、高等学校、中小学校、科学事业单位、彩票机构、地勘单位、测绘单位、国有林场（苗圃）等行业事业单位会计制度的内容。在科目设置、科目和报表项目说明中,一般情况下,不再区分行政和事业单位,也不再区分行业事业单位;在核算内容方面,基本保留了各项制度中的通用业务和事项,同时根据改革需要增加各级各类行政事业单位的共性业务和事项;在会计政策方面,对同类业务尽可能做出同样的处理规定。会计制度的统一,大大提高了政府各部门、各单位会计信息的可比性,为合并单位、部门财务报表和逐级汇总编制部门决算奠定了坚实的制度基础。

（3）强化了财务会计功能。

《政府会计制度》在财务会计核算中全面引入了权责发生制,在会计科目设置和账务处理说明中着力强化财务会计功能,如增加了收入和费用两个财务会计要素的核算内容,并从原则上要求按照权责发生制进行核算;增加了应收款项和应付款项的核算内容,对长期股权投资采用权益法核算,确认自行开发形成的无形资产的成本,要求对固定资产、公共基础设施、保障性住房和无形资产计提折旧或摊销，引入坏账准备等减值概念，确认预计负债、待摊费用和预提费用等。在政府会计核算中强化财务会计功能，对于科学编制以权责发生制为基础的政府综合财务报告、准确反映单位财务状况和运行成本等情况具有重要的意义。

（4）扩大了政府资产负债核算范围。

《政府会计制度》在制度基础上，扩大了资产负债的核算范围。除按照权责发生制核算原则增加有关往来账款的核算内容，在资产方面，增加了公共基础设施、政府储备物资、文物文化资产、保障性住房和受托代理资产的核算内容，以全面核算政府会计主体控制的各类资产；增加了"研发支出"科目，以准确反映政府会计主体自行开发无形资产的成本。在负债方面，增加了预计负债、受托代理负债等核算内容，以全面反映政府会计主体所承担的现时义务。此外，为了准确反映政府会计主体资产扣除负债之后的净资产状况，《政府会计制度》立足政府会计主体会计核算需要、借鉴国际公共部门会计准则相关规定，设置了"累计盈余""专用基金""权益法调整""无偿调拨净资产"等会计科目。资产负债核算范围的扩大，有利于全面规范政府会计主体各项经济业务和事项的会计处理，准确反映相关信息，为相关决策提供更加有用的信息。

（5）改进了预算会计功能。

根据《改革方案》要求，《政府会计制度》对预算会计科目及其核算内容进行了调整和优化，以进一步完善预算会计功能。在核算内容上，预算会计仅需核算预算收入、预算支出和预算结余。在核算基础上，预算会计除按《预算法》要求的权责发生制事项外，均采用收付实现制核算，这有利于避免制度下存在的虚列预算收支的问题。在核算范围上，为了体现《预算法》的精神和部门综合预算的要求，《政府会计制度》将应依法纳入部门预算管理的现金收支均纳入预算会计核算范围，如增设了债务预算收入、债务还本支出、投资支出等。调整完善后的预算会计，能够更好地贯彻落实《预算法》的相关规定，更加准确地反映部门和单位预算收支情况，更加满足部门、单位预算和决算管理的需要。

（6）整合了基建会计核算。

按照制度规定，政府会计主体对于基本建设投资的会计核算除遵循相关会计制度规定外，还应当按照国家有关基本建设会计核算的规定单独建账、单独核算，但同时应将基本建设相关数据按期并入政府会计主体"大账"。《政府会计制度》依据《基本建设财务规则》和相关预算管理规定，在充分吸收《国有建设单位会计制度》合理内容的基础上对政府会计主体建设项目会计核算进行了规定：政府会计主体对基本建设投资按照本制度规定统一进行会计核算，不再单独建账。这大大简化了政府会计主体基本建设业务的会计核算，有利于提高政府会计主体会计信息的完整性。

（7）完善了报表体系和结构。

《政府会计制度》将报表分为预算会计报表和财务报表两大类。预算会计报表由预算收入支出表、预算结转结余变动表和财政拨款预算收入支出表组成，是编制政府会计主体决算报表的基础。财务报表由会计报表和附注构成，会计报表由资产负债表、收入费用表、净资产变动表和现金流量表组成，其中，政府会计主体可自行选择是否编制现金流量表。此外，《政府会计制度》针对新的核算内容和要求对报表结构进行了调整和优化，对报表附注应当披露的内容进行了细化，对报表重要项目提供了可参考的披露格式、要求按经济分类披露费用信息，要求披露本年预算结余和本年盈余的差异调节过程等。调整完善后的报表体系，对于全面反映政府会计主体财务信息和预算执行信息，提高政府会计主体会计信息的透明度和决策有用性具有重要的意义。

（8）增强了制度的可操作性。

《政府会计制度》在附录中采用列表方式，以《政府会计制度》中规定的会计科目使用说明为依据，按照会计科目顺序对政府会计主体通用业务或共性业务和事项的账务处理进行了举例说明。在举例说明时，对同一项业务和事项，在表格中列出财务会计分录的同时，平行列出相对应的预算会计分录（如果有）。对经济业务和事项进行举例说明，能够充分反映《政府会计制度》所要求的财务会计和预算会计平行记账的核算要求，便于会计人员学习和理解政府会计8要素的记账规则，也有利于政府会计主体会计核算信息系统的开发或升级改造。

第 2 章　政府会计的基本方法

2.1　政府会计的记账方法

　　记账方法是指运用一定的记账符号、记账规则来编制会计分录和登记账簿的方法。自中华人民共和国成立初期到 1965 年，我国政府和事业单位采用借贷记账法，从 1966 年到 1997 年，我国财政机关、行政单位和事业单位大都采用资金收付记账法。改革后的政府会计准则要求，政府会计核算应当采用借贷记账法记账。本书重点介绍借贷记账法。

　　借贷记账法是以"借""贷"两个字作为记账符号，记录会计要素增减变动情况的一种复式记账法。

2.1.1　借贷记账法的特点

　　借贷记账法是一种以"借""贷"为记账符号，在经济业务引起资金变化的双方账户中，以方向相反、金额相等的方式进行登记的复式记账法。在会计实务中，"借""贷"用于会计分录当中，在"借"和"贷"两个字后面就是相关的会计科目名称。值得指出的是，"借"和"贷"是会计中的专用术语，代表的只是一种记账符号，并没有原来文字所表示的意思。会计核算中通常把账户分为左右两方，分别反映经济业务引起的资金的增加和减少，其中，左方为借方，右方为贷方。

2.1.2　记账符号和账户结构

　　借贷记账法以"借""贷"作为记账符号。各个账户都分为借方和贷方，用来反映各会计要素的增减变动。借方在账户的左方，贷方在账户的右方。各类账户中登记的事项不同，账户余额的方向也不同。

　　1．财务会计要素账户

　　资产类账户，期初余额列在账户的借方，即左方。增加记在借方，减少记在贷方，期末余额在借方。资产类账户的结构如表 2-1 所示。

表 2-1　　　　　　　　　　　资产类账户的结构

借方	贷方
期初余额　×××（1）	
本期增加额　×××（2）	本期减少额　×××（3）
期末余额　×××（4）	

注：（4）=（1）+（2）-（3）。

负债类账户，期初余额列在账户的贷方，即右方。增加记在贷方，减少记在借方，期末余额在贷方。负债类账户的结构如表 2-2 所示。

表 2-2　　　　　　　　　　　负债类账户的结构

借方	贷方
	期初余额　×××（1）
本期减少额　×××（3）	本期增加额　×××（2）
	期末余额　×××（4）

注：（4）=（1）+（2）-（3）。

在实际工作中还使用一种双重性质的账户，即兼有资产类和负债类性质的账户，该账户通常用于结算往来业务。如在不设"预收账款"账户条件下的"应收账款"账户：应收款项增加记在借方，应收款项减少记在贷方；预收款项增加记在贷方，预收款项减少记在借方。期末根据账户余额所在的方向确定其所反映的经济内容：期末余额如在借方，就是应收款项；期末余额如在贷方，就是预收款项。双重性质账户的结构如表 2-3 所示。

表 2-3　　　　　　　　　　　双重性质账户的结构

借方	贷方
应收款项期初余额　×××（1）	预收款项期初余额　×××（5）
应收款项增加额　×××（2）	应收款项减少额　×××（6）
预收款项减少额　×××（3）	预收款项增加额　×××（7）
应收款项期末余额　×××（4）	预收款项期末余额　×××（8）

注：（4）=（1）+（2）-（3）；（8）=（5）+（6）-（7）。

净资产类账户与负债类账户类似，期初余额列在账户的贷方，即右方。增加记在贷方，减少记在借方，期末余额在贷方。净资产类账户的结构类似于负债类账户。

收入类账户，增加记在贷方，减少记在借方；期末将余额转入净资产类账户——"本年盈余"账户。因此收入类账户期初、期末无余额。

费用类账户，增加记在借方，减少记在贷方；期末将余额转入净资产类账户——"本年盈余"账户。因此费用类账户期初、期末无余额。

2．预算会计要素账户

预算收入类账户，与收入类账户类似，增加记在贷方，减少记在借方；期末将余额转入预算结余类科目。因此预算收入类账户期初、期末无余额。

预算支出类账户，增加记在借方，减少记在贷方；期末将余额转入预算结余类科目。因此预算支出类账户期初、期末无余额。

预算结余类账户情况则较为复杂，其中"资金结存"科目，增加记在借方，减少记在贷方。其他的预算结余类账户则与净资产类账户类似，期初余额通常列在账户的贷方，即右方，增加记在贷方，减少记在借方，期末余额在贷方。

2.1.3　记账规则

运用借贷记账法登记经济业务，首先要根据经济业务的内容，确定其涉及哪些资产类项目或负债类项目，是增加还是减少，再确定应记入哪些账户，是记入这些账户的借方还是贷方。

1．财务会计的记账规则

政府会计主体所发生的各种经济业务，引起的资产和负债的增减变动有四种类型，因此，借贷记账法下的记账有以下四种情况：

（1）资产增加、资产减少的业务，分别记入资产类账户借方、资产类账户贷方；

（2）负债增加、负债减少的业务，分别记入负债类账户贷方、负债类账户借方；

（3）资产和负债同时增加的业务，分别记入资产类账户借方、负债类账户贷方；

（4）资产和负债同时减少的业务，分别记入资产类账户贷方、负债类账户借方。

因此，借贷记账法的记账规则可概括为"有借必有贷，借贷必相等"。

在借贷记账法中，"借"表示资产和支出类账户的增加，以及负债、净资产和收入类账户的减少或转销;"贷"表示资产和支出类账户的减少或转销,以及负债、净资产和收入类账户的增加。在确定了借贷方向和应记入的账户后,就在两个或多个会计账户后面登记相同的经济业务金额。简单地说,就是"有借必有贷,借贷必相等"。

2. 预算会计的记账规则

按照政府会计制度,行政事业单位需要在同一会计核算系统中实现财务会计和预算会计双重功能,因此政府会计主体所发生的各种经济业务,除了从资产和负债的增减变动角度进行核算,还需要从预算收入、预算支出以及预算结余的增减变动角度进行核算。

【例2-1】某政府会计主体收到应缴财政款680 000元并存入银行。

分析:该项经济业务引起负债类账户"应缴财政款"增加680 000元和资产类账户"银行存款"增加680 000元,所以应在负债类账户"应缴财政款"贷记680 000元,同时在资产类账户"银行存款"借记680 000元,其会计分录如下。

借:银行存款　　　　　　　　　　　　　　　　　680 000
　　贷:应缴财政款　　　　　　　　　　　　　　　680 000

【例2-2】某政府会计主体借现金6 000元作差旅费。

分析:该项经济业务引起资产类账户"其他应收款"增加6 000元,资产类账户"库存现金"减少6 000元,所以应在资产类账户"其他应收款"借记6 000元,资产类账户"库存现金"贷记6 000元,其会计分录如下。

借:其他应收款　　　　　　　　　　　　　　　　6 000
　　贷:库存现金　　　　　　　　　　　　　　　　6 000

2.1.4 试算平衡

1. 试算平衡表的原理

由于每笔会计分录中的借、贷方金额相等,因此全部账户的本期借方发生额合计数与本期贷方发生额合计数必然相等;依此类推,全部账户的期末借方余额合计数与期末贷方余额合计数也相等。我们可以把以上内容概括成三个等式来表明试算平衡的关系。

(1)会计分录试算平衡等式:

借方账户金额 = 贷方账户金额

(2)发生额试算平衡等式:

全部账户本期借方发生额合计数 = 全部账户本期贷方发生额合计数

（3）余额试算平衡等式：

全部账户期末借方余额合计数 = 全部账户期末贷方余额合计数

2．试算平衡表

在会计实务中，一般是通过编制试算平衡表来检查试算平衡的，时间一般是月末，因为此时各个账户的本月发生额和月末余额已经计算出来，拥有可利用的现成资料。政府会计主体总账科目试算平衡表如表 2-4 所示。

表 2-4　　　　　　　　　　总账科目试算平衡表

会计科目	期初余额		本期发生额		期末余额	
	借方	贷方	借方	贷方	借方	贷方
库存现金						
银行存款						
零余额账户用款额度						
其他货币资金						
短期投资（对事业单位适用）						
财政应返还额度						
应收账款（对事业单位适用）						
预付账款						
其他应收款						
在途物品						
库存物品						
加工物品						
固定资产						
固定资产累计折旧						
在建工程						
无形资产						
……						
总计						

如果试算平衡表的"本期发生额"和"期末余额"栏的借贷方金额不相等，则表示记录或计算有错误。但是，如果试算平衡表的"本期发生额"和"期末余额"栏的借贷方金额相等，我们不能得出账户记录或计算正确的结

论,因为即使某些错误发生,试算平衡的三个等式也依然成立。例如,将分录中的借贷方金额由20 000写成2 000,在这种情况下,虽然数字有错误,但由于分录中的借贷方金额相等,所以试算结果仍然是平衡的;再如,分录中数字没有错误,但是借贷的方向弄反了,在这种情况下,也是不能通过试算平衡来发现问题的。虽然试算平衡存在一些不足,但是它对检查会计记录等工作是否存在错误还是有很大帮助的。

借贷记账法是一种复式记账法,它与其他复式记账法相比具有明显的优点:①记账规则单一,一项业务有借必有贷,没有同方向的记录,账户对应关系清楚,能够鲜明地表现资金运动的来龙去脉;②账户不要求固定分类,可以使用资产类和负债类双重性质的账户,账户设置适应性强,使用也很方便;③账户试算平衡通过借贷平衡来实现,因而使用的记账凭证简单清晰,汇总和检查十分简便。这种记账方法目前已在我国大多数行业中普遍应用。

2.2　政府会计的会计凭证

会计凭证是记录经济业务,明确经济责任,并据以登记账簿的书面证明,分为原始凭证和记账凭证。

2.2.1　原始凭证

原始凭证又称单据,是在经济业务发生或完成时取得的,用以证明经济业务已经发生或完成的最初书面证明文件,是会计核算的原始资料,是编制记账凭证的依据。

1. 原始凭证的分类

原始凭证的分类方法比较多样,原始凭证的分类方法体系,如表2-5所示。

表2-5　　　　　　　　　原始凭证的分类方法体系

分类标准	具体内容
按取得来源分类	自制原始凭证
	外来原始凭证
按填制手续分类	一次凭证
	累计凭证
	汇总凭证

续表

分类标准	具体内容
按所起作用分类	通知凭证
	执行凭证
	计算凭证
按经济业务分类	款项收付业务凭证
	收入库业务凭证
	成本费用凭证
	购销业务凭证
	固定资产业务凭证

（1）按取得来源分类。

原始凭证按取得的来源可分为自制原始凭证和外来原始凭证。自制原始凭证是本会计主体内部发生经济业务时，由本会计主体内部经办业务的单位或个人填制的凭证，如仓库保管人员填制的入库单、领料部门填制的领料单、出差人员填制的差旅费报销单等。外来原始凭证是与外单位发生经济业务时，从外单位取得的凭证，如购货时取得的发票，出差人员报销用的车票、飞机票、住宿费收据等。

（2）按填制手续分类。

原始凭证按填制手续可分为一次凭证、累计凭证和汇总凭证。

一次凭证是指填制手续一次完成，一次记录一项或若干经济业务的原始凭证。一次凭证是一次有效的凭证，已填列的凭证不能重复使用。外来原始凭证都是一次凭证，自制原始凭证中的收料单、发货票、银行结算凭证等都是一次凭证。

累计凭证是在一定时期内，在一张凭证上，连续多次记录重复发生的同类经济业务的原始凭证，随时计算累计数及结余数，以便按计划或限额进行控制。制造业的限额领料单是典型的累计凭证。

汇总凭证是将一定时期内记录同类经济业务的若干张原始凭证汇总起来编制的原始凭证，如工资结算汇总表、收货汇总表、发出材料汇总表等。

（3）按所起作用分类。

原始凭证按所起作用可分为通知凭证、执行凭证和计算凭证。通知凭证是对某项经济业务发挥通知或指示作用的凭证，对这类凭证的管理，不能完全等同于其他原始凭证，因为其不能证明经济业务已经完成。物资订货单、扣款通知等为通知凭证。执行凭证是某项经济业务执行后填制的原始凭证，可以证明经济业务已经完成，如入库单、出库单、各种收据等。计算凭证也是某项经济业务完成后填制的原始凭证，可以证明经济业务已经完成。但是，计算凭证上的数字是按照一定方法计算后形成的。工资结算汇总表、辅助生产费用分配表、制造费用分配表等为计算凭证。

（4）按经济业务分类，原始凭证可分为以下五类。

①款项收付业务凭证：现金借据、现金收据、领款单、零星购物发票、车船机票、医药费单据、银行支票、付款委托书、托收承付结算凭证等。

②出入库业务凭证：入库单、领料单、提货单。

③成本费用凭证：工资单、工资费用汇总表、折旧费用分配表、制造费用分配表、产品成本计算单等。

④购销业务凭证：提货单、发货单、交款单、运费单据等。

⑤固定资产业务凭证：固定资产调拨单、固定资产移交清册、固定资产报废单和盘盈、盘亏报告单等。

2．原始凭证的填制和审核

（1）自制原始凭证。

对于不真实、不合法、不合理的自制原始凭证，会计人员有权拒绝接受，不办理会计核算手续；问题严重的，应及时向单位负责人报告。填写不符合要求的，如手续不完整、项目有遗漏、数字计算不准确、文字说明不完整的，应当退回，要求其按照规定进行更正、补充。

自制原始凭证如果出现差错也要退回出具部门或经手人，由出具部门或经手人重开或者更正。如果是更正，要在更正处加盖更正者的印章，以明确责任；金额有错误的，应当由出具部门或者经手人重开，不得在原始凭证上更正。

职工报销凭证具有以下严格的签字要求。①按规定应该签字的人员必须全部签字，签字必须签本人名字全称，不得只签姓。②签字人签署姓名后，还应当签署签字的日期。③领导签字应当明确表明是否同意报销。④为便于原始凭证的装订，签字是签在凭证的正面，应签在右上方；签字如果是签在凭证的反面，应签在左上方。⑤有多张凭证都需要签字时，要一张一张分别签，不能用复写纸同时签。

根据财政部《会计基础工作规范》第四十八条的规定，职工公出借款的凭证，必须附在记账凭证之后。收回借款后，不得退还原借款收据，应当另行开出借款收回的收据或者退还原借据的副本给借款人。

自制原始凭证的填制和审核内容如表 2-6 所示。

表 2-6　　　　　　　自制原始凭证的填制和审核内容

主要内容	注意事项
填制的内容	凭证的名称
	填制凭证的日期
	经办人员的签名或盖章
	经济业务内容
	数量、单价和金额
	填制凭证单位名称或填制人姓名
	接受凭证单位名称
审核的内容	是否按国家规定和有关计划使用资金
	是否多计或少计了成本费用，形成了虚假利润
	是否按规定的渠道、标准、比例提取费用或摊销费用
	物资核算是否属实，是否虚报冒领
	费用的发生是否合理

（2）外来原始凭证。

根据《中华人民共和国会计法》第十四条的规定，有问题的外来原始凭证应做以下处理。

①不真实、不合法的原始凭证，会计人员有权不予接受，并向单位负责人报告。

②记载不准确、不完整的原始凭证，会计人员有权予以退回，并要求其按照国家统一的会计制度的规定进行更正、补充。

（3）对于有错误的外来原始凭证，应当由出具单位重开或者更正，更正处应该当加盖出具单位印章。对于金额有错误的外来原始凭证，应当由出具单位重开，不得在原始凭证上更正。

根据财政部《会计基础工作规范》第五十五条的规定，外来的原始凭证如有遗失，应当由原开出单位出具证明，并注明经济业务的内容、原始凭证的号码、金额等，证明必须加盖原开出凭证单位的公章。然后由经办单位的会计机构负责人、会计主管人员和单位领导人办理批准手续，手续齐全后，才能代作原始凭证。如果确实无法取得证明，如飞机票、火车票等，由当事人写出详细情况说明，然后由经办单位的会计机构负责人、会计主管人员和单位领导人办理批准手续,手续齐全后,才能代作原始凭证。

根据财政部《会计基础工作规范》第四十八条的规定,发生销货退回时,要取得退货验收证明并填制退货发票;退款时,要取得对方的收款收据或者汇款银行的凭证。特别要注意的是,不能以退货发票代替收据。

根据财政部《会计基础工作规范》第四十八条的规定,经上级有关部门批准的业务,应当将批准文件作为原始凭证的附件,证明经济业务已经发生或者完成,据此填制原始凭证。如果该批准文件必须单独归档,不能作为附件,应当在原始凭证上注明批准机关的名称、批准日期和文件的字号。

外来原始凭证的填制和审核内容如表 2-7 所示。

表 2-7　　　　　　　　外来原始凭证的填制和审核内容

主要内容	注意事项
填制的内容	凭证的名称。外来原始凭证必须有明确的名称,以便于凭证的管理和业务处理
	填制凭证的日期。通常,填制凭证的日期就是经济业务发生的日期,便于对经济业务的审查
	填制凭证单位名称或者填制人姓名。填制凭证的单位或个人是经济业务发生的证明人,有利于了解经济业务的来龙去脉
	经办人员的签名或者盖章。凭证上的签名、盖章人,是经济业务的直接经办人。签名、盖章可以明确经济责任
	接受凭证单位名称。有利于证明经济业务是否确实是该单位发生的,以便于记账和查账。值得注意的是,单位的名称必须是全称,不得是简称
审核的内容	凭证真实性的审核。凭证是否真实,例如,是否为税务局的统一发票、凭证所记载的经济业务是否真实发生、开出发票的单位是否存在等
	凭证完整性的审核。审核外来原始凭证所应填写的内容是否全部具备,不得有遗漏
	凭证合规性的审核。审核凭证所记载的经济业务是否符合有关财经法规和会计制度的规定;是否符合开支标准;凭证所填写的文字和金额是否字迹清楚、规范,使用的笔和颜色是否符合要求等

2.2.2　记账凭证

记账凭证是根据审核无误的原始凭证,按照账务核算要求,分类整理后编制的会计凭证,它是确定会计分录和登记账簿、报表的依据。政府会计主体的记账凭证的组成要素如图 2-1 所示。

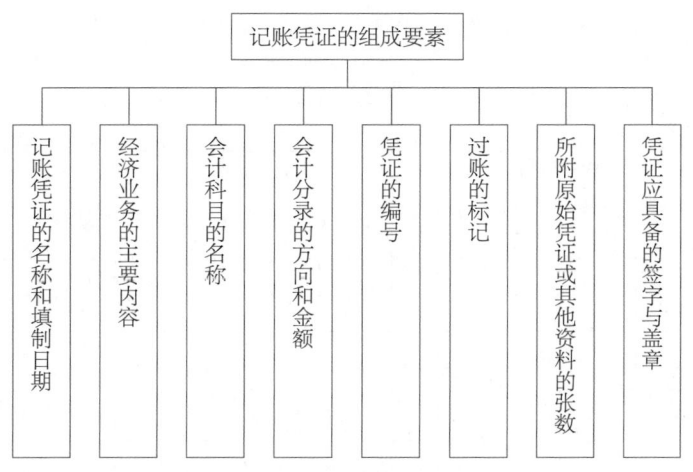

图 2-1　记账凭证的主要要素

1．记账凭证的种类

（1）通用记账凭证。

通用记账凭证是不分收款、付款和转账业务，统一使用的格式统一的记账凭证。通用记账凭证的格式如图 2-2 所示。

记 账 凭 证

年　月　日　　　　字第　号　　　　附件　张

摘要	会计科目		借方金额										贷方金额										账页或√
	总账科目	明细科目	千	百	十	万	千	百	十	元	角	分	千	百	十	万	千	百	十	元	角	分	
合计																							

会计主管　　记账　　出纳　　审核　　制单

图 2-2　通用记账凭证的格式

（2）专用记账凭证。

专用记账凭证是按照经济业务的性质选择使用的记账凭证，通常分为收款凭证、付款凭证、转账凭证。收款凭证和付款凭证可再分为现金收款凭证、银行收款凭证和现金付款凭证、银行付款凭证。收款凭证、付款凭证、转账凭证的格式如图 2-3、图 2-4、图 2-5 所示。

收 款 凭 证

借方科目：　　　　　　　　　　年　月　日　　　　　字第　号　　　　附件　张

摘要	贷方科目		贷方金额									账页或√
	总账科目	明细科目	千	百	十	万	千	百	十	元	角	分	
合计												

会计主管　　　　记账　　　　出纳　　　　审核　　　　制单

图 2-3　收款凭证的格式

付 款 凭 证

贷方科目：　　　　　　　　　　年　月　日　　　　　字第　号　　　　附件　张

摘要	借方科目		借方金额									账页或√
	总账科目	明细科目	千	百	十	万	千	百	十	元	角	分	
合计												

会计主管　　　　记账　　　　出纳　　　　审核　　　　制单

图 2-4　付款凭证的格式

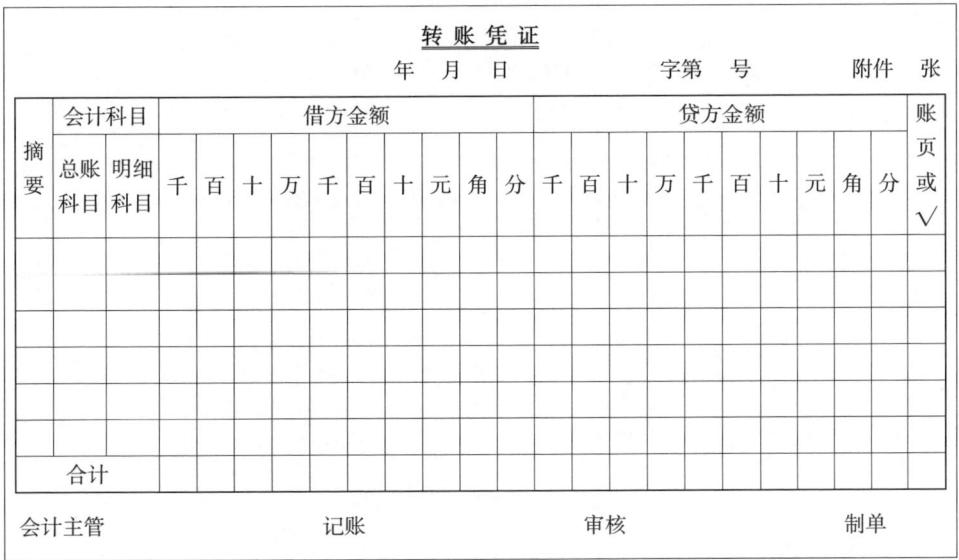

图 2-5 转账凭证的格式

2．记账凭证的编制和审核

记账凭证一般根据每项经济业务的原始凭证编制。可以将当天发生的同类会计事项的原始凭证适当归并后编制记账凭证。不同会计事项的原始凭证，不得合并编制一张记账凭证，也不得把几天的同类会计事项加在一起做一张记账凭证。

记账凭证必须附有原始凭证。一张原始凭证涉及几张记账凭证的，可以把原始凭证附在主要的一张记账凭证后面，在其他记账凭证上注明附有原始凭证的记账凭证的编号。结账和更正错误的记账凭证以及总预算会计预拨经费转列支出的记账凭证，可以不附原始凭证，但必须经主管人员签字。

记账凭证必须根据审核无误的原始凭证编制，记账凭证的各项内容必须填列齐全，各种签名和盖章不可或缺。总账科目下的明细科目，如需要列入记账凭证，可将明细科目的名称和金额同时列在"明细科目"栏内。明细科目的金额不能填列在记账凭证的金额栏内。填制记账凭证的文字必须清晰且工整，不得潦草。记账凭证由指定人员复核。记账凭证按照制单的顺序，每月编一个连续号。月终连同每张记账凭证后附的原始凭证装订成册，并加盖有关人员印章及公章，妥善保管。

3．汇总记账凭证

经济业务较多的单位，可以把记账凭证汇总编制成科目汇总表，作为登记总账的依据。汇总记账凭证流程如图 2-6 所示。

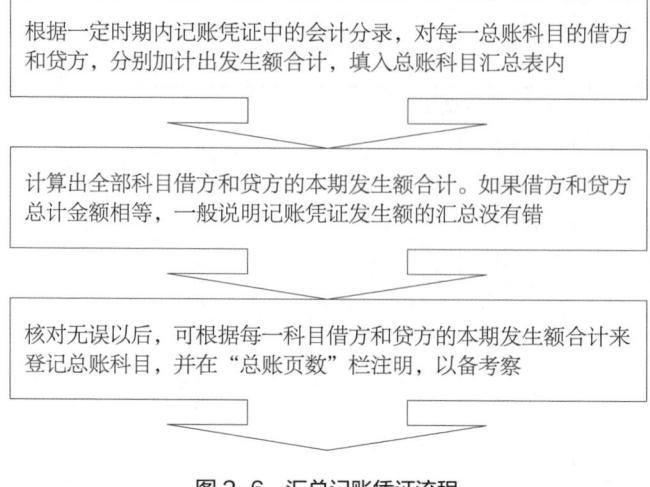

图 2-6 汇总记账凭证流程

4. 记账凭证的保管

记账凭证应按照填制的顺序,按月连续编号。月终将记账凭证连同所附原始凭证装订成册,加上封面,并在左上角装订处粘贴封签,由有关会计人员加盖骑缝印章,妥善保管。对于不便随同记账凭证一起装订的原始凭证,可以抽出单独保管。但是应在有关记账凭证上注明"附件另订"和抽出的原始凭证的名称和编号,并在装订成册的封面上注明记账凭证日期、编号和种类。单独保管的原始凭证由保管人签章,年终随有关记账凭证一同归档。

记账凭证封面和封底是装订记账凭证时使用的一种材料。应在记账凭证封面注明:单位名称、年份、月份、起止日期、凭证名称、起止编号、册数等。记账凭证封底为抽出凭证记录,应在抽出时填写相关内容。记账凭证封面和封底的格式如表 2-8、表 2-9 所示。

表 2-8　　　　　　　　　　记账凭证封面

凭 证 封 面

年　　月

单位名称	
凭证名称	
册数	第　　册　共　　册
起讫编号	自第　　号至第　　号
起讫日期	自　年　月　日至　年　月　日

主管　　　　　　　　　　　　　　装订

表 2-9　　　　　　　　　　　记账凭证封底
抽出凭证记录

抽出日期			抽出凭证名称	张数	抽出凭证理由	抽取人签章	财会主管签章	附注
年	月	日						

2.3　政府会计的会计账簿

会计账簿是以会计凭证为依据，由具有一定格式、互相联系的账页组成的，用来序时且分类地记录和反映各项经济业务的会计簿籍。设置和登记账簿是会计核算的中心环节。

2.3.1　会计账簿的分类与设置

1．账簿按用途分类

账簿按其用途可以分为日记账、分类账和备查簿三种。

（1）日记账。

日记账也称序时账，是按照经济业务发生时间的先后顺序进行登记的账簿。目前政府会计主体仅设置现金日记账和银行存款日记账这种反映特定经济业务的特种日记账，而不设置反映全部经济业务的普通日记账。

①现金日记账。现金日记账是核算现金收付结存情况的账簿，又称现金出纳账，账页格式通常为三栏式，并设"对方会计科目名称"专栏。由出纳人员根据现金收付的原始凭证按照业务发生的先后顺序，逐笔登记。每日结出余额与现金库存数核对，月末结出余额与总账"库存现金"科目余额核对。

②银行存款日记账。银行存款日记账是核算银行存款收付结存情况的账簿，账页格式通常采用三栏式，由出纳人员根据银行存款收付的原始凭证按业务发生的先后顺序逐笔登记，定期与银行对账单进行核对。

（2）分类账。

分类账是对全部经济业务按照总分类账户和明细分类账户进行分类核算和登记的账簿，分类账又分为总分类账和明细分类账。

总分类账简称总账，是指按总分类账户开设账页的会计簿籍。总账是反映资产、负债、净资产、收入和费用会计要素的总括情况，核对各种明细账以及编制报表的主要依据。总账的格式通常采用三栏式。总账的格式如表2-10所示。

表2-10　　　　　　　　　　　　总账的格式

总分类账

会计科目：　　　　　　　　　　　　　　　　　　　　　　　　　　　　第　页

年		凭证号	摘要	借方金额	贷方金额	余额	
月	日					借或贷	金额

明细分类账简称明细账，是根据一级科目设置，按所属二级科目或明细科目开设账户，用以分类登记某一类经济业务，提供比较详细的核算资料的账簿。明细分类账，可以提供经济活动和财务收支的详细情况，有利于加强财产物资的管理，监督往来款项的结算，为编制会计报表提供了必要的资料。因此，政府会计主体在设置总分类账的基础上，应根据经营管理的实际需要，按照一级科目设置必要的明细分类账。明细账根据记账凭证及原始凭证或原始凭证汇总表进行登记。明细账的格式一般采用三栏式或多栏式。明细账的格式如表2-11所示。

表2-11　　　　　　　　　　　　明细账的格式

明细分类账

明细科目：　　　　　　　　　　　　　　　　　　　　　　　　　　　　第　页

年		凭证号	摘要	借方金额	贷方金额	余额	借（贷）方余额分析
月	日						

政府会计主体通常要设置下列明细分类账。

①支出明细账。

支出明细账是反映具体开支项目的明细账。支出明细账的格式一般采用多栏式，按预算支出的"目"级科目设账户，按主管部门或财政部门规定的"节"级科目设专栏。

各会计主体对经费支出和拨出经费，应分别设置明细账，按开支用途设账户，登记支出的明细内容。

②收入明细账。

收入明细账是反映具体收入项目的明细账。其格式一般采用多栏式，按主要收入项目或收入单位设账户，按具体收入项目设专栏。

各会计主体对财政拨款收入和其他收入，应设置相应的收入明细账，按主要收入项目设账户。

③缴拨款项明细账。缴拨款项明细账是反映财政机关与主管单位、主管单位与二级单位及基层单位之间，预算资金的拨入、拨出和专项资金的上缴、下拨情况的明细账。其格式通常采用三栏式。

上级单位对下级单位上缴的资金和下拨的支出，应设置相应的明细账，按下级单位名称设账户。下级单位对上缴上级的收入和上级下拨的资金，只设总账，不设明细账。

④往来款项明细账。往来款项明细账是用来反映债权、债务结算情况的明细账。各单位一般应对应收账款、预付账款、其他应收款、应付账款等分别设置往来款项明细账，按往来的单位或个人名称设置账户。其格式可采用三栏式或多栏式。

⑤固定资产明细账。固定资产明细账是具体核算各种固定资产增减变化和结存情况的明细账，按照固定资产的类别和名称分设账户。其格式一般可采用数量金额三栏式，会计人员根据原始凭证逐笔登记。

⑥存货明细账。存货明细账是具体核算各种存货收发和结存情况的明细账，按照存货的类别和品名分设账户。其格式一般采用数量金额三栏式，会计人员根据原始凭证逐笔登记。

（3）备查簿。

备查簿是对某些在日记账和分类账等主要账簿中未能记录或记载不全的经济业务进行补充登记的账簿，是一种辅助性的账簿，它可以为经营管理者提供必要的参考资料，如应收票据备查簿、租入固定资产备查簿等。备查簿没有固定格式，它与其他账簿之间不存在严密的勾稽关系。

2. 账簿按其外表形式分类

（1）订本式账簿。

订本式账簿简称订本账，订本账是在启用前就已经按顺序编号并固定装订成册的账簿，现金日记账、银行存款日记账和总分类账一般为订本账。其优点是可以防止账页散失或抽换账页；其缺点是账页固定后，不能确定各账户应该预留多少账页，也不便于会计人员分工记账。

（2）活页式账簿。

活页式账簿简称活页账，活页账是在启用前和使用过程中把账页置于活页账夹内，随时可以取放账页的账簿。活页账适用于一般明细分类账，其优点是可根据实际需要，灵活使用，也便于分工记账；其缺点是账页容易散失和被抽换。为了克服这个缺点，使用活页账时必须要按账页顺序编号，期末装订成册，加编目录，并由有关人员盖章后保存。

（3）卡片式账簿。

卡片式账簿简称卡片账，卡片账是由许多具有账页格式的硬纸卡片组成，存放在卡片箱中的一种账簿。卡片账多用于记录固定资产、存货等实物资产。其缺点与活页账基本相同，使用卡片账一般不需要每年更换账页。

2.3.2 会计账簿的使用

由于会计账簿是政府会计主体经济业务的具体记录，因此，对其使用也有严格的要求。

（1）除财政总预算会计中按放款期限设置的财政周转金放款明细账可以跨年度使用外，其他会计账簿的使用以每一会计年度为限。对于账簿的启用，应该填写"经管人员一览表"和"账簿目录"，并将其附于账簿扉页。经管人员一览表和账簿目录的格式如表 2-12、表 2-13 所示。

表 2-12　　　　　　　经管人员一览表格式

经管人员一览表

单位名称			
账簿名称			
账簿页数	从第　　页起至第　　页止　　共　　页		
启用日期	年　　月　　日		
会计机构负责人		会计主管人员	

经管人员		经管日期		移交日期	
接办人员		接管日期		监交日期	

表 2-13　　　　　　　　　账簿目录的格式

<u>账簿目录</u>

科目编号和名称	页号	科目编号和名称	页号

（2）登记会计账簿必须及时准确、日清月结，文字和数字的书写必须清晰整洁。

（3）手工记账不得使用铅笔、圆珠笔，必须使用蓝、黑色墨水笔，其中红色墨水只能用于登记收入负数、划线、改错、冲账。

（4）会计账簿必须按照编定的页数连续记载，不得隔页、跳行。如因工作疏忽发生跳行或隔页，应当将空行、空页划线注销，并由记账人员签字盖章。

（5）会计账簿应根据经审核的会计凭证登记。记账时，将记账凭证的编号记入账簿内；记账后，在记账凭证上用"√"符号予以标明，表示已经将其入账。

（6）会计账簿如填写错误，不得随意更改，应当按照规定的方法采用划线更正法、红字更正法进行更正。

（7）各种账簿记录应该按月结账，计算出本期发生额和期末余额。

2.3.3　会计账簿的错误更正方法

由于记账人员疏忽或其他原因，会计账簿很有可能出现填写错误的现象，在这种情况下，不得采用挖补、涂抹、刮擦或涂修正液等方法来弥补，而必须按照规定的方法更正。

1．划线更正法

划线更正法是在错误的文字或数字正中横划一条红线表示注销，然后将正确的文字或数字用蓝字写在划线的上面，并在更正处加盖记账人员的图章。

这种方法适用于在结账之前发现了账簿记录文字或数字的错误，而记账凭证本身没有错误的情况。

2. 红字更正法

红字更正法的具体做法是先用红字填制一张与错误记账凭证内容完全相同的记账凭证，并根据这张凭证以红字入账，然后再用蓝字填制一张正确的记账凭证，并根据这张凭证以蓝字入账。

这种方法适用于在月末结账后，发现账簿登记串户，但记账凭证并无错误的情况。另外，如果发现记账凭证错误而使账簿登记发生错误的情况，则在月末结账前后，均可使用这种方法。

2.3.4 账簿的更换与保管

账簿更换是在会计年度末，将本年旧账更换为下年度新账。

账簿更换的方法是：在年终结账时，将需要更换账的有余额的各账户的年末余额直接过入新启用的有关账户中去，不需要编制记账凭证，也不必将余额再记入本年账户的借方或贷方，使本年有余额的账户的余额变为零。因为既然是年末有余额的账户，其余额应当如实地在账户中加以反映，否则容易混淆有余额的账户和没有余额的账户。

更换新账时，要注明各账户的年份，然后在第一行"日期"栏内写明"1月1日"，在"摘要"栏注明"上年结转"，把账户余额写入"余额"栏内，在此基础上登记新年度的会计事项。

除跨年使用的账簿外，其他账簿应按时整理归入会计档案保管。账簿归入会计档案进行保管的具体要求如表2-14所示。

表2-14　账簿归入会计档案进行保管的具体要求

归档阶段	具体工作要求
账簿装订前	首先，按账簿启用表的使用页数核对账户是否相符、账页是否齐全、序号排列是否连续；然后，按会计账簿封面、账簿启用表、账户目录和该账簿按页数顺序排序整理好的账页、会计账簿封底进行装订
账簿装订	装订活页账簿时，将账页填写齐全，去除空白页和账夹，并加具封底封面；多栏式活页账、三栏式活页账、数量金额式活页账等不得混装，应按同类业务、同类账页装订在一起；在装订账页的封面上填写好账簿的种类，编好卷号，由会计主管人员、装订人或经办人签章
账簿装订后	会计账簿应牢固、平整，不得有折角、缺角、错页、掉页、加空白纸的现象；会计账簿的封口要严密，封口处要加盖印章；封面应齐全、平整，并注明所属年度及账簿名称、编号，编号要一年一编，编号顺序是总账、现金日记账、银行存款日记账、分类明细账；旧账装订完毕后，按规定要求进行保管

2.4 政府会计的会计报表

政府会计主体应当至少按照年度编制财务报表和预算会计报表。

2.4.1 政府会计主体财务报表的种类

财务报表的编制主要以权责发生制为基础，是反映政府会计主体财务状况、运行状况和现金流量等的书面文件，由会计报表及其附注构成。根据反映经济内容的不同，政府会计主体的财务报表分为以下几种。

1. 资产负债表

资产负债表是反映政府会计主体在某一特定日期财务状况的报表。它是政府会计主体最基本、最重要的财务报表。资产负债表应当按照资产、负债和净资产分类、分项列示。

2. 收入费用表

收入费用表是反映政府会计主体在某一会计期间内发生的收入、费用及当期盈余情况的报表。收入费用表应当按照收入、费用和盈余情况分类、分项列示。

3. 净资产变动表

净资产变动表是反映政府会计主体在某一会计年度内净资产项目的变动情况的报表。净资产变动表应当按照累计盈余、专用基金、权益法调整、净资产合计等分别反映。

4. 现金流量表

现金流量表是反映政府会计主体在某一会计年度内现金流入和流出信息的报表。政府会计主体可根据实际情况自行选择是否编制现金流量表，如果编制，应当采用直接法编制。现金流量表应当按照日常活动、投资活动和筹资活动的现金流量分别反映。

5. 附注

附注是指对在会计报表中列示项目所做的进一步说明，以及对未能在会计报表中列示项目的说明等。附注是财务报表的重要组成部分。附注主要包括单位的基本情况、会计报表编制基础、遵循政府会计准则及制度的声明、重要会计政策和会计估计、会计报表重要项目说明、本年盈余与预算结余的差异情况说明和其他重要事项说明。

另外，根据编报的时间，政府会计主体的会计报表可分为月报和年报；按编制范围，又可分为本级报表和汇总报表。

2.4.2 政府会计主体预算会计报表的种类

预算会计报表的编制主要以收付实现制为基础，是反映政府会计主体预算执行情况的书面文件。根据反映经济内容的不同，政府会计主体的预算会计报表分为以下几种。

1．预算收入支出表

预算收入支出表是反映政府会计主体在某一会计年度内各项预算收入、预算支出和预算收支差额的情况的报表。预算收入支出表应当按照本年预算收入、本年预算支出和本年预算收支差额分类、分项列示。

2．预算结转结余变动表

预算结转结余变动表是反映政府会计主体在某一会计年度内预算结转结余的变动情况的报表。预算结转结余变动表应当按照年初预算结转结余、年初余额调整、本年变动金额和年末预算结转结余分类、分项列示。

3．财政拨款预算收入支出表

财政拨款预算收入支出表是反映政府会计主体本年财政拨款预算资金收入、支出及相关变动的具体情况的报表。

2.4.3 政府会计主体报表的编制要求

政府会计主体的财务报表和预算会计报表是自身经济业务的基本反映，也是上级考核的基本依据。政府会计主体编制财务报表和预算会计报表时必须遵循以下要求。

1．报表中的数字必须真实、完整

真实是指报表所反映的经济事项都是政府会计主体客观发生的，据以反映的数字没有虚构成分；完整是指报表反映了政府会计主体的所有经济业务情况，据以反映的数字没有遗漏任何经济事项。这一点是要求政府会计主体的财务报表和预算会计报表没有高估或低估经济事项。

2．报表中的数字运算必须准确

政府会计主体的财务报表和预算会计报表中的数字除了要符合真实性和完整性要求外，还必须正确地加以运算，保持报表各项目以及各报表之间的勾稽关系。

3．报送及时

政府会计主体在会计期间结束时应当及时编制财务报表和预算会计报表，并如期报出财务报表和预算会计报表。

2.5 账务处理程序

账务处理程序是指各种会计凭证和账簿之间的相互联系和登记程序。在不同的单位中，设置不同的会计凭证和账簿，它们之间有着不同但相互联系和登记程序。账务处理程序有很多种，目前，政府会计大多采用科目汇总表账务处理程序。科目汇总表账务处理程序如图2-7所示。

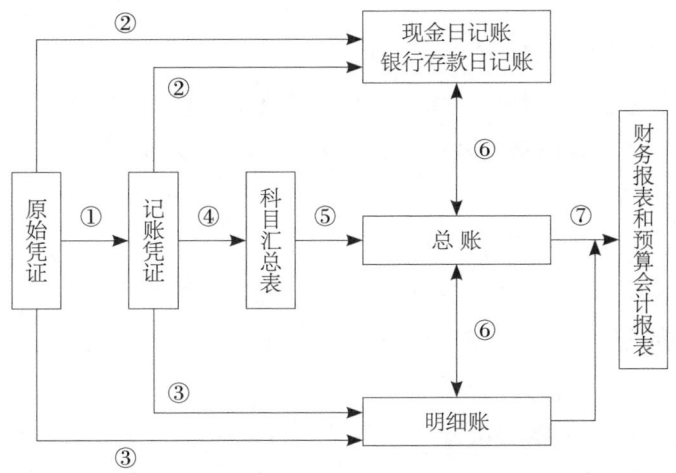

① 根据原始凭证（或原始凭证汇总表）填制记账凭证；② 根据有关货币资金的记账凭证及原始凭证登记现金日记账和银行存款日记账；③ 根据记账凭证及原始凭证登记各种明细账；④ 根据记账凭证编制科目汇总表；⑤ 根据科目汇总表登记总账；⑥ 将现金日记账和银行存款、日记账、明细账同总账的有关账户进行核对；⑦ 根据总账和明细账编制财务报表和预算会计报表。

图2-7 科目汇总表账务处理程序

经济业务较少的单位，可以采用记账凭证的账务处理程序，即直接根据记账凭证登记总账，不编制科目汇总表。

账务处理程序并不是固定不变的。各单位可根据自身经济业务繁简和人员分工等情况处理账务处理程序中的某些具体问题。合理组织账务处理程序，不但可以使会计工作有条不紊地进行，而且可以提高会计工作效率，保证会计核算质量。

第 3 章 资产类科目的使用规则

1001 库存现金

一、本科目核算单位的库存现金。

二、单位应当严格按照国家有关现金管理的规定收支现金，并按照《政府会计制度》规定核算现金的各项收支业务。本科目应当设置"受托代理资产"明细科目，核算单位受托代理、代管的现金。

三、库存现金的主要账务处理如下。

（一）从银行等金融机构提取现金，按照实际提取的金额，借记本科目，贷记"银行存款"科目；将现金存入银行等金融机构，按照实际存入金额，借记"银行存款"科目，贷记本科目。

根据规定从单位零余额账户提取现金，按照实际提取的金额，借记本科目，贷记"零余额账户用款额度"科目。将现金退回单位零余额账户，按照实际退回的金额，借记"零余额账户用款额度"科目，贷记本科目。

【例 3-1】提取现金的会计核算

某单位于 2×19 年 12 月 20 日从甲银行账户提取现金 500 元作为备用金。其账务处理如下。

财务会计：

借：库存现金   500

　　贷：银行存款   500

预算会计无分录。

【例 3-2】退回现金的会计核算

某单位于 2×19 年 12 月 25 日将内部职工出差退回的 300 元存入甲银行账户。账务处理如下。

财务会计：

借：银行存款   300

　　贷：库存现金   300

预算会计无分录。

（二）因内部职工出差等原因借出的现金，按照实际借出的现金金额，借记"其他应收款"科目，贷记本科目。出差人员报销差旅费时，按照实际报销的金额，借记"业务活动费用""单位管理费用"等科目，按照实际借出的现金金额，贷记"其他应收款"科目，按照其差额，借记或贷记本科目。

【例3-3】借出现金的会计核算

某事业单位内部职工张三于2×19年2月10日借出2 000元现金作为差旅费，2×19年3月10日最终报销1 800元，归还200元。账务处理如下。

2×19年2月10日借出现金时。

财务会计：

借：其他应收款——张三　　　　　　　　　　　　　　　2 000

　　贷：库存现金　　　　　　　　　　　　　　　　　　2 000

预算会计无分录。

2×19年3月10日实际报销时。

财务会计：

借：业务活动费用　　　　　　　　　　　　　　　　　1 800

　　库存现金　　　　　　　　　　　　　　　　　　　200

　　贷：其他应收款——张三　　　　　　　　　　　　2 000

预算会计：

借：事业支出　　　　　　　　　　　　　　　　　　　1 800

　　贷：资金结存——货币资金　　　　　　　　　　　1 800

（三）因提供服务、物品或者其他事项收到现金，按照实际收到的金额，借记本科目，贷记"事业收入""应收账款"等相关科目。涉及增值税业务的，相关账务处理参见"应交增值税"科目。

因购买服务、物品或者其他事项支付现金，按照实际支付的金额，借记"业务活动费用""单位管理费用""库存物品"等相关科目，贷记本科目。涉及增值税业务的，相关账务处理参见"应交增值税"科目。以库存现金对外捐赠，按照实际捐出的金额，借记"其他费用"科目，贷记本科目。

【例3-4】收到现金的会计核算

2×19年6月20日，某事业单位因向乙企业提供相关服务获取了400元收益。账务处理如下。

财务会计：

借：库存现金　　　　　　　　　　　　　　　　　　　400

贷：事业收入　　　　　　　　　　　　　　　　　　400
　预算会计：
　　借：资金结存——货币资金　　　　　　　　　　　　400
　　　贷：事业预算收入　　　　　　　　　　　　　　　400

【例 3-5】支付现金的会计核算

2×19 年 6 月 30 日，某行政单位用现金支付办公用品费 150 元。其账务处理如下。

　财务会计：
　　借：业务活动费用　　　　　　　　　　　　　　　　150
　　　贷：库存现金　　　　　　　　　　　　　　　　　150
　预算会计：
　　借：行政支出　　　　　　　　　　　　　　　　　　150
　　　贷：资金结存——货币资金　　　　　　　　　　　150

【例 3-6】对外捐赠现金的会计核算

2×19 年 8 月 30 日，某事业单位向希望工程捐赠现金 20 000 元。其账务处理如下。

　财务会计：
　　借：其他费用　　　　　　　　　　　　　　　　　20 000
　　　贷：库存现金　　　　　　　　　　　　　　　　20 000
　预算会计：
　　借：其他支出　　　　　　　　　　　　　　　　　20 000
　　　贷：资金结存——货币资金　　　　　　　　　　20 000

（四）收到受托代理、代管的现金，按照实际收到的金额，借记本科目（受托代理资产），贷记"受托代理负债"科目；支付受托代理、代管的现金，按照实际支付的金额，借记"受托代理负债"科目，贷记本科目（受托代理资产）。

【例 3-7】收到受托代理、代管的现金的会计核算

某单位于 2×19 年 6 月 30 日收到 X 公司委托代理货币捐赠 50 000 元，专用于资助某村贫困学生上学。该单位应做以下账务处理。

　财务会计：
　　借：库存现金——受托代理资产　　　　　　　　　50 000
　　　贷：受托代理负债　　　　　　　　　　　　　　50 000
　预算会计无分录。

该单位于2×19年10月30日将资助款用于给该村贫困学生采购学习用品和书籍。账务处理如下。

财务会计：

借：受托代理负债 50 000
　　贷：库存现金——受托代理资产 50 000

预算会计无分录。

四、单位应当设置"库存现金日记账"，由出纳人员根据收付款凭证，按照业务发生顺序逐笔登记。每日终了，应当计算当日的现金收入合计数、现金支出合计数和结余数，并将结余数与实际库存数相核对，做到账款相符。每日账款核对中发现有待查明原因的现金短缺或溢余的，应当通过"待处理财产损溢"科目核算。属于现金溢余，应当按照实际溢余的金额，借记本科目，贷记"待处理财产损溢"科目；属于现金短缺，应当按照实际短缺的金额，借记"待处理财产损溢"科目，贷记本科目。待查明原因后及时进行账务处理，具体内容参见"待处理财产损溢"科目。

【例3-8】现金溢余的会计核算

某单位出纳人员在当日结账时发现现金溢余1 200元，经调查发现其中1 000元应支付给内部职员李四（已支付），剩余金额无法查明原因，报经批准后计入其他收入。账务处理如下。

发现现金溢余时。

财务会计：

借：库存现金 1 200
　　贷：待处理财产损溢 1 200

预算会计：

借：资金结存——货币资金 1 200
　　贷：其他预算收入 1 200

报经批准后。

财务会计：

借：待处理财产损溢 1 200
　　贷：其他应付款——李四 1 000
　　　　其他收入 200

借：其他应付款——李四 1 000
　　贷：库存现金 1 000

预算会计：

借：其他预算收入　　　　　　　　　　　　　　　　1 000

　　贷：资金结存——货币资金　　　　　　　　　　　　　1 000

【例 3-9】现金短缺的会计核算

某单位出纳人员在当日结账时发现现金短缺 2 000 元，由于无法查清短款原因，报经批准后，由责任人王刚赔偿 500 元（已赔偿），其余短款计入当期费用。账务处理如下。

发现现金短缺时。

财务会计：

借：待处理财产损溢　　　　　　　　　　　　　　　2 000

　　贷：库存现金　　　　　　　　　　　　　　　　　　2 000

预算会计：

借：其他支出　　　　　　　　　　　　　　　　　　2 000

　　贷：资金结存——货币资金　　　　　　　　　　　　2 000

报经批准后。

财务会计：

借：其他应收款——王刚　　　　　　　　　　　　　500

　　资产处置费用　　　　　　　　　　　　　　　　1 500

　　贷：待处理财产损溢　　　　　　　　　　　　　　　2 000

借：库存现金　　　　　　　　　　　　　　　　　　500

　　贷：其他应收款——王刚　　　　　　　　　　　　　500

预算会计：

借：资金结存——货币资金　　　　　　　　　　　　500

　　贷：其他支出　　　　　　　　　　　　　　　　　　500

五、现金收入业务繁多、单独设有收款部门的单位，收款部门的收款员应当将每天所收现金连同收款凭据一并交财务部门核收记账，或者将每天所收现金直接送存开户银行后，将收款凭据及向银行送存现金的凭证等一并交财务部门核收记账。

六、单位有外币现金的，应当分别按照人民币、外币种类设置"库存现金日记账"进行明细核算。有关外币现金业务的账务处理参见"银行存款"科目的相关规定。

七、本科目期末借方余额，反映单位实际持有的库存现金。

1002 银行存款

一、本科目核算单位存入银行或者其他金融机构的各种存款。

二、单位应当严格按照国家有关支付结算办法的规定办理银行存款收支业务，并按照《政府会计制度》规定核算银行存款的各项收支业务。

本科目应当设置"受托代理资产"明细科目，核算单位受托代理、代管的银行存款。

三、银行存款的主要账务处理如下。

（一）将款项存入银行或者其他金融机构，按照实际存入的金额，借记本科目，贷记"库存现金""应收账款""事业收入""经营收入""其他收入"等相关科目。涉及增值税业务的，相关账务处理参见"应交增值税"科目。收到银行存款利息，按照实际收到的金额，借记本科目，贷记"利息收入"科目。

【例3-10】将款项存入银行的会计核算

某事业单位于2×19年12月1日将因提供相关服务获取的30 000元收入存入甲银行账户。账务处理如下。

财务会计：

借：银行存款　　　　　　　　　　　　　　　　30 000
　　贷：事业收入　　　　　　　　　　　　　　　30 000

预算会计：

借：资金结存——货币资金　　　　　　　　　　30 000
　　贷：事业预算收入　　　　　　　　　　　　　30 000

【例3-11】收到利息的会计核算

某行政单位期末收到银行存款利息共计2 000元，应做以下账务处理。

财务会计：

借：银行存款　　　　　　　　　　　　　　　　2 000
　　贷：利息收入　　　　　　　　　　　　　　　2 000

预算会计：

借：资金结存——货币资金　　　　　　　　　　2 000
　　贷：其他预算收入　　　　　　　　　　　　　2 000

（二）从银行等金融机构提取现金，按照实际提取的金额，借记"库存现金"科目，贷记本科目。

【例3-12】提取现金的会计核算

某单位于2×19年1月1日从甲银行账户提取现金1 000元作为备用金。账务处理如下。

财务会计：

借：库存现金　　　　　　　　　　　　　　　　　　　　　　　　1 000

　　贷：银行存款　　　　　　　　　　　　　　　　　　　　　　　1 000

预算会计无分录。

（三）以银行存款支付相关费用，按照实际支付的金额，借记"业务活动费用""单位管理费用""其他费用"等相关科目，贷记本科目。涉及增值税业务的，相关账务处理参见"应交增值税"科目。以银行存款对外捐赠，按照实际捐出的金额，借记"其他费用"科目，贷记本科目。

【例3-13】支付费用的会计核算（1）

某行政单位以银行转账方式购置文件柜、纸、笔、书桌等办公用品，共计3 000元，应做以下账务处理。

财务会计：

借：业务活动费用　　　　　　　　　　　　　　　　　　　　　　3 000

　　贷：银行存款　　　　　　　　　　　　　　　　　　　　　　　3 000

预算会计：

借：行政支出　　　　　　　　　　　　　　　　　　　　　　　　3 000

　　贷：资金结存——货币资金　　　　　　　　　　　　　　　　　3 000

【例3-14】支付费用的会计核算（2）

某行政单位因办理询证业务支付银行手续费200元，应做以下账务处理。

财务会计：

借：业务活动费用　　　　　　　　　　　　　　　　　　　　　　　200

　　贷：银行存款　　　　　　　　　　　　　　　　　　　　　　　　200

预算会计：

借：行政支出　　　　　　　　　　　　　　　　　　　　　　　　　200

　　贷：资金结存——货币资金　　　　　　　　　　　　　　　　　　200

（四）收到受托代理、代管的银行存款，按照实际收到的金额，借记本科目（受托代理资产），贷记"受托代理负债"科目；支付受托代理、代管的银行存款，按照实际支付的金额，借记"受托代理负债"科目，贷记本科目（受托代理资产）。

【例3-15】收到和支付受托代理、代管银行存款的会计核算

某事业单位受托代理海外校友基金会货币捐赠100万元,准备用于建立某专项科研资助基金。该单位根据有关凭证,编制以下会计分录。

收到受托代理资产时。

财务会计:

借:银行存款——受托代理资产　　　　　　　　1 000 000
　　贷:受托代理负债　　　　　　　　　　　　　　　　1 000 000

预算会计无分录。

转出受托代理资产时。

财务会计:

借:受托代理负债　　　　　　　　　　　　　　1 000 000
　　贷:银行存款——受托代理资产　　　　　　　　　　1 000 000

预算会计无分录。

四、单位发生外币业务的,应当按照业务发生当日的即期汇率,将外币金额折算为人民币金额记账,并登记外币金额和汇率。期末,各种外币账户的期末余额,应当按照期末的即期汇率折算为人民币,作为外币账户期末人民币余额。调整后的各种外币账户人民币余额与原账面余额的差额,作为汇兑损益计入当期费用。

(一)以外币购买物资、设备等,按照购入当日的即期汇率将支付的外币或应支付的外币折算为人民币金额,借记"库存物品"等科目,贷记本科目、"应付账款"等科目的外币账户。涉及增值税业务的,相关账务处理参见"应交增值税"科目。

(二)销售物品、提供服务以外币收取相关款项等,按照收入确认当日的即期汇率,将收取的外币或应收取的外币折算为人民币金额,借记本科目、"应收账款"等科目的外币账户,贷记"事业收入"等相关科目。

(三)期末,各外币银行存款账户按照期末汇率调整后的人民币余额与原账面人民币余额的差额,作为汇兑损益,借记或贷记本科目,贷记或借记"业务活动费用""单位管理费用"等科目。"应收账款""应付账款"等科目有关外币账户期末汇率调整业务的账务处理参照本科目。

【例3-16】以外币购买物资、设备的会计核算

2×19年11月1日某事业单位的美元银行存款账户余额为500 000美元,折合3 300 000元人民币;11月6日该单位以200 000美元的价格从国外购进一批固定资产,

当日的汇率为 1 美元 =6.53 元人民币；11 月 31 日的汇率为 1 美元 =6.50 元人民币。账务处理如下。

购进固定资产时。

财务会计：

借：固定资产　　　　　　　　　　　　　　　　　　　　1 306 000

　　贷：银行存款——美元户　　　　　　　　　　　　　　　　1 306 000

预算会计：

借：事业支出　　　　　　　　　　　　　　　　　　　　1 306 000

　　贷：资金结存——货币资金　　　　　　　　　　　　　　　1 306 000

月底计算汇兑损益时。

计算汇兑损益前"银行存款——美元户"的余额 =3 300 000-1 306 000=1 994 000（元）

月末美元账户余额折合人民币金额 =（500 000-200 000）×6.50=1 950 000（元）

11 月汇兑损失 =1 994 000-1 950 000=44 000（元）

财务会计：

借：业务活动费用——汇兑损失　　　　　　　　　　　　　44 000

　　贷：银行存款　　　　　　　　　　　　　　　　　　　　　44 000

预算会计：

借：事业支出——汇兑损失　　　　　　　　　　　　　　　44 000

　　贷：资金结存——货币资金　　　　　　　　　　　　　　　44 000

五、单位应当按照开户银行或其他金融机构、存款种类及币种等，分别设置"银行存款日记账"，由出纳人员根据收付款凭证，按照业务的发生顺序逐笔登记，每日终了应结出余额。"银行存款日记账"应定期与"银行对账单"核对，至少每月核对一次。月度终了，单位银行存款日记账账面余额与银行对账单余额之间如有差额，应当逐笔查明原因并进行处理，按月编制"银行存款余额调节表"，调节相符。

六、本科目期末借方余额，反映单位实际存放在银行或其他金融机构的款项。

1011　零余额账户用款额度

一、本科目核算实行国库集中支付的单位根据财政部门批复的用款计划收到和支用的零余额账户用款额度。

二、零余额账户用款额度的主要账务处理如下。

（一）收到额度。

单位收到"财政授权支付额度到账通知书"时，根据通知书所列金额，借记本科目，贷记"财政拨款收入"科目。

【例3-17】单位收到"财政授权支付额度到账通知书"时的会计核算

某行政单位收到财政授权支付额度到账通知书，收到财政拨款200 000元，应做以下会计分录。

财务会计：

借：零余额账户用款额度	200 000
贷：财政拨款收入	200 000

预算会计：

借：资金结存——零余额账户用款额度	200 000
贷：财政拨款预算收入	200 000

（二）支用额度。

1. 支付日常活动费用时，按照支付的金额，借记"业务活动费用""单位管理费用"等科目，贷记本科目。

2. 购买库存物品或购建固定资产，按照实际发生的成本，借记"库存物品""固定资产""在建工程"等科目，按照实际支付或应付的金额，贷记本科目、"应付账款"等科目。涉及增值税业务的，相关账务处理参见"应交增值税"科目。

【例3-18】购买库存物品的会计核算

某行政单位使用零余额账户用款额度50 000元购进一批存货，应做以下会计分录。

财务会计：

借：库存物品	50 000
贷：零余额账户用款额度	50 000

预算会计：

借：行政支出	50 000
贷：资金结存——零余额账户用款额度	50 000

3. 从零余额账户提取现金时，按照实际提取的金额，借记"库存现金"科目，贷记本科目。

【例3-19】 从零余额账户提取现金时的会计核算

2×19年6月10日,某行政单位从零余额账户中提现2 000元,应做以下会计分录。

财务会计:

借:库存现金 2 000
　　贷:零余额账户用款额度 2 000

预算会计:

借:资金结存——货币资金 2 000
　　贷:资金结存——零余额账户用款额度 2 000

2×19年6月30日,该行政单位将剩余的500元现金退回单位零余额账户,应做以下会计分录。

财务会计:

借:零余额账户用款额度 500
　　贷:库存现金 500

预算会计:

借:资金结存——零余额账户用款额度 500
　　贷:资金结存——货币资金 500

(三)因购货退回等发生财政授权支付额度退回的,按照退回的金额,借记本科目,贷记"库存物品"等科目。

【例3-20】 因购货退回等发生财政授权支付额度退回的会计核算

某事业单位于2×19年11月30日因购货退回发生2 500元国库授权支付额度退回,退回的货物于2×19年6月30日用本年授权支付的款项购买。该单位应做以下会计分录。

财务会计:

借:零余额账户用款额度 2 500
　　贷:库存物品 2 500

预算会计:

借:资金结存——零余额账户用款额度 2 500
　　贷:事业支出 2 500

若该批退回的货物是用以前年度授权支付的款项购买的。该单位应做以下会计分录。

财务会计:

借:零余额账户用款额度 2 500

　　　　贷：库存物品　　　　　　　　　　　　　　　　　　　2 500
　　预算会计：
　　　　借：资金结存——零余额账户用款额度　　　　　　　　2 500
　　　　贷：财政拨款结余——年初余额调整　　　　　　　　　2 500
　　（四）年末，根据代理银行提供的对账单做注销额度的相关账务处理，借记"财政应返还额度——财政授权支付"科目，贷记本科目。年末，单位本年度财政授权支付预算指标数大于零余额账户用款额度下达数的，根据未下达的用款额度，借记"财政应返还额度——财政授权支付"科目，贷记"财政拨款收入"科目。下年初，单位根据代理银行提供的上年度注销额度恢复到账通知书做恢复额度的相关账务处理，借记本科目，贷记"财政应返还额度——财政授权支付"科目。单位收到财政部门批复的上年未下达零余额账户用款额度，借记本科目，贷记"财政应返还额度——财政授权支付"科目。

　　【例3-21】根据代理银行提供的对账单做注销额度的会计核算
　　2×19年末，某单位的代理银行提供的对账单中注明注销额度为300 000元，应做以下账务处理。
　　财务会计：
　　　　借：财政应返还额度——财政授权支付　　　　　　　300 000
　　　　贷：零余额账户用款额度　　　　　　　　　　　　　300 000
　　预算会计：
　　　　借：资金结存——财政应返还额度　　　　　　　　　300 000
　　　　贷：资金结存——零余额账户用款额度　　　　　　　300 000

　　【例3-22】单位本年度财政授权支付预算指标数大于零余额账户用款额度下达数的会计核算
　　某单位当年财政授权支付的预算指标数为1 000 000元，当年零余额账户用款额度下达数为800 000元。年末，该单位应做以下账务处理。
　　财务会计：
　　　　借：财政应返还额度——财政授权支付　　　　　　　200 000
　　　　贷：财政拨款收入　　　　　　　　　　　　　　　　200 000
　　预算会计：
　　　　借：资金结存——财政应返还额度　　　　　　　　　200 000
　　　　贷：财政拨款预算收入　　　　　　　　　　　　　　200 000

【例 3-23】 单位根据代理银行提供的上年度注销额度恢复到账通知书做恢复额度的会计核算

沿用【例 3-21】。下年初，该单位收到代理银行提供的额度恢复到账通知书，注明恢复额度为 300 000 元，应做以下会计处理。

财务会计：

借：零余额账户用款额度　　　　　　　　　　　　　　300 000
　　贷：财政应返还额度——财政授权支付　　　　　　　　300 000

预算会计：

借：资金结存——零余额账户用款额度　　　　　　　　300 000
　　贷：资金结存——财政应返还额度　　　　　　　　　　300 000

三、本科目期末借方余额，反映单位尚未支用的零余额账户用款额度。年末注销单位零余额账户用款额度后，本科目应无余额。

1021　其他货币资金

一、本科目核算单位的外埠存款、银行本票存款、银行汇票存款、信用卡存款等各种其他货币资金。

二、本科目应当设置"外埠存款""银行本票存款""银行汇票存款""信用卡存款"等明细科目，进行明细核算。

三、其他货币资金的主要账务处理如下。

（一）单位按照有关规定需要在异地开立银行账户，将款项委托本地银行汇往异地开立账户时，借记本科目，贷记"银行存款"科目。收到采购员交来供应单位发票账单等报销凭证时，借记"库存物品"等科目，贷记本科目。将多余的外埠存款转回本地银行时，根据银行的收账通知，借记"银行存款"科目，贷记本科目。

（二）将款项交存银行取得银行本票、银行汇票，按照取得的银行本票、银行汇票金额，借记本科目，贷记"银行存款"科目。使用银行本票、银行汇票购买库存物品等资产时，按照实际支付金额，借记"库存物品"等科目，贷记本科目。如有余款或因本票、汇票超过付款期等原因而退回款项，按照退款金额，借记"银行存款"科目，贷记本科目。

【例 3-24】 取得银行本票的会计核算

某单位取得一张金额为 20 000 元的银行本票。该业务的账务处理如下。

财务会计：

借：其他货币资金——银行本票存款　　　　　　　　　20 000
　　贷：银行存款　　　　　　　　　　　　　　　　　　20 000
预算会计无分录。

【例 3-25】使用银行本票、银行汇票购买库存物品的会计核算

某事业单位用银行汇票购买一批金额为 15 000 元的存货。其账务处理如下。

财务会计：

借：库存物品　　　　　　　　　　　　　　　　　　　15 000
　　贷：其他货币资金——银行汇票存款　　　　　　　　15 000

预算会计：

借：事业支出　　　　　　　　　　　　　　　　　　　15 000
　　贷：资金结存——货币资金　　　　　　　　　　　　15 000

【例 3-26】退回款项的会计核算

2×19 年末，银行将某单位银行汇票的余额 5 000 元退回。该业务的账务处理如下。

财务会计：

借：银行存款　　　　　　　　　　　　　　　　　　　5 000
　　贷：其他货币资金——银行汇票存款　　　　　　　　5 000

预算会计无分录。

（三）将款项交存银行取得信用卡，按照交存金额，借记本科目，贷记"银行存款"科目。用信用卡购物或支付有关费用，按照实际支付金额，借记"单位管理费用""库存物品"等科目，贷记本科目。单位信用卡在使用过程中，需向其账户续存资金的，按照续存金额，借记本科目，贷记"银行存款"科目。

四、单位应当加强对其他货币资金的管理，及时办理结算，对于逾期尚未办理结算的银行汇票、银行本票等，应当按照规定及时转回，并按照上述规定进行相应账务处理。

五、本科目期末借方余额，反映单位实际持有的其他货币资金。

1101　短期投资

一、本科目核算事业单位按照规定取得的，持有时间不超过 1 年（含 1 年）的投资。

二、本科目应当按照投资的种类等进行明细核算。

三、短期投资的主要账务处理如下。

（一）取得短期投资时，按照确定的投资成本，借记本科目，贷记"银行存款"等科目。收到取得投资时实际支付价款中包含的已到付息期但尚未领取的利息，按照实际收到的金额，借记"银行存款"科目，贷记本科目。

【例3-27】取得短期投资时的会计核算

3月1日，某事业单位以银行存款购买51 000元的有价债券，其中包含已到付息期但尚未领取的利息1 000元，该事业单位准备9个月之内出售。

财务会计：

借：短期投资	51 000
贷：银行存款	51 000
借：银行存款	1 000
贷：短期投资	1 000

预算会计：

借：投资支出	51 000
贷：资金结存——货币资金	51 000
借：资金结存——货币资金	1 000
贷：投资支出	1 000

（二）收到短期投资持有期间的利息，按照实际收到的金额，借记"银行存款"科目，贷记"投资收益"科目。

【例3-28】收到短期投资持有期间的利息的会计核算

沿用【例3-27】。6月1日，该事业单位收到持有该债券利息500元。

财务会计：

借：银行存款	500
贷：投资收益	500

预算会计：

借：资金结存——货币资金	500
贷：投资预算收益	500

（三）出售短期投资或到期收回短期投资本息，按照实际收到的金额，借记"银行存款"科目，按照出售或收回短期投资的账面余额，贷记本科目，按照其差额，借记或贷记"投资收益"科目。涉及增值税业务的，相关账务处理参见"应交增值税"科目。

【例3-29】出售短期投资或到期收回短期投资本息的会计核算

沿用【例3-28】。12月1日，该单位出售该债券，收到50 500元，并收到持有期间的其他利息1 500元。

财务会计：

借：银行存款	52 000
贷：短期投资	50 000
投资收益	2 000

预算会计：

借：资金结存——货币资金	52 000
贷：投资预算收益	2 000
投资支出	50 000

四、本科目期末借方余额，反映事业单位持有短期投资的成本。

1201　财政应返还额度

一、本科目核算实行国库集中支付的单位应收财政返还的资金额度，包括可以使用的以前年度财政直接支付资金额度和财政应返还的财政授权支付资金额度。

二、本科目应当设置"财政直接支付""财政授权支付"两个明细科目进行明细核算。

三、财政应返还额度的主要账务处理如下。

（一）财政直接支付。

年末，单位根据本年度财政直接支付预算指标数大于当年财政直接支付实际发生数的差额，借记本科目（财政直接支付），贷记"财政拨款收入"科目。单位使用以前年度财政直接支付额度支付款项时，借记"业务活动费用""单位管理费用"等科目，贷记本科目（财政直接支付）。

【例3-30】财政直接支付下的会计核算

某事业单位发生以下业务。

（1）2×19年12月31日，本年度财政直接支付预算指标数为200 000元，当年财政直接支付实际支付数为180 000元。

财务会计：

借：财政应返还额度——财政直接支付	20 000
贷：财政拨款收入	20 000

预算会计：

借：资金结存——财政应返还额度　　　　　　　　　　20 000
　　贷：财政拨款预算收入　　　　　　　　　　　　　　　　20 000

（2）2×20年3月，以财政直接支付方式发生实际支出10 000元。

财务会计：

借：业务活动费用　　　　　　　　　　　　　　　　　10 000
　　贷：财政应返还额度——财政直接支付　　　　　　　　　10 000

预算会计：

借：事业支出　　　　　　　　　　　　　　　　　　　10 000
　　贷：资金结存——财政应返还额度　　　　　　　　　　　10 000

（二）财政授权支付。

年末，根据代理银行提供的对账单做注销额度的相关账务处理，借记本科目（财政授权支付），贷记"零余额账户用款额度"科目。年末，单位本年度财政授权支付预算指标数大于零余额账户用款额度下达数的，根据未下达的用款额度，借记本科目（财政授权支付），贷记"财政拨款收入"科目。下年初，单位根据代理银行提供的上年度注销额度恢复到账通知书做恢复额度的相关账务处理，借记"零余额账户用款额度"科目，贷记本科目（财政授权支付）。单位收到财政部门批复的上年未下达零余额账户用款额度，借记"零余额账户用款额度"科目，贷记本科目（财政授权支付）。

例题详见【例3-21】至【例3-23】。

四、本科目期末借方余额，反映单位应收财政返还的资金额度。

1211　应收票据

一、本科目核算事业单位因开展经营活动销售产品、提供有偿服务等而收到的商业汇票，包括银行承兑汇票和商业承兑汇票。

二、本科目应当按照开出、承兑商业汇票的单位等进行明细核算。

三、应收票据的主要账务处理如下。

（一）因销售产品、提供服务等收到商业汇票，按照商业汇票的票面金额，借记本科目，按照确认的收入金额，贷记"经营收入"等科目。涉及增值税业务的，相关账务处理参见"应交增值税"科目。

【例3-31】因销售产品、提供服务等收到商业汇票的会计核算

某事业单位发生以下业务：销售M产品一批给甲公司，货已发出，价款为

10 000 元，增值税税额为 1 300 元。按合同约定两个月后付款，甲公司交给该事业单位 1 张两个月到期的商业承兑汇票，面值为 11 300 元。其会计分录如下。

财务会计：
借：应收票据　　　　　　　　　　　　　　　　　　　　　　11 300
　　贷：经营收入　　　　　　　　　　　　　　　　　　　　　10 000
　　　　应交增值税——应交税金（销项税额）　　　　　　　　1 300
预算会计无分录。

（二）持未到期的商业汇票向银行贴现，按照实际收到的金额（即扣除贴现息后的净额），借记"银行存款"科目，按照贴现息金额，借记"经营费用"等科目，按照商业汇票的票面金额，贷记本科目 [无追索权] 或"短期借款"科目 [有追索权]。附追索权的商业汇票到期未发生追索事项的，按照商业汇票的票面金额，借记"短期借款"科目，贷记本科目。

【例 3-32】持未到期的商业汇票向银行贴现的会计核算

2×19 年 3 月 5 日，某事业单位持未到期面值为 10 000 元的商业汇票向银行贴现，到期日为 2×19 年 5 月 4 日，不附追索权，按 7.2% 的年贴现率贴现。该业务账务处理如下。

贴现天数为 60 天。

贴现利息 =10 000×60×7.2%÷360=120（元）

实付贴现金额 =10 000-120=9 880（元）

财务会计：
借：银行存款　　　　　　　　　　　　　　　　　　　　　　9 880
　　经营费用　　　　　　　　　　　　　　　　　　　　　　　120
　　贷：应收票据　　　　　　　　　　　　　　　　　　　　10 000
预算会计：
借：资金结存——货币资金　　　　　　　　　　　　　　　　9 880
　　贷：经营预算收入　　　　　　　　　　　　　　　　　　　9 880
若上述商业汇票附追索权，则账务处理如下。

财务会计：
借：银行存款　　　　　　　　　　　　　　　　　　　　　　9 880
　　经营费用　　　　　　　　　　　　　　　　　　　　　　　120
　　贷：短期借款　　　　　　　　　　　　　　　　　　　　10 000
预算会计：

借:资金结存——货币资金	9 880
贷:经营预算收入	9 880

(三)将持有的商业汇票背书转让以取得所需物资时,按照取得物资的成本,借记"库存物品"等科目,按照商业汇票的票面金额,贷记本科目,如有差额,借记或贷记"银行存款"等科目。涉及增值税业务的,相关账务处理参见"应交增值税"科目。

【例3-33】 将持有的商业汇票背书转让以取得所需物资时的会计核算

某事业单位将一张面值为5 000元的商业汇票背书转让给甲公司并支付1 000元差额,用以取得一批价值6 000元的货物。该业务的账务处理如下。

财务会计:

借:库存物品	6 000
贷:应收票据	5 000
银行存款	1 000

预算会计:

借:经营支出	1 000
贷:资金结存——货币资金	1 000

(四)商业汇票到期时,应当分以下情况处理。

1. 收回票款时,按照实际收到的商业汇票票面金额,借记"银行存款"科目,贷记本科目。

2. 因付款人无力支付票款,收到银行退回的商业承兑汇票、委托收款凭证、未付票款通知书或拒付款证明等,按照商业汇票的票面金额,借记"应收账款"科目,贷记本科目。

【例3-34】 商业汇票到期时的会计核算

某事业单位收到付款人承兑到期的商业汇票的票面金额10 000元。该业务的账务处理如下。

财务会计:

借:银行存款	10 000
贷:应收票据	10 000

预算会计:

借:资金结存——货币资金	10 000
贷:经营预算收入	10 000

若付款人无力支付票款时,账务处理如下。

财务会计：

借：应收账款　　　　　　　　　　　　　　　　　10 000
　　贷：应收票据　　　　　　　　　　　　　　　　　10 000

预算会计无分录。

四、事业单位应当设置"应收票据备查簿"，逐笔登记每一应收票据的种类、号数、出票日期、到期日、票面金额、交易合同号和付款人、承兑人、背书人姓名或单位名称、背书转让日、贴现日期、贴现率和贴现净额、收款日期、收回金额和退票情况等。

应收票据到期结清票款或退票后，应当在备查簿内逐笔注销。

五、本科目期末借方余额，反映事业单位持有的商业汇票票面金额。

1212　应收账款

一、本科目核算事业单位提供服务、销售产品等应收取的款项，以及单位因出租资产、出售物资等应收取的款项。

二、本科目应当按照债务单位（或个人）进行明细核算。

三、应收账款的主要账务处理如下。

（一）应收账款收回后不需上缴财政。

单位发生应收账款时，按照应收未收金额，借记本科目，贷记"事业收入""经营收入""租金收入""其他收入"等科目。涉及增值税业务的，相关账务处理参见"应交增值税"科目。收回应收账款时，按照实际收到的金额，借记"银行存款"等科目，贷记本科目。

【例3-35】应收账款收回后不需上缴财政的会计核算

2×19年，某向外提供劳务和产品的科研事业单位有关应收账款的业务如下。

6月5日，向甲公司提供劳务获得收入50 000元，不需要上缴财政。按照合同规定，这笔款项应在6月25日支付。

6月5日的会计分录如下。

财务会计：

借：应收账款　　　　　　　　　　　　　　　　　50 000
　　贷：经营收入　　　　　　　　　　　　　　　　　50 000

预算会计无分录。

6月25日收到款项时的会计分录如下。

财务会计：

借：银行存款 50 000
　　贷：应收账款 50 000

预算会计：

借：资金结存——货币资金 50 000
　　贷：经营预算收入 50 000

（二）应收账款收回后需上缴财政。

1. 单位出租资产发生应收未收租金款项时，按照应收未收金额，借记本科目，贷记"应缴财政款"科目。

收回应收账款时，按照实际收到的金额，借记"银行存款"等科目，贷记本科目。

2. 单位出售物资发生应收未收款项时，按照应收未收金额，借记本科目，贷记"应缴财政款"科目。

收回应收账款时，按照实际收到的金额，借记"银行存款"等科目，贷记本科目。

涉及增值税业务的，相关账务处理参见"应交增值税"科目。

【例3-36】应收账款收回后需上缴财政的会计核算

2×19年，某向外提供劳务和产品的科研事业单位有关应收账款的业务如下。

6月5日，向甲公司提供劳务获得收入50 000元，需要上缴财政。按照合同规定，这笔款项应在6月25日支付。

6月5日的会计分录如下。

财务会计：

借：应收账款 50 000
　　贷：应缴财政款 50 000

预算会计无分录。

6月25日收到款项时的会计分录如下。

财务会计：

借：银行存款 50 000
　　贷：应收账款 50 000

预算会计无分录。

四、事业单位应当于每年末，对收回后不需上缴财政的应收账款进行全面检查，如发生不能收回的迹象，应当计提坏账准备。

（一）对于账龄超过规定年限、确认无法收回的应收账款，按照规定报经批准后予以核销。按照核销金额，借记"坏账准备"科目，贷记本科目。核销的应收账款应在备查簿中保留登记。

（二）已核销的应收账款在以后期间又收回的，按照实际收回金额，借记本科目，贷记"坏账准备"科目；同时，借记"银行存款"等科目，贷记本科目。

【例 3-37】 不需上缴财政的应收账款不能收回的会计核算

沿用【例 3-35】。6月25日，该事业单位发现无法完全收回甲公司应收账款，按规定报经批准后予以核销10 000元。7月26日该事业单位收回50 000元应收账款。其账务处理如下。

6月25日的会计分录如下。

财务会计：

借：坏账准备　　　　　　　　　　　　　　　　10 000
　　贷：应收账款　　　　　　　　　　　　　　　　10 000

预算会计无分录。

7月26日收到款项时的会计分录如下。

财务会计：

借：银行存款　　　　　　　　　　　　　　　　50 000
　　贷：坏账准备　　　　　　　　　　　　　　　　10 000
　　　　应收账款　　　　　　　　　　　　　　　　40 000

预算会计：

借：资金结存——货币资金　　　　　　　　　　50 000
　　贷：非财政拨款结余　　　　　　　　　　　　　50 000

五、单位应当于每年年末，对收回后应当上缴财政的应收账款进行全面检查。

（一）对于账龄超过规定年限、确认无法收回的应收账款，按照规定报经批准后予以核销。按照核销金额，借记"应缴财政款"科目，贷记本科目。核销的应收账款应当在备查簿中保留登记。

（二）已核销的应收账款在以后期间又收回的，按照实际收回金额，借记"银行存款"等科目，贷记"应缴财政款"科目。

【例 3-38】 应当上缴财政的应收账款核销的会计核算

沿用【例 3-36】。6月25日，该事业单位发现无法完全收回甲公司应收账款，按规定报经批准后予以核销10 000元。7月26日该事业单位收回50 000元应收账款。

其账务处理如下。

6月25日的会计分录如下。

财务会计：

借：应缴财政款 10 000

　　贷：应收账款 10 000

预算会计无分录。

7月26日收到款项时的会计分录如下。

财务会计：

借：银行存款 50 000

　　贷：应缴财政款 50 000

预算会计无分录。

六、本科目期末借方余额，反映单位尚未收回的应收账款。

1214　预付账款

一、本科目核算单位按照购货、服务合同或协议规定预付给供应单位（或个人）的款项，以及按照合同规定向承包工程的施工企业预付的备料款和工程款。

二、本科目应当按照供应单位（或个人）及具体项目进行明细核算；对于基本建设项目发生的预付账款，还应当在本科目所属基建项目明细科目下设置"预付备料款""预付工程款""其他预付款"等明细科目，进行明细核算。

三、预付账款的主要账务处理如下。

（一）根据购货、服务合同或协议规定预付款项时，按照预付金额，借记本科目，贷记"财政拨款收入""零余额账户用款额度""银行存款"等科目。

【例3-39】根据购货、服务合同或协议规定预付款项的会计核算

2×19年1月10日，某行政单位与A公司签订购买合同，约定购买三台设备，价款共500 000元，该行政单位先预付30%的款项，应做以下会计处理。

财务会计：

借：预付账款——A公司 150 000

　　贷：银行存款 150 000

预算会计：

借：行政支出 150 000

贷：资金结存——货币资金　　　　　　　　　　　　　　　　　150 000

（二）收到所购资产或服务时，按照购入资产或服务的成本，借记"库存物品""固定资产""无形资产""业务活动费用"等相关科目，按照相关预付账款的账面余额，贷记本科目，按照实际补付的金额，贷记"财政拨款收入""零余额账户用款额度""银行存款"等科目。涉及增值税业务的，相关账务处理参见"应交增值税"科目。

【例3-40】收到所购资产或服务的会计核算

沿用【例3-39】。2×19年1月12日，A公司收到预付款后发货。1月15日，该行政单位验货后支付剩余70%的价款，应做以下会计处理。

财务会计：

借：固定资产　　　　　　　　　　　　　　　　　　　　　　500 000

　　贷：预付账款——A公司　　　　　　　　　　　　　　　　150 000

　　　　银行存款　　　　　　　　　　　　　　　　　　　　　350 000

预算会计：

借：行政支出　　　　　　　　　　　　　　　　　　　　　　350 000

　　贷：资金结存——货币资金　　　　　　　　　　　　　　　350 000

（三）根据工程进度结算工程价款及备料款时，按照结算金额，借记"在建工程"科目，按照相关预付账款的账面余额，贷记本科目，按照实际补付的金额，贷记"财政拨款收入""零余额账户用款额度""银行存款"等科目。

（四）发生预付账款退回的，按照实际退回金额，借记"财政拨款收入"[本年直接支付预付账款]、"财政应返还额度"[以前年度直接支付预付账款]、"零余额账户用款额度""银行存款"等科目，贷记本科目。

【例3-41】发生预付账款退回的会计核算

沿用【例3-39】。2×19年1月12日，A公司收到预付款后发货。1月15日，该行政单位发现设备质量不符合要求，将设备退回，并解除购货合同。1月20日，A公司将预付款退回，该行政单位应做以下会计处理。

财务会计：

借：银行存款　　　　　　　　　　　　　　　　　　　　　　150 000

　　贷：预付账款——A公司　　　　　　　　　　　　　　　　150 000

预算会计：

借：资金结存——货币资金　　　　　　　　　　　　　　　　150 000

　　贷：行政支出　　　　　　　　　　　　　　　　　　　　　150 000

四、单位应当于每年末,对预付账款进行全面检查。如果有确凿证据表明预付账款不再符合预付款项性质,或者因供应单位破产、撤销等原因可能无法收到所购货物、服务的,应当先将其转入其他应收款,再按照规定进行处理。将预付账款账面余额转入其他应收款时,借记"其他应收款"科目,贷记本科目。

【例3-42】有确凿证据表明预付账款不再符合预付款项性质的会计核算

沿用【例3-39】。该行政单位预付30%的款项后,A公司迟迟未发货。截至2×22年3月31日,有确凿证据表明确实无法收到所购设备,也无法收回预付款,按照规定将其转为其他应收款。该单位应做以下会计处理。

财务会计:

借:其他应收款 150 000
　　贷:预付账款——A公司 150 000

预算会计无分录。

五、本科目期末借方余额,反映单位实际预付但尚未结算的款项。

1215 应收股利

一、本科目核算事业单位持有长期股权投资应当收取的现金股利或应当分得的利润。

二、本科目应当按照被投资单位等进行明细核算。

三、应收股利的主要账务处理如下。

(一)取得长期股权投资,按照支付的价款中所包含的已宣告但尚未发放的现金股利,借记本科目,按照确定的长期股权投资成本,借记"长期股权投资"科目,按照实际支付的金额,贷记"银行存款"等科目。

收到取得投资时实际支付价款中所包含的已宣告但尚未发放的现金股利时,按照收到的金额,借记"银行存款"科目,贷记本科目。

(二)长期股权投资持有期间,被投资单位宣告发放现金股利或利润的,按照应享有的份额,借记本科目,贷记"投资收益"[成本法下]或"长期股权投资"[权益法下]科目。

(三)实际收到现金股利或利润时,按照收到的金额,借记"银行存款"等科目,贷记本科目。

【例3-43】宣告发放和收到现金股利的会计核算

某事业单位拥有A公司90%的股权,有权决定A公司的财务和经营政策,相应的长期股权投资采用成本法核算。某日，A公司宣告发放现金股利200 000元，该事业单位应享有的份额为180 000元（200 000×90％）。次月，该事业单位收到A公司发放的现金股利180 000元，款项已存入开户银行。该事业单位应编制以下会计分录。

财务会计：

（1）A公司宣告发放现金股利时。

借：应收股利　　　　　　　　　　　　　　　　　180 000
　　贷：投资收益　　　　　　　　　　　　　　　　180 000

（2）收到A公司发放的现金股利时。

借：银行存款　　　　　　　　　　　　　　　　　180 000
　　贷：应收股利　　　　　　　　　　　　　　　　180 000

预算会计无分录。

四、本科目期末借方余额，反映事业单位应当收取但尚未收到的现金股利或利润。

1216　应收利息

一、本科目核算事业单位长期债券投资应当收取的利息。

事业单位购入的到期一次还本付息的长期债券投资持有期间的利息，应当通过"长期债券投资——应计利息"科目核算，不通过本科目核算。

二、本科目应当按照被投资单位等进行明细核算。

三、应收利息的主要账务处理如下。

（一）取得长期债券投资，按照确定的投资成本，借记"长期债券投资"科目，按照支付的价款中包含的已到付息期但尚未领取的利息，借记本科目，按照实际支付的金额，贷记"银行存款"等科目。

收到取得投资时实际支付价款中所包含的已到付息期但尚未领取的利息时，按照收到的金额，借记"银行存款"等科目，贷记本科目。

（二）按期计算确认长期债券投资利息收入时，对于分期付息、一次还本的长期债券投资，按照以票面金额和票面利率计算确定的应收未收利息金额，借记本科目，贷记"投资收益"科目。

（三）实际收到应收利息时，按照收到的金额，借记"银行存款"等科目，贷记本科目。

【例3-44】计算和收到利息的会计核算

某事业单位持有一项长期债券投资。某月末，该事业单位按照债券票面金额和票面利率计算确定的应收未收利息金额为 3 600 元。次月初，该事业单位收到相应债券的利息收入 3 600 元。该债券为分期付息、一次还本的债券。该事业单位应编制以下会计分录。

财务会计：

（1）计算确定应收未收利息金额时。

借：应收利息　　　　　　　　　　　　　　　　　3 600
　　贷：投资收益　　　　　　　　　　　　　　　　　　3 600

预算会计无分录。

（2）收到债券利息收入时。

借：银行存款　　　　　　　　　　　　　　　　　3 600
　　贷：应收利息　　　　　　　　　　　　　　　　　　3 600

预算会计：

借：资金结存——货币资金　　　　　　　　　　　3 600
　　贷：投资预算收益　　　　　　　　　　　　　　　　3 600

四、本科目期末借方余额，反映事业单位应收未收的长期债券投资利息。

1218　其他应收款

一、本科目核算单位除财政应返还额度、应收票据、应收账款、预付账款、应收股利、应收利息以外的其他各项应收及暂付款项，如职工预借的差旅费、已经偿还银行尚未报销的本单位公务卡欠款、拨付给内部有关部门的备用金、应向职工收取的各种垫付款项、支付的可以收回的订金或押金、应收的上级补助和附属单位上缴款项等。

二、本科目应当按照其他应收款的类别以及债务单位（或个人）进行明细核算。

三、其他应收款的主要账务处理如下。

（一）发生其他各种应收及暂付款项时，按照实际发生金额，借记本科目，贷记"零余额账户用款额度""银行存款""库存现金""上级补助收入""附属单位上缴收入"等科目。涉及增值税业务的，相关账务处理参见"应交增值税"科目。

【例3-45】发生其他各种应收及暂付款项的会计核算

2×19年8月31日，某行政单位为职工代垫房租和水电费20 000元。9月30日，该行政单位从应付工资中扣除代垫款项。会计处理如下。

8月31日，代垫房租和水电费时。

财务会计：

借：其他应收款　　　　　　　　　　　　　　　　　　20 000

　　贷：银行存款　　　　　　　　　　　　　　　　　　20 000

预算会计无分录。

9月30日，从应付工资中扣除代垫款时。

财务会计：

借：应付职工薪酬　　　　　　　　　　　　　　　　　20 000

　　贷：其他应收款　　　　　　　　　　　　　　　　　20 000

预算会计：

借：行政支出　　　　　　　　　　　　　　　　　　　20 000

　　贷：资金结存——货币资金　　　　　　　　　　　　20 000

（二）收回其他各种应收及暂付款项时，按照收回的金额，借记"库存现金""银行存款"等科目，贷记本科目。

【例3-46】收回其他各种应收及暂付款项的会计核算

2×19年8月31日，某行政单位用上级补助收入为职工代垫房租和水电费20 000元。9月30日，该行政单位收回该代垫款项。会计处理如下。

8月31日，代垫房租和水电费时。

财务会计：

借：其他应收款　　　　　　　　　　　　　　　　　　20 000

　　贷：上级补助收入　　　　　　　　　　　　　　　　20 000

预算会计无分录。

9月30日，收回代垫款时。

财务会计：

借：银行存款　　　　　　　　　　　　　　　　　　　20 000

　　贷：其他应收款　　　　　　　　　　　　　　　　　20 000

预算会计：

借：资金结存——货币资金　　　　　　　　　　　　　20 000

　　贷：上级补助预算收入　　　　　　　　　　　　　　20 000

（三）单位内部实行备用金制度的，有关部门使用备用金以后应当及时到财务部门报销并补足备用金。

财务部门核定并发放备用金时，按照实际发放金额，借记本科目，贷记

"库存现金"等科目。

根据报销金额用现金补足备用金定额时,借记"业务活动费用""单位管理费用"等科目,贷记"库存现金"等科目,报销数和拨补数都不再通过本科目核算。

【例3-47】单位内部实行备用金制度的会计核算

某行政单位2月1日起实行备用金制度,由刘明负责管理备用金。管理部门的定额备用金核定为3 000元。2月15日,刘明使用1 000元备用金购买办公用品,交来普通发票,财务部门用现金补足备用金。会计处理如下。

2月1日,发放备用金时。

财务会计:

借:其他应收款——备用金　　　　　　　　　　　　　　3 000
　　贷:库存现金　　　　　　　　　　　　　　　　　　　　3 000

预算会计无分录。

2月15日,补足备用金时。

财务会计:

借:业务活动费用　　　　　　　　　　　　　　　　　　1 000
　　贷:库存现金　　　　　　　　　　　　　　　　　　　　1 000

预算会计:

借:行政支出　　　　　　　　　　　　　　　　　　　　1 000
　　贷:资金结存——货币资金　　　　　　　　　　　　　　1 000

(四)偿还尚未报销的本单位公务卡欠款时,按照偿还的款项,借记本科目,贷记"零余额账户用款额度""银行存款"等科目;持卡人报销时,按照报销金额,借记"业务活动费用""单位管理费用"等科目,贷记本科目。

(五)将预付账款账面余额转入其他应收款时,借记本科目,贷记"预付账款"科目。具体说明参见"预付账款"科目。

四、事业单位应当于每年末,对其他应收款进行全面检查,如发生不能收回的迹象,应当计提坏账准备。

(一)对于账龄超过规定年限、确认无法收回的其他应收款,按照规定报经批准后予以核销。按照核销金额,借记"坏账准备"科目,贷记本科目。核销的其他应收款应当在备查簿中保留登记。

(二)已核销的其他应收款在以后期间又收回的,按照实际收回金额,借记本科目,贷记"坏账准备"科目;同时,借记"银行存款"等科目,贷记本科目。

【例 3-48】其他应收款发生不能收回迹象的会计核算

某事业单位估计 2 000 元的其他应收款中有 1 000 元无法收回,3 月 15 日经批准核销。其账务处理如下。

财务会计:

借:坏账准备　　　　　　　　　　　　　　　　　　　1 000
　　贷:其他应收款　　　　　　　　　　　　　　　　　　1 000

预算会计无分录。

4 月 15 日,该笔其他应收款全额收回。其账务处理如下。

财务会计:

借:银行存款　　　　　　　　　　　　　　　　　　　2 000
　　贷:坏账准备　　　　　　　　　　　　　　　　　　　1 000
　　　　其他应收款　　　　　　　　　　　　　　　　　　1 000

预算会计:

借:资金结存——货币资金　　　　　　　　　　　　　2 000
　　贷:其他预算收入　　　　　　　　　　　　　　　　　2 000

五、行政单位应当于每年末,对其他应收款进行全面检查。对于超过规定年限、确认无法收回的其他应收款,应当按照有关规定报经批准后予以核销。核销的其他应收款应在备查簿中保留登记。

(一)经批准核销其他应收款时,按照核销金额,借记"资产处置费用"科目,贷记本科目。

(二)已核销的其他应收款在以后期间又收回的,按照收回金额,借记"银行存款"等科目,贷记"其他收入"科目。

【例 3-49】核销其他应收款的会计核算

某行政单位预计 1 000 元的其他应收款无法收回,3 月 15 日经批准核销。其账务处理如下。

财务会计:

借:资产处置费用　　　　　　　　　　　　　　　　　1 000
　　贷:其他应收款　　　　　　　　　　　　　　　　　　1 000

预算会计无分录。

4 月 15 日,该笔其他应收款全额收回。其账务处理如下。

财务会计:

借：银行存款　　　　　　　　　　　　　　　　　　　1 000
　　贷：其他收入　　　　　　　　　　　　　　　　　　　1 000
预算会计：
借：资金结存——货币资金　　　　　　　　　　　　　1 000
　　贷：其他预算收入　　　　　　　　　　　　　　　　1 000

六、本科目期末借方余额，反映单位尚未收回的其他应收款。

1219　坏账准备

一、本科目核算事业单位对收回后不需上缴财政的应收账款和其他应收款提取的坏账准备。

二、本科目应当分别应收账款和其他应收款进行明细核算。

三、事业单位应当于每年末，对收回后不需上缴财政的应收账款和其他应收款进行全面检查，分析其可收回性，对预计可能产生的坏账损失计提坏账准备、确认坏账损失。

四、事业单位可以采用应收款项余额百分比法、账龄分析法、个别认定法等方法计提坏账准备。坏账准备计提方法一经确定，不得随意变更。如需变更，应当按照规定报经批准，并在财务报表附注中予以说明。

五、当期应补提或冲减的坏账准备金额的计算公式如下。

当期应补提或冲减的坏账准备 = 按照期末应收账款和其他应收款计算应计提的坏账准备金额 − 本科目期末贷方余额（或 + 本科目期末借方余额）

六、坏账准备的主要账务处理如下。

（一）提取坏账准备时，借记"其他费用"科目，贷记本科目；冲减坏账准备时，借记本科目，贷记"其他费用"科目。

（二）对于账龄超过规定年限并确认无法收回的应收账款、其他应收款，应当按照有关规定报经批准后，按照无法收回的金额，借记本科目，贷记"应收账款""其他应收款"科目。已核销的应收账款、其他应收款在以后期间又收回的，按照实际收回金额，借记"应收账款""其他应收款"科目，贷记本科目；同时，借记"银行存款"等科目，贷记"应收账款""其他应收款"科目。

例题参照【例3-48】。

七、本科目期末贷方余额，反映事业单位提取的坏账准备金额。

1301 在途物品

一、本科目核算单位采购材料等物资时货款已付或已开出商业汇票但尚未验收入库的在途物品的采购成本。

二、本科目可按照供应单位和物品种类进行明细核算。

三、在途物品的主要账务处理如下。

（一）单位购入材料等物品，按照确定的物品采购成本的金额，借记本科目，按照实际支付的金额，贷记"财政拨款收入""零余额账户用款额度""银行存款"等科目。涉及增值税业务的，相关账务处理参见"应交增值税"科目。

【例 3-50】单位购入材料等物品的会计核算

某事业单位于 2×19 年 1 月 1 日购入物资，支付价款 30 000 元，结算凭证已收到，货仍在运输途中。其账务处理如下。

2×19 年 1 月 1 日。

财务会计：

借：在途物品　　　　　　　　　　　　　　　　　30 000
　　贷：银行存款　　　　　　　　　　　　　　　　30 000

预算会计：

借：经营支出　　　　　　　　　　　　　　　　　30 000
　　贷：资金结存——货币资金　　　　　　　　　　30 000

（二）所购材料等物品到达并验收入库，按照确定的库存物品成本金额，借记"库存物品"科目，按照物品采购成本金额，贷记本科目，按照使得入库物品达到目前场所和状态所发生的其他支出，贷记"银行存款"等科目。

【例 3-51】所购材料等物品到达并验收入库的会计核算

沿用【例 3-50】。2×19 年 1 月 30 日，该事业单位所购物资到达并验收入库。其账务处理如下。

财务会计：

2×19 年 1 月 30 日。

借：库存物品　　　　　　　　　　　　　　　　　30 000
　　贷：在途物品　　　　　　　　　　　　　　　　30 000

预算会计无分录。

四、本科目期末借方余额，反映单位在途物品的采购成本。

1302　库存物品

一、本科目核算单位在开展业务活动及其他活动中为耗用或出售而储存的各种材料、产品、包装物、低值易耗品,以及达不到固定资产标准的用具、装具、动植物等的成本。

已完成的测绘、地质勘察、设计成果等的成本,也通过本科目核算。

单位随买随用的零星办公用品,可以在购进时直接列作费用,不通过本科目核算。

单位控制的政府储备物资,应当通过"政府储备物资"科目核算,不通过本科目核算。

单位受托存储保管的物资和受托转赠的物资,应当通过"受托代理资产"科目核算,不通过本科目核算。

单位为在建工程购买和使用的材料物资,应当通过"工程物资"科目核算,不通过本科目核算。

二、本科目应当按照库存物品的种类、规格、保管地点等进行明细核算。

单位储存的低值易耗品、包装物较多的,可以在本科目(低值易耗品、包装物)下按照"在库""在用""摊销"等进行明细核算。

三、库存物品的主要账务处理如下。

(一)取得的库存物品,应当按照其取得时的成本入账。

1. 外购的库存物品验收入库,按照确定的成本,借记本科目,贷记"财政拨款收入""零余额账户用款额度""银行存款""应付账款""在途物品"等科目。涉及增值税业务的,相关账务处理参见"应交增值税"科目。

2. 自制的库存物品加工完成并验收入库,按照确定的成本,借记本科目,贷记"加工物品——自制物品"科目。

3. 委托外单位加工收回的库存物品验收入库,按照确定的成本,借记本科目,贷记"加工物品——委托加工物品"等科目。

4. 接受捐赠的库存物品验收入库,按照确定的成本,借记本科目,按照发生的相关税费、运输费等,贷记"银行存款"等科目,按照其差额,贷记"捐赠收入"科目。

接受捐赠的库存物品按照名义金额入账的,按照名义金额,借记本科目,贷记"捐赠收入"科目;同时,按照发生的相关税费、运输费等,借记"其他费用"科目,贷记"银行存款"等科目。

5. 无偿调入的库存物品验收入库,按照确定的成本,借记本科目,按照发生的相关税费、运输费等，贷记"银行存款"等科目，按照其差额，贷记"无偿调拨净资产"科目。

6. 置换换入的库存物品验收入库，按照确定的成本，借记本科目，按照换出资产的账面余额，贷记相关资产科目（换出资产为固定资产、无形资产的，还应当借记"固定资产累计折旧""无形资产累计摊销"科目），按照置换过程中发生的其他相关支出，贷记"银行存款"等科目，按照借贷方差额，借记"资产处置费用"科目或贷记"其他收入"科目。涉及补价的，分以下情况处理。

（1）支付补价的，按照确定的成本，借记本科目，按照换出资产的账面余额，贷记相关资产科目（换出资产为固定资产、无形资产的，还应当借记"固定资产累计折旧""无形资产累计摊销"科目），按照支付的补价和置换过程中发生的其他相关支出，贷记"银行存款"等科目，按照借贷方差额，借记"资产处置费用"科目或贷记"其他收入"科目。

（2）收到补价的，按照确定的成本，借记本科目，按照收到的补价，借记"银行存款"等科目，按照换出资产的账面余额，贷记相关资产科目（换出资产为固定资产、无形资产的，还应当借记"固定资产累计折旧""无形资产累计摊销"科目），按照置换过程中发生的其他相关支出，贷记"银行存款"等科目，按照补价扣减其他相关支出后的净收入，贷记"应缴财政款"科目，按照借贷方差额，借记"资产处置费用"科目或贷记"其他收入"科目。

【例 3-52】外购的库存物品验收入库的会计核算

某行政单位购入材料 80 000 元，当日收到材料并验收合格入库，应做以下会计处理。

若价款使用财政授权支付方式支付，收到材料并验收入库时。

财务会计：

借：库存物品　　　　　　　　　　　　　　　　　　　　80 000
　　贷：零余额账户用款额度　　　　　　　　　　　　　　80 000

预算会计：

借：行政支出　　　　　　　　　　　　　　　　　　　　80 000
　　贷：资金结存——零余额账户用款额度　　　　　　　　80 000

【例 3-53】委托外单位加工收回的库存物品验收入库的会计核算

2×19 年 1 月 5 日，某事业单位委托 C 公司加工材料一批，发出甲材料 200 000 元。1 月 7 日，支付加工费用和相关运输费用共计 100 000 元。3 月 10 日，材料加工完毕为乙材料，并验收入库。会计处理如下。

3月10日，材料加工完毕验收入库时。

财务会计：

借：库存物品——乙材料　　　　　　　　　　　　　　300 000

　　贷：加工物品——委托加工物品　　　　　　　　　300 000

预算会计无分录。

【例3-54】置换换入的库存物品验收入库的会计核算

某行政单位用两台旧设备置换换入一批材料，换出旧设备的原价为500 000元，已计提折旧300 000元，评估价值为200 000元。置换换出旧设备收到补价50 000元，当日收到材料并验收入库。会计处理如下。

财务会计：

借：库存物品　　　　　　　　　　　　　　　　　　　150 000

　　固定资产累计折旧　　　　　　　　　　　　　　　300 000

　　银行存款　　　　　　　　　　　　　　　　　　　 50 000

　　贷：固定资产　　　　　　　　　　　　　　　　　500 000

预算会计无分录。

【例3-55】无偿调入的库存物品验收入库的会计核算

某单位收到上级无偿调入的库存物品，发票上注明价值共计100 000元，支付相关税费和运输费5 000元，材料已验收入库。该单位应做以下会计处理。

财务会计：

借：库存物品　　　　　　　　　　　　　　　　　　　105 000

　　贷：银行存款　　　　　　　　　　　　　　　　　 5 000

　　　　无偿调拨净资产　　　　　　　　　　　　　　100 000

预算会计：

借：其他支出　　　　　　　　　　　　　　　　　　　 5 000

　　贷：资金结存——货币资金　　　　　　　　　　　 5 000

【例3-56】接受捐赠的库存物品验收入库的会计核算

某行政单位接受B公司的捐赠，收到材料一批，发票上注明价值共计100 000元，并使用银行存款支付运输费5 000元，材料已验收入库。该单位应做以下会计处理。

财务会计：

借：库存物品　　　　　　　　　　　　　　　　　　　105 000

贷：银行存款　　　　　　　　　　　　　　　　　　　　5 000
　　　　　捐赠收入　　　　　　　　　　　　　　　　　　　100 000
　预算会计：
　　借：其他支出　　　　　　　　　　　　　　　　　　　　　5 000
　　　贷：资金结存——货币资金　　　　　　　　　　　　　　5 000

（二）库存物品在发出时，分以下情况处理。

1. 单位开展业务活动等领用、按照规定自主出售发出或加工发出库存物品，按照领用、出售等发出物品的实际成本，借记"业务活动费用""单位管理费用""经营费用""加工物品"等科目，贷记本科目。

采用一次转销法摊销低值易耗品、包装物的，在首次领用时将其账面余额一次性摊销计入有关成本费用，借记有关科目，贷记本科目。

采用五五摊销法摊销低值易耗品、包装物的，首次领用时，将其账面余额的50%摊销计入有关成本费用，借记有关科目，贷记本科目；使用完时，将剩余的账面余额转销计入有关成本费用，借记有关科目，贷记本科目。

2. 经批准对外出售的库存物品（不含可自主出售的库存物品）发出时，按照库存物品的账面余额，借记"资产处置费用"科目，贷记本科目；同时，按照收到的价款，借记"银行存款"等科目，按照处置过程中发生的相关费用，贷记"银行存款"等科目，按照其差额，贷记"应缴财政款"科目。

3. 经批准对外捐赠的库存物品发出时，按照库存物品的账面余额和对外捐赠过程中发生的归属于捐出方的相关费用合计数，借记"资产处置费用"科目，按照库存物品账面余额，贷记本科目，按照对外捐赠过程中发生的归属于捐出方的相关费用，贷记"银行存款"等科目。

4. 经批准无偿调出的库存物品发出时，按照库存物品的账面余额，借记"无偿调拨净资产"科目，贷记本科目；同时，按照无偿调出过程中发生的归属于调出方的相关费用，借记"资产处置费用"科目，贷记"银行存款"等科目。

5. 经批准置换换出的库存物品，参照本科目有关置换换入库存物品的规定进行账务处理。

【例3-57】单位开展业务活动等领用库存物品的会计核算

某单位为开展业务活动领用材料一批，价值50 000元。会计处理如下。

财务会计：

　　借：业务活动费用　　　　　　　　　　　　　　　　　　　50 000

贷：库存物品　　　　　　　　　　　　　　　　　　　　　　50 000

预算会计无分录。

【例 3-58】捐赠库存物品的会计核算

某单位向西南小学捐赠图书，该批图书价值 100 000 元，并用银行存款支付运输费 2 000 元，应做以下会计处理。

财务会计：

借：资产处置费用　　　　　　　　　　　　　　　　　　　102 000

　　贷：库存物品——图书　　　　　　　　　　　　　　　100 000

　　　　银行存款　　　　　　　　　　　　　　　　　　　　2 000

预算会计：

借：其他支出　　　　　　　　　　　　　　　　　　　　　　2 000

　　贷：资金结存——货币资金　　　　　　　　　　　　　　2 000

【例 3-59】无偿调出库存物品的会计核算

某单位向下级无偿调出库存物品一批，发票上注明价值共计 100 000 元，并用银行存款支付相关费用 2 000 元，应做以下会计处理。

财务会计：

借：无偿调拨净资产　　　　　　　　　　　　　　　　　　100 000

　　贷：库存物品　　　　　　　　　　　　　　　　　　　100 000

借：资产处置费用　　　　　　　　　　　　　　　　　　　　2 000

　　贷：银行存款　　　　　　　　　　　　　　　　　　　　2 000

预算会计：

借：其他支出　　　　　　　　　　　　　　　　　　　　　　2 000

　　贷：资金结存——货币资金　　　　　　　　　　　　　　2 000

【例 3-60】非自主出售库存物品的会计核算

某单位经批准将一批材料出售（非自主出售），材料成本为 50 000 元，售价为 60 000 元。会计处理如下。

财务会计：

借：资产处置费用　　　　　　　　　　　　　　　　　　　50 000

　　贷：库存物品　　　　　　　　　　　　　　　　　　　50 000

借：银行存款　　　　　　　　　　　　　　　　　　　　　60 000

　　贷：应缴财政款　　　　　　　　　　　　　　　　　　60 000

预算会计无分录。

（三）单位应当定期对库存物品进行清查盘点，每年至少盘点一次。对于发生的库存物品盘盈和盘亏或者报废、毁损，应当先记入"待处理财产损溢"科目，按照规定报经批准后及时进行后续账务处理。

1. 盘盈的库存物品，其成本按照有关凭据注明的金额确定；没有相关凭据、但按照规定经过资产评估的，其成本按照评估价值确定；没有相关凭据、也未经过评估的，其成本按照重置成本确定。如无法采用上述方法确定盘盈的库存物品成本的，按照名义金额入账。盘盈的库存物品，按照确定的入账成本，借记本科目，贷记"待处理财产损溢"科目。

2. 盘亏或者毁损、报废的库存物品，按照待处理库存物品的账面余额，借记"待处理财产损溢"科目，贷记本科目。

属于增值税一般纳税人的单位，若因非正常原因导致的库存物品盘亏或毁损，还应当将与该库存物品相关的增值税进项税额转出，按照其增值税进项税额，借记"待处理财产损溢"科目，贷记"应交增值税——应交税金（进项税额转出）"科目。

【例3-61】库存物品盘亏或盘盈的会计核算

某单位拥有甲、乙和丙三种材料，丙材料为非自用材料，增值税税率为13%。2×19年6月30日，该单位进行存货盘点，发生以下业务并进行了以下账务处理。

财务会计：

（1）盘盈甲材料，价值500元。

借：库存物品——甲材料　　　　　　　　　　　　　　500
　　贷：待处理财产损溢　　　　　　　　　　　　　　　　500

（2）盘点过程中，发现乙材料短缺，短缺的乙材料账面余额为300元。

借：待处理财产损溢　　　　　　　　　　　　　　　　300
　　贷：库存物品——乙材料　　　　　　　　　　　　　　300

（3）盘点过程中，发现丙材料毁损，毁损的丙材料账面价值为200元。

借：待处理财产损溢　　　　　　　　　　　　　　　　226
　　贷：库存物品——丙材料　　　　　　　　　　　　　　200
　　　　应交增值税——应交税金（进项税额转出）　　　　26

预算会计无分录。

四、本科目期末借方余额，反映单位库存物品的实际成本。

1303 加工物品

一、本科目核算单位自制或委托外单位加工的各种物品的实际成本。

未完成的测绘、地质勘察、设计成果的实际成本，也通过本科目核算。

二、本科目应当设置"自制物品""委托加工物品"两个一级明细科目，并按照物品类别、品种、项目等设置明细账，进行明细核算。

本科目"自制物品"一级明细科目下应当设置"直接材料""直接人工""其他直接费用"等二级明细科目归集自制物品发生的直接材料、直接人工（专门从事物品制造人员的人工费）等直接费用；对于自制物品发生的间接费用，应当在本科目"自制物品"一级明细科目下单独设置"间接费用"二级明细科目予以归集，期末，再按照一定的分配标准和方法，分配计入有关物品的成本。

三、加工物品的主要账务处理如下。

（一）自制物品。

1. 为自制物品领用材料等，按照材料成本，借记本科目（自制物品——直接材料），贷记"库存物品"科目。

2. 专门从事物品制造的人员发生的直接人工费用，按照实际发生的金额，借记本科目（自制物品——直接人工），贷记"应付职工薪酬"科目。

3. 为自制物品发生的其他直接费用，按照实际发生的金额，借记本科目（自制物品——其他直接费用），贷记"零余额账户用款额度""银行存款"等科目。

4. 为自制物品发生的间接费用，按照实际发生的金额，借记本科目（自制物品——间接费用），贷记"零余额账户用款额度""银行存款""应付职工薪酬""固定资产累计折旧""无形资产累计摊销"等科目。

间接费用一般按照生产人员工资、生产人员工时、机器工时、耗用材料的数量或成本、直接费用（直接材料和直接人工）或产品产量等进行分配。单位可根据具体情况自行选择间接费用的分配方法。分配方法一经确定，不得随意变更。

5. 已经制造完成并验收入库的物品，按照所发生的实际成本（包括耗用的直接材料费用、直接人工费用、其他直接费用和分配的间接费用），借记"库存物品"科目，贷记本科目（自制物品）。

【例3-62】自行加工验收入库的会计核算

2×19年6月1日，某事业单位自行加工材料一批，领用甲材料200 000元。7

月1日,发生直接人工费用共计100 000元,为自制物品发生其他费用50 000元。7月10日,材料加工完毕为乙材料,并验收入库。会计处理如下。

2×19年6月1日。

财务会计:

借:加工物品——自制物品　　　　　　　　　　　　200 000
　　贷:库存物品——甲材料　　　　　　　　　　　　　200 000

预算会计无分录。

2×19年7月1日。

财务会计:

借:加工物品——自制物品　　　　　　　　　　　　100 000
　　贷:应付职工薪酬　　　　　　　　　　　　　　　　100 000
借:加工物品——自制物品　　　　　　　　　　　　 50 000
　　贷:银行存款　　　　　　　　　　　　　　　　　　 50 000

预算会计:

借:经营支出　　　　　　　　　　　　　　　　　　 50 000
　　贷:资金结存——货币资金　　　　　　　　　　　　 50 000

2×19年7月10日。

财务会计:

借:库存物品——乙材料　　　　　　　　　　　　　350 000
　　贷:加工物品——自制物品　　　　　　　　　　　　350 000

预算会计无分录。

(二)委托加工物品。

1. 发给外单位加工的材料等,按照其实际成本,借记本科目(委托加工物品),贷记"库存物品"科目。

2. 支付加工费、运输费等费用,按照实际支付的金额,借记本科目(委托加工物品),贷记"零余额账户用款额度""银行存款"等科目。涉及增值税业务的,相关账务处理参见"应交增值税"科目。

3. 委托加工完成的材料等验收入库,按照加工前发出材料的成本和加工、运输成本等,借记"库存物品"等科目,贷记本科目(委托加工物品)。

【例3-63】委托加工物品的会计核算

2×19年1月5日,某事业单位委托C公司加工材料一批,发出甲材料200 000元。1月7日,支付加工费用和相关运输费用共计100 000元。3月10日,材料加工完毕为乙材料，并验收入库。会计处理如下。

1月5日，发出材料时。

财务会计：

借：加工物品——委托加工物品　　　　　　　　　　200 000

　　贷：库存物品——甲材料　　　　　　　　　　　　200 000

预算会计无分录。

1月7日，支付加工费用和相关运输费用时。

财务会计：

借：加工物品——委托加工物品　　　　　　　　　　100 000

　　贷：零余额账户用款额度　　　　　　　　　　　　100 000

预算会计：

借：经营支出　　　　　　　　　　　　　　　　　　100 000

　　贷：资金结存——零余额账户用款额度　　　　　　100 000

3月10日，材料加工完毕验收入库时。

财务会计：

借：库存物品——乙材料　　　　　　　　　　　　　300 000

　　贷：加工物品——委托加工物品　　　　　　　　　300 000

预算会计无分录。

四、本科目期末借方余额，反映单位自制或委托外单位加工但尚未完工的各种物品的实际成本。

1401　待摊费用

一、本科目核算单位已经支付，但应当由本期和以后各期分别负担的分摊期在1年以内（含1年）的各项费用，如预付航空保险费、预付租金等。

摊销期限在1年以上的租入固定资产改良支出和其他费用，应当通过"长期待摊费用"科目核算，不通过本科目核算。

待摊费用应当在其受益期限内分期平均摊销，如预付航空保险费应在保险期的有效期内、预付租金应在租赁期内分期平均摊销，计入当期费用。

二、本科目应当按照待摊费用种类进行明细核算。

三、待摊费用的主要账务处理如下。

（一）发生待摊费用时，按照实际预付的金额，借记本科目，贷记"财政拨款收入""零余额账户用款额度""银行存款"等科目。

【例3-64】发生待摊费用的会计核算

某事业单位于2×19年3月1日向A公司租赁一间房屋作为仓库,当日支付了1年的房租12 000元。

财务会计:

借:待摊费用　　　　　　　　　　　　　　　　　　　　12 000
　　贷:银行存款　　　　　　　　　　　　　　　　　　　　　12 000

预算会计:

借:事业支出　　　　　　　　　　　　　　　　　　　　　12 000
　　贷:资金结存——货币资金　　　　　　　　　　　　　　　12 000

(二)按照受益期限分期平均摊销时,按照摊销金额,借记"业务活动费用""单位管理费用""经营费用"等科目,贷记本科目。

【例3-65】按照受益期限分期平均摊销的会计核算

沿用【例3-64】。该事业单位以后每月按照受益期限分期平均摊销房租,应做以下会计处理。

2×19年3月31日。

财务会计:

借:业务活动费用　　　　　　　　　　　　　　　　　　　1 000
　　贷:待摊费用　　　　　　　　　　　　　　　　　　　　　1 000

预算会计无分录。

(三)如果某项待摊费用已经不能使单位受益,应当将其摊余金额一次全部转入当期费用。按照摊销金额,借记"业务活动费用""单位管理费用""经营费用"等科目,贷记本科目。

【例3-66】待摊费用已经不能使单位受益的会计核算

沿用【例3-65】。2×19年8月31日,该事业单位因情况发生变化不再需要使用租赁的该房屋,应做以下会计处理。

财务会计:

借:业务活动费用　　　　　　　　　　　　　　　　　　　6 000
　　贷:待摊费用　　　　　　　　　　　　　　　　　　　　　6 000

预算会计无分录。

四、本科目期末借方余额,反映单位各种已支付但尚未摊销的分摊期在1年以内(含1年)的费用。

1501 长期股权投资

一、本科目核算事业单位按照规定取得的，持有时间超过1年（不含1年）的股权性质的投资。

二、本科目应当按照被投资单位和长期股权投资取得方式等进行明细核算。长期股权投资采用权益法核算的，还应当按照"成本""损益调整""其他权益变动"设置明细科目，进行明细核算。

三、长期股权投资的主要账务处理如下。

（一）长期股权投资在取得时，应当按照其实际成本作为初始投资成本。

1. 以现金取得的长期股权投资，按照确定的投资成本，借记本科目或本科目（成本），按照支付的价款中包含的已宣告但尚未发放的现金股利，借记"应收股利"科目，按照实际支付的全部价款，贷记"银行存款"等科目。

实际收到取得投资时所支付价款中包含的已宣告但尚未发放的现金股利时，借记"银行存款"科目，贷记"应收股利"科目。

2. 以现金以外的其他资产置换取得的长期股权投资，参照"库存物品"科目中置换取得库存物品的相关规定进行账务处理。

3. 以未入账的无形资产取得的长期股权投资，按照评估价值加相关税费作为投资成本，借记本科目，按照发生的相关税费，贷记"银行存款""其他应交税费"等科目，按其差额，贷记"其他收入"科目。

4. 接受捐赠的长期股权投资，按照确定的投资成本，借记本科目或本科目（成本），按照发生的相关税费，贷记"银行存款"等科目，按照其差额，贷记"捐赠收入"科目。

5. 无偿调入的长期股权投资，按照确定的投资成本，借记本科目或本科目（成本），按照发生的相关税费，贷记"银行存款"等科目，按照其差额，贷记"无偿调拨净资产"科目。

【例3-67】以现金取得的长期股权投资的会计核算

2×19年6月20日，某事业单位以1 500万元购入乙公司10%的股权，其中包含已宣告但尚未发放的现金股利20万元，2×19年9月20日该事业单位收到未发放的现金股利20万元。该业务的账务处理如下。

2×19年6月20日。

财务会计：

借：长期股权投资　　　　　　　　　　　　　　　14 800 000

　　应收股利　　　　　　　　　　　　　　　　　　　200 000

    贷：银行存款　　　　　　　　　　　　　　　　　　　15 000 000
预算会计：
借：投资支出　　　　　　　　　　　　　　　　　　　　15 000 000
    贷：资金结存——货币资金　　　　　　　　　　　　　15 000 000

2×19年9月20日。

财务会计：
借：银行存款　　　　　　　　　　　　　　　　　　　　　　200 000
    贷：应收股利　　　　　　　　　　　　　　　　　　　　　200 000
预算会计：
借：资金结存——货币资金　　　　　　　　　　　　　　　　200 000
    贷：投资支出　　　　　　　　　　　　　　　　　　　　　200 000

【例3-68】以现金以外的其他资产置换取得长期股权投资的会计核算

某事业单位于2×18年购入一机器设备，原始价值为100 000元，预计使用年限为10年。2×19年该设备已经计提折旧10 000元，该单位将该设备用于对外投资，双方协商作价70 000元。

财务会计：
借：长期股权投资　　　　　　　　　　　　　　　　　　　　70 000
    固定资产累计折旧　　　　　　　　　　　　　　　　　　10 000
    资产处置费用　　　　　　　　　　　　　　　　　　　　20 000
    贷：固定资产　　　　　　　　　　　　　　　　　　　　100 000
预算会计无分录。

【例3-69】接受捐赠的长期股权投资的会计核算

2×19年，某事业单位接受A公司捐赠的价值为100 000元的股权，其账务处理如下。

财务会计：
借：长期股权投资　　　　　　　　　　　　　　　　　　　100 000
    贷：捐赠收入　　　　　　　　　　　　　　　　　　　　100 000
预算会计无分录。

（二）长期股权投资持有期间，应当按照规定采用成本法或权益法进行核算。

1. 采用成本法核算。

被投资单位宣告发放现金股利或利润时，按照应收的金额，借记"应收股利"科目,贷记"投资收益"科目。收到现金股利或利润时,按照实际收到的金额,借记"银行存款"等科目,贷记"应收股利"科目。

【例 3-70】采用成本法核算的会计核算

2×19年1月20日,某事业单位以1 500万元购入甲公司10%的股权。该事业单位取得该部分股权后,无权力主导甲公司的相关活动并获得可变回报。2×19年6月30日,甲公司宣告分派现金股利,该事业单位按照其持有比例确定可分回20万元。2×19年7月30日,该事业单位收到现金股利。账务处理如下。

2×19年1月20日。

财务会计:

借:长期股权投资	15 000 000
贷:银行存款	15 000 000

预算会计:

借:投资支出	15 000 000
贷:资金结存——货币资金	15 000 000

2×19年6月30日。

借:应收股利	200 000
贷:投资收益	200 000

预算会计无分录。

2×19年7月30日。

财务会计:

借:银行存款	200 000
贷:应收股利	200 000

预算会计:

借:资金结存——货币资金	200 000
贷:投资预算收益	200 000

2. 采用权益法核算。

(1)被投资单位实现净利润的,按照应享有的份额,借记本科目(损益调整),贷记"投资收益"科目。

被投资单位发生净亏损的,按照应分担的份额,借记"投资收益"科目,贷记本科目(损益调整),但以本科目的账面余额减记至零为限。发生亏损的被投资单位以后年度又实现净利润的,按照收益分享额弥补未确认的亏损分担额等后的金额,借记本科目(损益调整),贷记"投资收益"科目。

（2）被投资单位宣告分派现金股利或利润的，按照应享有的份额，借记"应收股利"科目，贷记本科目（损益调整）。

（3）被投资单位发生除净损益和利润分配以外的所有者权益变动的，按照应享有或应分担的份额，借记或贷记"权益法调整"科目，贷记或借记本科目（其他权益变动）。

【例3-71】采用权益法核算的会计核算（1）

某事业单位于2×19年1月1日取得A公司30%的股权，2×19年A公司实现净利润8 000 000元。其账务处理如下。

财务会计：

借：长期股权投资——损益调整	2 400 000
贷：投资收益	2 400 000

预算会计无分录。

【例3-72】采用权益法核算的会计核算（2）

沿用【例3-71】。A公司于2×20年3月1日宣告发放现金股利，该事业单位按其持股比例计算确定可分得30 000元。2×20年6月1日，A公司支付现金股利。账务处理如下。

2×20年3月1日。

财务会计：

借：应收股利	30 000
贷：长期股权投资——损益调整	30 000

预算会计无分录。

2×20年6月1日。

财务会计：

借：银行存款	30 000
贷：应收股利	30 000

预算会计：

借：资金结存——货币资金	30 000
贷：投资预算收益	30 000

3. 成本法与权益法的转换。

（1）单位因处置部分长期股权投资等原因而对处置后的剩余股权投资由权益法改按成本法核算的，应当按照权益法下本科目账面余额作为成本法下本科目账面余额（成本）。

其后，被投资单位宣告分派现金股利或利润时，属于单位已计入投资账面余额的部分，按照应分得的现金股利或利润份额，借记"应收股利"科目，贷记本科目。

（2）单位因追加投资等原因对长期股权投资的核算从成本法改为权益法的，应当按照成本法下本科目账面余额与追加投资成本的合计金额，借记本科目（成本），按照成本法下本科目账面余额，贷记本科目，按照追加投资的成本，贷记"银行存款"等科目。

【例3-73】成本法与权益法转换的会计核算（1）

A事业单位于2×18年1月2日取得B公司10%的股权，成本为3 000 000元，因对被投资单位不具有重大影响且无法可靠确定该项投资的公允价值，A事业单位对其采用成本法核算。A事业单位按照净利润的10%提取盈余公积。

2×19年1月2日，A事业单位又以6 000 000元取得B公司12%的股权。当日A事业单位之前对B公司的长期股权投资账面价值为4 000 000元。

A事业单位应做以下账务处理。

2×19年1月2日，A事业单位应确认对B公司的长期股权投资。

财务会计：

借：长期股权投资——B公司——成本　　　　　　　　10 000 000

　　贷：长期股权投资　　　　　　　　　　　　　　　4 000 000

　　　　银行存款　　　　　　　　　　　　　　　　　6 000 000

预算会计：

借：投资支出　　　　　　　　　　　　　　　　　　　6 000 000

　　贷：资金结存——货币资金　　　　　　　　　　　6 000 000

【例3-74】成本法与权益法转换的会计核算（2）

甲事业单位持有乙公司30%的有表决权股份，能够对乙公司的生产经营决策施加重大影响，采用权益法核算。2×19年10月，甲事业单位将该项投资中的50%对外出售。出售以后，甲事业单位无法再对乙公司施加重大影响，且该项投资不存在活跃市场，公允价值无法可靠确定，转为采用成本法核算。出售时，该项长期股权投资的账面价值为16 000 000元，其中投资成本为13 000 000元，损益调整为2 000 000元，其他权益变动为1 000 000元。与处置后剩余部分的投资相关的账务处理如下。

财务会计：

借：长期股权投资　　　　　　　　　　　　　　　　　8 000 000

　　贷：长期股权投资——乙公司——成本　　　　　　6 500 000

| ——乙公司——损益调整 | 1 000 000 |
| ——乙公司——其他权益变动 | 500 000 |

预算会计无分录。

（三）按照规定报经批准处置长期股权投资。

1. 按照规定报经批准出售（转让）长期股权投资时，应当区分长期股权投资取得方式分别进行处理。

（1）处置以现金取得的长期股权投资，按照实际取得的价款，借记"银行存款"等科目，按照被处置长期股权投资的账面余额，贷记本科目，按照尚未领取的现金股利或利润，贷记"应收股利"科目，按照发生的相关税费等支出，贷记"银行存款"等科目，按照借贷方差额，借记或贷记"投资收益"科目。

（2）处置以现金以外的其他资产取得的长期股权投资，按照被处置长期股权投资的账面余额，借记"资产处置费用"科目，贷记本科目；同时，按照实际取得的价款，借记"银行存款"等科目，按照尚未领取的现金股利或利润，贷记"应收股利"科目，按照发生的相关税费等支出，贷记"银行存款"等科目，按照贷方差额，贷记"应缴财政款"科目。按照规定将处置时取得的投资收益纳入本单位预算管理的，应当按照所取得价款大于被处置长期股权投资账面余额、应收股利账面余额和相关税费支出合计的差额，贷记"投资收益"科目。

2. 因被投资单位破产清算等原因，有确凿证据表明长期股权投资发生损失，按照规定报经批准后予以核销时，按照予以核销的长期股权投资的账面余额，借记"资产处置费用"科目，贷记本科目。

3. 报经批准置换转出长期股权投资时，参照"库存物品"科目中置换换入库存物品的规定进行账务处理。

4. 采用权益法核算的长期股权投资的处置，除进行上述账务处理外，还应结转原直接计入净资产的相关金额，借记或贷记"权益法调整"科目，贷记或借记"投资收益"科目。

【例3-75】按照规定报经批准处置长期股权投资的会计核算

2×19年2月1日，某事业单位向外转让长期股权投资，该长期股权投资原始投资额为60 000元，现在账面余额为70 000元，转让价格为71 000元，转让过程中共发生税费8 000元。其账务处理如下：

财务会计：

借：银行存款	71 000	
投资收益	7 000	
贷：长期股权投资		70 000
银行存款		8 000

预算会计：

借：资金结存——货币资金	63 000	
贷：投资支出		60 000
投资预算收益		3 000

【例3-76】长期股权投资发生损失的会计核算

某事业单位持有对其他公司的长期股权投资，账面价值为50 000元。2×19年12月31日，证实该公司破产清算，长期股权投资发生损失。

将待核销长期股权投资转入待处置资产。

财务会计：

借：资产处置费用	50 000	
贷：长期股权投资		50 000

预算会计无分录。

四、本科目期末借方余额，反映事业单位持有的长期股权投资的价值。

1502　长期债券投资

一、本科目核算事业单位按照规定取得的，持有时间超过1年（不含1年）的债券投资。

二、本科目应当设置"成本"和"应计利息"明细科目，并按照债券投资的种类进行明细核算。

三、长期债券投资的主要账务处理如下。

（一）长期债券投资在取得时，应当按照其实际成本作为投资成本。取得的长期债券投资，按照确定的投资成本，借记本科目（成本），按照支付的价款中包含的已到付息期但尚未领取的利息，借记"应收利息"科目，按照实际支付的金额，贷记"银行存款"等科目。

实际收到取得债券时所支付价款中包含的已到付息期但尚未领取的利息时，借记"银行存款"科目，贷记"应收利息"科目。

【例3-77】取得长期债券投资的会计核算

某事业单位在 2×19 年 1 月 1 日取得长期债券投资，支付对价 70 000 元。

财务会计：

借：长期债券投资——成本　　　　　　　　　　　70 000
　　贷：银行存款　　　　　　　　　　　　　　　　　70 000

预算会计：

借：投资支出　　　　　　　　　　　　　　　　　　70 000
　　贷：资金结存——货币资金　　　　　　　　　　　70 000

（二）长期债券投资持有期间，按期以债券票面金额与票面利率计算确认利息收入时，如为到期一次还本付息的债券投资，借记本科目（应计利息），贷记"投资收益"科目；如为分期付息、到期一次还本的债券投资，借记"应收利息"科目，贷记"投资收益"科目。

收到分期支付的利息时，按照实收的金额，借记"银行存款"等科目，贷记"应收利息"科目。

【例 3-78】收到利息的会计核算

某事业单位在 2×19 年 12 月 31 日，收到被投资单位发放的利息 5 000 元，款项存入银行账户。

财务会计：

借：应收利息　　　　　　　　　　　　　　　　　　5 000
　　贷：投资收益　　　　　　　　　　　　　　　　　5 000

借：银行存款　　　　　　　　　　　　　　　　　　5 000
　　贷：应收利息　　　　　　　　　　　　　　　　　5 000

预算会计：

借：资金结存——货币资金　　　　　　　　　　　　5 000
　　贷：投资预算收益　　　　　　　　　　　　　　　5 000

（三）到期收回长期债券投资，按照实际收到的金额，借记"银行存款"科目，按照长期债券投资的账面余额，贷记本科目，按照相关应收利息金额，贷记"应收利息"科目，按照其差额，贷记"投资收益"科目。

【例 3-79】到期收回长期债券投资的会计核算

某事业单位在 2×19 年 12 月 31 日，将持有的长期债券卖出，收到金额 10 万元，款项存入银行账户，该长期债券投资账面余额为 9.5 万元。

财务会计：

借：银行存款　　　　　　　　　　　　　　　　　　100 000

　　　　贷：长期债券投资　　　　　　　　　　　　　　　　　95 000
　　　　　　投资收益　　　　　　　　　　　　　　　　　　5 000
　　预算会计：
　　借：资金结存——货币资金　　　　　　　　　　　　　100 000
　　　　贷：投资支出/其他结余　　　　　　　　　　　　　95 000
　　　　　　投资预算收益　　　　　　　　　　　　　　　5 000

（四）对外出售长期债券投资，按照实际收到的金额，借记"银行存款"科目，按照长期债券投资的账面余额，贷记本科目，按照已记入"应收利息"科目但尚未收取的金额，贷记"应收利息"科目，按照其差额，贷记或借记"投资收益"科目。涉及增值税业务的，相关账务处理参见"应交增值税"科目。

【例3-80】对外出售长期债券投资的会计核算

某事业单位于2×20年2月1日向外转让其持有的长期债券投资，转让价格为71 000元，该长期债券投资账面余额为70 000元。

　　财务会计：
　　借：银行存款　　　　　　　　　　　　　　　　　　　71 000
　　　　贷：长期债券投资　　　　　　　　　　　　　　　　70 000
　　　　　　投资收益　　　　　　　　　　　　　　　　　1 000
　　预算会计：
　　借：资金结存——货币资金　　　　　　　　　　　　　71 000
　　　　贷：投资支出　　　　　　　　　　　　　　　　　70 000
　　　　　　投资预算收益　　　　　　　　　　　　　　　1 000

四、本科目期末借方余额，反映事业单位持有的长期债券投资的价值。

1601　固定资产

一、本科目核算单位固定资产的原值。

二、本科目应当按照固定资产类别和项目进行明细核算。

固定资产一般分为六类：房屋及构筑物；专用设备；通用设备；文物和陈列品；图书、档案；家具、用具、装具及动植物。

三、核算固定资产时，应当考虑以下情况。

（一）购入需要安装的固定资产，应当先通过"在建工程"科目核算，安装完毕交付使用时再转入本科目核算。

（二）以借入、经营租赁租入方式取得的固定资产，不通过本科目核算，应当设置备查簿进行登记。

（三）采用融资租入方式取得的固定资产，通过本科目核算，并在本科目下设置"融资租入固定资产"明细科目。

（四）经批准在境外购买具有所有权的土地，作为固定资产，通过本科目核算；单位应当在本科目下设置"境外土地"明细科目，进行相应明细核算。

四、固定资产的主要账务处理如下。

（一）固定资产在取得时，应当按照成本进行初始计量。

1. 购入不需安装的固定资产验收合格时，按照确定的固定资产成本，借记本科目，贷记"财政拨款收入""零余额账户用款额度""应付账款""银行存款"等科目。

购入需要安装的固定资产，在安装完毕交付使用前通过"在建工程"科目核算，安装完毕交付使用时再转入本科目。

购入固定资产扣留质量保证金的，应当在取得固定资产时，按照确定的固定资产成本，借记本科目[不需安装]或"在建工程"科目[需要安装]，按照实际支付或应付的金额，贷记"财政拨款收入""零余额账户用款额度""应付账款"[不含质量保证金]、"银行存款"等科目，按照扣留的质量保证金数额，贷记"其他应付款"[扣留期在1年以内（含1年）]或"长期应付款"[扣留期超过1年]科目。

质保期满支付质量保证金时，借记"其他应付款""长期应付款"科目，贷记"财政拨款收入""零余额账户用款额度""银行存款"等科目。

【例3-81】购入不需安装的固定资产的会计核算

某事业单位用事业经费购入一项不需要安装的新设备，买价为10 000元，运杂费为1 000元，有关款项均已通过银行支付。会计处理如下。

财务会计：

借：固定资产　　　　　　　　　　　　　　　　11 000

　　贷：银行存款　　　　　　　　　　　　　　　　11 000

预算会计：

借：事业支出　　　　　　　　　　　　　　　　11 000

　　贷：资金结存——货币资金　　　　　　　　　　11 000

【例3-82】购入需要安装的固定资产的会计核算

某事业单位用事业经费购入一项需安装的新设备，买价为10 000元，运杂费为

300元，安装费为700元，有关款项均已通过银行支付，该项固定资产安装完毕交付使用。会计处理如下。

购入设备时。

财务会计：

借：在建工程　　　　　　　　　　　　　　　　　　　　10 300

　　贷：银行存款　　　　　　　　　　　　　　　　　　　10 300

预算会计：

借：事业支出　　　　　　　　　　　　　　　　　　　　10 300

　　贷：资金结存——货币资金　　　　　　　　　　　　10 300

安装时。

财务会计：

借：在建工程　　　　　　　　　　　　　　　　　　　　　　700

　　贷：银行存款　　　　　　　　　　　　　　　　　　　　700

预算会计：

借：事业支出　　　　　　　　　　　　　　　　　　　　　　700

　　贷：资金结存——货币资金　　　　　　　　　　　　　　700

安装完工交付使用时。

财务会计：

借：固定资产　　　　　　　　　　　　　　　　　　　　11 000

　　贷：在建工程　　　　　　　　　　　　　　　　　　　11 000

预算会计无分录。

2. 自行建造的固定资产交付使用时，按照在建工程成本，借记本科目，贷记"在建工程"科目。

已交付使用但尚未办理竣工决算手续的固定资产，按照估计价值入账，待办理竣工决算后再按照实际成本调整原来的暂估价值。

【例3-83】自行建造的固定资产的会计核算

某事业单位自行建造固定资产，在前期投入工程价款2 000 000元。

财务会计：

借：在建工程　　　　　　　　　　　　　　　　　　　2 000 000

　　贷：银行存款　　　　　　　　　　　　　　　　　2 000 000

预算会计：

借：事业支出　　　　　　　　　　　　　　　　　　　2 000 000

  贷：资金结存——货币资金   2 000 000

工程中期发现原材料不足，故投入400 000元购买原材料以满足完工需要。

财务会计：

借：在建工程   400 000

  贷：银行存款   400 000

预算会计：

借：事业支出   400 000

  贷：资金结存——货币资金   400 000

工程交付使用。

财务会计：

借：固定资产   2 400 000

  贷：在建工程   2 400 000

预算会计无分录。

3. 融资租赁取得的固定资产，其成本按照租赁协议或者合同确定的租赁价款、相关税费以及固定资产交付使用前所发生的可归属于该项资产的运输费、途中保险费、安装调试费等确定。

  融资租入的固定资产，按照确定的成本，借记本科目 [不需安装] 或"在建工程"科目 [需安装]，按照租赁协议或者合同确定的租赁付款额，贷记"长期应付款"科目，按照支付的运输费、途中保险费、安装调试费等金额，贷记"财政拨款收入""零余额账户用款额度""银行存款"等科目。

  定期支付租金时，按照实际支付金额，借记"长期应付款"科目，贷记"财政拨款收入""零余额账户用款额度""银行存款"等科目。

【例3-84】融资租赁取得的固定资产的会计核算

  某事业单位融资租入固定资产，固定资产价值为400 000元，支付运输费等2 000元。租赁协议规定该事业单位需要支付租赁价款400 000元，每个月支付10 000元，分40个月支付完。该事业单位的会计处理如下。

租入时：

财务会计：

借：固定资产   402 000

  贷：长期应付款   400 000

    银行存款   2 000

预算会计：

借：事业支出 2 000
　　贷：资金结存——货币资金 2 000

该事业单位每月支付租金时。

财务会计：

借：长期应付款 10 000
　　贷：银行存款 10 000

预算会计：

借：事业支出 10 000
　　贷：资金结存——货币资金 10 000

4. 按照规定跨年度分期付款购入固定资产的账务处理，参照融资租入固定资产。

5. 接受捐赠的固定资产，按照确定的固定资产成本，借记本科目[不需安装]或"在建工程"科目[需安装]，按照发生的相关税费、运输费等，贷记"零余额账户用款额度""银行存款"等科目，按照其差额，贷记"捐赠收入"科目。

接受捐赠的固定资产按照名义金额入账的，按照名义金额，借记本科目，贷记"捐赠收入"科目；按照发生的相关税费、运输费等，借记"其他费用"科目，贷记"零余额账户用款额度""银行存款"等科目。

【例3-85】接受捐赠的固定资产的会计核算

某单位接受社会捐赠的固定资产，资产价值50 000元，其间发生的运输费为800元。

财务会计：

借：固定资产 50 800
　　贷：捐赠收入 50 000
　　　　银行存款 800

预算会计：

借：其他支出 800
　　贷：资金结存——货币资金 800

6. 无偿调入的固定资产，按照确定的固定资产成本，借记本科目[不需安装]或"在建工程"科目[需安装]，按照发生的相关税费、运输费等，贷记"零余额账户用款额度""银行存款"等科目，按照其差额，贷记"无偿调拨净资产"科目。

【例 3-86】无偿调入的固定资产的会计核算

某单位接受无偿调入的固定资产，资产价值 70 000 元，其间发生的运输费为 900 元。

财务会计：

借：固定资产		70 900
贷：无偿调拨净资产		70 000
银行存款		900

预算会计：

借：其他支出		900
贷：资金结存——货币资金		900

7. 置换取得的固定资产，参照"库存物品"科目中置换取得库存物品的相关规定进行账务处理。固定资产取得时涉及增值税业务的，相关账务处理参见"应交增值税"科目。

（二）与固定资产有关的后续支出。

1. 符合固定资产确认条件的后续支出。

通常情况下，将固定资产转入改建、扩建时，按照固定资产的账面价值，借记"在建工程"科目，按照固定资产已计提折旧，借记"固定资产累计折旧"科目，按照固定资产的账面余额，贷记本科目。

为提升固定资产使用效能或延长其使用年限而发生的改建、扩建等后续支出，借记"在建工程"科目，贷记"财政拨款收入""零余额账户用款额度""银行存款"等科目。

固定资产改建、扩建等完成交付使用时，按照在建工程成本，借记本科目，贷记"在建工程"科目。

2. 不符合固定资产确认条件的后续支出。

为保证固定资产正常使用发生的日常维修等支出，借记"业务活动费用""单位管理费用"等科目，贷记"财政拨款收入""零余额账户用款额度""银行存款"等科目。

【例 3-87】不符合固定资产确认条件的后续支出的会计核算

某事业单位决定对固定资产进行扩建，固定资产账面余额为 500 000 元，已计提折旧 100 000 元，扩建过程中支付工程款 200 000 元。

转入在建工程并发生相关支出。

财务会计：

借：在建工程 400 000
　　固定资产累计折旧 100 000
　　贷：固定资产 500 000
借：在建工程 200 000
　　贷：银行存款 200 000

预算会计：
借：事业支出 200 000
　　贷：资金结存——货币资金 200 000

工程完工，交付使用。

财务会计：
借：固定资产 600 000
　　贷：在建工程 600 000

预算会计无分录。

（三）按照规定报经批准处置固定资产，应当分以下情况处理。

1. 报经批准出售、转让固定资产，按照被出售、转让固定资产的账面价值，借记"资产处置费用"科目，按照固定资产已计提的折旧，借记"固定资产累计折旧"科目，按照固定资产账面余额，贷记本科目；同时，按照收到的价款，借记"银行存款"等科目，按照处置过程中发生的相关费用，贷记"银行存款"等科目，按照其差额，贷记"应缴财政款"科目。

【例3-88】报经批准出售、转让固定资产的会计核算

某事业单位出售固定资产一批，固定资产账面余额为72 000元，已计提折旧60 000元，出售固定资产收到价款20 000元。该业务的账务处理如下。

财务会计：
借：资产处置费用 12 000
　　固定资产累计折旧 60 000
　　贷：固定资产 72 000
借：银行存款 20 000
　　贷：应缴财政款 20 000

预算会计无分录。

2. 报经批准对外捐赠固定资产，按照固定资产已计提的折旧，借记"固定资产累计折旧"科目，按照被处置固定资产账面余额，贷记本科目，按照捐赠过程中发生的归属于捐出方的相关费用，贷记"银行存款"等科目，按照其

差额，借记"资产处置费用"科目。

【例 3-89】报经批准对外捐赠固定资产的会计核算

某事业单位对外捐赠固定资产，固定资产账面余额为 100 000 元，已计提折旧 30 000 元，另外该事业单位支付运输费 3 000 元。该业务的账务处理如下。

财务会计：

借：资产处置费用	73 000
固定资产累计折旧	30 000
贷：固定资产	100 000
银行存款	3 000

预算会计：

借：其他支出	3 000
贷：资金结存——货币资金	3 000

3. 报经批准无偿调出固定资产，按照固定资产已计提的折旧，借记"固定资产累计折旧"科目，按照被处置固定资产账面余额，贷记本科目，按照其差额，借记"无偿调拨净资产"科目；同时，按照无偿调出过程中发生的归属于调出方的相关费用，借记"资产处置费用"科目，贷记"银行存款"等科目。

【例 3-90】报经批准无偿调出固定资产的会计核算

某事业单位无偿调出固定资产，固定资产账面余额为 200 000 元，已计提折旧 50 000 元，另外该事业单位支付运输费 3 000 元。该业务的账务处理如下。

财务会计：

借：无偿调拨净资产	150 000
固定资产累计折旧	50 000
贷：固定资产	200 000
借：资产处置费用	3 000
贷：银行存款	3 000

预算会计：

借：其他支出	3 000
贷：资金结存——货币资金	3 000

4. 报经批准置换换出固定资产，参照"库存物品"中置换换入库存物品的规定进行账务处理。

固定资产处置时涉及增值税业务的，相关账务处理参见"应交增值税"

科目。

（四）单位应当定期对固定资产进行清查盘点，每年至少盘点一次。对于发生的固定资产盘盈和盘亏或毁损、报废，应当先记入"待处理财产损溢"科目，按照规定报经批准后及时进行后续账务处理。

1. 盘盈的固定资产，其成本按照有关凭据注明的金额确定；没有相关凭据但按照规定经过资产评估的，其成本按照评估价值确定；没有相关凭据也未经过评估的，其成本按照重置成本确定。如无法采用上述方法确定盘盈固定资产成本的，按照名义金额（人民币1元）入账。

盘盈的固定资产，按照确定的入账成本，借记本科目，贷记"待处理财产损溢"科目。

2. 盘亏、毁损或报废的固定资产，按照待处理固定资产的账面价值，借记"待处理财产损溢"科目，按照已计提折旧，借记"固定资产累计折旧"科目，按照固定资产的账面余额，贷记本科目。

【例3-91】盘盈、盘亏固定资产的会计核算

某单位于2×19年底对单位的固定资产进行盘点，发生以下业务。

盘盈固定资产A，价值5 000元。

财务会计：

借：固定资产——A	5 000
贷：待处理财产损溢	5 000

预算会计无分录。

盘点过程中，发现固定资产B毁损，B的账面余额为3 000元，已计提折旧2 000元。

财务会计：

借：待处理财产损溢	1 000
固定资产累计折旧	2 000
贷：固定资产——B	3 000

预算会计无分录。

五、本科目期末借方余额，反映单位固定资产的原值。

1602　固定资产累计折旧

一、本科目核算单位计提的固定资产累计折旧。

公共基础设施和保障性住房计提的累计折旧，应当分别通过"公共基础设施累计折旧（摊销）"科目和"保障性住房累计折旧"科目核算，不通过本科

目核算。

二、本科目应当按照所对应固定资产的明细分类进行明细核算。

三、单位计提融资租入固定资产折旧时，应当采用与自有固定资产相一致的折旧政策。能够合理确定租赁期届满时将会取得租入固定资产所有权的，应当在租入固定资产尚可使用年限内计提折旧；无法合理确定租赁期届满时能够取得租入固定资产所有权的，应当在租赁期与租入固定资产尚可使用年限两者中较短的期间内计提折旧。

四、固定资产累计折旧的主要账务处理如下。

（一）按月计提固定资产折旧时，按照应计提折旧金额，借记"业务活动费用""单位管理费用""经营费用""加工物品""在建工程"等科目，贷记本科目。

（二）经批准处置或处理固定资产时，按照所处置或处理固定资产的账面价值，借记"资产处置费用""无偿调拨净资产""待处理财产损溢"等科目，按照已计提折旧，借记本科目，按照固定资产的账面余额，贷记"固定资产"科目。

【例3-92】按月计提固定资产折旧的会计核算

某事业单位新购进固定资产一批，价值72 000元，计划使用6年，每月计提折旧1 000元。

购进时。

财务会计：

借：固定资产　　　　　　　　　　　　　　　　　　72 000

　　贷：银行存款　　　　　　　　　　　　　　　　72 000

预算会计：

借：事业支出　　　　　　　　　　　　　　　　　　72 000

　　贷：资金结存——货币资金　　　　　　　　　　72 000

按月计提固定资产折旧时。

财务会计：

借：业务活动费用　　　　　　　　　　　　　　　　1 000

　　贷：固定资产累计折旧　　　　　　　　　　　　1 000

预算会计无分录。

假设第5年末对该固定资产进行报废处置。

财务会计：

借：待处理财产损溢	12 000
固定资产累计折旧	60 000
贷：固定资产	72 000

预算会计无分录。

五、本科目期末贷方余额，反映单位计提的固定资产折旧累计数。

1611 工程物资

一、本科目核算单位为在建工程准备的各种物资的成本，包括工程用材料、设备等。

二、本科目可按照"库存材料""库存设备"等工程物资类别进行明细核算。

三、工程物资的主要账务处理如下。

（一）购入为工程准备的物资，按照确定的物资成本，借记本科目，贷记"财政拨款收入""零余额账户用款额度""银行存款""应付账款"等科目。

【例3-93】购入为工程准备的物资的会计核算

2×19年1月1日，某行政单位购入一批工程物资，支付8 000元。

财务会计：

借：工程物资	8 000
贷：银行存款	8 000

预算会计：

借：行政支出	8 000
贷：资金结存——货币资金	8 000

（二）领用工程物资，按照物资成本，借记"在建工程"科目，贷记本科目。工程完工后将领出的剩余物资退库时做相反的会计分录。

【例3-94】领用工程物资的会计核算

沿用【例3-93】。2×19年1月31日，该行政单位因建造需要领用80%的该批工程物资。

财务会计：

借：在建工程	6 400
贷：工程物资	6 400

预算会计无分录。

（三）工程完工后将剩余的工程物资转作本单位存货等的，按照物资成本，借记"库存物品"等科目，贷记本科目。

涉及增值税业务的，相关账务处理参见"应交增值税"科目。

【例 3-95】 工程完工后将剩余的工程物资转作本单位存货的会计核算

沿用【例 3-94】。2×19 年 10 月 31 日，该行政单位将剩余的 20% 的工程物资转为存货。

财务会计：

借：库存物品　　　　　　　　　　　　　　　　　　　　1 600
　　贷：工程物资　　　　　　　　　　　　　　　　　　　1 600

预算会计无分录。

四、本科目期末借方余额，反映单位为在建工程准备的各种物资的成本。

1613　在建工程

一、本科目核算单位在建的建设项目工程的实际成本。单位在建的信息系统项目工程、公共基础设施项目工程、保障性住房项目工程的实际成本，也通过本科目核算。

二、本科目应当设置"建筑安装工程投资""设备投资""待摊投资""其他投资""待核销基建支出""基建转出投资"等明细科目，并按照具体项目进行明细核算。

（一）"建筑安装工程投资"明细科目，核算单位发生的构成建设项目实际支出的建筑工程和安装工程的实际成本，不包括被安装设备本身的价值以及按照合同规定支付给施工单位的预付备料款和预付工程款。本明细科目应当设置"建筑工程"和"安装工程"两个明细科目进行明细核算。

（二）"设备投资"明细科目，核算单位发生的构成建设项目实际支出的各种设备的实际成本。

（三）"待摊投资"明细科目，核算单位发生的构成建设项目实际支出的、按照规定应当分摊计入有关工程成本和设备成本的各项间接费用和税费支出。本明细科目的具体核算内容包括以下方面。

1. 勘察费、设计费、研究试验费、可行性研究费及项目其他前期费用。

2. 土地征用及迁移补偿费、土地复垦及补偿费、森林植被恢复费及其他为取得土地使用权、租用权而发生的费用。

3. 城镇土地使用税、耕地占用税、契税、车船税、印花税及按照规定缴纳的其他税费。

4. 项目建设管理费、代建管理费、临时设施费、监理费、招投标费、社会中介审计（审查）费及其他管理性质的费用。

项目建设管理费是指项目建设单位从项目筹建之日起至办理竣工财务决算之日止发生的管理性质的支出，包括不在原单位发工资的工作人员工资及相关费用、办公费、办公场地租用费、差旅交通费、劳动保护费、工具用具使用费、固定资产使用费、招募生产工人费、技术图书资料费（含软件）、业务招待费、施工现场津贴、竣工验收费等。

5. 项目建设期间发生的各类专门借款利息支出或融资费用。

6. 工程检测费、设备检验费、负荷联合试车费及其他检验检测类费用。

7. 固定资产损失、器材处理亏损、设备盘亏及毁损、单项工程或单位工程报废、毁损净损失及其他损失。

8. 系统集成等信息工程的费用支出。

9. 其他待摊性质支出。

本明细科目应当按照上述费用项目进行明细核算，其中有些费用（如项目建设管理费等），还应当按照更为具体的费用项目进行明细核算。

（四）"其他投资"明细科目，核算单位发生的构成建设项目实际支出的房屋购置支出，基本畜禽、林木等购置、饲养、培育支出，办公生活用家具、器具购置支出，软件研发和不能计入设备投资的软件购置等支出。单位为进行可行性研究而购置的固定资产，以及取得土地使用权支付的土地出让金，也通过本明细科目核算。本明细科目应当设置"房屋购置""基本畜禽支出""林木支出""办公生活用家具、器具购置""可行性研究固定资产购置""无形资产"等明细科目。

（五）"待核销基建支出"明细科目，核算建设项目发生的江河清障、航道清淤、飞播造林、补助群众造林、水土保持、城市绿化、取消项目的可行性研究费以及项目整体报废等不能形成资产部分的基建投资支出。本明细科目应按照待核销基建支出的类别进行明细核算。

（六）"基建转出投资"明细科目，核算为建设项目配套而建成的、产权不归属本单位的专用设施的实际成本。本明细科目应按照转出投资的类别进行明细核算。

三、在建工程的主要账务处理如下。

（一）建筑安装工程投资。

1. 将固定资产等资产转入改建、扩建等时，按照固定资产等资产的账面价值,借记本科目(建筑安装工程投资),按照已计提的折旧或摊销,借记"固定资产累计折旧"等科目,按照固定资产等资产的原值,贷记"固定资产"等科目。

固定资产等资产改建、扩建过程中涉及替换(或拆除)原资产的某些组成部分的,按照被替换(或拆除)部分的账面价值,借记"待处理财产损溢"科目,贷记本科目(建筑安装工程投资)。

2. 单位对于发包建筑安装工程,根据建筑安装工程价款结算账单与施工企业结算工程价款时,按照应承付的工程价款,借记本科目(建筑安装工程投资),按照预付工程款余额,贷记"预付账款"科目,按照其差额,贷记"财政拨款收入""零余额账户用款额度""银行存款""应付账款"等科目。

3. 单位自行施工的小型建筑安装工程,按照发生的各项支出金额,借记本科目(建筑安装工程投资),贷记"工程物资""零余额账户用款额度""银行存款""应付职工薪酬"等科目。

4. 工程竣工,办妥竣工验收交接手续交付使用时,按照建筑安装工程成本(含应分摊的待摊投资),借记"固定资产"等科目,贷记本科目(建筑安装工程投资)。

【例3-96】将固定资产等资产转入改建、扩建等的会计核算

某行政单位一办公楼因多年使用需要改建,原值为8 000 000元,已计提折旧5 000 000元。改建过程中,拆除部分建筑,账面价值为500 000元,并获得残值收入200 000元。改建过程中发生改建支出3 000 000元,用零余额账户用款额度支付。改建完工后,验收合格,投入使用。会计处理如下。

办公楼转入改建工程时。

财务会计:

借:在建工程——建筑安装工程投资 3 000 000
　　固定资产累计折旧 5 000 000
　　贷:固定资产——办公楼 8 000 000

预算会计无分录。

拆除部分建筑时。

财务会计:

借:待处理财产损溢 500 000
　　贷:在建工程——建筑安装工程投资 500 000

预算会计无分录。

获得残值收入时。

财务会计：

借：银行存款 200 000

  贷：应缴财政款 200 000

预算会计无分录。

发生改建支出时。

财务会计：

借：在建工程——建筑安装工程投资 3 000 000

  贷：零余额账户用款额度 3 000 000

预算会计：

借：行政支出 3 000 000

  贷：资金结存——零余额账户用款额度 3 000 000

完工验收时。

财务会计：

借：固定资产——办公楼 5 500 000

  贷：在建工程——建筑安装工程投资 5 500 000

预算会计无分录。

（二）设备投资。

1. 购入设备时，按照购入成本，借记本科目（设备投资），贷记"财政拨款收入""零余额账户用款额度""银行存款"等科目；采用预付款方式购入设备的，有关预付款的账务处理参照本科目有关"建筑安装工程投资"明细科目的规定。

2. 设备安装完毕，办妥竣工验收交接手续交付使用时，按照设备投资成本（含设备安装工程成本和分摊的待摊投资），借记"固定资产"等科目，贷记本科目（设备投资、建筑安装工程投资——安装工程）。

将不需要安装的设备和达不到固定资产标准的工具、器具交付使用时，按照相关设备、工具、器具的实际成本，借记"固定资产""库存物品"科目，贷记本科目（设备投资）。

【例3-97】购入设备的会计核算

某事业单位于2×19年1月1日购入一台机器设备，支付800 000元，因需要安装，2×19年2月1日支付安装费200 000元，2×19年5月1日安装完毕后交付使用。其账务处理如下。

2×19年1月1日。

财务会计：

借：在建工程——设备投资　　　　　　　　　　　　800 000
　　贷：银行存款　　　　　　　　　　　　　　　　　　　800 000

预算会计：

借：事业支出　　　　　　　　　　　　　　　　　　800 000
　　贷：资金结存——货币资金　　　　　　　　　　　　　800 000

2×19年2月1日。

财务会计：

借：在建工程——建筑安装工程投资　　　　　　　　200 000
　　贷：银行存款　　　　　　　　　　　　　　　　　　　200 000

预算会计：

借：事业支出　　　　　　　　　　　　　　　　　　200 000
　　贷：资金结存——货币资金　　　　　　　　　　　　　200 000

2×19年5月1日。

财务会计：

借：固定资产　　　　　　　　　　　　　　　　　1 000 000
　　贷：在建工程——设备投资　　　　　　　　　　　　　800 000
　　　　在建工程——建筑安装工程投资　　　　　　　　　200 000

预算会计无分录。

（三）待摊投资。

建设工程发生的构成建设项目实际支出的、按照规定应当分摊计入有关工程成本和设备成本的各项间接费用和税费支出，先在本明细科目中归集；建设工程办妥竣工验收手续交付使用时，按照合理的分配方法，摊入相关工程成本、在安装设备成本等。

1. 单位发生的构成待摊投资的各类费用，按照实际发生金额，借记本科目（待摊投资），贷记"财政拨款收入""零余额账户用款额度""银行存款""应付利息""长期借款""其他应交税费""固定资产累计折旧""无形资产累计摊销"等科目。

2. 对于建设过程中试生产、设备调试等产生的收入，按照取得的收入金额，借记"银行存款"等科目，按照依据有关规定应当冲减建设工程成本的部分，贷记本科目（待摊投资），按照其差额贷记"应缴财政款"或"其他收入"科目。

3. 自然灾害、管理不善等原因造成的单项工程或单位工程报废或毁损，扣除残料价值和过失人或保险公司等赔款后的净损失，报经批准后计入继续施工的工程成本的，按照工程成本扣除残料价值和过失人或保险公司等赔款后的净损失，借记本科目（待摊投资），按照残料变价收入、过失人或保险公司赔款等，借记"银行存款""其他应收款"等科目，按照报废或毁损的工程成本，贷记本科目（建筑安装工程投资）。

4. 工程交付使用时，按照合理的分配方法分配待摊投资，借记本科目（建筑安装工程投资、设备投资），贷记本科目（待摊投资）。

待摊投资的分配方法和计算公式如下。

（1）按照实际分配率分配。其适用于建设工期较短、整个项目的所有单项工程一次竣工的建设项目。

实际分配率 = 待摊投资明细科目余额 ÷（建筑工程明细科目余额 + 安装工程明细科目余额 + 设备投资明细科目余额）× 100%

（2）按照概算分配率分配。其适用于建设工期长、单项工程分期分批建成投入使用的建设项目。

概算分配率 =（概算中各待摊投资项目的合计数 − 其中可直接分配部分）÷（概算中建筑工程、安装工程和设备投资合计）× 100%

（3）

某项固定资产应分配的待摊投资 = 该项固定资产的建筑工程成本或该项固定资产（设备）的采购成本和安装成本合计 × 分配率

【例3-98】建设工程发生的构成建设项目成本的支出的会计核算

2×19年2月1日，某事业单位在建造某一设备时，以银行存款支付可行性研究费用15 000元。根据相关凭证，该事业单位做以下会计处理。

财务会计：

借：在建工程——待摊投资　　　　　　　　　　　15 000
　　贷：银行存款　　　　　　　　　　　　　　　　　15 000

预算会计：

借：事业支出　　　　　　　　　　　　　　　　　15 000
　　贷：资金结存——货币资金　　　　　　　　　　　15 000

2×19年3月1日，该事业单位在设备调试过程中产生的收入为2 000元，分配的待摊投资为1 000元。会计处理如下。

财务会计：

借：银行存款 2 000
    贷：在建工程——待摊投资 1 000
        其他收入 1 000

预算会计：

借：资金结存——货币资金 1 000
    贷：其他预算收入 1 000

2×19年10月1日，该设备完工交付使用，会计处理如下。

财务会计：

借：在建工程——设备投资 14 000
    贷：在建工程——待摊投资 14 000

预算会计无分录。

（四）其他投资。

1. 单位为建设工程发生的房屋购置支出，基本畜禽、林木等的购置、饲养、培育支出，办公生活用家具、器具购置支出，软件研发和不能计入设备投资的软件购置等支出，按照实际发生金额，借记本科目（其他投资），贷记"财政拨款收入""零余额账户用款额度""银行存款"等科目。

2. 工程完成将形成的房屋、基本畜禽、林木等各种财产以及无形资产交付使用时，按照其实际成本，借记"固定资产""无形资产"等科目，贷记本科目（其他投资）。

【例3-99】单位为建设工程发生的房屋购置支出的会计核算

某单位于2×19年10月1日新购入一批办公生活用家具，花费50 000元，用银行存款支付。2×19年11月1日，该批家具安装完成交付使用。会计处理如下。

2×19年10月1日。

财务会计：

借：在建工程——其他投资 50 000
    贷：银行存款 50 000

预算会计：

借：行政支出/事业支出等 50 000
    贷：资金结存——货币资金 50 000

2×19年11月1日。

财务会计：

借：固定资产		50 000
贷：在建工程——其他投资		50 000

预算会计无分录。

（五）待核销基建支出。

1. 建设项目发生的江河清障、航道清淤、飞播造林、补助群众造林、水土保持、城市绿化等不能形成资产的各类待核销基建支出，按照实际发生金额，借记本科目（待核销基建支出），贷记"财政拨款收入""零余额账户用款额度""银行存款"等科目。

2. 取消的建设项目发生的可行性研究费，按照实际发生金额，借记本科目（待核销基建支出），贷记本科目（待摊投资）。

3. 由于自然灾害等原因发生的建设项目整体报废所形成的净损失，报经批准后转入待核销基建支出，按照项目整体报废所形成的净损失，借记本科目（待核销基建支出），按照报废工程回收的残料变价收入、保险公司赔款等，借记"银行存款""其他应收款"等科目，按照报废的工程成本，贷记本科目（建筑安装工程投资等）。

4. 建设项目竣工验收交付使用时，对发生的待核销基建支出进行冲销，借记"资产处置费用"科目，贷记本科目（待核销基建支出）。

【例3-100】对发生的待核销基建支出进行冲销的会计核算

某事业单位新建一栋办公楼，已投资200 000元，现自然灾害导致项目整体报废，经批准冲销该基建支出。会计处理如下。

财务会计：

报废时。

借：在建工程——待核销基建支出		200 000
贷：在建工程——建筑安装工程投资		200 000

经批准冲销时。

借：资产处置费用		200 000
贷：在建工程——待核销基建支出		200 000

预算会计无分录。

（六）基建转出投资。

为建设项目配套而建成的、产权不归属本单位的专用设施，在项目竣工验收交付使用时，按照转出的专用设施的成本，借记本科目（基建转出投资），贷记本科目（建筑安装工程投资）；同时，借记"无偿调拨净资产"科目，贷记本科目（基建转出投资）。

【例 3-101】为建设项目配套而建成的、产权不归属本单位的专用设施的会计核算

某行政单位新建一座办公楼，根据工作需要配套建设了一台仪器，但产权不归属本单位。该仪器的实际成本为 3 000 000 元，该单位在该项目完工后将产权移交其他部门，应做以下会计处理。

财务会计：

借：在建工程——基建转出投资　　　　　　　　　　3 000 000
　　贷：在建工程——建筑安装工程投资　　　　　　　　3 000 000

预算会计无分录。

四、本科目期末借方余额，反映单位尚未完工的建设项目工程发生的实际成本。

1701　无形资产

一、本科目核算单位无形资产的原值。

非大批量购入、单价小于 1 000 元的无形资产，可以于购买的当期将其成本直接计入当期费用。

二、本科目应当按照无形资产的类别、项目等进行明细核算。

三、无形资产的主要账务处理如下。

（一）无形资产在取得时，应当按照成本进行初始计量。

1. 外购的无形资产，按照确定的成本，借记本科目，贷记"财政拨款收入""零余额账户用款额度""应付账款""银行存款"等科目。

【例 3-102】外购的无形资产的会计核算

某行政单位取得一项专利，使用财政授权支付方式支付价款 200 000 元，应做以下会计处理。

财务会计：

借：无形资产　　　　　　　　　　　　　　　　　　200 000
　　贷：零余额账户用款额度　　　　　　　　　　　　　200 000

预算会计：

借：行政支出　　　　　　　　　　　　　　　　　　200 000
　　贷：资金结存——零余额账户用款额度　　　　　　　200 000

2. 委托软件公司开发软件，视同外购无形资产进行处理。合同中约定预付开发费用的，按照预付金额，借记"预付账款"科目，贷记"财政拨款收入""零余额账户用款额度""银行存款"等科目。

软件开发完成交付使用并支付剩余或全部软件开发费用时，按照软件开发费用总额，借记本科目，按照相关预付账款金额，贷记"预付账款"科目，按照支付的剩余金额，贷记"财政拨款收入""零余额账户用款额度""银行存款"等科目。

【例3-103】 委托软件公司开发软件的会计核算

某行政单位与软件公司合作，委托其开发软件，价款为500 000元。根据合同，该行政单位先预付40%的开发费用，完工交付后支付剩余费用。所有款项使用财政授权支付方式支付。会计处理如下。

预付开发费用时。

财务会计：

借：预付账款	200 000
贷：零余额账户用款额度	200 000

预算会计：

借：行政支出	200 000
贷：资金结存——零余额账户用款额度	200 000

完工交付时。

财务会计：

借：无形资产	500 000
贷：预付账款	200 000
零余额账户用款额度	300 000

预算会计：

借：行政支出	300 000
贷：资金结存——零余额账户用款额度	300 000

3. 自行研究开发形成的无形资产，按照研究开发项目进入开发阶段后至达到预定用途前所发生的支出总额，借记本科目，贷记"研发支出——开发支出"科目。

自行研究开发项目尚未进入开发阶段，或者确实无法区分研究阶段支出和开发阶段支出，但按照法律程序已申请取得无形资产的，按照依法取得时发生的注册费、聘请律师费等费用，借记本科目，贷记"财政拨款收入""零余额账户用款额度""银行存款"等科目；按照依法取得前所发生的研究开发支出，借记"业务活动费用"等科目，贷记"研发支出"科目。

【例 3-104】 自行研究开发形成的无形资产的会计核算

某行政单位自行开发一项技术，并申请专利，按法律程序申请专利时发生的注册费、聘请律师费等共计 100 000 元。在开发阶段共发生研发费用 200 000 元。所有款项均使用财政授权支付方式进行支付。会计处理如下。

取得专利前发生研发费用时。

财务会计：

借：研发支出 200 000
  贷：零余额账户用款额度 200 000

预算会计：

借：行政支出 200 000
  贷：资金结存——零余额账户用款额度 200 000

依法取得专利时。

财务会计：

借：无形资产 300 000
  贷：研发支出 200 000
    零余额账户用款额度 100 000

预算会计：

借：行政支出 100 000
  贷：资金结存——零余额账户用款额度 100 000

4. 接受捐赠的无形资产，按照确定的无形资产成本，借记本科目，按照发生的相关税费等，贷记"零余额账户用款额度""银行存款"等科目，按照其差额，贷记"捐赠收入"科目。

接受捐赠的无形资产按照名义金额入账的，按照名义金额，借记本科目，贷记"捐赠收入"科目；同时，按照发生的相关税费等，借记"其他费用"科目，贷记"零余额账户用款额度""银行存款"等科目。

【例 3-105】 接受捐赠的无形资产的会计核算

某事业单位接受 A 公司捐赠的一项专利，价值 200 000 元，支付相关税费 2 000 元。会计处理如下。

财务会计：

借：无形资产 202 000

贷：银行存款 2 000
　　捐赠收入 200 000

预算会计：

借：其他支出 2 000
贷：资金结存——货币资金 2 000

5. 无偿调入的无形资产，按照确定的无形资产成本，借记本科目，按照发生的相关税费等，贷记"零余额账户用款额度""银行存款"等科目，按照其差额，贷记"无偿调拨净资产"科目。

【例 3-106】无偿调入的无形资产的会计核算

某单位接受无偿调入的无形资产，资产价值 50 000 元，其间发生运输费 400 元。

财务会计：

借：无形资产 50 400
贷：无偿调拨净资产 50 000
　　银行存款 400

预算会计：

借：其他支出 400
贷：资金结存——货币资金 400

6. 置换取得的无形资产，参照"库存物品"科目中置换取得库存物品的相关规定进行账务处理。

无形资产取得时涉及增值税业务的，相关账务处理参见"应交增值税"科目。

【例 3-107】置换取得的无形资产的会计核算

某行政单位用一批材料置换换入一项专利，换出材料的原价为 200 000 元，评估价值为 200 000 元。置换换出材料收到补价 50 000 元，发生其他相关支出 60 000 元。会计处理如下。

财务会计：

借：无形资产 210 000
贷：库存物品 200 000
　　银行存款 10 000

预算会计：

借：其他支出 10 000
贷：资金结存——货币资金 10 000

（二）与无形资产有关的后续支出。

1. 符合无形资产确认条件的后续支出。

为提升无形资产的使用效能对其进行升级改造或增加其功能时，如需暂停对无形资产进行摊销的，按照无形资产的账面价值，借记"在建工程"科目，按照无形资产已摊销金额，借记"无形资产累计摊销"科目，按照无形资产的账面余额，贷记本科目。

无形资产后续支出符合无形资产确认条件的，按照支出的金额，借记本科目［无须暂停摊销的］或"在建工程"科目［需暂停摊销的］，贷记"财政拨款收入""零余额账户用款额度""银行存款"等科目。

暂停摊销的无形资产升级改造或增加功能等完成交付使用时，按照在建工程成本，借记本科目，贷记"在建工程"科目。

【例3-108】符合无形资产确认条件的后续支出的会计核算

某事业单位拥有一项软件技术，其账面余额为50 000元，已摊销5 000元。现为提升该软件技术的效用发生后续支出20 000元，若该支出符合无形资产确认条件，则账务处理如下。

财务会计：

借：在建工程	45 000
无形资产累计摊销	5 000
贷：无形资产	50 000
借：在建工程	20 000
贷：银行存款	20 000

预算会计：

借：其他支出	20 000
贷：资金结存——货币资金	20 000

2. 不符合无形资产确认条件的后续支出。

为保证无形资产正常使用发生的日常维护等支出，借记"业务活动费用""单位管理费用"等科目，贷记"财政拨款收入""零余额账户用款额度""银行存款"等科目。

【例3-109】不符合无形资产确认条件的后续支出的会计核算

某事业单位拥有一项软件技术，其账面余额为50 000元，已摊销5 000元。现为维护该软件技术的正常使用发生后续支出20 000元，若该支出不符合无形资产确认条件，则账务处理如下。

财务会计：

借：业务活动费用　　　　　　　　　　　　　　　　　　20 000

　　贷：银行存款　　　　　　　　　　　　　　　　　　　　20 000

预算会计：

借：事业支出　　　　　　　　　　　　　　　　　　　　20 000

　　贷：资金结存——货币资金　　　　　　　　　　　　　20 000

（三）按照规定报经批准处置无形资产，应当分以下情况处理。

1. 报经批准出售、转让无形资产，按照被出售、转让无形资产的账面价值，借记"资产处置费用"科目，按照无形资产已计提的摊销，借记"无形资产累计摊销"科目，按照无形资产账面余额，贷记本科目；同时，按照收到的价款，借记"银行存款"等科目，按照处置过程中发生的相关费用，贷记"银行存款"等科目，按照其差额，贷记"应缴财政款"[按照规定应上缴无形资产转让净收入的]或"其他收入"[按照规定将无形资产转让收入纳入本单位预算管理的]科目。

【例3-110】报经批准出售、转让无形资产的会计核算

某行政单位经批准将一项专利权出售，该项专利权原价为500 000元，已计提摊销300 000元，售价为250 000元。会计处理如下。

财务会计：

借：资产处置费用　　　　　　　　　　　　　　　　　　200 000

　　无形资产累计摊销　　　　　　　　　　　　　　　　300 000

　　贷：无形资产　　　　　　　　　　　　　　　　　　　500 000

借：银行存款　　　　　　　　　　　　　　　　　　　　250 000

　　贷：应缴财政款　　　　　　　　　　　　　　　　　　250 000

预算会计：

借：资金结存　　　　　　　　　　　　　　　　　　　　250 000

　　贷：其他预算收入　　　　　　　　　　　　　　　　　250 000

2. 报经批准对外捐赠无形资产，按照无形资产已计提的摊销，借记"无形资产累计摊销"科目，按照被处置无形资产账面余额，贷记本科目，按照捐赠过程中发生的归属于捐出方的相关费用，贷记"银行存款"等科目，按照其差额，借记"资产处置费用"科目。

【例3-111】报经批准对外捐赠无形资产的会计核算

某行政单位对外捐赠无形资产，无形资产账面余额为100 000元，已计提摊销

30 000元,另外该行政单位支付运输费3 000元。该业务的账务处理如下。

财务会计:

借:资产处置费用   73 000
    无形资产累计摊销   30 000
  贷:无形资产   100 000
    银行存款   3 000

预算会计:

借:其他支出   3 000
  贷:资金结存——货币资金   3 000

3. 报经批准无偿调出无形资产,按照无形资产已计提的摊销,借记"无形资产累计摊销"科目,按照被处置无形资产账面余额,贷记本科目,按照其差额,借记"无偿调拨净资产"科目;同时,按照无偿调出过程中发生的归属于调出方的相关费用,借记"资产处置费用"科目,贷记"银行存款"等科目。

【例3-112】报经批准无偿调出无形资产的会计核算

某事业单位无偿调出内部的一项无形资产,该无形资产的原值为100 000元,已计提摊销20 000元。该业务的账务处理如下。

财务会计:

借:无偿调拨净资产   80 000
  无形资产累计摊销   20 000
  贷:无形资产   100 000

预算会计无分录。

4. 报经批准置换换出无形资产,参照"库存物品"科目中置换换入库存物品的规定进行账务处理。

5. 无形资产预期不能为单位带来服务潜力或经济利益,按照规定报经批准核销时,按照待核销无形资产的账面价值,借记"资产处置费用"科目,按照已计提摊销,借记"无形资产累计摊销"科目,按照无形资产的账面余额,贷记本科目。

无形资产处置时涉及增值税业务的,相关账务处理参见"应交增值税"科目。

【例3-113】报经批准核销无形资产的会计核算

某行政单位将一批不能再为行政单位带来经济利益的著作权予以核销,该批著作权原价为 100 000 元,已计提摊销 85 000 元。会计处理如下。

财务会计:

借:资产处置费用	15 000
无形资产累计摊销	85 000
贷:无形资产	100 000

预算会计无分录。

（四）单位应当定期对无形资产进行清查盘点,每年至少盘点一次。单位资产清查盘点过程中发现的无形资产盘盈、盘亏等,参照"固定资产"科目相关规定进行账务处理。

四、本科目期末借方余额,反映单位无形资产的成本。

1702　无形资产累计摊销

一、本科目核算单位对使用年限有限的无形资产计提的累计摊销。

二、本科目应当按照所对应无形资产的明细分类进行明细核算。

三、无形资产累计摊销的主要账务处理如下。

（一）按月对无形资产进行摊销时,按照应摊销金额,借记"业务活动费用""单位管理费用""加工物品""在建工程"等科目,贷记本科目。

【例3-114】按月对无形资产进行摊销的会计核算

2×19年3月9日,某行政单位购入一项专利,总价款为360 000元,按规定,摊销年限为10年。会计处理如下。

按月计提专利权摊销。

专利权月摊销额 =360 000÷10÷12=3 000（元）

财务会计:

借:业务活动费用	3 000
贷:无形资产累计摊销	3 000

预算会计无分录。

（二）经批准处置无形资产时,按照所处置无形资产的账面价值,借记"资产处置费用""无偿调拨净资产""待处理财产损溢"等科目,按照已计提摊销,借记本科目,按照无形资产的账面余额,贷记"无形资产"科目。

【例3-115】经批准处置无形资产时的会计核算

某行政单位的某项无形资产预期已经不能再为单位带来服务潜力,按照规定报经批准核销。该项无形资产的账面余额为 720 000 元，已计提累计摊销 560 000 元，账面价值为 160 000 元（720 000-560 000）。该行政单位应编制以下会计分录。

财务会计：
借：资产处置费用　　　　　　　　　　　　　　　　160 000
　　无形资产累计摊销　　　　　　　　　　　　　　560 000
　　贷：无形资产　　　　　　　　　　　　　　　　　　　720 000

预算会计无分录。

四、本科目期末贷方余额，反映单位计提的无形资产摊销累计数。

1703　研发支出

一、本科目核算单位自行研究开发项目研究阶段和开发阶段发生的各项支出。

建设项目中的软件研发支出，应当通过"在建工程"科目核算，不通过本科目核算。

二、本科目应当按照自行研究开发项目，分别"研究支出""开发支出"进行明细核算。

三、研发支出的主要账务处理如下。

（一）自行研究开发项目研究阶段的支出，应当先在本科目归集。按照从事研究及其辅助活动人员计提的薪酬，研究活动领用的库存物品，发生的与研究活动相关的管理费、间接费和其他各项费用，借记本科目（研究支出），贷记"应付职工薪酬""库存物品""财政拨款收入""零余额账户用款额度""固定资产累计折旧""银行存款"等科目。

期（月）末，应当将本科目归集的研究阶段的支出金额转入当期费用，借记"业务活动费用"等科目，贷记本科目（研究支出）。

（二）自行研究开发项目开发阶段的支出，先通过本科目进行归集。按照从事开发及其辅助活动人员计提的薪酬，开发活动领用的库存物品，发生的与开发活动相关的管理费、间接费和其他各项费用，借记本科目（开发支出），贷记"应付职工薪酬""库存物品""财政拨款收入""零余额账户用款额度""固定资产累计折旧""银行存款"等科目。自行研究开发项目完成，达到预定用途形成无形资产的，按照本科目归集的开发阶段的支出金额，借记"无形资产"科目，贷记本科目（开发支出）。

单位应于每年年度终了评估研究开发项目是否能达到预定用途，如预计不能达到预定用途（如无法最终完成开发项目并形成无形资产的），应当将已发生的开发支出金额全部转入当期费用，借记"业务活动费用"等科目，贷记本科目（开发支出）。

自行研究开发项目时涉及增值税业务的，相关账务处理参见"应交增值税"科目。

【例3-116】 自行研究开发项目的支出的会计核算

某事业单位自行开展研究开发活动。在研究阶段，计提从事研究活动人员的薪酬共计48 500元。当年末，将发生的研究阶段支出合计630 000元转入业务活动费用。次年初，经论证和批准，相应研究开发活动进入开发阶段。在开发阶段，计提从事开发活动人员的薪酬共计76 100元。半年后，开发项目完成，形成一项无形资产，开发成本合计522 000元。该事业单位应编制以下会计分录。

财务会计：

（1）计提从事研究活动人员的薪酬时。

借：研发支出——研究支出　　　　　　　　　　　48 500
　　贷：应付职工薪酬　　　　　　　　　　　　　　48 500

（2）结转研究阶段支出时。

借：业务活动费用　　　　　　　　　　　　　　　630 000
　　贷：研发支出——研究支出　　　　　　　　　　630 000

（3）计提从事开发活动人员的薪酬时。

借：研发支出——开发支出　　　　　　　　　　　76 100
　　贷：应付职工薪酬　　　　　　　　　　　　　　76 100

（4）开发项目完成并形成一项无形资产时。

借：无形资产　　　　　　　　　　　　　　　　　522 000
　　贷：研发支出——开发支出　　　　　　　　　　522 000

预算会计无分录。

四、本科目期末借方余额，反映单位预计能达到预定用途的研究开发项目在开发阶段发生的累计支出数。

1801 公共基础设施

一、本科目核算单位控制的公共基础设施的原值。

二、本科目应当按照公共基础设施的类别、项目等进行明细核算。

三、单位应当根据行业主管部门对公共基础设施的分类规定，制定适合于本单位管理的公共基础设施目录、分类方法,作为进行公共基础设施核算的依据。

四、公共基础设施的主要账务处理如下。

(一)公共基础设施在取得时,应当按照其成本入账。

1. 自行建造的公共基础设施完工交付使用时,按照在建工程的成本,借记本科目,贷记"在建工程"科目。

已交付使用但尚未办理竣工决算手续的公共基础设施,按照估计价值入账,待办理竣工决算后再按照实际成本调整原来的暂估价值。

【例3-117】自行建造的公共基础设施完工交付使用的会计核算

某行政单位根据市政规划自行建造市民广场,该项公共基础设施至交付使用前所发生的全部必要支出为3 000 000元。会计处理如下。

财务会计:

借:公共基础设施	3 000 000
贷:在建工程	3 000 000

预算会计无分录。

2. 接受其他单位无偿调入的公共基础设施,按照确定的成本,借记本科目,按照发生的归属于调入方的相关费用,贷记"财政拨款收入""零余额账户用款额度""银行存款"等科目,按照其差额,贷记"无偿调拨净资产"科目。

无偿调入的公共基础设施成本无法可靠取得的,按照发生的相关税费、运输费等金额,借记"其他费用"科目,贷记"财政拨款收入""零余额账户用款额度""银行存款"等科目。

【例3-118】接受其他单位无偿调入的公共基础设施的会计核算

某单位接受上级无偿调入的健身设施,经评估,该项公共基础设施的价值为200 000元,该单位支付安装费10 000元。会计处理如下。

财务会计:

借:公共基础设施	210 000
贷:无偿调拨净资产	200 000
银行存款	10 000

预算会计:

借:其他支出	10 000
贷:资金结存——货币资金	10 000

3. 接受捐赠的公共基础设施，按照确定的成本，借记本科目，按照发生的相关费用，贷记"财政拨款收入""零余额账户用款额度""银行存款"等科目，按照其差额，贷记"捐赠收入"科目。

接受捐赠的公共基础设施成本无法可靠取得的，按照发生的相关税费等金额，借记"其他费用"科目，贷记"财政拨款收入""零余额账户用款额度""银行存款"等科目。

4. 外购的公共基础设施，按照确定的成本，借记本科目，贷记"财政拨款收入""零余额账户用款额度""银行存款"等科目。

【例3-119】外购的公共基础设施的会计核算

某行政单位外购一批防灾设施，支付款项100 000元，支付运费等相关支出2 000元，使用财政授权支付方式进行支付。会计处理如下。

财务会计：

借：公共基础设施	102 000
贷：零余额账户用款额度	102 000

预算会计：

借：行政支出	102 000
贷：资金结存——零余额账户用款额度	102 000

5. 对于成本无法可靠取得的公共基础设施，单位应当设置备查簿进行登记，待成本能够可靠确定后按照规定及时入账。

（二）与公共基础设施有关的后续支出。

将公共基础设施转入改建、扩建时，按照公共基础设施的账面价值，借记"在建工程"科目，按照公共基础设施已计提折旧，借记"公共基础设施累计折旧（摊销）"科目，按照公共基础设施的账面余额，贷记本科目。

为提升公共基础设施使用效能或延长其使用年限而发生的改建、扩建等后续支出，借记"在建工程"科目，贷记"财政拨款收入""零余额账户用款额度""银行存款"等科目。

公共基础设施改建、扩建完成，竣工验收交付使用时，按照在建工程成本，借记本科目，贷记"在建工程"科目。

为保证公共基础设施正常使用发生的日常维修等支出，借记"业务活动费用""单位管理费用"等科目，贷记"财政拨款收入""零余额账户用款额度""银行存款"等科目。

【例3-120】公共基础设施改扩建的会计核算

某行政单位为延长市民广场的使用年限对其进行改扩建，该市民广场账面余额为1 000 000元，已计提累计折旧200 000元，发生的后续支出共200 000元，该单位使用财政授权支付方式进行支付。会计处理如下。

财务会计：

借：在建工程 800 000

　　公共基础设施累计折旧（摊销） 200 000

　　贷：公共基础设施 1 000 000

借：在建工程 200 000

　　贷：零余额账户用款额度 200 000

预算会计：

借：行政支出 200 000

　　贷：资金结存——零余额账户用款额度 200 000

【例3-121】为保证公共基础设施正常使用发生的日常维修等支出的会计核算

某行政单位管理了一市民广场，为维护其正常使用进行了日常维护，发生日常维护支出共100 000元，使用财政授权支付方式进行支付。会计处理如下。

财务会计：

借：业务活动费用 100 000

　　贷：零余额账户用款额度 100 000

预算会计：

借：行政支出 100 000

　　贷：资金结存——零余额账户用款额度 100 000

（三）按照规定报经批准处置公共基础设施，分以下情况处理。

1. 报经批准对外捐赠公共基础设施，按照公共基础设施已计提的折旧或摊销，借记"公共基础设施累计折旧（摊销）"科目，按照被处置公共基础设施账面余额，贷记本科目，按照捐赠过程中发生的归属于捐出方的相关费用，贷记"银行存款"等科目，按照其差额，借记"资产处置费用"科目。

2. 报经批准无偿调出公共基础设施，按照公共基础设施已计提的折旧或摊销，借记"公共基础设施累计折旧（摊销）"科目，按照被处置公共基础设施账面余额，贷记本科目，按照其差额，借记"无偿调拨净资产"科目；同时，按照无偿调出过程中发生的归属于调出方的相关费用，借记"资产处置费用"科目，贷记"银行存款"等科目。

（四）单位应当定期对公共基础设施进行清查盘点。对于发生的公共基础设施盘盈和盘亏、毁损或报废，应当先记入"待处理财产损溢"科目，按照规定报经批准后及时进行后续账务处理。

1. 盘盈的公共基础设施，其成本按照有关凭据注明的金额确定；没有相关凭据但按照规定经过资产评估的，其成本按照评估价值确定；没有相关凭据也未经过评估的，其成本按照重置成本确定。盘盈的公共基础设施成本无法可靠取得的，单位应当设置备查簿进行登记，待成本确定后按照规定及时入账。

盘盈的公共基础设施，按照确定的入账成本，借记本科目，贷记"待处理财产损溢"科目。

2. 盘亏、毁损或报废的公共基础设施，按照待处置公共基础设施的账面价值，借记"待处理财产损溢"科目，按照已计提折旧或摊销，借记"公共基础设施累计折旧（摊销）"科目，按照公共基础设施的账面余额，贷记本科目。

【例3-122】发生的公共基础设施盘盈和盘亏、毁损或报废的会计核算

某行政单位管理的市民广场因洪灾遭到毁损，其原价为3 000 000元，已计提折旧1 000 000元。会计处理如下。

财务会计：

借：待处理财产损溢　　　　　　　　　　　　　　2 000 000
　　公共基础设施累计折旧（摊销）　　　　　　　1 000 000
　　贷：公共基础设施　　　　　　　　　　　　　　　　3 000 000

预算会计无分录。

五、本科目期末借方余额，反映公共基础设施的原值。

1802　公共基础设施累计折旧（摊销）

一、本科目核算单位计提的公共基础设施累计折旧和累计摊销。

二、本科目应当按照所对应公共基础设施的明细分类进行明细核算。

三、公共基础设施累计折旧（摊销）的主要账务处理如下。

（一）按月计提公共基础设施折旧时，按照应计提的折旧额，借记"业务活动费用"科目，贷记本科目。

（二）按月对确认为公共基础设施的单独计价入账的土地使用权进行摊销时，按照应计提的摊销额，借记"业务活动费用"科目，贷记本科目。

（三）处置公共基础设施时，按照所处置公共基础设施的账面价值，借记"资产处置费用""无偿调拨净资产""待处理财产损溢"等科目，按照已提

取的折旧和摊销，借记本科目，按照公共基础设施账面余额，贷记"公共基础设施"科目。

【例 3-123】处置公共基础设施的会计核算

某行政单位对外捐赠公共基础设施，该设施账面余额为 100 000 元，已计提折旧 30 000 元，另外该行政单位支付运输费 3 000 元。该业务的账务处理如下。

财务会计：

借：资产处置费用	73 000
公共基础设施累计折旧（摊销）	30 000
贷：公共基础设施	100 000
银行存款	3 000

预算会计：

借：其他支出	3 000
贷：资金结存——货币资金	3 000

四、本科目期末贷方余额，反映单位提取的公共基础设施折旧和摊销的累计数。

1811 政府储备物资

一、本科目核算单位控制的政府储备物资的成本。

对政府储备物资不负有行政管理职责但接受委托具体负责执行其存储保管等工作的单位，其受托代储的政府储备物资应当通过"受托代理资产"科目核算，不通过本科目核算。

二、本科目应当按照政府储备物资的种类、品种、存放地点等进行明细核算。单位根据需要，可在本科目下设置"在库""发出"等明细科目进行明细核算。

三、政府储备物资的主要账务处理如下。

（一）取得政府储备物资时，应当按照其成本入账。

1. 购入的政府储备物资验收入库，按照确定的成本，借记本科目，贷记"财政拨款收入""零余额账户用款额度""银行存款"等科目。

【例 3-124】购入的政府储备物资验收入库的会计核算

某行政单位购入一批抗震救灾政府储备物资，价款为 5 000 000 元，相关税费为 850 000 元，运费、保险费共计 20 000 元，使用财政授权支付方式进行结算，购入的政府储备物资验收入库。会计处理如下。

财务会计：

借：政府储备物资　　　　　　　　　　　　　　　5 870 000
　　贷：零余额账户用款额度　　　　　　　　　　　　　　5 870 000

预算会计：

借：行政支出　　　　　　　　　　　　　　　　　5 870 000
　　贷：资金结存——零余额账户用款额度　　　　　　　　5 870 000

2. 涉及委托加工政府储备物资业务的，相关账务处理参照"加工物品"科目。

3. 接受捐赠的政府储备物资验收入库，按照确定的成本，借记本科目，按照单位承担的相关税费、运输费等，贷记"零余额账户用款额度""银行存款"等科目，按照其差额，贷记"捐赠收入"科目。

【例3-125】接受捐赠的政府储备物资验收入库的会计核算

某行政单位接受一批抗震救灾政府储备物资的捐赠，该批物资价值2 000 000元，支付运输费用5 000元，物资验收入库。会计处理如下。

财务会计：

借：政府储备物资　　　　　　　　　　　　　　　2 005 000
　　贷：捐赠收入　　　　　　　　　　　　　　　　　　2 000 000
　　　　银行存款　　　　　　　　　　　　　　　　　　　　5 000

预算会计：

借：其他支出　　　　　　　　　　　　　　　　　　　5 000
　　贷：资金结存——货币资金　　　　　　　　　　　　　　5 000

4. 接受无偿调入的政府储备物资验收入库，按照确定的成本，借记本科目，按照单位承担的相关税费、运输费等，贷记"零余额账户用款额度""银行存款"等科目，按照其差额，贷记"无偿调拨净资产"科目。

（二）发出政府储备物资时，分以下情况处理。

1. 因动用而发出无须收回的政府储备物资的，按照发出物资的账面余额，借记"业务活动费用"科目，贷记本科目。

2. 因动用而发出需要收回或者预期可能收回的政府储备物资的，在发出物资时，按照发出物资的账面余额，借记本科目（发出），贷记本科目（在库）；按照规定的质量验收标准收回物资时，按照收回物资原账面余额，借记本科目（在库），按照未收回物资的原账面余额，借记"业务活动费用"科目，按照物资发出时登记在本科目"发出"明细科目中的余额，贷记本科目

（发出）。

3. 因行政管理主体变动等原因而将政府储备物资调拨给其他主体的，按照无偿调出政府储备物资的账面余额，借记"无偿调拨净资产"科目，贷记本科目。

4. 对外销售政府储备物资并将销售收入纳入单位预算统一管理的，发出物资时，按照发出物资的账面余额，借记"业务活动费用"科目，贷记本科目；实现销售收入时，按照确认的收入金额，借记"银行存款""应收账款"等科目，贷记"事业收入"等科目。

对外销售政府储备物资并按照规定将销售净收入上缴财政的，发出物资时，按照发出物资的账面余额，借记"资产处置费用"科目，贷记本科目；取得销售价款时，按照实际收到的款项金额，借记"银行存款"等科目，按照发生的相关税费，贷记"银行存款"等科目，按照销售价款大于所承担的相关税费后的差额，贷记"应缴财政款"科目。

【例 3-126】发出政府储备物资的会计核算

沿用【例 3-125】。该行政单位经批准将这批政府储备物资向灾区捐赠，支付运输费用 2 000 元，应做以下会计处理。

财务会计：

借：业务活动费用	2 007 000
贷：政府储备物资	2 005 000
银行存款	2 000

预算会计无分录。

（三）单位应当定期对政府储备物资进行清查盘点，每年至少盘点一次。对于发生的政府储备物资盘盈和盘亏或者报废、毁损，应当先记入"待处理财产损溢"科目，按照规定报经批准后及时进行后续账务处理。

1. 盘盈的政府储备物资，按照确定的入账成本，借记本科目，贷记"待处理财产损溢"科目。

2. 盘亏或者毁损、报废的政府储备物资，按照待处理政府储备物资的账面余额，借记"待处理财产损溢"科目，贷记本科目。

【例 3-127】盘亏或者毁损、报废的政府储备物资的会计核算

沿用【例 3-125】。该批政府储备物资由于洪灾毁损，报经批准予以核销。会计处理如下。

财务会计：

借：待处理财产损溢　　　　　　　　　　　　　　　　　2 005 000
　　贷：政府储备物资　　　　　　　　　　　　　　　　　2 005 000

预算会计无分录。

四、本科目期末借方余额，反映政府储备物资的成本。

1821　文物文化资产

一、本科目核算单位为满足社会公共需求而控制的文物文化资产的成本。

单位为满足自身开展业务活动或其他活动需要而控制的文物和陈列品，应当通过"固定资产"科目核算，不通过本科目核算。

二、本科目应当按照文物文化资产的类别、项目等进行明细核算。

三、文物文化资产的主要账务处理如下。

（一）文物文化资产在取得时，应当按照其成本入账。

1. 外购的文物文化资产，其成本包括购买价款、相关税费以及可归属于该项资产达到预定用途前所发生的其他支出（如运输费、安装费、装卸费等）。

外购的文物文化资产，按照确定的成本，借记本科目，贷记"财政拨款收入""零余额账户用款额度""银行存款"等科目。

【例3-128】外购的文物文化资产的会计核算

某事业单位用事业经费购入一批文物文化资产，买价为10 000元，运杂费为1 000元，有关款项均已通过银行支付。会计处理如下。

财务会计：

借：文物文化资产　　　　　　　　　　　　　　　　　　11 000
　　贷：银行存款　　　　　　　　　　　　　　　　　　　11 000

预算会计：

借：事业支出　　　　　　　　　　　　　　　　　　　　11 000
　　贷：资金结存——货币资金　　　　　　　　　　　　　11 000

2. 接受其他单位无偿调入的文物文化资产，其成本按照该项资产在调出方的账面价值加上归属于调入方的相关费用确定。调入的文物文化资产，按照确定的成本，借记本科目，按照发生的归属于调入方的相关费用，贷记"零余额账户用款额度""银行存款"等科目，按照其差额，贷记"无偿调拨净资产"科目。

无偿调入的文物文化资产成本无法可靠取得的，按照发生的归属于调入方的相关费用,借记"其他费用"科目,贷记"零余额账户用款额度""银行存款"等科目。

【例3-129】接受其他单位无偿调入的文物文化资产的会计核算

某单位接受无偿调入的文物文化资产,资产价值70 000元,其间发生运输费900元。

财务会计:

借:文物文化资产	70 900
贷:无偿调拨净资产	70 000
银行存款	900

预算会计:

借:其他支出	900
贷:资金结存——货币资金	900

3. 接受捐赠的文物文化资产,其成本按照有关凭据注明的金额加上相关费用确定;没有相关凭据可供取得,但按照规定经过资产评估的,其成本按照评估价值加上相关费用确定;没有相关凭据可供取得也未经资产评估的,其成本比照同类或类似资产的市场价格加上相关费用确定。

接受捐赠的文物文化资产,按照确定的成本,借记本科目,按照发生的相关税费、运输费等金额,贷记"零余额账户用款额度""银行存款"等科目,按照其差额,贷记"捐赠收入"科目。

接受捐赠的文物文化资产成本无法可靠取得的,按照发生的相关税费、运输费等金额,借记"其他费用"科目,贷记"零余额账户用款额度""银行存款"等科目。

【例3-130】接受捐赠的文物文化资产的会计核算

某单位接受社会捐赠的文物文化资产,资产价值50 000元,其间发生运输费800元。

财务会计:

借:文物文化资产	50 800
贷:捐赠收入	50 000
银行存款	800

预算会计:

借:其他支出	800
贷:资金结存——货币资金	800

4. 对于成本无法可靠取得的文物文化资产，单位应当设置备查簿进行登记，待成本能够可靠确定后按照规定及时入账。

（二）与文物文化资产有关的后续支出，参照"公共基础设施"科目相关规定进行处理。

（三）按照规定报经批准处置文物文化资产，应当分以下情况处理。

1. 报经批准对外捐赠文物文化资产，按照被处置文物文化资产账面余额和捐赠过程中发生的归属于捐出方的相关费用合计数，借记"资产处置费用"科目，按照被处置文物文化资产账面余额，贷记本科目，按照捐赠过程中发生的归属于捐出方的相关费用，贷记"银行存款"等科目。

【例3-131】报经批准对外捐赠文物文化资产的会计核算

某行政单位对外捐赠文物文化资产。该文物文化资产账面余额为100 000元，另外该行政单位支付运输费3 000元。该业务的会计处理如下。

财务会计：

借：资产处置费用	103 000
贷：文物文化资产	100 000
银行存款	3 000

预算会计：

借：其他支出	3 000
贷：资金结存——货币资金	3 000

2. 报经批准无偿调出文物文化资产，按照被处置文物文化资产账面余额，借记"无偿调拨净资产"科目，贷记本科目；同时，按照无偿调出过程中发生的归属于调出方的相关费用，借记"资产处置费用"科目，贷记"银行存款"等科目。

【例3-132】报经批准无偿调出文物文化资产的会计核算

某事业单位无偿调出内部的一项文物文化资产，该文物文化资产的原值为100 000元。该业务的会计处理如下。

财务会计：

借：无偿调拨净资产	100 000
贷：文物文化资产	100 000

预算会计无分录。

（四）单位应当定期对文物文化资产进行清查盘点，每年至少盘点一次。对于发生的文物文化资产盘盈、盘亏、毁损或报废等，参照"公共基础设施"

科目相关规定进行账务处理。

【例3-133】清查盘点文物文化资产的会计核算

某单位于2×19年底对单位的文物文化资产进行盘点，发现价值3 000元的文物文化资产毁损。会计处理如下。

财务会计：

借：待处理财产损溢　　　　　　　　　　　　　　　3 000
　　贷：文物文化资产　　　　　　　　　　　　　　　　　3 000

预算会计无分录。

四、本科目期末借方余额，反映文物文化资产的成本。

1831　保障性住房

一、本科目核算单位为满足社会公共需求而控制的保障性住房的原值。

二、本科目应当按照保障性住房的类别、项目等进行明细核算。

三、保障性住房的主要账务处理如下。

（一）保障性住房在取得时，应当按其成本入账。

1. 外购的保障性住房，其成本包括购买价款、相关税费以及可归属于该项资产达到预定用途前所发生的其他支出。

外购的保障性住房，按照确定的成本，借记本科目，贷记"财政拨款收入""零余额账户用款额度""银行存款"等科目。

【例3-134】外购的保障性住房的会计核算

2×19年3月15日，某事业单位外购一批保障性住房，支付价款2 000 000元，使用财政授权支付方式进行结算。该业务的会计处理如下。

财务会计：

借：保障性住房　　　　　　　　　　　　　　　　　2 000 000
　　贷：零余额账户用款额度　　　　　　　　　　　　　　2 000 000

预算会计：

借：事业支出　　　　　　　　　　　　　　　　　　2 000 000
　　贷：资金结存——零余额账户用款额度　　　　　　　　2 000 000

2. 自行建造的保障性住房交付使用时，按照在建工程成本，借记本科目，贷记"在建工程"科目。已交付使用但尚未办理竣工决算手续的保障性住房，按照估计价值入账，待办理竣工决算后再按照实际成本调整原来的暂估

【例3-135】自行建造的保障性住房的会计核算

2×19年10月15日,某单位自行建造的保障性住房工程完工交付使用,前期投入工程价款3 000 000元。该业务的会计处理如下。

财务会计:

借:保障性住房　　　　　　　　　　　　　　　　3 000 000
　　贷:在建工程　　　　　　　　　　　　　　　　　3 000 000

预算会计无分录。

3. 接受其他单位无偿调入的保障性住房,其成本按照该项资产在调出方的账面价值加上归属于调入方的相关费用确定。

无偿调入的保障性住房,按照确定的成本,借记本科目,按照发生的归属于调入方的相关费用,贷记"零余额账户用款额度""银行存款"等科目,按照其差额,贷记"无偿调拨净资产"科目。

【例3-136】无偿调入的保障性住房的会计核算

2×19年10月30日,某单位接受无偿调入的保障性住房10套,价值4 000 000元,该单位支付相关费用20 000元。该业务的会计处理如下。

财务会计:

借:保障性住房　　　　　　　　　　　　　　　　4 020 000
　　贷:银行存款　　　　　　　　　　　　　　　　　　 20 000
　　　　无偿调拨净资产　　　　　　　　　　　　　4 000 000

预算会计:

借:其他支出　　　　　　　　　　　　　　　　　　　 20 000
　　贷:资金结存——货币资金　　　　　　　　　　　　20 000

4. 接受捐赠、融资租赁取得的保障性住房,参照"固定资产"科目相关规定进行处理。

(二)与保障性住房有关的后续支出,参照"固定资产"科目相关规定进行处理。

(三)按照规定出租保障性住房并将出租收入上缴同级财政,按照收取的租金金额,借记"银行存款"等科目,贷记"应缴财政款"科目。

【例3-137】出租保障性住房的会计核算

某单位将拥有的保障性住房租给单位职工,每月收取租金1 000元。该业务的会计处理如下。

财务会计：

借：银行存款　　　　　　　　　　　　　　　　　　　　　　1 000
　　贷：应缴财政款　　　　　　　　　　　　　　　　　　　　1 000

预算会计无分录。

（四）按照规定报经批准处置保障性住房，应当分以下情况处理。

1. 报经批准无偿调出保障性住房，按照保障性住房已计提的折旧，借记"保障性住房累计折旧"科目，按照被处置保障性住房账面余额，贷记本科目，按照其差额，借记"无偿调拨净资产"科目；同时，按照无偿调出过程中发生的归属于调出方的相关费用，借记"资产处置费用"科目，贷记"银行存款"等科目。

2. 报经批准出售保障性住房，按照被出售保障性住房的账面价值，借记"资产处置费用"科目，按照保障性住房已计提的折旧，借记"保障性住房累计折旧"科目，按照保障性住房账面余额，贷记本科目；同时，按照收到的价款，借记"银行存款"等科目，按照出售过程中发生的相关费用，贷记"银行存款"等科目，按照其差额，贷记"应缴财政款"科目。

【例3-138】出售保障性住房的会计核算

某事业单位出售保障性住房一批，该批保障性住房账面余额为72 000元，已计提折旧60 000元，出售保障性住房收到价款20 000元。该业务的账务处理如下。

财务会计：

借：资产处置费用　　　　　　　　　　　　　　　　　　　　12 000
　　保障性住房累计折旧　　　　　　　　　　　　　　　　　　60 000
　　贷：保障性住房　　　　　　　　　　　　　　　　　　　　72 000
借：银行存款　　　　　　　　　　　　　　　　　　　　　　20 000
　　贷：应缴财政款　　　　　　　　　　　　　　　　　　　　20 000

预算会计无分录。

（五）单位应当定期对保障性住房进行清查盘点。对于发生的保障性住房盘盈、盘亏、毁损或报废等，参照"固定资产"科目相关规定进行账务处理。

【例3-139】清查盘点保障性住房的会计核算

某单位于2×19年底对单位的保障性住房进行盘点，发生以下业务。

盘盈保障性住房，价值50 000元。该业务的账务处理如下。

财务会计：

借：保障性住房　　　　　　　　　　　　　　　　　　50 000
　　贷：待处理财产损溢　　　　　　　　　　　　　　　　50 000
预算会计无分录。

四、本科目期末借方余额，反映保障性住房的原值。

1832　保障性住房累计折旧

一、本科目核算单位计提的保障性住房的累计折旧。

二、本科目应当按照所对应保障性住房的类别进行明细核算。

三、单位应当参照《政府会计准则第3号——固定资产》及其应用指南的相关规定，按月对其控制的保障性住房计提折旧。

四、保障性住房累计折旧的主要账务处理如下。

（一）按月计提保障性住房折旧时，按照应计提的折旧额，借记"业务活动费用"科目，贷记本科目。

【例3-140】按月计提保障性住房折旧的会计核算

某事业单位新购进保障性住房一批，价值72 000元，计划使用6年，每月计提折旧1 000元。该业务的会计处理如下。

财务会计：

借：业务活动费用　　　　　　　　　　　　　　　　　1 000
　　贷：保障性住房累计折旧　　　　　　　　　　　　　　1 000

预算会计无分录。

（二）报经批准处置保障性住房时，按照所处置保障性住房的账面价值，借记"资产处置费用""无偿调拨净资产""待处理财产损溢"等科目，按照已计提折旧，借记本科目，按照保障性住房的账面余额，贷记"保障性住房"科目。

五、本科目期末贷方余额，反映单位计提的保障性住房折旧累计数。

1891　受托代理资产

一、本科目核算单位接受委托方委托管理的各项资产，包括受托指定转赠的物资、受托存储保管的物资等的成本。单位管理的罚没物资也应当通过本科目核算。单位收到的受托代理资产为现金和银行存款的，不通过本科目核算，应当通过"库存现金""银行存款"科目进行核算。

二、本科目应当按照资产的种类和委托人进行明细核算；属于转赠资产的，还应当按照受赠人进行明细核算。

三、受托代理资产的主要账务处理如下。

（一）受托转赠物资。

1. 接受委托人委托需要转赠给受赠人的物资，其成本按照有关凭据注明的金额确定。接受委托转赠的物资验收入库，按照确定的成本，借记本科目，贷记"受托代理负债"科目。

受托协议约定由受托方承担相关税费、运输费等的，还应当按照实际支付的相关税费、运输费等金额，借记"其他费用"科目，贷记"银行存款"等科目。

2. 将受托转赠物资交付受赠人时，按照转赠物资的成本，借记"受托代理负债"科目，贷记本科目。

3. 转赠物资的委托人取消了对捐赠物资的转赠要求，且不再收回捐赠物资的，应当将转赠物资转为单位的存货、固定资产等。按照转赠物资的成本，借记"受托代理负债"科目，贷记本科目；同时，借记"库存物品""固定资产"等科目，贷记"其他收入"科目。

【例3-141】接受委托人委托需要转赠给受赠人的物资的会计核算

2×19年6月3日，某行政单位接受E公司委托转赠物资一批，已验收入库，该批物资的实际成本为360 000元，该行政单位使用银行存款支付运费5 000元。会计处理如下。

2×19年6月3日，接受受托转赠物资时。

财务会计：

借：受托代理资产	360 000
贷：受托代理负债	360 000
借：其他费用	5 000
贷：银行存款	5 000

预算会计：

借：其他支出	5 000
贷：资金结存——货币资金	5 000

2×19年7月5日，该行政单位将物资交付受赠人甲希望小学。会计处理如下。

财务会计：

借：受托代理负债	360 000
贷：受托代理资产	360 000

预算会计无分录。

若2×19年6月15日，E公司取消了对转赠物资的转赠要求，且不再收回转赠物资。会计处理如下。

财务会计：

借：受托代理负债	360 000
贷：受托代理资产	360 000
借：库存物品	360 000
贷：其他收入	360 000

预算会计无分录。

（二）受托存储保管物资。

1. 接受委托人委托存储保管的物资，其成本按照有关凭据注明的金额确定。接受委托储存的物资验收入库，按照确定的成本，借记本科目，贷记"受托代理负债"科目。

2. 发生由受托单位承担的与受托存储保管的物资相关的运输费、保管费等费用时，按照实际发生的费用金额，借记"其他费用"等科目，贷记"银行存款"等科目。

3. 根据委托人要求交付或发出受托存储保管的物资时，按照发出物资的成本，借记"受托代理负债"科目，贷记本科目。

【例3-142】受托存储保管物资的会计核算

2×19年7月7日，某行政单位接受F公司委托储存物资一批，该批物资实际成本为480 000元，该行政单位用银行存款支付运费6 000元，并将物资验收入库。该单位应做以下会计处理。

2×19年7月7日，接受受托存储保管物资时。

财务会计：

借：受托代理资产	480 000
贷：受托代理负债	480 000
借：其他费用	6 000
贷：银行存款	6 000

预算会计：

借：其他支出	6 000
贷：资金结存——货币资金	6 000

2×19年7月16日，该行政单位根据委托将受托存储保管物资交付。会计处理

如下。

财务会计：
借：受托代理负债 480 000
　　贷：受托代理资产 480 000
预算会计无分录。

（三）罚没物资。

1. 取得罚没物资时，其成本按照有关凭据注明的金额确定。罚没物资验收（入库），按照确定的成本，借记本科目，贷记"受托代理负债"科目。罚没物资成本无法可靠确定的，单位应当设置备查簿进行登记。

2. 按照规定处置或移交罚没物资时，按照罚没物资的成本，借记"受托代理负债"科目，贷记本科目。处置时取得款项的，按照实际取得的款项金额，借记"银行存款"等科目，贷记"应缴财政款"等科目。

单位受托代理的其他实物资产，参照本科目有关受托转赠物资、受托存储保管物资的规定进行账务处理。

【例3-143】罚没物资的会计核算

2×19年10月1日，某行政单位没收一批物资，该物资成本为30 000元。该单位应做以下会计处理。

财务会计：
借：受托代理资产 30 000
　　贷：受托代理负债 30 000
预算会计无分录。

2×19年12月1日，该行政单位按照规定处置该罚没物资，取得款项30 500元。会计处理如下。

财务会计：
借：受托代理负债 30 000
　　贷：受托代理资产 30 000
借：银行存款 30 500
　　贷：应缴财政款 30 500
预算会计无分录。

四、本科目期末借方余额，反映单位受托代理实物资产的成本。

1901 长期待摊费用

一、本科目核算单位已经支出,但应由本期和以后各期负担的分摊期限在1年以上(不含1年)的各项费用,如以经营租赁方式租入的固定资产发生的改良支出等。

二、本科目应当按照费用项目进行明细核算。

三、长期待摊费用的主要账务处理如下。

(一)发生长期待摊费用时,按照支出金额,借记本科目,贷记"财政拨款收入""零余额账户用款额度""银行存款"等科目。

【例3-144】发生长期待摊费用的会计核算

2×19年4月1日,某事业单位对其以经营租赁方式新租入的办公楼进行装修,一共发生120 000元的支出,使用财政授权支付方式进行结算。假定不考虑其他因素,该事业单位应做以下会计处理。

2×19年4月1日。

财务会计:

借:长期待摊费用　　　　　　　　　　　　　　　120 000
　　贷:零余额账户用款额度　　　　　　　　　　　　120 000

预算会计:

借:事业支出　　　　　　　　　　　　　　　　　120 000
　　贷:资金结存——零余额账户用款额度　　　　　　120 000

(二)按照受益期间摊销长期待摊费用时,按照摊销金额,借记"业务活动费用""单位管理费用""经营费用"等科目,贷记本科目。

【例3-145】按照受益期间摊销长期待摊费用的会计核算

沿用【例3-144】。2×19年11月30日,该办公楼装修完工,达到预定可使用状态并交付使用,按租赁期10年开始进行摊销。假定不考虑其他因素,该事业单位应做以下会计处理。

2×19年12月摊销装修支出时。

财务会计:

借:业务活动费用　　　　　　　　　　　　　　　1 000
　　贷:长期待摊费用　　　　　　　　　　　　　　　1 000

预算会计无分录。

(三)如果某项长期待摊费用已经不能使单位受益,应当将其摊余金额一次全部转入当期费用。按照摊销金额，借记"业务活动费用""单位管理费用""经营费用"等科目，贷记本科目。

四、本科目期末借方余额，反映单位尚未摊销完毕的长期待摊费用。

1902 待处理财产损溢

一、本科目核算单位在资产清查过程中查明的各种资产盘盈、盘亏和报废、毁损的价值。

二、本科目应当按照待处理的资产项目进行明细核算；对于在资产处理过程中取得收入或发生相关费用的项目，还应当设置"待处理财产价值""处理净收入"明细科目，进行明细核算。

三、单位资产清查中查明的资产盘盈、盘亏、报废和毁损，一般应当先记入本科目，按照规定报经批准后及时进行账务处理。年末结账前一般应处理完毕。

四、待处理财产损溢的主要账务处理如下。

（一）账款核对时发现的库存现金短缺或溢余。

1. 每日账款核对中发现现金短缺或溢余，属于现金短缺，按照实际短缺的金额，借记本科目，贷记"库存现金"科目；属于现金溢余，按照实际溢余的金额，借记"库存现金"科目，贷记本科目。

2. 如为现金短缺，属于应由责任人赔偿或向有关人员追回的，借记"其他应收款"科目，贷记本科目；属于无法查明原因的，报经批准核销时，借记"资产处置费用"科目，贷记本科目。

3. 如为现金溢余，属于应支付给有关人员或单位的，借记本科目，贷记"其他应付款"科目；属于无法查明原因的，报经批准后，借记本科目，贷记"其他收入"科目。

例题参照"库存现金"科目的例题。

（二）资产清查过程中发现的存货、固定资产、无形资产、公共基础设施、政府储备物资、文物文化资产、保障性住房等各种资产盘盈和盘亏或报废、毁损。

1. 盘盈的各类资产。

（1）转入待处理资产时，按照确定的成本，借记"库存物品""固定资产""无形资产""公共基础设施""政府储备物资""文物文化资产""保障性住房"等科目，贷记本科目。

（2）按照规定报经批准后处理时，对于盘盈的流动资产，借记本科目，贷记"单位管理费用"[事业单位]或"业务活动费用"[行政单位]科目。对于盘盈的非流动资产，如属于本年度取得的，按照当年新取得相关资产进行账务处理；如属于以前年度取得的，按照前期差错处理，借记本科目，贷记"以前年度盈余调整"科目。

【例3-146】盘盈资产的会计核算

某事业单位在2×19年11月10日对固定资产进行盘点时，盘盈一台设备，账面价值为3 000元。报经批准后，该事业单位于2×19年12月10日对该设备进行处理。账务处理如下。

财务会计：

2×19年11月10日。

借：固定资产——设备　　　　　　　　　　　　　　3 000
　　贷：待处理财产损溢　　　　　　　　　　　　　　3 000

2×19年12月10日。

借：待处理财产损溢　　　　　　　　　　　　　　　3 000
　　贷：以前年度盈余调整　　　　　　　　　　　　　3 000

预算会计无分录。

2. 盘亏或者毁损、报废的各类资产。

（1）转入待处理资产时，借记本科目（待处理财产价值）[盘亏、毁损、报废固定资产、无形资产、公共基础设施、保障性住房的，还应借记"固定资产累计折旧""无形资产累计摊销""公共基础设施累计折旧（摊销）""保障性住房累计折旧"科目]，贷记"库存物品""固定资产""无形资产""公共基础设施""政府储备物资""文物文化资产""保障性住房""在建工程"等科目。涉及增值税业务的，相关账务处理参见"应交增值税"科目。

报经批准处理时，借记"资产处置费用"科目，贷记本科目（待处理财产价值）。

（2）处理毁损、报废实物资产过程中取得的残值或残值变价收入、保险理赔和过失人赔偿等，借记"库存现金""银行存款""库存物品""其他应收款"等科目，贷记本科目（处理净收入）；处理毁损、报废实物资产过程中发生的相关费用，借记本科目（处理净收入），贷记"库存现金""银行存款"等科目。

处理收支结清，如果处理收入大于相关费用的，按照处理收入减去相关费用后的净收入,借记本科目(处理净收入),贷记"应缴财政款"等科目;如果处理收入小于相关费用的,按照相关费用减去处理收入后的净支出,借记"资产处置费用"科目,贷记本科目(处理净收入)。

【例 3-147】 盘亏资产的会计核算

某事业单位在 2×19 年 6 月 1 日对固定资产进行盘点时,发现一台设备 B 毁损,设备 B 的账面余额为 5 000 元,已计提折旧 4 000 元。2×19 年 6 月 10 日,报经批准处理。2×19 年 6 月 30 日,该事业单位将毁损的设备 B 变卖,获取 300 元,另支付运费 100 元。账务处理如下。

2×19 年 6 月 1 日。

财务会计:

借:待处理财产损溢——待处理财产价值	1 000
固定资产累计折旧	4 000
贷:固定资产	5 000

预算会计无分录。

2×19 年 6 月 10 日。

财务会计:

借:资产处置费用	1 000
贷:待处理财产损溢——待处理财产价值	1 000

预算会计无分录。

2×19 年 6 月 30 日。

财务会计:

借:银行存款	300
贷:待处理财产损溢——处理净收入	300
借:待处理财产损溢——处理净收入	100
贷:银行存款	100
借:待处理财产损溢——处理净收入	200
贷:应缴财政款	200

预算会计无分录。

五、本科目期末如为借方余额,反映尚未处理完毕的各种资产的净损失;期末如为贷方余额,反映尚未处理完毕的各种资产净溢余。年末,经批准处理后,本科目一般应无余额。

第4章 负债类科目的使用规则

2001 短期借款

一、本科目核算事业单位经批准向银行或其他金融机构等借入的期限在1年内（含1年）的各种借款。

二、本科目应当按照债权人和借款种类进行明细核算。

三、短期借款的主要账务处理如下。

（一）借入各种短期借款时，按照实际借入的金额，借记"银行存款"科目，贷记本科目。

【例4-1】借入各种短期借款的会计核算

某事业单位为满足业务发展的资金需要，从中国建设银行A支行借入100 000元，借款期限为8个月，年利率为6%。账务处理如下。

财务会计：

借：银行存款	100 000
贷：短期借款——中国建设银行A支行	100 000

预算会计：

借：资金结存——货币资金	100 000
贷：债务预算收入	100 000

（二）银行承兑汇票到期，本单位无力支付票款的，按照应付票据的账面余额，借记"应付票据"科目，贷记本科目。

【例4-2】银行承兑汇票到期，本单位无力支付票款的会计核算

2×19年3月1日，某事业单位因采购需要向B银行申请了银行承兑汇票50 000元。至到期日2×19年9月1日，本单位无力支付票款。账务处理如下。

财务会计：

借：应付票据	50 000
贷：短期借款	50 000

预算会计：

借：经营支出	50 000

　　　　贷：债务预算收入　　　　　　　　　　　　　　　　　　　　50 000

（三）归还短期借款时，借记本科目，贷记"银行存款"科目。

【例4-3】 归还短期借款的会计核算

沿用【例4-1】。该事业单位到期归还短期借款，并支付借款利息。账务处理如下。

借款利息 =100 000×6%×8÷12=4 000（元）

财务会计：

　借：短期借款　　　　　　　　　　　　　　　　　　　　　　　100 000
　　　其他费用　　　　　　　　　　　　　　　　　　　　　　　　4 000
　　　贷：银行存款　　　　　　　　　　　　　　　　　　　　　104 000

预算会计：

　借：债务还本支出　　　　　　　　　　　　　　　　　　　　　100 000
　　　其他支出　　　　　　　　　　　　　　　　　　　　　　　　4 000
　　　贷：资金结存——货币资金　　　　　　　　　　　　　　　104 000

四、本科目期末贷方余额，反映事业单位尚未偿还的短期借款本金。

2101　应交增值税

一、本科目核算单位按照税法规定计算应交的增值税。

二、属于增值税一般纳税人的单位，应当在本科目下设置"应交税金""未交税金""预交税金""待抵扣进项税额""待认证进项税额""待转销项税额""简易计税""转让金融商品应交增值税""代扣代交增值税"等明细科目。

（一）"应交税金"明细科目下应当设置"进项税额""已交税金""转出未交增值税""减免税款""销项税额""进项税额转出""转出多交增值税"等专栏。其中：

1. "进项税额"专栏，记录单位购进货物、加工修理修配劳务、服务、无形资产或不动产而支付或负担的、准予从当期销项税额中抵扣的增值税税额；

2. "已交税金"专栏，记录单位当月已交的应交增值税税额；

3. "转出未交增值税"和"转出多交增值税"专栏，分别记录一般纳税人月度终了转出当月应交未交或多交的增值税税额；

4. "减免税款"专栏，记录单位按照现行增值税制度规定准予减免的增值税税额；

5. "销项税额"专栏，记录单位销售货物、加工修理修配劳务、服务、无形资产或不动产应收取的增值税税额；

6. "进项税额转出"专栏，记录单位购进货物、加工修理修配劳务、服务、无形资产或不动产等发生非正常损失以及其他原因而不应从销项税额中抵扣、按照规定转出的进项税额。

（二）"未交税金"明细科目，核算单位月度终了从"应交税金"或"预交税金"明细科目转入当月应交未交、多交或预缴的增值税税额，以及当月缴纳以前期间未交的增值税税额。

（三）"预交税金"明细科目，核算单位转让不动产、提供不动产经营租赁服务等，以及其他按照现行增值税制度规定应预缴的增值税税额。

（四）"待抵扣进项税额"明细科目，核算单位已取得增值税扣税凭证并经税务机关认证，按照现行增值税制度规定准予以后期间从销项税额中抵扣的进项税额。

（五）"待认证进项税额"明细科目，核算单位由于未经税务机关认证而不得从当期销项税额中抵扣的进项税额。其包括：一般纳税人已取得增值税扣税凭证并按规定准予从销项税额中抵扣，但尚未经税务机关认证的进项税额；一般纳税人已申请稽核但尚未取得稽核相符结果的海关缴款书进项税额。

（六）"待转销项税额"明细科目，核算单位销售货物、加工修理修配劳务、服务、无形资产或不动产，已确认相关收入（或利得）但尚未发生增值税纳税义务而需于以后期间确认为销项税额的增值税税额。

（七）"简易计税"明细科目，核算单位采用简易计税方法发生的增值税计提、扣减、预缴、缴纳等业务。

（八）"转让金融商品应交增值税"明细科目，核算单位转让金融商品发生的增值税税额。

（九）"代扣代交增值税"明细科目，核算单位购进在境内未设经营机构的境外单位或个人在境内的应税行为代扣代缴的增值税。

属于增值税小规模纳税人的单位只需在本科目下设置"转让金融商品应交增值税""代扣代交增值税"明细科目。

三、应交增值税的主要账务处理如下。

（一）单位取得资产或接受劳务等业务。

1. 采购等业务进项税额允许抵扣。

单位购买用于增值税应税项目的资产或服务等时，按照应计入相关成本费用或资产的金额，借记"业务活动费用""在途物品""库存物品""工程物资""在建工程""固定资产""无形资产"等科目，按照当月已认证的可抵扣增值税税额，借记本科目（应交税金——进项税额），按照当月未认证的可抵扣增值税税额，借记本科目（待认证进项税额），按照应付或实际支付的金额，贷记"应付账款""应付票据""银行存款""零余额账户用款额度"等科目。发生退货的，如原增值税专用发票已做认证，应根据税务机关开具的红字增值税专用发票做相反的会计分录；如原增值税专用发票未做认证，应将发票退回并做相反的会计分录。

小规模纳税人购买应税资产或服务等时不能抵扣增值税，发生的增值税计入资产成本或相关成本费用。

2. 采购等业务进项税额不得抵扣。

单位购进资产或服务等，用于简易计税方法计税项目、免征增值税项目、集体福利或个人消费等，其进项税额按照现行增值税制度规定不得从销项税额中抵扣的，取得增值税发票时，应按照增值税发票注明的金额，借记相关成本费用或资产科目，按照待认证的增值税进项税额，借记本科目（待认证进项税额），按照实际支付或应付的金额，贷记"银行存款""应付账款""零余额账户用款额度"等科目。经税务机关认证为不可抵扣进项税时，借记本科目（应交税金——进项税额）科目，贷记本科目（待认证进项税额），同时，将进项税额转出，借记相关成本费用科目，贷记本科目（应交税金——进项税额转出）。

3. 购进不动产或不动产在建工程按照规定进项税额分年抵扣。

单位取得应税项目为不动产或者不动产在建工程，其进项税额按照现行增值税制度规定自取得之日起分2年从销项税额中抵扣的，应当按照取得成本，借记"固定资产""在建工程"等科目，按照当期可抵扣的增值税税额，借记本科目（应交税金——进项税额），按照以后期间可抵扣的增值税税额，借记本科目（待抵扣进项税额），按照应付或实际支付的金额，贷记"应付账款""应付票据""银行存款""零余额账户用款额度"等科目。尚未抵扣的进项税额待以后期间允许抵扣时，按照允许抵扣的金额，借记本科目（应交税金——进项税额），贷记本科目（待抵扣进项税额）。

4. 进项税额抵扣情况发生改变。

单位因发生非正常损失或改变用途等，原已计入进项税额、待抵扣进项税额或待认证进项税额，但按照现行增值税制度规定不得从销项税额中抵扣的，借记"待处理财产损溢""固定资产""无形资产"等科目，贷记本科目（应交税金——进项税额转出）、本科目（待抵扣进项税额）或本科目（待认证进项税额）；原不得抵扣且未抵扣进项税额的固定资产、无形资产等，因改变用途等用于允许抵扣进项税额的应税项目的，应按照允许抵扣的进项税额，借记本科目（应交税金——进项税额），贷记"固定资产""无形资产"等科目。固定资产、无形资产等经上述调整后，应按照调整后的账面价值在剩余尚可使用年限内计提折旧或摊销。

单位购进时已全额计入进项税额的货物或服务等转用于不动产在建工程时，对于结转以后期间的进项税额，应借记本科目（待抵扣进项税额），贷记本科目（应交税金——进项税额转出）。

5. 购买方作为扣缴义务人。

按照现行增值税制度规定，境外单位或个人在境内发生应税行为，在境内未设有经营机构的，以购买方为增值税扣缴义务人。境内一般纳税人购进服务或资产时，按照应计入相关成本费用或资产的金额，借记"业务活动费用""在途物品""库存物品""工程物资""在建工程""固定资产""无形资产"等科目，按照可抵扣的增值税税额，借记本科目（应交税金——进项税额）[小规模纳税人应借记相关成本费用或资产科目]，按照应付或实际支付的金额，贷记"银行存款""应付账款"等科目，按照应代扣代缴的增值税税额，贷记本科目（代扣代交增值税）。实际缴纳代扣代缴增值税时，按照代扣代缴的增值税税额，借记本科目（代扣代交增值税），贷记"银行存款""零余额账户用款额度"等科目。

【例4-4】单位购买用于增值税应税项目的资产的会计核算

2×19年7月9日，某事业单位购入一台打印机用于办公，取得增值税专用发票并认证通过，专用发票上注明的金额为20 000元，增值税税额为2 600元。会计处理如下。

财务会计：

借：固定资产　　　　　　　　　　　　　　　　　　　20 000

　　应交增值税——应交税金（进项税额）　　　　　　2 600

　　贷：财政拨款收入　　　　　　　　　　　　　　　22 600

预算会计：

借：事业支出　　　　　　　　　　　　　　　　　　　22 600

　　贷：财政拨款预算收入　　　　　　　　　　　　　22 600

假定该打印机分10年按直线法计提折旧，无残值。2×20年8月20日，该打印机改用于免税项目。

打印机每年计提的折旧 =20 000÷10=2 000（元）

2×20 年 8 月，打印机净值 =20 000-2 000=18 000（元）

打印机转出进项税额 =18 000×13%=2 340（元）

财务会计：

借：固定资产　　　　　　　　　　　　　　　　　　2 340

　　贷：应交增值税——应交税金（进项税额转出）　　　2 340

预算会计无分录。

（二）单位销售资产或提供服务等业务。

1. 销售资产或提供服务业务。

单位销售货物或提供服务，应当按照应收或已收的金额，借记"应收账款""应收票据""银行存款"等科目，按照确认的收入金额，贷记"经营收入""事业收入"等科目，按照现行增值税制度规定计算的销项税额（或采用简易计税方法计算的应纳增值税税额），贷记本科目（应交税金——销项税额）或本科目（简易计税）[小规模纳税人应贷记本科目]。发生销售退回的，应根据按照规定开具的红字增值税专用发票做相反的会计分录。

按照政府会计制度及政府会计准则确认收入的时点早于按照增值税制度确认增值税纳税义务发生时点的，应将相关销项税额记入本科目（待转销项税额），待实际发生纳税义务时再转入本科目（应交税金——销项税额）或本科目（简易计税）。

按照增值税制度确认增值税纳税义务发生时点早于按照政府会计制度及政府会计准则确认收入的时点的，应按照应纳增值税税额，借记"应收账款"科目，贷记本科目（应交税金——销项税额）或本科目（简易计税）。

2. 金融商品转让按照规定以盈亏相抵后的余额作为销售额。

金融商品实际转让月末，如产生转让收益，则按照应纳税额，借记"投资收益"科目，贷记本科目（转让金融商品应交增值税）；如产生转让损失，则按照可结转下月抵扣税额，借记本科目（转让金融商品应交增值税），贷记"投资收益"科目。缴纳增值税时，应借记本科目（转让金融商品应交增值税），贷记"银行存款"等科目。年末，本科目（转让金融商品应交增值税）如有借方余额，则借记"投资收益"科目，贷记本科目（转让金融商品应交增值税）。

【例 4-5】销售资产或提供服务等的会计核算

某事业单位属于增值税一般纳税人，经营业务为销售商品，销售商品不含税价格共计 20 000 元,增值税销项税额 2 600 元,货款共计 22 600 元,款项尚未收到。

财务会计:

借:应收账款　　　　　　　　　　　　　　　　　22 600
　　贷:经营收入　　　　　　　　　　　　　　　　20 000
　　　　应交增值税——应交税金(销项税额)　　　 2 600

预算会计无分录。

(三)月末转出多交增值税和未交增值税。

月度终了,单位应当将当月应交未交或多交的增值税自"应交税金"明细科目转入"未交税金"明细科目。对于当月应交未交的增值税,借记本科目(应交税金——转出未交增值税),贷记本科目(未交税金);对于当月多交的增值税,借记本科目(未交税金),贷记本科目(应交税金——转出多交增值税)。

(四)缴纳增值税。

1. 缴纳当月应交增值税。

单位缴纳当月应交的增值税,借记本科目(应交税金——已交税金)[小规模纳税人借记本科目],贷记"银行存款"等科目。

2. 缴纳以前期间未交增值税。

单位缴纳以前期间未交的增值税,借记本科目(未交税金)[小规模纳税人借记本科目],贷记"银行存款"等科目。

3. 预缴增值税。

单位预缴增值税时,借记本科目(预交税金),贷记"银行存款"等科目。月末,单位应将"预交税金"明细科目余额转入"未交税金"明细科目,借记本科目(未交税金),贷记本科目(预交税金)。

4. 减免增值税。

对于当期直接减免的增值税,借记本科目(应交税金——减免税款),贷记"业务活动费用""经营费用"等科目。

按照现行增值税制度规定,单位初次购买增值税税控系统专用设备支付的费用以及缴纳的技术维护费允许在增值税应纳税额中全额抵减的,按照规定抵减的增值税应纳税额,借记本科目(应交税金——减免税款)[小规模纳税人借记本科目],贷记"业务活动费用""经营费用"等科目。

四、本科目期末贷方余额,反映单位应交未交的增值税;期末如为借方余额,反映单位尚未抵扣或多交的增值税。

2102 其他应交税费

一、本科目核算单位按照税法等规定计算应交的除增值税以外的各种税费，包括城市维护建设税、教育费附加、地方教育费附加、车船税、房产税、城镇土地使用税和企业所得税等。

单位代扣代缴的个人所得税，也通过本科目核算。单位应交的印花税不需要预提应交税费，直接通过"业务活动费用""单位管理费用""经营费用"等科目核算，不通过本科目核算。

二、本科目应当按照应交的税费种类进行明细核算。

三、其他应交税费的主要账务处理如下。

（一）发生城市维护建设税、教育费附加、地方教育费附加、车船税、房产税、城镇土地使用税等纳税义务的，按照税法规定计算的应交税费金额，借记"业务活动费用""单位管理费用""经营费用"等科目，贷记本科目（应交城市维护建设税、应交教育费附加、应交地方教育费附加、应交车船税、应交房产税、应交城镇土地使用税等）。

【例4-6】缴纳车船税的会计核算

某事业单位本年应缴纳车船税1 000元，账务处理如下。

财务会计：

借：业务活动费用　　　　　　　　　　　　　　　1 000
　　贷：其他应交税费——应交车船税　　　　　　　　1 000

预算会计无分录。

该事业单位实际缴纳时，账务处理如下。

财务会计：

借：其他应交税费——应交车船税　　　　　　　　1 000
　　贷：银行存款　　　　　　　　　　　　　　　　　1 000

预算会计：

借：事业支出　　　　　　　　　　　　　　　　　1 000
　　贷：资金结存——货币资金　　　　　　　　　　　1 000

（二）按照税法规定计算应代扣代缴职工（含长期聘用人员）的个人所得税，借记"应付职工薪酬"科目，贷记本科目（应交个人所得税）。

按照税法规定计算应代扣代缴支付给职工（含长期聘用人员）以外人员劳务费的个人所得税，借记"业务活动费用""单位管理费用"等科目，贷记本科目（应交个人所得税）。

【例 4-7】代扣代缴职工个人所得税的会计核算

某行政单位从职工工资中代扣个人所得税 60 000 元，从劳务费中代扣个人所得税 30 000 元，应做以下会计处理。

计算代扣代缴个人所得税时。

财务会计：

借：应付职工薪酬　　　　　　　　　　　　　　　　　60 000
　　业务活动费用　　　　　　　　　　　　　　　　　30 000
　　贷：其他应交税费——应交个人所得税　　　　　　　　 90 000

预算会计无分录。

实际缴纳代扣代缴个人所得税时。

财务会计：

借：其他应交税费——应交个人所得税　　　　　　　　90 000
　　贷：银行存款　　　　　　　　　　　　　　　　　　　 90 000

预算会计：

借：行政支出　　　　　　　　　　　　　　　　　　　90 000
　　贷：资金结存——货币资金　　　　　　　　　　　　　 90 000

（三）发生企业所得税纳税义务的，按照按税法规定计算的应交企业所得税，借记"所得税费用"科目，贷记本科目（单位应交所得税）。

【例 4-8】应交企业所得税的会计核算

某事业单位按照税法规定计算得出应缴纳企业所得税 10 000 元。账务处理如下。

财务会计：

借：所得税费用　　　　　　　　　　　　　　　　　　10 000
　　贷：其他应交税费——单位应交所得税　　　　　　　　 10 000

预算会计无分录。

该事业单位实际缴纳企业所得税 10 000 元时，账务处理如下。

财务会计：

借：其他应交税费——单位应交所得税　　　　　　　　10 000
　　贷：银行存款　　　　　　　　　　　　　　　　　　　 10 000

预算会计：

借：非财政拨款结余　　　　　　　　　　　　　　　　10 000
　　贷：资金结存——货币资金　　　　　　　　　　　　　 10 000

（四）单位实际缴纳上述各种税费时，借记本科目（应交城市维护建设税、应交教育费附加、应交地方教育费附加、应交车船税、应交房产税、应交城镇土地使用税、应交个人所得税、单位应交所得税等），贷记"财政拨款收入""零余额账户用款额度""银行存款"等科目。

四、本科目期末贷方余额，反映单位应交未交的除增值税以外的税费金额；期末如为借方余额，反映单位多交的除增值税以外的税费金额。

2103 应缴财政款

一、本科目核算单位取得或应收的按照规定应当上缴财政的款项，包括应缴国库的款项和应缴财政专户的款项。

单位按照国家税法等有关规定应当缴纳的各种税费，通过"应交增值税""其他应交税费"科目核算，不通过本科目核算。

二、本科目应当按照应缴财政款项的类别进行明细核算。

三、应缴财政款的主要账务处理如下。

（一）单位取得或应收按照规定应上缴财政的款项时，借记"银行存款""应收账款"等科目，贷记本科目。

【例4-9】单位取得或应收按照规定应上缴财政的款项的会计核算

某事业单位收到一项事业性收费5 000元，已经存入银行账户。此款项按规定需要全额上缴财政专户。会计处理如下。

财务会计：

收到款项时。

借：银行存款　　　　　　　　　　　　　　　　　　　　　5 000
　　贷：应缴财政款　　　　　　　　　　　　　　　　　　　5 000

上缴财政款时。

借：应缴财政款　　　　　　　　　　　　　　　　　　　　5 000
　　贷：银行存款　　　　　　　　　　　　　　　　　　　　5 000

预算会计无分录。

（二）单位处置资产取得的应上缴财政的处置净收入的账务处理，参见"待处理财产损溢"科目。

【例4-10】单位处置资产取得的应上缴财政的处置净收入的会计核算

某行政单位经批准将一项专利权出售，该项专利权原价为600 000元，已计提摊销400 000元，售价为250 000元。会计处理如下。

财务会计：

处置时。

  借：资产处置费用   200 000
    无形资产累计摊销   400 000
    贷：无形资产   600 000
  借：银行存款   250 000
    贷：应缴财政款   250 000

上缴财政款时。

  借：应缴财政款   250 000
    贷：银行存款   250 000

预算会计无分录。

  （三）单位上缴应缴财政的款项时，按照实际上缴的金额，借记本科目，贷记"银行存款"科目。

  四、本科目期末贷方余额，反映单位应当上缴财政但尚未缴纳的款项。年终清缴后，本科目一般应无余额。

2201 应付职工薪酬

  一、本科目核算单位按照有关规定应付给职工（含长期聘用人员）及为职工支付的各种薪酬，包括基本工资、国家统一规定的津贴补贴、规范津贴补贴（绩效工资）、改革性补贴、社会保险费（如职工基本养老保险费、职业年金、基本医疗保险费等）、住房公积金等。

  二、本科目应当根据国家有关规定按照"基本工资"[含离退休费]、"国家统一规定的津贴补贴"、"规范津贴补贴"[绩效工资]、"改革性补贴"、"社会保险费"、"住房公积金"、"其他个人收入"等进行明细核算。其中，"社会保险费""住房公积金"明细科目核算内容包括单位从职工工资中代扣代缴的社会保险费、住房公积金，以及单位为职工计算缴纳的社会保险费、住房公积金。

  三、应付职工薪酬的主要账务处理如下。

  （一）计算确认当期应付职工薪酬（含单位为职工计算缴纳的社会保险费、住房公积金）。

  1. 计提从事专业及其辅助活动人员的职工薪酬，借记"业务活动费用""单位管理费用"科目，贷记本科目。

  2. 计提应由在建工程、加工物品、自行研发无形资产负担的职工薪酬，借记"在建工程""加工物品""研发支出"等科目，贷记本科目。

3. 计提从事专业及其辅助活动之外的经营活动人员的职工薪酬，借记"经营费用"科目，贷记本科目。

4. 因解除与职工的劳动关系而给予的补偿，借记"单位管理费用"等科目，贷记本科目。

【例4-11】计算确认当期应付职工薪酬的会计核算

某行政单位本月职工薪酬总额为900 000元，其中，从事专业及其辅助活动职工工资720 000元，离退休费80 000元，地方津贴补贴50 000元，住房公积金50 000元，代扣代缴住房公积金50 000元，代扣代缴社会保险费12 000元，代扣代缴个人所得税36 000元，代扣为职工垫付的房租、水电费共75 000元。会计处理如下。

计算本月应付职工薪酬时。

财务会计：

借：业务活动费用	900 000
贷：应付职工薪酬——基本工资	720 000
——离退休费	80 000
——地方津贴补贴	50 000
——住房公积金	50 000

预算会计无分录。

计算本月代扣代缴税费和代扣垫付费用时。

财务会计：

借：应付职工薪酬——基本工资	173 000
贷：应付职工薪酬——住房公积金	50 000
——社会保险费	12 000
其他应交税费——应交个人所得税	36 000
其他应收款	75 000

预算会计无分录。

（二）向职工支付工资、津贴补贴等薪酬时，按照实际支付的金额，借记本科目，贷记"财政拨款收入""零余额账户用款额度""银行存款"等科目。

（三）按照税法规定代扣职工个人所得税时，借记本科目（基本工资），贷记"其他应交税费——应交个人所得税"科目。

从应付职工薪酬中代扣为职工垫付的水电费、房租等费用时，按照实际扣除的金额，借记本科目（基本工资），贷记"其他应收款"等科目。

从应付职工薪酬中代扣社会保险费和住房公积金，按照代扣的金额，借记本科目（基本工资），贷记本科目（社会保险费、住房公积金）。

（四）按照国家有关规定缴纳职工社会保险费和住房公积金时，按照实际支付的金额，借记本科目（社会保险费、住房公积金），贷记"财政拨款收入""零余额账户用款额度""银行存款"等科目。

（五）从应付职工薪酬中支付的其他款项，借记本科目，贷记"零余额账户用款额度""银行存款"等科目。

【例4-12】从应付职工薪酬中支付的其他款项的会计核算

某行政单位计提当月职工薪酬共计568 500元（422 000+43 500+68 000+35 000），其中包含了职工基本工资422 000元，国家统一规定的津贴补贴43 500元，单位应为职工计算缴纳的社会保险费68 000元和住房公积金35 000元。单位按税法规定应从职工基本工资中代扣社会保险费65 000元和住房公积金35 000元，代扣的社会保险费和住房公积金合计100 000元（65 000+35 000），应从职工基本工资中代扣职工个人所得税7 800元。在当月职工薪酬中，社会保险费合计133 000元（65 000+68 000），住房公积金合计70 000元（35 000+35 000）。数日后，该行政单位通过财政直接支付的方式向职工支付基本工资314 200元（422 000-65 000-35 000-7 800）和津贴补贴43 500元，两项款项合计357 700元（314 200+43 500）。该行政单位按国家规定向相关机构缴纳职工社会保险费133 000元和住房公积金70 000元，两项款项合计203 000元（133 000+70 000），通过财政直接支付方式支付。该行政单位应编制以下会计分录。

（1）计提职工薪酬时。

财务会计：

借：业务活动费用	568 500
贷：应付职工薪酬——基本工资	422 000
——国家统一规定的津贴补贴	43 500
——社会保险费	68 000
——住房公积金	35 000

预算会计无分录。

（2）按税法规定代扣职工个人所得税时。

财务会计：

借：应付职工薪酬——基本工资	7 800

贷：其他应交税费——应交个人所得税　　　　　　　　　　7 800

预算会计无分录。

（3）从应付职工薪酬中代扣社会保险费和住房公积金时。

财务会计：

借：应付职工薪酬——基本工资　　　　　　　　　　　　100 000

　　贷：应付职工薪酬——社会保险费　　　　　　　　　　65 000

　　　　　　　　　　——住房公积金　　　　　　　　　　35 000

预算会计无分录。

（4）向职工支付基本工资和津贴补贴时。

财务会计：

借：应付职工薪酬——基本工资　　　　　　　　　　　　314 200

　　　　　　　　　——国家统一规定的津贴补贴　　　　　43 500

　　贷：财政拨款收入　　　　　　　　　　　　　　　　357 700

预算会计无分录。

（5）向相关机构缴纳职工社会保险费和住房公积金时。

财务会计：

借：应付职工薪酬——社会保险费　　　　　　　　　　　133 000

　　　　　　　　　——住房公积金　　　　　　　　　　　70 000

　　贷：财政拨款收入　　　　　　　　　　　　　　　　203 000

预算会计无分录。

四、本科目期末贷方余额，反映单位应付未付的职工薪酬。

2301　应付票据

一、本科目核算事业单位因购买材料、物资等而开出、承兑的商业汇票，包括银行承兑汇票和商业承兑汇票。

二、本科目应当按照债权人进行明细核算。

三、应付票据的主要账务处理如下。

（一）开出、承兑商业汇票时，借记"库存物品""固定资产"等科目，贷记本科目。涉及增值税业务的，相关账务处理参见"应交增值税"科目。

以商业汇票抵付应付账款时，借记"应付账款"科目，贷记本科目。

（二）支付银行承兑汇票的手续费时，借记"业务活动费用""经营费用"等科目，贷记"银行存款""零余额账户用款额度"等科目。

【例 4-13】承兑商业汇票并支付手续费的会计核算

某事业单位于 2×19 年 3 月 2 日购入所需物资，共计 60 000 元，货物已经验收入库。该事业单位交付供货方金额为 60 000 元的银行承兑汇票，并支付银行承兑汇票的手续费 2 000 元。会计处理如下。

财务会计：

借：库存物品	60 000
贷：应付票据	60 000
借：业务活动费用	2 000
贷：银行存款	2 000

预算会计：

借：事业支出	2 000
贷：资金结存——货币资金	2 000

（三）商业汇票到期时，应当分以下情况处理。

1. 收到银行支付到期票据的付款通知时，借记本科目，贷记"银行存款"科目。

2. 银行承兑汇票到期，单位无力支付票款的，按照应付票据账面余额，借记本科目，贷记"短期借款"科目。

3. 商业承兑汇票到期，单位无力支付票款的，按照应付票据账面余额，借记本科目，贷记"应付账款"科目。

【例 4-14】银行承兑汇票到期的会计核算

沿用【例 4-13】。若该银行承兑汇票已到期，单位收到银行支付到期票据的付款通知。

财务会计：

借：应付票据	60 000
贷：银行存款	60 000

预算会计：

借：事业支出	60 000
贷：资金结存——货币资金	60 000

若该银行承兑汇票到期，单位无力支付票据。

财务会计：

借：应付票据	60 000
贷：短期借款	60 000

预算会计：

借：事业支出　　　　　　　　　　　　　　　　　　　　60 000

　　贷：债务预算收入　　　　　　　　　　　　　　　　　60 000

四、单位应当设置"应付票据备查簿"，详细登记每一应付票据的种类、号数、出票日期、到期日、票面金额、交易合同号、收款人姓名或单位名称，以及付款日期和金额等。应付票据到期结清票款后，应当在备查簿内逐笔注销。

五、本科目期末贷方余额，反映事业单位开出、承兑的尚未到期的应付票据金额。

2302　应付账款

一、本科目核算单位因购买物资、接受服务、开展工程建设等而应付的偿还期限在1年以内（含1年）的款项。

二、本科目应当按照债权人进行明细核算。对于建设项目，还应设置"应付器材款""应付工程款"等明细科目，并按照具体项目进行明细核算。

三、应付账款的主要账务处理如下。

（一）收到所购材料、物资、设备或服务以及确认完成工程进度但尚未付款时，根据发票及账单等有关凭证，按照应付未付款项的金额，借记"库存物品""固定资产""在建工程"等科目，贷记本科目。涉及增值税业务的，相关账务处理参见"应交增值税"科目。

【例4-15】收到所购材料、物资、设备或服务以及确认完成工程进度但尚未付款的会计核算

2×19年5月1日，某事业单位向某供应商购买自用材料一批，增值税专用发票上注明的含增值税的价格为2 260元，材料已经验收入库，款项未付。账务处理如下。

财务会计：

借：库存物品　　　　　　　　　　　　　　　　　　　　2 000

　　应交增值税——应交税金（进项税额）　　　　　　　　260

　　贷：应付账款——某供应商　　　　　　　　　　　　2 260

预算会计无分录。

（二）偿付应付账款时，按照实际支付的金额，借记本科目，贷记"财政拨款收入""零余额账户用款额度""银行存款"等科目。

【例4-16】偿付应付账款的会计核算

沿用【例4-15】。2×19年6月30日,该事业单位偿付该笔应付账款,账务处理如下。

财务会计:

借:应付账款——某供应商　　　　　　　　　　　　2 260
　　贷:银行存款　　　　　　　　　　　　　　　　　　2 260

预算会计:

借:事业支出　　　　　　　　　　　　　　　　　　2 260
　　贷:资金结存——货币资金　　　　　　　　　　　　2 260

(三)开出、承兑商业汇票抵付应付账款时,借记本科目,贷记"应付票据"科目。

【例4-17】开出、承兑商业汇票抵付应付账款的会计核算

某事业单位开出商业汇票用以抵付对甲公司的应付账款20 000元,账务处理如下。

财务会计:

借:应付账款　　　　　　　　　　　　　　　　　　20 000
　　贷:应付票据　　　　　　　　　　　　　　　　　　20 000

预算会计无分录。

(四)无法偿付或债权人豁免偿还的应付账款,应当按照规定报经批准后进行账务处理。经批准核销时,借记本科目,贷记"其他收入"科目。

核销的应付账款应在备查簿中保留登记。

【例4-18】无法偿付或债权人豁免偿还应付账款的会计核算

某事业单位的一项应付账款账面余额为1 700元,因债权人豁免偿还予以核销。

财务会计:

借:应付账款——某供应商　　　　　　　　　　　　1 700
　　贷:其他收入　　　　　　　　　　　　　　　　　　1 700

预算会计无分录。

四、本科目期末贷方余额,反映单位尚未支付的应付账款金额。

2303 应付政府补贴款

一、本科目核算负责发放政府补贴的行政单位,按照规定应当支付给政府补贴接受者的各种政府补贴款。

二、本科目应当按照应支付的政府补贴种类进行明细核算。单位还应当根据需要按照补贴接受者进行明细核算，或者建立备查簿对补贴接受者予以登记。

三、应付政府补贴款的主要账务处理如下。

（一）发生应付政府补贴时，按照依规定计算确定的应付政府补贴金额，借记"业务活动费用"科目，贷记本科目。

【例 4-19】发生应付政府补贴的会计核算

某行政单位负责给当地的低保居民发放政府给予的生活补助，共计 650 000 元。计算应付政府补贴时，应做以下会计处理。

财务会计：
借：业务活动费用　　　　　　　　　　　　　　　　　650 000
　　贷：应付政府补贴款——生活补助　　　　　　　　　650 000

预算会计无分录。

（二）支付应付政府补贴款时，按照支付金额，借记本科目，贷记"零余额账户用款额度""银行存款"等科目。

【例 4-20】支付应付政府补贴款的会计核算

沿用【例 4-19】。该行政单位用财政授权支付方式支付上述政府补贴款，应做以下会计处理。

财务会计：
借：应付政府补贴款——生活补助　　　　　　　　　　650 000
　　贷：零余额账户用款额度　　　　　　　　　　　　　650 000

预算会计：
借：行政支出　　　　　　　　　　　　　　　　　　　650 000
　　贷：资金结存——零余额账户用款额度　　　　　　　650 000

四、本科目期末贷方余额，反映行政单位应付未付的政府补贴金额。

2304　应付利息

一、本科目核算事业单位按照合同约定应支付的借款利息，包括短期借款、分期付息到期还本的长期借款等应支付的利息。

二、本科目应当按照债权人等进行明细核算。

三、应付利息的主要账务处理如下。

（一）为建造固定资产、公共基础设施等借入的专门借款的利息，属于建设期间发生的，按期计提利息费用时，按照计算确定的金额，借记"在建工程"科目，贷记本科目；不属于建设期间发生的，按期计提利息费用时，按照计算确定的金额，借记"其他费用"科目，贷记本科目。

（二）对于其他借款，按期计提利息费用时，按照计算确定的金额，借记"其他费用"科目，贷记本科目。

【例4-21】计提利息费用的会计核算

某事业单位经批准向银行借入一笔短期借款，年末计提借款利息费用450元。该事业单位应编制以下会计分录。

财务会计：

借：其他费用　　　　　　　　　　　　　　　　　　450

　　贷：应付利息　　　　　　　　　　　　　　　　　450

预算会计无分录。

（三）实际支付应付利息时，按照支付的金额，借记本科目，贷记"银行存款"等科目。

四、本科目期末贷方余额，反映事业单位应付未付的利息金额。

2305 预收账款

一、本科目核算事业单位预先收取但尚未结算的款项。

二、本科目应当按照债权人进行明细核算。

三、预收账款的主要账务处理如下。

（一）从付款方预收款项时，按照实际预收的金额，借记"银行存款"等科目，贷记本科目。

【例4-22】预收款项的会计核算

2×19年5月，某事业单位与某企业签订购货协议，该企业在事业单位订购A产品，共计500 000元，按照购货协议，企业需要将20%的购货金额预先支付给该事业单位。账务处理如下。

财务会计：

借：银行存款　　　　　　　　　　　　　　　　　100 000

　　贷：预收账款　　　　　　　　　　　　　　　　100 000

预算会计：

借：资金结存——货币资金　　　　　　　　　　　100 000

贷：经营预算收入　　　　　　　　　　　　　　　　　　　100 000

（二）确认有关收入时，按照预收账款账面余额，借记本科目，按照应确认的收入金额，贷记"事业收入""经营收入"等科目，按照付款方补付或退回付款方的金额，借记或贷记"银行存款"等科目。涉及增值税业务的，相关账务处理参见"应交增值税"科目。

【例4-23】确认有关收入时的会计核算

沿用【例4-22】。A产品于2×19年9月全部交付，并验收入库，且该事业单位已经收到相应货款。账务处理如下。

财务会计：
借：银行存款　　　　　　　　　　　　　　　　　　　　　400 000
　　预收账款　　　　　　　　　　　　　　　　　　　　　100 000
　　贷：经营收入　　　　　　　　　　　　　　　　　　　500 000

预算会计：
借：资金结存——货币资金　　　　　　　　　　　　　　　400 000
　　贷：经营预算收入　　　　　　　　　　　　　　　　　400 000

（三）无法偿付或债权人豁免偿还的预收账款，应当按照规定报经批准后进行账务处理。经批准核销时，借记本科目，贷记"其他收入"科目。

核销的预收账款应在备查簿中保留登记。

【例4-24】无法偿付或债权人豁免偿还预收账款的会计核算

沿用【例4-23】。若该事业单位无法偿付预收的款项，则该事业单位经批准核销该笔款项的账务处理如下。

财务会计：
借：预收账款　　　　　　　　　　　　　　　　　　　　　100 000
　　贷：其他收入　　　　　　　　　　　　　　　　　　　100 000

预算会计无分录。

四、本科目期末贷方余额，反映事业单位预收但尚未结算的款项金额。

2307　其他应付款

一、本科目核算单位除应交增值税、其他应交税费、应缴财政款、应付职工薪酬、应付票据、应付账款、应付政府补贴款、应付利息、预收账款以外，其他各项偿还期限在1年内（含1年）的应付及暂收款项，如收取的押金、存入保证金、已经报销但尚未偿还银行的本单位公务卡欠款等。

同级政府财政部门预拨的下期预算款和没有纳入预算的暂付款项，以及采用实拨资金方式通过本单位转拨给下属单位的财政拨款，也通过本科目核算。

二、本科目应当按照其他应付款的类别以及债权人等进行明细核算。

三、其他应付款的主要账务处理如下。

（一）发生其他应付及暂收款项时，借记"银行存款"等科目，贷记本科目。支付（或退回）其他应付及暂收款项时，借记本科目，贷记"银行存款"等科目。将暂收款项转为收入时，借记本科目，贷记"事业收入"等科目。

【例4-25】发生其他应付及暂收款项的会计核算

2×19年5月1日，某事业单位将办公楼出租，收取F公司押金10 000元，应做以下会计处理。

财务会计：

借：银行存款　　　　　　　　　　　　　　　　　　　10 000

　　贷：其他应付款——F公司——押金　　　　　　　　10 000

预算会计无分录。

2×19年6月1日，该单位将押金确认为收入，应做以下会计处理。

财务会计：

借：其他应付款——F公司——押金　　　　　　　　　10 000

　　贷：事业收入　　　　　　　　　　　　　　　　　　10 000

预算会计：

借：资金结存——货币资金　　　　　　　　　　　　　10 000

　　贷：事业预算收入　　　　　　　　　　　　　　　　10 000

若2×20年6月1日该事业单位与F公司的租赁合约到期，F公司不再租用办公楼，该事业单位返还押金，应做以下会计处理。

财务会计：

借：其他应付款——F公司——押金　　　　　　　　　10 000

　　贷：银行存款　　　　　　　　　　　　　　　　　　10 000

预算会计无分录。

（二）收到同级政府财政部门预拨的下期预算款和没有纳入预算的暂付款项，按照实际收到的金额，借记"银行存款"等科目，贷记本科目；待到下一预算期或批准纳入预算时，借记本科目，贷记"财政拨款收入"科目。

采用实拨资金方式通过本单位转拨给下属单位的财政拨款，按照实际收到的金额，借记"银行存款"科目，贷记本科目；向下属单位转拨财政拨款时，按照转拨的金额，借记本科目，贷记"银行存款"科目。

【例 4-26】收到同级政府财政部门预拨的下期预算款和没有纳入预算的暂付款项的会计核算

2×19 年 12 月 6 日，某行政单位收到同级财政部门预拨的下期预算款 100 000 元。2×20 年 1 月 6 日，该笔款项批准纳入该年的预算。账务处理如下。

2×19 年 12 月 6 日。

财务会计：

借：银行存款　　　　　　　　　　　　　　　　　　　100 000
　　贷：其他应付款　　　　　　　　　　　　　　　　　　100 000

预算会计无分录。

2×20 年 1 月 6 日。

财务会计：

借：其他应付款　　　　　　　　　　　　　　　　　　100 000
　　贷：财政拨款收入　　　　　　　　　　　　　　　　100 000

预算会计：

借：资金结存——货币资金　　　　　　　　　　　　　100 000
　　贷：财政拨款预算收入　　　　　　　　　　　　　　100 000

（三）本单位公务卡持卡人报销时，按照审核报销的金额，借记"业务活动费用""单位管理费用"等科目，贷记本科目；偿还公务卡欠款时，借记本科目，贷记"零余额账户用款额度"等科目。

（四）涉及质保金形成其他应付款的，相关账务处理参见"固定资产"科目。

（五）无法偿付或债权人豁免偿还的其他应付款项，应当按照规定报经批准后进行账务处理。经批准核销时，借记本科目，贷记"其他收入"科目。

核销的其他应付款应在备查簿中保留登记。

【例 4-27】无法偿付或债权人豁免偿还其他应付款项的会计核算

沿用【例 4-25】。F 公司无法偿付租金，该事业单位按规定报经批准后核销该笔押金，应做以下会计处理。

财务会计：

借：其他应付款——F 公司——押金　　　　　　　　　10 000
　　贷：其他收入　　　　　　　　　　　　　　　　　　10 000

预算会计无分录。

四、本科目期末贷方余额，反映单位尚未支付的其他应付款金额。

2401 预提费用

一、本科目核算单位预先提取的已经发生但尚未支付的费用，如预提租金费用等。

事业单位按规定从科研项目收入中提取的项目间接费用或管理费，也通过本科目核算。

事业单位计提的借款利息费用，通过"应付利息""长期借款"科目核算，不通过本科目核算。

二、本科目应当按照预提费用的种类进行明细核算。对于提取的项目间接费用或管理费，应当在本科目下设置"项目间接费用或管理费"明细科目，并按项目进行明细核算。

三、预提费用的主要账务处理如下。

（一）项目间接费用或管理费。

按规定从科研项目收入中提取项目间接费用或管理费时，按照提取的金额，借记"单位管理费用"科目，贷记本科目（项目间接费用或管理费）。

实际使用计提的项目间接费用或管理费时，按照实际支付的金额，借记本科目（项目间接费用或管理费），贷记"银行存款""库存现金"等科目。

【例4-28】项目间接费用或管理费的会计核算

2×19年6月6日，某事业单位按规定从科研项目收入中提取项目间接费用20 000元，会计处理如下。

财务会计：

借：单位管理费用　　　　　　　　　　　　　　　　　　20 000
　　贷：预提费用——项目间接费用或管理费　　　　　　20 000

预算会计：

借：非财政拨款结转——项目间接费用或管理费　　　　20 000
　　贷：非财政拨款结余——项目间接费用或管理费　　20 000

2×19年12月6日，该事业单位实际使用计提的项目间接费用15 000元，会计处理如下。

财务会计：

借：预提费用——项目间接费用或管理费　　　　　　　15 000

　　　　贷：银行存款　　　　　　　　　　　　　　　　　　　15 000

　　预算会计：

　　借：事业支出　　　　　　　　　　　　　　　　　　　　15 000

　　　　贷：资金结存——货币资金　　　　　　　　　　　　　15 000

（二）其他预提费用。

　　按期预提租金等费用时，按照预提的金额，借记"业务活动费用""单位管理费用""经营费用"等科目，贷记本科目。

　　实际支付款项时，按照支付金额，借记本科目，贷记"零余额账户用款额度""银行存款"等科目。

【例4-29】按期预提租金等费用的会计核算

　　甲事业单位供销部门于2×19年7月1日租入一台运输设备，合同规定租赁期为半年，租赁期满一次付清租金6 000元。

　　甲事业单位租入设备使用期为2×19年7月至11月，该单位每月末应做以下相同会计分录。

　　财务会计：

　　借：经营费用　　　　　　　　　　　　　　　　　　　　1 000

　　　　贷：预提费用　　　　　　　　　　　　　　　　　　　1 000

　　预算会计无分录。

　　2×19年12月末开出转账支票支付租金时，应做以下会计分录。

　　财务会计：

　　借：经营费用　　　　　　　　　　　　　　　　　　　　1 000

　　　　预提费用　　　　　　　　　　　　　　　　　　　　5 000

　　　　贷：银行存款　　　　　　　　　　　　　　　　　　　6 000

　　预算会计：

　　借：经营支出　　　　　　　　　　　　　　　　　　　　6 000

　　　　贷：资金结存——货币资金　　　　　　　　　　　　　6 000

　　四、本科目期末贷方余额，反映单位已预提但尚未支付的各项费用。

2501　长期借款

　　一、本科目核算事业单位经批准向银行或其他金融机构等借入的期限超过1年（不含1年）的各种借款本息。

　　二、本科目应当设置"本金"和"应计利息"明细科目，并按照贷款单位和贷款种类进行明细核算。对于建设项目借款，还应按照具体项目进行明细核算。

三、长期借款的主要账务处理如下。

（一）借入各项长期借款时，按照实际借入的金额，借记"银行存款"科目，贷记本科目（本金）。

【例 4-30】借入长期借款的会计核算

某事业单位于 2×19 年 1 月 1 日从银行借入资金 300 000 元，借款期限为 5 年，年利率为 8%，按年支付利息，到期一次还本。会计处理如下。

2×19 年 1 月 1 日，取得借款。

财务会计：

借：银行存款	300 000
贷：长期借款——本金	300 000

预算会计：

借：资金结存——货币资金	300 000
贷：债务预算收入［本金］	300 000

（二）为建造固定资产、公共基础设施等应支付的专门借款利息，按期计提利息时，分以下情况处理。

1. 属于工程项目建设期间发生的利息，计入工程成本，按照计算确定的应支付的利息金额，借记"在建工程"科目，贷记"应付利息"科目。

2. 属于工程项目完工交付使用后发生的利息，计入当期费用，按照计算确定的应支付的利息金额，借记"其他费用"科目，贷记"应付利息"科目。

（三）按期计提其他长期借款的利息时，按照计算确定的应支付的利息金额，借记"其他费用"科目，贷记"应付利息"科目［分期付息、到期还本借款的利息］或本科目（应计利息）［到期一次还本付息借款的利息］。

（四）到期归还长期借款本金、利息时，借记本科目（本金、应计利息），贷记"银行存款"科目。

【例 4-31】到期归还长期借款本金、利息的会计核算

沿用【例 4-30】。该事业单位借入的长期借款用以建设办公楼，该办公楼于 2×19 年 1 月 1 日开工，于 2×23 年 1 月 1 日完工交付使用。2×23 年 12 月 31 日该事业单位归还长期借款本息。

2×19 年、2×20 年、2×21 年、2×22 年末的会计处理如下。

财务会计：

借：在建工程	24 000

贷：应付利息		24 000
借：应付利息		24 000
贷：银行存款		24 000

预算会计：

借：其他支出		24 000
贷：资金结存——货币资金		24 000

2×23 年末的会计处理如下。

财务会计：

借：其他费用		24 000
贷：应付利息		24 000
借：应付利息		24 000
贷：银行存款		24 000
借：长期借款——本金		300 000
贷：银行存款		300 000

预算会计：

借：其他支出		24 000
贷：资金结存——货币资金		24 000
借：债务还本支出		300 000
贷：资金结存——货币资金		300 000

四、本科目期末贷方余额，反映事业单位尚未偿还的长期借款本息金额。

2502　长期应付款

一、本科目核算单位发生的偿还期限超过 1 年（不含 1 年）的应付款项，如以融资租赁方式取得固定资产应付的租赁费等。

二、本科目应当按照长期应付款的类别以及债权人进行明细核算。

三、长期应付款的主要账务处理如下。

（一）发生长期应付款时，借记"固定资产""在建工程"等科目，贷记本科目。

【例 4-32】发生长期应付款的会计核算

某行政单位以分期付款方式从 G 公司购入一台仪器，总价款为 270 000 元，分 3 年支付，于每年末支付。购入时，该单位应做以下会计处理。

财务会计：

借：固定资产　　　　　　　　　　　　　　　　　270 000

　　贷：长期应付款　　　　　　　　　　　　　　　　270 000

预算会计无分录。

（二）支付长期应付款时，按照实际支付的金额，借记本科目，贷记"财政拨款收入""零余额账户用款额度""银行存款"等科目。涉及增值税业务的，相关账务处理参见"应交增值税"科目。

【例4-33】支付长期应付款的会计核算

沿用【例4-32】。该行政单位年末使用财政直接支付方式支付款项，应做以下会计处理。

财务会计：

借：长期应付款　　　　　　　　　　　　　　　　90 000

　　贷：财政拨款收入　　　　　　　　　　　　　　　90 000

预算会计：

借：行政支出　　　　　　　　　　　　　　　　　90 000

　　贷：财政拨款预算收入　　　　　　　　　　　　　90 000

（三）无法偿付或债权人豁免偿还的长期应付款，应当按照规定报经批准后进行账务处理。经批准核销时，借记本科目，贷记"其他收入"科目。核销的长期应付款应在备查簿中保留登记。

【例4-34】无法偿付或债权人豁免偿还长期应付款的会计核算

沿用【例4-33】。连续2年支付该笔长期应付款后，G公司豁免最后一年应付的款项，该行政单位按照规定报经批准后予以核销，应做以下会计处理。

财务会计：

借：长期应付款　　　　　　　　　　　　　　　　90 000

　　贷：其他收入　　　　　　　　　　　　　　　　　90 000

预算会计无分录。

（四）涉及质保金形成长期应付款的，相关账务处理参见"固定资产"科目。

四、本科目期末贷方余额，反映单位尚未支付的长期应付款金额。

2601 预计负债

一、本科目核算单位对因或有事项所产生的现时义务而确认的负债,如对未决诉讼等确认的负债。

二、本科目应当按照预计负债的项目进行明细核算。

三、预计负债的主要账务处理如下。

(一)确认预计负债时,按照预计的金额,借记"业务活动费用""经营费用""其他费用"等科目,贷记本科目。

(二)实际偿付预计负债时,按照偿付的金额,借记本科目,贷记"银行存款""零余额账户用款额度"等科目。

(三)根据确凿证据需要对已确认的预计负债账面余额进行调整的,按照调整增加的金额,借记有关科目,贷记本科目;按照调整减少的金额,借记本科目,贷记有关科目。

【例4-35】确认预计负债的会计核算

2×19年11月1日,某事业单位因合同违约而被甲公司起诉。2×19年12月31日,该事业单位尚未接到法院的判决。在咨询了单位的法律顾问后,该事业单位认为最终的法律判决很可能对单位不利。假定该事业单位预计将要支付的赔偿金额、诉讼费等费用为1 600 000～2 000 000元,而且这个区间内每个金额的发生可能性都大致相同。

该事业单位应在资产负债表中确认一项预计负债,金额计算如下。

(1 600 000+2 000 000)÷2=1 800 000(元)

同时在2×19年12月31日的附注中进行披露。

该事业单位的有关账务处理如下。

财务会计:

借:业务活动费用　　　　　　　　　　　　　　　　1 800 000
　　贷:预计负债——未决诉讼　　　　　　　　　　　1 800 000

预算会计无分录。

2×20年3月1日,法院判决表明该事业单位要支付赔偿金额等1 900 000元,账务处理如下。

财务会计:

借:预计负债——未决诉讼　　　　　　　　　　　　1 800 000
　　业务活动费用　　　　　　　　　　　　　　　　　100 000
　　贷:银行存款　　　　　　　　　　　　　　　　　1 900 000

预算会计：

借：事业支出 1 900 000

贷：资金结存——货币资金 1 900 000

四、本科目期末贷方余额，反映单位已确认但尚未支付的预计负债金额。

2901 受托代理负债

一、本科目核算单位接受委托取得受托代理资产时形成的负债。

二、本科目的账务处理参见"受托代理资产""库存现金""银行存款"等科目。

三、本科目期末贷方余额，反映单位尚未交付或发出受托代理资产形成的受托代理负债金额。

第 5 章　净资产类科目的使用规则

3001　累计盈余

一、本科目核算单位历年实现的盈余扣除盈余分配后滚存的金额，以及因无偿调入调出资产产生的净资产变动额。

按照规定上缴、缴回、单位间调剂结转结余资金产生的净资产变动额，以及对以前年度盈余的调整金额，也通过本科目核算。

二、累计盈余的主要账务处理如下。

（一）年末，将"本年盈余分配"科目的余额转入累计盈余，借记或贷记"本年盈余分配"科目，贷记或借记本科目。

【例 5-1】将"本年盈余分配"科目的余额转入累计盈余的会计核算

某行政事业单位 2×19 年 12 月 31 日"本年盈余分配"科目的贷方余额为 50 000 元。其年末结转的相关账务处理如下。

财务会计：

借：本年盈余分配　　　　　　　　　　　　　　　　　50 000
　　贷：累计盈余　　　　　　　　　　　　　　　　　　　50 000

预算会计无分录。

（二）年末，将"无偿调拨净资产"科目的余额转入累计盈余，借记或贷记"无偿调拨净资产"科目，贷记或借记本科目。

【例 5-2】将"无偿调拨净资产"科目的余额转入累计盈余的会计核算

某行政事业单位 2×19 年 12 月 31 日"无偿调拨净资产"科目的贷方余额为 150 000 元。其年末结转的相关账务处理如下。

财务会计：

借：无偿调拨净资产　　　　　　　　　　　　　　　　150 000
　　贷：累计盈余　　　　　　　　　　　　　　　　　　　150 000

预算会计无分录。

（三）按照规定上缴财政拨款结转结余、缴回非财政拨款结转资金、向其他单位调出财政拨款结转资金时，按照实际上缴、缴回、调出金额，借记本科目，贷记"财政应返还额度""零余额账户用款额度""银行存款"等科目。

按照规定从其他单位调入财政拨款结转资金时，按照实际调入金额，借记"零余额账户用款额度""银行存款"等科目，贷记本科目。

【例5-3】从其他单位调入财政拨款结转资金的会计核算

某行政事业单位2×19年12月31日与其他单位发生资金调入20 000元。相关账务处理如下。

财务会计：

借：零余额账户用款额度　　　　　　　　　　　　　　　20 000
　　贷：累计盈余　　　　　　　　　　　　　　　　　　20 000

预算会计：

借：资金结存——零余额账户用款额度　　　　　　　　　20 000
　　贷：财政拨款结转——归集调入　　　　　　　　　　20 000

（四）将"以前年度盈余调整"科目的余额转入本科目，借记或贷记"以前年度盈余调整"科目，贷记或借记本科目。

【例5-4】将"以前年度盈余调整"科目的余额转入累计盈余的会计核算

某行政事业单位2×19年12月31日"以前年度盈余调整"科目的贷方余额为20 000元。其年末结转的相关账务处理如下。

财务会计：

借：以前年度盈余调整　　　　　　　　　　　　　　　　20 000
　　贷：累计盈余　　　　　　　　　　　　　　　　　　20 000

预算会计无分录。

（五）按照规定使用专用基金购置固定资产、无形资产的，按照固定资产、无形资产成本金额，借记"固定资产""无形资产"科目，贷记"银行存款"等科目；同时，按照专用基金使用金额，借记"专用基金"科目，贷记本科目。

三、本科目期末余额，反映单位未分配盈余（或未弥补亏损）的累计数以及截至上年末无偿调拨净资产变动的累计数。本科目年末余额，反映单位未分配盈余（或未弥补亏损）以及无偿调拨净资产变动的累计数。

3101　专用基金

一、本科目核算事业单位按照规定提取或设置的具有专门用途的净资产，主要包括职工福利基金、科技成果转换基金等。

二、本科目应当按照专用基金的类别进行明细核算。

三、专用基金的主要账务处理如下。

（一）年末，根据有关规定从本年度非财政拨款结余或经营结余中提取专用基金的，按照预算会计下计算的提取金额，借记"本年盈余分配"科目，贷记本科目。

（二）根据有关规定从收入中提取专用基金并计入费用的，一般按照预算会计下基于预算收入计算提取的金额，借记"业务活动费用"等科目，贷记本科目。国家另有规定的，从其规定。

（三）根据有关规定设置的其他专用基金，按照实际收到的基金金额，借记"银行存款"等科目，贷记本科目。

（四）按照规定使用提取的专用基金时，借记本科目，贷记"银行存款"等科目。使用提取的专用基金购置固定资产、无形资产的，按照固定资产、无形资产成本金额，借记"固定资产""无形资产"科目，贷记"银行存款"等科目；同时，按照专用基金使用金额，借记本科目，贷记"累计盈余"科目。

【例5-5】使用提取的专用基金购置固定资产、无形资产的会计核算

某事业单位在2×19年利用从经营结余中提取的专用基金购置了一台固定资产，市场公允价值为100 000元，应缴纳的增值税税额为13 000元。相关账务处理如下。

财务会计：

借：固定资产	100 000
应交增值税——应交税金（进项税额）	13 000
贷：银行存款	113 000
借：专用基金	113 000
贷：累计盈余	113 000

预算会计：

借：专用结余	113 000
贷：资金结存——货币资金	113 000

四、本科目期末贷方余额，反映事业单位累计提取或设置的尚未使用的专用基金。

3201　权益法调整

一、本科目核算事业单位持有的长期股权投资采用权益法核算时，按照被

投资单位除净损益和利润分配以外的所有者权益变动份额调整长期股权投资账面余额而计入净资产的金额。

二、本科目应当按照被投资单位进行明细核算。

三、权益法调整的主要账务处理如下。

（一）年末，按照被投资单位除净损益和利润分配以外的所有者权益变动应享有（或应分担）的份额，借记或贷记"长期股权投资——其他权益变动"科目，贷记或借记本科目。

【例5-6】按照被投资单位除净损益和利润分配以外的所有者权益变动应享有（或应分担）的份额调整长期股权投资账面余额的会计核算

某事业单位投资的一单位在2×19年除净损益和利润分配以外的所有者权益变动金额为100 000元，该事业单位持有该被投资单位30%的股权，不考虑相关税费。相关账务处理如下。

财务会计：

借：长期股权投资——其他权益变动　　　　　　　　　　　　30 000
　　贷：权益法调整　　　　　　　　　　　　　　　　　　　　30 000

预算会计无分录。

（二）采用权益法核算的长期股权投资，因被投资单位除净损益和利润分配以外的所有者权益变动而将应享有（或应分担）的份额计入单位净资产的，处置该项投资时，按照原计入净资产的相应部分金额，借记或贷记本科目，贷记或借记"投资收益"科目。

【例5-7】处置采用权益法核算的长期股权投资的会计核算

某事业单位投资的一单位在2×19年除净损益和利润分配以外的所有者权益变动金额为100 000元，该事业单位持有该被投资单位30%的股权，不考虑相关税费，该事业单位在2×20年处置了该项投资。相关账务处理如下。

财务会计：

借：长期股权投资——其他权益变动　　　　　　　　　　　　30 000
　　贷：权益法调整　　　　　　　　　　　　　　　　　　　　30 000
借：权益法调整　　　　　　　　　　　　　　　　　　　　　　30 000
　　贷：投资收益　　　　　　　　　　　　　　　　　　　　　30 000

预算会计无分录。

四、本科目期末余额，反映事业单位在被投资单位除净损益和利润分配以外的所有者权益变动中累积享有（或分担）的份额。

3301 本期盈余

一、本科目核算单位本期各项收入、费用相抵后的余额。

二、本期盈余的主要账务处理如下。

（一）期末，将各类收入科目的本期发生额转入本期盈余，借记"财政拨款收入""事业收入""上级补助收入""附属单位上缴收入""经营收入""非同级财政拨款收入""投资收益""捐赠收入""利息收入""租金收入""其他收入"科目，贷记本科目；将各类费用科目本期发生额转入本期盈余，借记本科目，贷记"业务活动费用""单位管理费用""经营费用""所得税费用""资产处置费用""上缴上级费用""对附属单位补助费用""其他费用"科目。

【例 5-8】将各类收入和费用科目的本期发生额转入本期盈余的会计核算

某行政单位 2×19 年收入和费用科目的发生额如下。

（1）"财政拨款收入"科目发生额为 20 000 元，"事业收入"科目发生额为 5 000 元，"上级补助收入"科目发生额为 10 000 元，"附属单位上缴收入"科目发生额为 20 000 元，"经营收入"科目发生额为 3 000 元，"投资收益"科目发生额为 2 000 元，"其他收入"科目发生额为 8 000 元。

（2）"业务活动费用"科目发生额为 9 000 元，"单位管理费用"科目发生额为 3 000 元，"经营费用"科目发生额为 3 000 元，"资产处置费用"科目发生额为 2 000 元，"所得税费用"科目发生额为 2 000 元，"其他费用"科目发生额为 2 000 元。

相关账务处理如下。

（1）结转本期收入。

财务会计：

借：财政拨款收入	20 000
事业收入	5 000
上级补助收入	10 000
附属单位上缴收入	20 000
经营收入	3 000
投资收益	2 000
其他收入	8 000
贷：本期盈余	68 000

预算会计无分录。

（2）结转本期费用。

财务会计：

借：本期盈余	21 000
贷：业务活动费用	9 000
单位管理费用	3 000
经营费用	3 000
资产处置费用	2 000
所得税费用	2 000
其他费用	2 000

预算会计无分录。

（二）年末，完成上述结转后，将本科目余额转入"本年盈余分配"科目，借记或贷记本科目，贷记或借记"本年盈余分配"科目。

【例5-9】将"本期盈余"科目余额转入"本年盈余分配"科目的会计核算（1）

某行政单位于2×19年12月31日结转"本年盈余"科目的贷方余额47 000元。相关账务处理如下。

财务会计：

借：本期盈余	47 000
贷：本年盈余分配	47 000

预算会计无分录。

三、本科目期末如为贷方余额，反映单位自年初至当期期末累计实现的盈余；如为借方余额，反映单位自年初至当期期末累计发生的亏损。

四、年末结账后，本科目应无余额。

3302　本年盈余分配

一、本科目核算单位本年度盈余分配的情况和结果。

二、本年盈余分配的主要账务处理如下。

（一）年末，将"本期盈余"科目余额转入本科目，借记或贷记"本期盈余"科目，贷记或借记本科目。

【例5-10】将"本期盈余"科目余额转入"本年盈余分配"科目的会计核算（2）

某行政单位2×19年12月31日"本期盈余"科目的贷方余额为50 000元。相关账务处理如下。

财务会计：

借：本期盈余　　　　　　　　　　　　　　　　　　　　　50 000
　　贷：本年盈余分配　　　　　　　　　　　　　　　　　50 000
预算会计无分录。

（二）年末，根据有关规定从本年度非财政拨款结余或经营结余中提取专用基金的，按照预算会计下计算的提取金额，借记本科目，贷记"专用基金"科目。

【例5-11】提取专用基金的会计核算

某行政单位2×19年12月31日按有关规定提取专用基金4 000元。相关账务处理如下。

财务会计：

借：本年盈余分配　　　　　　　　　　　　　　　　　　4 000
　　贷：专用基金　　　　　　　　　　　　　　　　　　　4 000

预算会计：

借：非财政拨款结余分配　　　　　　　　　　　　　　　4 000
　　贷：专用结余　　　　　　　　　　　　　　　　　　　4 000

（三）年末，按照规定完成上述处理后，将本科目余额转入累计盈余，借记或贷记本科目，贷记或借记"累计盈余"科目。

【例5-12】将"本年盈余分配"科目余额转入"累计盈余"科目的会计核算

某行政单位2×19年12月31日"本年盈余分配"科目的贷方余额为43 000元。相关账务处理如下。

财务会计：

借：本年盈余分配　　　　　　　　　　　　　　　　　　43 000
　　贷：累计盈余　　　　　　　　　　　　　　　　　　　43 000

预算会计无分录。

三、年末结账后，本科目应无余额。

3401　无偿调拨净资产

一、本科目核算单位无偿调入或调出非现金资产所引起的净资产变动金额。

二、无偿调拨净资产的主要账务处理如下。

（一）按照规定取得无偿调入的存货、长期股权投资、固定资产、无形资产、公共基础设施、政府储备物资、文物文化资产、保障性住房等，按照确定的成本,借记"库存物品""长期股权投资""固定资产""无形资产""公共基础设施""政府储备物资""文物文化资产""保障性住房"等科目,按照调入过程中发生的归属于调入方的相关费用,贷记"零余额账户用款额度""银行存款"等科目,按照其差额,贷记本科目。

【例5-13】取得无偿调入资产的会计核算

某事业单位2×19年取得无偿调入存货20 000元,长期股权投资10 000元,固定资产5 000元,同时发生调入费用5 000元。相关账务处理如下。

财务会计:

借:库存物品	20 000
固定资产	5 000
长期股权投资	10 000
贷:无偿调拨净资产	30 000
银行存款	5 000

预算会计:

借:其他支出	5 000
贷:资金结存	5 000

(二)按照规定经批准无偿调出存货、长期股权投资、固定资产、无形资产、公共基础设施、政府储备物资、文物文化资产、保障性住房等,按照调出资产的账面余额或账面价值,借记本科目,按照固定资产累计折旧、无形资产累计摊销、公共基础设施累计折旧或摊销、保障性住房累计折旧的金额,借记"固定资产累计折旧""无形资产累计摊销""公共基础设施累计折旧(摊销)""保障性住房累计折旧"科目,按照调出资产的账面余额,贷记"库存物品""长期股权投资""固定资产""无形资产""公共基础设施""政府储备物资""文物文化资产""保障性住房"等科目;同时,按照调出过程中发生的归属于调出方的相关费用,借记"资产处置费用"科目,贷记"零余额账户用款额度""银行存款"等科目。

【例5-14】无偿调出资产的会计核算

某事业单位2×19年无偿调出的无形资产的原价为20 000元、累计摊销为2 000元。同时,该事业单位无偿调出存货10 000元,无偿调出公共基础设施2 000元。相关账务处理如下。

财务会计:

借:无偿调拨净资产	30 000

无形资产累计摊销	2 000
贷：无形资产	20 000
库存物品	10 000
公共基础设施	2 000

预算会计无分录。

（三）年末，将本科目余额转入累计盈余，借记或贷记本科目，贷记或借记"累计盈余"科目。

【例5-15】将"无偿调拨净资产"科目余额转入"累计盈余"科目的会计核算

某事业单位2×19年年末"无偿调拨净资产"科目的贷方余额为5 000元。其年末结转的相关账务处理如下。

财务会计：

借：无偿调拨净资产	5 000
贷：累计盈余	5 000

预算会计无分录。

三、年末结账后，本科目应无余额。

3501　以前年度盈余调整

一、本科目核算单位本年度发生的调整以前年度盈余的事项，包括本年度发生的重要前期差错更正涉及调整以前年度盈余的事项。

二、以前年度盈余调整的主要账务处理如下。

（一）调整增加以前年度收入时，按照调整增加的金额，借记有关科目，贷记本科目。调整减少的，做相反会计分录。

【例5-16】调整增加以前年度收入的会计核算

某单位2×20年3月在单位账务自查中发现本单位存在上年度应该确认但是没有确认的收入200 000元。相关账务处理如下。

财务会计：

借：预收账款	200 000
贷：以前年度盈余调整	200 000
借：资金结存	200 000
贷：财政拨款结转	200 000

预算会计无分录。

（二）调整增加以前年度费用时，按照调整增加的金额，借记本科目，贷记有关科目。调整减少的，做相反会计分录。

（三）盘盈的各种非流动资产，报经批准后处理时，借记"待处理财产损溢"科目，贷记本科目。

（四）经上述调整后，应将本科目的余额转入累计盈余，借记或贷记"累计盈余"科目，贷记或借记本科目。

【例5-17】 将"以前年度盈余调整"科目余额转入"累计盈余"科目的会计核算

某单位2×20年12月31日"以前年度盈余调整"科目的贷方余额为200 000元。其年末结转的相关账务处理如下。

财务会计：

借：以前年度盈余调整　　　　　　　　　　　　　　　　200 000

　　贷：累计盈余　　　　　　　　　　　　　　　　　　　　200 000

预算会计无分录。

三、本科目结转后应无余额。

第6章 收入类科目的使用规则

4001 财政拨款收入

一、本科目核算单位从同级政府财政部门取得的各类财政拨款。

同级政府财政部门预拨的下期预算款和没有纳入预算的暂付款项，以及采用实拨资金方式通过本单位转拨给下属单位的财政拨款，通过"其他应付款"科目核算，不通过本科目核算。

二、本科目可按照一般公共预算财政拨款、政府性基金预算财政拨款等拨款种类进行明细核算。

三、财政拨款收入的主要账务处理如下。

（一）财政直接支付方式下，根据收到的"财政直接支付入账通知书"及相关原始凭证，按照通知书中的直接支付入账金额，借记"库存物品""固定资产""业务活动费用""单位管理费用""应付职工薪酬"等科目，贷记本科目。涉及增值税业务的，相关账务处理参见"应交增值税"科目。

年末，根据本年度财政直接支付预算指标数与当年财政直接支付实际支付数的差额，借记"财政应返还额度——财政直接支付"科目，贷记本科目。

【例6-1】财政直接支付方式下，财政拨款收入的会计核算（1）

某行政单位收到财政部门委托其代理银行转来的财政直接支付入账通知书，其中明确了财政部门为行政部门支付了100 000元的日常行政活动经费，200 000元的在职人员工资，70 000元的为开展某项专业业务活动所发生的费用。相关账务处理如下。

财务会计：

借：业务活动费用	170 000
应付职工薪酬	200 000
贷：财政拨款收入	370 000

预算会计：

借：行政支出	370 000
贷：财政拨款预算收入	370 000

【例6-2】财政直接支付方式下，财政拨款收入的会计核算（2）

某行政单位本年度财政直接支付的基本支出拨款预算指标数为 800 000 元，而当年财政直接支付实际支出为 730 000 元，年末确定该行政单位应收财政返还的资金额度为 70 000 元。相关账务处理如下。

财务会计：

借：财政应返还额度——财政直接支付　　　　　　　　　　70 000
　　贷：财政拨款收入　　　　　　　　　　　　　　　　　　70 000

预算会计：

借：资金结存——财政应返还额度　　　　　　　　　　　　70 000
　　贷：财政拨款预算收入　　　　　　　　　　　　　　　　70 000

（二）财政授权支付方式下，根据收到的"财政授权支付额度到账通知书"，按照通知书中的授权支付额度，借记"零余额账户用款额度"科目，贷记本科目。

年末，本年度财政授权支付预算指标数大于零余额账户用款额度下达数的，根据未下达的用款额度，借记"财政应返还额度——财政授权支付"科目，贷记本科目。

【例6-3】财政授权支付方式下，财政拨款收入的会计核算（1）

2×20 年 6 月，某行政单位收到财政授权支付额度到账通知书，授权支付金额为 100 000 元。

财务会计：

借：零余额账户用款额度　　　　　　　　　　　　　　　　100 000
　　贷：财政拨款收入　　　　　　　　　　　　　　　　　　100 000

预算会计：

借：资金结存——零余额账户用款额度　　　　　　　　　　100 000
　　贷：财政拨款预算收入　　　　　　　　　　　　　　　　100 000

【例6-4】财政授权支付方式下，财政拨款收入的会计核算（2）

某行政单位本年度财政授权支付的基本支出拨款预算指标数为 100 000 元，而当年财政授权支付实际支出为 70 000 元，年末确定该行政单位应收财政返还的资金额度为 30 000 元。相关账务处理如下。

财务会计：

借：财政应返还额度——财政授权支付　　　　　　　　　　30 000
　　贷：财政拨款收入　　　　　　　　　　　　　　　　　　30 000

预算会计：

借：资金结存——财政应返还额度 30 000
　　贷：财政拨款预算收入 30 000

（三）其他方式下收到财政拨款收入时，按照实际收到的金额，借记"银行存款"等科目，贷记本科目。

【例 6-5】其他方式下收到财政拨款收入的会计核算

2×20 年 6 月，某行政单位收到其他方式下的财政拨款收入，金额为 800 000 元。

财务会计：
借：银行存款 800 000
　　贷：财政拨款收入 800 000

预算会计：
借：资金结存——货币资金 800 000
　　贷：财政拨款预算收入 800 000

（四）因差错更正或购货退回等发生国库直接支付款项退回的，属于以前年度支付的款项，按照退回金额，借记"财政应返还额度——财政直接支付"科目，贷记"以前年度盈余调整""库存物品"等科目；属于本年度支付的款项，按照退回金额，借记本科目，贷记"业务活动费用""库存物品"等科目。

【例 6-6】因差错更正或购货退回等发生国库直接支付款项退回的会计核算

某行政单位本年度发生了一笔由购货退回引起的国库直接支付款项退回的业务，经相关人员查证，相关款项属于本年度支付的款项，退回物品的金额为 70 000 元。相关账务处理如下。

财务会计：
借：财政拨款收入 70 000
　　贷：库存物品 70 000

预算会计：
借：财政拨款预算收入 70 000
　　贷：行政支出 70 000

（五）期末，将本科目本期发生额转入本期盈余，借记本科目，贷记"本期盈余"科目。

【例 6-7】财政拨款收入期末结转的会计核算

某行政单位年终进行结账，"财政拨款收入"科目的贷方余额为 7 900 000 元。

相关账务处理如下。

财务会计：

借：财政拨款收入 7 900 000
　　贷：本期盈余 7 900 000

预算会计：

借：财政拨款预算收入 7 900 000
　　贷：财政拨款结转——本年收支结转 7 900 000

四、期末结转后，本科目应无余额。

4101　事业收入

一、本科目核算事业单位开展专业业务活动及其辅助活动实现的收入，不包括从同级政府财政部门取得的各类财政拨款。

二、本科目应当按照事业收入的类别、来源等进行明细核算。

对于因开展科研及其辅助活动从非同级政府财政部门取得的经费拨款，应当在本科目下单设"非同级财政拨款"明细科目进行核算。

三、事业收入的主要账务处理如下。

（一）采用财政专户返还方式管理的事业收入。

1. 实现应上缴财政专户的事业收入时，按照实际收到或应收的金额，借记"银行存款""应收账款"等科目，贷记"应缴财政款"科目。

2. 向财政专户上缴款项时，按照实际上缴的款项金额，借记"应缴财政款"科目，贷记"银行存款"等科目。

3. 收到从财政专户返还的事业收入时，按照实际收到的返还金额，借记"银行存款"等科目，贷记本科目。

【例6-8】采用财政专户返还方式管理事业收入的会计核算

某事业单位采用财政专户返还方式管理事业收入，在7月初开展了一项鉴证服务，服务费为10 000元，预计2个月完成，到期收到10 000元的款项，并于5日后上缴财政专户，10日后收到财政专户返还的事业收入。相关账务处理如下。

（1）确认收入时。

财务会计：

借：银行存款/应收账款等 10 000
　　贷：应缴财政款 10 000

预算会计无分录。

(2)上缴财政专户时。

财务会计:

借:应缴财政款 10 000
    贷:银行存款/应收账款等 10 000

预算会计无分录。

(3)收到从财政专户返还的款项时。

财务会计:

借:银行存款 10 000
    贷:事业收入 10 000

预算会计:

借:资金结存——货币资金 10 000
    贷:事业预算收入 10 000

(二)采用预收款方式确认的事业收入。

1. 实际收到预收款项时,按照收到的款项金额,借记"银行存款"等科目,贷记"预收账款"科目。

2. 以合同完成进度确认事业收入时,按照基于合同完成进度计算的金额,借记"预收账款"科目,贷记本科目。

【例6-9】采用预收款方式确认事业收入的会计核算

某事业单位7月初开展了一项鉴证服务,服务费为10 000元,预计2个月完成,7月初预收了10 000元的款项,7月底按照服务完成进度确认了一半的事业收入。相关账务处理如下。

7月初。

财务会计:

借:银行存款 10 000
    贷:预收账款 10 000

预算会计:

借:资金结存——货币资金 10 000
    贷:事业预算收入 10 000

7月底。

财务会计:

借:预收账款 5 000
    贷:事业收入 5 000

预算会计无分录。

（三）采用应收款方式确认的事业收入。

1. 根据合同完成进度计算本期应收的款项，借记"应收账款"科目，贷记本科目。

2. 实际收到款项时，借记"银行存款"等科目，贷记"应收账款"科目。

【例6-10】采用应收款方式确认事业收入的会计核算

某事业单位开展咨询服务，咨询服务费为10 000元，款项尚未收到。相关账务处理如下。

财务会计：

借：应收账款	10 000
贷：事业收入——咨询服务	10 000

预算会计无分录。

（四）其他方式下确认的事业收入，按照实际收到的金额，借记"银行存款""库存现金"等科目，贷记本科目。

上述（二）至（四）中涉及增值税业务的，相关账务处理参见"应交增值税"科目。

【例6-11】采用其他方式确认事业收入的会计核算

某事业单位销售一批科研中间产品，单价为250元，共800件，合计200 000元，增值税税额26 000元，款已收到。相关账务处理如下。

财务会计：

借：银行存款	226 000
贷：事业收入	200 000
应交增值税——应交税金（销项税额）	26 000

预算会计：

借：资金结存——货币资金	226 000
贷：事业预算收入	226 000

若上述已销科研中间产品有40件因质量问题被退货，货款10 000元，增值税税额为1 300元。其账务处理如下。

财务会计：

借：事业收入	10 000
应交增值税——应交税金（销项税额）	1 300
贷：银行存款	11 300

预算会计：

借：事业预算收入 11 300
  贷：资金结存——货币资金 11 300

（五）期末，将本科目本期发生额转入本期盈余，借记本科目，贷记"本期盈余"科目。

【例 6-12】事业收入期末结转的会计核算

某事业单位年终进行结账，"事业收入"科目的贷方余额为 7 900 000 元，均为专项资金收入。相关账务处理如下。

财务会计：

借：事业收入 7 900 000
  贷：本期盈余 7 900 000

预算会计：

借：事业预算收入 7 900 000
  贷：非财政拨款结转——本年收支结转 7 900 000

四、期末结转后，本科目应无余额。

4201 上级补助收入

一、本科目核算事业单位从主管部门或上级单位取得的非财政拨款收入。

二、本科目应当按照发放补助单位、补助项目等进行明细核算。

三、上级补助收入的主要账务处理如下。

（一）确认上级补助收入时，按照应收或实际收到的金额，借记"其他应收款""银行存款"等科目，贷记本科目。

实际收到应收的上级补助款时，按照实际收到的金额，借记"银行存款"等科目，贷记"其他应收款"科目。

【例 6-13】确认上级补助收入时的会计核算

某事业单位收到主管部门拨来的补助款 100 000 元，款项已经到账。此款项是上级单位用其所集中的款项，对附属单位基本支出进行的调剂。相关账务处理如下。

财务会计：

借：银行存款 100 000
  贷：上级补助收入——主管部门 100 000

预算会计：

借：资金结存——货币资金 100 000

贷：上级补助预算收入 100 000

（二）期末，将本科目本期发生额转入本期盈余，借记本科目，贷记"本期盈余"科目。

【例6-14】上级补助收入期末结转的会计核算

年终，某单位进行结账，"上级补助收入"科目的贷方余额为900 000元，其中专项资金收入为600 000元，非专项资金收入为300 000元。相关账务处理如下。

财务会计：

借：上级补助收入 900 000
  贷：本期盈余 900 000

预算会计：

借：上级补助预算收入 900 000
  贷：非财政拨款结转——本年收支结转 600 000
    其他结余 300 000

四、期末结转后，本科目应无余额。

4301 附属单位上缴收入

一、本科目核算事业单位取得的附属独立核算单位按照有关规定上缴的收入。

二、本科目应当按照附属单位、缴款项目等进行明细核算。

三、附属单位上缴收入的主要账务处理如下。

（一）确认附属单位上缴收入时，按照应收或收到的金额，借记"其他应收款""银行存款"等科目，贷记本科目。实际收到应收附属单位上缴款时，按照实际收到的金额，借记"银行存款"等科目，贷记"其他应收款"科目。

【例6-15】确认附属单位上缴收入时的会计核算

某事业单位下属的招待所为独立核算的附属单位。按事业单位与招待所签订的收入分配办法规定，2×13年招待所应上缴分成款60 000元，事业单位已收到招待所上缴的款项。相关账务处理如下。

财务会计：

借：银行存款 60 000
  贷：附属单位上缴收入 60 000

预算会计:

借：资金结存——货币资金   60 000

    贷：附属单位上缴预算收入   60 000

（二）期末，将本科目本期发生额转入本期盈余，借记本科目，贷记"本期盈余"科目。

【例 6-16】 附属单位上缴收入期末结转的会计核算

某事业单位年终进行结账，"附属单位上缴收入"科目的贷方余额为 900 000 元，均为专项资金收入。相关账务处理如下。

财务会计：

借：附属单位上缴收入   900 000

    贷：本期盈余   900 000

预算会计：

借：附属单位上缴预算收入   900 000

    贷：非财政拨款结转——本年收支结转   900 000

四、期末结转后，本科目应无余额。

4401 经营收入

一、本科目核算事业单位在专业业务活动及其辅助活动之外开展非独立核算经营活动取得的收入。

二、本科目应当按照经营活动类别、项目和收入来源等进行明细核算。

三、经营收入应当在提供服务或发出存货，同时收讫价款或者取得索取价款的凭据时，按照实际收到或应收的金额予以确认。

四、经营收入的主要账务处理如下。

（一）实现经营收入时，按照确定的收入金额，借记"银行存款""应收账款""应收票据"等科目，贷记本科目。涉及增值税业务的，相关账务处理参见"应交增值税"科目。

【例 6-17】 实现经营收入时的会计核算

某事业单位附属的服务部提供打印服务应收取打印费 1 000 元，实际收到 800 元，款项已经存入银行。相关账务处理如下。

财务会计：

借：银行存款   800

应收账款　　　　　　　　　　　　　　　　　　　　　　　　　200

　　　　贷：经营收入——打印服务　　　　　　　　　　　　　　1 000

　预算会计：

　　借：资金结存——货币资金　　　　　　　　　　　　　　　　800

　　　　贷：经营预算收入——打印服务　　　　　　　　　　　　800

（二）期末，将本科目本期发生额转入本期盈余，借记本科目，贷记"本期盈余"科目。

【例6-18】经营收入期末结转的会计核算

某事业单位附属的服务部结转本期经营收入1 000元。相关账务处理如下。

财务会计：

　　借：经营收入　　　　　　　　　　　　　　　　　　　　　1 000

　　　　贷：本期盈余　　　　　　　　　　　　　　　　　　　1 000

　预算会计：

　　借：经营预算收入　　　　　　　　　　　　　　　　　　　1 000

　　　　贷：经营结余　　　　　　　　　　　　　　　　　　　1 000

五、期末结转后，本科目应无余额。

4601　非同级财政拨款收入

　　一、本科目核算单位从非同级政府财政部门取得的经费拨款，包括从同级政府其他部门取得的横向转拨财政款、从上级或下级政府财政部门取得的经费拨款等。

　　事业单位因开展科研及其辅助活动从非同级政府财政部门取得的经费拨款，应当通过"事业收入——非同级财政拨款"科目核算，不通过本科目核算。

　　二、本科目应当按照本级横向转拨财政款和非本级财政拨款进行明细核算，并按照收入来源进行明细核算。

　　三、非同级财政拨款收入的主要账务处理如下。

　　（一）确认非同级财政拨款收入时，按照应收或实际收到的金额，借记"其他应收款""银行存款"等科目，贷记本科目。

【例6-19】确认非同级财政拨款收入时的会计核算

某单位收到了非同级财政部门委托其代理银行转来的财政直接支付入账通知书，明确了收到银行存款900 000元。相关账务处理如下。

财务会计：

借：银行存款 900 000

  贷：非同级财政拨款收入 900 000

预算会计：

借：资金结存——货币资金 900 000

  贷：非同级财政拨款预算收入 900 000

（二）期末，将本科目本期发生额转入本期盈余，借记本科目，贷记"本期盈余"科目。

【例 6-20】非同级财政拨款收入期末结转的会计核算

某单位年终进行结账，"非同级财政拨款收入"科目的贷方余额为 900 000 元，其中，专项资金收入为 300 000 元，非专项资金收入为 600 000 元。相关账务处理如下。

财务会计：

借：非同级财政拨款收入 900 000

  贷：本期盈余 900 000

预算会计：

借：非同级财政拨款预算收入 900 000

  贷：非财政拨款结转——本年收支结转 300 000

    其他结余 600 000

四、期末结转后，本科目应无余额。

4602 投资收益

一、本科目核算事业单位股权投资和债券投资所实现的收益或发生的损失。

二、本科目应当按照投资的种类等进行明细核算。

三、投资收益的主要账务处理如下。

（一）收到短期投资持有期间的利息，按照实际收到的金额，借记"银行存款"科目，贷记"投资收益"科目。

【例 6-21】收到短期投资持有期间的利息时的会计核算

某事业单位收到一项短期投资持有期间的利息 50 000 元。相关账务处理如下。

财务会计：

借：银行借款 50 000

  贷：投资收益 50 000

预算会计：

借：资金结存——货币资金 50 000
　　贷：投资预算收益 50 000

（二）出售或到期收回短期债券本息，按照实际收到的金额，借记"银行存款"科目，按照出售或收回短期债券的成本，贷记"短期投资"科目，按照其差额，贷记或借记本科目。涉及增值税业务的，相关账务处理参见"应交增值税"科目。

【例6-22】出售或到期收回短期债券本息的会计核算

某事业单位一项短期国债投资到期兑付，其收到短期国债投资本息61 200元，其中短期投资成本为60 000元，利息为1 200元。相关账务处理如下。

财务会计：

借：银行存款 61 200
　　贷：短期投资 60 000
　　　　投资收益 1 200

预算会计：

借：资金结存——货币资金 61 200
　　贷：投资支出 60 000
　　　　投资预算收益 1 200

（三）持有的分期付息、一次还本的长期债券投资，按期确认利息收入时，按照计算确定的应收未收利息，借记"应收利息"科目，贷记本科目；持有的到期一次还本付息的债券投资，按期确认利息收入时，按照计算确定的应收未收利息，借记"长期债券投资——应计利息"科目，贷记本科目。

【例6-23】持有的分期付息、一次还本的长期债券投资，按期确认利息收入时的会计核算

某事业单位投资了一项长期债券，采用的支付方式是分期付息、一次还本，每期应计的利息为5 000元，利息已收到。相关账务处理如下。

财务会计：

借：应收利息 5 000
　　贷：投资收益 5 000
借：银行存款 5 000
　　贷：应收利息 5 000

预算会计：

借：资金结存——货币资金　　　　　　　　　　　　　　　5 000
　　贷：投资预算收益　　　　　　　　　　　　　　　　　　5 000

（四）出售长期债券投资或到期收回长期债券投资本息，按照实际收到的金额，借记"银行存款"等科目，按照债券初始投资成本和已计未收利息金额，贷记"长期债券投资——成本、应计利息"科目 [到期一次还本付息债券] 或"长期债券投资""应收利息"科目 [分期付息债券]，按照其差额，贷记或借记本科目。涉及增值税业务的，相关账务处理参见"应交增值税"科目。

【例 6-24】出售长期债券投资或到期收回长期债券投资本息的会计核算

某事业单位出售一项长期债券，采用的支付方式是到期一次还本付息，其中成本为 100 000 元，当期应计利息为 5 000 元。收到银行存款 200 000 元。相关账务处理如下。

财务会计：
借：银行存款　　　　　　　　　　　　　　　　　　　　200 000
　　贷：长期债券投资　　　　　　　　　　　　　　　　　100 000
　　　　应收利息　　　　　　　　　　　　　　　　　　　　5 000
　　　　投资收益　　　　　　　　　　　　　　　　　　　95 000

预算会计：
借：资金结存——货币资金　　　　　　　　　　　　　　200 000
　　贷：投资支出　　　　　　　　　　　　　　　　　　　100 000
　　　　投资预算收益　　　　　　　　　　　　　　　　　100 000

（五）采用成本法核算的长期股权投资持有期间，被投资单位宣告分派现金股利或利润时，按照宣告分派的现金股利或利润中属于单位应享有的份额，借记"应收股利"科目，贷记本科目。采用权益法核算的长期股权投资持有期间，按照应享有或应分担的被投资单位实现的净损益的份额，借记或贷记"长期股权投资——损益调整"科目，贷记或借记本科目；被投资单位发生净亏损，但以后年度又实现净利润的，单位在其收益分享额弥补未确认的亏损分担额等后，恢复确认投资收益，借记"长期股权投资——损益调整"科目，贷记本科目。

【例 6-25】采用成本法核算的长期股权投资持有期间，被投资单位宣告分派现金股利或利润时的会计核算

某事业单位持有的一项长期股权投资按成本法核算，被投资单位次年宣告分配股利 20 000 元，由该单位享有的股利份额为 12 000 元，股利尚未收到。相关账务处

理如下。

财务会计：

借：应收股利　　　　　　　　　　　　　　　　　　　　12 000
　　贷：投资收益　　　　　　　　　　　　　　　　　　　　　12 000

预算会计无分录。

【例 6-26】 采用权益法核算的长期股权投资持有期间，被投资单位宣告分派现金股利或利润时的会计核算

某事业单位持有的一项长期股权投资按权益法核算，年底被投资单位实现净利润 60 000 元，按投资份额计算，由该事业单位享有的被投资单位净利润为 30 000 元。相关账务处理如下。

财务会计：

借：长期股权投资——损益调整　　　　　　　　　　　　30 000
　　贷：投资收益　　　　　　　　　　　　　　　　　　　　　30 000

预算会计无分录。

被投资单位次年 3 月宣告分配现金股利 20 000 元，由该单位享有的现金股利份额为 10 000 元，股利尚未收到。相关账务处理如下。

财务会计：

借：应收股利　　　　　　　　　　　　　　　　　　　　10 000
　　贷：长期股权投资——损益调整　　　　　　　　　　　　　10 000

预算会计无分录。

（六）按照规定处置长期股权投资时有关投资收益的账务处理，参见"长期股权投资"科目。

【例 6-27】 处置长期股权投资时有关投资收益的会计核算

2×19 年 12 月 1 日，某事业单位向外转让长期股权投资，该长期股权投资原始投资额为 60 000 元，现在账面余额为 65 000 元，转让价格为 70 000 元，转让过程中共发生税费 8 000 元。其账务处理如下。

财务会计：

借：银行存款　　　　　　　　　　　　　　　　　　　　70 000
　　投资收益　　　　　　　　　　　　　　　　　　　　　3 000
　　贷：长期股权投资　　　　　　　　　　　　　　　　　　　65 000
　　　　银行存款　　　　　　　　　　　　　　　　　　　　　8 000

预算会计：

借：资金结存——货币资金	62 000	
贷：投资支出		60 000
投资预算收益		2 000

（七）期末，将本科目本期发生额转入本期盈余，借记或贷记本科目，贷记或借记"本期盈余"科目。

【例6-28】投资收益期末结转的会计核算

某事业单位年终进行结账，"投资收益"科目的贷方余额为900 000元。相关账务处理如下。

财务会计：

借：投资收益	900 000	
贷：本期盈余		900 000

预算会计：

借：投资预算收益	900 000	
贷：其他结余		900 000

四、期末结转后，本科目应无余额。

4603　捐赠收入

一、本科目核算单位接受其他单位或者个人捐赠取得的收入。

二、本科目应当按照捐赠资产的用途和捐赠单位等进行明细核算。

三、捐赠收入的主要账务处理如下。

（一）接受捐赠的货币资金，按照实际收到的金额，借记"银行存款""库存现金"等科目，贷记本科目。

【例6-29】接受货币资金捐赠的会计核算

某单位接受了其他单位捐赠的货币资金，金额为30 000元。相关账务处理如下。

财务会计：

借：银行存款	30 000	
贷：捐赠收入		30 000

预算会计：

借：资金结存——货币资金	30 000	
贷：其他预算收入——捐赠收入		30 000

（二）接受捐赠的存货、固定资产等非现金资产，按照确定的成本，借记

"库存物品""固定资产"等科目，按照发生的相关税费、运输费等，贷记"银行存款"等科目，按照其差额，贷记本科目。

【例6-30】接受存货、固定资产等非现金资产捐赠的会计核算

某单位接受了其他单位捐赠的固定资产，成本为31 000元，其中发生的相关税费和运费为1 000元。相关账务处理如下。

财务会计：

借：固定资产 31 000
　　贷：银行存款 1 000
　　　　捐赠收入 30 000

预算会计：

借：其他支出 1 000
　　贷：资金结存——货币资金 1 000

（三）接受捐赠的资产按照名义金额入账的，按照名义金额，借记"库存物品""固定资产"等科目，贷记本科目；同时，按照发生的相关税费、运输费等，借记"其他费用"科目，贷记"银行存款"等科目。

【例6-31】接受捐赠的资产按照名义金额入账时的会计核算

某单位接受了其他单位捐赠的固定资产，按照名义金额入账，其中发生的相关税费和运费为1 000元。相关账务处理如下。

财务会计：

借：固定资产 1
　　贷：捐赠收入 1

借：其他费用 1 000
　　贷：银行存款 1 000

预算会计：

借：其他支出 1 000
　　贷：资金结存——货币资金 1 000

（四）期末，将本科目本期发生额转入本期盈余，借记本科目，贷记"本期盈余"科目。

【例6-32】捐赠收入期末结转的会计核算

某单位年终进行结账，"捐赠收入"科目的贷方余额为600 000元，均为非专项资金收入。相关账务处理如下。

财务会计：

借：捐赠收入	600 000
贷：本期盈余	600 000

预算会计：

借：其他预算收入——捐赠收入	600 000
贷：其他结余	600 000

四、期末结转后，本科目应无余额。

4604　利息收入

一、本科目核算单位取得的银行存款利息收入。

二、利息收入的主要账务处理如下。

（一）取得银行存款利息时，按照实际收到的金额，借记"银行存款"科目，贷记本科目。

【例6-33】取得银行存款利息时的会计核算

某单位在银行存了一笔款项，当期收到了银行存款利息收入1 000元。相关账务处理如下。

财务会计：

借：银行存款	1 000
贷：利息收入	1 000

预算会计：

借：资金结存——货币资金	1 000
贷：其他预算收入——利息收入	1 000

（二）期末，将本科目本期发生额转入本期盈余，借记本科目，贷记"本期盈余"科目。

【例6-34】利息收入期末结转的会计核算

某单位年终进行结账，"利息收入"科目的贷方余额为900 000元。相关账务处理如下。

财务会计：

借：利息收入	900 000
贷：本期盈余	900 000

预算会计：

借：其他预算收入——利息收入　　　　　　　　　　　　　　900 000
　　贷：其他结余　　　　　　　　　　　　　　　　　　　　　　900 000

三、期末结转后，本科目应无余额。

4605　租金收入

一、本科目核算单位经批准利用国有资产出租取得并按照规定纳入本单位预算管理的租金收入。

二、本科目应当按照出租国有资产类别和收入来源等进行明细核算。

三、租金收入的主要账务处理如下。

（一）国有资产出租收入，应当在租赁期内各个期间按照直线法予以确认。

1. 采用预收租金方式的，预收租金时，按照收到的金额，借记"银行存款"等科目，贷记"预收账款"科目；分期确认租金收入时，按照各期租金金额，借记"预收账款"科目，贷记本科目。

【例6-35】国有资产出租采用预收租金方式的会计核算

某单位和另一单位签订了一份办公楼租赁合同，约定租金支付方式为预收租金方式，当期预收款项为100 000元，租期为10个月。相关账务处理如下。

财务会计：
借：银行存款　　　　　　　　　　　　　　　　　　　　　　100 000
　　贷：预收账款　　　　　　　　　　　　　　　　　　　　　　100 000

预算会计：
借：资金结存——货币资金　　　　　　　　　　　　　　　　100 000
　　贷：其他预算收入——租金收入　　　　　　　　　　　　　　100 000

2. 采用后付租金方式的，每期确认租金收入时，按照各期租金金额，借记"应收账款"科目，贷记本科目；收到租金时，按照实际收到的金额，借记"银行存款"等科目，贷记"应收账款"科目。

【例6-36】国有资产出租采用后付租金方式的会计核算

某单位和另一单位签订了一份办公楼租赁合同，约定租金支付方式为后付租金方式，租金总额为100 000元，租期为10个月，每期确认10 000元租金收入，款项尚未收到。相关账务处理如下。

财务会计：

借：应收账款	10 000	
贷：租金收入		10 000

预算会计无分录。

3. 采用分期收取租金方式的，每期收取租金时，按照租金金额，借记"银行存款"等科目，贷记本科目。

涉及增值税业务的，相关账务处理参见"应交增值税"科目。

【例6-37】国有资产出租采用分期收取租金方式的会计核算

某单位和另一单位签订了一份办公楼租赁合同，约定租金支付方式为分期收取租金方式，租金总额为100 000元，租期为10个月，每期收取10 000元租金。相关账务处理如下。

财务会计：

借：银行存款	10 000	
贷：租金收入		10 000

预算会计：

借：资金结存——货币资金	10 000	
贷：其他预算收入——租金收入		10 000

（二）期末，将本科目本期发生额转入本期盈余，借记本科目，贷记"本期盈余"科目。

【例6-38】租金收入期末结转的会计核算

某单位年终进行结账，"租金收入"科目的贷方余额为400 000元。相关账务处理如下。

财务会计：

借：租金收入	400 000	
贷：本期盈余		400 000

预算会计：

借：其他预算收入——租金收入	400 000	
贷：其他结余		400 000

四、期末结转后，本科目应无余额。

4609　其他收入

一、本科目核算单位取得的除财政拨款收入、事业收入、上级补助收入、附属单位上缴收入、经营收入、非同级财政拨款收入、投资收益、捐赠收入、利息收入、租金收入以外的各项收入，包括现金盘盈收入、按照规定纳入单位预算管理的科技成果转化收入、行政单位收回已核销的其他应收款、无法偿付的应付及预收款项、置换换出资产评估增值等。

二、本科目应当按照其他收入的类别、来源等进行明细核算。

三、其他收入的主要账务处理如下。

（一）现金盘盈收入。

每日现金账款核对中发现的现金溢余，属于无法查明原因的部分，报经批准后，借记"待处理财产损溢"科目，贷记本科目。

【例6-39】现金盘盈收入的会计核算

某单位进行每日的现金账款核对，盘盈现金10 000元，无法查明原因，报经批准后，相关账务处理如下。

财务会计：

借：待处理财产损溢　　　　　　　　　　　　　　　　10 000

　　贷：其他收入　　　　　　　　　　　　　　　　　　10 000

预算会计无分录。

（二）科技成果转化收入。

单位科技成果转化所取得的收入，按照规定留归本单位的，按照所取得收入扣除相关费用之后的净收益，借记"银行存款"等科目，贷记本科目。

【例6-40】科技成果转化收入的会计核算

某单位进行科技成果转化，取得转化收入100 000元。相关账务处理如下。

财务会计：

借：银行存款　　　　　　　　　　　　　　　　　　100 000

　　贷：其他收入　　　　　　　　　　　　　　　　　 100 000

预算会计：

借：资金结存——货币资金　　　　　　　　　　　　100 000

　　贷：其他预算收入　　　　　　　　　　　　　　　100 000

（三）收回已核销的其他应收款。

行政单位已核销的其他应收款在以后期间收回的，按照实际收回的金额，借记"银行存款"等科目，贷记本科目。

【例6-41】收回已核销的其他应收款的会计核算

某单位收回了一笔已核销的其他应收款,金额为50 000元。相关账务处理如下。

财务会计:

借:银行存款　　　　　　　　　　　　　　　　　　50 000
　　贷:其他收入　　　　　　　　　　　　　　　　　　50 000

预算会计:

借:资金结存——货币资金　　　　　　　　　　　　50 000
　　贷:其他预算收入　　　　　　　　　　　　　　　　50 000

（四）无法偿付的应付及预收款项。

无法偿付或债权人豁免偿还的应付账款、预收账款、其他应付款及长期应付款,借记"应付账款""预收账款""其他应付款""长期应付款"等科目,贷记本科目。

【例6-42】无法偿付的应付及预收款项的会计核算

某单位无法偿付一笔应付账款,金额为50 000元。相关账务处理如下。

财务会计:

借:应付账款　　　　　　　　　　　　　　　　　　50 000
　　贷:其他收入　　　　　　　　　　　　　　　　　　50 000

预算会计无分录。

（五）置换换出资产评估增值。

资产置换过程中,换出资产评估增值的,按照评估价值高于资产账面价值或账面余额的金额,借记有关科目,贷记本科目。具体账务处理参见"库存物品"等科目。

以未入账的无形资产取得的长期股权投资,按照评估价值加相关税费作为投资成本,借记"长期股权投资"科目,按照发生的相关税费,贷记"银行存款""其他应交税费"等科目,按其差额,贷记本科目。

【例6-43】置换换出资产评估增值的会计核算

某单位在进行固定资产置换的过程中,换出的固定资产被评估为增值,评估价值高于固定资产账面价值10 000元。相关账务处理如下。

财务会计:

借:固定资产　　　　　　　　　　　　　　　　　　10 000
　　贷:其他收入　　　　　　　　　　　　　　　　　　10 000

预算会计无分录。

（六）确认（一）至（五）以外的其他收入时,按照应收或实际收到的金额,借记"其他应收款""银行存款""库存现金"等科目,贷记本科目。涉及增值税业务的,相关账务处理参见"应交增值税"科目。

【例6-44】其他情况产生收入时的会计核算

某单位收到其他项目收入5 000元,相关账务处理如下。

财务会计:

借:银行存款   5 000
　　贷:其他收入   5 000

预算会计:

借:资金结存——货币资金   5 000
　　贷:其他预算收入   5 000

(七)期末,将本科目本期发生额转入本期盈余,借记本科目,贷记"本期盈余"科目。

【例6-45】期末结转的会计核算

某单位年终进行结账,"其他收入"科目的贷方余额为900 000元,其中,专项资金收入为500 000元,非专项资金收入为400 000元。相关账务处理如下。

财务会计:

借:其他收入   900 000
　　贷:本期盈余   900 000

预算会计:

借:其他预算收入   900 000
　　贷:非财政拨款结转——本年收支结转   500 000
　　　　其他结余   400 000

四、期末结转后,本科目应无余额。

第 7 章 费用类科目的使用规则

5001 业务活动费用

一、本科目核算单位为实现其职能目标,依法履职或开展专业业务活动及其辅助活动所发生的各项费用。

二、本科目应当按照项目、服务或者业务类别、支付对象等进行明细核算。为了满足成本核算需要,本科目下还可按照"工资福利费用""商品和服务费用""对个人和家庭的补助费用""对企业补助费用""固定资产折旧费""无形资产摊销费""公共基础设施折旧(摊销)费""保障性住房折旧费""计提专用基金"等成本项目设置明细科目,归集能够直接计入业务活动或采用一定方法计算后计入业务活动的费用。

三、业务活动费用的主要账务处理如下。

(一)为履职或开展业务活动人员计提的薪酬,按照计算确定的金额,借记本科目,贷记"应付职工薪酬"科目。

【例 7-1】为履职或开展业务活动人员计提薪酬的会计核算

某行政单位本月职工薪酬总额为 900 000 元,代扣代缴个人所得税 36 000 元,使用财政直接支付方式支付职工薪酬和个人所得税。账务处理如下。

(1)计提工资时。

财务会计:

借:业务活动费用——工资福利费用	900 000
贷:应付职工薪酬——工资	900 000

预算会计无分录。

(2)实际支付给职工并代扣个人所得税时。

财务会计:

借:应付职工薪酬——工资	900 000
贷:财政拨款收入——基本支出——人员经费	864 000
其他应交税费——应交个人所得税	36 000

预算会计:

借:行政支出	864 000

贷：财政拨款预算收入——基本支出——人员经费　　　　864 000

（3）实际缴纳税款时。

财务会计：

借：其他应交税费——应交个人所得税　　　　　　　　　　36 000

　　贷：财政拨款收入　　　　　　　　　　　　　　　　　　36 000

预算会计：

借：行政支出　　　　　　　　　　　　　　　　　　　　　36 000

　　贷：财政拨款预算收入　　　　　　　　　　　　　　　　36 000

（二）为履职或开展业务活动发生的外部人员劳务费，按照计算确定的金额，借记本科目，按照代扣代缴个人所得税的金额，贷记"其他应交税费——应交个人所得税"科目，按照扣税后应付或实际支付的金额，贷记"其他应付款""财政拨款收入""零余额账户用款额度""银行存款"等科目。

【例7-2】为履职或开展业务活动发生的外部人员劳务费的会计核算

某事业单位为开展业务活动发生外部人员劳务费共计23 800元，其中，应代扣代缴个人所得税1 600元，扣税后应支付的劳务费为22 200元（23 800-1 600）。该事业单位应编制以下会计分录。

财务会计：

借：业务活动费用　　　　　　　　　　　　　　　　　　　23 800

　　贷：其他应交税费——应交个人所得税　　　　　　　　　1 600

　　　　其他应付款　　　　　　　　　　　　　　　　　　　22 200

预算会计无分录。

（三）为履职或开展业务活动领用库存物品，以及动用发出相关政府储备物资，按照领用库存物品或发出相关政府储备物资的账面余额，借记本科目，贷记"库存物品""政府储备物资"科目。

【例7-3】为履职或开展业务活动领用库存物品，以及动用发出相关政府储备物资的会计核算

6月10日，某行政单位购入一批价格为80 000元的材料，使用财政授权支付方式进行支付，当日收到材料并验收合格入库。6月15日，该行政单位领用30 000元的该材料，用于开展业务活动。其会计分录如下。

（1）购入材料时。

财务会计：

借：库存物品　　　　　　　　　　　　　　　　　　　　　80 000

贷：零余额账户用款额度　　　　　　　　　　　　　　80 000

预算会计：

借：行政支出　　　　　　　　　　　　　　　　　　　　80 000

　　　贷：资金结存——零余额账户用款额度　　　　　　　80 000

（2）领用材料时。

财务会计：

借：业务活动费用——商品和服务费用　　　　　　　　　30 000

　　　贷：库存物品　　　　　　　　　　　　　　　　　　30 000

预算会计无分录。

（四）为履职或开展业务活动所使用的固定资产、无形资产以及为所控制的公共基础设施、保障性住房计提的折旧、摊销，按照计提金额，借记本科目，贷记"固定资产累计折旧""无形资产累计摊销""公共基础设施累计折旧（摊销）""保障性住房累计折旧"科目。

【例7-4】为履职或开展业务活动所使用的资产计提的折旧、摊销的会计核算

某行政单位的设备A专门用于开展业务活动，该设备采用直线法计提折旧，该设备原价为240 000元，预计使用年限为10年，预计净残值为零。截至2×19年4月30日，该设备已计提折旧120 000元，则2×19年5月31日，计提折旧的会计分录如下。

每月折旧金额=240 000÷10÷12=2 000（元）

财务会计：

借：业务活动费用——固定资产折旧费　　　　　　　　　2 000

　　　贷：固定资产累计折旧——设备A　　　　　　　　　2 000

预算会计无分录。

（五）为履职或开展业务活动发生的城市维护建设税、教育费附加、地方教育费附加、车船税、房产税、城镇土地使用税等，按照计算确定应缴纳的金额，借记本科目，贷记"其他应交税费"等科目。

【例7-5】为履职或开展业务活动发生的相关税费的会计核算

某行政单位于2×19年1月因出租办公室产生应交增值税5 000元，城市维护建设税以及教育费附加的税率和征收率分别为7%、3%。与城市维护建设税和教育费附加相关的会计分录如下。

应交城市维护建设税=5 000×7%=350（元）

应交教育费附加=5 000×3%=150（元）

（1）确认应交税费时。

财务会计：

借：业务活动费用	500
贷：其他应交税费——城市维护建设税	350
——教育费附加	150

预算会计无分录。

（2）支付税费时。

财务会计：

借：其他应交税费——城市维护建设税	350
——教育费附加	150
贷：银行存款	500

预算会计：

借：行政支出	500
贷：资金结存——货币资金	500

（六）为履职或开展业务活动发生其他各项费用时，按照费用确认金额，借记本科目，贷记"财政拨款收入""零余额账户用款额度""银行存款""应付账款""其他应付款""其他应收款"等科目。

【例7-6】为履职或开展业务活动发生其他各项费用的会计核算

某行政单位用于开展业务的固定资产发生日常维修费用1 000元，该费用不计入固定资产成本，用财政授权支付方式进行支付。其会计分录如下。

财务会计：

借：业务活动费用	1 000
贷：零余额账户用款额度	1 000

预算会计：

借：行政支出	1 000
贷：资金结存——零余额账户用款额度	1 000

（七）按照规定从收入中提取专用基金并计入费用的，一般按照预算会计下基于预算收入计算提取的金额，借记本科目，贷记"专用基金"科目。国家另有规定的，从其规定。

【例7-7】按照规定从收入中提取专用基金并计入费用的会计核算

2×19年，某事业单位按照规定从事业收入中提取100 000元作为修购基金，其会计分录如下。

财务会计：

借：业务活动费用——计提专用基金　　　　　　　　　　100 000
　　贷：专用基金——修购基金　　　　　　　　　　　　　　100 000

预算会计无分录。

（八）发生当年购货退回等业务，对于已计入本年业务活动费用的，按照收回或应收的金额，借记"财政拨款收入""零余额账户用款额度""银行存款""其他应收款"等科目，贷记本科目。

【例7-8】 发生当年购货退回等业务，并且已计入本年业务活动费用的会计核算

某事业单位已领用的部分库存物品存在质量问题，价值5 000元，系当年用财政授权支付方式购入的存货，领用时计入业务活动费用。已做退回处理，收到来自供应商的退款。其会计分录如下。

财务会计：

借：零余额账户用款额度　　　　　　　　　　　　　　　5 000
　　贷：业务活动费用——商品和服务费用　　　　　　　　　5 000

预算会计：

借：资金结存——零余额账户用款额度　　　　　　　　　5 000
　　贷：事业支出　　　　　　　　　　　　　　　　　　　　5 000

（九）期末，将本科目本期发生额转入本期盈余，借记"本期盈余"科目，贷记本科目。

【例7-9】 期末结转的会计核算（1）

2×19年11月30日，某事业单位的"业务活动费用"科目的借方余额为5 000元，"单位管理费用"科目的借方余额为2 000元，"经营费用"科目的借方余额为2 000元，"资产处置费用"科目的借方余额为1 000元，"所得税费用"科目的借方余额为5 000元，其他费用科目的借方余额为5 000元。期末结转的会计分录如下。

财务会计：

借：本期盈余　　　　　　　　　　　　　　　　　　　　20 000
　　贷：业务活动费用　　　　　　　　　　　　　　　　　　5 000
　　　　单位管理费用　　　　　　　　　　　　　　　　　　2 000
　　　　经营费用　　　　　　　　　　　　　　　　　　　　2 000
　　　　资产处置费用　　　　　　　　　　　　　　　　　　1 000
　　　　所得税费用　　　　　　　　　　　　　　　　　　　5 000

| 其他费用 | 5 000 |

预算会计无分录。

【例 7-10】期末结转的会计核算（2）

某单位 2×19 年行政支出共计 200 000 元，其中财政拨款支出为 100 000 元，非同级财政专项资金支出为 60 000 元，非同级财政、非专项资金支出为 40 000 元。

预算会计：

借：财政拨款结转——本年收支结转	100 000
非财政拨款结转——本年收支结转	60 000
其他结余	40 000
贷：行政支出	200 000

财务会计无分录。

四、期末结转后，本科目应无余额。

5101　单位管理费用

一、本科目核算事业单位本级行政及后勤管理部门开展管理活动发生的各项费用，包括单位行政及后勤管理部门发生的人员经费、公用经费、资产折旧（摊销）等费用，以及由单位统一负担的离退休人员经费、工会经费、诉讼费、中介费等。

二、本科目应当按照项目、费用类别、支付对象等进行明细核算。

为了满足成本核算需要，本科目下还可按照"工资福利费用""商品和服务费用""对个人和家庭的补助费用""固定资产折旧费""无形资产摊销费"等成本项目设置明细科目，归集能够直接计入单位管理活动或采用一定方法计算后计入单位管理活动的费用。

三、单位管理费用的主要账务处理如下。

（一）为管理活动人员计提的薪酬，按照计算确定的金额，借记本科目，贷记"应付职工薪酬"科目。

【例 7-11】为管理活动人员计提薪酬的会计核算

某事业单位本月后勤部门人员薪酬总额为 50 000 元，代扣代缴个人所得税 1 000 元，使用财政直接支付方式支付职工薪酬和个人所得税。账务处理如下。

（1）计提工资时。

财务会计：

借：单位管理费用——工资福利费用　　　　　　　　　　　50 000
　　贷：应付职工薪酬——工资　　　　　　　　　　　　　　　50 000
预算会计无分录。

（2）实际支付给职工并代扣个人所得税时。

财务会计：

借：应付职工薪酬——工资　　　　　　　　　　　　　　50 000
　　贷：财政拨款收入　　　　　　　　　　　　　　　　　　　49 000
　　　　其他应交税费——应交个人所得税　　　　　　　　　　1 000

预算会计：

借：事业支出　　　　　　　　　　　　　　　　　　　　49 000
　　贷：财政拨款预算收入——基本支出——人员经费　　　　　49 000

（3）实际缴纳税款时。

财务会计：

借：其他应交税费——应交个人所得税　　　　　　　　　 1 000
　　贷：财政拨款收入　　　　　　　　　　　　　　　　　　　 1 000

预算会计：

借：事业支出　　　　　　　　　　　　　　　　　　　　 1 000
　　贷：财政拨款预算收入　　　　　　　　　　　　　　　　　 1 000

（二）为开展管理活动发生的外部人员劳务费，按照计算确定的费用金额，借记本科目，按照代扣代缴个人所得税的金额，贷记"其他应交税费——应交个人所得税"科目，按照扣税后应付或实际支付的金额，贷记"其他应付款""财政拨款收入""零余额账户用款额度""银行存款"等科目。

【例7-12】 为开展管理活动发生的外部人员劳务费的会计核算

某事业单位为开展管理活动发生的外部人员劳务费共计18 500元，其中，应代扣代缴个人所得税1 100元，扣税后实际支付的劳务费为17 400元（18 500-1 100），款项通过零余额账户用款额度支付。该事业单位应编制以下会计分录。

计提劳务费时。

财务会计：

借：单位管理费用　　　　　　　　　　　　　　　　　　18 500
　　贷：其他应交税费——应交个人所得税　　　　　　　　　　1 100
　　　　零余额账户用款额度　　　　　　　　　　　　　　　　17 400

预算会计无分录。

（三）开展管理活动内部领用库存物品，按照领用物品实际成本，借记本科目，贷记"库存物品"科目。

【例 7-13】为开展管理活动发生的内部领用库存物品的会计核算

2×19 年 5 月，某事业单位后勤部门领用库存物品，成本为 3 000 元。其会计分录如下。

财务会计：

借：单位管理费用——商品和服务费用　　　　　　　　3 000
　　贷：库存物品　　　　　　　　　　　　　　　　　　3 000

预算会计无分录。

（四）为管理活动所使用的固定资产、无形资产计提的折旧、摊销，按照应提折旧、摊销额，借记本科目，贷记"固定资产累计折旧""无形资产累计摊销"科目。

【例 7-14】为管理活动所使用的资产计提的折旧、摊销的会计核算

某事业单位的设备 A 专门用于管理活动，该设备采用直线法计提折旧，该设备原价为 60 000 元，预计使用年限为 5 年，预计净残值为零。截至 2×19 年 3 月 31 日，该设备已计提折旧 30 000 元，则 2×19 年 4 月 30 日，计提折旧的会计分录如下。

每月折旧金额 =60 000÷5÷12=1 000（元）

财务会计：

借：单位管理费用——固定资产折旧费　　　　　　　　1 000
　　贷：固定资产累计折旧——设备 A　　　　　　　　　1 000

预算会计无分录。

（五）为开展管理活动发生城市维护建设税、教育费附加、地方教育费附加、车船税、房产税、城镇土地使用税等，按照计算确定应缴纳的金额，借记本科目，贷记"其他应交税费"等科目。

【例 7-15】为开展管理活动发生的相关税费的会计核算

2×19 年，某事业单位管理用车辆发生车船税 460 元，已用银行存款支付。其会计分录如下。

（1）确认其他应交税费时。

财务会计：

借：单位管理费用　　　　　　　　　　　　　　　　　460
　　贷：其他应交税费——车船税　　　　　　　　　　　460

预算会计无分录。

（2）实际支付时。

财务会计：

借：其他应交税费——车船税　　　　　　　　　　　　460
　　贷：银行存款　　　　　　　　　　　　　　　　　　　460

预算会计：

借：事业支出　　　　　　　　　　　　　　　　　　　　460
　　贷：资金结存——货币资金　　　　　　　　　　　　　460

（六）为开展管理活动发生的其他各项费用，按照费用确认金额，借记本科目，贷记"财政拨款收入""零余额账户用款额度""银行存款""其他应付款""其他应收款"等科目。

【例7-16】为开展管理活动发生的其他各项费用的会计核算

某事业单位管理用固定资产发生日常维修费用5 000元，该费用不计入固定资产成本，用财政授权支付方式进行支付。其会计分录如下。

财务会计：

借：单位管理费用——商品和服务费用　　　　　　　5 000
　　贷：零余额账户用款额度　　　　　　　　　　　　　5 000

预算会计：

借：事业支出　　　　　　　　　　　　　　　　　　　5 000
　　贷：资金结存——零余额账户用款额度　　　　　　　5 000

（七）发生当年购货退回等业务，对于已计入本年单位管理费用的，按照收回或应收的金额，借记"财政拨款收入""零余额账户用款额度""银行存款""其他应收款"等科目，贷记本科目。

【例7-17】发生当年购货退回等业务，并且已计入本年单位管理费用的会计核算

某事业单位已领用的部分库存物品存在质量问题，价值2 000元，系当年用财政授权支付方式购入的存货，领用时计入单位管理费用。已做退回处理，收到来自供应商的退款。其会计分录如下。

财务会计：

借：零余额账户用款额度　　　　　　　　　　　　　2 000
　　贷：单位管理费用——商品和服务费用　　　　　　　2 000

预算会计：

借：资金结存——零余额账户用款额度 2 000
  贷：事业支出 2 000

（八）期末，将本科目本期发生额转入本期盈余，借记"本期盈余"科目，贷记本科目。

【例7-18】期末结转的会计核算

2×19年12月31日，某事业单位的"单位管理费用"科目的借方余额为5 000元。期末结转会计分录如下。

财务会计：

借：本期盈余 5 000
  贷：单位管理费用 5 000

预算会计无分录。

四、期末结转后，本科目应无余额。

5201 经营费用

一、本科目核算事业单位在专业业务活动及其辅助活动之外开展非独立核算经营活动发生的各项费用。

二、本科目应当按照经营活动类别、项目、支付对象等进行明细核算。

为了满足成本核算需要，本科目下还可按照"工资福利费用""商品和服务费用""对个人和家庭的补助费用""固定资产折旧费""无形资产摊销费"等成本项目设置明细科目，归集能够直接计入单位经营活动或采用一定方法计算后计入单位经营活动的费用。

三、经营费用的主要账务处理如下。

（一）为经营活动人员计提的薪酬，按照计算确定的金额，借记本科目，贷记"应付职工薪酬"科目。

【例7-19】为经营活动人员计提的薪酬的会计核算

某事业单位开展经营活动，2×19年4月经营活动人员薪酬总额为70 000元，代扣代缴个人所得税3 000元，使用银行存款支付职工薪酬和个人所得税。账务处理如下。

（1）计提工资时。

财务会计：

借：经营费用——工资福利费用 70 000
  贷：应付职工薪酬——工资 70 000

预算会计无分录。

（2）实际支付给职工并代扣个人所得税时。

财务会计：

借：应付职工薪酬——工资	70 000
贷：银行存款	67 000
其他应交税费——应交个人所得税	3 000

预算会计：

借：经营支出——工资福利支出	67 000
贷：资金结存——货币资金	67 000

（3）实际缴纳税款时。

财务会计：

借：其他应交税费——应交个人所得税	3 000
贷：银行存款	3 000

预算会计：

借：经营支出	3 000
贷：资金结存——货币资金	3 000

（二）开展经营活动领用或发出库存物品，按照物品实际成本，借记本科目，贷记"库存物品"科目。

【例7-20】 开展经营活动领用或发出库存物品的会计核算

某事业单位开展经营活动，2×19年4月出售一批库存物品，已发出，该批物品的成本为50 000元。其会计处理如下。

财务会计：

借：经营费用——商品和服务费用	50 000
贷：库存物品	50 000

预算会计无分录。

（三）为经营活动所使用固定资产、无形资产计提的折旧、摊销，按照应提折旧、摊销额，借记本科目，贷记"固定资产累计折旧""无形资产累计摊销"科目。

【例7-21】 为经营活动所使用固定资产、无形资产计提的折旧、摊销的会计核算（1）

2×19年5月，某事业单位购买一项专利权，价值240 000元，用于开展经营活动，全部价款使用银行存款支付。其会计分录如下。

财务会计：

借：无形资产　　　　　　　　　　　　　　　　　　　240 000
　　贷：银行存款　　　　　　　　　　　　　　　　　　240 000

预算会计：

借：经营支出　　　　　　　　　　　　　　　　　　　240 000
　　贷：资金结存——货币资金　　　　　　　　　　　240 000

【例7-22】为经营活动所使用固定资产、无形资产计提的折旧、摊销的会计核算（2）

沿用【例7-21】。假如该项专利权摊销年限为10年，则2×19年5月计提无形资产摊销的会计分录如下。

无形资产每月摊销金额=240 000÷10÷12=2 000（元）

财务会计：

借：经营费用——无形资产摊销费　　　　　　　　　　2 000
　　贷：无形资产累计摊销　　　　　　　　　　　　　2 000

预算会计无分录。

（四）开展经营活动发生城市维护建设税、教育费附加、地方教育费附加、车船税、房产税、城镇土地使用税等，按照计算确定应缴纳的金额，借记本科目，贷记"其他应交税费"等科目。

【例7-23】开展经营活动发生相关税费的会计核算

某事业单位开展经营活动，2×19年1月，出售库存物品取得收入20 000元，增值税销项税额为2 600元，城市维护建设税以及教育费附加的税率和征收率分别为7%、3%。计提并缴纳城市维护建设税以及教育费附加的会计分录如下。

应交城市维护建设税=2 600×7%=182（元）

应交教育费附加=2 600×3%=78（元）

（1）计算确定应交税费时。

财务会计：

借：经营费用　　　　　　　　　　　　　　　　　　　260
　　贷：其他应交税费——城市维护建设税　　　　　　182
　　　　　　　　　　——教育费附加　　　　　　　　78

预算会计无分录。

（2）支付税费时。

财务会计：

借：其他应交税费——城市维护建设税 182
　　　　　　　　——教育费附加 78
　　贷：银行存款 260

预算会计：

借：经营支出 260
　　贷：资金结存——货币资金 260

（五）发生与经营活动相关的其他各项费用时，按照费用确认金额，借记本科目，贷记"银行存款""其他应付款""其他应收款"等科目。涉及增值税业务的，相关账务处理参见"应交增值税"科目。

【例7-24】发生与经营活动相关的其他各项费用时的会计核算

2×19年5月，某事业单位发生经营部门退职人员生活补贴3 000元，已用银行存款支付。其会计分录如下。

财务会计：

借：经营费用——对个人和家庭的补助费用 3 000
　　贷：银行存款 3 000

预算会计：

借：经营支出——对个人和家庭的补助 3 000
　　贷：资金结存——货币资金 3 000

（六）发生当年购货退回等业务，对于已计入本年经营费用的，按照收回或应收的金额，借记"银行存款""其他应收款"等科目，贷记本科目。

【例7-25】发生当年购货退回等业务，对于已计入本年经营费用的会计核算

某事业单位经营部门已发出的部分库存物品存在质量问题，价值2 000元，系当年用银行存款支付方式购入的存货，领用时计入经营费用。已做退货处理，收到来自供应商的退款。其会计分录如下。

财务会计：

借：银行存款 2 000
　　贷：经营费用——商品和服务费用 2 000

预算会计：

借：资金结存——货币资金 2 000
　　贷：经营支出——商品和服务支出 2 000

（七）期末，将本科目本期发生额转入本期盈余，借记"本期盈余"科目，贷记本科目。

【例 7-26】期末结转的会计核算（1）

2×19 年 12 月，某事业单位开展经营活动产生的经营费用为 60 000 元。其结转的会计分录如下。

财务会计：

借：本期盈余　　　　　　　　　　　　　　　　　　60 000
　　贷：经营费用　　　　　　　　　　　　　　　　　　　60 000

预算会计无分录。

【例 7-27】期末结转的会计核算（2）

2×19 年末，某事业单位的"经营支出"科目的借方余额为 250 000 元。其结转的会计分录如下。

预算会计：

借：经营结余　　　　　　　　　　　　　　　　　　250 000
　　贷：经营支出　　　　　　　　　　　　　　　　　　　250 000

财务会计无分录。

四、期末结转后，本科目应无余额。

5301　资产处置费用

一、本科目核算单位经批准处置资产时发生的费用，包括转销的被处置资产价值，以及在处置过程中发生的相关费用或者处置收入小于相关费用形成的净支出。资产处置的形式按照规定包括无偿调拨、出售、出让、转让、置换、对外捐赠、报废、毁损以及货币性资产损失核销等。

单位在资产清查中查明的资产盘亏、毁损以及资产报废等，应当先通过"待处理财产损溢"科目进行核算，再将处理资产价值和处理净支出记入本科目。

短期投资、长期股权投资、长期债券投资的处置，按照相关资产科目的规定进行账务处理。

二、本科目应当按照处置资产的类别、资产处置的形式等进行明细核算。

三、资产处置费用的主要账务处理如下。

（一）不通过"待处理财产损溢"科目核算的资产处置。

1. 按照规定报经批准处置资产时，按照处置资产的账面价值，借记本科目 [处置固定资产、无形资产、公共基础设施、保障性住房的，还应借记"固定资产累计折旧""无形资产累计摊销""公共基础设施累计折旧（摊销)""保障性住房累计折旧"科目],按照处置资产的账面余额,贷记"库存物品""固定资产""无形资产""公共基础设施""政府储备物资""文物文化资产""保障性住房""其他应收款""在建工程"等科目。

2. 处置资产过程中仅发生相关费用的,按照实际发生金额,借记本科目,贷记"银行存款""库存现金"等科目。

3. 处置资产过程中取得收入的,按照取得的价款,借记"库存现金""银行存款"等科目,按照处置资产过程中发生的相关费用,贷记"银行存款""库存现金"等科目,按照其差额,借记本科目或贷记"应缴财政款"等科目。

涉及增值税业务的,相关账务处理参见"应交增值税"科目。

【例7-28】不通过"待处理财产损溢"科目核算的资产处置的会计核算

某单位经批准无偿调出一项专利权,该项专利权原价为500 000元,已计提摊销300 000元,调出过程中发生相关费用10 000元,已用银行存款支付。其会计分录如下。

财务会计:

借:资产处置费用　　　　　　　　　　　　　　　　　　　200 000
　　无形资产累计摊销　　　　　　　　　　　　　　　　　300 000
　　贷:无形资产　　　　　　　　　　　　　　　　　　　　500 000
借:资产处置费用　　　　　　　　　　　　　　　　　　　 10 000
　　贷:银行存款　　　　　　　　　　　　　　　　　　　　 10 000

预算会计:

借:其他支出　　　　　　　　　　　　　　　　　　　　　 10 000
　　贷:资金结存——货币资金　　　　　　　　　　　　　　 10 000

(二)通过"待处理财产损溢"科目核算的资产处置。

1. 单位账款核对中发现的现金短缺,属于无法查明原因的,报经批准核销时,借记本科目,贷记"待处理财产损溢"科目。

2. 单位资产清查过程中盘亏或者毁损、报废的存货、固定资产、无形资产、公共基础设施、政府储备物资、文物文化资产、保障性住房等,报经批准处理时,按照处理资产价值,借记本科目,贷记"待处理财产损溢——待处理财产价值"科目。处理收支结清时,处理过程中所取得收入小于所发生相关费用的,按照相关费用减去处理收入后的净支出,借记本科目,贷记"待处理财产损溢——处理净收入"科目。

【例7-29】通过"待处理财产损溢"科目核算的资产处置的会计核算

某行政单位在资产清查过程中发现用于开展业务活动的设备A已老化,无法继续正常使用，应报废。该设备原价为 300 000 元，已计提折旧 280 000 元。经批准后，设备 A 已做报废处理。其会计分录如下。

财务会计：

借：待处理财产损溢——待处理财产价值	20 000
固定资产累计折旧	280 000
贷：固定资产	300 000
借：资产处置费用	20 000
贷：待处理财产损溢——待处理财产价值	20 000

预算会计无分录。

（三）期末，将本科目本期发生额转入本期盈余，借记"本期盈余"科目，贷记本科目。

【例 7-30】期末结转的会计核算

2×19 年 11 月 30 日，某事业单位的"资产处置费用"科目的借方余额为 1 000 元。期末结转分录如下。

财务会计：

借：本期盈余	1 000
贷：资产处置费用	1 000

预算会计无分录。

四、期末结转后，本科目应无余额。

5401　上缴上级费用

一、本科目核算事业单位按照财政部门和主管部门的规定上缴上级单位款项发生的费用。

二、本科目应当按照收缴款项单位、缴款项目等进行明细核算。

三、上缴上级费用的主要账务处理如下。

（一）单位发生上缴上级支出的，按照实际上缴的金额或者按照规定计算出应当上缴上级单位的金额，借记本科目，贷记"银行存款""其他应付款"等科目。

【例 7-31】单位发生上缴上级支出的会计核算

2×19 年 12 月，某事业单位根据体制安排和本年事业收入的数额，经过计算，本年应上缴上级单位款项 100 000 元，事业单位通过银行转账上缴了款项。其会计分录如下。

财务会计：

借：上缴上级费用　　　　　　　　　　　　　　100 000
　　贷：银行存款　　　　　　　　　　　　　　　　　100 000

预算会计：

借：上缴上级支出　　　　　　　　　　　　　　100 000
　　贷：资金结存——货币资金　　　　　　　　　　 100 000

（二）期末，将本科目本期发生额转入本期盈余，借记"本期盈余"科目，贷记本科目。

【例 7-32】期末结转的会计核算

沿用【例 7-31】。假如该事业单位在 2×19 年没有发生其他的上缴上级支出，则期末和年末结转分录如下。

财务会计：

借：本期盈余　　　　　　　　　　　　　　　　100 000
　　贷：上缴上级费用　　　　　　　　　　　　　　　100 000

预算会计：

借：其他结余　　　　　　　　　　　　　　　　100 000
　　贷：上缴上级支出　　　　　　　　　　　　　　　100 000

四、期末结转后，本科目应无余额。

5501　对附属单位补助费用

一、本科目核算事业单位用财政拨款收入之外的收入对附属单位补助发生的费用。

二、本科目应当按照接受补助单位、补助项目等进行明细核算。

三、对附属单位补助费用的主要账务处理如下。

（一）单位发生对附属单位补助支出的，按照实际补助的金额或者按照规定计算出应当对附属单位补助的金额，借记本科目，贷记"银行存款""其他应付款"等科目。

【例 7-33】单位发生对附属单位补助支出的会计核算

2×19 年 12 月，某事业单位用自有经费对所属独立核算杂志社补助 10 000 元，以银行存款支付。其会计分录如下。

财务会计:

借:对附属单位补助费用——杂志社　　　　　　　10 000
　　贷:银行存款　　　　　　　　　　　　　　　　10 000

预算会计:

借:对附属单位补助支出——杂志社　　　　　　　10 000
　　贷:资金结存——货币资金　　　　　　　　　　10 000

(二)期末,将本科目本期发生额转入本期盈余,借记"本期盈余"科目,贷记本科目。

【例7-34】期末结转的会计核算

沿用【例7-33】。假如该事业单位在2×19年没有发生其他对附属单位的补助支出,则期末和年末结转分录如下。

财务会计:

借:本期盈余　　　　　　　　　　　　　　　　　10 000
　　贷:对附属单位补助费用　　　　　　　　　　　10 000

预算会计:

借:其他结余　　　　　　　　　　　　　　　　　10 000
　　贷:对附属单位补助支出　　　　　　　　　　　10 000

四、期末结转后,本科目应无余额。

5801 所得税费用

一、本科目核算有企业所得税缴纳义务的事业单位按规定缴纳企业所得税所形成的费用。

二、所得税费用的主要账务处理如下。

(一)发生企业所得税纳税义务的,按照税法规定计算的应交税金数额,借记本科目,贷记"其他应交税费——单位应交所得税"科目。

实际缴纳时,按照缴纳金额,借记"其他应交税费——单位应交所得税"科目,贷记"银行存款"科目。

【例7-35】发生企业所得税纳税义务的会计核算

2×19年,某事业单位按照税法规定计算的应交企业所得税为2 500元,已用银行存款支付。其会计分录如下。

财务会计:

借：所得税费用 2 500
　　贷：其他应交税费——单位应交所得税 2 500
借：其他应交税费——单位应交所得税 2 500
　　贷：银行存款 2 500

预算会计：
借：非财政拨款结余——累计结余 2 500
　　贷：资金结存——货币资金 2 500

（二）年末，将本科目本年发生额转入本期盈余，借记"本期盈余"科目，贷记本科目。

【例7-36】年末结转的会计核算

沿用【例7-35】。假如该事业单位在2×19年没有发生其他所得税费用，年末结转的会计分录如下。

财务会计：
借：本期盈余 2 500
　　贷：所得税费用 2 500

三、年末结转后，本科目应无余额。

5901　其他费用

一、本科目核算单位发生的除业务活动费用、单位管理费用、经营费用、资产处置费用、上缴上级费用、附属单位补助费用、所得税费用以外的各项费用，包括利息费用、坏账损失、罚没支出、现金资产捐赠支出以及相关税费、运输费等。

二、本科目应当按照其他费用的类别等进行明细核算。

单位发生的利息费用较多的，可以单独设置"5701 利息费用"科目。

三、其他费用的主要账务处理如下。

（一）利息费用。

按期计算确认借款利息费用时，按照计算确定的金额，借记"在建工程"科目或本科目，贷记"应付利息""长期借款——应计利息"科目。

【例7-37】利息费用的会计核算

单位借入5年期、到期还本、每年付息的长期借款5 000 000元，合同约定年利率为3.5%。其会计分录如下。

(1)计算确定每年的利息费用时。

财务会计：

借：其他费用——利息费用　　　　　　　　　　　175 000

　　贷：应付利息　　　　　　　　　　　　　　　　　175 000

单位每年支付的利息 =5 000 000×3.5%=175 000（元）

(2)实际支付利息时。

财务会计：

借：应付利息　　　　　　　　　　　　　　　　　175 000

　　贷：银行存款　　　　　　　　　　　　　　　　　175 000

预算会计：

借：其他支出——利息支出　　　　　　　　　　　175 000

　　贷：资金结存——货币资金　　　　　　　　　　　175 000

（二）坏账损失。

年末，事业单位按照规定对收回后不需上缴财政的应收账款和其他应收款计提坏账准备时，按照计提金额，借记本科目，贷记"坏账准备"科目；冲减多提的坏账准备时，按照冲减金额，借记"坏账准备"科目，贷记本科目。

【例7-38】坏账损失的会计核算（1）

2×19年，某事业单位根据应收款项余额百分比法计算出本年应计提的坏账准备金额为25 000元，"坏账准备"科目期末贷方余额为20 000元。则计提坏账准备的会计分录如下。

当期应补提的坏账准备 =25 000-20 000=5 000（元）

财务会计：

借：其他费用——坏账损失　　　　　　　　　　　5 000

　　贷：坏账准备　　　　　　　　　　　　　　　　　5 000

预算会计无分录。

【例7-39】坏账损失的会计核算（2）

2×19年，某事业单位根据应收款项余额百分比法计算出本年应计提的坏账准备金额为25 000元，"坏账准备"科目期末贷方余额为30 000元。则冲减坏账准备的会计分录如下。

当期应冲减的坏账准备 =30 000-25 000=5 000（元）

财务会计：

借：坏账准备　　　　　　　　　　　　　　　　　5 000

贷：其他费用——坏账损失　　　　　　　　　　　　　　　　　　　　5 000

预算会计无分录。

（三）罚没支出。

单位发生罚没支出的，按照实际缴纳或应当缴纳的金额，借记本科目，贷记"银行存款""库存现金""其他应付款"等科目。

【例 7-40】罚没支出的会计核算

某事业单位因未按规定按时缴纳税金，发生税收滞纳金 2 000 元，已用银行存款支付。其会计分录如下。

　　财务会计：
　　借：其他费用——罚没支出　　　　　　　　　　　　　　　　　　　2 000
　　　　贷：银行存款　　　　　　　　　　　　　　　　　　　　　　　　2 000
　　预算会计：
　　借：其他支出——其他资金支出　　　　　　　　　　　　　　　　　2 000
　　　　贷：资金结存——货币资金　　　　　　　　　　　　　　　　　　2 000

（四）现金资产捐赠。

单位对外捐赠现金资产的，按照实际捐赠的金额，借记本科目，贷记"银行存款""库存现金"等科目。

【例 7-41】现金资产捐赠的会计核算

某事业单位为支持社会公益事业的发展，向某慈善机构捐赠现款 100 000 元，用银行存款支付。

　　财务会计：
　　借：其他费用——捐赠费用　　　　　　　　　　　　　　　　　　　100 000
　　　　贷：银行存款　　　　　　　　　　　　　　　　　　　　　　　100 000
　　预算会计：
　　借：其他支出——其他资金支出　　　　　　　　　　　　　　　　　100 000
　　　　贷：资金结存——货币资金　　　　　　　　　　　　　　　　　100 000

（五）其他相关费用。

单位接受捐赠（或无偿调入）以名义金额计量的存货、固定资产、无形资产，以及成本无法可靠取得的公共基础设施、文物文化资产等发生的相关税费、运输费等，按照实际支付的金额，借记本科目，贷记"财政拨款收入""零余额账户用款额度""银行存款""库存现金"等科目。

单位发生的与受托代理资产相关的税费、运输费、保管费等，按照实际支付或应付的金额,借记本科目,贷记"零余额账户用款额度""银行存款""库存现金""其他应付款"等科目。

【例7-42】其他相关费用的会计核算

某事业单位接受了一项固定资产的捐赠,发生的相关税费以及运输费共计5 000元,已用银行存款支付。其会计分录如下。

财务会计:

借:其他费用	5 000
贷:银行存款	5 000

预算会计:

借:其他支出——其他资金支出	5 000
贷:资金结存——货币资金	5 000

(六)期末,将本科目本期发生额转入本期盈余,借记"本期盈余"科目,贷记本科目。

【例7-43】期末结转的会计核算(1)

2×19年12月,某事业单位发生其他费用共计15 000元,期末结转的会计分录如下。

财务会计:

借:本期盈余	15 000
贷:其他费用	15 000

预算会计无分录。

【例7-44】期末结转的会计核算(2)

2×19年,某事业单位发生其他支出共计50 000元,其中财政拨款支出20 000元、非财政拨款支出20 000元、其他资金支出10 000元,年末结转的会计分录如下。

预算会计:

借:财政拨款结转——本年收支结转	20 000
非财政拨款结转——本年收支结转	20 000
其他结余	10 000
贷:其他支出	50 000

财务会计无分录。

四、期末结转后,本科目应无余额。

第 8 章 预算收入类科目的使用规则

6001 财政拨款预算收入

一、本科目核算单位从同级政府财政部门取得的各类财政拨款。

二、本科目应当设置"基本支出"和"项目支出"两个明细科目，并按照《2022年政府收支分类科目》中"支出功能分类科目"的项级科目进行明细核算；同时，在"基本支出"明细科目下按照"人员经费"和"日常公用经费"进行明细核算，在"项目支出"明细科目下按照具体项目进行明细核算。

有一般公共预算财政拨款、政府性基金预算财政拨款等两种或两种以上财政拨款的单位，还应当按照财政拨款的种类进行明细核算。

三、财政拨款预算收入的主要账务处理如下。

（一）财政直接支付方式下，单位根据收到的"财政直接支付入账通知书"及相关原始凭证，按照通知书中的直接支付金额，借记"行政支出""事业支出"等科目，贷记本科目。

年末，根据本年度财政直接支付预算指标数与当年财政直接支付实际支出数的差额，借记"资金结存——财政应返还额度"科目，贷记本科目。

【例8-1】财政直接支付方式下，财政拨款预算收入的会计核算

某行政单位通过财政直接支付方式向某社会组织支付款项 45 600 元，具体内容为向该社会组织支付一笔政府购买服务的费用。该行政单位应编制以下会计分录。

财务会计：

借：业务活动费用	45 600
贷：财政拨款收入	45 600

预算会计：

借：行政支出	45 600
贷：财政拨款预算收入	45 600

（二）财政授权支付方式下，单位根据收到的"财政授权支付额度到账通知书"，按照通知书中的授权支付额度，借记"资金结存——零余额账户用款额度"科目，贷记本科目。

年末，单位本年度财政授权支付预算指标数大于零余额账户用款额度下达

数的，按照两者差额，借记"资金结存——财政应返还额度"科目，贷记本科目。

【例8-2】财政授权支付方式下，财政拨款预算收入的会计核算

某行政单位本年度取得的财政授权支付方式下的预算收入为5 000 000元。会计分录如下。

财务会计：

借：零余额账户用款额度	5 000 000
贷：财政拨款收入	5 000 000

预算会计：

借：资金结存——零余额账户用款额度	5 000 000
贷：财政拨款预算收入	5 000 000

（三）其他方式下，单位按照本期预算收到财政拨款预算收入时，按照实际收到的金额，借记"资金结存——货币资金"科目，贷记本科目。

单位收到下期预算的财政预拨款，应当在下个预算期，按照预收的金额，借记"资金结存——货币资金"科目，贷记本科目。

【例8-3】其他方式下，财政拨款预算收入的会计核算

某事业单位尚未纳入财政国库单一账户制度改革。该事业单位收到开户银行转来的收款通知，收到财政部门拨入的本期预算经费24 800元。该事业单位应编制以下会计分录。

财务会计：

借：银行存款	24 800
贷：财政拨款收入	24 800

预算会计：

借：资金结存——货币资金	24 800
贷：财政拨款预算收入	24 800

（四）因差错更正、购货退回等发生国库直接支付款项退回的，属于本年度支付的款项，按照退回金额，借记本科目，贷记"行政支出""事业支出"等科目。

【例8-4】因差错更正、购货退回等发生国库直接支付款项退回的会计核算

某行政单位因货品质量问题退回一批当年购入的货品460元，该批货品在购入时已计入本年业务活动费用和行政支出，退货款项已收到并存入银行，而且计入当年

财政拨款预算收入。该行政单位应编制以下会计分录。

财务会计：
借：财政拨款收入　　　　　　　　　　　　　　　　460
　　贷：业务活动费用　　　　　　　　　　　　　　460
预算会计：
借：财政拨款预算收入　　　　　　　　　　　　　　460
　　贷：行政支出　　　　　　　　　　　　　　　　460

（五）年末，将本科目本年发生额转入财政拨款结转，借记本科目，贷记"财政拨款结转——本年收支结转"科目。

【例8-5】期末结转的会计核算

某事业单位"财政拨款预算收入"科目的本年发生额为658 000元。年末，该事业单位将其全数转入"财政拨款结转——本年收支结转"科目。该事业单位应编制以下会计分录。

预算会计：
借：财政拨款预算收入　　　　　　　　　　　　658 000
　　贷：财政拨款结转——本年收支结转　　　　658 000
财务会计无分录。

四、年末结转后，本科目应无余额。

6101　事业预算收入

一、本科目核算事业单位开展专业业务活动及其辅助活动取得的现金流入。

事业单位因开展科研及其辅助活动从非同级政府财政部门取得的经费拨款，也通过本科目核算。

二、本科目应当按照事业预算收入类别、项目、来源、《政府收支分类科目》中"支出功能分类科目"项级科目等进行明细核算。对于因开展科研及其辅助活动从非同级政府财政部门取得的经费拨款，应当在本科目下单设"非同级财政拨款"明细科目进行明细核算；事业预算收入中如有专项资金收入，还应按照具体项目进行明细核算。

三、事业预算收入的主要账务处理如下。

（一）采用财政专户返还方式管理的事业预算收入，收到从财政专户返还的事业预算收入时，按照实际收到的返还金额，借记"资金结存——货币资金"科目，贷记本科目。

【例8-6】采用财政专户返还方式管理的事业预算收入的会计核算

某事业单位收到从财政专户返还的一部分事业预算收入85 000元，款项已存入开户银行。该事业单位应编制以下会计分录。

财务会计：

借：银行存款　　　　　　　　　　　　　　　　　　　　　85 000
　　贷：事业收入　　　　　　　　　　　　　　　　　　　　　85 000

预算会计：

借：资金结存——货币资金　　　　　　　　　　　　　　　　85 000
　　贷：事业预算收入　　　　　　　　　　　　　　　　　　　85 000

（二）收到其他事业预算收入时，按照实际收到的款项金额，借记"资金结存——货币资金"科目，贷记本科目。

【例8-7】收到其他事业预算收入的会计核算（1）

某事业单位按合同约定从付款方预收一笔事业活动款项85 000元，款项已存入开户银行。该事业单位应编制以下会计分录。

财务会计：

借：银行存款　　　　　　　　　　　　　　　　　　　　　85 000
　　贷：预收账款　　　　　　　　　　　　　　　　　　　　　85 000

预算会计：

借：资金结存——货币资金　　　　　　　　　　　　　　　　85 000
　　贷：事业预算收入　　　　　　　　　　　　　　　　　　　85 000

该事业单位在按合同完成进度计算确认当年实现的事业收入时，只做财务会计核算，不做预算会计核算。

【例8-8】收到其他事业预算收入的会计核算（2）

某事业单位按合同约定开展一项专业业务活动。次月，该事业单位收到上月末按合同完成进度计算确认的事业收入25 600元。收到款项时，该事业单位应编制以下会计分录。

财务会计：

借：银行存款　　　　　　　　　　　　　　　　　　　　　25 600
　　贷：应收账款　　　　　　　　　　　　　　　　　　　　　25 600

预算会计：

借：资金结存——货币资金　　　　　　　　　　　　　　　　25 600
　　贷：事业预算收入　　　　　　　　　　　　　　　　　　25 600

该事业单位在按合同完成进度计算确认当月实现的事业收入时，只做财务会计核算，不做预算会计核算。

【例 8-9】 收到其他事业预算收入的会计核算（3）

某事业单位因开展专业业务活动收到现金 1 220 元。该事业单位应编制以下会计分录。

财务会计：
借：库存现金　　　　　　　　　　　　　　　　　　　　　1 220
　　贷：事业收入　　　　　　　　　　　　　　　　　　　　1 220

预算会计：
借：资金结存——货币资金　　　　　　　　　　　　　　　 1 220
　　贷：事业预算收入　　　　　　　　　　　　　　　　　　1 220

（三）年末，将本科目本年发生额中的专项资金收入转入非财政拨款结转，借记本科目下各专项资金收入明细科目，贷记"非财政拨款结转——本年收支结转"科目；将本科目本年发生额中的非专项资金收入转入其他结余，借记本科目下各非专项资金收入明细科目，贷记"其他结余"科目。

【例 8-10】 期末结转的会计核算

某事业单位"事业预算收入"科目的本年发生额为 417 200 元，其中，专项资金收入 102 200 元，非专项资金收入 315 000 元。年末，该事业单位分别将其转入"非财政拨款结转——本年收支结转"和"其他结余"科目。该事业单位应编制以下会计分录。

预算会计：
借：事业预算收入　　　　　　　　　　　　　　　　　　 417 200
　　贷：非财政拨款结转——本年收支结转　　　　　　　　 102 200
　　　　其他结余　　　　　　　　　　　　　　　　　　　 315 000

财务会计无分录。

四、年末结转后，本科目应无余额。

6201　上级补助预算收入

一、本科目核算事业单位从主管部门和上级单位取得的非财政补助现金流入。

二、本科目应当按照发放补助单位、补助项目、《政府收支分类科目》中"支出功能分类科目"的项级科目等进行明细核算。上级补助预算收入中如有专项资金收入，还应按照具体项目进行明细核算。

三、上级补助预算收入的主要账务处理如下。

（一）收到上级补助预算收入时，按照实际收到的金额，借记"资金结存——货币资金"科目，贷记本科目。

【例8-11】收到上级补助预算收入的会计核算

某事业单位收到上级单位拨入一笔非财政补助资金26 000元，款项已存入开户银行。该事业单位应编制以下会计分录。

财务会计：

借：银行存款	26 000
贷：上级补助收入	26 000

预算会计：

借：资金结存——货币资金	26 000
贷：上级补助预算收入	26 000

（二）年末，将本科目本年发生额中的专项资金收入转入非财政拨款结转，借记本科目下各专项资金收入明细科目，贷记"非财政拨款结转——本年收支结转"科目；将本科目本年发生额中的非专项资金收入转入其他结余，借记本科目下各非专项资金收入明细科目，贷记"其他结余"科目。

【例8-12】期末结转的会计核算

某事业单位"上级补助预算收入"科目的本年发生额为90 600元，其中，专项资金收入85 500元，非专项资金收入5 100元。年末，该事业单位分别将其转入"非财政拨款结转——本年收支结转"和"其他结余"科目。该事业单位应编制以下会计分录。

预算会计：

借：上级补助预算收入	90 600
贷：非财政拨款结转——本年收支结转	85 500
其他结余	5 100

财务会计无分录。

四、年末结转后，本科目应无余额。

6301 附属单位上缴预算收入

一、本科目核算事业单位取得附属独立核算单位根据有关规定上缴的现金流入。

二、本科目应当按照附属单位、缴款项目、《政府收支分类科目》中"支出功能分类科目"的项级科目等进行明细核算。附属单位上缴预算收入中如有专项资金收入，还应按照具体项目进行明细核算。

三、附属单位上缴预算收入的主要账务处理如下。

（一）收到附属单位缴来款项时，按照实际收到的金额，借记"资金结存——货币资金"科目，贷记本科目。

【例8-13】收到附属单位缴来款项的会计核算

某事业单位收到上月确认的附属单位上缴收入17 800元，款项已存入开户银行。该事业单位应编制以下会计分录。

财务会计：

借：银行存款 17 800
　　贷：其他应收款 17 800

预算会计：

借：资金结存——货币资金 17 800
　　贷：附属单位上缴预算收入 17 800

（二）年末，将本科目本年发生额中的专项资金收入转入非财政拨款结转，借记本科目下各专项资金收入明细科目，贷记"非财政拨款结转——本年收支结转"科目；将本科目本年发生额中的非专项资金收入转入其他结余，借记本科目下各非专项资金收入明细科目，贷记"其他结余"科目。

【例8-14】期末结转的会计核算

某事业单位"附属单位上缴预算收入"科目的本年发生额为47 100元，其中，专项资金收入1 500元，非专项资金收入45 600元。年末，该事业单位分别将其转入"非财政拨款结转——本年收支结转"和"其他结余"科目。该事业单位应编制以下会计分录。

预算会计：

借：附属单位上缴预算收入 47 100
　　贷：非财政拨款结转——本年收支结转 1 500
　　　　其他结余 45 600

财务会计无分录。

四、年末结转后，本科目应无余额。

6401　经营预算收入

一、本科目核算事业单位在专业业务活动及其辅助活动之外开展非独立核算经营活动取得的现金流入。

二、本科目应当按照经营活动类别、项目、《政府收支分类科目》中"支出功能分类科目"的项级科目等进行明细核算。

三、经营预算收入的主要账务处理如下。

（一）收到经营预算收入时，按照实际收到的金额，借记"资金结存——货币资金"科目，贷记本科目。

【例8-15】收到经营预算收入的会计核算

某事业单位开展一项非独立核算的经营活动，取得经营收入5 800元，款项已存入开户银行。暂不考虑增值税业务。该事业单位应编制以下会计分录。

财务会计：

借：银行存款	5 800
贷：经营收入	5 800

预算会计：

借：资金结存——货币资金	5 800
贷：经营预算收入	5 800

（二）年末，将本科目本年发生额转入经营结余，借记本科目，贷记"经营结余"科目。

【例8-16】期末结转的会计核算

某事业单位"经营预算收入"科目的本年发生额为23 100元。年末，该事业单位将其全额转入"经营结余"科目。该事业单位应编制以下会计分录。

预算会计：

借：经营预算收入	23 100
贷：经营结余	23 100

财务会计无分录。

四、年末结转后，本科目应无余额。

6501 债务预算收入

一、本科目核算事业单位按照规定从银行和其他金融机构等借入的、纳入部门预算管理的、不以财政资金作为偿还来源的债务本金。

二、本科目应当按照贷款单位、贷款种类、《政府收支分类科目》中"支出功能分类科目"的项级科目等进行明细核算。债务预算收入中如有专项资金收入,还应按照具体项目进行明细核算。

三、债务预算收入的主要账务处理如下。

(一)借入各项短期或长期借款时,按照实际借入的金额,借记"资金结存——货币资金"科目,贷记本科目。

【例8-17】借入各项短期或长期借款的会计核算

某事业单位经批准向银行借入一笔短期借款,借款金额为50 000元。该事业单位应编制以下会计分录。

财务会计:

借:银行存款	50 000	
贷:短期借款		50 000

预算会计:

借:资金结存——货币资金	50 000	
贷:债务预算收入		50 000

(二)年末,将本科目本年发生额中的专项资金收入转入非财政拨款结转,借记本科目下各专项资金收入明细科目,贷记"非财政拨款结转——本年收支结转"科目;将本科目本年发生额中的非专项资金收入转入其他结余,借记本科目下各非专项资金收入明细科目,贷记"其他结余"科目。

【例8-18】期末结转的会计核算

某事业单位"债务预算收入"科目的本年发生额为120 000元,其中,专项资金收入110 000元,非专项资金收入10 000元。年末,该事业单位分别将其转入"非财政拨款结转——本年收支结转"和"其他结余"科目。该事业单位应编制以下会计分录。

预算会计:

借:债务预算收入	120 000	
贷:非财政拨款结转——本年收支结转		110 000
其他结余		10 000

财务会计无分录。

四、年末结转后，本科目应无余额。

6601　非同级财政拨款预算收入

一、本科目核算单位从非同级政府财政部门取得的财政拨款，包括本级横向转拨财政款和非本级财政拨款。

对于因开展科研及其辅助活动从非同级政府财政部门取得的经费拨款，应当通过"事业预算收入——非同级财政拨款"科目进行核算，不通过本科目核算。

二、本科目应当按照非同级财政拨款预算收入的类别、来源、《政府收支分类科目》中"支出功能分类科目"的项级科目等进行明细核算。非同级财政拨款预算收入中如有专项资金收入，还应按照具体项目进行明细核算。

三、非同级财政拨款预算收入的主要账务处理如下。

（一）取得非同级财政拨款预算收入时，按照实际收到的金额，借记"资金结存——货币资金"科目，贷记本科目。

【例8-19】取得非同级财政拨款预算收入的会计核算

某纳入省级政府财政部门预算范围的事业单位从当地市级政府财政部门获得一笔财政资金55 000元，该笔财政资金属于当地市级政府支持该事业单位发展的专项资金，款项已存入该事业单位的银行存款账户。该事业单位应编制以下会计分录。

财务会计：

借：银行存款　　　　　　　　　　　　　　　　　　55 000

　　贷：非同级财政拨款收入　　　　　　　　　　　　　55 000

预算会计：

借：资金结存——货币资金　　　　　　　　　　　　55 000

　　贷：非同级财政拨款预算收入　　　　　　　　　　　55 000

（二）年末，将本科目本年发生额中的专项资金收入转入非财政拨款结转，借记本科目下各专项资金收入明细科目，贷记"非财政拨款结转——本年收支结转"科目；将本科目本年发生额中的非专项资金收入转入其他结余，借记本科目下各非专项资金收入明细科目，贷记"其他结余"科目。

【例8-20】期末结转的会计核算

某事业单位"非同级财政拨款预算收入"科目的本年发生额为299 000元，其中，专项资金收入234 000元，非专项资金收入65 000元。年末，该事业单位分别将其转入"非财政拨款结转——本年收支结转"和"其他结余"科目。该事业单位应编制以下会计分录。

预算会计：

借：非同级财政拨款预算收入 299 000

  贷：非财政拨款结转——本年收支结转 234 000

    其他结余 65 000

财务会计无分录。

四、年末结转后，本科目应无余额。

6602 投资预算收益

一、本科目核算事业单位取得的按照规定纳入部门预算管理的属于投资收益性质的现金流入，包括股权投资收益、出售或收回债券投资所取得的收益和债券投资利息收入。

二、本科目应当按照《政府收支分类科目》中"支出功能分类科目"的项级科目等进行明细核算。

三、投资预算收益的主要账务处理如下。

（一）出售或到期收回本年度取得的短期、长期债券，按照实际取得的价款或实际收到的本息金额，借记"资金结存——货币资金"科目，按照取得债券时"投资支出"科目的发生额，贷记"投资支出"科目，按照其差额，贷记或借记本科目。出售或到期收回以前年度取得的短期、长期债券，按照实际取得的价款或实际收到的本息金额，借记"资金结存——货币资金"科目，按照取得债券时"投资支出"科目的发生额，贷记"其他结余"科目，按照其差额，贷记或借记本科目。出售、转让以货币资金取得的长期股权投资的，其账务处理参照出售或到期收回债券投资。

【例8-21】出售或到期收回本年度取得的短期、长期债券的会计核算

某事业单位出售一项本年度取得的短期债券，实际收到款项12 800元，款项已存入开户银行。该项短期债券的账面余额为12 500元，取得时"投资支出"科目的发生额也为12 500元。按照规定，本次出售短期债券取得的投资收益纳入单位预算管理。该事业单位应编制以下会计分录。

财务会计：

借：银行存款 12 800

  贷：短期投资 12 500

投资收益	300

预算会计：

借：资金结存——货币资金	12 800
贷：投资支出	12 500
投资预算收益	300

（二）持有的短期投资以及分期付息、一次还本的长期债券投资收到利息时，按照实际收到的金额，借记"资金结存——货币资金"科目，贷记本科目。

【例8-22】持有的短期投资以及分期付息、一次还本的长期债券投资收到利息时的会计核算

某事业单位收到短期投资持有期间的利息2 200元，款项已存入开户银行。该事业单位应编制以下会计分录。

财务会计：

借：银行存款	2 200
贷：投资收益	2 200

预算会计：

借：资金结存——货币资金	2 200
贷：投资预算收益	2 200

（三）持有长期股权投资取得被投资单位分派的现金股利或利润时，按照实际收到的金额，借记"资金结存——货币资金"科目，贷记本科目。

【例8-23】持有长期股权投资取得被投资单位分派的现金股利或利润时的会计核算

某事业单位持有B公司10%的股份，该长期股权投资采用成本法核算。某日，该事业单位收到B公司数日前宣告分派的现金股利12 000元，款项已存入开户银行。该事业单位应编制以下会计分录。

财务会计：

借：银行存款	12 000
贷：应收股利	12 000

预算会计：

借：资金结存——货币资金	12 000
贷：投资预算收益	12 000

（四）出售、转让以非货币性资产取得的长期股权投资时，按照实际取得的价款扣减支付的相关费用和应上缴财政款后的余额（按照规定纳入单位预算

管理的），借记"资金结存——货币资金"科目，贷记本科目。

【例8-24】出售、转让以非货币性资产取得的长期股权投资时的会计核算

某事业单位出售一项本年度取得的长期股权投资，实际收到款项12 800元，款项已存入开户银行。该项长期股权投资的账面余额为12 500元，取得时"投资支出"科目的发生额也为12 500元。按照规定，本次出售长期股权投资取得的投资收益纳入单位预算管理。该事业单位应编制以下会计分录。

财务会计：

借：银行存款　　　　　　　　　　　　　　　　　　　　　12 800
　　贷：长期股权投资　　　　　　　　　　　　　　　　　　12 500
　　　　投资收益　　　　　　　　　　　　　　　　　　　　　 300

预算会计：

借：资金结存——货币资金　　　　　　　　　　　　　　　 12 800
　　贷：投资支出　　　　　　　　　　　　　　　　　　　　12 500
　　　　投资预算收益　　　　　　　　　　　　　　　　　　　 300

（五）年末，将本科目本年发生额转入其他结余，借记或贷记本科目，贷记或借记"其他结余"科目。

【例8-25】期末结转的会计核算

某事业单位"投资预算收益"科目的本年发生额为89 000元。年末，该事业单位将其全额转入"其他结余"科目。该事业单位应编制以下会计分录。

预算会计：

借：投资预算收益　　　　　　　　　　　　　　　　　　　89 000
　　贷：其他结余　　　　　　　　　　　　　　　　　　　　89 000

财务会计无分录。

四、年末结转后，本科目应无余额。

6609　其他预算收入

一、本科目核算单位除财政拨款预算收入、事业预算收入、上级补助预算收入、附属单位上缴预算收入、经营预算收入、债务预算收入、非同级财政拨款预算收入、投资预算收益之外的纳入部门预算管理的现金流入，包括捐赠预算收入、利息预算收入、租金预算收入、现金盘盈收入等。

二、本科目应当按照其他收入类别、《政府收支分类科目》中"支出功能

分类科目"的项级科目等进行明细核算。其他预算收入中如有专项资金收入，还应按照具体项目进行明细核算。单位发生的捐赠预算收入、利息预算收入、租金预算收入金额较大或业务较多的，可单独设置"6603 捐赠预算收入""6604 利息预算收入""6605 租金预算收入"等科目。

三、其他预算收入的主要账务处理如下。

（一）接受捐赠现金资产、收到银行存款利息、收到资产承租人支付的租金时，按照实际收到的金额，借记"资金结存——货币资金"科目，贷记本科目。

【例8-26】接受捐赠现金资产、收到银行存款利息、收到资产承租人支付的租金时的会计核算

某事业单位接受捐赠一笔货币资金60 000元，按捐赠约定将其用于专门用途，款项已存入开户银行。该事业单位应编制以下会计分录。

财务会计：

借：银行存款　　　　　　　　　　　　　　　　　　　　60 000
　　贷：捐赠收入　　　　　　　　　　　　　　　　　　　　60 000

预算会计：

借：资金结存——货币资金　　　　　　　　　　　　　　60 000
　　贷：其他预算收入　　　　　　　　　　　　　　　　　　60 000

（二）每日现金账款核对中如发现现金溢余，按照溢余的现金金额，借记"资金结存——货币资金"科目，贷记本科目。经核实，属于应支付给有关个人和单位的部分，按照实际支付的金额，借记本科目，贷记"资金结存——货币资金"科目。

【例8-27】现金溢余的会计核算

某事业单位某日现金账款核对中发现现金溢余5 000元。经核实，该部分款项不属于任何人，款项已存入开户银行。该事业单位应编制以下会计分录。

财务会计：

借：银行存款　　　　　　　　　　　　　　　　　　　　　5 000
　　贷：其他收入　　　　　　　　　　　　　　　　　　　　　5 000

预算会计：

借：资金结存——货币资金　　　　　　　　　　　　　　　5 000
　　贷：其他预算收入　　　　　　　　　　　　　　　　　　　5 000

（三）收到其他预算收入时，按照收到的金额，借记"资金结存——货币

资金"科目，贷记本科目。

【例 8-28】收到其他预算收入的会计核算（1）

某事业单位经批准采用预收租金方式出租一项固定资产，预收半年的租金 90 000 元，款项已存入开户银行。该事业单位应编制以下会计分录。

财务会计：
借：银行存款　　　　　　　　　　　　　　　　　　　90 000
　　贷：预收账款　　　　　　　　　　　　　　　　　　90 000

预算会计：
借：资金结存——货币资金　　　　　　　　　　　　　90 000
　　贷：其他预算收入　　　　　　　　　　　　　　　　90 000

【例 8-29】收到其他预算收入的会计核算（2）

某事业单位经批准出售一项自主研发的无形资产，出售价款为 385 000 元，相应款项已收到并存入开户银行。按照规定，该项无形资产的出售收入纳入本单位预算管理。暂不考虑增值税业务。该事业单位应编制以下会计分录。

财务会计：
借：银行存款　　　　　　　　　　　　　　　　　　　385 000
　　贷：其他收入　　　　　　　　　　　　　　　　　　385 000

预算会计：
借：资金结存——货币资金　　　　　　　　　　　　　385 000
　　贷：其他预算收入　　　　　　　　　　　　　　　　385 000

（四）年末，将本科目本年发生额中的专项资金收入转入非财政拨款结转，借记本科目下各专项资金收入明细科目，贷记"非财政拨款结转——本年收支结转"科目；将本科目本年发生额中的非专项资金收入转入其他结余，借记本科目下各非专项资金收入明细科目，贷记"其他结余"科目。

【例 8-30】期末结转的会计核算

某事业单位"其他预算收入"科目的本年发生额为 59 500 元，其中，专项资金收入 34 500 元，非专项资金收入 25 000 元。年末，该事业单位分别将其转入"非财政拨款结转——本年收支结转"和"其他结余"科目。该事业单位应编制以下会计分录。

预算会计：
借：其他预算收入　　　　　　　　　　　　　　　　　59 500
　　贷：非财政拨款结转——本年收支结转　　　　　　34 500

　　　　其他结余　　　　　　　　　　　　　　　25 000

财务会计无分录。

四、年末结转后，本科目应无余额。

第 9 章　预算支出类科目的使用规则

7101　行政支出

一、本科目核算行政单位履行其职责实际发生的各项现金流出。

二、本科目应当分别按照"财政拨款支出""非财政专项资金支出""其他资金支出","基本支出"和"项目支出"等进行明细核算,并按照《政府收支分类科目》中"支出功能分类科目"的项级科目进行明细核算;"基本支出"和"项目支出"明细科目下应当按照《政府收支分类科目》中"部门预算支出经济分类科目"的款级科目进行明细核算,同时在"项目支出"明细科目下按照具体项目进行明细核算。

有一般公共预算财政拨款、政府性基金预算财政拨款等两种或两种以上财政拨款的行政单位,还应当在"财政拨款支出"明细科目下按照财政拨款的种类进行明细核算。

对于预付款项,可通过在本科目下设置"待处理"明细科目进行核算,待确认具体支出项目后再转入本科目下相关明细科目。年末结账前,应将本科目"待处理"明细科目余额全部转入本科目下相关明细科目。

三、行政支出的主要账务处理如下。

（一）支付单位职工薪酬。

向单位职工个人支付薪酬时,按照实际支付的金额,借记本科目,贷记"财政拨款预算收入""资金结存"科目。

按照规定代扣代缴个人所得税以及代扣代缴或为职工缴纳职工社会保险费、住房公积金等时,按照实际缴纳的金额,借记本科目,贷记"财政拨款预算收入""资金结存"科目。

【例 9-1】支付单位职工薪酬的会计核算

某行政单位通过财政直接支付的方式向单位职工个人支付薪酬,共计 360 700 元。该行政单位应编制以下会计分录。

财务会计：

借：应付职工薪酬　　　　　　　　　　　　　　360 700
　　贷：财政拨款收入　　　　　　　　　　　　　　360 700

预算会计：

借：行政支出 360 700

　　贷：财政拨款预算收入 360 700

（二）支付外部人员劳务费。

按照实际支付给外部人员个人的金额，借记本科目，贷记"财政拨款预算收入""资金结存"科目。

按照规定代扣代缴个人所得税时，按照实际缴纳的金额，借记本科目，贷记"财政拨款预算收入""资金结存"科目。

【例9-2】支付外部人员劳务费的会计核算

某行政单位通过财政直接支付的方式向外部人员支付应付劳务费22 200元。该行政单位应编制以下会计分录。

财务会计：

借：其他应付款 22 200

　　贷：财政拨款收入 22 200

预算会计：

借：行政支出 22 200

　　贷：财政拨款预算收入 22 200

（三）为购买存货、固定资产、无形资产等以及在建工程支付相关款项时，按照实际支付的金额，借记本科目，贷记"财政拨款预算收入""资金结存"科目。

【例9-3】购买资产等支付相关款项时的会计核算

某行政单位通过财政直接支付方式购入一台不需要安装的固定资产，实际支付的价款为85 500元。该行政单位应编制以下会计分录。

财务会计：

借：固定资产 85 500

　　贷：财政拨款收入 85 500

预算会计：

借：行政支出 85 500

　　贷：财政拨款预算收入 85 500

（四）发生预付账款时，按照实际支付的金额，借记本科目，贷记"财政拨款预算收入""资金结存"科目。

对于暂付款项，在支付款项时可不做预算会计处理，待结算或报销时，按照结算或报销的金额,借记本科目,贷记"资金结存"科目。

【例 9-4】发生预付账款的会计核算

某行政单位向某组织购买一项服务,发生预付账款 4 500 元,款项通过财政直接支付方式支付。该行政单位应编制以下会计分录。

财务会计:

借:预付账款	4 500
贷:财政拨款收入	4 500

预算会计:

借:行政支出	4 500
贷:财政拨款预算收入	4 500

(五)发生其他各项支出时,按照实际支付的金额,借记本科目,贷记"财政拨款预算收入""资金结存"科目。

【例 9-5】发生其他各项支出的会计核算

某行政单位为履职发生水费、电费、物业管理费等各项办公费用 1 850 元,款项通过财政授权支付方式支付。该行政单位应编制以下会计分录。

财务会计:

借:业务活动费用	1 850
贷:零余额账户用款额度	1 850

预算会计:

借:行政支出	1 850
贷:资金结存——零余额账户用款额度	1 850

(六)因购货退回等发生款项退回,或者发生差错更正的,属于当年支出收回的,按照收回或更正金额,借记"财政拨款预算收入""资金结存"科目,贷记本科目。

【例 9-6】当年因购货退回等发生款项退回,或者发生差错更正的会计核算

某行政单位因货品质量问题退回一批当年购入的货品 460 元,该批货品在购入时已计入本年业务活动费用和行政支出,退货款项已收到并存入单位零余额账户。该行政单位应编制以下会计分录。

财务会计:

借:零余额账户用款额度	460
贷:业务活动费用	460

预算会计：

借：资金结存——零余额账户用款额度　　　　　　　　　　　460

　　贷：行政支出　　　　　　　　　　　　　　　　　　　　　460

（七）年末，将本科目本年发生额中的财政拨款支出转入财政拨款结转，借记"财政拨款结转——本年收支结转"科目，贷记本科目下各财政拨款支出明细科目；将本科目本年发生额中的非财政专项资金支出转入非财政拨款结转，借记"非财政拨款结转——本年收支结转"科目，贷记本科目下各非财政专项资金支出明细科目；将本科目本年发生额中的其他资金支出（非财政非专项资金支出）转入其他结余，借记"其他结余"科目，贷记本科目下其他资金支出明细科目。

【例9-7】期末结转的会计核算

某行政单位"行政支出"科目的本年发生额为422 550元，其中，财政拨款支出415 000元，非财政专项资金支出7 200元，其他资金支出350元。年末，该行政单位分别将其转入"财政拨款结转——本年收支结转""非财政拨款结转——本年收支结转""其他结余"科目。该行政单位应编制以下会计分录。

（1）结转财政拨款支出时。

预算会计：

借：财政拨款结转——本年收支结转　　　　　　　　　　415 000

　　贷：行政支出——财政拨款支出　　　　　　　　　　　　415 000

财务会计无分录。

（2）结转非财政专项资金支出时。

预算会计：

借：非财政拨款结转——本年收支结转　　　　　　　　　　7 200

　　贷：行政支出——非财政专项资金支出　　　　　　　　　　7 200

财务会计无分录。

（3）结转其他资金支出时。

预算会计：

借：其他结余　　　　　　　　　　　　　　　　　　　　　　350

　　贷：行政支出——其他资金支出　　　　　　　　　　　　　350

财务会计无分录。

四、年末结转后，本科目应无余额。

7201　事业支出

一、本科目核算事业单位开展专业业务活动及其辅助活动实际发生的各项现金流出。

二、单位发生教育、科研、医疗、行政管理、后勤保障等活动的，可在本科目下设置相应的明细科目进行核算，或单设"7201　教育支出""7202　科研支出""7203　医疗支出""7204　行政管理支出""7205　后勤保障支出"等一级会计科目进行核算。

三、本科目应当分别按照"财政拨款支出""非财政专项资金支出""其他资金支出"，"基本支出"和"项目支出"等进行明细核算，并按照《政府收支分类科目》中"支出功能分类科目"的项级科目进行明细核算；"基本支出"和"项目支出"明细科目下应当按照《政府收支分类科目》中"部门预算支出经济分类科目"的款级科目进行明细核算，同时在"项目支出"明细科目下按照具体项目进行明细核算。

有一般公共预算财政拨款、政府性基金预算财政拨款等两种或两种以上财政拨款的事业单位，还应当在"财政拨款支出"明细科目下按照财政拨款的种类进行明细核算。

对于预付款项，可通过在本科目下设置"待处理"明细科目进行明细核算，待确认具体支出项目后再转入本科目下相关明细科目。年末结账前，应将本科目"待处理"明细科目余额全部转入本科目下相关明细科目。

四、事业支出的主要账务处理如下。

（一）支付单位职工（经营部门职工除外）薪酬。

向单位职工个人支付薪酬时，按照实际支付的数额，借记本科目，贷记"财政拨款预算收入""资金结存"科目。

按照规定代扣代缴个人所得税以及代扣代缴或为职工缴纳职工社会保险费、住房公积金等时，按照实际缴纳的金额，借记本科目，贷记"财政拨款预算收入""资金结存"科目。

【例9-8】支付单位职工（经营部门职工除外）薪酬的会计核算（1）

某事业单位通过财政直接支付的方式向单位内部开展专业业务活动及其辅助活动的职工个人支付薪酬，共计750 000元。该事业单位应编制以下会计分录。

财务会计：

借：应付职工薪酬　　　　　　　　　　　　　　　750 000
　　贷：财政拨款收入　　　　　　　　　　　　　　　750 000

预算会计：

借：事业支出 750 000

　　贷：财政拨款预算收入 750 000

【例 9-9】支付单位职工（经营部门职工除外）薪酬的会计核算（2）

某事业单位通过财政直接支付的方式为单位内部开展专业业务活动及其辅助活动的职工代扣代缴个人所得税 26 600 元，同时通过财政直接支付的方式为这些职工代扣代缴社会保险费和住房公积金，共计 288 000 元。该事业单位本次实际向相关部门和机构缴纳金额合计为 314 600 元（26 600+288 000）。该事业单位应编制以下会计分录。

财务会计：

借：应付职工薪酬 288 000

　　其他应交税费——应交个人所得税 26 600

　　贷：财政拨款收入 314 600

预算会计：

借：事业支出 314 600

　　贷：财政拨款预算收入 314 600

（二）为专业业务活动及其辅助活动支付外部人员劳务费。

按照实际支付给外部人员个人的金额，借记本科目，贷记"财政拨款预算收入""资金结存"科目。

按照规定代扣代缴个人所得税时，按照实际缴纳的金额，借记本科目，贷记"财政拨款预算收入""资金结存"科目。

【例 9-10】为专业业务活动及其辅助活动支付外部人员劳务费的会计核算

某事业单位通过银行存款账户为从事专业业务活动及其辅助活动的外部人员支付劳务费 63 500 元。该事业单位应编制以下会计分录。

财务会计：

借：其他应付款 63 500

　　贷：银行存款 63 500

预算会计：

借：事业支出 63 500

　　贷：资金结存——货币资金 63 500

（三）开展专业业务活动及其辅助活动过程中为购买存货、固定资产、无形资产等以及在建工程支付相关款项时，按照实际支付的金额，借记本科目，贷记"财政拨款预算收入""资金结存"科目。

【例9-11】开展专业业务活动及其辅助活动过程中购买资产支付相关款项的会计核算

某事业单位在开展专业业务活动及其辅助活动过程中通过财政授权支付方式购入一批库存物品，实际支付的价款为14 500元。暂不考虑增值税业务。该事业单位应编制以下会计分录。

财务会计：

借：库存物品 14 500
　　贷：零余额账户用款额度 14 500

预算会计：

借：事业支出 14 500
　　贷：资金结存——零余额账户用款额度 14 500

（四）开展专业业务活动及其辅助活动过程中发生预付账款时，按照实际支付的金额，借记本科目，贷记"财政拨款预算收入""资金结存"科目。

对于暂付款项，在支付款项时可不做预算会计处理，待结算或报销时，按照结算或报销的金额，借记本科目，贷记"资金结存"科目。

【例9-12】发生预付账款的会计核算（1）

某事业单位在开展专业业务活动及其辅助活动过程中购买一项服务，发生预付账款15 000元，款项通过财政直接支付方式支付。次月，购买的该项服务完成，该事业单位补付相应的款项22 000元，款项通过财政直接支付方式支付。该事业单位购买该项服务发生的费用属于业务活动费用，金额合计为37 000元（15 000+22 000）。该事业单位应编制以下会计分录。

（1）预付账款时。

财务会计：

借：预付账款 15 000
　　贷：财政拨款收入 15 000

预算会计：

借：事业支出 15 000
　　贷：财政拨款预算收入 15 000

（2）服务完成并补付款项时。

财务会计：

借：业务活动费用 37 000
　　贷：财政拨款收入 22 000

  预付账款   15 000

 预算会计：

 借：事业支出   22 000

  贷：财政拨款预算收入   22 000

【例9-13】 发生预付账款的会计核算（2）

  某事业单位行政管理部门职工出差预借差旅费600元，款项以库存现金支付。数日后，相关职工出差回来报销差旅费570元，退回多余现金30元（600-570）。该事业单位应编制以下会计分录。

  （1）预借差旅费时。

 财务会计：

 借：其他应收款   600

  贷：库存现金   600

 预算会计无分录。

  （2）报销差旅费时。

 财务会计：

 借：单位管理费用   570

   库存现金   30

  贷：其他应收款   600

 预算会计：

 借：事业支出   570

  贷：资金结存——货币资金   570

  （五）开展专业业务活动及其辅助活动过程中缴纳的相关税费以及发生的其他各项支出，按照实际支付的金额，借记本科目，贷记"财政拨款预算收入""资金结存"科目。

【例9-14】 开展专业业务活动及其辅助活动过程中缴纳的相关税费以及发生的其他各项支出的会计核算

  某事业单位在开展专业业务活动及其辅助活动过程中缴纳城市维护建设税720元，款项通过银行存款账户支付。该事业单位应编制以下会计分录。

 财务会计：

 借：其他应交税费——应交城市维护建设税   720

  贷：银行存款   720

 预算会计：

借：事业支出 720
　　贷：资金结存——货币资金 720

【例 9-15】缴纳相关税费以及发生的其他各项支出的会计核算

某事业单位在开展专业业务活动及其辅助活动过程中发生应当计入当期业务活动费用的相关办公费用 5 300 元，款项通过银行存款账户支付。该事业单位应编制以下会计分录。

财务会计：
借：业务活动费用 5 300
　　贷：银行存款 5 300

预算会计：
借：事业支出 5 300
　　贷：资金结存——货币资金 5 300

（六）开展专业业务活动及其辅助活动过程中因购货退回等发生款项退回，或者发生差错更正的，属于当年支出收回的，按照收回或更正金额，借记"财政拨款预算收入""资金结存"科目，贷记本科目。

【例 9-16】当年因购货退回等发生款项退回，或者发生差错更正的会计核算

某事业单位因货品质量问题退回一批当年购入的货品 460 元，该批货品在购入时已计入本年单位管理费用和事业支出，退货款项已收到并存入银行存款账户。该事业单位应编制以下会计分录。

财务会计：
借：银行存款 460
　　贷：单位管理费用 460

预算会计：
借：资金结存——货币资金 460
　　贷：事业支出 460

（七）年末，将本科目本年发生额中的财政拨款支出转入财政拨款结转，借记"财政拨款结转——本年收支结转"科目，贷记本科目下各财政拨款支出明细科目；将本科目本年发生额中的非财政专项资金支出转入非财政拨款结转，借记"非财政拨款结转——本年收支结转"科目，贷记本科目下各非财政专项资金支出明细科目；将本科目本年发生额中的其他资金支出（非财政非专项资金支出）转入其他结余，借记"其他结余"科目，贷记本科目下其他资金支出明细科目。

【例9-17】期末结转的会计核算

某事业单位"事业支出"科目的本年发生额为998 500元,其中,财政拨款支出515 000元,非财政专项资金支出362 000元,其他资金支出121 500元。年末,该事业单位分别将其转入"财政拨款结转——本年收支结转""非财政拨款结转——本年收支结转""其他结余"科目。该事业单位应编制以下会计分录。

(1)结转财政拨款支出时。

预算会计:

借:财政拨款结转——本年收支结转　　　　　　　　　　515 000
　　贷:事业支出——财政拨款支出　　　　　　　　　　　　515 000

财务会计无分录。

(2)结转非财政专项资金支出时。

预算会计:

借:非财政拨款结转——本年收支结转　　　　　　　　　362 000
　　贷:事业支出——非财政专项资金支出　　　　　　　　　362 000

财务会计无分录。

(3)结转其他资金支出时。

预算会计:

借:其他结余　　　　　　　　　　　　　　　　　　　　121 500
　　贷:事业支出——其他资金支出　　　　　　　　　　　　121 500

财务会计无分录。

五、年末结转后,本科目应无余额。

7301　经营支出

一、本科目核算事业单位在专业业务活动及其辅助活动之外开展非独立核算经营活动实际发生的各项现金流出。

二、本科目应当按照经营活动类别、项目、《政府收支分类科目》中"支出功能分类科目"的项级科目和"部门预算支出经济分类科目"的款级科目等进行明细核算。

对于预付款项,可通过在本科目下设置"待处理"明细科目进行明细核算,待确认具体支出项目后再转入本科目下相关明细科目。年末结账前,应将本科目"待处理"明细科目余额全部转入本科目下相关明细科目。

三、经营支出的主要账务处理如下。

（一）支付经营部门职工薪酬。

向职工个人支付薪酬时，按照实际的金额，借记本科目，贷记"资金结存"科目。

按照规定代扣代缴个人所得税以及代扣代缴或为职工缴纳职工社会保险费、住房公积金时，按照实际缴纳的金额，借记本科目，贷记"资金结存"科目。

【例9-18】支付经营部门职工薪酬的会计核算

某事业单位通过银行存款账户向单位开展经营活动的职工个人支付薪酬，共计22 300元。该事业单位应编制以下会计分录。

财务会计：

借：应付职工薪酬　　　　　　　　　　　　　　　　　22 300
　　贷：银行存款　　　　　　　　　　　　　　　　　　22 300

预算会计：

借：经营支出　　　　　　　　　　　　　　　　　　　22 300
　　贷：资金结存——货币资金　　　　　　　　　　　　22 300

（二）为经营活动支付外部人员劳务费。

按照实际支付给外部人员个人的金额，借记本科目，贷记"资金结存"科目。

按照规定代扣代缴个人所得税时，按照实际缴纳的金额，借记本科目，贷记"资金结存"科目。

【例9-19】为经营活动支付外部人员劳务费的会计核算

某事业单位通过银行存款账户为开展经营活动的外部人员支付劳务费4 500元。该事业单位应编制以下会计分录。

财务会计：

借：其他应付款　　　　　　　　　　　　　　　　　　4 500
　　贷：银行存款　　　　　　　　　　　　　　　　　　4 500

预算会计：

借：经营支出　　　　　　　　　　　　　　　　　　　4 500
　　贷：资金结存——货币资金　　　　　　　　　　　　4 500

（三）开展经营活动过程中为购买存货、固定资产、无形资产等以及在建工程支付相关款项时，按照实际支付的金额，借记本科目，贷记"资金结存"科目。

【例 9-20】开展经营活动过程中为购买资产等支付相关款项时的会计核算

某事业单位在开展经营活动过程中通过银行存款账户购入一批库存物品,实际支付的价款为 7 800 元。暂不考虑增值税业务。该事业单位应编制以下会计分录。

财务会计:

借:库存物品   7 800
  贷:银行存款   7 800

预算会计:

借:经营支出   7 800
  贷:资金结存——货币资金   7 800

(四)开展经营活动过程中发生预付账款时,按照实际支付的金额,借记本科目,贷记"资金结存"科目。

对于暂付款项,在支付款项时可不做预算会计处理,待结算或报销时,按照结算或报销的金额,借记本科目,贷记"资金结存"科目。

【例 9-21】开展经营活动过程中发生预付账款的会计核算

某事业单位在开展经营活动过程中购买一项固定资产,发生预付账款 5 000 元,款项通过银行存款账户支付。次月,购买的该项固定资产收到并投入使用,该事业单位补付相应的款项 18 000 元,款项通过银行存款账户支付。该事业单位在购买该项固定资产过程中共支付款项 23 000 元(5 000+18 000)。暂不考虑增值税业务。该事业单位应编制以下会计分录。

(1)预付账款时。

财务会计:

借:预付账款   5 000
  贷:银行存款   5 000

预算会计:

借:经营支出   5 000
  贷:资金结存——货币资金   5 000

(2)收到固定资产并补付款项时。

财务会计:

借:固定资产   23 000
  贷:银行存款   18 000
    预付账款   5 000

预算会计:

借：经营支出 18 000
　　贷：资金结存——货币资金 18 000

（五）因开展经营活动缴纳的相关税费以及发生的其他各项支出，按照实际支付的金额，借记本科目，贷记"资金结存"科目。

【例9-22】因开展经营活动缴纳的相关税费以及发生的其他各项支出的会计核算（1）

某事业单位在开展经营活动过程中缴纳房产税1 230元，款项通过银行存款账户支付。该事业单位应编制以下会计分录。

财务会计：

借：其他应交税费——应交房产税 1 230
　　贷：银行存款 1 230

预算会计：

借：经营支出 1 230
　　贷：资金结存——货币资金 1 230

【例9-23】因开展经营活动缴纳的相关税费以及发生的其他各项支出的会计核算（2）

某事业单位在开展经营活动过程中发生相关办公费用6 600元，款项通过银行存款账户支付。该办公费用在上月通过"其他应付款"科目记入"经营费用"科目。该事业单位应编制以下会计分录。

财务会计：

借：其他应付款 6 600
　　贷：银行存款 6 600

借：经营费用 6 600
　　贷：其他应付款 6 600

预算会计：

借：经营支出 6 600
　　贷：资金结存——货币资金 6 600

（六）开展经营活动中因购货退回等发生款项退回，或者发生差错更正的，属于当年支出收回的，按照收回或更正金额，借记"资金结存"科目，贷记本科目。

【例9-24】当年开展经营活动中因购货退回等发生款项退回，或者发生差错更正的会计核算某事业单位因货品质量问题退回一批当年购入的货品 320 元，该批货品在购入时已计入本年经营费用和经营支出，退货款项已收到并存入银行存款账户。该事业单位应编制以下会计分录。

财务会计：

借：银行存款　　　　　　　　　　　　　　　　　　　320

　　贷：经营费用　　　　　　　　　　　　　　　　　　320

预算会计：

借：资金结存——货币资金　　　　　　　　　　　　　320

　　贷：经营支出　　　　　　　　　　　　　　　　　　320

（七）年末，将本科目本年发生额转入经营结余，借记"经营结余"科目，贷记本科目。

【例 9-25】期末结转的会计核算

某事业单位"经营支出"科目的本年发生额为 89 100 元。年末，该事业单位将其全额转入"经营结余"科目。该事业单位应编制以下会计分录。

预算会计：

借：经营结余　　　　　　　　　　　　　　　　　　89 100

　　贷：经营支出　　　　　　　　　　　　　　　　　89 100

财务会计无分录。

四、年末结转后，本科目应无余额。

7401　上缴上级支出

一、本科目核算事业单位按照财政部门和主管部门的规定上缴上级单位款项发生的现金流出。

二、本科目应当按照收缴款项单位、缴款项目、《政府收支分类科目》中"支出功能分类科目"的项级科目和"部门预算支出经济分类科目"的款级科目等进行明细核算。

三、上缴上级支出的主要账务处理如下。

（一）按照规定将款项上缴上级单位的，按照实际上缴的金额，借记本科目，贷记"资金结存"科目。

【例 9-26】款项上缴上级单位的会计核算

某事业单位按照财政部门和主管部门的规定上缴上级单位款项 18 000 元，款项以银行存款支付。该事业单位应编制以下会计分录。

财务会计：

借：上缴上级费用　　　　　　　　　　　　　　　　　18 000
　　贷：银行存款　　　　　　　　　　　　　　　　　　　　18 000

预算会计：

借：上缴上级支出　　　　　　　　　　　　　　　　　18 000
　　贷：资金结存——货币资金　　　　　　　　　　　　　18 000

（二）年末，将本科目本年发生额转入其他结余，借记"其他结余"科目，贷记本科目。

【例 9-27】 期末结转的会计核算

某事业单位"上缴上级支出"科目的本年发生额为 46 000 元。年末，该事业单位将其全额转入"其他结余"科目。该事业单位应编制以下会计分录。

预算会计：

借：其他结余　　　　　　　　　　　　　　　　　　　46 000
　　贷：上缴上级支出　　　　　　　　　　　　　　　　　46 000

财务会计无分录。

四、年末结转后，本科目应无余额。

7501　对附属单位补助支出

一、本科目核算事业单位用财政拨款预算收入之外的收入对附属单位补助发生的现金流出。

二、本科目应当按照接受补助单位、补助项目、《政府收支分类科目》中"支出功能分类科目"的项级科目和"部门预算支出经济分类科目"的款级科目等进行明细核算。

三、对附属单位补助支出的主要账务处理如下。

（一）发生对附属单位补助支出的，按照实际补助的金额，借记本科目，贷记"资金结存"科目。

【例 9-28】 发生对附属单位补助支出的会计核算

某事业单位通过银行存款账户支付上一会计期间记入"其他应付款"科目的对附属单位补助款项 24 000 元。该事业单位应编制以下会计分录。

财务会计：

借：其他应付款　　　　　　　　　　　　　　　　　　24 000

  贷：银行存款 24 000

 预算会计：

  借：对附属单位补助支出 24 000

   贷：资金结存——货币资金 24 000

（二）年末，将本科目本年发生额转入其他结余，借记"其他结余"科目，贷记本科目。

【例 9-29】期末结转的会计核算

某事业单位"对附属单位补助支出"科目的本年发生额为 67 300 元。年末，该事业单位将其全额转入"其他结余"科目。该事业单位应编制以下会计分录。

 预算会计：

  借：其他结余 67 300

   贷：对附属单位补助支出 67 300

 财务会计无分录。

四、年末结转后，本科目应无余额。

7601 投资支出

一、本科目核算事业单位以货币资金对外投资发生的现金流出。

二、本科目应当按照投资类型、投资对象、《政府收支分类科目》中"支出功能分类科目"的项级科目和"部门预算支出经济分类科目"的款级科目等进行明细核算。

三、投资支出的主要账务处理如下。

（一）以货币资金对外投资时，按照投资金额和所支付的相关税费金额的合计数，借记本科目，贷记"资金结存"科目。

【例 9-30】以货币资金对外投资时的会计核算

某事业单位以银行存款 860 000 元购买取得一项长期股权投资，购买过程中发生相关税费支出 10 000 元，款项以银行存款支付。该项长期股权投资在取得时，确定的成本为 870 000 元（860 000+10 000）。该事业单位应编制以下会计分录。

 财务会计：

  借：长期股权投资 870 000

   贷：银行存款 870 000

 预算会计：

借：投资支出	870 000
贷：资金结存——货币资金	870 000

（二）出售、对外转让或到期收回本年度以货币资金取得的对外投资的，如果按规定将投资收益纳入单位预算，按照实际收到的金额，借记"资金结存"科目，按照取得投资时"投资支出"科目的发生额，贷记本科目，按照其差额，贷记或借记"投资预算收益"科目；如果按规定将投资收益上缴财政的，按照取得投资时"投资支出"科目的发生额，借记"资金结存"科目，贷记本科目。

出售、对外转让或到期收回以前年度以货币资金取得的对外投资的，如果按规定将投资收益纳入单位预算，按照实际收到的金额，借记"资金结存"科目，按照取得投资时"投资支出"科目的发生额，贷记"其他结余"科目，按照其差额，贷记或借记"投资预算收益"科目；如果按规定将投资收益上缴财政的，按照取得投资时"投资支出"科目的发生额，借记"资金结存"科目，贷记"其他结余"科目。

【例9-31】出售、对外转让或到期收回本年度以货币资金取得的对外投资的会计核算

某事业单位利用闲散资金购买一批国债作为短期投资，实际投资成本为12 500元，款项以银行存款支付。次年，该事业单位出售该项短期投资，出售价款为12 800元，实际收到款项12 800元，按照规定，取得的相应投资收益300元（12 800-12 500）直接上缴财政。该事业单位应编制以下会计分录。

（1）取得短期投资时。

财务会计：

借：短期投资	12 500
贷：银行存款	12 500

预算会计：

借：投资支出	12 500
贷：资金结存——货币资金	12 500

（2）出售短期投资时。

财务会计：

借：银行存款	12 800
贷：短期投资	12 500
投资收益	300

借：应缴财政款 300
　　贷：银行存款 300

预算会计：

借：资金结存——货币资金 12 500
　　贷：其他结余 12 500

借：资金结存——货币资金 300
　　贷：投资支出 300

（三）年末，将本科目本年发生额转入其他结余，借记"其他结余"科目，贷记本科目。

【例 9-32】期末结转的会计核算

某事业单位"投资支出"科目的本年发生额为 85 000 元。年末，该事业单位将其全额转入"其他结余"科目。该事业单位应编制以下会计分录。

预算会计：

借：其他结余 85 000
　　贷：投资支出 85 000

财务会计无分录。

四、年末结转后，本科目应无余额。

7701　债务还本支出

一、本科目核算事业单位偿还自身承担的纳入预算管理的从金融机构举借的债务本金的现金流出。

二、本科目应当按照贷款单位、贷款种类、《政府收支分类科目》中"支出功能分类科目"的项级科目和"部门预算支出经济分类科目"的款级科目等进行明细核算。

三、债务还本支出的主要账务处理如下。

（一）偿还各项短期或长期借款时，按照偿还的借款本金，借记本科目，贷记"资金结存"科目。

【例 9-33】偿还各项短期或长期借款时的会计核算（1）

某事业单位向金融机构偿还一项短期借款本金 50 000 元，款项通过银行存款账户支付。该事业单位应编制以下会计分录。

财务会计：

借：短期借款 50 000
　　贷：银行存款 50 000
预算会计：
借：债务还本支出 50 000
　　贷：资金结存——货币资金 50 000

【例9-34】偿还各项短期或长期借款时的会计核算（2）

某事业单位向金融机构偿还一项到期一次还本付息的长期借款165 200元，其中，借款本金150 000元，应计利息15 200元，款项通过银行存款账户支付。该事业单位应编制以下会计分录。

财务会计：
借：长期借款——本金 150 000
　　　　　　——应计利息 15 200
　　贷：银行存款 165 200
预算会计：
借：债务还本支出 150 000
　　贷：资金结存——货币资金 150 000
借：其他支出 15 200
　　贷：资金结存——货币资金 15 200

（二）年末，将本科目本年发生额转入其他结余，借记"其他结余"科目，贷记本科目。

【例9-35】期末结转的会计核算

某事业单位"债务还本支出"科目的本年发生额为365 000元。年末，该事业单位将其全额转入"其他结余"科目。该事业单位应编制以下会计分录。

预算会计：
借：其他结余 365 000
　　贷：债务还本支出 365 000
财务会计无分录。

四、年末结转后，本科目应无余额。

7901　其他支出

一、本科目核算单位除行政支出、事业支出、经营支出、上缴上级支出、对附属单位补助支出、投资支出、债务还本支出以外的各项现金流出，包括利息支出、对外捐赠现金支出、现金盘亏损失、接受捐赠（调入）和对外捐赠（调出）非现金资产发生的税费支出、资产置换过程中发生的相关税费支出、罚没支出等。

二、本科目应当按照其他支出的类别，"财政拨款支出""非财政专项资金支出""其他资金支出"，《政府收支分类科目》中"支出功能分类科目"的项级科目和"部门预算支出经济分类科目"的款级科目等进行明细核算。其他支出中如有专项资金支出，还应按照具体项目进行明细核算。

有一般公共预算财政拨款、政府性基金预算财政拨款等两种或两种以上财政拨款的事业单位，还应当在"财政拨款支出"明细科目下按照财政拨款的种类进行明细核算。

单位发生利息支出、捐赠支出等其他支出金额较大或业务较多的，可单独设置"7902 利息支出""7903 捐赠支出"等科目。

三、其他支出的主要账务处理如下。

（一）利息支出。

支付银行借款利息时，按照实际支付金额，借记本科目，贷记"资金结存"科目。

【例 9-36】利息支出的会计核算

某事业单位支付银行借款利息 450 元，款项通过银行存款账户支付。银行借款利息在财务会计中已记入了"应付利息"总账科目。该事业单位应编制以下会计分录。

财务会计：

借：应付利息　　　　　　　　　　　　　　　　　450

　　贷：银行存款　　　　　　　　　　　　　　　　450

预算会计：

借：其他支出　　　　　　　　　　　　　　　　　450

　　贷：资金结存——货币资金　　　　　　　　　　450

（二）对外捐赠现金资产。

对外捐赠现金资产时，按照捐赠金额，借记本科目，贷记"资金结存——货币资金"科目。

【例 9-37】对外捐赠现金资产的会计核算

某事业单位对外捐赠现金资产 50 000 元，款项通过银行存款支付。该事业单位应编制以下会计分录。

财务会计：

借：其他费用 50 000

　　贷：银行存款 50 000

预算会计：

借：其他支出 50 000

　　贷：资金结存——货币资金 50 000

（三）现金盘亏损失。

每日现金账款核对中如发现现金短缺，按照短缺的现金金额，借记本科目，贷记"资金结存——货币资金"科目。经核实，属于应当由有关人员赔偿的，按照收到的赔偿金额，借记"资金结存——货币资金"科目，贷记本科目。

【例 9-38】现金盘亏损失的会计核算

某事业单位现金账款核对中发现现金短缺 50 元。经核实，其中 30 元应当由责任人赔偿；其余 20 元（50-30）无法查明原因，经批准予以核销。次日，收到相关责任人赔偿的现金 30 元。该事业单位应编制以下会计分录。

（1）现金账款核对中发现现金短缺时。

财务会计：

借：待处理财产损溢 50

　　贷：库存现金 50

预算会计：

借：其他支出 50

　　贷：资金结存——货币资金 50

（2）核实批准相关情况时。

财务会计：

借：其他应收款 30

　　资产处置费用 20

　　贷：待处理财产损溢 50

预算会计无分录。

（3）收到相关责任人赔偿的现金时。

财务会计：

借：库存现金 30

　　贷：其他应收款 30

预算会计：

借：资金结存——货币资金　　　　　　　　　　　　　　　　30
　　贷：其他支出　　　　　　　　　　　　　　　　　　　　　　30

（四）接受捐赠（无偿调入）和对外捐赠（无偿调出）非现金资产发生的税费支出。

接受捐赠（无偿调入）非现金资产发生的归属于捐入方（调入方）的相关税费、运输费等，以及对外捐赠（无偿调出）非现金资产发生的归属于捐出方（调出方）的相关税费、运输费等，按照实际支付金额，借记本科目，贷记"资金结存"科目。

【例9-39】无偿捐赠发生的相关税费的会计核算（1）

某事业单位接受捐赠一批库存物品，有关凭据注明的金额为62 500元，以银行存款支付运输费用500元，库存物品已验收入库，成本金额为63 000元（62 500+500）。该事业单位应编制以下会计分录。

财务会计：

借：库存物品　　　　　　　　　　　　　　　　　　　　　63 000
　　贷：银行存款　　　　　　　　　　　　　　　　　　　　　　500
　　　　捐赠收入　　　　　　　　　　　　　　　　　　　　62 500

预算会计：

借：其他支出　　　　　　　　　　　　　　　　　　　　　　500
　　贷：资金结存——货币资金　　　　　　　　　　　　　　　500

【例9-40】无偿捐赠发生的相关税费的会计核算（2）

某行政单位接受其他单位无偿调入一项公共基础设施，该项公共基础设施在调出方的账面价值为724 000元。调入过程中，该行政单位发生相关费用3 000元，款项通过财政授权支付方式支付。该项无偿调入的公共基础设施的成本为727 000元（724 000+3 000）。该行政单位应编制以下会计分录。

财务会计：

借：公共基础设施　　　　　　　　　　　　　　　　　　　727 000
　　贷：零余额账户用款额度　　　　　　　　　　　　　　　3 000
　　　　无偿调拨净资产　　　　　　　　　　　　　　　　724 000

预算会计：

借：其他支出　　　　　　　　　　　　　　　　　　　　　3 000
　　贷：资金结存——零余额账户用款额度　　　　　　　　3 000

（五）资产置换过程中发生的相关税费支出。

资产置换过程中发生的相关税费，按照实际支付金额，借记本科目，贷记"资金结存"科目。

【例 9-41】 资产置换过程中发生的相关税费支出的会计核算

某事业单位以一项无形资产置换取得一项固定资产，该项无形资产的账面余额为 850 000 元，已累计摊销 170 000 元，账面净值为 680 000 元（850 000-170 000）。经评估，该项无形资产的评估价值为 650 000 元。置换过程中发生相关税费支出 10 000 元，款项以银行存款支付。该项固定资产的成本为 660 000 元（650 000+10 000）。该事业单位在该项无形资产置换业务中发生资产处置费用 30 000 元（680 000-650 000）。该事业单位应编制以下会计分录。

财务会计：

借：固定资产	660 000
无形资产累计摊销	170 000
资产处置费用	30 000
贷：银行存款	10 000
无形资产	850 000

预算会计：

借：其他支出	10 000
贷：资金结存——货币资金	10 000

（六）其他支出。

发生罚没等其他支出时，按照实际支出金额，借记本科目，贷记"资金结存"科目。

【例 9-42】 其他支出的会计核算

某事业单位因未按规定按时缴纳税金，发生税收滞纳金 2 000 元，已用银行存款支付。其会计分录如下。

财务会计：

借：其他费用——罚没支出	2 000
贷：银行存款	2 000

预算会计：

借：其他支出——其他资金支出	2 000
贷：资金结存——货币资金	2 000

（七）年末，将本科目本年发生额中的财政拨款支出转入财政拨款结转，

借记"财政拨款结转——本年收支结转"科目,贷记本科目下各财政拨款支出明细科目;将本科目本年发生额中的非财政专项资金支出转入非财政拨款结转,借记"非财政拨款结转——本年收支结转"科目,贷记本科目下各非财政专项资金支出明细科目;将本科目本年发生额中的其他资金支出(非财政、非专项资金支出)转入其他结余,借记"其他结余"科目,贷记本科目下各其他资金支出明细科目。

【例 9-43】期末结转的会计核算

某事业单位"其他支出"科目的本年发生额为 7 400 元,其中,财政拨款支出 500 元,非财政专项资金支出 300 元,其他资金支出 6 600 元。年末,该事业单位分别将其转入"财政拨款结转——本年收支结转""非财政拨款结转——本年收支结转""其他结余"科目。该事业单位应编制以下会计分录。

(1)结转财政拨款支出时。

预算会计:

借:财政拨款结转——本年收支结转　　　　　　　500
　　贷:其他支出——财政拨款支出　　　　　　　　500
财务会计无分录。

(2)结转非财政专项资金支出时。

预算会计:

借:非财政拨款结转——本年收支结转　　　　　　300
　　贷:其他支出——非财政专项资金支出　　　　　300
财务会计无分录。

(3)结转其他资金支出时。

预算会计:

借:其他结余　　　　　　　　　　　　　　　　6 600
　　贷:其他支出——其他资金支出　　　　　　　6 600
财务会计无分录。

四、年末结转后,本科目应无余额。

第10章 预算结余类科目的使用规则

8001 资金结存

一、本科目核算单位纳入部门预算管理的资金的流入、流出、调整和滚存等情况。

二、本科目应当设置下列明细科目。

（一）"零余额账户用款额度"明细科目。本明细科目核算实行国库集中支付的单位根据财政部门批复的用款计划收到和支用的零余额账户用款额度。

年末结账后，本明细科目应无余额。

（二）"货币资金"明细科目。本明细科目核算单位以库存现金、银行存款、其他货币资金形态存在的资金。

本明细科目年末借方余额，反映单位尚未使用的货币资金。

（三）"财政应返还额度"明细科目。本明细科目核算实行国库集中支付的单位可以使用的以前年度财政直接支付资金额度和财政应返还的财政授权支付资金额度。本明细科目下可设置"财政直接支付""财政授权支付"两个明细科目进行明细核算。

本明细科目年末借方余额，反映单位应收财政返还的资金额度。

三、资金结存的主要账务处理如下。

（一）财政授权支付方式下，单位根据代理银行转来的财政授权支付额度到账通知书，按照通知书中的授权支付额度，借记本科目（零余额账户用款额度），贷记"财政拨款预算收入"科目。

以国库集中支付以外的其他支付方式取得预算收入时，按照实际收到的金额，借记本科目（货币资金），贷记"财政拨款预算收入""事业预算收入""经营预算收入"等科目。

【例10-1】财政授权支付方式下，资金结存的会计核算（1）

某行政单位本年度取得财政授权支付方式下的预算收入为5 000 000元。分录如下。

财务会计：

借：零余额账户用款额度　　　　　　　　　　　　　5 000 000

贷：财政拨款收入　　　　　　　　　　　　　　　　　　　　5 000 000

　预算会计：

　借：资金结存——零余额账户用款额度　　　　　　　　　　　5 000 000

　　贷：财政拨款预算收入　　　　　　　　　　　　　　　　　　5 000 000

【例 10-2】 财政授权支付方式下，资金结存的会计核算（2）

　　某事业单位收到代理银行转来的财政授权支付额度到账通知书，通知书中所列的财政授权支付额度为 55 000 元。该事业单位应编制以下会计分录。

　财务会计：

　借：零余额账户用款额度　　　　　　　　　　　　　　　　　　55 000

　　贷：财政拨款收入　　　　　　　　　　　　　　　　　　　　55 000

　预算会计：

　借：资金结存——零余额账户用款额度　　　　　　　　　　　　55 000

　　贷：财政拨款预算收入　　　　　　　　　　　　　　　　　　55 000

　　（二）财政授权支付方式下，发生相关支出时，按照实际支付的金额，借记"行政支出""事业支出"等科目，贷记本科目（零余额账户用款额度）。

　　从零余额账户提取现金时，借记本科目（货币资金），贷记本科目（零余额账户用款额度）。退回现金时，做相反会计分录。

　　使用以前年度财政直接支付额度发生支出时，按照实际支付金额，借记"行政支出""事业支出"等科目，贷记本科目（财政应返还额度）。

　　国库集中支付以外的其他支付方式下，发生相关支出时，按照实际支付的金额，借记"事业支出""经营支出"等科目，贷记本科目（货币资金）。

【例 10-3】 财政授权支付方式下，发生相关支出的会计核算（1）

　　某行政单位在开展业务活动过程中通过财政授权支付方式购入一项不需要安装的固定资产，实际支付价款为 8 500 元。该行政单位应编制以下会计分录。

　财务会计：

　借：固定资产　　　　　　　　　　　　　　　　　　　　　　　8 500

　　贷：零余额账户用款额度　　　　　　　　　　　　　　　　　8 500

　预算会计：

　借：行政支出　　　　　　　　　　　　　　　　　　　　　　　8 500

　　贷：资金结存——零余额账户用款额度　　　　　　　　　　　8 500

【例 10-4】 财政授权支付方式下，发生相关支出的会计核算（2）

某事业单位从单位零余额账户中提取现金500元,以备日常零星开支使用。该事业单位应编制以下会计分录。

财务会计:

借:库存现金 500

  贷:零余额账户用款额度 500

预算会计:

借:资金结存——货币资金 500

  贷:资金结存——零余额账户用款额度 500

【例10-5】

某行政单位使用以前年度财政直接支付额度支付业务活动费用1 080元。该行政单位应编制以下会计分录。

财务会计:

借:业务活动费用 1 080

  贷:财政应返还额度——财政直接支付 1 080

预算会计:

借:行政支出 1 080

  贷:资金结存——财政应返还额度 1 080

(三)按照规定上缴财政拨款结转结余资金或注销财政拨款结转结余资金额度的,按照实际上缴资金数额或注销的资金额度数额,借记"财政拨款结转——归集上缴"或"财政拨款结余——归集上缴"科目,贷记本科目(财政应返还额度、零余额账户用款额度、货币资金)。

按规定向原资金拨入单位缴回非财政拨款结转资金的,按照实际缴回资金数额,借记"非财政拨款结转——缴回资金"科目,贷记本科目(货币资金)。

收到从其他单位调入的财政拨款结转资金的,按照实际调入资金数额,借记本科目(财政应返还额度、零余额账户用款额度、货币资金),贷记"财政拨款结转——归集调入"科目。

【例10-6】上缴财政拨款结转结余资金的会计核算

某行政单位按规定上缴财政拨款结转资金3 200元,具体通过上缴财政授权支付额度的方式完成。该行政单位应编制以下会计分录。

财务会计:

借:累计盈余 3 200

  贷:零余额账户用款额度 3 200

预算会计：

借：财政拨款结转——归集上缴	3 200	
贷：资金结存——零余额账户用款额度		3 200

【例 10-7】 收到从其他单位调入的财政拨款结转资金的会计核算

某事业单位按照规定从其他单位调入财政拨款结转资金 15 000 元，收到相应数额的财政授权支付额度。该事业单位应编制以下会计分录。

财务会计：

借：零余额账户用款额度	15 000	
贷：累计盈余		15 000

预算会计：

借：资金结存——零余额账户用款额度	15 000	
贷：财政拨款结转——归集调入		15 000

（四）按照规定使用专用基金时，按照实际支付金额，借记"专用结余"科目 [从非财政拨款结余中提取的专用基金] 或"事业支出"等科目 [从预算收入中计提的专用基金]，贷记本科目（货币资金）。

【例 10-8】 按照规定使用专用基金的会计核算

某事业单位按照规定使用从预算收入中提取的专用基金购置一项固定资产，款项合计 9 600 元，通过银行存款账户支付。购置的固定资产用于开展专业业务活动及其辅助活动。该事业单位应编制以下会计分录。

财务会计：

借：固定资产	9 600	
贷：银行存款		9 600
借：专用基金	9 600	
贷：累计盈余		9 600

预算会计：

借：事业支出	9 600	
贷：资金结存——货币资金		9 600

（五）因购货退回、发生差错更正等退回国库直接支付、授权支付款项，或者收回货币资金的，属于本年度支付的，借记"财政拨款预算收入"科目或本科目（零余额账户用款额度、货币资金），贷记相关支出科目；属于以前年度支付的，借记本科目（财政应返还额度、零余额账户用款额度、货币资金），贷记"财政拨款结转""财政拨款结余""非财政拨款结转""非财政

拨款结余"科目。

【例10-9】当年因购货退回、发生差错更正等退回国库直接支付、授权支付款项，或者收回货币资金的会计核算

某事业单位因货品质量问题退回一批当年购入的货品560元，该批货品在购入时已计入本年业务活动费用和事业支出，退货款项已收到并增加单位零余额账户用款额度。该事业单位应编制以下会计分录。

财务会计：
借：零余额账户用款额度　　　　　　　　　　　　560
　　贷：业务活动费用　　　　　　　　　　　　　　　560

预算会计：
借：资金结存——零余额账户用款额度　　　　　　560
　　贷：事业支出　　　　　　　　　　　　　　　　560

（六）有企业所得税缴纳义务的事业单位缴纳所得税时，按照实际缴纳金额，借记"非财政拨款结余——累计结余"科目，贷记本科目（货币资金）。

【例10-10】发生企业所得税纳税义务的会计核算

某事业单位有企业所得税缴纳义务，通过银行存款账户缴纳应交企业所得税1 120元。该事业单位应编制以下会计分录。

财务会计：
借：其他应交税费——单位应交所得税　　　　　1 120
　　贷：银行存款　　　　　　　　　　　　　　　1 120

预算会计：
借：非财政拨款结余——累计结余　　　　　　　1 120
　　贷：资金结存——货币资金　　　　　　　　　1 120

（七）年末，根据本年度财政直接支付预算指标数与当年财政直接支付实际支出数的差额，借记本科目（财政应返还额度），贷记"财政拨款预算收入"科目。

【例10-11】期末财政直接支付预算指标数与当年财政直接支付实际支出数的差额的会计核算

年末，某行政单位本年度财政直接支付预算指标数大于当年财政直接支付实际支出数，差额为2 720元。该行政单位应编制以下会计分录。

财务会计：

借：财政应返还额度——财政直接支付　　　　　　　　　　2 720
　　贷：财政拨款收入　　　　　　　　　　　　　　　　　2 720

预算会计：

借：资金结存——财政应返还额度　　　　　　　　　　　　2 720
　　贷：财政拨款预算收入　　　　　　　　　　　　　　　2 720

（八）年末，单位依据代理银行提供的对账单做注销额度的相关账务处理，借记本科目（财政应返还额度），贷记本科目（零余额账户用款额度）；本年度财政授权支付预算指标数大于零余额账户用款额度下达数的，根据未下达的用款额度，借记本科目（财政应返还额度），贷记"财政拨款预算收入"科目。

下年初，单位依据代理银行提供的额度恢复到账通知书做恢复额度的相关账务处理，借记本科目（零余额账户用款额度），贷记本科目（财政应返还额度）。单位收到财政部门批复的上年末未下达零余额账户用款额度的，借记本科目（零余额账户用款额度），贷记本科目（财政应返还额度）。

【例10-12】期末注销额度的会计核算

年初，某事业单位收到代理银行提供的上年度注销零余额账户用款额度恢复到账通知书，恢复上年度注销的零余额账户用款额度2 500元。年末，该事业单位本年度财政授权支付预算指标数大于零余额账户用款额度下达数，两者间的差额为1 680元。年末，该事业单位根据代理银行提供的对账单，注销本年度尚未使用的零余额账户用款额度1 300元。该事业单位应编制以下会计分录。

（1）年初，恢复上年度注销的零余额账户用款额度时。

财务会计：

借：零余额账户用款额度　　　　　　　　　　　　　　　　2 500
　　贷：财政应返还额度——财政授权支付　　　　　　　　2 500

预算会计：

借：资金结存——零余额账户用款额度　　　　　　　　　　2 500
　　贷：资金结存——财政应返还额度　　　　　　　　　　2 500

（2）年末，确认本年度尚未收到的财政授权支付预算指标数时。

财务会计：

借：财政应返还额度——财政授权支付　　　　　　　　　　1 680
　　贷：财政拨款收入　　　　　　　　　　　　　　　　　1 680

预算会计：

借：资金结存——财政应返还额度　　　　　　　　　　　　1 680
　　　贷：财政拨款预算收入　　　　　　　　　　　　　　　　1 680
（3）年末，注销本年度尚未使用的零余额账户用款额度时。
财务会计：
借：财政应返还额度——财政授权支付　　　　　　　　　　1 300
　　　贷：零余额账户用款额度　　　　　　　　　　　　　　　1 300
预算会计：
借：资金结存——财政应返还额度　　　　　　　　　　　　1 300
　　　贷：资金结存——零余额账户用款额度　　　　　　　　　1 300
四、本科目年末借方余额，反映单位预算资金的累计滚存情况。

8101　财政拨款结转

一、本科目核算单位取得的同级财政拨款结转资金的调整、结转和滚存情况。

二、本科目应当设置下列明细科目。

（一）与会计差错更正、以前年度支出收回相关的明细科目。

"年初余额调整"明细科目。本明细科目核算因发生会计差错更正、以前年度支出收回等原因，需要调整财政拨款结转的金额。年末结账后，本明细科目应无余额。

（二）与财政拨款调拨业务相关的明细科目。

1. "归集调入"明细科目。本明细科目核算按照规定从其他单位调入财政拨款结转资金时，实际调增的额度数额或调入的资金数额。年末结账后，本明细科目应无余额。

2. "归集调出"明细科目。本明细科目核算按照规定向其他单位调出财政拨款结转资金时，实际调减的额度数额或调出的资金数额。年末结账后，本明细科目应无余额。

3. "归集上缴"明细科目。本明细科目核算按照规定上缴财政拨款结转资金时，实际核销的额度数额或上缴的资金数额。年末结账后，本明细科目应无余额。

4. "单位内部调剂"明细科目。本明细科目核算经财政部门批准对财政拨款结余资金改变用途，调整用于本单位其他未完成项目等的调整金额。年末结账后，本明细科目应无余额。

（三）与年末财政拨款结转业务相关的明细科目。

1."本年收支结转"明细科目。本明细科目核算单位本年度财政拨款收支相抵后的余额。年末结账后，本明细科目应无余额。

2."累计结转"明细科目。本明细科目核算单位滚存的财政拨款结转资金。本明细科目年末贷方余额，反映单位财政拨款滚存的结转资金数额。

本科目还应当设置"基本支出结转""项目支出结转"两个明细科目，并在"基本支出结转"明细科目下按照"人员经费""日常公用经费"进行明细核算，在"项目支出结转"明细科目下按照具体项目进行明细核算；同时，本科目还应按照《政府收支分类科目》中"支出功能分类科目"的相关科目进行明细核算。

有一般公共预算财政拨款、政府性基金预算财政拨款等两种或两种以上财政拨款的，还应当在本科目下按照财政拨款的种类进行明细核算。

三、财政拨款结转的主要账务处理如下。

（一）与会计差错更正、以前年度支出收回相关的账务处理。

1.因发生会计差错更正退回以前年度国库直接支付、授权支付款项或财政性货币资金，或者因发生会计差错更正增加以前年度国库直接支付、授权支付支出或财政性货币资金支出，属于以前年度财政拨款结转资金的，借记或贷记"资金结存——财政应返还额度、零余额账户用款额度、货币资金"科目，贷记或借记本科目（年初余额调整）。

【例10-13】因发生会计差错更正退回以前年度授权支付款项的会计核算

某行政单位上一会计年度发生业务活动费用600元，款项已通过财政授权支付方式全额支付，入账时金额误入为60元，发生记账差错540元（600-60），具体为少记录上一会计年度的费用和支出。本会计年度发现这一会计差错，予以更正。该项资金属于以前年度财政拨款结转资金。该行政单位应编制以下会计分录。

财务会计：

借：以前年度盈余调整　　　　　　　　　　　　　　　　　540

　　贷：零余额账户用款额度　　　　　　　　　　　　　　540

预算会计：

借：财政拨款结转——年初余额调整　　　　　　　　　　　540

　　贷：资金结存——零余额账户用款额度　　　　　　　　540

2.因购货退回、预付款项收回等发生以前年度支出又收回国库直接支付、授权支付款项或收回财政性货币资金，属于以前年度财政拨款结转资金的，借记"资金结存——财政应返还额度、零余额账户用款额度、货币资金"科目，贷记本科目（年初余额调整）。

【例10-14】因购货退回发生以前年度支出又收回国库授权支付款项，属于以前年度财政拨款结转资金的会计核算

某事业单位上一会计年度因订购货品发生预付账款5 000元，款项已通过财政授权支付方式支付。由于未按时收到订购的货品，该事业单位于本会计年度收回了上一会计年度的全部预付账款5 000元，款项已转入单位零余额账户。该项资金属于以前年度财政拨款结转资金。该事业单位应编制以下会计分录。

财务会计：

借：零余额账户用款额度	5 000
贷：预付账款	5 000

预算会计：

借：资金结存——零余额账户用款额度	5 000
贷：财政拨款结转——年初余额调整	5 000

（二）与财政拨款结转结余资金调整业务相关的账务处理。

1. 按照规定从其他单位调入财政拨款结转资金的，按照实际调增的额度数额或调入的资金数额，借记"资金结存——财政应返还额度、零余额账户用款额度、货币资金"科目，贷记本科目（归集调入）。

2. 按照规定向其他单位调出财政拨款结转资金的，按照实际调减的额度数额或调出的资金数额，借记本科目（归集调出），贷记"资金结存——财政应返还额度、零余额账户用款额度、货币资金"科目。

【例10-15】按照规定向其他单位调出财政拨款结转资金的会计核算

某行政单位按照规定向其他单位调出财政拨款结转资金15 000元，实际调减相应的零余额账户用款额度。该行政单位应编制以下会计分录。

财务会计：

借：累计盈余	15 000
贷：零余额账户用款额度	15 000

预算会计：

借：财政拨款结转——归集调出	15 000
贷：资金结存——零余额账户用款额度	15 000

3. 按照规定上缴财政拨款结转资金或注销财政拨款结转资金额度的，按照实际上缴资金数额或注销的资金额度数额，借记本科目（归集上缴），贷记

"资金结存——财政应返还额度、零余额账户用款额度、货币资金"科目。

【例10-16】按照规定上缴财政拨款结转资金或注销财政拨款结转资金额度的会计核算

某事业单位本年度按照规定上缴财政拨款结转资金300 000元，上述款项通过银行存款账户缴纳。会计分录如下。

财务会计：

借：累计盈余　　　　　　　　　　　　　　　　　　300 000
　　贷：银行存款　　　　　　　　　　　　　　　　　300 000

预算会计：

借：财政拨款结转——归集上缴　　　　　　　　　　　300 000
　　贷：资金结存——货币资金　　　　　　　　　　　300 000

4. 经财政部门批准对财政拨款结余资金改变用途，调整用于本单位基本支出或其他未完成项目支出的，按照批准调剂的金额，借记"财政拨款结余——单位内部调剂"科目，贷记本科目（单位内部调剂）。

【例10-17】改变财政拨款结余资金用途的会计核算

某事业单位本年度经财政部门批准将财政拨款结余资金1 000 000元由办公经费支出改为购买固定资产。会计分录如下。

预算会计：

借：财政拨款结余——单位内部调剂　　　　　　　　　1 000 000
　　贷：财政拨款结转——单位内部调剂　　　　　　　1 000 000

财务会计无分录。

（三）与年末财政拨款结转和结余业务相关的账务处理。

1. 年末，将财政拨款预算收入本年发生额转入本科目，借记"财政拨款预算收入"科目，贷记本科目（本年收支结转）；将各项支出中财政拨款支出本年发生额转入本科目，借记本科目（本年收支结转），贷记各项支出（财政拨款支出）科目。

【例10-18】期末将财政拨款预算收入和财政拨款支出本年发生额结转的会计核算

某事业单位"财政拨款预算收入"科目和各项支出中财政拨款支出的本年发生额如表10-1所示。

表 10–1   财政拨款预算收入和财政拨款支出本年发生额

单位：元

财政拨款预算收入和财政拨款支出对应的科目	本年贷方发生额	本年借方发生额
财政拨款预算收入	356 000	
事业支出——财政拨款支出		348 000
其他支出——财政拨款支出		3 000
合计	356 000	351 000

根据表 10–1，该事业单位应编制以下会计分录。

（1）年末结转"财政拨款预算收入"科目本年发生额时。

预算会计：

借：财政拨款预算收入　　　　　　　　　　　　　356 000
　　贷：财政拨款结转——本年收支结转　　　　　　356 000

财务会计无分录。

（2）年末结转各项支出中财政拨款支出的本年发生额时。

预算会计：

借：财政拨款结转——本年收支结转　　　　　　　351 000
　　贷：事业支出——财政拨款支出　　　　　　　　348 000
　　　　其他支出——财政拨款支出　　　　　　　　　3 000

财务会计无分录。

年末，在完成财政拨款预算收入和财政拨款支出的本年发生额结转后，该事业单位"财政拨款结转——本年收支结转"科目的贷方余额为 5 000 元（356 000-351 000）。该科目的贷方余额应当转入"财政拨款结转——累计结转"科目。

2．年末冲销有关明细科目余额。将本科目（本年收支结转、年初余额调整、归集调入、归集调出、归集上缴、单位内部调剂）余额转入本科目（累计结转）。结转后，本科目除"累计结转"明细科目外，其他明细科目应无余额。

【例 10–19】年末冲销有关明细科目余额的会计核算

年末，某事业单位"财政拨款结转"科目相关明细科目的余额如表 10–2 所示。

表 10-2　　　　　财政拨款结转相关明细科目余额

单位：元

财政拨款结转相关明细科目	贷方余额	借方余额
本年收支结转	5 000	
归集调出		1 800
合计	5 000	1 800

根据表 10-2，该事业单位应编制以下会计分录。

预算会计：

借：财政拨款结转——本年收支结转　　　　　　　5 000

　　贷：财政拨款结转——归集调出　　　　　　　　1 800

　　　　　　　　　　——累计结转　　　　　　　　3 200

财务会计无分录。

年末，在冲销财政拨款结转有关明细科目余额后，该事业单位本年财政拨款结转中的累计结转增加 3 200 元（5 000-1 800）。本年增加的累计结转加上年初累计结转，为年末按规定结转财政拨款结余前的财政拨款累计结转资金数额。

3. 年末完成上述结转后，应当对财政拨款结转各明细项目执行情况进行分析，按照有关规定将符合财政拨款结余性质的项目余额转入财政拨款结余，借记本科目（累计结转），贷记"财政拨款结余——结转转入"科目。

【例 10-20】期末将符合财政拨款结余性质的项目余额转入财政拨款结余的会计核算

年末，某事业单位"财政拨款结转——累计结转"科目贷方余额为 5 500 元。经对各明细项目执行情况进行分析可知，按照有关规定符合财政拨款结余性质的项目余额为 2 400 元，将其转入财政拨款结余。该事业单位应编制以下会计分录。

预算会计：

借：财政拨款结转——累计结转　　　　　　　　　2 400

　　贷：财政拨款结余——结转转入　　　　　　　　2 400

财务会计无分录。

四、本科目年末贷方余额，反映单位滚存的财政拨款结转资金数额。

8102　财政拨款结余

一、本科目核算单位取得的同级财政拨款项目支出结余资金的调整、结转和滚存情况。

二、本科目应当设置下列明细科目。

（一）与会计差错更正、以前年度支出收回相关的明细科目。

"年初余额调整"明细科目。本明细科目核算因发生会计差错更正、以前年度支出收回等原因，需要调整财政拨款结余的金额。年末结账后，本明细科目应无余额。

（二）与财政拨款结余资金调整业务相关的明细科目。

1. "归集上缴"明细科目。本明细科目核算按照规定上缴财政拨款结余资金时，实际核销的额度数额或上缴的资金数额。年末结账后，本明细科目应无余额。

2. "单位内部调剂"明细科目。本明细科目核算经财政部门批准对财政拨款结余资金改变用途，调整用于本单位其他未完成项目等的调整金额。年末结账后，本明细科目应无余额。

（三）与年末财政拨款结余业务相关的明细科目。

1. "结转转入"明细科目。本明细科目核算单位按照规定转入财政拨款结余的财政拨款结转资金。年末结账后，本明细科目应无余额。

2. "累计结余"明细科目。本明细科目核算单位滚存的财政拨款结余资金。

本明细科目年末贷方余额，反映单位财政拨款滚存的结余资金数额。

本科目还应当按照具体项目、《政府收支分类科目》中"支出功能分类科目"的相关科目等进行明细核算。

有一般公共预算财政拨款、政府性基金预算财政拨款等两种或两种以上财政拨款的，还应当在本科目下按照财政拨款的种类进行明细核算。

三、财政拨款结余的主要账务处理如下。

（一）与会计差错更正、以前年度支出收回相关的账务处理。

1. 因发生会计差错更正退回以前年度国库直接支付、授权支付款项或财政性货币资金，或者因发生会计差错更正增加以前年度国库直接支付、授权支付支出或财政性货币资金支出，属于以前年度财政拨款结余资金的，借记或贷记"资金结存——财政应返还额度、零余额账户用款额度、货币资金"科目，贷记或借记本科目（年初余额调整）。

【例10-21】因发生会计差错更正增加以前年度国库授权支付支出的会计核算

某行政单位上一会计年度发生业务活动费用600元，款项已通过财政授权支付方式全额支付，入账时金额误入为6 000元，发生记账差错5 400元（6 000-60），具体为多记录上一会计年度的费用和支出。本会计年度发现这一会计差错，予以更正。该项资金属于以前年度财政拨款结余资金。该行政单位应编制以下会计分录。

财务会计：

借：零余额账户用款额度　　　　　　　　　　　　　　　　5 400
　　贷：以前年度盈余调整　　　　　　　　　　　　　　　　　5 400

预算会计：

借：资金结存——零余额账户用款额度　　　　　　　　　　　5 400
　　贷：财政拨款结余——年初余额调整　　　　　　　　　　　5 400

2. 因购货退回、预付款项收回等发生以前年度支出又收回国库直接支付、授权支付款项或收回财政性货币资金，属于以前年度财政拨款结余资金的，借记"资金结存——财政应返还额度、零余额账户用款额度、货币资金"科目，贷记本科目（年初余额调整）。

【例10-22】因购货退回、预付款项收回等发生以前年度支出又收回国库授权支付款项，属于以前年度财政拨款结余资金的会计核算

某事业单位上一会计年度因订购文件夹发生预付账款6 000元，款项已通过财政授权支付方式支付。由于未按时收到订购的文件夹，该事业单位于本会计年度收回了上一会计年度的全部预付账款6 000元，款项已转入单位零余额账户。该项资金属于以前年度财政拨款结转资金。该事业单位应编制以下会计分录。

财务会计：

借：零余额账户用款额度　　　　　　　　　　　　　　　　6 000
　　贷：预付账款　　　　　　　　　　　　　　　　　　　　6 000

预算会计：

借：资金结存——零余额账户用款额度　　　　　　　　　　　6 000
　　贷：财政拨款结余——年初余额调整　　　　　　　　　　　6 000

（二）与财政拨款结余资金调整业务相关的账务处理。

1. 经财政部门批准对财政拨款结余资金改变用途，调整用于本单位基本支出或其他未完成项目支出的，按照批准调剂的金额，借记本科目（单位内部调剂），贷记"财政拨款结转——单位内部调剂"科目。

【例10-23】财政拨款结余资金改变用途的会计核算

某事业单位经财政部门批准对财政拨款结余资金改变用途，调整用于本单位其他未完成项目，批准的调剂金额为1 600元。该事业单位应编制以下会计分录。

预算会计：

借：财政拨款结余——单位内部调剂　　　　　　　　　1 600
　　贷：财政拨款结转——单位内部调剂　　　　　　　　　1 600

财务会计无分录。

2. 按照规定上缴财政拨款结余资金或注销财政拨款结余资金额度的，按照实际上缴资金数额或注销的资金额度数额，借记本科目（归集上缴），贷记"资金结存——财政应返还额度、零余额账户用款额度、货币资金"科目。

【例10-24】上缴财政拨款结余资金或注销财政拨款结余资金额度的会计核算

某单位本年上缴财政拨款结余资金5 000 000元。会计分录如下。

财务会计：

借：累计盈余　　　　　　　　　　　　　　　　　　　5 000 000
　　贷：银行存款　　　　　　　　　　　　　　　　　　5 000 000

预算会计：

借：财政拨款结余——归集上缴　　　　　　　　　　　5 000 000
　　贷：资金结存——货币资金　　　　　　　　　　　　5 000 000

（三）与年末财政拨款结转和结余业务相关的账务处理。

1. 年末，对财政拨款结转各明细项目执行情况进行分析，按照有关规定将符合财政拨款结余性质的项目余额转入财政拨款结余，借记"财政拨款结转——累计结转"科目，贷记本科目（结转转入）。

【例10-25】期末将符合财政拨款结余性质的项目余额转入财政拨款结余的会计核算

某单位本年按照有关规定将符合财政拨款结余性质的项目余额300 000元转入财政拨款结余。会计分录如下。

预算会计：

借：财政拨款结转——累计结转　　　　　　　　　　　　300 000
　　贷：财政拨款结余——结转转入　　　　　　　　　　300 000

财务会计无分录。

2. 年末冲销有关明细科目余额。将本科目（年初余额调整、归集上缴、单位内部调剂、结转转入）余额转入本科目（累计结余）。结转后，本科目除"累计结余"明细科目外，其他明细科目应无余额。

【例10-26】年末冲销有关明细科目余额的会计核算

年末，某行政单位"财政拨款结余"科目相关明细科目的余额如表10-3所示。

表 10-3　　　　　　　　财政拨款结余相关明细科目余额

单位：元

财政拨款结余相关明细科目	贷方余额	借方余额
结转转入	3 600	
归集上缴		3 100
合计	3 600	3 100

根据表 10-3，该行政单位应编制以下会计分录。

预算会计：

借：财政拨款结余——结转转入　　　　　　　　　　　　3 600

　　贷：财政拨款结余——归集上缴　　　　　　　　　　3 100

　　　　　　　　　　——累计结余　　　　　　　　　　　500

财务会计无分录。

年末，在冲销财政拨款结余有关明细科目余额后，该行政单位本年财政拨款结余中的累计结余增加 500 元（3 600-3 100）。本年增加的累计结余加上年初累计结余，为年末单位滚存的财政拨款结余资金数额。

四、本科目年末贷方余额，反映单位滚存的财政拨款结余资金数额。

8201　非财政拨款结转

一、本科目核算单位除财政拨款收支、经营收支以外各非同级财政拨款专项资金的调整、结转和滚存情况。

二、本科目应当设置下列明细科目。

（一）"年初余额调整"明细科目。本明细科目核算因发生会计差错更正、以前年度支出收回等原因，需要调整非财政拨款结转的资金。

年末结账后，本明细科目应无余额。

（二）"缴回资金"明细科目。本明细科目核算按照规定缴回非财政拨款结转资金时，实际缴回的资金数额。

年末结账后，本明细科目应无余额。

（三）"项目间接费用或管理费"明细科目。本明细科目核算单位取得的科研项目预算收入中，按照规定计提项目间接费用或管理费的数额。

年末结账后，本明细科目应无余额。

（四）"本年收支结转"明细科目。本明细科目核算单位本年度非同级财政拨款专项收支相抵后的余额。

年末结账后，本明细科目应无余额。

（五）"累计结转"明细科目。本明细科目核算单位滚存的非同级财政拨款专项结转资金。本明细科目年末贷方余额，反映单位非同级财政拨款滚存的专项结转资金数额。

本科目还应当按照具体项目、《政府收支分类科目》中"支出功能分类科目"的相关科目等进行明细核算。

三、非财政拨款结转的主要账务处理如下。

（一）按照规定从科研项目预算收入中提取项目管理费或间接费时，按照提取金额，借记本科目（项目间接费用或管理费），贷记"非财政拨款结余——项目间接费用或管理费"科目。

【例10-27】从科研项目预算收入中提取项目管理费或间接费时的会计核算

某单位从科研项目预算收入中提取项目管理费100 000元。会计分录如下。

财务会计：

借：单位管理费用　　　　　　　　　　　　　　　　　　100 000

　　贷：预提费用——项目间接费用或管理费　　　　　　　　　100 000

预算会计：

借：非财政拨款结转——项目间接费用或管理费　　　　　　100 000

　　贷：非财政拨款结余——项目间接费用或管理费　　　　　　100 000

（二）因会计差错更正收到或支出非同级财政拨款货币资金，属于非财政拨款结转资金的，按照收到或支出的金额，借记或贷记"资金结存——货币资金"科目，贷记或借记本科目（年初余额调整）。因收回以前年度支出等收到非同级财政拨款货币资金，属于非财政拨款结转资金的，按照收到的金额，借记"资金结存——货币资金"科目，贷记本科目（年初余额调整）。

【例10-28】因会计差错更正支出非同级财政拨款货币资金，属于非财政拨款结转资金的会计核算

某行政单位上一会计年度发生业务活动费用600元，款项已通过财政授权支付方式全额支付，入账时金额误入为60元，发生记账差错540元（600-60），具体为少记录上一会计年度的费用和支出。本会计年度发现这一会计差错，予以更正。该项资金属于以前年度非财政拨款结转资金。该行政单位应编制以下会计分录。

财务会计：

借：以前年度盈余调整　　　　　　　　　　　　　　　　　540

　　贷：零余额账户用款额度　　　　　　　　　　　　　　　　540

预算会计：

借：非财政拨款结转——年初余额调整　　　　　　　　　　　540

　　贷：资金结存——零余额账户用款额度　　　　　　　　　540

（三）按照规定缴回非财政拨款结转资金的，按照实际缴回资金数额，借记本科目（缴回资金），贷记"资金结存——货币资金"科目。

【例10-29】缴回非财政拨款结转资金的会计核算

某单位按照规定缴回非财政拨款结转资金300 000元。会计分录如下。

财务会计：

借：累计盈余　　　　　　　　　　　　　　　　　　　　　300 000

　　贷：银行存款　　　　　　　　　　　　　　　　　　　300 000

预算会计：

借：非财政拨款结转——缴回资金　　　　　　　　　　　　300 000

　　贷：资金结存——货币资金　　　　　　　　　　　　　300 000

（四）年末，将事业预算收入、上级补助预算收入、附属单位上缴预算收入、非同级财政拨款预算收入、债务预算收入、其他预算收入本年发生额中的专项资金收入转入本科目，借记"事业预算收入""上级补助预算收入""附属单位上缴预算收入""非同级财政拨款预算收入""债务预算收入""其他预算收入"科目下各专项资金收入明细科目，贷记本科目（本年收支结转）；将行政支出、事业支出、其他支出本年发生额中的非财政拨款专项资金支出转入本科目，借记本科目（本年收支结转），贷记"行政支出""事业支出""其他支出"科目下各非财政拨款专项资金支出明细科目。

【例10-30】期末将非财政拨款专项资金收支转入非财政拨款结转的会计核算

某事业单位有关非财政拨款专项资金预算收入和非财政拨款专项资金支出相关科目的本年发生额如表10-4所示。

表10-4　　　　　　　非财政拨款专项资金预算收支本年发生额

单位：元

非财政拨款专项资金预算收支相关科目	本年贷方发生额	本年借方发生额
事业预算收入——专项资金收入	43 200	
上级补助预算收入——专项资金收入	56 000	
附属单位上缴预算收入——专项资金收入	4 200	
非同级财政拨款预算收入——专项资金收入	78 000	

续表

非财政拨款专项资金预算收支相关科目	本年贷方发生额	本年借方发生额
债务预算收入——专项资金收入	36 000	
其他预算收入——专项资金收入	8 300	
事业支出——非财政专项资金支出		202 000
其他支出——非财政专项资金支出		9 200
合计	225 700	211 200

根据表 10-4，该事业单位应编制以下会计分录。

（1）年末结转非财政拨款专项资金预算收入相关科目本年发生额时。

预算会计：

借：事业预算收入——专项资金收入　　　　　　　　　　43 200
　　上级补助预算收入——专项资金收入　　　　　　　　56 000
　　附属单位上缴预算收入——专项资金收入　　　　　　4 200
　　非同级财政拨款预算收入——专项资金收入　　　　　78 000
　　债务预算收入——专项资金收入　　　　　　　　　　36 000
　　其他预算收入——专项资金收入　　　　　　　　　　8 300
　　贷：非财政拨款结转——本年收支结转　　　　　　　225 700

财务会计无分录。

（2）年末结转非财政拨款专项资金支出相关科目本年发生额时。

预算会计：

借：非财政拨款结转——本年收支结转　　　　　　　　211 200
　　贷：事业支出——非财政专项资金支出　　　　　　　202 000
　　　　其他支出——非财政专项资金支出　　　　　　　9 200

财务会计无分录。

年末，在完成非财政拨款专项资金预算收入和非财政拨款专项资金支出的本年发生额结转后，该事业单位"非财政拨款结转——本年收支结转"科目的贷方余额为 14 500 元（225 700-211 200）。该科目的贷方余额应当转入"非财政拨款结转——累计结转"科目。

（五）年末冲销有关明细科目余额。将本科目（年初余额调整、项目间接费用或管理费、缴回资金、本年收支结转）余额转入本科目（累计结转）。结转后，本科目除"累计结转"明细科目外，其他明细科目应无余额。

【例10-31】年末冲销有关明细科目余额的会计核算

年末,某事业单位"非财政拨款结转"科目相关明细科目的余额如表10-5所示。

表10-5 非财政拨款结转相关明细科目余额

单位:元

非财政拨款结转相关明细科目	贷方余额	借方余额
项目间接费用或管理费		6 500
本年收支结转	14 500	
合计	14 500	6 500

根据表10-5,该事业单位应编制以下会计分录。

预算会计:

借:非财政拨款结转——本年收支结转　　　　　　14 500
　　贷:非财政拨款结转——项目间接费用或管理费　6 500
　　　　　　　　　　　　——累计结转　　　　　　8 000

财务会计无分录。

年末,在冲销非财政拨款结转有关明细科目余额后,该事业单位本年非财政拨款结转中的累计结转增加8 000元(14 500-6 500)。本年增加的累计结转加上年初累计结转,为年末按规定结转非财政拨款结余前的财政拨款累计结转资金数额。

(六)年末完成上述结转后,应当对非财政拨款专项结转资金各项目情况进行分析,将留归本单位使用的非财政拨款专项(项目已完成)剩余资金转入非财政拨款结余,借记本科目(累计结转),贷记"非财政拨款结余——结转转入"科目。

【例10-32】将留归本单位使用的非财政拨款专项(项目已完成)剩余资金转入非财政拨款结余的会计核算

年末,某事业单位"非财政拨款结转——累计结转"科目贷方余额为65 000元。经对各项目情况进行分析可知,应留归本单位使用的非财政拨款专项(项目已完成)剩余资金数额为4 600元,将其转入非财政拨款结余。该事业单位应编制以下会计分录。

预算会计:

借:非财政拨款结转——累计结转　　　　　4 600
　　贷:非财政拨款结余——结转转入　　　　4 600

财务会计无分录。

年末,在将留归本单位使用的非财政拨款专项剩余资金转入非财政拨款结余后,该事业单位本年非财政拨款结转中的累计结转余额为 60 400 元（65 000-4 600）。该余额为年末单位滚存的非财政拨款结转资金数额，应当在第二年继续按照专项资金的规定用途使用。

四、本科目年末贷方余额，反映单位滚存的非同级财政拨款专项结转资金数额。

8202 非财政拨款结余

一、本科目核算单位历年滚存的非限定用途的非同级财政拨款结余资金，主要为非财政拨款结余扣除结余分配后滚存的金额。

二、本科目应当设置下列明细科目。

（一）"年初余额调整"明细科目。本明细科目核算因发生会计差错更正、以前年度支出收回等原因，需要调整非财政拨款结余的资金。年末结账后，本明细科目应无余额。

（二）"项目间接费用或管理费"明细科目。本明细科目核算单位取得的科研项目预算收入中，按照规定计提的项目间接费用或管理费数额。年末结账后，本明细科目应无余额。

（三）"结转转入"明细科目。本明细科目核算按照规定留归单位使用，由单位统筹调配，纳入单位非财政拨款结余的非同级财政拨款专项剩余资金。年末结账后，本明细科目应无余额。

（四）"累计结余"明细科目。本明细科目核算单位历年滚存的非同级财政拨款、非专项结余资金。

本明细科目年末贷方余额，反映单位非同级财政拨款滚存的非专项结余资金数额。

本科目还应当按照《政府收支分类科目》中"支出功能分类科目"的相关科目进行明细核算。

三、非财政拨款结余的主要账务处理如下。

（一）按照规定从科研项目预算收入中提取项目管理费或间接费时，借记"非财政拨款结转——项目间接费用或管理费"科目，贷记本科目（项目间接费用或管理费）。

【例 10-33】从科研项目预算收入中提取项目管理费或间接费的会计核算

某单位按照规定从科研项目预算收入中提取项目管理费 200 000 元。会计分录如下。

财务会计：

借：单位管理费用　　　　　　　　　　　　　　　　200 000

　　贷：预提费用——项目间接费用或管理费　　　　　200 000

预算会计：

借：非财政拨款结转——项目间接费用或管理费　　　200 000

　　贷：非财政拨款结余——项目间接费用或管理费　　200 000

（二）有企业所得税缴纳义务的事业单位实际缴纳企业所得税时，按照缴纳金额，借记本科目（累计结余），贷记"资金结存——货币资金"科目。

【例10-34】缴纳企业所得税时的会计核算

某单位本年实际缴纳企业所得税300 000元。会计分录如下。

财务会计：

借：其他应交税费——单位应交所得税　　　　　　　300 000

　　贷：银行存款　　　　　　　　　　　　　　　　　300 000

预算会计：

借：非财政拨款结余——累计结余　　　　　　　　　300 000

　　贷：资金结存——货币资金　　　　　　　　　　　300 000

（三）因会计差错更正收到或支出非同级财政拨款货币资金，属于非财政拨款结余资金的，按照收到或支出的金额，借记或贷记"资金结存——货币资金"科目，贷记或借记本科目（年初余额调整）。

因收回以前年度支出等收到非同级财政拨款货币资金，属于非财政拨款结余资金的，按照收到的金额，借记"资金结存——货币资金"科目，贷记本科目（年初余额调整）。

会计差错更正和以前年度支出收回业务的会计核算案例可参阅"财政拨款结转"科目的相关业务案例，此处不再举例说明。

（四）年末，将留归本单位使用的非财政拨款专项（项目已完成）剩余资金转入本科目，借记"非财政拨款结转——累计结转"科目，贷记本科目（结转转入）。

【例10-35】期末将留归本单位使用的非财政拨款专项（项目已完成）剩余资金转入"非财政拨款结余"科目的会计核算

某单位"非财政拨款结余"科目的明细科目情况如下："年初余额调整"明细科目为贷方余额700 000元，"项目间接费用或管理费"明细科目为借方余额400 000元。会计分录如下。

预算会计：

借：非财政拨款结余——年初余额调整　　　　　　　　700 000
　　贷：非财政拨款结余——累计结余　　　　　　　　　　700 000
借：非财政拨款结余——累计结余　　　　　　　　　　400 000
　　贷：非财政拨款结余——项目间接费用或管理费　　　400 000

财务会计无分录。

（五）年末冲销有关明细科目余额。将本科目（年初余额调整、项目间接费用或管理费、结转转入）余额结转入本科目（累计结余）。结转后，本科目除"累计结余"明细科目外，其他明细科目应无余额。

【例 10-36】年末冲销有关明细科目余额的会计核算

年末，某事业单位"非财政拨款结余"科目相关明细科目的余额如表 10-6 所示。

表 10-6　　　　　　　　非财政拨款结余相关明细科目余额

单位：元

非财政拨款结余相关明细科目	贷方余额	借方余额
结转转入	9 600	
项目间接费用或管理费	3 000	
年初余额调整		200
合计	12 600	200

根据表 10-6，该事业单位应编制以下会计分录。

预算会计：

借：非财政拨款结余——结转转入　　　　　　　　　　9 600
　　　　　　　　　　——项目间接费用或管理费　　　　3 000
　　贷：非财政拨款结余——年初余额调整　　　　　　　　200
　　　　　　　　　　　——累计结余　　　　　　　　　12 400

财务会计无分录。

年末，在冲销非财政拨款结余有关明细科目余额后，该事业单位本年非财政拨款结余中的累计结余增加 12 400 元（9 600+3 000-200）。本年增加的累计结余加上年初累计结余，为年末单位滚存的非财政拨款结余资金数额。

年末，"财政拨款结转""财政拨款结余""非财政拨款结转""非财政拨款结余"科目在冲销有关明细科目余额后，除"累计结转"或"累计结余"明细科目外，其他明细科目无余额。

（六）年末，事业单位将"非财政拨款结余分配"科目余额转入非财政拨款结余。"非财政拨款结余分配"科目为借方余额的，借记本科目（累计结余），贷记"非财政拨款结余分配"科目；"非财政拨款结余分配"科目为贷方余额的，借记"非财政拨款结余分配"科目，贷记本科目（累计结余）。

年末，行政单位将"其他结余"科目余额转入非财政拨款结余。"其他结余"科目为借方余额的，借记本科目（累计结余），贷记"其他结余"科目；"其他结余"科目为贷方余额的，借记"其他结余"科目，贷记本科目（累计结余）。

【例10-37】期末将"非财政拨款结余分配"科目余额转入非财政拨款结余的会计核算

年末，某事业单位"非财政拨款结余分配"科目贷方余额为17 500元，将其转入非财政拨款结余。该事业单位应编制以下会计分录。

预算会计：

借：非财政拨款结余分配　　　　　　　　　　　　　　　　17 500
　　贷：非财政拨款结余——累计结余　　　　　　　　　　　17 500

财务会计无分录。

【例10-38】期末将"其他结余"科目余额转入非财政拨款结余的会计核算

年末，某行政单位"其他结余"科目贷方余额为650元，将其转入非财政拨款结余。该行政单位应编制以下会计分录。

预算会计：

借：其他结余　　　　　　　　　　　　　　　　　　　　　　650
　　贷：非财政拨款结余——累计结余　　　　　　　　　　　　650

财务会计无分录。

四、本科目年末贷方余额，反映单位非同级财政拨款结余资金累计滚存数额。

8301 专用结余

一、本科目核算事业单位按照规定从非财政拨款结余中提取的具有专门用途的资金的变动和滚存情况。

二、本科目应当按照专用结余的类别进行明细核算。

三、专用结余的主要账务处理如下。

（一）根据有关规定从本年度非财政拨款结余或经营结余中提取基金的，

按照提取金额，借记"非财政拨款结余分配"科目，贷记本科目。

【例 10-39】从本年度非财政拨款结余或经营结余中提取基金的会计核算

某单位从本年度经营结余中提取基金 200 000 元。会计分录如下。

财务会计：

借：本年盈余分配 200 000
　　贷：专用基金 200 000

预算会计：

借：非财政拨款结余分配 200 000
　　贷：专用结余 200 000

（二）根据规定使用从非财政拨款结余或经营结余中提取的专用基金时，按照使用金额，借记本科目，贷记"资金结存——货币资金"科目。

【例 10-40】从非财政拨款结余或经营结余中提取的专用基金时的会计核算

某单位利用从经营结余中提取的专用基金购买一台价值 200 000 元的机器设备。会计分录如下。

财务会计：

借：固定资产 200 000
　　贷：银行存款 200 000
借：专用基金 200 000
　　贷：累计盈余 200 000

预算会计：

借：专用结余 200 000
　　贷：资金结存——货币资金 200 000

四、本科目年末贷方余额，反映事业单位从非同级财政拨款结余中提取的专用基金的累计滚存数额。

8401 经营结余

一、本科目核算事业单位本年度经营活动收支相抵后余额弥补以前年度经营亏损后的余额。

二、本科目可以按照经营活动类别进行明细核算。

三、经营结余的主要账务处理如下。

（一）年末，将经营预算收入本年发生额转入本科目，借记"经营预算收入"科目，贷记本科目；将经营支出本年发生额转入本科目，借记本科目，贷记"经营支出"科目。

【例10-41】期末将经营预算收入本年发生额和经营支出本年发生额转入本科目的会计核算

某单位本年度发生经营预算收入200 000元,发生经营支出150 000元。结转收入与支出的会计分录如下。

预算会计:

借:经营预算收入	200 000
贷:经营结余	200 000
借:经营结余	150 000
贷:经营支出	150 000

财务会计无分录。

(二)年末,完成上述(一)结转后,如本科目为贷方余额,将本科目贷方余额转入"非财政拨款结余分配"科目,借记本科目,贷记"非财政拨款结余分配"科目;如本科目为借方余额,为经营亏损,不予结转。

【例10-42】期末将经营预算收入年末转入结余分配与经营支出转入经营结余的会计核算

某事业单位"经营预算收入"科目本年发生额为74 000元,年末将其转入"经营结余"科目;"经营支出"科目本年发生额为61 000元,年末将其转入"经营结余"科目。在完成经营预算收入和经营支出的本年发生额结转后,"经营结余"科目的贷方余额为13 000元(74 000-61 000),年末将其转入"非财政拨款结余分配"科目的贷方。该事业单位应编制以下会计分录。

(1)结转"经营预算收入"科目本年发生额时。

预算会计:

借:经营预算收入	74 000
贷:经营结余	74 000

财务会计无分录。

(2)结转"经营支出"科目本年发生额时。

预算会计:

借:经营结余	61 000
贷:经营支出	61 000

财务会计无分录。

(3)将"经营结余"科目的贷方余额转入"非财政拨款结余分配"科目时。

预算会计：

借：经营结余 13 000

  贷：非财政拨款结余分配 13 000

财务会计无分录。

年末，在完成"经营结余"科目贷方余额结转后，"经营结余"科目无余额。

四、年末结账后，本科目一般无余额；如为借方余额，反映事业单位累计发生的经营亏损。

8501 其他结余

一、本科目核算单位本年度除财政拨款收支、非同级财政专项资金收支和经营收支以外各项收支相抵后的余额。

二、其他结余的主要账务处理如下。

（一）年末，将事业预算收入、上级补助预算收入、附属单位上缴预算收入、非同级财政拨款预算收入、债务预算收入、其他预算收入本年发生额中的非专项资金收入以及投资预算收益本年发生额转入本科目，借记"事业预算收入""上级补助预算收入""附属单位上缴预算收入""非同级财政拨款预算收入""债务预算收入""其他预算收入"科目下各非专项资金收入明细科目和"投资预算收益"科目，贷记本科目["投资预算收益"科目本年发生额为借方净额时，借记本科目，贷记"投资预算收益"科目]；将行政支出、事业支出、其他支出本年发生额中的非同级财政、非专项资金支出，以及上缴上级支出、对附属单位补助支出、投资支出、债务还本支出本年发生额转入本科目，借记本科目，贷记"行政支出""事业支出""其他支出"科目下各非同级财政、非专项资金支出明细科目和"上缴上级支出""对附属单位补助支出""投资支出""债务还本支出"科目。

【例10-43】期末将符合规定的预算收入、支出本年发生额转入其他结余的会计核算

某行政单位本年度发生事业预算收入200 000元，债务预算收入100 000元，其他预算收入100 000元，发生相应的行政支出150 000元，事业支出120 000元，投资支出150 000元。结转相关预算收入和支出的会计分录如下。

预算会计：

借：事业预算收入 200 000

  债务预算收入 100 000

其他预算收入		100 000
贷：其他结余		400 000
借：其他结余		420 000
贷：行政支出		150 000
事业支出		120 000
投资支出		150 000

财务会计无分录。

（二）年末，完成上述（一）结转后，行政单位将本科目余额转入"非财政拨款结余——累计结余"科目；事业单位将本科目余额转入"非财政拨款结余分配"科目。当本科目为贷方余额时，借记本科目，贷记"非财政拨款结余——累计结余"或"非财政拨款结余分配"科目；当本科目为借方余额时，借记"非财政拨款结余——累计结余"或"非财政拨款结余分配"科目，贷记本科目。

【例10-44】期末结转其他结余的会计核算

沿用【例10-43】。该行政单位年末需要进行相应结转。会计分录如下。

预算会计：

借：非财政拨款结余——累计结余		20 000
贷：其他结余		20 000

财务会计无分录。

三、年末结账后，本科目应无余额。

8701　非财政拨款结余分配

一、本科目核算事业单位本年度非财政拨款结余分配的情况和结果。

二、非财政拨款结余分配的主要账务处理如下。

（一）年末，将"其他结余"科目余额转入本科目，当"其他结余"科目为贷方余额时，借记"其他结余"科目，贷记本科目；当"其他结余"科目为借方余额时，借记本科目，贷记"其他结余"科目。

年末，将"经营结余"科目贷方余额转入本科目，借记"经营结余"科目，贷记本科目。

【例10-45】期末将"其他结余"科目余额转入非财政拨款结余分配的会计核算

某事业单位年末需要进行相应结转，本年度"其他结余"科目的贷方余额为

100 000元。会计分录如下。

预算会计：

借：其他结余　　　　　　　　　　　　　　　　　　　　　100 000
　　贷：非财政拨款结余分配　　　　　　　　　　　　　　　　100 000

财务会计无分录。

（二）根据有关规定提取专用基金的，按照提取的金额，借记本科目，贷记"专用结余"科目。

【例10-46】提取专用基金的会计核算

某事业单位从本年度非财政拨款结余中提取专用基金150 000元。会计分录如下。

财务会计：

借：本年盈余分配　　　　　　　　　　　　　　　　　　　150 000
　　贷：专用基金　　　　　　　　　　　　　　　　　　　　150 000

预算会计：

借：非财政拨款结余分配　　　　　　　　　　　　　　　　150 000
　　贷：专用结余　　　　　　　　　　　　　　　　　　　　150 000

（三）年末，按照规定完成上述（一）至（二）处理后，将本科目余额转入非财政拨款结余。当本科目为借方余额时，借记"非财政拨款结余——累计结余"科目，贷记本科目；当本科目为贷方余额时，借记本科目，贷记"非财政拨款结余——累计结余"科目。

【例10-47】期末将非财政拨款结余分配余额转入非财政拨款结余的会计核算

沿用【例10-45】和【例10-46】。该事业单位年末需要对非财政拨款结余分配进行相应结转。会计分录如下。

预算会计：

借：非财政拨款结余——累计结余　　　　　　　　　　　　50 000
　　贷：非财政拨款结余分配　　　　　　　　　　　　　　　50 000

财务会计无分录。

三、年末结账后，本科目应无余额。

第 11 章 资产类经济业务的会计处理

11.1 库存现金

行政事业单位的库存现金，是指存于单位内部用于日常零星开支的货币资金。

11.1.1 提现和存现

1. 业务概述

行政事业单位为了应付日常的零星开支，需经常保持一定数量的库存现金。当库存现金超出限额时，需要将超出部分存入银行账户；当库存现金不足时，需要从银行账户提取现金，以补足。

2. 账务处理

从银行等金融机构提取现金，按照实际提取的金额，财务会计应当借记"库存现金"科目，贷记"银行存款"科目；预算会计不需要做账务处理。将现金存入银行等金融机构，按照实际存入金额，财务会计应当借记"银行存款"科目，贷记"库存现金"科目；预算会计不需要做账务处理。根据规定从单位零余额账户提取现金，按照实际提取的金额，财务会计应当借记"库存现金"科目，贷记"零余额账户用款额度"科目；预算会计应当借记"资金结存——货币资金"科目，贷记"资金结存——零余额账户用款额度"科目。将现金退回单位零余额账户，按照实际退回的金额，财务会计应当借记"零余额账户用款额度"科目，贷记"库存现金"科目；预算会计应当借记"资金结存——零余额账户用款额度"科目，贷记"资金结存——货币资金"科目。

库存现金提现和存现的账务处理如表 11-1 所示。

表 11-1　　　　　　　　　库存现金提现和存现的账务处理

	财务会计处理	预算会计处理
从银行等金融机构提取现金	借：库存现金 　贷：银行存款	—
将现金存入银行等金融机构	借：银行存款 　贷：库存现金	—
从单位零余额账户提取现金	借：库存现金 　贷：零余额账户用款额度	借：资金结存——货币资金 　贷：资金结存——零余额账户用款额度
将现金退回单位零余额账户	借：零余额账户用款额度 　贷：库存现金	借：资金结存——零余额账户用款额度 　贷：资金结存——货币资金

3．案例解析

（1）提现。

【例 11-1】某单位于 2×19 年 12 月 20 日从甲银行账户提取现金 500 元作为备用金。账务处理如下。

财务会计：

借：库存现金　　　　　　　　　　　　　　　　　　500
　贷：银行存款　　　　　　　　　　　　　　　　　　500

预算会计不需要做账务处理。

（2）存现。

【例 11-2】某单位 2×19 年 12 月 25 日将内部职工出差退回的 300 元存入甲银行账户。账务处理如下。

财务会计：

借：银行存款　　　　　　　　　　　　　　　　　　300
　贷：库存现金　　　　　　　　　　　　　　　　　　300

预算会计不需要做账务处理。

11.1.2　差旅费

1．业务概述

职工出差时，可能需要事先按照一定标准借出一定数量的库存现金，出差职工报销差旅费时，按照实际报销金额计入费用。职工需将借出金额大于实际报销金额的差额退回，如果存在超出事先借款额度的职工垫付资金，合理部分应当补足。

2. 账务处理

因内部职工出差等原因借出的现金,按照实际借出的现金金额,财务会计应当借记"其他应收款"科目,贷记"库存现金"科目;预算会计不需要做账务处理。出差人员报销差旅费时,按照实际报销的金额,财务会计应当借记"业务活动费用""单位管理费用"等科目,按照实际借出的现金金额,贷记"其他应收款"科目,按照其差额,借记或贷记"库存现金"科目;预算会计应当借记"行政支出""事业支出"等相关科目,贷记"资金结存——货币资金"科目。

差旅费的账务处理如表11-2所示。

表11-2　　　　　　　　　差旅费的账务处理

	财务会计处理	预算会计处理
职工出差等借出现金	借:其他应收款 　　贷:库存现金	—
出差人员报销差旅费	借:业务活动费用/单位管理费用等 　　[实际报销金额] 　　库存现金[实际报销金额小于借款金额的差额] 　　贷:其他应收款 或: 借:业务活动费用/单位管理费用等 　　[实际报销金额] 　　贷:其他应收款 　　　 库存现金[实际报销金额大于借款金额的差额]	借:行政支出/事业支出等[实际报销金额] 　　贷:资金结存——货币资金

3. 案例解析

【例11-3】某事业单位内部职工张三2×19年2月10日借出2 000元现金作为差旅费,2×19年3月10日最终报销1 800元,归还200元。账务处理如下。

2×19年2月10日借出现金时。

财务会计:

借:其他应收款——张三　　　　　　　　　　　　　　2 000
　　贷:库存现金　　　　　　　　　　　　　　　　　　　　　2 000

预算会计不需要做账务处理。

2×19年3月10日实际报销时。

财务会计:
借: 业务活动费用　　　　　　　　　　　　　　　　　1 800
　　库存现金　　　　　　　　　　　　　　　　　　　 200
　　贷: 其他应收款——张三　　　　　　　　　　　　　　　　2 000
预算会计:
借: 事业支出　　　　　　　　　　　　　　　　　　　1 800
　　贷: 资金结存——货币资金　　　　　　　　　　　　　　　1 800

11.1.3　其他涉及现金收支的业务

1．业务概述

《现金管理暂行条例》规定的现金使用范围为: 支付职工工资、各种工资性津贴; 支付个人劳务报酬, 包括稿费、讲课费及其他专门工作报酬; 支付给个人的奖金, 包括根据国家规定颁发给个人的各种科学技术、文化艺术、体育等各种奖金; 各种劳保、福利费用以及国家规定的对个人的其他支出; 向个人收购农副产品和其他物资支付的价款; 出差人员必须随身携带的差旅费; 现金支付的结算起点 1 000 元以下的零星支出; 中国人民银行确定需要支付现金的其他支出。目前行政事业单位的职工工资和各种津贴、奖金、福利费用等可以采用财政直接支付或财政授权支付方式, 行政事业单位使用现金的频率越来越低。

2．账务处理

（1）开展业务。

因提供服务、物品或者其他事项收到现金, 按照实际收到的金额, 财务会计应当借记"库存现金"科目, 贷记"事业收入""应收账款"等相关科目。预算会计应当借记"资金结存——货币资金"科目, 贷记"事业预算收入"等相关科目。涉及增值税业务的, 相关账务处理参见"应交增值税"科目。因开展业务等其他事项收到现金的账务处理如表 11-3 所示。

表 11-3　　因开展业务等其他事项收到现金的账务处理

	财务会计处理	预算会计处理
因开展业务等其他事项收到现金	借: 库存现金 　　贷: 事业收入 / 应收账款等	借: 资金结存——货币资金 　　贷: 事业预算收入等

（2）购买商品。

因购买服务、物品或者其他事项支付现金，按照实际支付的金额，财务会计应当借记"业务活动费用""单位管理费用""其他费用""应付账款"等相关科目，贷记"库存现金"科目。预算会计应当借记"行政支出""事业支出""其他支出"等相关支出，贷记"资金结存——货币资金"科目。涉及增值税业务的，相关账务处理参见"应交增值税"科目。因购买服务、商品或其他事项支出现金的账务处理如表11-4所示。

表11-4 因购买服务、商品或其他事项支出现金的账务处理

	财务会计处理	预算会计处理
因购买服务、商品或其他事项支出现金	借：业务活动费用/单位管理费用/其他费用/应付账款等 贷：库存现金	借：行政支出/事业支出/其他支出等 贷：资金结存——货币资金

（3）对外捐赠。

以库存现金对外捐赠，按照实际捐出的金额，财务会计应当借记"其他费用"科目，贷记"库存现金"科目。预算会计应当借记"其他支出"科目，贷记"资金结存——货币资金"科目。对外捐赠现金资产的账务处理如表11-5所示。

表11-5 对外捐赠现金资产的账务处理

	财务会计处理	预算会计处理
对外捐赠现金资产	借：其他费用 贷：库存现金	借：其他支出 贷：资金结存——货币资金

3．案例解析

（1）开展业务。

【例11-4】2×19年6月20日，某事业单位因向乙企业提供相关服务获取了400元收益。账务处理如下。

财务会计：

借：库存现金　　　　　　　　　　　　　　　　400

　　贷：事业收入　　　　　　　　　　　　　　　　400

预算会计：

借：资金结存——货币资金　　　　　　　　　　400

　　贷：事业预算收入等　　　　　　　　　　　　　400

（2）购买商品。

【例11-5】2×19年6月30日，某行政单位用现金支付办公用品费150元。其账务处理如下。

财务会计：

借：业务活动费用　　　　　　　　　　　　　　　　150

　　贷：库存现金　　　　　　　　　　　　　　　　　　　150

预算会计：

借：行政支出　　　　　　　　　　　　　　　　　　150

　　贷：资金结存——货币资金　　　　　　　　　　　　150

（3）对外捐赠。

【例11-6】2×19年8月30日，某事业单位向希望工程捐赠现金20 000元。其账务处理如下。

财务会计：

借：其他费用　　　　　　　　　　　　　　　　　20 000

　　贷：库存现金　　　　　　　　　　　　　　　　　20 000

预算会计：

借：其他支出　　　　　　　　　　　　　　　　　20 000

　　贷：资金结存——货币资金　　　　　　　　　　　20 000

11.1.4　受托代理、代管现金

1. 业务概述

受托代理资产是在受托代理交易或事项中形成的，由受托方从委托方取得的，代为转交委托方或第三方的资产。受托方并不拥有受托代理资产的所有权和处分权，仅仅充当代为储存保管或代为转交的中介角色。具体来说，受托代理资产包括受托转赠物资、受托储存保管物资和受托收取并上缴罚没物资等。

2. 账务处理

单位接受委托人委托需要转赠给受赠人的物资、受委托人委托储存保管的物资或者罚没物资的时候，其成本按照有关凭据注明的金额确定。财务会计应当借记"库存现金——受托代理资产"科目，贷记"受托代理负债"科目。预算会计不需要做账务处理。如其成本无法可靠确定的，单位应当设置备查簿进行登记。

将受托转赠物资交付受赠人或根据委托人要求交付或发出受托储存保管的

物资时，按照转赠或发出物资的成本，财务会计应当借记"受托代理负债"科目，贷记"库存现金——受托代理资产"科目。按照规定处置或移交罚没物资时，按照罚没物资的成本，借记"受托代理负债"科目，贷记"库存现金——受托代理资产"科目，若处置时取得款项的，还需按照实际取得的款项金额，借记"银行存款"等科目，贷记"应缴财政款"等科目。预算会计不需要做账务处理。

收到、支付受托代理、代管现金的账务处理如表11-6所示。

表11-6　　　收到、支付受托代理、代管现金的账务处理

	财务会计处理	预算会计处理
收到	借：库存现金——受托代理资产 　　贷：受托代理负债	—
支付	借：受托代理负债 　　贷：库存现金——受托代理资产	—

3．案例解析

【例11-7】某单位2×19年6月30日收到X公司委托代理货币捐赠50 000元，专用于资助某村贫困学生上学。该单位应做以下会计处理。

财务会计：

借：库存现金——受托代理资产　　　　　　　　　　　　　　50 000
　　贷：受托代理负债　　　　　　　　　　　　　　　　　　50 000

预算会计不需要做账务处理。

该单位2×19年10月30日将资助款用于给该村贫困学生采购学习用品和书籍。会计处理如下。

财务会计：

借：受托代理负债　　　　　　　　　　　　　　　　　　　　50 000
　　贷：库存现金——受托代理资产　　　　　　　　　　　　50 000

预算会计不需要做账务处理。

11.1.5　现金溢余

1．业务概述

在单位的所有资产中，现金的流动性最强，加强现金的管理对保护其安全完整，防止意外损失有着极为重要的意义。为了及时准确地反映库存现金的余

额,加强监督,保护现金的安全,出纳人员每日应对现金进行清点,除此之外,单位内部审计人员还应当定期或不定期地检查以确保现金的账实相符。现金清查的主要手段是实地盘点。清查小组盘点现金时,出纳人员应当在场,盘点后将实存数与账存数核对,并编制"库存现金盘点报告表",列明实存、账存和余缺金额。如有余缺,应查明原因,并及时请领导审批。

2. 账务处理

每日账款核对中发现现金溢余,按照实际溢余的金额,财务会计应当借记"库存现金"科目,贷记"待处理财产损溢"科目。预算会计应当借记"资金结存——货币资金"科目,贷记"其他预算收入"科目。

如现金溢余属于应支付给有关人员或单位的,财务会计应当借记"待处理财产损溢"科目,贷记"其他应付款"科目;预算会计不需要做账务处理。支付时,财务会计应当借记"其他应付款"科目,贷记"库存现金"科目;预算会计应当借记"其他预算收入"科目,贷记"资金结存——货币资金"科目。如现金溢余属于无法查明原因的,报经批准后,财务会计应当借记"待处理财产损溢"科目,贷记"其他收入"科目;预算会计不需要做账务处理。

现金溢余的账务处理如表 11-7 所示。

表 11-7   现金溢余的账务处理

	财务会计处理	预算会计处理
按照溢余金额转入待处理财产损溢	借:库存现金 　　贷:待处理财产损溢	借:资金结存——货币资金 　　贷:其他预算收入
属于应支付给有关人员或单位的部分	借:待处理财产损溢 　　贷:其他应付款 借:其他应付款 　　贷:库存现金	— 借:其他预算收入 　　贷:资金结存——货币资金
属于无法查明原因的部分,报经批准后	借:待处理财产损溢 　　贷:其他收入	—

3. 案例解析

【例 11-8】某单位出纳人员在当日结账时发现现金溢余 1 200 元,经调查发现其中 1 000 元应支付给内部职员李四(已支付),剩余金额无法查明原因,报经批准后计入其他收入。会计处理如下。

发现现金溢余时。

财务会计:

借：库存现金　　　　　　　　　　　　　　　　　　1 200
　　贷：待处理财产损溢　　　　　　　　　　　　　　　1 200
预算会计：
借：资金结存——货币资金　　　　　　　　　　　　　1 200
　　贷：其他预算收入　　　　　　　　　　　　　　　　1 200

报经批准后。

财务会计：
借：待处理财产损溢　　　　　　　　　　　　　　　　1 200
　　贷：其他应付款——李四　　　　　　　　　　　　　1 000
　　　　其他收入　　　　　　　　　　　　　　　　　　 200
借：其他应付款——李四　　　　　　　　　　　　　　1 000
　　贷：库存现金　　　　　　　　　　　　　　　　　　1 000
预算会计：
借：其他预算收入　　　　　　　　　　　　　　　　　1 000
　　贷：资金结存——货币资金　　　　　　　　　　　　1 000

11.1.6　现金短缺

1. 账务处理

每日账款核对中如发现现金短缺，按照实际短缺的金额，财务会计应当借记"待处理财产损溢"科目，贷记"库存现金"科目。预算会计应当借记"其他支出"科目，贷记"资金结存——货币资金"科目。

如现金短缺属于应由责任人赔偿或向有关人员追回的，财务会计应当借记"其他应收款"科目，贷记"待处理财产损溢"科目；预算会计不需要做账务处理。收到现金时，财务会计应当借记"库存现金"科目，贷记"其他应收款"科目；预算会计应当借记"资金结存——货币资金"科目，贷记"其他支出"科目。如现金短缺属于无法查明原因的，报经批准核销时，财务会计应当借记"资产处置费用"科目，贷记"待处理财产损溢"科目；预算会计不需要做账务处理。

现金短缺的账务处理如表 11-8 所示。

表 11-8　　　　　　　　　　　现金短缺的账务处理

	财务会计处理	预算会计处理
按照短缺金额转入待处理财产损溢	借：待处理财产损溢 　　贷：库存现金	借：其他支出 　　贷：资金结存——货币资金
属于应由责任人赔偿的部分	借：其他应收款 　　贷：待处理财产损溢 借：库存现金 　　贷：其他应收款	— 借：资金结存——货币资金 　　贷：其他支出
属于无法查明原因的部分，报经批准后	借：资产处置费用 　　贷：待处理财产损溢	—

2．案例解析

【例 11-9】某单位出纳人员在当日结账时发现现金短缺 2 000 元，由于无法查清短款原因，报经批准后，由责任人王刚赔偿 500 元（已赔偿），其余短款计入当期费用。会计处理如下。

发现现金短缺时。

财务会计：

借：待处理财产损溢　　　　　　　　　　　　　　　　　　　2 000
　　贷：库存现金　　　　　　　　　　　　　　　　　　　　　　2 000

预算会计：

借：其他支出　　　　　　　　　　　　　　　　　　　　　　　2 000
　　贷：资金结存——货币资金　　　　　　　　　　　　　　　　2 000

报经批准后。

财务会计：

借：其他应收款——王刚　　　　　　　　　　　　　　　　　　　500
　　资产处置费用　　　　　　　　　　　　　　　　　　　　　1 500
　　　贷：待处理财产损溢　　　　　　　　　　　　　　　　　　2 000
借：库存现金　　　　　　　　　　　　　　　　　　　　　　　　500
　　贷：其他应收款——王刚　　　　　　　　　　　　　　　　　　500

预算会计：

借：资金结存——货币资金　　　　　　　　　　　　　　　　　　500
　　贷：其他支出　　　　　　　　　　　　　　　　　　　　　　　500

11.2 银行存款

银行存款是指行政事业单位存入银行或者其他金融机构的各种存款。

11.2.1 将款项存入银行或其他金融机构

1. 业务概述

行政事业单位的资金来源包括财政拨款以及其他来源,具体而言,其他来源可能包括罚没收入、行政事业性收费、政府性基金、国有资产处置和出租出借收入、经营收入和其他收入等。随着信息化水平越来越高,涉及现金收付的业务越来越少,大多数业务依托于银行账户之间的资金划拨。

2. 账务处理

将款项存入银行或者其他金融机构,按照实际存入的金额,财务会计应当借记"银行存款"科目,贷记"库存现金""应收账款""事业收入""经营收入""其他收入"等相关科目,需要上缴财政的,贷记"应缴财政款"。预算会计应当借记"资金结存——货币资金"科目,贷记"事业预算收入""其他预算收入"等相关科目。涉及增值税业务的,相关账务处理参见"应交增值税"科目。

将收到的款项存入银行账户的账务处理如表 11-9 所示。

表 11-9　　　　将收到的款项存入银行账户的账务处理

	财务会计处理	预算会计处理
将款项存入银行或其他金融机构	借:银行存款 贷:库存现金/事业收入/其他收入/应收账款/经营收入/应缴财政款等	借:资金结存——货币资金 贷:事业预算收入/其他预算收入等

3. 案例解析

【例 11-10】某事业单位 2×19 年 12 月 1 日将因提供相关服务获取的 30 000 元收入存入甲银行账户。账务处理如下。

财务会计:

借:银行存款　　　　　　　　　　　　　　　　　　　　30 000

　　贷:事业收入　　　　　　　　　　　　　　　　　　　　30 000

预算会计:

借:资金结存——货币资金　　　　　　　　　　　　　　30 000

　　贷:事业预算收入　　　　　　　　　　　　　　　　　　30 000

11.2.2 支付款项

1. 业务概述

行政事业单位为了维持正常的运作，需要购买生产过程或提供劳务的过程中耗用的材料和物料以及固定资产等，同时也需要支付单位活动产生的各种费用，这些会导致银行存款的减少。

2. 账务处理

以银行存款支付相关费用，按照实际支付的金额，财务会计应当借记"业务活动费用""单位管理费用""其他费用"等相关科目，贷记"银行存款"科目。以银行存款对外捐赠，按照实际捐出的金额，借记"其他费用"科目，贷记"银行存款"科目。预算会计应当借记"行政支出""事业支出"等相关费用，贷记"资金结存——货币资金"科目。涉及增值税业务的，相关账务处理参见"应交增值税"科目。

以银行存款支付相关费用的账务处理如表11-10所示。

表11-10　　　　　以银行存款支付相关费用的账务处理

	财务会计处理	预算会计处理
以银行存款支付相关费用	借：业务活动费用/单位管理费用/其他费用等 贷：银行存款	借：行政支出/事业支出等 贷：资金结存——货币资金

3. 案例解析

【例11-11】某行政单位以银行转账方式购置文件柜、纸、笔、书桌等办公用品，共计3 000元，应做以下账务处理。

财务会计：

借：业务活动费用　　　　　　　　　　　　　　　　　3 000
　　贷：银行存款　　　　　　　　　　　　　　　　　3 000

预算会计：

借：行政支出　　　　　　　　　　　　　　　　　　　3 000
　　贷：资金结存——货币资金　　　　　　　　　　　3 000

11.2.3 收到银行存款利息、支付银行手续费

1. 业务概述

大部分银行对于对公账户会收取一定的维护费用，包括开户费、账户管理

费，根据账户开通的具体收费项目，还可能包括网银服务费、短信通知费、U盾费用、支票密码器费用、回单箱使用费用、结算卡费用等。但是收费标准因银行不同而有所差别。各单位可以结合业务需求，经过综合权衡选择开户银行和服务项目。另外如果涉及跨行转账业务等，银行会根据转账金额收取一定手续费。由于这类费用金额不大，单位一般可以在收到银行回单的时候将其计入财务费用。

传统的存款种类包括活期存款和定期存款等，随着银行业务的发展，单位还可以选择协议存款或通知存款等灵活的存款种类。协议存款是指银行与特殊存款客户就存款利率进行协商，双方协定存款利率。一般来说，客户存款规模越大，议价能力就越强，能获得的存款利率也越高。通知存款根据提前通知的期限，分为一天通知存款与七天通知存款。以七天通知存款为例，客户必须提前七天通知银行需提取七天通知存款，若实际存期满七天，按照七天通知存款利率计息，若不满，按照活期存款利率计息。原则上单位应当按月计提利息，但实务中，根据重要性原则，对于利息金额不大的单位，也可在收到时直接冲减财务费用。

2. 账务处理

收到银行存款利息，按照实际收到的金额，财务会计应当借记"银行存款"科目，贷记"利息收入"科目；预算会计应当借记"资金结存——货币资金"科目，贷记"其他预算收入"科目。支付银行手续费时，财务会计应当借记"业务活动费用""单位管理费用"等相关科目，贷记"银行存款"科目；预算会计应当借记"行政支出""事业支出"等相关科目，贷记"资金结存——货币资金"科目。

收到银行存款利息、支付银行手续费的账务处理如表 11-11 所示。

表 11-11　收到银行存款利息、支付银行手续费的账务处理

	财务会计处理	预算会计处理
收到银行存款利息	借：银行存款 　贷：利息收入	借：资金结存——货币资金 　贷：其他预算收入
支付银行手续费	借：业务活动费用/单位管理费用等 　贷：银行存款	借：行政支出/事业支出等 　贷：资金结存——货币资金

3. 案例解析

【例 11-12】某行政单位期末收到银行存款利息共计 2 000 元，应做以下账务处理。

财务会计：
借：银行存款　　　　　　　　　　　　　　　　　　　　　2 000
　　贷：利息收入　　　　　　　　　　　　　　　　　　　　　2 000
预算会计：
借：资金结存——货币资金　　　　　　　　　　　　　　　　2 000
　　贷：其他预算收入　　　　　　　　　　　　　　　　　　　2 000

【例 11-13】某行政单位因办理询证业务支付银行手续费 200 元，应做以下账务处理。

财务会计：
借：业务活动费用　　　　　　　　　　　　　　　　　　　　200
　　贷：银行存款　　　　　　　　　　　　　　　　　　　　　200
预算会计：
借：行政支出　　　　　　　　　　　　　　　　　　　　　　200
　　贷：资金结存——货币资金　　　　　　　　　　　　　　　200

11.2.4　受托代理、代管银行存款

1. 账务处理

单位接受委托人委托需要转赠给受赠人的物资、受委托人委托储存保管的物资或者罚没物资的时候，其成本按照有关凭据注明的金额确定。财务会计应当借记"银行存款——受托代理资产"科目，贷记"受托代理负债"科目。预算会计不需要做账务处理。如其成本无法可靠确定的，单位应当设置备查簿进行登记。

将受托转赠物资交付受赠人或根据委托人要求交付或发出受托储存保管的物资时，按照转赠或发出物资的成本，财务会计应当借记"受托代理负债"科目，贷记"银行存款——受托代理资产"科目。按照规定处置或移交罚没物资时，按照罚没物资的成本，借记"受托代理负债"科目，贷记"银行存款——受托代理资产"科目。预算会计不需要做账务处理。

受托代理、代管银行存款的账务处理如表 11-12 所示。

表 11-12　　　　受托代理、代管银行存款的账务处理

	财务会计处理	预算会计处理
收到	借：银行存款——受托代理资产 　　贷：受托代理负债	—
支付	借：受托代理负债 　　贷：银行存款——受托代理资产	—

2．案例解析

【例 11-14】某事业单位受托代理海外校友基金会货币捐赠 100 万元，准备用于建立某专项科研资助基金。该组织根据有关凭证，编制以下会计分录。

收到受托代理资产时。

财务会计：

借：银行存款——受托代理资产　　　　　　　　　　　1 000 000
　　贷：受托代理负债　　　　　　　　　　　　　　　　1 000 000

预算会计不需要做账务处理。

转出受托代理资产时。

财务会计：

借：受托代理负债　　　　　　　　　　　　　　　　　1 000 000
　　贷：银行存款——受托代理资产　　　　　　　　　　1 000 000

预算会计不需要做账务处理。

11.2.5　外币业务

1．业务概述

行政事业单位可能会涉及外币业务，包括外币收入和外币付款等。涉及外币业务时，应当设置外币账户，收到款项、支付款项以及发生债权债务时，按照即期汇率将外币金额折算为人民币金额，记入相关科目。期末，各外币账户按照期末的即期汇率调整后的人民币余额与原账面人民币余额的差额，作为汇兑损益计入相关费用。

2．账务处理

（1）以外币购买物资。

以外币购买物资、设备等，按照购入当日的即期汇率将支付的外币或应支付的外币折算为人民币金额，财务会计应当借记"在途物品""库存物品"等科目，贷记"银行存款""应付账款"等科目的外币账户。预算会计应当借记

"事业支出"等相关科目，贷记"资金结存——货币资金"科目。涉及增值税业务的，相关账务处理参见"应交增值税"科目。

以外币购买物资的账务处理如表11-13所示。

表 11-13　　　　　　　　　以外币购买物资的账务处理

	财务会计处理	预算会计处理
以外币购买物资、劳务等	借：在途物品/库存物品等 　贷：银行存款[外币账户]/应付账款等[外币账户]	借：事业支出等 　贷：资金结存——货币资金

（2）以外币收取相关款项。

销售物品、提供服务以外币收取相关款项等，按照收入确认当日的即期汇率将收取的外币或应收取的外币折算为人民币金额，财务会计应当借记"银行存款""应收账款"等科目的外币账户，贷记"事业收入"等相关科目。预算会计应当借记"资金结存——货币资金"科目，贷记"事业预算收入"等科目。

以外币收取相关款项的账务处理如表11-14所示。

表 11-14　　　　　　　　　以外币收取相关款项的账务处理

	财务会计处理	预算会计处理
以外币收取相关款项	借：银行存款[外币账户]/应收账款等[外币账户] 　贷：事业收入等	借：资金结存——货币资金 　贷：事业预算收入等

（3）核算汇兑损益。

期末，各外币银行存款账户按照期末的即期汇率调整后的人民币余额与原账面人民币余额的差额，作为汇兑损益，财务会计应当借记或贷记"银行存款""应收账款""应付账款"等科目，贷记或借记"业务活动费用""单位管理费用"等科目。预算会计应当借记或贷记"资金结存——货币资金"科目，贷记或借记"行政支出""事业支出"等相关科目。

核算汇兑损益的账务处理如表11-15所示。

表 11-15　　　　　　　　　　核算汇兑损益的账务处理

	财务会计处理	预算会计处理
期末，各外币账户按照期末的即期汇率调整后的人民币余额与原账面人民币余额的差额，作为汇兑损益	借：银行存款/应收账款/应付账款等 　　贷：业务活动费用/单位管理费用等 　　　　[汇兑收益] 借：业务活动费用/单位管理费用等[汇兑损失] 　　贷：银行存款/应收账款/应付账款等	借：资金结存——货币资金 　　贷：行政支出/事业支出等 　　　　[汇兑收益] 借：行政支出/事业支出等[汇兑损失] 　　贷：资金结存——货币资金

3. 案例解析

【例 11-15】2×19 年 11 月 1 日某事业单位的美元银行存款账户余额 500 000 美元，折合人民币 3 300 000 元；11 月 6 日该单位以 200 000 美元的价格从国外购进一批固定资产，当日的汇率为 1 美元 =6.53 元人民币；11 月 31 日的汇率为 1 美元 =6.5 元人民币。账务处理如下。

购进固定资产时。

财务会计：

借：固定资产　　　　　　　　　　　　　　　　　　　　　　　1 306 000
　　贷：银行存款——美元户　　　　　　　　　　　　　　　　　　1 306 000

预算会计：

借：事业支出　　　　　　　　　　　　　　　　　　　　　　　1 306 000
　　贷：资金结存——货币资金　　　　　　　　　　　　　　　　　1 306 000

月底计算汇兑损益时。

计算汇兑损益前"银行存款——美元户"的余额 =3 300 000-1 306 000=1 994 000（元）

月末美元账户余额折合人民币金额 =（500 000-200 000）×6.5=1 950 000（元）

11 月汇兑损失 =1 994 000-1 950 000=44 000（元）

财务会计：

借：业务活动费用——汇兑损失　　　　　　　　　　　　　　　　44 000
　　贷：银行存款　　　　　　　　　　　　　　　　　　　　　　　44 000

预算会计：

借：事业支出——汇兑损失　　　　　　　　　　　　　　　　　　44 000
　　贷：资金结存——货币资金　　　　　　　　　　　　　　　　　44 000

11.3 零余额账户用款额度

财政支付包括财政直接支付和财政授权支付两种方式。财政直接支付,指由财政部门向中国人民银行和代理银行签发支付指令,代理银行根据支付指令通过国库单一账户体系将资金直接支付到收款人或用款单位账户;财政授权支付,指由预算单位按照财政部门的授权,自行向代理银行签发支付指令,代理银行根据支付指令,在财政部门批准的预算单位的用款额度内,通过国库单一账户体系将资金支付到收款人账户。实行财政直接支付的支出包括:工资支出、购买支出以及转移支付等。实行财政授权支付的支出包括:未实行财政直接支付的购买支出和零星支出等。

零余额账户是指财政部门为本部门和预算单位在商业银行开设的账户,包括财政部零余额账户和预算单位零余额账户。财政部零余额账户在国库会计中使用,用于财政直接支付及清算。预算单位零余额账户在行政单位会计和事业单位会计中使用,用于财政授权支付及清算。因此,本书所讲的零余额账户仅指行政事业单位会计中用于财政授权支付及清算的零余额账户。

11.3.1 收到额度

1. 业务概述

财政部门按照年初核定的预算指标给单位下达财政授权支付额度时,单位根据"财政授权支付额度到账通知书"进行账务处理。

2. 账务处理

单位收到"财政授权支付额度到账通知书"时,根据通知书所列金额,财务会计应当借记"零余额账户用款额度"科目,贷记"财政拨款收入"科目。预算会计应当借记"资金结存——零余额账户用款额度"科目,贷记"财政拨款预算收入"科目。收到零余额账户用款额度的账务处理如表 11-16 所示。

表 11-16　　收到零余额账户用款额度的账务处理

	财务会计处理	预算会计处理
收到"财政授权支付额度到账通知书"	借:零余额账户用款额度 贷:财政拨款收入	借:资金结存——零余额账户用款额度 贷:财政拨款预算收入

3. 案例解析

【例 11-16】某行政单位收到财政授权支付额度到账通知书,收到财政拨款 200 000 元,应做以下会计分录。

财务会计：
借：零余额账户用款额度　　　　　　　　　　　　200 000
　　贷：财政拨款收入　　　　　　　　　　　　　　　　　200 000
预算会计：
借：资金结存——零余额账户用款额度　　　　　200 000
　　贷：财政拨款预算收入　　　　　　　　　　　　　　200 000

11.3.2　按照规定支用额度

1. 业务概述

财政支付包括财政直接支付和财政授权支付。财政授权支付是指预算单位按照财政部门的授权，自行向代理银行签发支付指令，代理银行根据支付指令，在财政部门批准的预算单位的用款额度内，通过同库单一账户体系将资金支付到收款人账户。

2. 账务处理

支付日常活动费用时，按照支付的金额，财务会计应当借记"业务活动费用""单位管理费用"等科目，贷记"零余额账户用款额度"科目；预算会计应当借记"行政支出""事业支出"等相关科目，贷记"资金结存——零余额账户用款额度"科目。购买库存物品或购建固定资产，按照实际发生的成本，财务会计应当借记"库存物品""固定资产""在建工程"等科目，按照实际支付或应付的金额，贷记"零余额账户用款额度"科目；预算会计应当借记"行政支出""事业支出"等相关科目，贷记"资金结存——零余额账户用款额度"科目。涉及增值税业务的，相关账务处理参见"应交增值税"科目。

按照规定支用额度的账务处理如表11-17所示。

表 11-17　　　　　　　　按照规定支用额度的财务处理

	财务会计处理	预算会计处理
支付日常活动费用	借：业务活动费用/单位管理费用等 　　贷：零余额账户用款额度	借：行政支出/事业支出等 　　贷：资金结存——零余额账户用款额度
购买库存物品或购建固定资产等	借：库存物品/固定资产/在建工程等 　　贷：零余额账户用款额度	

3. 案例解析

【例11-17】某行政单位使用零余额账户用款额度50 000元购进一批存货，应做以下会计分录。

财务会计：
借：库存物品　　　　　　　　　　　　　　　　　　　50 000
　　贷：零余额账户用款额度　　　　　　　　　　　　　　50 000
预算会计：
借：行政支出　　　　　　　　　　　　　　　　　　　50 000
　　贷：资金结存——零余额账户用款额度　　　　　　　50 000

11.3.3　提现和退回现金

1．账务处理

根据规定从行政事业单位零余额账户提取现金，按照实际提取的金额，财务会计应当借记"库存现金"科目，贷记"零余额账户用款额度"科目；预算会计应当借记"资金结存——货币资金"科目，贷记"资金结存——零余额账户用款额度"科目。将现金退回单位零余额账户，按照实际退回的金额，财务会计应当借记"零余额账户用款额度"科目，贷记"库存现金"科目；预算会计应当借记"资金结存——零余额账户用款额度"科目，贷记"资金结存——货币资金"科目。

提取和退回现金的账务处理如表 11-18 所示。

表 11-18　　　　　　　　　提取和退回现金的账务处理

	财务会计处理	预算会计处理
从零余额账户提取现金	借：库存现金 　　贷：零余额账户用款额度	借：资金结存——货币资金 　　贷：资金结存——零余额账户用款额度
将现金退回单位零余额账户	借：零余额账户用款额度 　　贷：库存现金	借：资金结存——零余额账户用款额度 　　贷：资金结存——货币资金

2．案例解析

【例 11-18】2×19 年 6 月 10 日，某行政单位从零余额账户中提现 2 000 元，应做以下会计分录。

财务会计：
借：库存现金　　　　　　　　　　　　　　　　　　　2 000
　　贷：零余额账户用款额度　　　　　　　　　　　　　2 000
预算会计：
借：资金结存——货币资金　　　　　　　　　　　　　2 000

贷：资金结存——零余额账户用款额度　　　　　　　　　　　　2 000

2×19年6月30日，该行政单位将剩余的500元现金退回单位零余额账户，应做以下会计分录。

财务会计：
借：零余额账户用款额度　　　　　　　　　　　　　　　　　　500
　　贷：库存现金　　　　　　　　　　　　　　　　　　　　　　500

预算会计：
借：资金结存——零余额账户用款额度　　　　　　　　　　　　500
　　贷：资金结存——货币资金　　　　　　　　　　　　　　　　500

11.3.4　因购货退回等发生国库授权支付额度退回

1．业务概述

日常差旅等退回现金或是购货等发生款项退回时，在不超过规定的库存现金限额情况下，可暂由单位财务部门保管，待下次支付；若超过规定的库存现金限额，要按支用时的预算科目，填写财政授权支付更正（退回）通知书，与需要退回的现金或支票一起送交代理银行，由代理银行恢复单位相应科目用款额度。

2．账务处理

因购货退回等发生国库授权支付额度退回的，属于以前年度支付的款项，按照退回金额，财务会计应当借记"零余额账户用款额度"科目，贷记"以前年度盈余调整""库存物品"等有关科目；预算会计应当借记"资金结存——零余额账户用款额度"科目，贷记"财政拨款结转——年初余额调整""财政拨款结余——年初余额调整"等有关科目。属于本年度支付的款项，按照退回金额，财务会计应当借记"零余额账户用款额度"科目，贷记"库存物品"等有关科目；预算会计应当借记"资金结存——零余额账户用款额度"科目，贷记"行政支出""事业支出"等科目。

因购货退回等发生国库授权支付额度退回的账务处理如表11-19所示。

表 11-19　因购货退回等发生国库授权支付额度退回的账务处理

	财务会计处理	预算会计处理
属于本年度支付的款项	借：零余额账户用款额度 　　贷：库存物品等	借：资金结存——零余额账户用款额度 　　贷：行政支出/事业支出等

续表

	财务会计处理	预算会计处理
属于以前年度支付的款项	借：零余额账户用款额度 　　贷：库存物品/以前年度盈余调整	借：资金结存——零余额账户用款额度 　　贷：财政拨款结转——年初余额调整/财政拨款结余——年初余额调整

3. 案例解析

【例 11-19】某事业单位 2×19 年 11 月 30 日因购货退回发生 2 500 元国库授权支付额度退回，退回的货物于 2×19 年 6 月 30 日用本年授权支付的款项购买。该事业单位应做以下会计分录。

财务会计：

借：零余额账户用款额度　　　　　　　　　　　　　　2 500
　　贷：库存物品　　　　　　　　　　　　　　　　　　2 500

预算会计：

借：资金结存——零余额账户用款额度　　　　　　　　2 500
　　贷：事业支出　　　　　　　　　　　　　　　　　　2 500

若该批退回的货物是用以前年度授权支付的款项购买的。该事业单位应做以下会计分录。

财务会计：

借：零余额账户用款额度　　　　　　　　　　　　　　2 500
　　贷：库存物品　　　　　　　　　　　　　　　　　　2 500

预算会计：

借：资金结存——零余额账户用款额度　　　　　　　　2 500
　　贷：财政拨款结余——年初余额调整　　　　　　　　2 500

11.3.5　年末，注销额度

1. 业务概述

当年行政事业单位实际支出数小于已下达的零余额账户用款额度或者本年度财政授权支付预算指标数大于零余额账户用款额度下达数的，需要将未用完的零余额账户用款额度和未下达的财政授权支付预算指标数注销。

2. 账务处理

年末，根据代理银行提供的对账单做注销额度的相关账务处理，财务会计应当借记"财政应返还额度——财政授权支付"科目，贷记"零余额账户用款额度"科目；预算会计应当借记"资金结存——财政应返还额度"科目，贷记"资金结存——零余额账户用款额度"科目。行政事业单位本年度财政授权支付预算指标数大于零余额账户用款额度下达数的，根据二者间的差额，财务会计应当借记"财政应返还额度——财政授权支付"科目，贷记"财政拨款收入"科目；预算会计应当借记"资金结存——财政应返还额度"科目，贷记"财政拨款预算收入"科目。

年末，注销额度的账务处理如表 11-20 所示。

表 11-20　　　　　　　年末，注销额度的账务处理

	财务会计处理	预算会计处理
根据代理银行提供的对账单注销财政授权支付额度	借：财政应返还额度——财政授权支付 贷：零余额账户用款额度	借：资金结存——财政应返还额度 贷：资金结存——零余额账户用款额度
本年度财政授权支付预算指标数大于零余额账户用款额度下达数的，根据二者差额	借：财政应返还额度——财政授权支付 贷：财政拨款收入	借：资金结存——财政应返还额度 贷：财政拨款预算收入

3. 案例解析

【例 11-20】2×19 年年末，某单位的代理银行提供的对账单中注明注销额度为 300 000 元，应做以下账务处理。

财务会计：

借：财政应返还额度——财政授权支付　　　　　　　　　　300 000
　　贷：零余额账户用款额度　　　　　　　　　　　　　　300 000

预算会计：

借：资金结存——财政应返还额度　　　　　　　　　　　　300 000
　　贷：资金结存——零余额账户用款额度　　　　　　　　300 000

【例 11-21】某单位当年财政授权支付的预算指标数为 1 000 000 元，当年零余额账户用款额度下达数为 800 000 元。年末，该单位应做以下账务处理。

财务会计：

借：财政应返还额度——财政授权支付　　　　　　　　　　200 000
　　贷：财政拨款收入　　　　　　　　　　　　　　　　　200 000

预算会计：

借：资金结存——财政应返还额度　　　　　　　　　　　　200 000
　　贷：财政拨款预算收入　　　　　　　　　　　　　　　200 000

11.3.6 下年初，恢复额度

1. 业务概述

上年行政事业单位实际支出数小于已下达的零余额账户用款额度的，下年初，行政事业单位根据代理银行提供的财政授权支付额度恢复到账通知书做恢复额度处理。上年度财政授权支付预算指标数大于零余额账户用款额度下达数的，在年初要重新下达指标，并且不占用单位下年指标财政授权支付额度，行政事业单位在收到财政部门批复的上年未下达零余额账户用款额度时进行相应的账务处理。

2. 账务处理

年初，行政事业单位根据代理银行提供的财政授权支付额度恢复到账通知书做恢复额度的相关账务处理，财务会计应当借记"零余额账户用款额度"科目，贷记"财政应返还额度——财政授权支付"科目；预算会计应当借记"资金结存——零余额账户用款额度"科目，贷记"资金结存——财政应返还额度"科目。行政事业单位收到财政部门批复的上年未下达零余额账户用款额度，财务会计应当借记"零余额账户用款额度"科目，贷记"财政应返还额度——财政授权支付"科目；预算会计应当借记"资金结存——零余额账户用款额度"科目，贷记"资金结存——财政应返还额度"科目。

下年初，恢复额度的账务处理如表 11-21 所示。

表 11-21　下年初，恢复额度的账务处理

	财务会计处理	预算会计处理
根据代理银行提供的额度恢复到账通知书恢复财政授权支付额度	借：零余额账户用款额度 贷：财政应返还额度——财政授权支付	借：资金结存——零余额账户用款额度 贷：资金结存——财政应返还额度
收到财政部门批复的上年未下达零余额账户用款额度	借：零余额账户用款额度 贷：财政应返还额度——财政授权支付	借：资金结存——零余额账户用款额度 贷：资金结存——财政应返还额度

3. 案例解析

【例 11-22】沿用【例 11-21】。下年初，该单位收到代理银行提供的额度恢复到账通知书，注明恢复额度为 300 000 元，应做以下会计处理。

财务会计：

借：零余额账户用款额度　　　　　　　　　　　　　　300 000
　　贷：财政应返还额度——财政授权支付　　　　　　　　300 000
预算会计：
借：资金结存——零余额账户用款额度　　　　　　　　300 000
　　贷：资金结存——财政应返还额度　　　　　　　　　　300 000

11.4　其他货币资金

其他货币资金是行政事业单位除现金和银行存款以外的货币资金，包括外埠存款、银行本票存款、银行汇票存款、信用卡存款等。

11.4.1　形成其他货币资金

1．业务概述

"其他货币资金"科目核算行政事业单位的外埠存款、银行本票存款、银行汇票存款、信用卡存款等各种其他货币资金。"其他货币资金"科目应当设置"外埠存款""银行本票存款""银行汇票存款""信用卡存款"等明细科目，进行明细核算。

2．账务处理

将款项交存银行取得银行本票、银行汇票、信用卡，按照取得的金额，财务会计应当借记"其他货币资金——银行本票存款/银行汇票存款/信用卡存款"科目，贷记"银行存款"科目。预算会计不需要做账务处理。

形成其他货币资金的账务处理如表11-22所示。

表11-22　　　　　　　　形成其他货币资金的账务处理

	财务会计处理	预算会计处理
取得银行本票、银行汇票、信用卡时	借：其他货币资金——银行本票存款 　　　　　　　　　——银行汇票存款 　　　　　　　　　——信用卡存款 贷：银行存款	—

3．案例解析

【例11-23】某单位取得一张金额为20 000元的银行本票。该业务的账务处理如下。

借：其他货币资金——银行本票存款　　　　　　　　　20 000

　　　　贷：银行存款　　　　　　　　　　　　　　　　　　　　　　　20 000

预算会计不需要做账务处理。

11.4.2　发生支付

1．账务处理

使用银行本票、银行汇票、信用卡购买物品或固定资产等时，财务会计应当借记"在途物品""库存物品""固定资产"等科目，贷记"其他货币资金——银行本票存款/银行汇票存款/信用卡存款"科目。预算会计应当借记"事业支出"等有关科目，贷记"资金结存——货币资金"科目。

发生支付的账务处理如表11-23所示。

表11-23　　　　　　　　　　发生支付的账务处理

	财务会计处理	预算会计处理
用银行本票、银行汇票、信用卡支付时	借：在途物品/库存物品/固定资产等 　贷：其他货币资金——银行本票存款 　　　　　　　　——银行汇票存款 　　　　　　　　——信用卡存款	借：事业支出等[实际支付金额] 　贷：资金结存——货币资金

2．案例解析

【例11-24】某事业单位用银行汇票购买一批金额为15 000元的存货。其账务处理如下。

财务会计：

借：库存物品　　　　　　　　　　　　　　　　　　　　　　　　15 000

　　贷：其他货币资金——银行汇票存款　　　　　　　　　　　　　15 000

预算会计：

借：事业支出　　　　　　　　　　　　　　　　　　　　　　　　15 000

　　贷：资金结存——货币资金　　　　　　　　　　　　　　　　　15 000

11.4.3　余款退回时

1．账务处理

因银行本票、银行汇票、信用卡存款超过付款期等原因而退回款项，按照退款金额，财务会计应当借记"银行存款"科目，贷记"其他货币资金——银行本票存款/银行汇票存款/信用卡存款"科目。预算会计不需要做账务处理。

余款退回时的账务处理如表11-24所示。

表11-24　　　　　　　　　余款退回时的账务处理

	财务会计处理	预算会计处理
银行本票、银行汇票、信用卡的余款退回时	借：银行存款 　　贷：其他货币资金——银行本票存款 　　　　　　　　　——银行汇票存款 　　　　　　　　　——信用卡存款	—

2．案例解析

【例11-25】2×19年末，银行将某单位银行汇票的余额5 000元退回。该业务的账务处理如下。

财务会计：

借：银行存款　　　　　　　　　　　　　　　　　　　　　　5 000
　　贷：其他货币资金——银行汇票存款　　　　　　　　　　　5 000

预算会计不需要做账务处理。

11.5　短期投资

11.5.1　取得短期投资

1．业务概述

"短期投资"科目核算事业单位按照规定取得的，持有时间不超过1年（含1年）的投资。"短期投资"科目应当按照投资的种类等进行明细核算。

2．账务处理

取得短期投资时，按照确定的投资成本，财务会计应借记"短期投资"科目，贷记"银行存款"等科目；预算会计应当借记"投资支出"科目，贷记"资金结存——货币资金"科目。收到取得投资时实际支付价款中包含的已到付息期但尚未领取的利息，按照实际收到的金额，财务会计应当借记"银行存款"科目，贷记"短期投资"科目；预算会计应当借记"资金结存——货币资金"科目，贷记"投资支出"科目。

取得短期投资的账务处理如表11-25所示。

表 11-25　　　　　　　　取得短期投资的账务处理

	财务会计处理	预算会计处理
取得短期投资时	借：短期投资 　贷：银行存款等	借：投资支出 　贷：资金结存——货币资金
收到购买时已到付息期但尚未领取的利息时	借：银行存款 　贷：短期投资	借：资金结存——货币资金 　贷：投资支出

3．案例解析

【例 11-26】3 月 1 日，该单位以银行存款购买 51 000 元的有价债券，其中包含已到付息期但尚未领取的利息 1 000 元，该事业单位准备 9 个月之内出售。

财务会计：

借：短期投资　　　　　　　　　　　　　　　　51 000
　　贷：银行存款　　　　　　　　　　　　　　　　51 000
借：银行存款　　　　　　　　　　　　　　　　 1 000
　　贷：短期投资　　　　　　　　　　　　　　　　 1 000

预算会计：

借：投资支出　　　　　　　　　　　　　　　　51 000
　　贷：资金结存——货币资金　　　　　　　　　　51 000
借：资金结存——货币资金　　　　　　　　　　 1 000
　　贷：投资支出　　　　　　　　　　　　　　　　 1 000

11.5.2　短期投资持有期间收到利息

1．账务处理

收到短期投资持有期间的利息，按照实际收到的金额，财务会计应当借记"银行存款"科目，贷记"投资收益"科目。预算会计应当借记"资金结存——货币资金"科目，贷记"投资预算收益"科目。短期投资持有期间收到利息的账务处理如表 11-26 所示。

表 11-26　　　　　短期投资持有期间收到利息的账务处理

	财务会计处理	预算会计处理
短期投资持有期间收到利息	借：银行存款 　贷：投资收益	借：资金结存——货币资金 　贷：投资预算收益

2. 案例解析

【例11-27】沿用【例11-26】。6月1日，该单位收到持有该债券利息500元。

财务会计：

借：银行存款　　　　　　　　　　　　　　　　　　　　　500
　　贷：投资收益　　　　　　　　　　　　　　　　　　　　500

预算会计：

借：资金结存——货币资金　　　　　　　　　　　　　　　500
　　贷：投资预算收益　　　　　　　　　　　　　　　　　　500

11.5.3　出售短期投资或到期收回短期投资（国债）本息

1. 账务处理

出售短期投资或到期收回短期投资本息，按照实际收到的金额，财务会计应当借记"银行存款"科目，按照出售或收回短期投资的账面余额，贷记"短期投资"科目，按照其差额，借记或贷记"投资收益"科目。预算会计应当借记"资金结存——货币资金"科目，按照出售或收回短期投资的账面余额，贷记"投资支出"或"其他结余"科目，按照其差额，借记或贷记"投资预算收益"科目。涉及增值税业务的，相关账务处理参见"应交增值税"科目。

出售短期投资或到期收回短期投资（国债）本息的账务处理如表11-27所示。

表11-27　出售短期投资或到期收回短期投资（国债）本息的账务处理

	财务会计处理	预算会计处理
出售短期投资或到期收回短期投资（国债）本息	借：银行存款[实际收到的金额] 　　投资收益[借差] 　贷：短期投资[账面余额] 　　　投资收益[贷差]	借：资金结存——货币资金[实收款] 　　投资预算收益[实收款小于投资成本的差额] 　贷：投资支出[出售或收回当年投资的]/其他结余[出售或收回以前年度投资的] 　　　投资预算收益[实收款大于投资成本的差额]

2. 案例解析

【例11-28】沿用【例11-27】。12月1日，该单位出售该债券，收到50 500元，并收到持有期间的其他利息1 500元。

财务会计:

借:银行存款　　　　　　　　　　　　　　　　　52 000
　　贷:短期投资　　　　　　　　　　　　　　　　50 000
　　　　投资收益　　　　　　　　　　　　　　　　2 000

预算会计:

借:资金结存——货币资金　　　　　　　　　　　　52 000
　　贷:投资预算收益　　　　　　　　　　　　　　2 000
　　　　投资支出　　　　　　　　　　　　　　　　50 000

11.6　财政应返还额度

财政应返还额度是指实行国库集中支付的行政事业单位应收财政返还的资金额度。

11.6.1　财政直接支付方式下,确认财政应返还额度

1.业务概述

"财政应返还额度"科目核算实行国库集中支付的行政事业单位应收财政返还的资金额度,包括可以使用的以前年度财政直接支付资金额度和财政应返还的财政授权支付资金额度。

"财政应返还额度"科目应当设置"财政直接支付""财政授权支付"两个明细科目进行明细核算。

2.账务处理

年末,行政事业单位根据本年度财政直接支付预算指标数与当年财政直接支付实际发生数的差额,财务会计应当借记"财政应返还额度——财政直接支付"科目,贷记"财政拨款收入"科目。预算会计应当借记"资金结存——财政返还额度"科目,贷记"财政拨款预算收入"科目。

下年度使用以前年度财政直接支付额度支付款项时,财务会计应当借记"业务活动费用""单位管理费用""库存物品"等有关科目,贷记"财政应返还额度——财政直接支付"科目。预算会计应当借记"行政支出""事业支出"等有关科目,贷记"资金结存——财政应返还额度"科目。

财政直接支付方式下,确认财政应返还额度的账务处理如表11-28所示。

表 11-28 财政直接支付方式下，确认财政应返还额度的账务处理

	财务会计处理	预算会计处理
年末本年度预算指标数与当年实际支付数的差额	借：财政应返还额度——财政直接支付 　贷：财政拨款收入	借：资金结存——财政应返还额度 　贷：财政拨款预算收入
下年度使用以前年度财政直接支付额度支付款项时	借：业务活动费用/单位管理费用/库存物品等 　贷：财政应返还额度——财政直接支付	借：行政支出/事业支出等 　贷：资金结存——财政应返还额度

3．案例解析

【例 11-29】某事业单位发生以下业务。

（1）2×19 年 12 月 31 日，本年度财政直接支付预算指标数为 200 000 元，当年财政直接支付实际支付数为 180 000 元。

财务会计：

借：财政应返还额度——财政直接支付　　　　　　　　　　　20 000

　　贷：财政拨款收入　　　　　　　　　　　　　　　　　　　20 000

预算会计：

借：资金结存——财政应返还额度　　　　　　　　　　　　　20 000

　　贷：财政拨款预算收入　　　　　　　　　　　　　　　　　20 000

（2）2×20 年 3 月，以财政直接支付方式发生实际支出 10 000 元。

财务会计：

借：业务活动费用　　　　　　　　　　　　　　　　　　　　10 000

　　贷：财政应返还额度——财政直接支付　　　　　　　　　　10 000

预算会计：

借：事业支出　　　　　　　　　　　　　　　　　　　　　　10 000

　　贷：资金结存——财政应返还额度　　　　　　　　　　　　10 000

11.6.2　财政授权支付方式下，确认财政应返还额度

1．业务概述

上年行政事业单位实际支出数小于已下达的零余额账户用款额度的，下年初，行政事业单位根据代理银行提供的财政授权支付额度恢复到账通知书做恢复额度处理。上年度财政授权支付预算指标数大于零余额账户用款额度下达数的，在年初要重新下达指标，并且不占用行政事业单位下年指标财政授权支付

额度，行政事业单位在收到财政部门批复的上年未下达零余额账户用款额度时进行相应的账务处理。

2. 账务处理

年末，行政事业单位本年度财政授权支付预算指标数大于零余额账户用款额度下达数的，根据未下达的用款额度，财务会计应当借记"财政应返还额度——财政授权支付"科目，贷记"财政拨款收入"科目。预算会计应当借记"资金结存——财政应返还额度"科目，贷记"财政拨款预算收入"科目。

年末，根据代理银行提供的对账单做注销额度的相关账务处理，财务会计应当借记"财政应返还额度——财政授权支付"科目，贷记"零余额账户用款额度"科目。预算会计应当借记"资金结存——财政应返还额度"科目，贷记"资金结存——零余额账户用款额度"科目。

下年初，单位根据代理银行提供的上年度注销额度恢复到账通知书做恢复额度的相关账务处理，财务会计应当借记"零余额账户用款额度"科目，贷记"财政应返还额度——财政授权支付"科目；预算会计应当借记"资金结存——零余额账户用款额度"科目，贷记"资金结存——财政应返还额度"科目。单位收到财政部门批复的上年未下达零余额账户用款额度，财务会计应当借记"零余额账户用款额度"科目，贷记"财政应返还额度——财政授权支付"科目；预算会计应当借记"资金结存——零余额账户用款额度"科目，贷记"资金结存——财政应返还额度"科目。

财政授权支付方式下，确认财政应返还额度的账务处理如表 11-29 所示。

表 11-29　财政授权支付方式下，确认财政应返还额度的账务处理

	财务会计处理	预算会计处理
年末本年度预算指标数大于额度下达数的，根据未下达的用款额度	借：财政应返还额度——财政授权支付 贷：财政拨款收入	借：资金结存——财政应返还额度 贷：财政拨款预算收入
年末根据代理银行提供的对账单做注销额度处理	借：财政应返还额度——财政授权支付 贷：零余额账户用款额度	借：资金结存——财政应返还额度 贷：资金结存——零余额账户用款额度
下年初额度恢复和下年初收到财政部门批复的上年未下达零余额账户用款额度	借：零余额账户用款额度 贷：财政应返还额度——财政授权支付	借：资金结存——零余额账户用款额度 贷：资金结存——财政应返还额度

11.7 应收票据

应收票据是指事业单位因从事经营活动而收到的商业汇票。商业票据可以按出票人不同可以分为银行汇票、商业汇票,商业汇票按承兑人不同分为商业承兑汇票、银行承兑汇票。商业票据也可以按付款时间不同分为即期汇票、远期汇票。商业票据还可以按有无附属单据分为光票、跟单汇票。

11.7.1 收到商业汇票

1. 业务概述

商业票据是指由金融公司或某些信用较高的企业开出的无担保的短期票据。事业单位在从事经营活动收到收入时,可以选择以商业票据结算。

2. 账务处理

因销售产品、提供服务等收到商业汇票,按照商业汇票的票面金额,财务会计应当借记"应收票据"科目,按照确认的收入金额,贷记"经营收入"等科目。预算会计不需要做账务处理。涉及增值税业务的,相关账务处理参见"应交增值税"科目。

收到商业汇票的账务处理如表11-30所示。

表11-30　　　　　　收到商业汇票的账务处理

	财务会计处理	预算会计处理
销售产品、提供服务等收到商业汇票时	借:应收票据 　贷:经营收入等	—

3. 案例解析

【例11-30】某事业单位发生以下业务。销售M产品一批给甲公司,货已发出,价款10 000元,增值税税额为1 300元。按合同约定两个月后付款,甲公司交给该事业单位1张两个月到期的商业承兑汇票,面值为11 300元。其会计分录如下。

财务会计:

借:应收票据　　　　　　　　　　　　　　　　　　　11 300
　　贷:经营收入　　　　　　　　　　　　　　　　　　10 000
　　　　应交增值——应交税金(销项税额)　　　　　　1 300

预算会计不需要做账务处理。

11.7.2 持商业汇票向银行贴现

1. 账务处理

持未到期的商业汇票向银行贴现,按照实际收到的金额(即扣除贴现息后的净额),财务会计应当借记"银行存款"科目,按照贴现息金额,借记"经营费用"等科目,按照商业汇票的票面金额,贷记"应收票据"科目[无追索权]或"短期借款"科目[有追索权];预算会计应当借记"资金结存——货币资金"科目,贷记"经营预算收入"等有关科目。附追索权的商业汇票到期未发生追索事项的,按照商业汇票的票面金额,财务会计应当借记"短期借款"科目,贷记"应收票据"科目;预算会计不需要做账务处理。

持商业汇票向银行贴现的账务处理如表11-31所示。

表11-31 持商业汇票向银行贴现的账务处理

	财务会计处理	预算会计处理
持未到期的商业汇票向银行贴现	借:银行存款[贴现净额] 　　经营费用等[贴现利息] 贷:应收票据[不附追索权]/短期借款[附追索权]	借:资金结存——货币资金 贷:经营预算收入等[贴现净额]
附追索权的商业汇票到期未发生追索事项	借:短期借款 贷:应收票据	—

2. 案例解析

【例11-31】2×19年3月5日,某事业单位持未到期面值为10 000元的商业汇票向银行贴现,到期日为2×19年5月4日,不附追索权,按7.2%的年贴现率贴现。该业务账务处理如下。

贴现天数为60天。

贴现利息=10 000×60×7.2%÷360=120(元)

实付贴现金额=10 000-120=9 880(元)

财务会计:

借:银行存款	9 880
经营费用	120
贷:应收票据	10 000

预算会计:

借:资金结存——货币资金	9 880
贷:经营预算收入	9 880

若上述商业汇票附追索权,则账务处理如下。

财务会计:

借:银行存款　　　　　　　　　　　　　　　　　　　　9 880

　　经营费用　　　　　　　　　　　　　　　　　　　　 120

　贷:短期借款　　　　　　　　　　　　　　　　　　　10 000

预算会计:

借:资金结存——货币资金　　　　　　　　　　　　　 9 880

　贷:经营预算收入　　　　　　　　　　　　　　　　　9 880

11.7.3　商业汇票背书转让

1. 业务概述

商业票据可以背书转让,也可以贴现。在商业票据未到期之前,商业票据持有人可以通过背书将票据转让给第三方企业,作为结算工具;也可以向银行贴现,收回款项。

2. 账务处理

用未到期的商业汇票通过背书与下家企业进行结算时,按照实际负担的成本,财务会计应当借记"库存物品""单位管理费用"等,按照商业票据的金额,贷记"应收票据"科目,按照差额,借记或贷记"银行存款"。预算会计应当按支付的金额借记"经营支出"等有关科目,贷记"资金结存——货币资金"科目。

商业汇票背书转让的账务处理如表 11-32 所示。

表 11-32　　　　　　　商业汇票背书转让的账务处理

	财务会计处理	预算会计处理
将持有的商业汇票背书转让以取得所需物资	借:库存物品/单位管理费用等 　贷:应收票据 　　　银行存款[差额]	借:经营支出等[支付的金额] 　贷:资金结存——货币资金

3. 案例解析

【例 11-32】某事业单位将一张面值 5 000 元的商业汇票背书转让给甲公司并支付 1 000 元差额,用以取得一批价值 6 000 元的货物。该业务的账务处理如下。

财务会计:

借:库存物品　　　　　　　　　　　　　　　　　　　　6 000

贷：应收票据　　　　　　　　　　　　　　　　　　　　　　5 000
　　　　银行存款　　　　　　　　　　　　　　　　　　　　　　1 000
预算会计：
借：经营支出　　　　　　　　　　　　　　　　　　　　　　　1 000
　　贷：资金结存——货币资金　　　　　　　　　　　　　　　1 000

11.7.4　商业汇票到期

1. 业务概述

一般，商业汇票的付款期限最长不得超过 6 个月。商业汇票到期后，持票人按照票面金额向承兑人和付款人提示承兑和提示付款。

2. 账务处理

收回票款时，按照实际收到的商业汇票票面金额，财务会计应当借记"银行存款"科目，贷记"应收票据"科目。预算会计应当借记"资金结存——货币资金"科目，贷记"经营预算收入"等科目。

因付款人无力支付票款，收到银行退回的商业承兑汇票、委托收款凭证、未付票款通知书或拒付款证明等，按照商业汇票的票面金额，财务会计应当借记"应收账款"科目，贷记"应收票据"科目。预算会计不需要做账务处理。

商业汇票到期的账务处理如表 11-33 所示。

表 11-33　　　　　商业汇票到期的账务处理

	财务会计处理	预算会计处理
商业汇票到期，收回应收票据	借：银行存款 　　贷：应收票据	借：资金结存——货币资金 　　贷：经营预算收入等
商业汇票到期，付款人无力支付票款时	借：应收账款 　　贷：应收票据	—

3. 案例解析

【例 11-33】某事业单位收到付款人承兑到期的商业汇票的票面金额 10 000 元。该业务的账务处理如下。

财务会计：
借：银行存款　　　　　　　　　　　　　　　　　　　　　　10 000
　　贷：应收票据　　　　　　　　　　　　　　　　　　　　10 000
预算会计：

借：资金结存——货币资金 10 000
　　贷：经营预算收入 10 000

若付款人无力支付票款时，账务处理如下。

财务会计：

借：应收账款 10 000
　　贷：应收票据 10 000

预算会计不需要做账务处理。

11.8　应收账款

应收账款，是指事业单位因提供劳务、开展有偿服务以及销售产品等业务形成的应向客户收取的款项。此处所讲的应收账款不包括借出款、备用金、应向职工收取的各种垫付款项等。

11.8.1　发生应收账款时

1. 业务概述

商业信用是指在商品交易中由于延期付款或预收货款所形成的企业间的借贷关系，是商品的交换过程中，由于商品和货币在时间上和空间上的分离而形成的企业之间的直接信用行为。其具体形式包括应付账款、应付票据、预收账款等。现代经济生活中，商业信用普遍存在于各类交易行为中。行政事业单位可以根据自身的财务状况和内部控制规定，按照一定的信用条件，向客户提供劳务、开展有偿服务以及销售产品或者出租资产、出售物资等。但鉴于行政事业单位的特殊性，需要确认收到的对价是否需要上缴。

2. 账务处理

事业单位发生应收账款时，按照应收未收金额，财务会计应当借记"应收账款"科目，贷记"事业收入""经营收入""租金收入""其他收入"等科目；预算会计不需要做账务处理。涉及增值税业务的，相关账务处理参见"应交增值税"科目。如果收到的款项需要上缴财政，财务会计应借记"应收账款"科目，贷记"应缴财政款"科目；预算会计不需要做账务处理。

发生应收账款时的账务处理如表 11-34 所示。

表 11-34 发生应收账款时的账务处理

	财务会计处理	预算会计处理
应收账款收回后不需上缴财政	借：应收账款 　贷：事业收入/经营收入/其他收入/租金收入等	—
应收账款收回后需上缴财政	借：应收账款 　贷：应缴财政款	—

3．案例解析

【例 11-34】2×19 年 6 月 5 日，某向外提供劳务和产品的科研事业单位向甲公司提供劳务获得收入 50 000 元，不需要上缴财政。按照合同规定，这笔款项应在 6 月 25 日支付。账务处理如下。

6 月 5 日的会计分录如下。

财务会计：

借：应收账款　　　　　　　　　　　　　　　50 000
　　贷：经营收入　　　　　　　　　　　　　　50 000

预算会计不需要做账务处理。

6 月 25 日收到款项时的会计分录如下。

财务会计：

借：银行存款　　　　　　　　　　　　　　　50 000
　　贷：应收账款　　　　　　　　　　　　　　50 000

预算会计：

借：资金结存——货币资金　　　　　　　　　50 000
　　贷：经营预算收入　　　　　　　　　　　　50 000

11.8.2　收回应收账款时

1．业务概述

应收账款的回款速度影响事业单位资金使用效率。事业单位需要将应收账款与客户商业信用相结合，对其进行密切关注。

2．账务处理

收回应收账款时，若无须上缴财政，按照实际收到的金额，财务会计应当借记"银行存款"等科目，贷记"应收账款"科目。预算会计应当借记"资金结存——货币资金"等有关科目，贷记"事业预算收入""经营预算收入""其他预算收入"等有关科目。

应收账款收回后需上缴财政，财务会计应当借记"银行存款"等有关科目，贷记"应收账款"科目。预算会计不需要做账务处理。

收回应收账款时的账务处理如表 11-35 所示。

表 11-35　　　　　　　收回应收账款时的账务处理

	财务会计处理	预算会计处理
应收账款收回后不需上缴财政	借：银行存款等 　贷：应收账款	借：资金结存——货币资金等 　贷：事业预算收入/经营预算收入/其他预算收入等
应收账款收回后需上缴财政	借：银行存款等 　贷：应收账款	—

3．案例解析

【例 11-35】2×19 年 6 月 5 日，某向外提供劳务和产品的科研事业单位向甲公司提供劳务获得收入 50 000 元，需要上缴财政。按照合同规定，这笔款项应在 6 月 25 日支付。账务处理如下。

6 月 5 日的会计分录如下。

财务会计：

借：应收账款　　　　　　　　　　　　　　　　　　　　　50 000

　贷：应缴财政款　　　　　　　　　　　　　　　　　　　　50 000

预算会计不需要做账务处理。

6 月 25 日收到款项时的会计分录如下。

财务会计：

借：银行存款　　　　　　　　　　　　　　　　　　　　　50 000

　贷：应收账款　　　　　　　　　　　　　　　　　　　　　50 000

预算会计不需要做账务处理。

11.8.3　逾期无法收回应收账款

1．业务概述

事业单位应当于每年年末，对收回后不需上缴财政的应收账款进行全面检查，如发生不能收回的迹象，应当计提坏账准备。事业单位收回后需要上缴财政的应收账款发生坏账损失时，应当采用直接销账法进行处理。事业单位应当于每年年末，对收回后应当上缴财政的应收账款进行全面检查。对于账龄超过规定年限、确认无法收回的应收账款，按照规定报经批准后予以核销。

2. 账务处理

对于账龄超过规定年限、确认无法收回的应收账款，按照规定报经批准后予以核销。按照核销金额，财务会计应当借记"坏账准备""应缴财政款"科目，贷记"应收账款"科目。预算会计不需要做账务处理。核销的应收账款应在备查簿中保留登记。

事业单位已核销不需上缴财政的应收账款在以后期间又收回的，按照实际收回金额，财务会计应当借记"应收账款"科目，贷记"坏账准备"科目；同时，借记"银行存款"等科目，贷记"应收账款"科目。预算会计应当借记"资金结存——货币资金"科目，贷记"非财政拨款结余"等有关科目。

事业单位已核销需上缴财政的应收账款在以后期间收回的，财务会计应当借记"银行存款"等有关科目，贷记"应缴财政款"科目。预算会计不需要做账务处理。

逾期无法收回的应收账款的会计处理如表 11-36 所示。

表 11-36　　　　　逾期无法收回的应收账款的会计处理

	财务会计处理	预算会计处理
报批后予以核销	借：坏账准备 / 应缴财政款 　　贷：应收账款	—
事业单位已核销不需上缴财政的应收账款在以后期间收回	借：应收账款 　　贷：坏账准备 借：银行存款 　　贷：应收账款	借：资金结存——货币资金 　　贷：非财政拨款结余等
事业单位已核销需上缴财政的应收账款在以后期间收回	借：银行存款等 　　贷：应缴财政款	—

3. 案例解析

【例 11-36】沿用【例 11-34】。6 月 25 日该事业单位发现无法完全收回甲公司应收账款，按规定报经批准后予以核销 10 000 元。7 月 26 日该事业单位收回 50 000 元应收账款。其账务处理如下。

6 月 25 日的会计分录如下。

财务会计：

　　借：坏账准备　　　　　　　　　　　　　　　　　10 000
　　　　贷：应收账款　　　　　　　　　　　　　　　　　　10 000

预算会计不需要做账务处理。

7月26日收到款项时的会计分录如下。

财务会计：

借：银行存款 50 000

  贷：坏账准备 10 000

    应收账款 40 000

预算会计：

借：资金结存——货币资金 50 000

  贷：非财政拨款结余 50 000

【例11-37】沿用【例11-35】。6月25日该事业单位发现无法完全收回甲公司应收账款，按规定报经批准后予以核销10 000元。7月26日该事业单位收回50 000元应收账款。其账务处理如下。

6月25日的会计分录如下。

财务会计：

借：应缴财政款 10 000

  贷：应收账款 10 000

预算会计不需要做账务处理。

7月26日收到款项时的会计分录如下。

财务会计：

借：银行存款 50 000

  贷：应缴财政款 50 000

预算会计不需要做账务处理。

11.9 预付账款

预付账款是指行政事业单位按照购货、服务合同或协议规定预付给供应单位（或个人）的款项，以及按照合同规定向承包工程的施工企业预付的备料款和工程款。

11.9.1 发生预付账款时

1. 业务概述

对于建造周期较长或价值较高的商品或劳务，供应单位（或个人）可能要求对方付一定金额的预付款或者定金。合同或协议存在预付款条款的，行政事业单位需要按照合同或协议要求预付相应金额的货币资金。行政事业单位在收到购买的货物或服务后，核销预付款。

2. 账务处理

根据购货、服务合同或协议规定预付款项时，按照预付金额，财务会计应当借记"预付账款"科目，贷记"财政拨款收入""零余额账户用款额度""银行存款"等科目。预算会计应当借记"行政支出""事业支出"等有关科目，贷记"财政拨款预算收入""资金结存"科目。发生预付账款时的账务处理如表 11-37 所示。

表 11-37　　　　　　　　发生预付账款时的账务处理

	财务会计处理	预算会计处理
发生预付账款时	借：预付账款 　　贷：财政拨款收入/零余额账户用款额度/银行存款等	借：行政支出/事业支出等 　　贷：财政拨款预算收入/资金结存

3. 案例解析

【例 11-38】2×19 年 1 月 10 日，某行政单位与 A 公司签订购买合同，约定购买三台设备，价款共 500 000 元，该行政单位先预付 30% 的款项，应做以下会计处理。

财务会计：

借：预付账款——A 公司　　　　　　　　　　　　　　　150 000
　　贷：银行存款　　　　　　　　　　　　　　　　　　　150 000

预算会计：

借：行政支出　　　　　　　　　　　　　　　　　　　　150 000
　　贷：资金结存——货币资金　　　　　　　　　　　　　150 000

11.9.2　收到所购物资或劳务以及根据工程进度结算工程价款

1. 账务处理

收到所购资产或劳务时，按照购入资产或劳务的成本，财务会计应当借记"库存物品""固定资产""无形资产""业务活动费用""在建工程"等相关科目，按照相关预付账款的账面余额，贷记"预付账款"科目，按照实际补付的金额，贷记"财政拨款收入""零余额账户用款额度""银行存款"等科目。预算会计应当借记"行政支出""事业支出"等有关科目，贷记"财政拨款预算收入""资金结存"科目。涉及增值税业务的，相关账务处理参见"应交增值税"科目。

根据工程进度结算工程价款及备料款时，按照结算金额，财务会计应当借记"在建工程"科目，按照相关预付账款的账面余额，贷记"预付账款"科目，按照实际补付的金额，贷记"财政拨款收入""零余额账户用款额度""银行存款"等科目。预算会计应当借记"行政支出""事业支出"等有关科目，贷记"财政拨款预算收入""资金结存"科目。

收到所购物资或劳务以及根据工程进度结算工程价款等的账务处理如表 11-38 所示。

表 11-38　收到所购物资或劳务以及根据工程进度结算工程价款等的账务处理

	财务会计处理	预算会计处理
收到所购物资或劳务，以及根据工程进度结算工程价款等时	借：业务活动费用 / 库存物品 / 固定资产 / 在建工程 / 无形资产等 贷：预付账款 　　零余额账户用款额度 / 财政拨款收入 / 银行存款等 [补付款项]	借：行政支出 / 事业支出等 [补付款项] 贷：财政拨款预算收入 / 资金结存

2. 案例解析

【例 11-39】沿用【例 11-38】。2×19 年 1 月 12 日，A 公司收到预付款后发货。1 月 15 日，该行政单位验货后支付剩余 70% 的价款，应做以下会计处理。

财务会计：

借：固定资产	500 000
贷：预付账款——A 公司	150 000
银行存款	350 000

预算会计：

借：行政支出	350 000
贷：资金结存——货币资金	350 000

11.9.3　预付账款退回

1. 业务概述

如果在供应合同执行前或执行过程中出现问题，导致原合同无法按照计划执行，则在双方协商一致的基础上，供应单位（或个人）应当将预付款项退回。

2. 账务处理

当年发生预付账款退回的，财务会计应当借记"财政拨款收入""零余额账户用款额度""银行存款"等有关科目，贷记"预付账款"科目。预算会计应当借记"财政拨款预算收入""资金结存"等有关科目,贷记"行政支出""事业支出"等有关科目。

以前年度发生预付账款退回的,财务会计应当借记"财政应返还额度""零余额账户用款额度""银行存款"等有关科目,贷记"预付账款"科目。预算会计应当借记"资金结存"科目,贷记"财政拨款结余——年初余额调整""财政拨款结转——年初余额调整"等有关科目。

预付账款退回的账务处理如表11-39所示。

表 11-39　　　　　　　预付账款退回的账务处理

	财务会计处理	预算会计处理
当年预付账款退回	借:财政拨款收入/零余额账户用款额度/银行存款等 贷:预付账款	借:财政拨款预算收入/资金结存等 贷:行政支出/事业支出等
以前年度预付账款退回	借:财政应返还额度/零余额账户用款额度/银行存款等 贷:预付账款	借:资金结存 贷:财政拨款结余——年初余额调整/财政拨款结转——年初余额调整等

3. 案例解析

【例 11-40】沿用【例 11-38】。2×19年1月12日,A公司收到预付款后发货。1月15日,该行政单位发现设备质量不符合要求,将设备退回,并解除购货合同。1月20日,A公司将预付款退回。该行政单位应做以下会计处理。

财务会计:
借:银行存款　　　　　　　　　　　　　　　　　　　　　150 000
　　贷:预付账款——A公司　　　　　　　　　　　　　　　　150 000

预算会计:
借:资金结存——货币资金　　　　　　　　　　　　　　　150 000
　　贷:行政支出　　　　　　　　　　　　　　　　　　　　150 000

11.9.4　逾期无法收回的预付账款转为其他应收款

1. 业务概述

如果供应单位(或个人)经营困难导致无法执行原供应合同,并且也无法将预付账款退回,则单位需进行相应处理。单位应当于每年末,对预付账款进行全面检查。如果有确凿证据表明预付账款不再符合预付款项性质,或者因供应单位破产、撤销等原因可能无法收到所购货物、服务的,单位应当先将其转入其他应收款,再按照规定进行处理。

2. 账务处理

预付款无法退回,供应商也无法完成原合同规定义务的,将预付账款账面余额转入其他应收款时,财务会计应当借记"其他应收款"科目,贷记"预付账款"科目。预算会计不需要做账务处理。

逾期无法收回的预付账款转为其他应收款的账务处理如表11-40所示。

表 11-40　逾期无法收回的预付账款转为其他应收款的账务处理

	财务会计处理	预算会计处理
逾期无法收回的预付账款转为其他应收款	借:其他应收款 贷:预付账款	—

3. 案例解析

【例11-41】沿用【例11-38】。该行政单位预付30%的款项后,A公司迟迟未发货。截至2×23年3月31日,有确凿证据表明确实无法收到所购设备,也无法收回预付款,按照规定将其转为其他应收款。该单位应做以下会计处理。

借:其他应收款　　　　　　　　　　　　　　　　　150 000
　　贷:预付账款——A公司　　　　　　　　　　　　　　150 000

预算会计不需要做账务处理。

11.10　应收股利

详见"11.18　长期股权投资"。

11.11　应收利息

详见"11.19　长期债券投资"。

11.12　其他应收款

其他应收款,是指行政事业单位除财政应返还额度、应收票据、应收账款、预付账款、应收股利、应收利息以外的其他各项应收及暂付款项,如职工预借的差旅费、已经偿还银行尚未报销的本单位公务卡欠款、拨付给内部有关部门的备用金、应向职工收取的各种垫付款项、支付的可以收回的订金或押金、应收的上级补助和附属单位上缴款项等。

11.12.1 发生暂付款项

1. 业务概述

职工预借的差旅费、已经偿还银行尚未报销的本单位公务卡欠款、应向职工收取的各种垫付款项以及支付的可以收回的订金或押金等都属于暂付款项。暂付款项发生时，单位需要先行垫付，等职工出差回来报销差旅费、报销单位公务卡欠款或者垫付款收回时，再进行其他应收款的核销。

除此之外，单位与其附属单位、被投资企业以及其隶属的上级单位（即关联单位）之间的资金往来也会形成其他应收款：一方面，单位为其关联单位垫支的职工工资、水电费、房租、住房公积金和福利费等各种费用属于暂付款，应当在"其他应收款"科目中核算；另一方面，单位应收的上级补助和附属单位上缴款以及被投资企业投资收益等属于其他应收款项，也应当在"其他应收款"科目核算。

2. 账务处理

发生其他各种应收及暂付款项时，按照实际发生金额，财务会计应当借记"其他应收款"科目，贷记"零余额账户用款额度""银行存款""库存现金""上级补助收入""附属单位上缴收入"等科目；预算会计不需要做账务处理。涉及增值税业务的，相关账务处理参见"应交增值税"科目。收回其他各种应收及暂付款项时，按照收回的金额，财务会计应当借记"库存现金""银行存款"等科目，贷记"其他应收款"科目；预算会计不需要做账务处理。持卡人报销时，按照报销金额，财务会计应当借记"业务活动费用""单位管理费用"等科目，贷记"其他应收款"科目；预算会计应当借记"行政支出""事业支出"等有关科目，贷记"资金结存"科目。

发生暂付款项的账务处理如表 11-41 所示。

表 11-41　　　　　　发生暂付款项的账务处理

	财务会计处理	预算会计处理
暂付款项时	借：其他应收款 　贷：银行存款 / 库存现金 / 零余额账户用款额度 / 　　　上级补助收入 / 附属单位上缴收入等	—

续表

	财务会计处理	预算会计处理
报销时	借：业务活动费用/单位管理费用等[实际报销金额] 贷：其他应收款	借：行政支出/事业支出等[实际报销金额] 贷：资金结存
收回暂付款项时	借：库存现金/银行存款等 贷：其他应收款	—

3. 案例解析

【例 11-42】2×19年8月31日，某行政单位为职工代垫房租和水电费20 000元。9月30日，该行政单位从应付工资中扣除代垫款项。会计处理如下。

8月31日，代垫房租和水电费时。

财务会计：

借：其他应收款　　　　　　　　　　　　　　　　　20 000
　　贷：银行存款　　　　　　　　　　　　　　　　　20 000

预算会计不需要做账务处理。

9月30日，从应付工资中扣除代垫款时。

财务会计：

借：应付职工薪酬　　　　　　　　　　　　　　　　20 000
　　贷：其他应收款　　　　　　　　　　　　　　　　20 000

预算会计：

借：行政支出　　　　　　　　　　　　　　　　　　20 000
　　贷：资金结存——货币资金　　　　　　　　　　　20 000

11.12.2 发生其他各种应收款项

1. 账务处理

发生其他各种应收及暂付款项时，按照实际发生金额，财务会计应当借记"其他应收款"科目，贷记"上级补助收入""附属单位上缴收入""其他收入"等科目。预算会计不需要做账务处理。涉及增值税业务的，相关账务处理参见"应交增值税"科目。

收回其他各种应收及暂付款项时，按照收回的金额，财务会计应当借记"库存现金""银行存款"等科目，贷记"其他应收款"科目。预算会计应当借记"资金结存——货币资金"科目，贷记"上级补助预算收入""附属单位上缴预算收入""其他预算收入"等有关科目。

发生其他各种应收款项的账务处理如表 11-42 所示。

表 11-42　　　　　发生其他各种应收款项的账务处理

	财务会计处理	预算会计处理
确认其他应收款时	借：其他应收款 　贷：上级补助收入/附属单位上缴收入/其他收入等	—
收到其他应收款项时	借：银行存款/库存现金等 　贷：其他应收款	借：资金结存——货币资金 　贷：上级补助预算收入/附属单位上缴预算收入/其他预算收入等

2. 案例解析

【例 11-43】2×19 年 8 月 31 日，某行政单位用上级补助收入为职工代垫房租和水电费 20 000 元。9 月 30 日，该行政单位收回该代垫款项。会计处理如下。

8 月 31 日，代垫房租和水电费时。

　　借：其他应收款　　　　　　　　　　　　　　　　　　　　20 000
　　　　贷：上级补助收入　　　　　　　　　　　　　　　　　　　20 000

9 月 30 日，收回代垫款项时。

财务会计：

　　借：银行存款　　　　　　　　　　　　　　　　　　　　　20 000
　　　　贷：其他应收款　　　　　　　　　　　　　　　　　　　　20 000

预算会计：

　　借：资金结存——货币资金　　　　　　　　　　　　　　　　20 000
　　　　贷：上级补助预算收入　　　　　　　　　　　　　　　　　20 000

11.12.3　拨付给内部有关部门备用金

1. 业务概述

为了加强对现金的管理，大部分行政事业单位都制定了备用金管理制度。实行这种制度，通常是根据用款单位的实际需要，由财会部门会同有关用款单位核定备用金定额并拨付款项，同时规定其用款和报销期限。单位内部实行备用金制度的，有关部门使用备用金以后应当及时到财务部门报销并补足备用金。

2. 账务处理

财务部门核定并发放备用金时，按照实际发放金额，财务会计应当借记"其他应收款"科目，贷记"库存现金"等科目；预算会计不需要做账务处理。根据报销金额用现金补足备用金定额时，财务会计应当借记"业务活动费用""单位管理费用"等有关科目，贷记"库存现金"等科目，报销数和拨补数都不再通过"其他应收款"科目核算；预算会计应当借记"行政支出""事业支出"等有关科目，贷记"资金结存——货币资金"科目。

拨付给内部有关部门的备用金的账务处理如表 11-43 所示。

表 11-43　　　　拨付给内部有关部门的备用金的账务处理

	财务会计处理	预算会计处理
财务部门核定并发放备用金时	借：其他应收款 　贷：库存现金等	—
根据报销数用现金补足备用金定额时	借：业务活动费用/单位管理费用等 　贷：库存现金等	借：行政支出/事业支出等 　贷：资金结存——货币资金

3. 案例解析

【例 11-44】某行政单位 2 月 1 日起实行备用金制度，由刘明负责管理备用金。管理部门的定额备用金核定为 3 000 元。2 月 15 日，刘明使用 1 000 元备用金购买办公用品，交来普通发票，财务用现金补足备用金。会计处理如下。

2 月 1 日，发放备用金时。

财务会计：

借：其他应收款——备用金　　　　　　　　　　　　　　3 000
　　贷：库存现金　　　　　　　　　　　　　　　　　　　　　3 000

预算会计不需要做账务处理。

2 月 15 日，补足备用金时。

财务会计：

借：业务活动费用　　　　　　　　　　　　　　　　　　1 000
　　贷：库存现金　　　　　　　　　　　　　　　　　　　　　1 000

预算会计：

借：行政支出　　　　　　　　　　　　　　　　　　　　1 000
　　贷：资金结存——货币资金　　　　　　　　　　　　　　　1 000

11.12.4 逾期无法收回其他应收款

1. 业务概述

行政事业单位因逾期无法收回其他应收款而进行核销的账务处理，可以参照应收账款相关的账务处理，注意需区分事业单位和行政单位。前者需要使用备抵法，先计提坏账准备，再核销；而后者使用直接核销法，将无法收回的其他应收款一次性核销。

2. 账务处理

事业单位应当于每年末，对其他应收款进行全面检查，如发生不能收回的迹象，应当先计提坏账准备。对于账龄超过规定年限、确认无法收回的其他应收款，按照规定报经批准后予以核销。按照核销金额，财务会计应当借记"坏账准备"科目，贷记"其他应收款"科目。行政单位应当于每年末，对其他应收款进行全面检查。对于超过规定年限、确认无法收回的其他应收款，应当按照有关规定报经批准后予以核销，按照核销金额，财务会计应当借记"资产处置费用"科目，贷记"其他应收款"科目。无论是事业单位还是行政单位，核销的其他应收款都应在备查簿中保留登记。预算会计不需要做账务处理。

另外，已核销的其他应收款在以后期间又收回的，按照实际收回金额，事业单位财务会计应当借记"其他应收款"科目，贷记"坏账准备"科目；同时，借记"银行存款"等科目，贷记"其他应收款"科目。行政单位财务会计应当按照收回金额，借记"银行存款"等科目，贷记"其他收入"科目。预算会计应当借记"资金结存——货币资金"科目，贷记"其他预算收入"科目。

逾期无法收回的其他应收款的账务处理如表 11-44 所示。

表 11-44   逾期无法收回的其他应收款的账务处理

	财务会计处理	预算会计处理
经批准核销时	借：坏账准备[事业单位]/资产处置费用[行政单位] 贷：其他应收款	—

已核销的其他应收款在以后期间收回	事业单位：
	借：其他应收款
	  贷：坏账准备
	借：银行存款等
	  贷：其他应收款
	行政单位：
	借：银行存款等
	  贷：其他收入
		借：资金结存——货币资金
		  贷：其他预算收入

3. 案例解析

【例11-45】 某事业单位估计2 000元的其他应收款中有1 000元无法收回，3月15日经批准核销。其业务处理如下。

财务会计：

借：坏账准备　　　　　　　　　　　　　　　　　　　1 000
　　贷：其他应收款　　　　　　　　　　　　　　　　　　1 000

预算会计不需要做账务处理。

4月15日，该笔其他应收款全额收回。其业务处理如下。

财务会计：

借：银行存款　　　　　　　　　　　　　　　　　　　2 000
　　贷：坏账准备　　　　　　　　　　　　　　　　　　　1 000
　　　　其他应收款　　　　　　　　　　　　　　　　　　1 000

预算会计：

借：资金结存——货币资金　　　　　　　　　　　　　2 000
　　贷：其他预算收入　　　　　　　　　　　　　　　　　2 000

【例11-46】 某行政单位预计1 000元的其他应收款无法收回，3月15日经批准核销。其业务处理如下。

财务会计：

借：资产处置费用　　　　　　　　　　　　　　　　　1 000
　　贷：其他应收款　　　　　　　　　　　　　　　　　　1 000

预算会计不需要做账务处理。

4月15日，该笔其他应收款全额收回。其业务处理如下。

财务会计：

借：银行存款　　　　　　　　　　　　　　　　　　　1 000
　　贷：其他收入　　　　　　　　　　　　　　　　　　　1 000

预算会计：

借：资金结存——货币资金　　　　　　　　　　　　　1 000
　　贷：其他预算收入　　　　　　　　　　　　　　　　　1 000

11.13 坏账准备

"坏账准备"科目核算事业单位对收回后不需上缴财政的应收账款和其他

应收款提取的坏账准备。

11.13.1 年末全面分析不需上缴财政的应收账款和其他应收款

1. 业务概述

事业单位对收回后不需上缴财政的应收账款，采用备抵法，在每年末，对收回后不需上缴财政的应收账款和其他应收款进行全面检查，分析其可收回性，如发生不能收回的迹象，对预计可能产生的坏账损失计提坏账准备、确认坏账损失。根据事业单位的具体规定，对于账龄超过一定年限并确认无法回收的应收账款，应当进行核销。

2. 账务处理

事业单位可以采用应收款项余额百分比法、账龄分析法、个别认定法等方法计提坏账准备。坏账准备计提方法一经确定，不得随意变更。如需变更，应当按照规定报经批准，并在财务报表附注中予以说明。当期应补提或冲减的坏账准备金额的计算公式如下。

当期应补提或冲减的坏账准备＝按照期末应收账款和其他应收款计算应计提的坏账准备金额－"坏账准备"科目期末贷方余额（或＋"坏账准备"科目期末借方余额）

按照期末应收账款和其他应收款计算应计提的坏账准备金额大于"坏账准备"科目期末贷方余额时，当期计提坏账准备，财务会计应当借记"其他费用"科目，贷记"坏账准备"科目；预算会计不需要做账务处理。按照期末应收账款和其他应收款计算应计提的坏账准备金额小于"坏账准备"科目期末贷方余额时，当期冲减坏账准备时，财务会计应当借记"坏账准备"科目，贷记"其他费用"科目；预算会计不需要做账务处理。

年末全面分析不需上缴财政的应收账款和其他应收款的账务处理如表 11-45 所示。

表 11-45　年末全面分析不需上缴财政的应收账款和其他应收款的账务处理

	财务会计处理	预算会计处理
计提坏账准备，确认坏账损失	借：其他费用 　贷：坏账准备	—
冲减坏账准备	借：坏账准备 　贷：其他费用	—

3. 案例解析

【例 11-47】 2×19 年，某事业单位根据应收款项余额百分比法计算出本年应计提的坏账准备金额为 25 000 元，"坏账准备"科目期末贷方余额为 20 000 元。则计提坏账准备的会计分录如下。

当期应补提的坏账准备 =25 000-20 000=5 000（元）

财务会计：

借：其他费用——坏账损失　　　　　　　　　　　　　　　　5 000

　　贷：坏账准备　　　　　　　　　　　　　　　　　　　　　　5 000

预算会计不需要做账务处理。

11.13.2 逾期无法收回应收账款和其他应收款

1. 业务概述

事业单位对收回后不需上缴财政的应收账款和其他应收款采用备抵法，在每年末，分析其可收回性，如发生不能收回的迹象，对预计可能产生的坏账损失计提坏账准备、确认坏账损失。根据事业单位的具体规定，对于账龄超过一定年限并确认无法收回的应收账款，应当进行核销。

2. 账务处理

对于账龄超过规定年限并确认无法收回的应收账款和其他应收款，应当按照有关规定报经批准后，按照无法收回的金额，财务会计应当借记"坏账准备"科目，贷记"应收账款""其他应收款"科目。预算会计不需要做账务处理。核销的应收账款和其他应收款应在备查簿中保留登记。

已核销的应收账款和其他应收款在以后期间又收回的，按照实际收回金额，财务会计应当借记"应收账款""其他应收款"科目，贷记"坏账准备"科目；同时，借记"银行存款"等科目，贷记"应收账款""其他应收款"科目。预算会计应当借记"资金结存——货币资金"等有关科目，贷记"非财政拨款结余"等有关科目。

逾期无法收回的应收账款和其他应收款的账务处理如表 11-46。

表 11-46　逾期无法收回的应收账款和其他应收款的账务处理

	财务会计处理	预算会计处理
报批后予以核销	借：坏账准备 　　贷：应收账款/其他应收款	—

续表

	财务会计处理	预算会计处理
已核销不需上缴财政的应收款项在以后期间收回	借：应收账款/其他应收款 　　贷：坏账准备 借：银行存款等 　　贷：应收账款/其他应收款	借：资金结存——货币资金等 　　贷：非财政拨款结余等

11.14 在途物品

11.14.1 购入材料等物资

1. 业务概述

"在途物品"科目核算行政事业单位采购材料等物资时货款已付或已开出商业汇票但尚未验收入库的在途物品的采购成本。"在途物品"科目可按照供应单位和物品种类进行明细核算。

2. 账务处理

行政事业单位购入材料等物品，按照确定的物品采购成本的金额，财务会计应当借记"在途物品"科目，按照实际支付的金额，贷记"财政拨款收入""零余额账户用款额度""银行存款""应付票据"等科目。预算会计应当借记"行政支出""事业支出""经营支出"等科目，贷记"财政拨款预算收入""资金结存"科目。涉及增值税业务的，相关账务处理参见"应交增值税"科目。

购入材料等物资的账务处理如表11-47所示。

表 11-47　　　　　　　　购入材料等物资的账务处理

	财务会计处理	预算会计处理
购入材料等物资，结算凭证收到货未到，款已付或已开出商业汇票	借：在途物品 　　贷：财政拨款收入/零余额账户用款额度/银行存款/应付票据等	借：行政支出/事业支出/经营支出等 　　贷：财政拨款预算收入/资金结存

3. 案例解析

【例11-48】某事业单位2×19年1月1日购入物资，支付价款30 000元，结算凭证已收到，货仍在运输途中。其账务处理如下。

2×19年1月1日。

财务会计：

借：在途物品	30 000
贷：银行存款	30 000

预算会计：

借：经营支出	30 000
贷：资金结存——货币资金	30 000

11.14.2 所购材料等物资验收入库

1. 账务处理

所购材料等物品到达并验收入库，按照确定的库存物品成本金额，财务会计应当借记"库存物品"科目，按照物品采购成本金额，贷记"在途物品"科目，按照使得入库物品达到目前场所和状态所发生的其他支出，贷记"银行存款"等科目；预算会计不需要做账务处理。

所购材料等物资验收入库的账务处理如表11-48所示。

表11-48　　　　所购材料等物资验收入库的账务处理

	财务会计处理	预算会计处理
所购材料等物资到达并验收入库	借：库存物品 　　贷：在途物品	—

2. 案例解析

【例11-49】沿用【例11-48】。2×19年1月30日，该事业单位所购物资到达并验收入库。其账务处理如下。

2×19年1月30日。

借：库存商品	30 000
贷：在途物品	30 000

预算会计不需要做账务处理。

11.15　库存物品

"库存物品"科目核算行政事业单位在开展业务活动及其他活动中为耗用或出售而储存的各种材料、产品、包装物、低值易耗品，以及达不到固定资产标准的用具、装具、动植物等的成本。已完成的测绘、地质勘查、设计成果等的成本，也通过"库存物品"科目核算。

11.15.1 取得库存物品

1．业务概述

取得的库存物品，应当按照其取得时的成本入账。

2．账务处理

（1）外购的库存物品验收入库，按照确定的成本，财务会计应当借记"库存物品"科目，贷记"财政拨款收入""财政应返还额度""零余额账户用款额度""银行存款""应付账款""在途物品"等科目。预算会计应当借记"行政支出""事业支出""经营支出"等有关科目，贷记"财政拨款预算收入""资金结存"科目。涉及增值税业务的，相关账务处理参见"应交增值税"科目。

（2）自制的库存物品加工完成并验收入库，按照确定的成本，财务会计应当借记"库存物品"科目，贷记"加工物品——自制物品"科目。预算会计不需要做账务处理。

（3）委托外单位加工收回的库存物品验收入库，按照确定的成本，财务会计应当借记"库存物品"科目，贷记"加工物品——委托加工物品"等科目。预算会计不需要做账务处理。

（4）接受捐赠的库存物品验收入库，按照确定的成本，财务会计应当借记"库存物品"科目，按照发生的相关税费、运输费等，贷记"银行存款"等科目，按照其差额，贷记"捐赠收入"科目。预算会计应当按照实际支付的相关税费，借记"其他支出"科目，贷记"资金结存"科目。

接受捐赠的库存物品和无偿调入的库存物品按照名义金额入账的，按照名义金额，财务会计应当借记"库存物品"科目，贷记"捐赠收入"科目；预算会计不需要做账务处理。同时，按照发生的相关税费、运输费等，财务会计应当借记"其他费用"科目，贷记"银行存款"等科目；预算会计应当借记"其他支出"科目，贷记"资金结存"科目。

（5）无偿调入的库存物品验收入库，按照确定的成本，财务会计应当借记"库存物品"科目，按照发生的相关税费、运输费等，贷记"银行存款"等科目，按照其差额，贷记"无偿调拨净资产"科目。预算会计应当按照实际支付的相关税费，借记"其他支出"科目，贷记"资金结存"科目。

（6）置换换入的库存物品验收入库，按照确定的成本，财务会计应当借记"库存物品"科目，按照换出资产的账面余额，贷记相关资产科目（换出资产为固定资产、无形资产的，还应当借记"固定资产累计折旧""无形资产累计摊销"科目），按照置换过程中发生的其他相关支出，贷记"银行存款"等科目，按照借贷方差额，借记"资产处置费用"科目或贷记"其他收入"科目。预算会计应当按照实际支付的其他相关支出，借记"其他支出"科目，贷记"资金结存"科目。涉及补价的，分以下情况处理。

①支付补价的，按照确定的成本，财务会计应当借记"库存物品"科目，按照换出资产的账面余额，贷记相关资产科目（换出资产为固定资产、无形资产的，还应当借记"固定资产累计折旧""无形资产累计摊销"科目），按照支付的补价和置换过程中发生的其他相关支出，贷记"银行存款"等科目，按照借贷方差额，借记"资产处置费用"科目或贷记"其他收入"科目。预算会计应当按照实际支付的补价和其他相关支出，借记"其他支出"科目，贷记"资金结存"科目。

②收到补价的，按照确定的成本，财务会计应当借记"库存物品"科目，按照收到的补价，借记"银行存款"等科目，按照换出资产的账面余额，贷记相关资产科目（换出资产为固定资产、无形资产的，还应当借记"固定资产累计折旧""无形资产累计摊销"科目），按照置换过程中发生的其他相关支出，贷记"银行存款"等科目，按照补价扣减其他相关支出后的净收入，贷记"应缴财政款"科目，按照借贷方差额，借记"资产处置费用"科目或贷记"其他收入"科目。预算会计应当按照其他相关支出大于收到的补价的差额，借记"其他支出"科目，贷记"资金结存"科目。

取得库存物品的会计处理如表11-49所示。

表11-49　　　　　　　　　　取得库存物品的会计处理

	财务会计处理	预算会计处理
外购的库存物品验收入库	借：库存物品 　贷：财政拨款收入/财政应返还额度/零余额账户用款额度/银行存款/应付账款/在途物品等	借：行政支出/事业支出/经营支出等 　贷：财政拨款预算收入/资金结存
自制的库存物品加工完成并验收入库	借：库存物品——相关明细科目 　贷：加工物品——自制物品	—

续表

	财务会计处理	预算会计处理
委托外单位加工收回的库存物品	借：库存物品——相关明细科目 　　贷：加工物品——委托加工物品	—
置换换入的库存物品	借：库存物品 [换出资产评估价值 + 其他相关支出] 　　固定资产累计折旧 / 无形资产累计摊销 　　资产处置费用 [借差] 　　贷：库存物品 / 固定资产 / 无形资产等 [账面余额] 　　　　银行存款等 [其他相关支出] 　　　　其他收入 [贷差]	借：其他支出 [实际支付的其他相关支出] 　　贷：资金结存
涉及补价的： ①支付补价的 ②收到补价的	借：库存物品 [换出资产评估价值 + 其他相关支出 + 补价] 　　固定资产累计折旧 / 无形资产累计摊销 　　资产处置费用 [借差] 　　贷：库存物品 / 固定资产 / 无形资产等 [账面余额] 　　　　银行存款等 [其他相关支出 + 补价] 　　　　其他收入 [贷差]	借：其他支出 [实际支付的补价和其他相关支出] 　　贷：资金结存
	借：库存物品 [换出资产评估价值 + 其他相关支出 – 补价] 　　银行存款等 [补价] 　　固定资产累计折旧 / 无形资产累计摊销 　　资产处置费用 [借差] 　　贷：库存物品 / 固定资产 / 无形资产等 [账面余额] 　　　　银行存款等 [其他相关支出] 　　　　应缴财政款 [补价 – 其他相关支出] 　　　　其他收入 [贷差]	借：其他支出 [其他相关支出大于收到的补价的差额] 　　贷：资金结存
接受捐赠的库存物品	借：库存物品 [按照确定的成本] 　　贷：银行存款等 [相关税费] 　　　　捐赠收入	借：其他支出 [实际支付的相关税费] 　　贷：资金结存
无偿调入的库存物品	借：库存物品 [按照确定的成本] 　　贷：银行存款等 [相关税费] 　　　　无偿调拨净资产	借：其他支出 [实际支付的相关税费] 　　贷：资金结存
按照名义金额入账的接受捐赠、无偿调入的库存物品及发生的相关税费、运输费等	借：库存物品 [名义金额] 　　贷：捐赠收入 [接受捐赠]/ 无偿调拨净资产 [无偿调入] 借：其他费用 　　贷：银行存款等	借：其他支出 　　贷：资金结存

3. 案例解析

【例 11-50】某行政单位购入材料 80 000 元，当日收到材料并验收合格入库，应做以下会计处理。

若价款使用财政授权支付方式支付，收到材料并验收入库时。

财务会计：

借：库存物品   80 000
　　贷：零余额账户用款额度   80 000

预算会计：

借：行政支出   80 000
　　贷：资金结存——零余额账户用款额度   80 000

【例 11-51】2×19 年 1 月 5 日，某事业单位委托 C 公司加工材料一批，发出甲材料 200 000 元。1 月 7 日，支付加工费用和相关运输费用共计 100 000 元。3 月 10 日，材料加工完毕为乙材料，并验收入库。会计处理如下。

1 月 5 日，发出材料时。

财务会计：

借：加工物品——委托加工物品   200 000
　　贷：库存物品——甲材料   200 000

预算会计不需要做账务处理。

1 月 7 日，支付加工费用和相关运输费用时。

财务会计：

借：加工物品——委托加工物品   100 000
　　贷：零余额账户用款额度   100 000

预算会计：

借：经营支出   100 000
　　贷：资金结存——零余额账户用款额度   100 000

3 月 10 日，材料加工完毕验收入库时。

财务会计：

借：库存物品——乙材料   300 000
　　贷：加工物品——委托加工物品   300 000

预算会计不需要做账务处理。

【例 11-52】某行政单位用两台旧设备置换换入一批材料，换出旧设备的原价为 500 000 元，已提折旧 300 000 元，评估价值为 200 000 元。置换换出旧设备收到补价 50 000 元，当日收到材料并验收入库。会计处理如下。

财务会计：

借：库存物品		150 000
固定资产累计折旧		300 000
银行存款		50 000
贷：固定资产		500 000

预算会计不需要做账务处理。

【例 11-53】某单位收到上级无偿调入的库存物品，发票上注明价值共计 100 000 元，支付相关税费和运输费 5 000 元，材料已验收入库。会计处理如下。

财务会计：

借：库存物品	105 000
贷：银行存款	5 000
无偿调拨净资产	100 000

预算会计：

借：其他支出	5 000
贷：资金结存——货币资金	5 000

【例 11-54】某行政单位接受 B 公司的捐赠，收到材料一批，发票上注明价值共计 100 000 元，并使用银行存款支付运输费 5 000 元，材料已验收入库。会计处理如下。

财务会计：

借：库存物品	105 000
贷：银行存款	5 000
捐赠收入	100 000

预算会计：

借：其他支出	5 000
贷：资金结存——货币资金	5 000

11.15.2　发出库存物品

1. 业务概述

行政事业单位开展业务活动、按照规定自主出售或加工物品等领用、发出库存物品。领用、发出库存物品，应当根据实际情况采用先进先出法、加权平均法或者个别计价法确定发出库存物品的实际成本。计价方法一经确定，不得随意变更。

2. 账务处理

（1）行政事业单位开展业务活动等领用、按照规定自主出售发出或加工发出库存物品，按照领用、出售等发出物品的实际成本，财务会计应当借记"业务活动费用""单位管理费用""经营费用""加工物品"等科目，贷记"库存物品"科目。预算会计不需要做账务处理。

（2）经批准对外出售的库存物品（不含可自主出售的库存物品）发出时，按照库存物品的账面余额，财务会计应当借记"资产处置费用"科目，贷记"库存物品"科目；同时，按照收到的价款，借记"银行存款"等科目，按照处置过程中发生的相关税费，贷记"银行存款"等科目，按照其差额，贷记"应缴财政款"科目。预算会计不需要做账务处理。

（3）经批准对外捐赠的库存物品发出时，按照库存物品的账面余额和对外捐赠过程中发生的归属于捐出方的相关费用合计数，财务会计应当借记"资产处置费用"科目，按照库存物品账面余额，贷记"库存物品"科目，按照对外捐赠过程中发生的归属于捐出方的相关费用，贷记"银行存款"等科目。按照实际支付的相关费用，预算会计应当借记"其他支出"科目，贷记"资金结存"科目。

（4）经批准无偿调出的库存物品发出时，按照库存物品的账面余额，财务会计应当借记"无偿调拨净资产"科目，贷记"库存物品"科目；同时，按照无偿调出过程中发生的归属于调出方的相关费用，借记"资产处置费用"科目，贷记"银行存款"等科目。按照实际支付的相关费用，预算会计应当借记"其他支出"科目，贷记"资金结存"科目。

（5）经批准置换换出的库存物品，参照"库存商品"科目有关置换换入库存物品的规定进行账务处理。

发出库存物品的会计处理如表11-50所示。

表11-50　　　　　　　　发出库存物品的会计处理

	财务会计处理	预算会计处理
开展业务活动、按照规定自主出售或加工物品等领用、发出库存物品时	借：业务活动费用/单位管理费用/经营费用/加工物品等 　　贷：库存物品[按照领用、发出成本]	—
经批准对外捐赠的库存物品发出时	借：资产处置费用 　　贷：库存物品[账面余额] 　　　　银行存款[归属于捐出方的相关费用]	借：其他支出[实际支付的相关费用] 　　贷：资金结存

续表

	财务会计处理	预算会计处理
经批准无偿调出的库存物品发出时	借：无偿调拨净资产 　　贷：库存物品 [账面余额] 借：资产处置费用 　　贷：银行存款等 [归属于调出方的相关费用]	借：其他支出 [实际支付的相关费用] 　　贷：资金结存
经批准对外出售的库存物品（不含可自主出售的库存物品）发出时	借：资产处置费用 　　贷：库存物品 [账面余额] 借：银行存款等 [收到的价款] 　　贷：银行存款等 [发生的相关税费] 　　　　应缴财政款	—
经批准置换换出的库存物品	参照置换换入库存物品的处理	—

3. 案例解析

【例 11-55】某单位为开展业务活动领用材料一批，价值 50 000 元。会计处理如下。

财务会计：

借：业务活动费用　　　　　　　　　　　　　　　　　　50 000
　　贷：库存物品　　　　　　　　　　　　　　　　　　　　50 000

预算会计不需要做账务处理。

【例 11-56】某单位向西南小学捐赠图书，该批图书价值 100 000 元，并用银行存款支付运输费 2 000 元，应做以下会计处理。

财务会计：

借：资产处置费用　　　　　　　　　　　　　　　　　　102 000
　　贷：库存物品——图书　　　　　　　　　　　　　　　100 000
　　　　银行存款　　　　　　　　　　　　　　　　　　　　2 000

预算会计：

借：其他支出　　　　　　　　　　　　　　　　　　　　2 000
　　贷：资金结存——货币资金　　　　　　　　　　　　　2 000

【例 11-57】某单位向下级无偿调出库存物品一批，发票上注明价值共计 100 000 元，该单位并用银行存款支付相关费用 2 000 元，应做以下会计处理。

财务会计：

借：无偿调拨净资产 100 000
　　贷：库存物品 100 000
借：资产处置费用 2 000
　　贷：银行存款 2 000

预算会计：
借：其他支出 2 000
　　贷：资金结存——货币资金 2 000

【例 11-58】某单位经批准将一批材料出售（非自主出售），材料成本 50 000 元，售价 60 000 元。会计处理如下。

财务会计：
借：资产处置费用 50 000
　　贷：库存物品 50 000
借：银行存款 60 000
　　贷：应缴财政款 60 000

预算会计不需要做账务处理。

11.15.3　库存物品定期盘点及毁损、报废

1．业务概述

行政事业单位应当定期对库存物品进行清查盘点，每年至少盘点一次。对于发生的库存物品盘盈和盘亏或者报废、毁损，应当先记入"待处理财产损溢"科目，按照规定报经批准后及时进行后续账务处理。

2．账务处理

（1）盘盈的库存物品，其成本按照有关凭据注明的金额确定；没有相关凭据但按照规定经过资产评估的，其成本按照评估价值确定；没有相关凭据也未经过评估的，其成本按照重置成本确定。如无法采用上述方法确定盘盈的库存物品成本的，按照名义金额入账。

盘盈的库存物品，按照确定的入账成本，财务会计应当借记"库存物品"科目，贷记"待处理财产损溢"科目。预算会计不需要做账务处理。

（2）盘亏或者毁损、报废的库存物品，按照待处理库存物品的账面余额，财务会计应当借记"待处理财产损溢"科目，贷记"库存物品"科目。预算会计不需要做账务处理。

属于增值税一般纳税人的单位，若因非正常原因导致的库存物品盘亏或者

毁损，还应当将与该库存物品相关的增值税进项税额转出，按照其增值税进项税额，财务会计应当借记"待处理财产损溢"科目，贷记"应交增值税——应交税金（进项税额转出）"科目。预算会计不需要做账务处理。

库存物品定期盘点及毁损、报废的会计处理如表 11-51 所示。

表 11-51　　　库存物品定期盘点及毁损、报废的会计处理

	财务会计处理	预算会计处理
盘盈的库存物品	借：库存物品 　　贷：待处理财产损溢	—
盘亏或者毁损、报废的库存物品转入待处理资产	借：待处理财产损溢 　　贷：库存物品 [账面余额]	—
增值税一般纳税人购进的非自用材料发生盘亏或毁损、报废的	借：待处理财产损溢 　　贷：应交增值税——应交税金（进项税额转出）	—

3．案例解析

【例 11-59】某单位拥有甲、乙和丙三种材料，丙材料为非自用材料，增值税税率为 13%，2×19 年 6 月 30 日，该单位进行存货盘点，发生以下业务。

（1）盘盈甲材料，价值 500 元。

财务会计：

借：库存物品——甲材料　　　　　　　　　　　　　　500
　　贷：待处理财产损溢　　　　　　　　　　　　　　　　500

预算会计不需要做账务处理。

（2）盘点过程中，发现乙材料短缺，短缺的乙材料账面余额为 300 元。

财务会计：

借：待处理财产损溢　　　　　　　　　　　　　　　　300
　　贷：库存物品——乙材料　　　　　　　　　　　　　　300

预算会计不需要做账务处理。

（3）盘点过程中，发现丙材料毁损，毁损的丙材料账面价值为 200 元。

财务会计：

借：待处理财产损溢　　　　　　　　　　　　　　　　226
　　贷：库存物品——丙材料　　　　　　　　　　　　　　200
　　　　应交增值税——应交税金（进项税额转出）　　　　26

预算会计不需要做账务处理。

11.16 加工物品

行政事业单位虽不设置成本类科目，但是设置了"加工物品"科目核算行政事业单位自制或委托外单位加工的各种物品的实际成本。此外未完成的测绘、地质勘察、设计成果的实际成本，也在"加工物品"科目核算。

11.16.1 自制物品

1．业务概述

自行加工的存货，其成本包括物料与人工两部分，具体来说，包括耗用的直接材料费用、发生的直接人工费用和按照一定方法分配的与存货加工有关的间接费用。间接费用的分配参照企业生产成本中间接费用的归集，但是行政事业单位不设置成本类科目，因此直接材料、直接人工和间接费用直接归集到不同的加工物品中，构成加工物品的成本。加工物品待验收入库后，再转为库存物品。

2．账务处理

（1）为自制物品领用材料等，按照材料成本，财务会计应当借记"加工物品——自制物品——直接材料"科目，贷记"库存物品——相关明细科目"科目。预算会计不需要做账务处理。

（2）专门从事物品制造的人员发生的直接人工费用，按照实际发生的金额，财务会计应当借记"加工物品——自制物品——直接人工"科目，贷记"应付职工薪酬"科目。预算会计不需要做账务处理。

（3）为自制物品发生的其他直接费用，按照实际发生的金额，财务会计应当借记"加工物品——自制物品——其他直接费用"科目，贷记"财政拨款收入""零余额账户用款额度""银行存款"等科目；为自制物品发生的间接费用，按照实际发生的金额，借记"加工物品——自制物品——间接费用"科目，贷记"零余额账户用款额度""银行存款""应付职工薪酬""固定资产累计折旧""无形资产累计摊销"等科目。按实际支付金额，预算会计应当借记"事业支出""经营支出"等有关科目，贷记"财政拨款预算收入""资金结存"科目。

间接费用一般按照生产人员工资、生产人员工时、机器工时、耗用材料的数量或成本、直接费用（直接材料费用和直接人工费用）或产品产量等进行分配。单位可根据具体情况自行选择间接费用的分配方法。分配方法一经确定，不得随意变更。

（4）已经制造完成并验收入库的物品，按照所发生的实际成本（包括耗用的直接材料费用、直接人工费用、其他直接费用和分配的间接费用），财务会计应当借记"库存物品"科目，贷记"加工物品——自制物品——直接材料、直接人工、其他直接费用、间接费用"科目。预算会计不需要做账务处理。

自制物品的会计处理如表11-52所示。

表11-52　　　　　　　　　自制物品的会计处理

	财务会计处理	预算会计处理
为自制物品领用材料	借：加工物品——自制物品——直接材料 　贷：库存物品[相关明细科目]	—
专门从事物品制造的人员发生的直接人工费用	借：加工物品——自制物品——直接人工 　贷：应付职工薪酬	—
为自制物品发生的其他直接费用和间接费用	借：加工物品——自制物品——其他直接费用、间接费用 　贷：财政拨款收入/零余额账户用款额度/银行存款等	借：事业支出/经营支出等[实际支付金额] 　贷：财政拨款预算收入/资金结存
自制加工完成并验收入库	借：库存物品[相关明细科目] 　贷：加工物品——自制物品——直接材料、直接人工、其他直接费用、间接费用	—

3．案例解析

【例11-60】2×19年6月1日，某事业单位自行加工材料一批，领用甲材料200 000元。7月1日，发生直接人工费用共计100 000元，为自制物品发生其他费用50 000元。7月10日，材料加工完毕为乙材料，并验收入库。会计处理如下。

2×19年6月1日。

财务会计：

借：加工物品——自制物品　　　　　　　　　　　　200 000
　　贷：库存物品——甲材料　　　　　　　　　　　　200 000

预算会计不需要做账务处理。

2×19年7月1日。

财务会计：

借：加工物品——自制物品　　　　　　　　　　　　100 000
　　贷：应付职工薪酬　　　　　　　　　　　　　　　100 000

借：加工物品——自制物品　　　　　　　　　　　　　50 000
　　贷：银行存款　　　　　　　　　　　　　　　　　　50 000
预算会计：
借：经营支出　　　　　　　　　　　　　　　　　　　50 000
　　贷：资金结存——货币资金　　　　　　　　　　　　50 000
2×19年7月10日。
财务会计：
借：库存物品——乙材料　　　　　　　　　　　　　350 000
　　贷：加工物品——自制物品　　　　　　　　　　　350 000
预算会计不需要做账务处理。

11.16.2　委托加工物品

1．业务概述

对于委托加工物品，应当将委托加工所用的物料、委托加工的成本（如委托加工费以及按规定应计入委托加工存货成本的相关税费等）以及使存货达到目前场所和状态所发生的归属于存货成本的其他支出先计入加工物品的成本，待验收入库后，再转为库存商品。

2．账务处理

（1）发给外单位加工的材料等，按照其实际成本，财务会计应当借记"加工物品——委托加工物品"科目，贷记"库存物品"科目。预算会计不需要做账务处理。

（2）支付加工费、运输费等费用，按照实际支付的金额，财务会计应当借记"加工物品——委托加工物品"科目，贷记"零余额账户用款额度""银行存款""财政拨款收入"等科目。预算会计应当借记"行政支出""事业支出""经营支出"等有关科目，贷记"财政拨款预算收入""资金结存"科目。涉及增值税业务的，相关账务处理参见"应交增值税"科目。

（3）委托加工完成的物品等验收入库，按照加工前发出材料的成本和加工、运输成本等，财务会计应当借记"库存物品"科目，贷记"加工物品——委托加工物品"科目。预算会计不需要做账务处理。

委托加工物品会计处理如表11-53所示。

表 11-53 委托加工物品会计处理

	财务会计处理	预算会计处理
发给外单位加工的材料	借：加工物品——委托加工物品 贷：库存物品 [相关明细科目]	—
支付加工费用等	借：加工物品——委托加工物品 贷：财政拨款收入 / 零余额账户用款额度 / 银行存款等	借：行政支出 / 事业支出 / 经营支出等 贷：财政拨款预算收入 / 资金结存
委托加工完成的物品验收入库	借：库存物品 [相关明细科目] 贷：加工物品——委托加工物品	—

3．案例解析

【例 11-61】2×19 年 1 月 5 日，某事业单位委托 C 公司加工材料一批，发出甲材料 200 000 元。1 月 7 日，支付加工费用和相关运输费用共计 100 000 元。3 月 10 日，材料加工完毕为乙材料，并验收入库。会计处理如下。

1 月 5 日，发出材料时。

财务会计：

借：加工物品——委托加工物品   200 000
    贷：库存物品——甲材料   200 000

预算会计不需要做账务处理。

1 月 7 日，支付加工费用和相关运输费用时。

财务会计：

借：加工物品——委托加工物品   100 000
    贷：零余额账户用款额度   100 000

预算会计：

借：经营支出   100 000
    贷：资金结存——零余额账户用款额度   100 000

3 月 10 日，材料加工完毕验收入库时。

财务会计：

借：库存物品——乙材料   300 000
    贷：加工物品——委托加工物品   300 000

预算会计不需要做账务处理。

11.17 待摊费用

摊销期限在1年以上的租入固定资产改良支出和其他费用，应当通过"长期待摊费用"科目核算，不通过"待摊费用"科目核算。

11.17.1 发生待摊费用

1. 业务概述

待摊费用是指，行政事业单位已经支付，应当由本期和以后各期分别负担的分摊期在1年以内（含1年）的各项费用，如预付航空保险费、预付租金等。

2. 账务处理

发生待摊费用时，按照实际预付的金额，财务会计应当借记"待摊费用"科目，贷记"财政拨款收入""零余额账户用款额度""银行存款"等科目。预算会计应当借记"行政支出""事业支出""经营支出"等有关科目，贷记"财政拨款预算收入""资金结存"科目。

发生待摊费用的账务处理如表11-54所示。

表11-54　　　　　　　发生待摊费用的账务处理

	财务会计处理	预算会计处理
发生待摊费用时	借：待摊费用 　贷：财政拨款收入/零余额账户用款额度/银行存款等	借：行政支出/事业支出/经营支出等 　贷：财政拨款预算收入/资金结存

3. 案例解析

【例11-62】某事业单位2×19年3月1日向A公司租赁一间房屋作为仓库，当日支付了1年的房租12 000元。

财务会计：

借：待摊费用　　　　　　　　　　　　　　　　　　　　　12 000

　　贷：银行存款　　　　　　　　　　　　　　　　　　　　12 000

预算会计：

借：事业支出　　　　　　　　　　　　　　　　　　　　　12 000

　　贷：资金结存——货币资金　　　　　　　　　　　　　　12 000

11.17.2 按照收益期限分期平均摊销

1. 业务概述

待摊费用应当在其受益期限内分期平均摊销，如预付航空保险费应在保险期的有效期内、预付租金应在租赁期内分期平均摊销，计入当期费用。

2. 账务处理

按照受益期限分期平均摊销时，按照摊销金额，财务会计应当借记"业务活动费用""单位管理费用""经营费用"等科目，贷记"待摊费用"科目。预算会计不需要做账务处理。按照受益期限分期平均摊销的账务处理如表 11-55 所示。

表 11-55　　　　按照受益期限分期平均摊销的账务处理

	财务会计处理	预算会计处理
按照受益期限分期平均摊销时	借：业务活动费用/单位管理费用/经营费用等 贷：待摊费用[每期摊销金额]	—

3. 案例解析

【例 11-63】沿用【例 11-62】。该事业单位以后每月按照受益期限分期平均摊销房租。会计处理如下。

2×19 年 3 月 31 日。

财务会计：

借：业务活动费用　　　　　　　　　　　　　　　　　　　　　1 000
　　贷：待摊费用　　　　　　　　　　　　　　　　　　　　　　　　1 000

预算会计不需要做账务处理。

11.17.3 将摊余金额一次全部转入当期费用

1. 业务概述

如果某项待摊费用已经不能使单位受益，应当将其摊余金额一次全部转入当期费用。

2. 账务处理

按照摊销金额，财务会计应当借记"业务活动费用""单位管理费用""经营费用"等科目，贷记"待摊费用"科目。预算会计不需要做账务处理。将摊余金额一次全部转入当期费用的账务处理如表 11-56 所示。

表 11-56　将摊余金额一次全部转入当期费用的账务处理

	财务会计处理	预算会计处理
将摊余金额一次全部转入当期费用时	借：业务活动费用/单位管理费用/经营费用等 贷：待摊费用[全部未摊销金额]	—

3. 案例解析

【例 11-64】沿用【例 11-63】。2×19 年 8 月 31 日，该事业单位因情况发生变化不再需要使用租赁的该房屋，应做以下会计处理。

财务会计：

借：业务活动费用　　　　　　　　　　　　　　　　　6 000

　　贷：待摊费用　　　　　　　　　　　　　　　　　　6 000

预算会计不需要做账务处理。

11.18　长期股权投资

"长期股权投资"科目核算事业单位按照规定取得的，持有时间超过 1 年（不含 1 年）的股权性质的投资。

11.18.1　取得长期股权投资

1. 业务概述

"长期股权投资"科目核算事业单位按照规定取得的，持有时间超过 1 年（不含 1 年）的股权性质的经济行为。

2. 账务处理

长期股权投资在取得时，应当按照其实际成本作为初始投资成本。

（1）以现金取得的长期股权投资，按照确定的投资成本，财务会计应当借记"长期股权投资""长期股权投资——成本"科目，按照支付的价款中包含的已宣告但尚未发放的现金股利，借记"应收股利"科目，按照实际支付的全部价款，贷记"银行存款"等科目。按实际收到的价款，预算会计应当借记"投资支出"科目，贷记"资金结存——货币资金"科目。

实际收到取得投资时所支付价款中包含的已宣告但尚未发放的现金股利时，财务会计应当借记"银行存款"科目，贷记"应收股利"科目。预算会计应当借记"资金结存——货币资金"科目，贷记"投资支出"等科目。

（2）以现金以外的其他资产置换取得的长期股权投资，参照"库存物品"科目中置换取得库存物品的相关规定进行账务处理。

（3）以未入账的无形资产取得的长期股权投资，按照评估价值加相关税费作为投资成本，财务会计应当借记"长期股权投资"科目，按照发生的相关税费，贷记"银行存款""其他应交税费"等科目，按其差额，贷记"其他收入"科目。按发生的相关税费，预算会计应当借记"其他支出"科目，贷记"资金结存"科目。

（4）接受捐赠的长期股权投资，按照确定的投资成本，财务会计应当借记"长期股权投资""长期股权投资——成本"科目，按照发生的相关税费，贷记"银行存款"等科目，按照其差额，贷记"捐赠收入"科目。按发生的相关税费，预算会计应当借记"其他支出"科目，贷记"资金结存"科目。

（5）无偿调入的长期股权投资，按照确定的投资成本，财务会计应当借记"长期股权投资"科目，按照发生的相关税费，贷记"银行存款"等科目，按照其差额，贷记"无偿调拨净资产"科目。按发生的相关税费，预算会计应当借记"其他支出"科目，贷记"资金结存"科目。

取得长期股权投资的账务处理如表11-57所示。

表11-57　　　　　　取得长期股权投资的账务处理

	财务会计处理	预算会计处理
以现金取得的长期股权投资	借：长期股权投资——成本/长期股权投资 应收股利[实际支付价款中包含的已宣告但尚未发放的股利或利润] 贷：银行存款等[实际支付的价款]	借：投资支出[实际收到的价款] 贷：资金结存——货币资金
收到取得投资时实际支付价款中所包含的已宣告但尚未发放的股利或利润时	借：银行存款 贷：应收股利	借：资金结存——货币资金 贷：投资支出等
以现金以外的其他资产置换取得长期股权投资	参照"库存物品"科目中置换取得库存物品的账务处理	
以未入账的无形资产取得的长期股权投资	借：长期股权投资 贷：银行存款/其他应交税费 　　其他收入	借：其他支出[支付的相关税费] 贷：资金结存

续表

	财务会计处理	预算会计处理
接受捐赠的长期股权投资	借：长期股权投资——成本/长期股权投资 贷：银行存款等[相关税费] 　　捐赠收入	借：其他支出[支付的相关税费] 贷：资金结存
无偿调入的长期股权投资	借：长期股权投资 贷：无偿调拨净资产 　　银行存款等[相关税费]	借：其他支出[支付的相关税费] 贷：资金结存

3．案例解析

（1）以现金取得的长期股权投资。

【例11-65】2×19年6月20日，某事业单位以1 500万元购入乙公司10%的股权，其中包含已宣告但未发放的股利20万元，2×19年9月20日该事业单位收到未发放的股利20万元。该业务的账务处理如下。

2×19年6月20日。

财务会计：

借：长期股权投资　　　　　　　　　　　　　　　14 800 000
　　应收股利　　　　　　　　　　　　　　　　　　　200 000
　　贷：银行存款　　　　　　　　　　　　　　　　15 000 000

预算会计：

借：投资支出　　　　　　　　　　　　　　　　　15 000 000
　　贷：资金结存——货币资金　　　　　　　　　15 000 000

2×19年9月20日。

财务会计：

借：银行存款　　　　　　　　　　　　　　　　　　200 000
　　贷：应收股利　　　　　　　　　　　　　　　　　200 000

预算会计：

借：资金结存——货币资金　　　　　　　　　　　　200 000
　　贷：投资支出　　　　　　　　　　　　　　　　　200 000

（2）以现金以外的其他资产置换取得长期股权投资。

【例11-66】某事业单位2×18年购入一机器设备，原始价值为100 000元，预计使用年限为10年。2×19年该设备已经计提折旧10 000元，该单位将该设备用于对外投资，双方协商作价70 000元。

财务会计：

借：长期股权投资		70 000
固定资产累计折旧		10 000
资产处置费用		20 000
贷：固定资产		100 000

预算会计不需要做账务处理。

（3）接受捐赠的长期股权投资。

【例11-67】2×19年，某事业单位接受A公司捐赠的价值100 000的股权，其账务处理如下。

财务会计：

借：长期股权投资		100 000
贷：捐赠收入		100 000

预算会计不需要做账务处理。

11.18.2　持有长期股权投资期间

1. 业务概述

长期股权投资在持有期间，通常应当采用成本法或权益法进行核算。

行政事业单位无权决定被投资单位的财务和经营政策或无权参与被投资单位的财务和经营政策决策的，应当采用成本法进行核算。

2. 账务处理

（1）采用成本法核算。

被投资单位宣告发放现金股利或利润时，按照应收的金额，财务会计应当借记"应收股利"科目，贷记"投资收益"科目。预算会计不需要做账务处理。

收到现金股利或利润时，按照实际收到的金额，财务会计应当借记"银行存款"等科目，贷记"应收股利"科目。预算会计应当借记"资金结存——货币资金"科目，贷记"投资预算收益"科目。

（2）采用权益法核算。

①被投资单位实现净利润的，按照应享有的份额，财务会计应当借记"长期股权投资——损益调整"科目，贷记"投资收益"科目。预算会计不需要做账务处理。

被投资单位发生净亏损的，按照应分担的份额，财务会计应当借记"投资收益"科目，贷记"长期股权投资——损益调整"科目，但以"长期股权投资"科目的账面余额减记至零为限。发生亏损的被投资单位以后年度又实现净利润的，按照收益分享额弥补未确认的亏损分担额等后的金额，借记"长期股权投资——损益调整"科目，贷记"投资收益"科目。预算会计不需要做账务处理。

②被投资单位宣告分派现金股利或利润的，按照应享有的份额，财务会计应当借记"应收股利"科目，贷记"长期股权投资——损益调整"科目。预算会计不需要做账务处理。

③被投资单位发生除净损益和利润分配以外的所有者权益变动的，按照应享有或应分担的份额，财务会计应当借记或贷记"权益法调整"科目，贷记或借记"长期股权投资——其他权益变动"科目。预算会计不需要做账务处理。

（3）成本法与权益法的转换。

①单位因处置部分长期股权投资等原因而对处置后的剩余股权投资由权益法改按成本法核算的，应当按照权益法下"长期股权投资"科目账面余额作为成本法下"长期股权投资——成本"科目账面余额。

其后，被投资单位宣告分派现金股利或利润时，属于单位已计入投资账面余额的部分，按照应分得的现金股利或利润份额，财务会计应当借记"应收股利"科目，贷记"长期股权投资"科目。预算会计不需要做账务处理。

②单位因追加投资等原因对长期股权投资的核算从成本法改为权益法的，应当按照成本法下"长期股权投资"科目账面余额与追加投资成本的合计金额，财务会计应当借记"长期股权投资——成本"科目，按照成本法下"长期股权投资"科目账面余额，贷记"长期股权投资"科目，按照追加投资的成本，贷记"银行存款"等科目。按实际支付的金额，预算会计应当借记"投资支出"科目，贷记"资金结存——货币资金"科目。

持有长期股权投资期间的账务处理如表11-58所示。

表11-58　　　　持有长期股权投资期间的账务处理

		财务会计处理	预算会计处理
成本法下	被投资单位宣告发放现金股利或利润时	借：应收股利 　贷：投资收益	—
	收到被投资单位发放的现金股利时	借：银行存款等 　贷：应收股利	借：资金结存——货币资金 　贷：投资预算收益

续表

		财务会计处理	预算会计处理
权益法下	被投资单位实现净利润的，按照其份额	借：长期股权投资——损益调整 贷：投资收益	—
	被投资单位发生净亏损的，按照其份额	借：投资收益 贷：长期股权投资——损益调整	—
	被投资单位发生净亏损，但以后年度又实现净利润的，按规定恢复确认投资收益的	借：长期股权投资——损益调整 贷：投资收益	—
	被投资单位宣告发放现金股利或利润的，按照其份额	借：应收股利 贷：长期股权投资——损益调整	—
	被投资单位除净损益和利润分配以外的所有者权益变动时，按照其份额	借：长期股权投资——其他权益变动 贷：权益法调整 或： 借：权益法调整 贷：长期股权投资——其他权益变动	—
	权益法下收到被投资单位发放的现金股利	借：银行存款 贷：应收股利	借：资金结存——货币资金 贷：投资预算收益
追加投资，成本法改为权益法		借：长期股权投资——成本 贷：长期股权投资 [成本法下账面余额] 银行存款等 [追加投资]	借：投资支出 [实际支付的金额] 贷：资金结存——货币资金
权益法改为成本法		借：长期股权投资 贷：长期股权投资——成本 长期股权投资——损益调整 长期股权投资——其他权益变动	—

3．案例解析

（1）成本法下。

【例 11-68】2×19 年 1 月 20 日，某事业单位以 1 500 万元购入甲公司 80% 的股权。该事业单位取得该部分股权后，有权力主导甲公司的相关活动并获得可变回报。

2×19年6月30日，甲公司宣告分派现金股利，该事业单位按照其持有比例确定可分回20万元。2×19年7月30日，该事业单位收到现金股利。账务处理如下。

2×19年1月20日。

财务会计：

借：长期股权投资　　　　　　　　　　　　　　　　15 000 000
　　贷：银行存款　　　　　　　　　　　　　　　　　　15 000 000

预算会计：

借：投资支出　　　　　　　　　　　　　　　　　　15 000 000
　　贷：资金结存——货币资金　　　　　　　　　　　　15 000 000

2×19年6月30日。

财务会计：

借：应收股利　　　　　　　　　　　　　　　　　　　　200 000
　　贷：投资收益　　　　　　　　　　　　　　　　　　　　200 000

预算会计不需要做账务处理。

2×19年7月30日。

财务会计：

借：银行存款　　　　　　　　　　　　　　　　　　　　200 000
　　贷：应收股利　　　　　　　　　　　　　　　　　　　　200 000

预算会计：

借：资金结存——货币资金　　　　　　　　　　　　　　200 000
　　贷：投资预算收益　　　　　　　　　　　　　　　　　　200 000

（2）权益法下。

【例11-69】某事业单位于2×19年1月1日取得A公司30%的股权，2×19年A公司实现净利润8 000 000元。其账务处理如下。

财务会计：

借：长期股权投资——损益调整　　　　　　　　　　　2 400 000
　　贷：投资收益　　　　　　　　　　　　　　　　　　　2 400 000

预算会计不需要做账务处理。

【例11-70】沿用【例11-69】。A公司于2×20年3月1日宣告发放现金股利，该事业单位按其持股比例计算确定可分得30 000元，2×20年6月1日，A公司支付现金股利。应作账务处理如下。

2×20年3月1日。

借：应收股利 30 000
　　贷：长期股权投资——损益调整 30 000

2×20年6月1日。

财务会计：

借：银行存款 30 000
　　贷：应收股利 30 000

预算会计：

借：资金结存——货币资金 30 000
　　贷：投资预算收益 30 000

（3）追加投资，成本法改为权益法。

【例11-71】A事业单位于2×18年1月2日取得B公司10%的股权，成本为3 000 000元，因对被投资单位不具有重大影响且无法可靠确定该项投资的公允价值，A事业单位对其采用成本法核算。A事业单位按照净利润的10%提取盈余公积。

2×19年1月2日，A事业单位又以6 000 000元取得B公司12%的股权。当日A事业单位之前对B公司的长期股权投资账面价值为4 000 000元。

该事业单位应做以下账务处理。

2×19年1月2日，A事业单位应确认对B公司的长期股权投资。

财务会计：

借：长期股权投资——B公司——成本 10 000 000
　　贷：长期股权投资 4 000 000
　　　　银行存款 6 000 000

预算会计：

借：投资支出 6 000 000
　　贷：资金结存——货币资金 6 000 000

（4）权益法改为成本法。

【例11-72】甲事业单位持有乙公司30%的有表决权股份，能够对乙公司的生产经营决策施加重大影响，采用权益法核算。2×19年10月，甲事业单位将该项投资中的50%对外出售。出售以后，甲事业单位无法再对乙公司施加重大影响，且该项投资不存在活跃市场，公允价值无法可靠确定，转为采用成本法核算。出售时，该项长期股权投资的账面价值为16 000 000元，其中投资成本13 000 000元，损益调整为2 000 000元，其他权益变动1 000 000元。与处置后剩余部分的投资相关的账务处理如下。

财务会计：

借：长期股权投资　　　　　　　　　　　　　　8 000 000
　　贷：长期股权投资——乙公司——成本　　　　6 500 000
　　　　　　　　　　　　　　——损益调整　　　1 000 000
　　　　　　　　　　　　　　——其他权益变动　　500 000

预算会计不需要做账务处理。

11.18.3　出售（转让）长期股权投资

1．业务概述

出售（转让）长期股权投资包括处置以现金取得的长期股权投资、处置以现金以外的其他资产取得的长期股权投资。

2．账务处理

按照规定报经批准出售（转让）长期股权投资时，应当区分长期股权投资取得方式分别进行处理。

（1）处置以现金取得的长期股权投资。

处置以现金取得的长期股权投资，财务会计应当按照实际取得的价款，借记"银行存款"等科目，按照被处置长期股权投资的账面余额，贷记"长期股权投资"科目，按照尚未领取的现金股利或利润，贷记"应收股利"科目，按照发生的相关税费等支出，贷记"银行存款"等科目，按照借贷方差额，借记或贷记"投资收益"科目。按取得价款扣减支付的相关税费后的金额，预算会计应当借记"资金结存——货币资金"科目，贷记"投资支出""其他结余""投资预算收益"科目。

处置以现金取得的长期股权投资的账务处理如表11-59所示。

表11-59　处置以现金取得的长期股权投资的账务处理

	财务会计处理	预算会计处理
处置以现金取得的长期股权投资	借：银行存款等 [实际取得价款] 　　投资收益 [借差] 　　贷：长期股权投资 [账面余额] 　　　　应收股利 [尚未领取的现金股利或利润] 　　　　银行存款等 [支付的相关税费] 　　　　投资收益 [贷差]	借：资金结存——货币资金 [取得价款扣减支付的相关税费后的金额] 　　贷：投资支出 / 其他结余 [投资款] 　　　　投资预算收益

（2）处置以现金以外的其他资产取得的长期股权投资。

处置以现金以外的其他资产取得的长期股权投资，按照被处置长期股权投资的账面余额，财务会计应当借记"资产处置费用"科目，贷记"长期股权投资"科目；同时，按照实际取得的价款，借记"银行存款"等科目，按照尚未领取的现金股利或利润，贷记"应收股利"科目，按照发生的相关税费等，贷记"银行存款"等科目，按照贷方差额，贷记"应缴财政款"科目。按照规定，将处置时取得的投资收益纳入本单位预算管理的，应当按照所取得价款大于被处置长期股权投资账面余额、应收股利账面余额和相关税费合计的差额，贷记"投资收益"科目；按取得价款扣减投资账面余额和相关税费后的差额，预算会计应当借记"资金结存——货币资金"科目，贷记"投资预算收益"科目。

处置以现金以外的其他资产取得的长期股权投资的账务处理如表11-60所示。

表11-60　处置以现金以外的其他资产取得的长期股权投资的账务处理

	财务会计处理	预算会计处理
处置净收入上缴财政的	借：资产处置费用 　　贷：长期股权投资 借：银行存款 [实际取得价款] 　　贷：应收股利 [尚未领取的现金股利或利润] 　　　银行存款等 [支付的相关税费] 　　　应缴财政款	借：资金结存——货币资金 　　贷：投资预算收益 [获得的现金股利或利润]
按照规定，投资收益纳入单位预算管理的	借：资产处置费用 　　贷：长期股权投资 借：银行存款 [实际取得价款] 　　贷：应收股利 [尚未领取的现金股利或利润] 　　　银行存款等 [支付的相关税费] 　　　投资收益 [取得价款扣减长期股权投资账面余额、应收股利和相关税费后的差额] 　　　应缴财政款 [贷差]	借：资金结存——货币资金 [取得价款扣减投资账面余额和相关税费后的差额] 　　贷：投资预算收益

（3）其他方式下处置长期股权投资。

①因被投资单位破产清算等原因，有确凿证据表明长期股权投资发生损失，按照规定报经批准后予以核销时，按照予以核销的长期股权投资的账面余额，财务会计应当借记"资产处置费用"科目，贷记"长期股权投资"科目。预算会计不需要做账务处理。

②报经批准置换转出长期股权投资时，参照"库存物品"科目中置换换入

③采用权益法核算的长期股权投资的处置，除进行上述账务处理外，还应结转原直接计入净资产的相关金额，财务会计应当借记或贷记"权益法调整"科目，贷记或借记"投资收益"科目。预算会计不需要做账务处理。

其他方式处置长期股权投资的账务处理如表 11-61 所示。

表 11-61　　　　其他方式下处置长期股权投资的账务处理

	财务会计处理	预算会计处理
按照规定核销时	借：资产处置费用 　贷：长期股权投资 [账面余额]	—
置换转出时	参照"库存物品"科目中置换取得库存物品的账务处理	
权益法下，处置时结转原直接计入净资产的相关金额	借：权益法调整 　贷：投资收益 或做相反分录。	—

3．案例解析

【例 11-73】2×19 年 2 月 1 日，该事业单位向外转让长期股权投资，该长期股权投资原始投资额为 60 000 元，现在账面余额为 70 000 元，转让价格为 71 000 元，转让过程中共发生税费 8 000 元。其账务处理如下。

财务会计：

借：银行存款　　　　　　　　　　　　　　　　　63 000
　　投资收益　　　　　　　　　　　　　　　　　 7 000
　贷：长期股权投资　　　　　　　　　　　　　　70 000

预算会计：

借：资金结存——货币资金　　　　　　　　　　　63 000
　贷：投资支出　　　　　　　　　　　　　　　　60 000
　　　投资预算收益　　　　　　　　　　　　　　 3 000

【例 11-74】某事业单位持有对其他公司的长期股权投资，账面价值 50 000 元，2×19 年 12 月 31 日，证实该公司破产清算，长期股权投资发生损失。

将待核销长期股权投资转入待处置资产。

财务会计：

借：资产处置费用　　　　　　　　　　　　　　　50 000
　贷：长期股权投资　　　　　　　　　　　　　　50 000

预算会计不需要做账务处理。

11.19 长期债券投资

11.19.1 取得长期债券投资

1. 账务处理

在取得长期债券投资时,应当按照其实际成本作为投资成本。取得的长期债券投资,财务会计应当按照确定的投资成本,借记"长期债券投资——成本"科目,按照支付的价款中包含的已到付息期但尚未领取的利息,借记"应收利息"科目,按照实际支付的金额,贷记"银行存款"等科目。预算会计应当借记"投资支出"科目,贷记"资金结存——货币资金"科目。

实际收到取得债券时所支付价款中包含的已到付息期但尚未领取的利息时,财务会计应当借记"银行存款"科目,贷记"应收利息"科目。预算会计应当借记"资金结存——货币资金"科目,贷记"投资支出"等科目。

取得长期债券投资的相关金额的账务处理如表11-62所示。

表 11-62 取得长期债券投资的相关金额的账务处理

	财务会计处理	预算会计处理
取得长期债券投资时	借:长期债券投资——成本 应收利息[实际支付价款中包含的已到付息期但尚未领取的利息] 贷:银行存款等[实际支付价款]	借:投资支出[实际支付价款] 贷:资金结存——货币资金
收到取得投资所支付价款中包含的已到付息期但尚未领取的利息时	借:银行存款 贷:应收利息	借:资金结存——货币资金 贷:投资支出等

2. 案例解析

【例 11-75】某事业单位在 2×19 年 1 月 1 日取得长期债券投资,支付对价 70 000 元。

财务会计:

借:长期债券投资——成本　　　　　　　　　　　　　　70 000
　　贷:银行存款　　　　　　　　　　　　　　　　　　　　70 000

预算会计:

借:投资支出　　　　　　　　　　　　　　　　　　　　70 000
　　贷:资金结存——货币资金　　　　　　　　　　　　　　70 000

11.19.2 持有长期债券投资期间

1. 账务处理

长期债券投资持有期间,按期以债券票面金额与票面利率计算确认利息收入时,如为到期一次还本付息的债券投资,财务会计应当借记"长期债券投资——应计利息"科目,贷记"投资收益"科目;如为分期付息、到期还本的债券投资,财务会计应当借记"应收利息"科目,贷记"投资收益"科目。预算会计不需要做账务处理。

收到分期支付的利息时,按照实收的金额,财务会计应当借记"银行存款"等科目,贷记"应收利息"科目。预算会计应当借记"资金结存——货币资金"科目,贷记"投资预算收益"科目。

持有长期债券投资期间的账务处理如表 11-63 所示。

表 11-63　　　　　持有长期债券投资期间的账务处理

	财务会计处理	预算会计处理
按期以票面金额与票面利率计算确认利息收入时	借：应收利息[分期付息、到期还本]/长期债券投资——应计利息[到期一次还本付息] 贷：投资收益	—
实际收到分期支付的利息时	借：银行存款等 贷：应收利息	借：资金结存——货币资金 贷：投资预算收益

2. 案例解析

【例 11-76】某事业单位在 2×19 年 12 月 31 日,收到被投资单位发放的利息 5 000 元,款项存入银行账户。

财务会计：

借：应收利息　　　　　　　　　　　　　　　5 000
　　贷：投资收益　　　　　　　　　　　　　　　5 000
借：银行存款　　　　　　　　　　　　　　　5 000
　　贷：应收利息　　　　　　　　　　　　　　　5 000

预算会计：

借：资金结存——货币资金　　　　　　　　　5 000
　　贷：投资预算收益　　　　　　　　　　　　　5 000

11.19.3 到期收回长期债券投资本息

1. 账务处理

到期收回长期债券投资，财务会计应当按照实际收到的金额，借记"银行存款"等科目，按照长期债券投资的账面余额，贷记"长期债券投资"科目，按照相关应收利息金额，贷记"应收利息"科目，按照其差额，贷记"投资收益"科目。预算会计应当借记"资金结存——货币资金"科目，贷记"投资支出""其他结余""投资预算收益"科目。

到期收回长期债券投资本息的账务处理如表 11-64 所示。

表 11-64　　到期收回长期债券投资本息的账务处理

	财务会计处理	预算会计处理
到期收回长期债券投资本息	借：银行存款等 　贷：长期债券投资[账面余额] 　　　应收利息 　　　投资收益	借：资金结存——货币资金 　贷：投资支出/其他结余[投资成本] 　　　投资预算收益

2. 案例解析

【例 11-77】某事业单位在 2×19 年 12 月 31 日，将持有的长期债券卖出，收到金额 10 万元，款项存入银行账户，该长期债券投资账面余额为 9.5 万元。

财务会计：

借：银行存款　　　　　　　　　　　　　　　　　　　100 000
　贷：长期债券投资　　　　　　　　　　　　　　　　　95 000
　　　投资收益　　　　　　　　　　　　　　　　　　　 5 000

预算会计：

借：资金结存——货币资金　　　　　　　　　　　　　100 000
　贷：投资支出/其他结余　　　　　　　　　　　　　　 95 000
　　　投资预算收益　　　　　　　　　　　　　　　　　 5 000

11.19.4 对外出售长期债券投资

1. 账务处理

对外出售长期债券投资，财务会计按照实际收到的金额，应当借记"银行存款"等科目，按照长期债券投资的账面余额，贷记"长期债券投资"科目，按照已记入"应收利息"科目但尚未收取的金额，贷记"应收利息"科目，按照其差额，贷记或借记"投资收益"科目。预算会计应当借记"资金结存——

货币资金"科目，贷记"投资支出""其他结余""投资预算收益"科目。涉及增值税业务的，相关账务处理参见"应交增值税"科目。

对外出售长期债券投资的账务处理如表 11-65 所示。

表 11-65　　　　　　对外出售长期债券投资的账务处理

	财务会计处理	预算会计处理
对外出售长期债券投资	借：银行存款等 [实际收到的款项] 　　投资收益 [借差] 贷：长期债券投资 [账面余额] 　　应收利息 　　投资收益 [贷差]	借：资金结存——货币资金 贷：投资支出/其他结余 [投资成本] 　　投资预算收益

2. 案例解析

【例 11-78】某事业单位于 2×20 年 2 月 1 日向外转让其持有的长期债券投资，转让价格为 71 000 元，该长期债券投资账面余额为 70 000 元。

财务会计：

借：银行存款　　　　　　　　　　　　　　　　　71 000
　　贷：长期债券投资　　　　　　　　　　　　　　70 000
　　　　投资收益　　　　　　　　　　　　　　　　 1 000

预算会计：

借：资金结存——货币资金　　　　　　　　　　　71 000
　　贷：投资支出　　　　　　　　　　　　　　　　70 000
　　　　投资预算收益　　　　　　　　　　　　　　 1 000

11.20　固定资产

固定资产是指使用期限超过 1 年（不含 1 年）、单位价值在规定标准以上（1000 元以上，其中专用设备单位价值在 1500 元以上），并在使用过程中基本保持原有物质形态的资产。行政事业单位中，单位价值虽未达到规定标准，但是耐用时间超过 1 年（不含 1 年）的大批同类物资，应当作为固定资产核算。

11.20.1　取得固定资产

1. 业务概述

行政事业单位根据自身的需求，购置固定资产。固定资产预算及购置计划既要从实际需要出发又要注意节约，行政事业单位要根据各类资产的配备情况及使用标准合理配置及充分利用现有固定资产，防止积压浪费。对按规定实行统一采购的固定资产，要提供详细的使用目的并写明详尽的功能等要求。固定资产的采购需要按照规定，采用招标或其他方式。"固定资产"科目的核算内容包括单位购入的固定资产以及融资租赁租入的固定资产，但不包括借入、经营租赁租入的固定资产；包括购入境外具有所有权的土地，但不包括境内的土地使用权。

2．账务处理

固定资产在取得时，应当按照成本进行初始计量。

（1）购入不需安装的固定资产验收合格时，按照确定的固定资产成本，财务会计应当借记"固定资产"科目，贷记"财政拨款收入""零余额账户用款额度""应付账款""银行存款"等科目。预算会计应当借记"行政支出""事业支出""经营支出"等有关科目，贷记"财政拨款预算收入""资金结存"科目。

购入需要安装的固定资产，在安装完毕交付使用前，财务会计通过"在建工程"科目核算；预算会计应当借记"行政支出""事业支出""经营支出"等有关科目，贷记"财政拨款预算收入""资金结存"科目。安装完毕交付使用时，财务会计再将其转入"固定资产"科目；预算会计不需要做账务处理。

购入固定资产扣留质量保证金的，应当在取得固定资产时，按照确定的固定资产成本，财务会计应当借记"固定资产"科目[不需安装]或"在建工程"科目[需要安装]，按照实际支付或应付的金额，贷记"财政拨款收入""零余额账户用款额度"、"应付账款"[不含质量保证金]、"银行存款"等科目，按照扣留的质量保证金数额，贷记"其他应付款"[扣留期在1年以内（含1年）]或"长期应付款"[扣留期超过1年]科目。预算会计应当借记"行政支出""事业支出""经营支出"等有关科目，贷记"财政拨款预算收入""资金结存"科目。

质保期满支付质量保证金时，财务会计应当借记"其他应付款""长期应付款"科目，贷记"财政拨款收入""零余额账户用款额度""银行存款"等科目。预算会计应当借记"行政支出""事业支出""经营支出"等有关科目，贷记"财政拨款预算收入""资金结存"科目。

（2）自行建造的固定资产交付使用时，按照在建工程成本，财务会计应当借记"固定资产"科目，贷记"在建工程"科目。预算会计不需要做账务处理。

已交付使用但尚未办理竣工决算手续的固定资产，按照估计价值入账，待办理竣工决算后再按照实际成本调整原来的暂估价值。

（3）融资租赁取得的固定资产，其成本按照租赁协议或者合同确定的租赁价款、相关税费以及固定资产交付使用前所发生的可归属于该项固定资产的运输费、途中保险费、安装调试费等确定。

融资租入的固定资产，财务会计应当按照确定的成本，借记"固定资产"科目[不需安装]或"在建工程"科目[需安装]，按照租赁协议或者合同确定的租赁付款额，贷记"长期应付款"科目，按照支付的运输费、途中保险费、安装调试费等金额，贷记"财政拨款收入""零余额账户用款额度""银行存款"等科目。按实际支付的相关税费、运输费，预算会计应当借记"行政支出""事业支出""经营支出"等有关科目，贷记"财政拨款预算收入""资金结存"科目。

定期支付租金时，按照实际支付金额，财务会计应当借记"长期应付款"科目，贷记"财政拨款收入""零余额账户用款额度""银行存款"等科目。预算会计应当借记"行政支出""事业支出""经营支出"等有关科目，贷记"财政拨款预算收入""资金结存"科目。

（4）按照规定跨年度分期付款购入固定资产的账务处理，参照融资租入固定资产的账务处理。

（5）接受捐赠的固定资产，按照确定的固定资产成本，财务会计应当借记"固定资产"科目[不需安装]或"在建工程"科目[需安装]，按照发生的相关税费、运输费等，贷记"零余额账户用款额度""银行存款"等科目，按照其差额，贷记"捐赠收入"科目。预算会计应当按照支付的相关税费、运输费等，借记"其他支出"科目，贷记"资金结存"科目。

接受捐赠的固定资产按照名义金额入账的，按照名义金额，财务会计应当借记"固定资产"科目，贷记"捐赠收入"科目；按照发生的相关税费、运输费等，借记"其他费用"科目，贷记"零余额账户用款额度""银行存款"等科目。预算会计应当按照支付的相关税费、运输费等，借记"其他支出"科目，贷记"资金结存"科目。

（6）无偿调入的固定资产，财务会计应当按照确定的固定资产成本，借记"固定资产"科目[不需安装]或"在建工程"科目[需安装]，按照发生的相关税费、运输费等，贷记"零余额账户用款额度""银行存款"等科目，按照其差额，贷记"无偿调拨净资产"科目。预算会计应当按照支付的相关税费、运输费等，借记"其他支出"科目，贷记"资金结存"科目。

（7）置换取得的固定资产，参照"库存物品"科目中置换取得库存物品的相关规定进行账务处理。

固定资产取得时涉及增值税业务的，相关账务处理参见"应交增值税"科目。

取得固定资产的会计处理如表 11-66 所示。

表 11-66　　　　　　　　　　取得固定资产的会计处理

	财务会计处理	预算会计处理
①外购的固定资产不需安装的	借：固定资产 　　贷：财政拨款收入／零余额账户用款额度／应付账款／银行存款等	借：行政支出／事业支出／经营支出等 　　贷：财政拨款预算收入／资金结存
外购的固定资产需安装的	借：在建工程 　　贷：财政拨款收入／零余额账户用款额度／应付账款／银行存款等	借：行政支出／事业支出／经营支出等 　　贷：财政拨款预算收入／资金结存
安装完工交付使用时	借：固定资产 　　贷：在建工程	—
购入固定资产扣留质量保证金的	借：固定资产[不需安装]／在建工程[需要安装] 　　贷：财政拨款收入／零余额账户用款额度／应付账款[不含质量保证金]／银行存款等 　　　其他应付款[扣留期在1年以内（含1年）]／长期应付款[扣留期超过1年]	借：行政支出／事业支出／经营支出等[购买固定资产实际支付的金额] 　　贷：财政拨款预算收入／资金结存
质保期满支付质量保证金时	借：其他应付款／长期应付款 　　贷：财政拨款收入／零余额账户用款额度／银行存款等	借：行政支出／事业支出／经营支出等 　　贷：财政拨款预算收入／资金结存
②自行建造的固定资产，工程完工交付使用时	借：固定资产 　　贷：在建工程	—
③融资租入（或跨年度分期付款购入）的固定资产	借：固定资产[不需安装]／在建工程[需安装] 　　贷：长期应付款[协议或合同确定的租赁价款] 　　　财政拨款收入／零余额账户用款额度／银行存款等[实际支付的相关税费、运输费等]	借：行政支出／事业支出／经营支出等[实际支付的相关税费、运输费等] 　　贷：财政拨款预算收入／资金结存

续表

	财务会计处理	预算会计处理
定期支付租金（或分期付款）时	借：长期应付款 　贷：财政拨款收入/零余额账户用款额度/银行存款等	借：行政支出/事业支出/经营支出等 　贷：财政拨款预算收入/资金结存
④接受捐赠的固定资产	借：固定资产[不需安装]/在建工程[需安装] 　贷：银行存款/零余额账户用款额度等[发生的相关税费、运输费等] 　　　捐赠收入[差额]	借：其他支出[支付的相关税费、运输费等] 　贷：资金结存
接受捐赠的固定资产按照名义金额入账的	借：固定资产[名义金额] 　贷：捐赠收入 借：其他费用 　贷：银行存款/零余额账户用款额度等[发生的相关税费、运输费等]	借：其他支出[支付的相关税费、运输费等] 　贷：资金结存
⑤无偿调入的固定资产	借：固定资产[不需安装]/在建工程[需安装] 　贷：银行存款/零余额账户用款额度等[发生的相关税费、运输费等] 　　　无偿调拨净资产[差额]	借：其他支出[支付的相关税费、运输费等] 　贷：资金结存
⑥置换取得的固定资产	参照"库存物品"科目中置换取得库存物品的账务处理	

3. 案例解析

（1）外购。

【例11-79】某事业单位用事业经费购入一项不需要安装的新设备，买价为10 000元，运杂费为1 000元，有关款项均已通过银行支付。会计处理如下。

财务会计：

　　借：固定资产　　　　　　　　　　　　　　　　11 000
　　　　贷：银行存款　　　　　　　　　　　　　　　　11 000

预算会计：

　　借：事业支出　　　　　　　　　　　　　　　　11 000
　　　　贷：资金结存——货币资金　　　　　　　　　　11 000

（2）需要安装。

【例11-80】某事业单位用事业经费购入一项新设备，买价为10 000元，运杂费为300元，安装费为700元，有关款项均已通过银行支付，该项固定资产安装完毕交付使用。该业务账务处理如下。

购入设备时。

财务会计：

借：在建工程　　　　　　　　　　　　　　　　10 300
　　贷：银行存款　　　　　　　　　　　　　　　　10 300

预算会计：

借：事业支出　　　　　　　　　　　　　　　　10 300
　　贷：资金结存——货币资金　　　　　　　　　　10 300

安装时。

财务会计：

借：在建工程　　　　　　　　　　　　　　　　　700
　　贷：银行存款　　　　　　　　　　　　　　　　　700

预算会计：

借：事业支出　　　　　　　　　　　　　　　　　700
　　贷：资金结存——货币资金　　　　　　　　　　　700

安装完工交付使用时。

财务会计：

借：固定资产　　　　　　　　　　　　　　　 11 000
　　贷：在建工程　　　　　　　　　　　　　　　 11 000

预算会计不需要做账务处理。

（3）自行建造。

【例11-81】某事业单位自行建造固定资产，在前期投入工程价款2 000 000元。

财务会计：

借：在建工程　　　　　　　　　　　　　　　2 000 000
　　贷：银行存款　　　　　　　　　　　　　　　2 000 000

预算会计：

借：事业支出　　　　　　　　　　　　　　　2 000 000
　　贷：资金结存——货币资金　　　　　　　　　2 000 000

工程中期发现原材料不足，故投入400 000元购买原材料以满足完工需要。

财务会计：

借：在建工程　　　　　　　　　　　　　　　　400 000
　　贷：银行存款　　　　　　　　　　　　　　　　400 000

预算会计：

借：事业支出 400 000

　　贷：资金结存——货币资金 400 000

工程交付使用。

财务会计：

借：固定资产 2 400 000

　　贷：在建工程 2 400 000

预算会计不需要做账务处理。

（4）融资租入。

【例11-82】某事业单位融资租入固定资产，固定资产价值400 000元，支付运输费等2 000元。租赁协议规定该事业单位需要支付租赁价款400 000元，每个月支付10 000元，分40个月支付完。该事业单位的会计处理如下。

租入时。

财务会计：

借：固定资产 402 000

　　贷：长期应付款 400 000

　　　　银行存款 2 000

预算会计：

借：事业支出 2 000

　　贷：资金结存——货币资金 2 000

该事业单位每月支付租金时。

财务会计：

借：长期应付款 10 000

　　贷：银行存款 10 000

预算会计：

借：事业支出 10 000

　　贷：资金结存——货币资金 10 000

（5）接受捐赠。

【例11-83】某单位接受社会捐赠的固定资产，资产价值50 000元，其间发生运输费800元。

财务会计：

借：固定资产 50 800

贷：捐赠收入　　　　　　　　　　　　　　　　50 000
　　　　　银行存款　　　　　　　　　　　　　　　　　　800
　预算会计：
　借：其他支出　　　　　　　　　　　　　　　　　　　800
　　　贷：资金结存——货币资金　　　　　　　　　　　　800
（6）无偿调入。

【例11-84】某单位接受无偿调入的固定资产，资产价值70 000元，其间发生运输费900元。

　财务会计：
　借：固定资产　　　　　　　　　　　　　　　　　70 900
　　　贷：无偿调拨净资产　　　　　　　　　　　　　70 000
　　　　　银行存款　　　　　　　　　　　　　　　　　900
　预算会计：
　借：其他支出　　　　　　　　　　　　　　　　　　　900
　　　贷：资金结存——货币资金　　　　　　　　　　　　900

11.20.2　与固定资产有关的后续支出

1. 业务概述

　　固定资产使用寿命通常较长，因此需要单位建立良好的固定资产管理制度，包括建立固定资产卡片、定期维护并建立维护日志。除此之外，单位也可以使固定资产的改良扩建代替处置更新，以降低运营成本。固定资产后续的维护改建支出，在账务处理上有两种方法，即资本化和费用化。政府会计制度没有对两种处理方法的选择标准做出详细具体的规定，但资本化支出通常应当符合资产的定义，即与该支出有关的经济利益很可能流入企业，并且该支出能够可靠地计量。若不符合资产的定义，则支出应当予以费用化，计入当期损益。资本化支出是指为提升固定资产使用效能或延长其使用年限而发生的改建、扩建等，例如可以延长固定资产使用寿命的翻修、可以增加固定资产使用面积的扩建、可以提高产品生产效率的机器升级改造等。费用化支出是指为保证固定资产正常使用发生的日常维修等支出。

2. 账务处理

（1）符合固定资产确认条件的后续支出。

通常情况下，将固定资产转入改建、扩建时，按照固定资产的账面价值，财务会计应当借记"在建工程"科目,按照固定资产已计提折旧,借记"固定资产累计折旧"科目,按照固定资产的账面余额,贷记"固定资产"科目。预算会计不需要做账务处理。

为提升固定资产使用效能或延长其使用年限而发生的改建、扩建等后续支出,财务会计应当借记"在建工程"科目,贷记"财政拨款收入""零余额账户用款额度""银行存款""应付账款"等科目。预算会计应当借记"行政支出""事业支出""经营支出"等有关科目,贷记"财政拨款预算收入""资金结存"科目。

(2)不符合固定资产确认条件的后续支出。

为保证固定资产正常使用发生的日常维修等支出,财务会计应当借记"业务活动费用""单位管理费用""经营费用"等科目,贷记"财政拨款收入""零余额账户用款额度""银行存款"等科目。预算会计应当借记"行政支出""事业支出""经营支出"等有关科目,贷记"财政拨款预算收入""资金结存"科目。

与固定资产有关的后续支出的会计处理如表11-67所示。

表11-67　　　　与固定资产有关的后续支出的会计处理

	财务会计处理	预算会计处理
符合固定资产确认条件的(提升固定资产使用效能或延长其使用年限而发生的改建、扩建等后续支出)	借:在建工程[固定资产账面价值] 　　固定资产累计折旧 贷:固定资产[账面余额]	—
	借:在建工程 贷:财政拨款收入/零余额账户用款额度/应付账款/银行存款等	借:行政支出/事业支出/经营支出等 贷:财政拨款预算收入/资金结存
不符合固定资产确认条件的	借:业务活动费用/单位管理费用/经营费用等 贷:财政拨款收入/零余额账户用款额度/银行存款等	借:行政支出/事业支出/经营支出等 贷:财政拨款预算收入/资金结存

3. 案例解析

【例11-85】某事业单位决定对固定资产进行扩建,固定资产账面余额为500 000元,已提折旧100 000元,扩建过程中支付工程款200 000元。

转入在建工程并发生相关支出。

财务会计:

借：在建工程 400 000
　　固定资产累计折旧 100 000
　　　贷：固定资产 500 000
借：在建工程 200 000
　　　贷：银行存款 200 000
预算会计：
借：事业支出 200 000
　　　贷：资金结存——货币资金 200 000
工程完工，交付使用。
财务会计：
借：固定资产 600 000
　　　贷：在建工程 600 000
预算会计不需要做账务处理。

11.20.3　固定资产处置

1．业务概述

为了提高各单位资产的使用效率，对于闲置的资产、过时淘汰的资产，各行政事业单位应当及时进行处置。行政事业单位也可以使用固定资产进行对外投资或者捐赠。一般来说，资产的处置流程都需要经过提出申请—审批—财务核销的程序，但具体到各单位，其固定资产处置流程应当符合国家和各单位内部的相关规定。

2．账务处理

（1）报经批准出售、转让固定资产，财务会计应当按照被出售、转让固定资产的账面价值，借记"资产处置费用"科目，按照固定资产已计提的折旧，借记"固定资产累计折旧"科目，按照固定资产账面余额，贷记"固定资产"科目；同时，按照收到的价款，借记"银行存款"等科目，按照处置过程中发生的相关费用，贷记"银行存款"等科目，按照其差额，贷记"应缴财政款"科目。预算会计不需要做账务处理。

（2）报经批准对外捐赠固定资产，财务会计应当按照固定资产已计提的折旧，借记"固定资产累计折旧"科目，按照被处置固定资产账面余额，贷记"固定资产"科目，按照捐赠过程中发生的归属于捐出方的相关费用，贷记"银行存款"等科目，按照其差额，借记"资产处置费用"科目。按捐赠过程中发生的归属于捐出方的相关费用，预算会计应当借记"其他支出"科目，贷记"资金结存"科目。

（3）报经批准无偿调出固定资产，财务会计应当按照固定资产已计提的折旧，借记"固定资产累计折旧"科目，按照被处置固定资产账面余额，贷记"固定资产"科目，按照其差额，借记"无偿调拨净资产"科目；预算会计不需要做账务处理。同时，按照无偿调出过程中发生的归属于调出方的相关费用，财务会计应当借记"资产处置费用"科目，贷记"银行存款"等科目；预算会计应当借记"其他支出"科目，贷记"资金结存"科目。

（4）报经批准置换换出固定资产，参照"库存物品"中置换换入库存物品的规定进行账务处理。

固定资产处置时涉及增值税业务的，相关账务处理参见"应交增值税"科目。

固定资产处置的会计处理如表 11-68 所示。

表 11-68　　　　　　　　固定资产处置的会计处理

	财务会计处理	预算会计处理
出售、转让固定资产	借：资产处置费用 　　固定资产累计折旧 贷：固定资产 [账面余额]	—
	借：银行存款等 [处置固定资产收到的价款] 贷：应缴财政款 　　银行存款等 [发生的相关费用]	—
对外捐赠固定资产	借：资产处置费用 　　固定资产累计折旧 贷：固定资产 [账面余额] 　　银行存款等 [归属于捐出方的相关费用]	借：其他支出 [按照对外捐赠过程中发生的归属于捐出方的相关费用] 贷：资金结存
无偿调出固定资产	借：无偿调拨净资产 　　固定资产累计折旧 贷：固定资产 [账面余额]	—
	借：资产处置费用 贷：银行存款等 [归属于调出方的相关费用]	借：其他支出 贷：资金结存
置换换出固定资产	参照"库存物品"科目中置换取得库存物品的规定进行账务处理	

3．案例解析

（1）出售、转让固定资产。

【例 11-86】 某事业单位出售固定资产一批，固定资产账面余额 72 000 元，已计提折旧 60 000 元，出售固定资产收到价款 20 000 元。该业务账务处理如下。

财务会计：

借：资产处置费用　　　　　　　　　　　　　　　　　　　　　　　12 000
　　固定资产累计折旧　　　　　　　　　　　　　　　　　　　　　60 000
　　贷：固定资产　　　　　　　　　　　　　　　　　　　　　　　72 000
借：银行存款　　　　　　　　　　　　　　　　　　　　　　　　　20 000
　　贷：应缴财政款　　　　　　　　　　　　　　　　　　　　　　20 000

预算会计不需要做账务处理。

（2）对外捐赠固定资产。

【例 11-87】 某事业单位对外捐赠固定资产，固定资产账面余额为 100 000 元，已计提折旧 30 000 元，另外该事业单位支付运输费 3 000 元。该业务账务处理如下。

财务会计：

借：资产处置费用　　　　　　　　　　　　　　　　　　　　　　　73 000
　　固定资产累计折旧　　　　　　　　　　　　　　　　　　　　　30 000
　　贷：固定资产　　　　　　　　　　　　　　　　　　　　　　　100 000
　　　　银行存款　　　　　　　　　　　　　　　　　　　　　　　3 000

预算会计：

借：其他支出　　　　　　　　　　　　　　　　　　　　　　　　　3 000
　　贷：资金结存——货币资金　　　　　　　　　　　　　　　　　3 000

（3）无偿调出固定资产。

【例 11-88】 某事业单位无偿调出固定资产，固定资产账面余额为 200 000 元，已计提折旧 50 000 元，另外该事业单位支付运输费 3 000 元。该业务账务处理如下。

财务会计：

借：无偿调拨净资产　　　　　　　　　　　　　　　　　　　　　　150 000
　　固定资产累计折旧　　　　　　　　　　　　　　　　　　　　　50 000
　　贷：固定资产　　　　　　　　　　　　　　　　　　　　　　　200 000
借：资产处置费用　　　　　　　　　　　　　　　　　　　　　　　3 000
　　贷：银行存款　　　　　　　　　　　　　　　　　　　　　　　3 000

预算会计：

借：其他支出　　　　　　　　　　　　　　　　　　　　　　　　　3 000
　　贷：资金结存——货币资金　　　　　　　　　　　　　　　　　3 000

11.20.4 固定资产定期盘点清查

1. 业务概述

行政事业单位应当定期对固定资产进行清查盘点,每年至少盘点一次。

2. 账务处理

对于发生的固定资产盘盈和盘亏或毁损、报废,应当先记入"待处理财产损溢"科目,按照规定报经批准后及时进行后续账务处理。

(1) 盘盈的固定资产,其成本按照有关凭据注明的金额确定;没有相关凭据但按照规定经过资产评估的,其成本按照评估价值确定;没有相关凭据也未经过评估的,其成本按照重置成本确定。如无法采用上述方法确定盘盈固定资产成本的,按照名义金额(人民币1元)入账。盘盈的固定资产,按照确定的入账成本,财务会计应当借记"固定资产"科目,贷记"待处理财产损溢"科目。预算会计不需要做账务处理。

(2) 盘亏、毁损或报废的固定资产,财务会计应当按照待处理固定资产的账面价值,借记"待处理财产损溢"科目,按照已计提折旧,借记"固定资产累计折旧"科目,按照固定资产的账面余额,贷记"固定资产"科目。预算会计不需要做账务处理。

固定资产定期盘点清查的会计处理如表11-69所示。

表11-69　　　　固定资产定期盘点清查的会计处理

	财务会计处理	预算会计处理
盘盈的固定资产	借:固定资产 　贷:待处理财产损溢	—
盘亏、毁损或报废的固定资产	借:待处理财产损溢[账面价值] 　　固定资产累计折旧 　贷:固定资产[账面余额]	—

3. 案例解析

【例11-89】某单位于2×19年底对单位的固定资产进行盘点,发生以下业务。

盘盈固定资产A,价值5 000元。

财务会计:

借:固定资产——A　　　　　　　　　　　　　　　5 000
　　贷:待处理财产损溢　　　　　　　　　　　　　　　5 000

预算会计不需要做账务处理。

盘点过程中,发现固定资产B毁损,B的账面余额为3 000元,已计提折旧2 000元。

财务会计:

借:待处理财产损溢 1 000
　　固定资产累计折旧 2 000
　　贷:固定资产——B 3 000

预算会计不需要做账务处理。

11.21　固定资产累计折旧

行政事业单位计提融资租入固定资产折旧时,应当采用与自有固定资产相一致的折旧政策。能够合理确定租赁期届满时将会取得租入固定资产所有权的,应当在租入固定资产尚可使用年限内计提折旧;无法合理确定租赁期届满时能够取得租入固定资产所有权的,应当在租赁期与租入固定资产尚可使用年限两者中较短的期间内计提折旧。

按月计提固定资产折旧

1. 业务概述

固定资产的基本特征是使用寿命较长,期限一般超过1年(不含1年)。固定资产的成本应当在其使用期限内,按照合理的方法分摊至各个受益的会计期间。

通常情况下,政府会计主体应当按照下表规定确定各类应计提折旧的固定资产的折旧年限。政府会计主体应当在遵循规定的情况下,根据固定资产的性质和实际使用情况,合理确定其折旧年限。固定资产的折旧年限表如表11-70所示。

表11-70　　　　　　　　固定资产的折旧年限表

固定资产类别	内容		折旧年限(年)
房屋及构筑物	业务及管理用房	钢结构、钢筋混凝土结构	不低于50
		砖混结构、砖木结构	不低于30
	简易房、房屋附属设施		不低于8
	构筑物		不低于8

续表

固定资产类别	内容	折旧年限（年）
通用设备	仪器仪表；电子和通信测量设备；电气设备；图书档案设备；通信设备；广播、电视、电影设备；计量标准器具及量具、衡器	不低于 5
	机械设备；雷达、无线电和卫星导航设备	不低于 10
	计算机设备；办公设备	不低于 6
	车辆	不低于 8
专用设备	探矿、采矿、选矿和造块设备；石油天然气开采专用设备；炼焦和金属冶炼轧制设备；石油和化学工业专用设备；炼焦和金属冶炼轧制设备；工程机械；农业和林业机械；木材采集和加工设备；食品加工专用设备；饮料加工设备；烟草加工设备；粮油作物和饲料加工设备；纺织设备；缝纫、服饰、制革和毛皮加工设备；邮政专用设备	10—15
	电力工业专用设备；核工业专用设备；航空航天工业专用设备	20—30
	非金属矿物制品工业专用设备；造纸和印刷机械；安全生产设备；环境污染防治设备；水工机械；铁路运输设备；水上交通运输设备；航空器及其配套设备	10—20
	化学药品和中药专用设备；医疗设备；电工、电子专用生产设备；殡葬设备及用品；专用仪器仪表	5—10
	文艺设备；体育设备；娱乐设备	5—15
	公安专用设备	3—10
家具、用具及装具	家具	不低于 15
	用具、装具	不低于 5

2. 账务处理

按月计提固定资产折旧时，按照应计提折旧金额，财务会计应当借记"业务活动费用""单位管理费用""经营费用""加工物品""在建工程"等科目，贷记"固定资产累计折旧"科目。预算会计不需要做账务处理。

按月计提固定资产折旧的账务处理如表 11-71 所示。

表 11-71 按月计提固定资产折旧的账务处理

	财务会计处理	预算会计处理
按月计提固定资产折旧时	借：业务活动费用/单位管理费用/经营费用/加工物品/在建工程等 贷：固定资产累计折旧	—

3．案例解析

【例11-90】某事业单位新购进固定资产一批，价值72 000元，计划使用6年，每月计提折旧1 000元。

购进时。

财务会计：

| 借：固定资产 | 72 000 |
| 贷：银行存款 | 72 000 |

预算会计：

| 借：事业支出 | 72 000 |
| 贷：资金结存——货币资金 | 72 000 |

按月计提固定资产折旧时。

财务会计：

| 借：业务活动费用 | 1 000 |
| 贷：固定资产累计折旧 | 1 000 |

预算会计不需要做账务处理。

假设第5年年末对该固定资产进行报废处置。

财务会计：

借：待处置财产损溢	12 000
固定资产累计折旧	60 000
贷：固定资产	72 000

预算会计不需要做账务处理。

11.22　工程物资

11.22.1　取得工程物资

1．账务处理

购入为工程准备的物资，按照确定的物资成本，财务会计应当借记"工程物资"科目，贷记"财政拨款收入""零余额账户用款额度""银行存款""应付账款""其他应付款"等科目。预算会计应当借记"行政支出""事业支出""经营支出"等有关科目，贷记"财政拨款预算收入""资金结存"科目。

取得工程物资的账务处理如表11-72所示。

表 11-72　　　　　　　　　取得工程物资的账务处理

	财务会计处理	预算会计处理
购入工程物资	借：工程物资 　贷：财政拨款收入/零余额账户用款额度/银行存款/应付账款/其他应付款等	借：行政支出/事业支出/经营支出等[实际支付的款项] 　贷：财政拨款预算收入/资金结存

2. 案例解析

【例 11-91】2×19 年 1 月 1 日，某行政单位购入一批工程物资，支付 8 000 元。

财务会计：

借：工程物资　　　　　　　　　　　　　　　　　　　　　　　8 000

　　贷：银行存款　　　　　　　　　　　　　　　　　　　　　8 000

预算会计：

借：行政支出　　　　　　　　　　　　　　　　　　　　　　　8 000

　　贷：资金结存——货币资金　　　　　　　　　　　　　　　8 000

11.22.2　领用工程物资

1. 账务处理

领用工程物资，按照物资成本，财务会计应当借记"在建工程"科目，贷记"工程物资"科目。工程完工后将领出的剩余物资退库时做相反的会计分录。预算会计不需要做账务处理。领用工程物资的账务处理如表 11-73 所示。

表 11-73　　　　　　　　　领用工程物资的账务处理

	财务会计处理	预算会计处理
领用工程物资	借：在建工程 　贷：工程物资	—

2. 案例解析

【例 11-92】沿用【例 11-91】。2×19 年 1 月 31 日，该行政单位因建造需要领用 80% 的该批工程物资。

财务会计：

借：在建工程　　　　　　　　　　　　　　　　　　　　　　　6 400

　　贷：工程物资　　　　　　　　　　　　　　　　　　　　　6 400

预算会计不需要做账务处理。

11.22.3 剩余工程物资转作存货

1. 账务处理

工程完工后将剩余的工程物资转作本单位存货等的，按照物资成本，财务会计应当借记"库存物品"科目，贷记"工程物资"科目。预算会计不需要做账务处理。剩余工程物资转作存货的账务处理如表 11-74 所示。

表 11-74　　　剩余工程物资转作存货的账务处理

	财务会计处理	预算会计处理
剩余工程物资转为存货	借：库存物品 　贷：工程物资	—

2. 案例解析

【例 11-93】沿用【例 11-92】。2×19 年 10 月 31 日，该行政单位将剩余的 20% 的工程物资转为存货。

财务会计：

借：库存物品　　　　　　　　　　　　　　　　　1 600
　　贷：工程物资　　　　　　　　　　　　　　　　　1 600

预算会计不需要做账务处理。

11.23 在建工程

一些大型的基础建设工程项目或者厂房设备需要经过较长的建设周期才能达到可以投入使用的状态，因此需要在其达到可使用状态前，在"在建工程"科目进行过渡，动产、不动产或无形资产建造完成，达到可以使用的状态时，将归集在"在建工程"科目中的资产成本转入"固定资产"或"无形资产"科目，作为相关资产的入账价值。

11.23.1 建筑安装工程投资

1. 业务概述

"建筑安装工程投资"明细科目核算行政事业单位发生的构成建设项目实际支出的建筑工程和安装工程的实际成本，不包括被安装设备本身的价值以及按照合同规定支付给施工单位的预付备料款和预付工程款。

2. 账务处理

（1）将固定资产等资产转入改建、扩建等时，财务会计应当按照固定资产等资产的账面价值，借记"在建工程——建筑安装工程投资"科目，按照已计提的折旧或摊销，借记"固定资产累计折旧"等科目，按照固定资产等资产的原值，贷记"固定资产"等科目。预算会计不需要做账务处理。

固定资产等资产改建、扩建过程中涉及替换（或拆除）原资产的某些组成部分的，按照被替换（或拆除）部分的账面价值，财务会计应当借记"待处理财产损溢"科目，贷记"在建工程——建筑安装工程投资"科目。预算会计不需要做账务处理。

（2）单位对于发包建筑安装工程，根据建筑安装工程价款结算账单与施工企业结算工程价款时，财务会计应当按照应承付的工程价款，借记"在建工程——建筑安装工程投资"科目，按照预付工程款余额，贷记"预付账款——预付工程款"科目，按照其差额，贷记"财政拨款收入""零余额账户用款额度""银行存款""应付账款"等科目。按照补付款项，预算会计应当借记"行政支出""事业支出"等有关科目，贷记"财政拨款预算收入""资金结存"科目。

（3）单位自行施工的小型建筑安装工程，按照发生的各项支出金额，财务会计应当借记"在建工程——建筑安装工程投资"科目，贷记"工程物资""零余额账户用款额度""银行存款""应付职工薪酬"等科目。预算会计应当借记"行政支出""事业支出"等有关科目，贷记"资金结存"等科目。

（4）工程竣工，办妥竣工验收交接手续交付使用时，按照建筑安装工程成本（含应分摊的待摊投资），财务会计应当借记"固定资产"等科目，贷记"在建工程——建筑安装工程投资"科目。预算会计不需要做账务处理。

建筑安装工程投资的会计处理如表 11-75 所示。

表 11-75　　　　　建筑安装工程投资的会计处理

	财务会计处理	预算会计处理
将固定资产等转入改建、扩建时	借：在建工程——建筑安装工程投资 　　固定资产累计折旧等 贷：固定资产等	—
发包工程预付工程款时	借：预付账款——预付工程款 贷：财政拨款收入/零余额账户用款额度/银行存款等	借：行政支出/事业支出等 贷：财政拨款预算收入/资金结存

续表

	财务会计处理	预算会计处理
按照进度结算工程款时	借：在建工程——建筑安装工程投资 　贷：预付账款——预付工程款 　　　财政拨款收入/零余额账户用款额度/银行存款/应付账款等	借：行政支出/事业支出等 [补付款项] 　贷：财政拨款预算收入/资金结存
自行施工小型建筑安装工程发生支出时	借：在建工程——建筑安装工程投资 　贷：工程物资/零余额账户用款额度/银行存款/应付职工薪酬等	借：行政支出/事业支出等 [实际支付的款项] 　贷：资金结存等
改扩建过程中替换（拆除）原资产某些组成部分的	借：待处理财产损溢 　贷：在建工程——建筑安装工程投资	—
工程竣工验收交付使用时	借：固定资产等 　贷：在建工程——建筑安装工程投资	—

3．案例解析

【例 11-94】某行政单位一办公楼因多年使用需要改建，原值 8 000 000 元，已计提折旧 5 000 000 元。改建过程中，拆除部分建筑，账面价值 500 000 元，并获得残值收入 200 000 元。改建过程发生改建支出 3 000 000 元，用零余额账户用款额度支付。改建完工后，验收合格，投入使用。会计处理如下。

办公楼转入改建工程时。

财务会计：

借：在建工程——建筑安装工程投资　　　　　　　　　3 000 000
　　固定资产累计折旧　　　　　　　　　　　　　　　5 000 000
　　贷：固定资产——办公楼　　　　　　　　　　　　　　8 000 000

预算会计不需要做账务处理。

拆除部分建筑时。

财务会计：

借：待处理财产损溢　　　　　　　　　　　　　　　　500 000
　　贷：在建工程——建筑安装工程投资　　　　　　　　　500 000

预算会计不需要做账务处理。

获得残值收入时。

财务会计：

借：银行存款　　　　　　　　　　　　　　　　　　　　200 000

　　贷：应缴财政款　　　　　　　　　　　　　　　　　　200 000

预算会计不需要做账务处理。

发生改建支出时。

财务会计：

借：在建工程——建筑安装工程投资　　　　　　　　　3 000 000

　　贷：零余额账户用款额度　　　　　　　　　　　　　3 000 000

预算会计：

借：行政支出　　　　　　　　　　　　　　　　　　　　3 000 000

　　贷：资金结存——零余额账户用款额度　　　　　　　3 000 000

完工验收时。

财务会计：

借：固定资产——办公楼　　　　　　　　　　　　　　　5 500 000

　　贷：在建工程——建筑安装工程投资　　　　　　　　5 500 000

预算会计不需要做账务处理。

11.23.2　设备投资

1．业务概述

"设备投资"明细科目核算构成行政事业单位建设项目实际支出的各种设备的实际成本。

2．账务处理

（1）购入设备时，按照购入成本，财务会计应当借记"在建工程——设备投资"科目，贷记"财政拨款收入""零余额账户用款额度""银行存款""应付账款"等科目。预算会计应当借记"行政支出""事业支出"等有关科目，贷记"财政拨款预算收入""资金结存"科目。采用预付款方式购入设备的，有关预付款的账务处理参照"在建工程"科目有关"建筑安装工程投资"明细科目的规定。

（2）设备安装完毕，办妥竣工验收交接手续交付使用时，按照设备投资成本（含设备安装工程成本和分摊的待摊投资），财务会计应当借记"固定资产"等科目，贷记"在建工程——设备投资""在建工程——建筑安装工程投资——安装工程"科目。预算会计不需要做账务处理。

将不需要安装的设备和达不到固定资产标准的工具、器具交付使用时，按照相关设备、工具、器具的实际成本，财务会计应当借记"固定资产""库存物品"科目，贷记"在建工程——设备投资"科目。预算会计不需要做账务处理。

设备投资的会计处理如表 11-76 所示。

表 11-76　　　　　　　　设备投资的会计处理

	财务会计处理	预算会计处理
购入设备时	借：在建工程——设备投资 　贷：财政拨款收入 / 零余额账户用款额度 / 应付账款 / 银行存款等	借：行政支出 / 事业支出等 　　[实际支付的款项] 　贷：财政拨款预算收入 / 　　　资金结存
安装完毕，交付使用时	借：固定资产等 　贷：在建工程——设备投资 　　　　——建筑安装工程投 　　　　　资——安装工程	—
将不需要安装设备和达不到固定资产标准的工具器具交付使用时	借：固定资产 / 库存物品 　贷：在建工程——设备投资	—

3. 案例解析

【例 11-95】某事业单位 2×19 年 1 月 1 日购入一台机器设备，支付 800 000 元，因需要安装，2×19 年 2 月 1 日支付安装费 200 000 元，2×19 年 5 月 1 日安装完毕后交付使用。其账务处理如下。

2×19 年 1 月 1 日。

财务会计：

借：在建工程——设备投资　　　　　　　　　　　　800 000
　　贷：银行存款　　　　　　　　　　　　　　　　800 000

预算会计：

借：事业支出　　　　　　　　　　　　　　　　　　800 000
　　贷：资金结存——货币资金　　　　　　　　　　800 000

2×19 年 2 月 1 日。

财务会计：

借：在建工程——建筑安装工程投资　　　　　　　　200 000
　　贷：银行存款　　　　　　　　　　　　　　　　200 000

预算会计：

借：事业支出　　　　　　　　　　　　　　　　　　　　200 000

　　贷：资金结存——货币资金　　　　　　　　　　　　　　200 000

2×19年5月1日。

财务会计：

借：固定资产　　　　　　　　　　　　　　　　　　　　1 000 000

　　贷：在建工程——设备投资　　　　　　　　　　　　　　800 000

　　　　在建工程——建筑安装工程投资　　　　　　　　　　200 000

预算会计不需要做账务处理。

11.23.3　待摊投资

1. 业务概述

"待摊投资"明细科目核算行政事业单位发生的构成建设项目实际支出的、按照规定应当分摊计入有关工程成本和设备成本的各项间接费用和税费支出。本明细科核算内容具体包括：勘察费、设计费、研究试验费、可行性研究费及项目其他前期费用；土地征用及迁移补偿费、土地复垦及补偿费、森林植被恢复费及其他为取得土地使用权、租用权而发生的费用；城镇土地使用税、耕地占用税、契税、车船税、印花税及按照规定缴纳的其他税费；项目建设管理费、代建管理费、临时设施费、监理费、招投标费、社会中介审计（审查）费及其他管理性质的费用；项目建设期间发生的各类专门借款利息支出或融资费用；工程检测费、设备检验费、负荷联合试车费及其他检验检测类费用；固定资产损失、器材处理亏损、设备盘亏及毁损、单项工程或单位工程报废、毁损净损失及其他损失；系统集成等信息工程的费用支出；其他待摊性质支出。

2. 账务处理

建设工程发生的构成建设项目实际支出的、按照规定应当分摊计入有关工程成本和设备成本的各项间接费用和税费支出，先在"待摊投资"明细科目中归集；建设工程办妥竣工验收手续交付使用时，按照合理的分配方法，摊入相关工程成本、在安装设备成本等。

（1）行政事业单位发生的构成待摊投资的各类费用，按照实际发生金额，财务会计应当借记"在建工程——待摊投资"科目，贷记"财政拨款收入""零余额账户用款额度""银行存款""应付利息""长期借款""其他应交税费""固定资产累计折旧""无形资产累计摊销"等科目。预算会计应当借记"行政支出""事业支出"等有关科目,贷记"财政拨款预算收入""资金结存"科目。

(2)对于建设过程中试生产、设备调试等产生的收入,财务会计应当按照取得的收入金额,借记"银行存款"等科目,按照依据有关规定应当冲减建设工程成本的部分,贷记"在建工程——待摊投资"科目,按照其差额贷记"应缴财政款"或"其他收入"科目。预算会计应当借记"资金结存"科目,贷记"其他预算收入"科目。

(3)自然灾害、管理不善等原因造成的单项工程或单位工程报废或毁损,扣除残料价值和过失人或保险公司等赔款后的净损失,报经批准后计入继续施工的工程成本的,财务会计应当按照工程成本扣除残料价值和过失人或保险公司等赔款后的净损失,借记"在建工程——待摊投资"科目,按照残料变价收入、过失人或保险公司赔款等,借记"银行存款""其他应收款"等科目,按照报废或毁损的工程成本,贷记"在建工程——建筑安装工程投资"科目。预算会计不需要做账务处理。

(4)工程交付使用时,按照合理的分配方法分配待摊投资,财务会计应当借记"在建工程——建筑安装工程投资、设备投资"科目,贷记"在建工程——待摊投资"科目。预算会计不需要做账务处理。

待摊投资的分配方法和计算公式如下。

①按照实际分配率分配。其适用于建设工期较短、整个项目的所有单项工程一次竣工的建设项目。

实际分配率 = 待摊投资明细科目余额 ÷ (建筑工程明细科目余额 + 安装工程明细科目余额 + 设备投资明细科目余额) × 100%

②按照概算分配率分配。其适用于建设工期长、单项工程分期分批建成投入使用的建设项目。

概算分配率 = (概算中各待摊投资项目的合计数 - 其中可直接分配部分) ÷ (概算中建筑工程、安装工程和设备投资合计) × 100%

③

某项固定资产应分配的待摊投资 = 该项固定资产的建筑工程成本或该项固定资产(设备)的采购成本和安装成本合计 × 分配率

待摊投资的会计处理如表 11-77 所示。

表 11-77　　　　　　　　　　　待摊投资的会计处理

	财务会计处理	预算会计处理
发生构成待摊投资的各类费用时	借：在建工程——待摊投资 贷：财政拨款收入/零余额账户用款额度/银行存款/应付利息/长期借款/其他应交税费/固定资产累计折旧/无形资产累计摊销等	借：行政支出/事业支出等[实际支付的款项] 贷：财政拨款预算收入/资金结存
对于建设过程中试生产、设备调试等产生的收入	借：银行存款等 贷：在建工程——待摊投资[按规定冲减工程成本的部分] 应缴财政款/其他收入[差额]	借：资金结存 贷：其他预算收入
经批准将单项工程或单位工程报废净损失计入继续施工的工程成本的	借：在建工程——待摊投资 银行存款/其他应收款等[残料变价收入、赔款等] 贷：在建工程——建筑安装工程投资[毁损报废工程成本]	—
工程交付使用时，按照一定的分配方法进行待摊投资分配	借：在建工程——建筑安装工程投资 　　　　——设备投资 贷：在建工程——待摊投资	—

3. 案例解析

【例 11-96】2×19 年 2 月 1 日，某事业单位在建造某一设备时，以银行存款支付可行性研究费用 15 000 元。根据相关凭证，该事业单位做以下会计处理。

财务会计：

借：在建工程——待摊投资　　　　　　　　　　　　　　15 000
　　贷：银行存款　　　　　　　　　　　　　　　　　　　15 000

预算会计：

借：事业支出　　　　　　　　　　　　　　　　　　　　15 000
　　贷：资金结存——货币资金　　　　　　　　　　　　　15 000

2×19 年 3 月 1 日，该事业单位在设备调试过程中产生的收入为 2 000 元，分配的待摊投资为 1 000 元。会计处理如下。

财务会计：

借：银行存款　　　　　　　　　　　　　　　　　　　　2 000
　　贷：在建工程——待摊投资　　　　　　　　　　　　　1 000
　　　　其他收入　　　　　　　　　　　　　　　　　　　1 000

预算会计：

借：资金结存——货币资金　　　　　　　　　　　　　　1 000
　　贷：其他预算收入　　　　　　　　　　　　　　　　　　1 000

2×19年10月1日，该设备完工交付使用，会计处理如下。

财务会计：

借：在建工程——设备投资　　　　　　　　　　　　　　14 000
　　贷：在建工程——待摊投资　　　　　　　　　　　　　　14 000

预算会计不需要做账务处理。

11.23.4　其他投资

1. 业务概述

"其他投资"明细科目核算行政事业单位发生的构成建设项目实际支出的房屋购置支出，基本畜禽、林木等的购置、饲养、培育支出，办公生活用家具、器具购置支出，软件研发和不能计入设备投资的软件购置等支出以及行政事业单位为进行可行性研究而购置的固定资产，以及取得土地使用权支付的土地出让金。

2. 账务处理

（1）行政事业单位为建设工程发生的房屋购置支出，基本畜禽、林木等的购置、饲养、培育支出，办公生活用家具、器具购置支出，软件研发和不能计入设备投资的软件购置等支出，按照实际发生金额，财务会计应当借记"在建工程——其他投资"科目，贷记"财政拨款收入""零余额账户用款额度""银行存款"等科目。预算会计应当借记"行政支出""事业支出"等有关科目，贷记"财政拨款预算收入""资金结存"科目。

（2）工程完成将形成的房屋、基本畜禽、林木等各种财产以及无形资产交付使用时，按照其实际成本，财务会计应当借记"固定资产""无形资产"等科目，贷记"在建工程——其他投资"科目。预算会计不需要做账务处理。

其他投资的会计处理如表11-78所示。

表11-78　　　　　　　　　　其他投资的会计处理

	财务会计处理	预算会计处理
发生其他投资支出时	借：在建工程——其他投资 　　贷：财政拨款收入/零余额账户用款额度/银行存款等	借：行政支出/事业支出等[实际支付的款项] 　　贷：财政拨款预算收入/资金结存

续表

	财务会计处理	预算会计处理
资产交付使用时	借：固定资产/无形资产等 贷：在建工程——其他投资	—

3. 案例解析

【例11-97】某单位2×19年10月1日新购入一批办公生活用家具，花费50 000元，用银行存款支付。2×19年11月1日，该批家具安装完成交付使用。该单位应做以下会计处理。

2×19年10月1日。

财务会计：

借：在建工程——其他投资　　　　　　　　　　　　　　50 000
　　贷：财政拨款收入/零余额账户用款额度/银行存款等　　50 000

预算会计：

借：行政支出/事业支出等　　　　　　　　　　　　　　50 000
　　贷：财政拨款预算收入/资金结存　　　　　　　　　　50 000

2×19年11月1日。

财务会计：

借：固定资产　　　　　　　　　　　　　　　　　　　　50 000
　　贷：在建工程——其他投资　　　　　　　　　　　　　50 000

预算会计不需要做账务处理。

11.23.5 基建转出投资

1. 业务概述

"基建转出投资"明细科目核算建设项目配套而建成的、产权不归属本单位的专用设施的实际成本。

2. 账务处理

为建设项目配套而建成的、产权不归属本单位的专用设施，在项目竣工验收交付使用时，按照转出的专用设施的成本，财务会计应当借记"在建工程——基建转出投资"科目，贷记"在建工程——建筑安装工程投资"科目。预算会计不需要做账务处理。冲销转出的在建工程时，财务会计应当借记"无偿调拨净资产"科目，贷记"在建工程——基建转出投资"科目。预算会计不需要做账务处理。

基建转出投资的会计处理如表 11-79 所示。

表 11-79　　　　　　　　基建转出投资的会计处理

	财务会计处理	预算会计处理
建造的产权不归属本单位的专用设施转出时	借：在建工程——基建转出投资 　贷：在建工程——建筑安装工程投资	—
冲销转出的在建工程时	借：无偿调拨净资产 　贷：在建工程——基建转出投资	—

3．案例解析

【例 11-98】某行政单位新建一座办公楼，根据工作需要配套建设了一台仪器，但产权不归属本单位。该仪器的实际成本为 3 000 000 元，该单位在该项目完工后将产权移交其他部门，应做以下会计处理。

财务会计：

借：在建工程——基建转出投资　　　　　　　　　　　　　3 000 000
　　贷：在建工程——建筑安装工程投资　　　　　　　　　　3 000 000

预算会计不需要做账务处理。

11.23.6　待核销基建支出

1．业务概述

待核销基建支出指建设项目发生的江河清障、航道清淤、飞播造林、补助群众造林、水土保持、城市绿化、取消项目的可行性研究费以及项目整体报废等不能形成资产部分的基建投资支出。

2．账务处理

（1）建设项目发生的江河清障、航道清淤、飞播造林、补助群众造林、水土保持、城市绿化等，按照实际发生金额，财务会计应借记"在建工程——待核销基建支出"科目，贷记"财政拨款收入""零余额账户用款额度""银行存款"等科目。预算会计应当借记"行政支出""事业支出"等有关科目，贷记"财政拨款预算收入""资金结存"科目。

（2）取消的建设项目发生的可行性研究费，按照实际发生金额，财务会计应当借记"在建工程——待核销基建支出"科目，贷记"在建工程——待摊投资"科目。预算会计不需要做账务处理。

（3）由于自然灾害等原因发生的建设项目整体报废所形成的净损失，报经批准后转入待核销基建支出，财务会计应当按照项目整体报废所形成的净损失，借记"在建工程——待核销基建支出"科目，按照报废工程回收的残料变价收入、保险公司赔款等，借记"银行存款""其他应收款"等科目，按照报废的工程成本，贷记"在建工程——建筑安装工程投资"等科目。预算会计不需要做账务处理。

（4）建设项目竣工验收交付使用时，对发生的待核销基建支出进行冲销，财务会计应当借记"资产处置费用"科目，贷记"在建工程——待核销基建支出"科目。预算会计不需要做账务处理。

待核销基建支出的会计处理如表 11-80 所示。

表 11-80　　　　　　　　待核销基建支出的会计处理

	财务会计处理	预算会计处理
发生各类待核销基建支出时	借：在建工程——待核销基建支出 贷：财政拨款收入／零余额账户用款额度／银行存款等	借：行政支出／事业支出 ［实际支付的款项］ 贷：财政拨款预算收入／资金结存
取消的项目发生的可行性研究费	借：在建工程——待核销基建支出 贷：在建工程——待摊投资	—
由于自然灾害等原因发生的项目整体报废所形成的净损失	借：在建工程——待核销基建支出 银行存款／其他应收款等［残料变价收入、保险公司赔款等］ 贷：在建工程——建筑安装工程投资等	—
经批准冲销待核销基建支出时	借：资产处置费用 贷：在建工程——待核销基建支出	—

3．案例解析

【例 11-99】某事业单位新建一栋办公楼，已投资 200 000 元，现自然灾害导致项目整体报废，经批准冲销该基建支出。会计处理如下。

报废时。

财务会计：

借：在建工程——待核销基建支出　　　　　　　　　　　　　　　200 000
　　贷：在建工程——建筑安装工程投资　　　　　　　　　　　　　200 000

预算会计不需要做账务处理。

经批准冲销时。

财务会计：

借：资产处置费用　　　　　　　　　　　　　　　　　　　200 000
　　　　贷：在建工程——待核销基建支出　　　　　　　　　　　　200 000
预算会计不需要做账务处理。

11.24　无形资产

无形资产是指不具有实物形态而能够为使用者提供某种权利的非货币性资产，包括著作权、土地使用权、专利权、非专利技术等。行政事业单位购入的不构成相关硬件不可缺少组成部分的软件，应当作为无形资产。

11.24.1　取得无形资产

1．业务概述

无形资产是指除了货币资金、应收账款、金融资产、长期股权投资之外的没有实物形态的可辨认非货币性资产。具体而言，无形资产包括著作权、土地使用权、专利权、非专利技术等。无形资产按取得来源分为自外部取得的无形资产和内部自行研发取得的无形资产，前者包括外购取得、委托第三方研发取得、置换取得以及接受捐赠、无偿调入取得的无形资产。

2．账务处理

在取得无形资产时，应当按照成本进行初始计量。

（1）外购的无形资产，按照确定的成本，财务会计应当借记"无形资产"科目，贷记"财政拨款收入""零余额账户用款额度""应付账款""银行存款"等科目。预算会计应当借记"行政支出""事业支出""经营支出"等科目，贷记"财政拨款预算收入""资金结存"科目。

（2）委托软件公司开发软件，视同外购无形资产进行处理。

合同中约定预付开发费用的，按照预付金额，财务会计应当借记"预付账款"科目，贷记"财政拨款收入""零余额账户用款额度""银行存款"等科目。预算会计应当借记"行政支出""事业支出""经营支出"等科目，贷记"财政拨款预算收入""资金结存"科目。

软件开发完成交付使用并支付剩余或全部软件开发费用时，财务会计应当按照软件开发费用总额，借记"无形资产"科目，按照相关预付账款金额，贷记"预付账款"科目，按照支付的剩余金额，贷记"财政拨款收入""零余额账户用款额度""银行存款"等科目。预算会计应当借记"行政支出""事业支出""经营支出"等科目，贷记"财政拨款预算收入""资金结存"科目。

（3）自行研究开发形成的无形资产，按照研究开发项目进入开发阶段后至达到预定用途前所发生的支出总额，财务会计应当借记"无形资产"科目，贷记"研发支出——开发支出"科目。预算会计不需要做账务处理。

自行研究开发项目尚未进入开发阶段，或者确实无法区分研究阶段支出和开发阶段支出，但按照法律程序已申请取得无形资产的，按照依法取得时发生的注册费、聘请律师费等费用，财务会计应当借记"无形资产"科目，贷记"财政拨款收入""零余额账户用款额度""银行存款"等科目；按照依法取得前所发生的研究开发支出，借记"业务活动费用"等科目，贷记"研发支出"科目。预算会计应当借记"行政支出""事业支出""经营支出"等科目，贷记"财政拨款预算收入""资金结存"科目。

（4）接受捐赠的无形资产，财务会计应当按照确定的无形资产成本，借记"无形资产"科目，按照发生的相关税费等，贷记"零余额账户用款额度""银行存款"等科目，按照其差额，贷记"捐赠收入"科目。按发生的相关税费，预算会计应当借记"其他支出"科目，贷记"资金结存"科目。

接受捐赠的无形资产按照名义金额入账的，按照名义金额，财务会计应当借记"无形资产"科目，贷记"捐赠收入"科目；同时，按照发生的相关税费等，借记"其他费用"科目，贷记"零余额账户用款额度""银行存款"等科目。按发生的相关税费，预算会计应当借记"其他支出"科目，贷记"资金结存"科目。

（5）无偿调入的无形资产，财务会计应当按照确定的无形资产成本，借记"无形资产"科目，按照发生的相关税费等，贷记"零余额账户用款额度""银行存款"等科目，按照其差额，贷记"无偿调拨净资产"科目。按发生的相关税费，预算会计应当借记"其他支出"科目，贷记"资金结存"科目。

（6）置换取得的无形资产，参照"库存物品"科目中置换取得库存物品的相关规定进行账务处理。

无形资产取得时涉及增值税业务的，相关账务处理参见"应交增值税"科目。

取得无形资产的会计处理如表11-81所示。

表 11-81 取得无形资产的会计处理

	财务会计处理	预算会计处理
①外购的无形资产入账时	借：无形资产 　　贷：财政拨款收入 / 零余额账户用款额度 / 应付账款 / 银行存款等	借：行政支出 / 事业支出 / 经营支出等 　　贷：财政拨款预算收入 / 资金结存
②委托软件公司开发的软件，按照合同约定预付开发费时	借：预付账款 　　贷：财政拨款收入 / 零余额账户用款额度 / 银行存款等	借：行政支出 / 事业支出 / 经营支出等 [预付的款项] 　　贷：财政拨款预算收入 / 资金结存
委托开发的软件交付使用，并支付剩余或全部软件开发费用时	借：无形资产 [开发费总额] 　　贷：预付账款 　　　　财政拨款收入 / 零余额账户用款额度 / 银行存款等 [支付的剩余款项]	借：行政支出 / 事业支出 / 经营支出等 [按照支付的剩余款项金额] 　　贷：财政拨款预算收入 / 资金结存
③自行研究开发 A 开发完成，达到预定用途形成无形资产的	借：无形资产 　　贷：研发支出——开发支出	—
B 自行研究开发无形资产尚未进入开发阶段，或者确实无法区分研究阶段支出和开发阶段支出，但按照法律程序已申请取得无形资产的	借：无形资产 [依法取得时发生的注册费、聘请律师费等费用] 　　贷：财政拨款收入 / 零余额账户用款额度 / 银行存款等	借：行政支出 / 事业支出 / 经营支出等 　　贷：财政拨款预算收入 / 资金结存
④置换取得的无形资产	参照"库存物品"科目中置换取得库存物品的相关规定进行账务处理	
⑤接受捐赠的无形资产	借：无形资产 　　贷：银行存款 / 零余额账户用款额度等 [发生的相关税费等] 　　　　捐赠收入 [差额]	借：其他支出 [支付的相关税费等] 　　贷：资金结存
接受捐赠的无形资产按照名义金额入账的	借：无形资产 [名义金额] 　　贷：捐赠收入 借：其他费用 　　贷：银行存款 / 零余额账户用款额度等 [发生的相关税费等]	借：其他支出 [支付的相关税费等] 　　贷：资金结存

续表

	财务会计处理	预算会计处理
⑥无偿调入的无形资产	借：无形资产 贷：银行存款/零余额账户用款额度 [发生的相关税费等] 　　无偿调拨净资产 [差额]	借：其他支出 [支付的相关税费等] 贷：资金结存

3．案例解析

（1）外购无形资产。

【例11-100】某行政单位取得一项专利，使用财政授权支付方式支付价款200 000元，应做以下会计处理。

财务会计：

借：无形资产　　　　　　　　　　　　　　　　　　　200 000
　　贷：零余额账户用款额度　　　　　　　　　　　　　　200 000

预算会计：

借：行政支出　　　　　　　　　　　　　　　　　　　200 000
　　贷：资金结存——零余额账户用款额度　　　　　　　　200 000

（2）委托软件公司开发软件。

【例11-101】某行政单位与软件公司合作，委托其开发软件，价款500 000元。根据合同，该行政单位先预付40%的开发费用，完工交付后支付剩余费用。所有款项使用财政授权支付方式支付。会计处理如下。

预付开发费用时。

财务会计：

借：预付账款　　　　　　　　　　　　　　　　　　　200 000
　　贷：零余额账户用款额度　　　　　　　　　　　　　　200 000

预算会计：

借：行政支出　　　　　　　　　　　　　　　　　　　200 000
　　贷：资金结存——零余额账户用款额度　　　　　　　　200 000

完工交付时。

财务会计：

借：无形资产　　　　　　　　　　　　　　　　　　　500 000
　　贷：预付账款　　　　　　　　　　　　　　　　　　　200 000

零余额账户用款额度	300 000

预算会计：

借：行政支出　　　　　　　　　　　　　　　　300 000
　　贷：资金结存——零余额账户用款额度　　　　　300 000

（3）自行研究开发无形资产。

【例 11-102】 某行政单位自行开发一项技术，并申请专利，按法律程序申请专利时发生的注册费、聘请律师费等共计 100 000 元。在开发阶段共发生研发费用 200 000 元。所有款项均使用财政授权支付方式进行支付。会计处理如下。

取得专利前发生研发费用时。

财务会计：

借：研发支出　　　　　　　　　　　　　　　　200 000
　　贷：零余额账户用款额度　　　　　　　　　　　200 000

预算会计：

借：行政支出　　　　　　　　　　　　　　　　200 000
　　贷：资金结存——零余额账户用款额度　　　　　200 000

依法取得专利时。

财务会计：

借：无形资产　　　　　　　　　　　　　　　　300 000
　　贷：研发支出　　　　　　　　　　　　　　　200 000
　　　　零余额账户用款额度　　　　　　　　　　100 000

预算会计：

借：行政支出　　　　　　　　　　　　　　　　100 000
　　贷：资金结存——零余额账户用款额度　　　　　100 000

（4）置换取得的无形资产。

（5）接受捐赠的无形资产。

【例 11-103】 某事业单位接受 A 公司捐赠的一项专利，价值 200 000 元，支付相关税费 2 000 元。会计处理如下。

财务会计：

借：无形资产　　　　　　　　　　　　　　　　202 000
　　贷：银行存款　　　　　　　　　　　　　　　　2 000
　　　　捐赠收入　　　　　　　　　　　　　　　200 000

预算会计：

借：其他支出 2 000
　　贷：资金结存——货币资金 2 000

（6）无偿调入的无形资产。

【例 11-104】 某单位接受无偿调入的无形资产，资产价值 50 000 元，其间发生的运输费 400 元。

财务会计：

借：无形资产 50 400
　　贷：无偿调拨净资产 50 000
　　　　银行存款 400

预算会计：

借：其他支出 400
　　贷：资金结存——货币资金 400

11.24.2　与无形资产有关的后续支出

1. 业务概述

与无形资产相关的后续支出，同样需要区分资本化支出和费用化支出。符合无形资产确认条件的支出，例如为提升无形资产的使用效能而发生的后续支出，应当资本化；不符合相关条件的应当费用化计入当期损益。例如，增加了新功能，可以提高工作效率的软件升级的支出、商标权使用期满的续展费等可以作为资本化支出，计入相关无形资产的账面价值，而软件的日常维护等费用应当费用化，计入当期损益。

2. 账务处理

（1）符合无形资产确认条件的后续支出。

为提升无形资产的使用效能对其进行升级改造或增加其功能时，如需暂停对无形资产进行摊销的，财务会计应当按照无形资产的账面价值，借记"在建工程"科目，按照无形资产已摊销金额，借记"无形资产累计摊销"科目，按照无形资产的账面余额，贷记"无形资产"科目。

无形资产后续支出符合无形资产确认条件的，按照支出的金额，财务会计应当借记"无形资产"科目[无须暂停摊销的]或"在建工程"科目[需暂停摊销的]，贷记"财政拨款收入""零余额账户用款额度""银行存款"等科目。

暂停摊销的无形资产升级改造或增加功能等完成交付使用时，按照在建工程成本，财务会计应当借记"无形资产"科目，贷记"在建工程"科目。

按实际支付的资金，预算会计应当借记"行政支出""事业支出""经营支出"等科目，贷记"财政拨款预算收入""资金结存"科目。

（2）不符合无形资产确认条件的后续支出。

为保证无形资产正常使用发生的日常维护等支出，财务会计应当借记"业务活动费用""单位管理费用""经营费用"等科目，贷记"财政拨款收入""零余额账户用款额度""银行存款"等科目。预算会计应借记"行政支出""事业支出""经营支出"等科目，贷记"财政拨款预算收入""资金结存"科目。

与无形资产有关的后续支出的会计处理如表 11-82 所示。

表 11-82　　　　与无形资产有关的后续支出的会计处理

	财务会计处理	预算会计处理
符合无形资产确认条件的后续支出（如为提升无形资产的使用效能而发生的后续支出）	借：在建工程 　　无形资产累计摊销 　贷：无形资产 借：在建工程/无形资产[无须暂停计提摊销的] 　贷：财政拨款收入/零余额账户用款额度/银行存款等	借：行政支出/事业支出/经营支出等[实际支付的资金] 　贷：财政拨款预算收入/资金结存
不符合无形资产确认条件的后续支出（为维护无形资产的正常使用而发生的后续支出）	借：业务活动费用/单位管理费用/经营费用等 　贷：财政拨款收入/零余额账户用款额度/银行存款等	借：行政支出/事业支出/经营支出等 　贷：财政拨款预算收入/资金结存

3．案例解析

（1）资本化的后续支出。

【例 11-105】某事业单位拥有一项软件技术，其账面余额为 50 000 元，已摊销 5 000 元，现为提升该软件技术的效用发生后续支出 20 000 元，若该支出符合无形资产确认条件。则账务处理如下。

财务会计：

借：在建工程　　　　　　　　　　　　　　　　　　　　　　　　45 000
　　无形资产累计摊销　　　　　　　　　　　　　　　　　　　　 5 000
　　贷：无形资产　　　　　　　　　　　　　　　　　　　　　　50 000
借：在建工程　　　　　　　　　　　　　　　　　　　　　　　　20 000
　　贷：银行存款　　　　　　　　　　　　　　　　　　　　　　20 000

预算会计：

借：其他支出 20 000
　　贷：资金结存——货币资金 20 000

（2）费用化的后续支出。

【例11-106】某事业单位拥有一项软件技术，其账面余额为50 000元，已摊销5 000元，现为维护该软件技术的正常使用发生后续支出20 000元，若该支出不符合无形资产确认条件，则账务处理如下。

财务会计：

借：业务活动费用 20 000
　　贷：银行存款 20 000

预算会计：

借：事业支出 20 000
　　贷：资金结存——货币资金 20 000

11.24.3　处置无形资产

1. 业务概述

无形资产的处置，是指行政事业单位将无形资产对外出售、对外出租获取一定收益或者对外捐赠，也包括当无形资产无法为行政事业单位带来未来经济利益时，对其进行终止确认并将账面价值转销。与固定资产类似，无形资产的处置必须符合法规和单位内部的相关规定，报经批准后，再进行账务处理。

2. 账务处理

（1）报经批准出售、转让无形资产，财务会计应当按照被出售、转让无形资产的账面价值，借记"资产处置费用"科目，按照无形资产已计提的摊销，借记"无形资产累计摊销"科目，按照无形资产账面余额，贷记"无形资产"科目；预算会计不需要做账务处理。同时，财务会计应当按照收到的价款，借记"银行存款"等科目，按照处置过程中发生的相关费用，贷记"银行存款"等科目，按照其差额，贷记"应缴财政款"[按照规定应上缴无形资产转让净收入的]或"其他收入"[按照规定将无形资产转让收入纳入本单位预算管理的]科目；预算会计应当借记"资金结存"科目，贷记"其他预算收入"科目。

（2）报经批准对外捐赠无形资产，财务会计应当按照无形资产已计提的摊销，借记"无形资产累计摊销"科目，按照被处置无形资产账面余额，贷记

"无形资产"科目，按照捐赠过程中发生的归属于捐出方的相关费用，贷记"银行存款"等科目，按照其差额，借记"资产处置费用"科目。按归属于捐出方的相关费用，预算会计应当借记"其他支出"科目，贷记"资金结存"科目。

（3）报经批准无偿调出无形资产，财务会计应当按照无形资产已计提的摊销，借记"无形资产累计摊销"科目，按照被处置无形资产账面余额，贷记"无形资产"科目，按照其差额，借记"无偿调拨净资产"科目；同时，按照无偿调出过程中发生的归属于调出方的相关费用，借记"资产处置费用"科目，贷记"银行存款"等科目。按归属于调出方的相关费用，预算会计应当借记"其他支出"科目，贷记"资金结存"科目。

（4）报经批准置换换出无形资产，参照"库存物品"科目中置换换入库存物品的规定进行账务处理。

（5）无形资产预期不能为单位带来服务潜力或经济利益，按照规定报经批准核销时，财务会计应当按照待核销无形资产的账面价值，借记"资产处置费用"科目，按照已计提摊销，借记"无形资产累计摊销"科目，按照无形资产的账面余额，贷记"无形资产"科目。预算会计不需要做账务处理。

无形资产处置时涉及增值税业务的，相关账务处理参见"应交增值税"科目。

处置无形资产的会计处理如表 11-83 所示。

表 11-83　　　　　　　处置无形资产的会计处理

	财务会计处理	预算会计处理
出售、转让无形资产	借：资产处置费用 　　无形资产累计摊销 　贷：无形资产	—
	借：银行存款等 [收到的价款] 　贷：银行存款等 [发生的相关费用] 　　　应缴财政款/其他收入	如转让收入按照规定纳入本单位预算 借：资金结存 　贷：其他预算收入
对外捐赠无形资产	借：资产处置费用 　　无形资产累计摊销 　贷：无形资产 [账面余额] 　　　银行存款等 [归属于捐出方的相关费用]	借：其他支出 [归属于捐出方的相关费用] 　贷：资金结存

续表

	财务会计处理	预算会计处理
无偿调出无形资产	借：无偿调拨净资产 　　无形资产累计摊销 　　贷：无形资产 [账面余额] 借：资产处置费用 　　贷：银行存款等 [相关费用]	借：其他支出 [归属于调出方的相关费用] 　　贷：资金结存
置换换出无形资产	参照"库存物品"科目中置换取得库存物品的规定进行账务处理	
经批准核销无形资产时	借：资产处置费用 　　无形资产累计摊销 　　贷：无形资产 [账面余额]	—

3. 案例解析

（1）出售无形资产。

【例 11-107】某行政单位经批准将一项专利权出售，该项专利权原价 500 000 元，已计提摊销 300 000 元，售价 250 000 元。会计处理如下。

财务会计：

借：资产处置费用	200 000
无形资产累计摊销	300 000
贷：无形资产	500 000
借：银行存款	250 000
贷：应缴财政款	250 000

预算会计不需要做账务处理。

（2）对外捐赠无形资产。

【例 11-108】某行政单位对外捐赠无形资产，无形资产账面余额为 100 000 元，已计提摊销 30 000 元，另外该行政单位支付运输费 3 000 元。该业务的账务处理如下。

财务会计：

借：资产处置费用	73 000
无形资产累计摊销	30 000
贷：无形资产	100 000
银行存款	3 000

预算会计：

借：其他支出	3 000
贷：资金结存——货币资金	3 000

(3) 无偿调出无形资产。

【例 11-109】 某事业单位打算无偿调出内部的一项无形资产，该无形资产的原值为 100 000 元，已计提摊销 20 000 元。该业务的账务处理如下。

财务会计：

借：无偿调拨净资产　　　　　　　　　　　　　　　　　80 000
　　无形资产累计摊销　　　　　　　　　　　　　　　　20 000
　　贷：无形资产　　　　　　　　　　　　　　　　　　　　　100 000

预算会计不需要做账务处理。

(4) 无形资产的核销。

【例 11-110】 某行政单位将一批不能再为行政单位带来经济利益的著作权予以核销，该批著作权原价 100 000 元，已计提摊销 85 000 元。会计处理如下。

财务会计：

借：资产处置费用　　　　　　　　　　　　　　　　　　15 000
　　无形资产累计摊销　　　　　　　　　　　　　　　　85 000
　　贷：无形资产　　　　　　　　　　　　　　　　　　　　　100 000

预算会计不需要做账务处理。

11.25 无形资产累计摊销

11.25.1 按月进行无形资产摊销

1. 业务概述

行政事业单位应当设置"无形资产累计摊销"科目，该科目应当按照所对应无形资产的明细分类进行明细核算。行政事业单位只需要对使用年限有限的无形资产按月计提累计摊销。

2. 账务处理

按月对无形资产进行摊销时，按照应摊销金额，财务会计应当借记"业务活动费用""单位管理费用""加工物品""在建工程"等科目，贷记"无形资产累计摊销"科目。预算会计不需要做账务处理。按月进行无形资产摊销的账务处理如表 11-84 所示。

表 11-84　　　　　　　　按月进行无形资产摊销的账务处理

	财务会计处理	预算会计处理
按照月进行无形资产摊销时	借：业务活动费用/单位管理费用/加工物品"在建工程"等 贷：无形资产累计摊销	—

3. 案例解析

【例 11-111】2×19 年 3 月 9 日，某行政单位购入一项专利，总价款为 360 000 元，按规定，摊销年限为 10 年。会计处理如下。

2×19 年 3 月 31 日，当月购入的无形资产不计提摊销。

2×19 年 4 月 30 日，计提专利权摊销。

专利权月摊销额 =360 000÷10÷12=3 000（元）

财务会计：

借：业务活动费用　　　　　　　　　　　　　　　　　3 000
　　贷：无形资产累计摊销　　　　　　　　　　　　　　　　3 000

预算会计不需要做账务处理。

11.25.2　处置无形资产

账务处理

经批准处置无形资产时，按照所处置无形资产的账面价值，财务会计应当借记"资产处置费用""无偿调拨净资产""待处理财产损溢"等科目，按照已计提摊销，借记"无形资产累计摊销"科目，按照无形资产的账面余额，贷记"无形资产"科目。预算会计不需要做账务处理。处置无形资产的账务处理如表 11-85 所示。

表 11-85　　　　　　　　处置无形资产的账务处理

	财务会计处理	预算会计处理
处置无形资产时	借：资产处置费用/无偿调拨净资产"待处理财产损溢"等 　　无形资产累计摊销 贷：无形资产[账面余额]	—

11.26 研发支出

11.26.1 自行研究开发项目研究阶段的支出

自行研究开发项目研究阶段的支出，应当先在"研发支出"科目归集。按照从事研究及其辅助活动人员计提的薪酬，研究活动领用的库存物品，发生的与研究活动相关的管理费、间接费和其他各项费用，财务会计应当借记"研发支出——研究支出"科目，贷记"应付职工薪酬""库存物品""财政拨款收入""零余额账户用款额度""固定资产累计折旧""银行存款"等科目。预算会计应当借记"事业支出""经营支出"等科目，贷记"财政拨款预算收入""资金结存"科目。

期（月）末，应当将"研发支出"科目归集的研究阶段的支出金额转入当期费用，财务会计应当借记"业务活动费用"等科目，贷记"研发支出——研究支出"科目。预算会计不需要做账务处理。

自行研究开发项目研究阶段的支出的账务处理如表 11-86 所示。

表 11-86　自行研究开发项目研究阶段的支出的账务处理

	财务会计处理	预算会计处理
应当按照合理的方法先归集	借：研发支出——研究支出 　贷：应付职工薪酬/库存物品/财政拨款收入/零余额账户用款额度/银行存款/固定资产累计折旧等	借：事业支出/经营支出等[实际支付的款项] 　贷：财政拨款预算收入/资金结存
期（月）末转入当期费用	借：业务活动费用等 　贷：研发支出——研究支出	—

11.26.2 自行研究开发项目开发阶段的支出

自行研究开发项目开发阶段的支出，先通过"研发支出"科目进行归集。按照从事开发及其辅助活动人员计提的薪酬，开发活动领用的库存物品，发生的与开发活动相关的管理费、间接费和其他各项费用，财务会计应当借记"研发支出——开发支出"科目，贷记"应付职工薪酬""库存物品""财政拨款收入""零余额账户用款额度""固定资产累计折旧""银行存款"等科目。预算会计应当借记"事业支出""经营支出"等科目，贷记"财政拨款预算收入""资金结存"科目。

自行研究开发项目开发阶段的支出的账务处理如表 11-87 所示。

表 11-87　自行研究开发项目开发阶段的支出的账务处理

	财务会计处理	预算会计处理
自行研究开发项目开发阶段的支出	借：研发支出——开发支出 　贷：应付职工薪酬 　　　库存物品 　　　财政拨款收入/零余额账户用款额度/银行存款/固定资产累计折旧等	借：事业支出/经营支出等[实际支付的款项] 　贷：财政拨款预算收入/资金结存

11.26.3　自行研究开发项目达到预定用途

自行研究开发项目完成，达到预定用途形成无形资产的，按照"研发支出"科目归集的开发阶段的支出金额，财务会计应当借记"无形资产"科目，贷记"研发支出——开发支出"科目。预算会计不需要做账务处理。自行研究开发项目达到预定用途的账务处理如表 11-88 所示。

表 11-88　自行研究开发项目达到预定用途的账务处理

	财务会计处理	预算会计处理
自行研究开发项目完成，达到预定用途形成无形资产	借：无形资产 　贷：研发支出——开发支出	—

11.26.4　自行研究开发项目不能达到预定用途

行政事业单位应于每年年度终了评估研究开发项目是否能达到预定用途，如预计不能达到预定用途（如无法最终完成开发项目并形成无形资产的），应当将已发生的开发支出金额全部转入当期费用，财务会计应当借记"业务活动费用"等科目，贷记"研发支出——开发支出"科目。预算会计不需要做账务处理。

自行研究开发项目时涉及增值税业务的，相关账务处理参见"应交增值税"科目。

自行研究开发项目不能达到预定用途的账务处理如表 11-89 所示。

表 11-89　自行研究开发项目不能达到预定用途的账务处理

	财务会计处理	预算会计处理
年末经评估，研发项目预计不能达到预定用途	借：业务活动费用等 　贷：研发支出——开发支出	—

11.27　公共基础设施

11.27.1　取得公共基础设施

1. 业务概述

公共基础设施，是指政府会计主体为满足社会公共需求而控制的，同时具有以下特征的有形资产：①是一个有形资产系统或网络的组成部分；②具有特定用途；③一般不可移动。

公共基础设施主要包括市政基础设施（如城市道路、桥梁、隧道、公交场站、路灯、广场、公园绿地、室外公共健身器材，以及环卫、排水、供水、供电、供气、供热、污水处理、垃圾处理系统等）、交通基础设施（如公路、航道、港口等）、水利基础设施（如大坝、堤防、水闸、泵站、渠道等）和其他公共基础设施。公共基础设施是政府资产的重要组成部分。

从资产的实物形态和相关价值标准而言，政府会计主体控制的公共基础设施与其固定资产具有相当程度的相似性，因此涉及公共基础设施的很多业务的账务处理与固定资产基本相同。但考虑到我国公共基础设施数量众多，在资金来源、建造和管理方式、产权关系、用途等方面与政府会计主体占有、使用的固定资产有较大区别，因此单独设立"公共基础设施"科目进行核算。

与政府储备物资类似，公共基础设施的产权均属于国家，因此按规定公共基础设施由对其负有管理维护职责的政府会计主体予以确认。多个政府会计主体共同管理维护的公共基础设施，应当由对该资产负有主要管理维护职责或者承担后续主要支出责任的政府会计主体予以确认。分为多个组成部分由不同政府会计主体分别管理维护的公共基础设施，应当由各个政府会计主体分别对其负责管理维护的公共基础设施的相应部分予以确认。负有管理维护公共基础设施职责的政府会计主体通过政府购买服务方式委托企业或其他会计主体代为管理维护公共基础设施的，该公共基础设施应当由委托方予以确认。

2. 账务处理

在取得公共基础设施时，应当按照其成本入账。

（1）自行建造的公共基础设施完工交付使用时，按照在建工程的成本，财务会计应当借记"公共基础设施"科目，贷记"在建工程"科目。预算会计不需要做账务处理。

已交付使用但尚未办理竣工决算手续的公共基础设施，按照估计价值入账，待办理竣工决算后再按照实际成本调整原来的暂估价值。

（2）接受其他单位无偿调入的公共基础设施，财务会计应当按照确定的成本，借记"公共基础设施"科目，按照发生的归属于调入方的相关费用，贷记"财政拨款收入""零余额账户用款额度""银行存款"等科目，按照其差额，贷记"无偿调拨净资产"科目。按支付的归属于调入方的相关费用，预算会计应当借记"其他支出"科目，贷记"财政拨款预算收入""资金结存"科目。

无偿调入的公共基础设施成本无法可靠取得的，按照发生的相关税费、运输费等金额，财务会计应当借记"其他费用"科目，贷记"财政拨款收入""零余额账户用款额度""银行存款"等科目。预算会计应当借记"其他支出"科目，贷记"财政拨款预算收入""资金结存"科目。

（3）接受捐赠的公共基础设施，财务会计应当按照确定的成本，借记"公共基础设施"科目，按照发生的相关费用，贷记"财政拨款收入""零余额账户用款额度""银行存款"等科目，按照其差额，贷记"捐赠收入"科目。按支付的归属于调入方的相关费用，预算会计应当借记"其他支出"科目，贷记"财政拨款预算收入""资金结存"科目。

接受捐赠的公共基础设施成本无法可靠取得的，按照发生的相关税费等金额，财务会计应当借记"其他费用"科目，贷记"财政拨款收入""零余额账户用款额度""银行存款"等科目。预算会计应当借记"其他支出"科目，贷记"财政拨款预算收入""资金结存"科目。

（4）外购的公共基础设施，按照确定的成本，财务会计应当借记"公共基础设施"科目，贷记"财政拨款收入""零余额账户用款额度""银行存款""应付账款"等科目。预算会计应当借记"行政支出""事业支出"科目，贷记"财政拨款预算收入""资金结存"科目。

（5）对于成本无法可靠取得的公共基础设施，单位应当设置备查簿进行登记，待成本能够可靠确定后按照规定及时入账。

取得公共基础设施的账务处理如表 11-90 所示。

表 11-90　　　　　　取得公共基础设施的账务处理

	财务会计处理	预算会计处理
自行建造公共基础设施完工交付使用时	借：公共基础设施 　　贷：在建工程	—
接受无偿调入的公共基础设施	借：公共基础设施 　　贷：无偿调拨净资产 　　　　财政拨款收入/零余额账户用款额度/银行存款等［发生的归属于调入方的相关费用］ 如无偿调入的公共基础设施成本无法可靠取得的 借：其他费用 　　贷：财政拨款收入/零余额账户用款额度/银行存款等	借：其他支出［支付的归属于调入方的相关费用］ 　　贷：财政拨款预算收入/资金结存
接受捐赠的公共基础设施	借：公共基础设施 　　贷：捐赠收入 　　　　财政拨款收入/零余额账户用款额度/银行存款等［发生的归属于捐入方的相关费用］ 如接受捐赠的公共基础设施成本无法可靠取得的 借：其他费用［发生的归属于捐入方的相关费用］ 　　贷：财政拨款收入/零余额账户用款额度/银行存款等	借：其他支出［支付的归属于捐入方的相关费用］ 　　贷：财政拨款预算收入/资金结存
外购的公共基础设施	借：公共基础设施 　　贷：财政拨款收入/零余额账户用款额度/应付账款/银行存款等	借：行政支出/事业支出 　　贷：财政拨款预算收入/资金结存

3. 案例解析

（1）自行建造。

【例 11-112】某行政单位根据市政规划自行建造市民广场，该项公共基础设施至交付使用前所完成的全部必要支出为 3 000 000 元。会计处理如下。

财务会计：

借：公共基础设施　　　　　　　　　　　　　　　　　　　　　　3 000 000
　　贷：在建工程　　　　　　　　　　　　　　　　　　　　　　　3 000 000

预算会计不需要做账务处理。

（2）接受无偿调入。

【例 11-113】某单位接受上级无偿调入的健身设施，经评估该项公共基础设施的价值为200 000元，该单位支付安装费10 000元。会计处理如下。

财务会计：

借：公共基础设施　　　　　　　　　　　　　　　　　　210 000

　　贷：无偿调拨净资产　　　　　　　　　　　　　　　　200 000

　　　　银行存款　　　　　　　　　　　　　　　　　　　 10 000

预算会计：

借：其他支出　　　　　　　　　　　　　　　　　　　　　10 000

　　贷：资金结存——货币资金　　　　　　　　　　　　　10 000

（3）外购设施。

【例11-114】某行政单位外购一批防灾设施，支付款项100 000元，支付运费等相关支出2 000元，使用财政授权支付方式进行支付。会计处理如下。

财务会计：

借：公共基础设施　　　　　　　　　　　　　　　　　　102 000

　　贷：零余额账户用款额度　　　　　　　　　　　　　 102 000

预算会计：

借：行政支出　　　　　　　　　　　　　　　　　　　　102 000

　　贷：资金结存——零余额账户用款额度　　　　　　　 102 000

11.27.2　与公共基础设施有关的后续支出

1. 业务概述

正如前文提到的，政府会计主体控制的公共基础设施与其固定资产的实物形态和相关价值标准都具有相当程度的相似性，因此二者后续计量涉及的经济业务也十分相似，即都包括折旧计提、产生后续维护支出以及最终处置。与公共基础设施有关的后续支出的具体会计处理亦可参照固定资产相关部分。

2. 账务处理

将公共基础设施转入改建、扩建时，财务会计应当按照公共基础设施的账面价值，借记"在建工程"科目，按照公共基础设施已计提折旧，借记"公共基础设施累计折旧（摊销）"科目，按照公共基础设施的账面余额，贷记"公共基础设施"科目。

为提升公共基础设施使用效能或延长其使用年限而发生的改建、扩建等后续支出，财务会计应当借记"在建工程"科目，贷记"财政拨款收入""零余额账户用款额度""银行存款"等科目。预算会计应当借记"行政支出""事业支出"科目,贷记"财政拨款预算收入""资金结存"科目。

公共基础设施改建、扩建完成,竣工验收交付使用时,按照在建工程成本,财务会计应当借记"公共基础设施"科目,贷记"在建工程"科目。预算会计不需要做账务处理。

为保证公共基础设施正常使用发生的日常维修等支出,财务会计应当借记"业务活动费用""单位管理费用"等科目,贷记"财政拨款收入""零余额账户用款额度""银行存款"等科目。预算会计应当借记"行政支出""事业支出"科目,贷记"财政拨款预算收入""资金结存"科目。

与公共基础设施有关的后续支出的账务处理如表 11-91 所示。

表 11-91　　　　与公共基础设施有关的后续支出的账务处理

	财务会计处理	预算会计处理
为提升公共基础设施使用效能或延长其使用年限而发生的改建、扩建等后续支出	借:在建工程 　　公共基础设施累计折旧(摊销) 　贷:公共基础设施[账面余额] 借:在建工程[发生的相关后续支出] 　贷:财政拨款收入/零余额账户用款额度/应付账款/银行存款等	借:行政支出/事业支出[实际支付的款项] 　贷:财政拨款预算收入/资金结存
为维护公共基础设施的正常使用而发生的日常维修、养护等后续支出	借:业务活动费用/单位管理费用 　贷:财政拨款收入/零余额账户用款额度/银行存款等	借:行政支出/事业支出[实际支付的款项] 　贷:财政拨款预算收入/资金结存

3. 案例解析

(1)资本化。

【例 11-115】某行政单位为延长市民广场的使用年限对其进行改扩建,该市民广场账面余额为 1 000 000 元,已计提累计折旧 200 000 元,发生的后续支出共 200 000 元,该单位使用财政授权支付方式进行支付。会计处理如下。

财务会计:

借:在建工程　　　　　　　　　　　　　　　　　　　　800 000
　　公共基础设施累计折旧(摊销)　　　　　　　　　　200 000
　贷:公共基础设施　　　　　　　　　　　　　　　　　　　1 000 000
借:在建工程　　　　　　　　　　　　　　　　　　　　200 000
　贷:零余额账户用款额度　　　　　　　　　　　　　　　　200 000

预算会计：

借：行政支出 200 000

　　贷：资金结存——零余额账户用款额度 200 000

（2）费用化。

【例11-116】某行政单位为保证其管理的市民广场正常使用进行了日常维护，发生日常维护支出共100 000元，使用财政授权支付方式进行支付。会计处理如下。

财务会计：

借：业务活动费用 100 000

　　贷：零余额账户用款额度 100 000

预算会计：

借：行政支出 100 000

　　贷：资金结存——零余额账户用款额度 100 000

11.27.3　按照规定处置公共基础设施

1．账务处理

（1）报经批准对外捐赠公共基础设施，财务会计应当按照公共基础设施已计提的折旧或摊销，借记"公共基础设施累计折旧（摊销）"科目，按照被处置公共基础设施账面余额，贷记"公共基础设施"科目，按照捐赠过程中发生的归属于捐出方的相关费用，贷记"银行存款"等科目，按照其差额，借记"资产处置费用"科目。按支付的归属于捐出方的相关费用，预算会计应当借记"其他支出"科目，贷记"资金结存"等科目。

（2）报经批准无偿调出公共基础设施，财务会计应当按照公共基础设施已计提的折旧或摊销，借记"公共基础设施累计折旧（摊销）"科目，按照被处置公共基础设施账面余额，贷记"公共基础设施"科目，按照其差额，借记"无偿调拨净资产"科目；同时，按照无偿调出过程中发生的归属于调出方的相关费用，借记"资产处置费用"科目，贷记"银行存款"等科目。按支付的归属于捐出方的相关费用，预算会计应当借记"其他支出"科目，贷记"资金结存"等科目。

按照规定处置公共基础设施的账务处理如表11-92所示。

表 11-92　　　　　　　　按照规定处置公共基础设施的账务处理

	财务会计处理	预算会计处理
对外捐赠公共基础设施	借：资产处置费用 　　公共基础设施累计折旧（摊销） 贷：公共基础设施 [账面余额] 　　银行存款等 [归属于捐出方的相关费用]	借：其他支出 [支付的归属于捐出方的相关费用] 贷：资金结存等
无偿调出公共基础设施	借：无偿调拨净资产 　　公共基础设施累计折旧（摊销） 贷：公共基础设施 [账面余额] 借：资产处置费用 贷：银行存款等 [归属于调出方的相关费用]	借：其他支出 [支付的归属于调出方的相关费用] 贷：资金结存等

2．案例解析

【**例 11-117**】某行政单位将一项防洪设施无偿调拨给洪涝灾害多发地区，该设施原价为 500 000 元，已计提折旧 100 000 元，在调出过程中发生的相关税费由调出方承担，金额为 5 000 元，该单位已用银行存款支付。会计处理如下。

财务会计：
借：无偿调拨净资产　　　　　　　　　　　　　　　　400 000
　　公共基础设施累计折旧（摊销）　　　　　　　　　100 000
　　贷：公共基础设施　　　　　　　　　　　　　　　　　500 000
借：资产处置费用　　　　　　　　　　　　　　　　　　5 000
　　贷：银行存款　　　　　　　　　　　　　　　　　　　　5 000

预算会计：
借：其他支出　　　　　　　　　　　　　　　　　　　　5 000
　　贷：资金结存——货币资金　　　　　　　　　　　　　　5 000

11.27.4　盘盈和盘亏、毁损或报废的公共基础设施

1．账务处理

单位应当定期对公共基础设施进行清查盘点。对于发生的公共基础设施盘盈和盘亏、毁损或报废，应当先记入"待处理财产损溢"科目，按照规定报经批准后及时进行后续账务处理。

（1）盘盈的公共基础设施，其成本按照有关凭据注明的金额确定；没有相关凭据但按照规定经过资产评估的，其成本按照评估价值确定；没有相关凭

据也未经过评估的，其成本按照重置成本确定。盘盈的公共基础设施成本无法可靠取得的，单位应当设置备查簿进行登记，待成本确定后按照规定及时入账。盘盈的公共基础设施，按照确定的入账成本，财务会计应当借记"公共基础设施"科目，贷记"待处理财产损溢"科目。预算会计不需要做账务处理。

（2）盘亏、毁损或报废的公共基础设施，财务会计应当按照待处置公共基础设施的账面价值，借记"待处理财产损溢"科目，按照已计提折旧或摊销，借记"公共基础设施累计折旧（摊销）"科目，按照公共基础设施的账面余额，贷记"公共基础设施"科目。预算会计不需要做账务处理。

盘亏、报废或毁损的公共基础设施的账务处理如表 11-93 所示。

表 11-93　　盘亏、报废或毁损的公共基础设施的账务处理

	财务会计处理	预算会计处理
盘亏、报废或毁损的公共基础设施	借：待处理财产损溢 　　公共基础设施累计折旧（摊销） 贷：公共基础设施 [账面余额]	—

2．案例解析

【例 11-118】某行政单位管理的市民广场因洪灾遭到毁损，其原价为 3 000 000 元，已计提折旧 1 000 000 元。会计处理如下。

财务会计：

借：待处理财产损溢	2 000 000
公共基础设施累计折旧（摊销）	1 000 000
贷：公共基础设施	3 000 000

预算会计不需要做账务处理。

11.28　公共基础设施累计折旧（摊销）

11.28.1　按月计提公共基础设施折旧或摊销

1．业务概述

政府会计主体应当对公共基础设施计提折旧，但政府会计主体持续进行良好的维护使得其性能得到永久维持的公共基础设施和确认为公共基础设施的单独计价入账的土地使用权除外。此外，处于改建、扩建等建造活动期间的公共

基础设施，应当暂停计提折旧。已提足折旧的公共基础设施不再提折旧。

公共基础设施应计提的折旧总额为其成本，计提公共基础设施折旧时不考虑预计净残值。政府会计主体应当对暂估入账的公共基础设施计提折旧，实际成本确定后不需调整原已计提的折旧额。

2. 账务处理

按月计提公共基础设施折旧时，按照应计提的折旧额，财务会计应当借记"业务活动费用"科目，贷记"公共基础设施累计折旧（摊销）"科目。预算会计不需要做账务处理。

按月对确认为公共基础设施的单独计价入账的土地使用权进行摊销时，按照应计提的摊销额，财务会计应当借记"业务活动费用"科目，贷记"公共基础设施累计折旧（摊销）"科目。预算会计不需要做账务处理。按月计提公共基础设施折旧或摊销的账务处理如表 11-94 所示。

表 11-94　　按月计提公共基础设施折旧或摊销的账务处理

	财务会计处理	预算会计处理
按月计提公共基础设施折旧或摊销	借：业务活动费用 　　贷：公共基础设施累计折旧（摊销）	—

3. 案例解析

【例 11-119】2×19 年 10 月 31 日，某行政单位购入一项环保设施，入账价值为 1 200 000 元，预计使用年限为 20 年，预计净残值为 0，按照直线法计提折旧，则当年 11 月计提折旧的会计处理如下。

折旧金额 =1 200 000÷20÷12=5 000（元）

财务会计：

借：业务活动费用	5 000
贷：公共基础设施累计折旧（摊销）	5 000

预算会计不需要做账务处理。

11.28.2　处置公共基础设施

1. 账务处理

处置公共基础设施时，财务会计应当按照所处置公共基础设施的账面价值，借记"资产处置费用""无偿调拨净资产""待处理财产损溢"等科目，按照已提取的折旧或摊销，借记"公共基础设施累计折旧（摊销）"科目，按照公共基础设施账面余额，贷记"公共基础设施"科目。预算会计不需要做账务处理。处置公共基础设施的账务处理如表 11-95 所示。

表 11-95　　　　　　　　处置公共基础设施的账务处理

	财务会计处理	预算会计处理
处置公共基础设施时	借：待处理财产损溢/资产处置费用/无偿调拨净资产 　　公共基础设施累计折旧（摊销） 贷：公共基础设施 [账面余额]	—

2．案例解析

【例 11-120】某行政单位对外捐赠公共基础设施，该设施账面余额为 100 000 元，已计提折旧 30 000 元，另外该行政单位支付运输费 3 000 元。该业务的账务处理如下。

财务会计：

借：资产处置费用　　　　　　　　　　　　　　　　73 000
　　公共基础设施累计折旧（摊销）　　　　　　　　30 000
　　贷：公共基础设施　　　　　　　　　　　　　　　　100 000
　　　　银行存款　　　　　　　　　　　　　　　　　　3 000

预算会计：

借：其他支出　　　　　　　　　　　　　　　　　　3 000
　　贷：资金结存——货币资金　　　　　　　　　　　　3 000

11.29　政府储备物资

11.29.1　取得政府储备物资

1．业务概述

政府储备物资，是指政府会计主体为满足实施国家安全与发展战略、进行抗灾救灾、应对公共突发事件等特定公共需求而控制的，同时具有下列特征的有形资产：

（1）在应对可能发生的特定事件或情形时动用；

（2）其购入、存储保管、更新（轮换）、动用等由政府及相关部门发布的专门管理制度规范。

政府储备物资是政府资产的重要组成部分。我国政府储备物资包括战略及能源物资、抢险抗灾救灾物资、农产品、医药物资和其他重要商品物资，对于保障国家安全、服务国计民生具有重要意义。政府储备物资通常情况下由政府会计主体委托承储单位存储。

首先，从管理方式来看，政府会计主体对存货一般采取由其自身直接存储的方式进行管理，而我国政府储备物资主要采取委托存储的管理模式。其次，政府储备物资需要根据特定文件规定进行采购、存储、保管、轮换、发出等，发出物资收回往往具有不确定性。最后，不同于政府会计主体通常对自身控制的存货拥有所有权，政府会计准则规定政府储备物资，应当由按规定对其负有行政管理职责的政府会计主体予以确认。所谓行政管理职责，主要指提出或拟定收储计划、更新（轮换）计划、动用方案等。如果是对政府储备物资不负有行政管理职责但接受委托具体负责执行其存储保管等工作的政府会计主体，只能将受托代储的政府储备物资作为受托代理资产核算。相关行政管理职责由不同政府会计主体行使的政府储备物资，由负责提出收储计划的政府会计主体予以确认。

2．账务处理

取得政府储备物资时，应当按照其成本入账。

（1）购入的政府储备物资验收入库，按照确定的成本，财务会计应当借记"政府储备物资"科目，贷记"财政拨款收入""零余额账户用款额度""应付账款""银行存款"等科目。预算会计应当借记"行政支出""事业支出"科目，贷记"财政拨款预算收入""资金结存"科目。

（2）涉及委托加工政府储备物资业务的，相关账务处理参照"加工物品"科目。

（3）接受捐赠的政府储备物资验收入库，财务会计应当按照确定的成本，借记"政府储备物资"科目，按照单位承担的相关税费、运输费等，贷记"财政拨款收入""零余额账户用款额度""银行存款"等科目，按照其差额，贷记"捐赠收入"科目。按捐入方承担的相关税费，预算会计应当借记"其他支出"科目，贷记"财政拨款预算收入""资金结存"科目。

（4）接受无偿调入的政府储备物资验收入库，财务会计应当按照确定的成本，借记"政府储备物资"科目，按照单位承担的相关税费、运输费等，贷记"财政拨款收入""零余额账户用款额度""银行存款"等科目，按照其差额，贷记"无偿调拨净资产"科目。按调入方承担的相关税费，预算会计应当借记"其他支出"科目,贷记"财政拨款预算收入""资金结存"科目。

取得政府储备物资的会计处理如表 11-96 所示。

表 11-96　　　　　　取得政府储备物资的会计处理

	财务会计处理	预算会计处理
购入的政府储备物资	借：政府储备物资 　贷：财政拨款收入/零余额账户用款额度/应付账款/银行存款等	借：行政支出/事业支出 　贷：财政拨款预算收入/资金结存
接受捐赠的政府储备物资	借：政府储备物资 　贷：捐赠收入 　　　财政拨款收入/零余额账户用款额度/银行存款[捐入方承担的相关税费]	借：其他支出[捐入方承担的相关税费] 　贷：财政拨款预算收入/资金结存
无偿调入的政府储备物资	借：政府储备物资 　贷：无偿调拨净资产 　　　财政拨款收入/零余额账户用款额度/银行存款[调入方承担的相关税费]	借：其他支出[调入方承担的相关税费] 　贷：财政拨款预算收入/资金结存

3. 案例解析

(1) 购入的政府储备物资。

【例 11-121】 某行政单位购入一批抗震救灾政府储备物资,价值 5 000 000 元,支付相关税费 850 000 元,运费、保险费共计 20 000 元,使用财政授权支付方式进行结算,购入的政府储备物资验收入库。会计处理如下。

财务会计：

借：政府储备物资　　　　　　　　　　　　　　　　　5 870 000
　　贷：零余额账户用款额度　　　　　　　　　　　　5 870 000

预算会计：

借：行政支出　　　　　　　　　　　　　　　　　　　5 870 000
　　贷：资金结存——零余额账户用款额度　　　　　　5 870 000

(2) 接受捐赠、无偿调入的政府储备物资。

【例 11-122】 某行政单位接受一批抗震救灾政府储备物资的捐赠,价值 2 000 000 元,支付运输费用 5 000 元,物资验收入库。会计处理如下。

财务会计：

借：政府储备物资　　　　　　　　　　　　　　　　　2 005 000

            贷：捐赠收入   2 000 000
                银行存款   5 000
        预算会计：
        借：行政支出   5 000
            贷：资金结存——货币资金   5 000

11.29.2 发出政府储备物资

1．业务概述

如前所述，进行政府储备物资发出会计核算的政府会计主体应当是对其负有行政管理职责的政府会计主体，对政府储备物资不负有行政管理职责但接受委托具体负责执行其存储保管等工作的政府会计主体，只能将受托代储的政府储备物资作为受托代理资产核算。

政府储备物资需要根据相关规定进行采购、存储、保管、轮换、发出等，发出物资收回往往具有不确定性。

政府储备物资的收储、动用、轮换，一般通过市场化方式进行，即政府会计主体通常可以通过销售出清需要轮换的政府储备物资，并重新通过购买、委托加工等方式取得新的政府储备物资。

2．账务处理

发出政府储备物资时，分以下情况处理。

（1）因动用而发出无须收回的政府储备物资的，按照发出物资的账面余额，财务会计应当借记"业务活动费用"科目，贷记"政府储备物资"科目。预算会计不需要做账务处理。

（2）因动用而发出需要收回或者预期可能收回的政府储备物资的，在发出物资时，按照发出物资的账面余额，财务会计应当借记"政府储备物资——发出"科目，贷记"政府储备物资——在库"科目；按照规定的质量验收标准收回物资时，按照收回物资原账面余额，借记"政府储备物资——在库"科目，按照未收回物资的原账面余额，借记"业务活动费用"科目，按照物资发出时登记在"政府储备物资"科目所属"政府储备物资——发出"明细科目中的余额，贷记"政府储备物资——发出"科目。预算会计不需要做账务处理。

（3）因行政管理主体变动等原因而将政府储备物资调拨给其他主体的，按照无偿调出政府储备物资的账面余额，财务会计应当借记"无偿调拨净资产"科目，贷记"政府储备物资"科目。预算会计不需要做账务处理。

（4）对外销售政府储备物资并将销售收入纳入单位预算统一管理的，发出物资时，按照发出物资的账面余额，财务会计应当借记"业务活动费用"科目，贷记"政府储备物资"科目；实现销售收入时，按照确认的收入金额，借记"银行存款""应收账款"等科目，贷记"事业收入"等科目。预算会计应当借记"资金结存"科目，贷记"事业预算收入"等科目，同时，借记"行政支出""事业支出"科目，贷记"资金结存"科目。

对外销售政府储备物资并按照规定将销售净收入上缴财政的，发出物资时，按照发出物资的账面余额，财务会计应当借记"资产处置费用"科目，贷记"政府储备物资"科目；取得销售价款时，按照实际收到的款项金额，借记"银行存款"等科目，按照发生的相关税费，贷记"银行存款"等科目，按照销售价款大于所承担的相关税费的差额，贷记"应缴财政款"科目。预算会计不需要做账务处理。

发出政府储备物资的会计处理如表 11-97 所示。

表 11-97　　　　　　　　发出政府储备物资的会计处理

		财务会计处理	预算会计处理
动用发出无须收回的政府储备物资		借：业务活动费用 　　贷：政府储备物资 [账面余额]	—
动用发出需要收回或预期可能收回的政府储备物资		发出物资时 借：政府储备物资——发出 　　贷：政府储备物资——在库 按规定的质量验收标准收回物资时 借：政府储备物资——在库 [收回物资的账面余额] 　　业务活动费用 [未收回物资的账面余额] 　　贷：政府储备物资——发出	—
因行政管理主体变动等原因而将政府储备物资调拨给其他主体的		借：无偿调拨净资产 　　贷：政府储备物资 [账面余额]	—
对外销售政府储备物资的	按照规定物资销售收入纳入本单位预算的	借：业务活动费用 　　贷：政府储备物资 借：银行存款 / 应收账款等 　　贷：事业收入等 借：业务活动费用 　　贷：银行存款等 [发生的相关税费]	借：资金结存 [收到的销售价款] 　　贷：事业预算收入等 借：行政支出 / 事业支出 　　贷：资金结存 [支付的相关税费]

续表

		财务会计处理	预算会计处理
对外销售政府储备物资的	按照规定销售收入扣除相关税费后上缴财政的	借：资产处置费用 　　贷：政府储备物资 借：银行存款等 [收到的销售价款] 　　贷：银行存款 [发生的相关税费] 　　　　应缴财政款	—

3．案例解析

【例 11-123】沿用【例 11-122】。该行政单位经批准将这批政府储备物资向灾区捐赠，支付运输费用 20 000 元，应做以下会计处理。

财务会计：

借：资产处置费用　　　　　　　　　　　　　　　　　2 007 000

　　贷：政府储备物资　　　　　　　　　　　　　　　2 005 000

　　　　银行存款　　　　　　　　　　　　　　　　　　　2 000

预算会计：

借：行政支出　　　　　　　　　　　　　　　　　　　　2 000

　　贷：资金结存——货币资金　　　　　　　　　　　　　2 000

11.29.3　政府储备物资盘盈和盘亏、报废或毁损

1．业务概述及账务处理

行政事业单位应当定期对政府储备物资进行清查盘点，每年至少盘点一次。对于发生的政府储备物资盘盈和盘亏或者报废、毁损，应当先记入"待处理财产损溢"科目，按照规定报经批准后及时进行后续账务处理。

（1）盘盈的政府储备物资，按照确定的入账成本，财务会计应当借记"政府储备物资"科目，贷记"待处理财产损溢"科目。预算会计不需要做会计处理。

（2）盘亏或者毁损、报废的政府储备物资，按照待处理政府储备物资的账面余额，财务会计应当借记"待处理财产损溢"科目，贷记"政府储备物资"科目。预算会计不需要做会计处理。

政府储备物资盘盈和盘亏、报废或毁损的账务处理如表 11-98 所示。

表 11-98　政府储备物资盘盈和盘亏、报废或毁损的账务处理

	财务会计处理	预算会计处理
盘盈的政府储备物资	借：政府储备物资 　　贷：待处理财产损溢	—
盘亏、报废或毁损的政府储备物资	借：待处理财产损溢 　　贷：政府储备物资	—

2．案例解析

【例 11-124】沿用【例 11-123】。该批政府储备物资由于洪灾毁损，报经批准予以核销，应做以下会计处理。

财务会计：

借：待处理财产损溢　　　　　　　　　　　　　　　　　2 005 000
　　贷：政府储备物资　　　　　　　　　　　　　　　　2 005 000

预算会计不需要做账务处理。

11.30　文物文化资产

文物文化资产是指用于展览、教育或研究等目的的历史文物、艺术品以及其他具有文化或者历史价值并长期或者永久保存的典藏等。

11.30.1　取得文物文化资产

1．业务概述

文物文化资产与存货和固定资产相比，具有特殊的文化和历史价值，并且具有长期或者永久存续的特点，因此涉及文物文化资产的经济业务也具有许多特殊之处。以文物文化资产的取得业务为例，文物文化资产的取得方式以无偿划拨为主，捐赠取得的文物文化资产与外购取得的文物文化资产占一定比例，但自建取得的文物文化资产占比极小，只有一些纪念碑、博物馆等文物文化资产可以通过自建取得。

2．账务处理

在取得文物文化资产时，应当按照其成本入账。

（1）外购的文物文化资产，其成本包括购买价款、相关税费以及可归属于该项资产达到预定用途前所发生的其他支出（如运输费、安装费、装卸费等）。

外购的文物文化资产，按照确定的成本，财务会计应当借记"文物文化资产"科目，贷记"财政拨款收入""零余额账户用款额度""应付账款""银行存款"科目。预算会计应当借记"行政支出""事业支出"科目，贷记"财政拨款预算收入""资金结存"科目。

（2）接受其他单位无偿调入的文物文化资产，其成本按照该项资产在调出方的账面价值加上归属于调入方的相关费用确定。

调入的文物文化资产，财务会计应当按照确定的成本，借记"文物文化资产"科目，按照发生的归属于调入方的相关费用，贷记"零余额账户用款额度""银行存款""财政拨款收入"等科目，按照其差额，贷记"无偿调拨净资产"科目。

无偿调入的文物文化资产成本无法可靠取得的，按照发生的归属于调入方的相关费用，财务会计应当借记"其他费用"科目，贷记"零余额账户用款额度""财政拨款收入""银行存款"等科目。

按支付的归属于调入方的相关费用，预算会计应当借记"其他支出"科目，贷记"财政拨款预算收入""资金结存"科目。

（3）接受捐赠的文物文化资产，其成本按照有关凭据注明的金额加上相关费用确定；没有相关凭据可供取得，但按照规定经过资产评估的，其成本按照评估价值加上相关费用确定；没有相关凭据可供取得也未经评估的，其成本比照同类或类似资产的市场价格加上相关费用确定。

接受捐赠的文物文化资产，财务会计应当按照确定的成本，借记"文物文化资产"科目，按照发生的相关税费、运输费等金额，贷记"零余额账户用款额度""财政拨款收入""银行存款"等科目，按照其差额，贷记"捐赠收入"科目。

接受捐赠的文物文化资产成本无法可靠取得的，按照发生的相关税费、运输费等金额，财务会计应当借记"其他费用"科目，贷记"零余额账户用款额度""财政拨款收入""银行存款"等科目。

按支付的归属于捐入方的相关费用，预算会计应当借记"其他支出"科目，贷记"资金结存"等科目。

（4）对于成本无法可靠取得的文物文化资产，单位应当设置备查簿进行登记，待成本能够可靠确定后按照规定及时入账。

取得文物文化资产的会计处理如表11-99所示。

表 11-99　　　　　　　　取得文物文化资产的会计处理

	财务会计处理	预算会计处理
外购的文物文化资产	借：文物文化资产 　　贷：财政拨款收入/零余额账户用款额度/应付账款/银行存款等	借：行政支出/事业支出 　　贷：财政拨款预算收入/资金结存
接受无偿调入的文物文化资产	借：文物文化资产 　　贷：无偿调拨净资产 　　　　财政拨款收入/零余额账户用款额度/银行存款等[发生的归属于调入方的相关费用] 如无偿调入的文物文化资产成本无法可靠取得的 借：其他费用[发生的归属于调入方的相关费用] 　　贷：财政拨款收入/零余额账户用款额度/银行存款等	借：其他支出[支付的归属于调入方的相关费用] 　　贷：财政拨款预算收入/资金结存
接受捐赠的文物文化资产	借：文物文化资产 　　贷：捐赠收入 　　　　财政拨款收入/零余额账户用款额度/银行存款[发生的归属于捐入方的相关费用] 接受捐赠的文物文化资产成本无法可靠取得的 借：其他费用[发生的归属于调入方的相关费用] 　　贷：财政拨款收入/零余额账户用款额度/银行存款等	借：其他支出[支付的归属于捐入方的相关费用] 　　贷：资金结存等

3．案例解析

（1）外购的文物文化资产。

【例 11-125】某事业单位用事业经费购入一批文物文化资产，买价为 10 000 元，运杂费为 1 000 元，有关款项均已通过银行支付。会计处理如下。

财务会计：

借：文物文化资产　　　　　　　　　　　　　　　　11 000

　　贷：银行存款　　　　　　　　　　　　　　　　　　11 000

预算会计：

借：事业支出　　　　　　　　　　　　　　　　　　11 000

　　贷：资金结存——货币资金　　　　　　　　　　　　11 000

（2）接受无偿调入的文物文化资产。

【例 11-126】某单位接受无偿调入的文物文化资产，资产价值 70 000 元，其间发生运输费 900 元。

财务会计：

```
借：文物文化资产                                      70 900
    贷：无偿调拨净资产                                 70 000
        银行存款                                         900
```
预算会计：
```
借：其他支出                                            900
    贷：资金结存——货币资金                             900
```
（3）接受捐赠的文物文化资产。

【例 11-127】 某单位接受社会捐赠的文物文化资产，资产价值 50 000 元，其间发生运输费 800 元。

财务会计：
```
借：文物文化资产                                      50 800
    贷：捐赠收入                                      50 000
        银行存款                                         800
```
预算会计：
```
借：其他支出                                            800
    贷：资金结存——货币资金                             800
```

11.30.2　与文物文化资产有关的后续支出

与文物文化资产有关的后续支出，参照"公共基础设施"科目相关规定进行处理。

11.30.3　按照规定处置文物文化资产

1．业务概述

由于文物文化资产具有长期或者永久存续的特点，即文物文化资产的价值不因时间流逝而损耗，相反，在保存良好的情况下，其价值随着时间的流逝而增加，因此文物文化资产不计提折旧。同时考虑到文物文化资产的特殊文化、历史价值与不可再生的稀缺性，文物文化资产的日常修缮维护工作就变得十分重要，并且国家通过法律对文物文化资产的处置进行了严格的限制。文物文化资产的处置方式主要是无偿调出以及少量的对外捐赠。

2．账务处理

按照规定报经批准处置文物文化资产，应当分以下情况处理。

（1）报经批准对外捐赠文物文化资产，按照被处置文物文化资产账面余额和捐赠过程中发生的归属于捐出方的相关费用合计数，财务会计应当借记"资产处置费用"科目，按照被处置文物文化资产账面余额，贷记"文物文化资产"科目，按照捐赠过程中发生的归属于捐出方的相关费用，贷记"银行存款"等科目。按支付的归属于捐出方的相关费用，预算会计应当借记"其他支出"科目，贷记"资金结存"等科目。

（2）报经批准无偿调出文物文化资产，按照被处置文物文化资产账面余额，财务会计应当借记"无偿调拨净资产"科目，贷记"文物文化资产"科目；同时，按照无偿调出过程中发生的归属于调出方的相关费用，借记"资产处置费用"科目，贷记"银行存款"等科目。按支付的归属于调出方的相关费用，预算会计应当借记"其他支出"科目，贷记"资金结存"等科目。

按照规定处置文物文化资产的会计处理如表11-100所示。

表11-100　　　　　按照规定处置文物文化资产的会计处理

	财务会计处理	预算会计处理
对外捐赠文物文化资产	借：资产处置费用 　贷：文物文化资产[账面余额] 　　　银行存款等[归属于捐出方的相关费用]	借：其他支出[支付的归属于捐出方的相关费用] 贷：资金结存等
无偿调出文物文化资产	借：无偿调拨净资产 　贷：文物文化资产[账面余额] 借：资产处置费用 　贷：银行存款等	借：其他支出[支付的归属于调出方的相关费用] 贷：资金结存等

3．案例解析

（1）对外捐赠文物文化资产。

【例11-128】某行政单位对外捐赠文物文化资产，文物文化资产账面余额为100 000元，另外该行政单位支付运输费3 000元。该业务的账务处理如下。

财务会计：

借：资产处置费用　　　　　　　　　　　　　　　　　　103 000
　　贷：文物文化资产　　　　　　　　　　　　　　　　100 000
　　　　银行存款　　　　　　　　　　　　　　　　　　　3 000

预算会计：

借：其他支出　　　　　　　　　　　　　　　　　　　　　3 000
　　贷：资金结存——货币资金　　　　　　　　　　　　　3 000

（2）无偿调出文物文化资产。

【例 11-129】某事业单位打算无偿调出内部的一项无形资产,该无形资产的原值为 100 000 元,另外该事业单位支付运输费 3 000 元。该业务的账务处理如下。

财务会计:

借:无偿调拨净资产　　　　　　　　　　　　　　　　100 000
　　贷:文物文化资产　　　　　　　　　　　　　　　　　100 000
借:资产处置费用　　　　　　　　　　　　　　　　　　3 000
　　贷:银行存款　　　　　　　　　　　　　　　　　　　3 000

预算会计:

借:其他支出　　　　　　　　　　　　　　　　　　　　3 000
　　贷:资金结存——货币资金　　　　　　　　　　　　　3 000

11.30.4　盘点文物文化资产

1. 业务概述及账务处理

行政事业单位应当定期对文物文化资产进行清查盘点,每年至少盘点一次。对于发生的文物文化资产盘盈、盘亏、毁损或报废等,参照"公共基础设施"科目相关规定进行账务处理。

盘点文物文化资产的账务处理如表 11-101 所示。

表 11-101　　　　　　　盘点文物文化资产的账务处理

	财务会计处理	预算会计处理
盘盈时	借:文物文化资产 　　贷:待处理财产损溢	—
盘亏、毁损、报废时	借:待处理财产损溢 　　贷:文物文化资产[账面余额]	—

2. 案例解析

【例 11-130】某单位于 2×19 年底对单位的文物文化资产进行盘点,发现价值 3 000 元的文物文化资产毁损。会计处理如下。

财务会计:

借:待处理财产损溢　　　　　　　　　　　　　　　　3 000
　　贷:文物文化资产　　　　　　　　　　　　　　　　3 000

预算会计不需要做账务处理。

11.31 保障性住房

保障性住房是与商品房相对的，由政府为中低收入住房困难家庭所提供的限定标准、限定价格或租金的住房，一般包括廉租住房、经济适用住房、政策性租赁住房、定向安置房等。"保障性住房"科目核算行政事业单位为满足社会公共需求而控制的保障性住房的原值。

11.31.1 保障性住房的取得

1. 业务概述

行政事业单位可以通过自建、外购以及无偿划拨方式取得保障性住房。保障性住房在取得时，应当按其成本入账。

2. 账务处理

（1）外购的保障性住房，其成本包括购买价款、相关税费以及可归属于该项资产达到预定用途前所发生的其他支出。外购的保障性住房，按照确定的成本，财务会计应当借记"保障性住房"科目，贷记"财政拨款收入""零余额账户用款额度""银行存款"等科目。预算会计应当借记"行政支出""事业支出"科目，贷记"财政拨款预算收入""资金结存"科目。

（2）自行建造的保障性住房交付使用时，按照在建工程成本，财务会计应当借记"保障性住房"科目，贷记"在建工程"科目。已交付使用但尚未办理竣工决算手续的保障性住房，按照估计价值入账，待办理竣工决算后再按照实际成本调整原来的暂估价值。预算会计不需要做账务处理。

（3）接受其他单位无偿调入的保障性住房，其成本按照该项资产在调出方的账面价值加上归属于调入方的相关费用确定。无偿调入的保障性住房，财务会计应当按照确定的成本，借记"保障性住房"科目，按照发生的归属于调入方的相关费用，贷记"零余额账户用款额度""银行存款"等科目，按照其差额，贷记"无偿调拨净资产"科目。按支付的相关税费，预算会计应当借记"其他支出"科目，贷记"资金结存"科目。

（4）接受捐赠、融资租赁取得的保障性住房，参照"固定资产"科目相关规定进行处理。

取得保障性住房的会计处理如表11-102所示。

表 11-102　　　　　　　　取得保障性住房的会计处理

	财务会计处理	预算会计处理
外购的保障性住房	借：保障性住房 　贷：财政拨款收入/零余额账户用款额度/银行存款等	借：行政支出/事业支出 　贷：财政拨款预算收入/资金结存
自行建造的保障性住房，工程完工交付使用时	借：保障性住房 　贷：在建工程	—
无偿调入的保障性住房	借：保障性住房 　贷：银行存款/零余额账户用款额度等[发生的相关费用] 　　无偿调拨净资产[差额]	借：其他支出[支付的相关税费] 　贷：资金结存

3. 案例解析

【例 11-131】2×19 年 3 月 15 日，某事业单位外购一批保障性住房，支付价款 2 000 000 元，使用财政授权支付方式进行结算。该业务的会计处理如下。

财务会计：

借：保障性住房　　　　　　　　　　　　　　　　　2 000 000
　贷：零余额账户用款额度　　　　　　　　　　　　　　　2 000 000

预算会计：

借：事业支出　　　　　　　　　　　　　　　　　　2 000 000
　贷：资金结存——零余额账户用款额度　　　　　　　　　2 000 000

【例 11-132】2×19 年 10 月 15 日，某单位自行建造的保障性住房工程完工交付使用，前期投入工程价款 3 000 000 元。该业务的会计处理如下。

财务会计：

借：保障性住房　　　　　　　　　　　　　　　　　3 000 000
　贷：在建工程　　　　　　　　　　　　　　　　　　　　3 000 000

预算会计不需要做账务处理。

【例 11-133】2×19 年 10 月 30 日，某单位接受无偿调入的保障性住房 10 套，价值 4 000 000 元，该单位支付相关费用 20 000 元。该业务的会计处理如下。

财务会计：

借：保障性住房　　　　　　　　　　　　　　　　　4 020 000
　贷：银行存款　　　　　　　　　　　　　　　　　　　　　20 000
　　　无偿调拨净资产　　　　　　　　　　　　　　　　4 000 000

预算会计：

借：其他支出 20 000

贷：资金结存——货币资金 20 000

11.31.2 出租保障性住房

1. 业务概述

保障性住房包括廉租住房、经济适用住房、政策性租赁住房、定向安置房等，其中廉租住房和政策性租赁住房不允许出售，但可以租赁，因此会产生租赁收入。

2. 账务处理

按照规定出租保障性住房并将出租收入上缴同级财政，按照收取的租金金额，财务会计应当借记"银行存款"等科目，贷记"应缴财政款"科目。预算会计不需要做账务处理。

出租保障性住房的会计处理如表 11-103 所示。

表 11-103　　　　　出租保障性住房的会计处理

	财务会计处理	预算会计处理
按照收取或应收的租金金额	借：银行存款 / 应收账款 　　贷：应缴财政款	—

3. 案例解析

【例 11-134】某单位将拥有的保障性住房租给单位职工，每月收取租金 1 000 元，该业务的会计处理如下。

财务会计：

借：银行存款 1 000

贷：应缴财政款 1 000

预算会计不需要做账务处理。

11.31.3 处置保障性住房

1. 业务概述

处置保障性住房可以分为出售保障性住房和无偿调出保障性住房。

2. 账务处理

报经批准无偿调出保障性住房，财务会计应当按照保障性住房已计提的折旧，借记"保障性住房累计折旧"科目，按照被处置保障性住房账面余额，贷记"保障性住房"科目，按照其差额，借记"无偿调拨净资产"科目；同时，按照无偿调出过程中发生的归属于调出方的相关费用，借记"资产处置费用"科目，贷记"银行存款"等科目。按发生的归属于调出方的相关费用，预算会计应当借记"其他支出"科目，贷记"资金结存"等科目。

报经批准出售保障性住房，财务会计应当按照被出售保障性住房的账面价值，借记"资产处置费用"科目，按照保障性住房已计提的折旧，借记"保障性住房累计折旧"科目，按照保障性住房账面余额，贷记"保障性住房"科目；同时，按照收到的价款，借记"银行存款"等科目，按照出售过程中发生的相关费用，贷记"银行存款"等科目，按照其差额，贷记"应缴财政款"科目。预算会计不需要做账务处理。

处置保障性住房的会计处理如表 11-104 所示。

表 11-104   处置保障性住房的会计处理

	财务会计处理	预算会计处理
出售保障性住房	借：资产处置费用 　　保障性住房累计折旧 　贷：保障性住房 [账面余额] 借：银行存款等 [处置保障性住房收到的价款] 　贷：应缴财政款 　　　银行存款等 [发生的相关费用]	—
无偿调出保障性住房	借：无偿调拨净资产 　　保障性住房累计折旧 　贷：保障性住房 [账面余额] 借：资产处置费用 　贷：银行存款等 [归属于调出方的相关费用] 等	借：其他支出 　贷：资金结存等

3. 案例解析

【例 11-135】某事业单位出售保障性住房一批，该批保障性住房账面余额为 72 000 元，已计提折旧 60 000 元，出售保障性住房收到价款 20 000 元。该业务的账务处理如下。

财务会计：

借：资产处置费用　　　　　　　　　　　　　　　　　　　　12 000
　　保障性住房累计折旧　　　　　　　　　　　　　　　　　60 000
　　贷：保障性住房　　　　　　　　　　　　　　　　　　　　　72 000

借：银行存款　　　　　　　　　　　　　　　　　　　　20 000
　　贷：应缴财政款　　　　　　　　　　　　　　　　　　　20 000

预算会计不需要做账务处理。

11.31.4　保障性住房定期盘点清查

1. 业务概述

行政事业单位应当定期对保障性住房进行清查盘点。盘点的结果可分为盘盈保障性住房和盘亏、毁损或报废保障性住房。

2. 账务处理

对于发生的保障性住房盘盈和盘亏、毁损或报废等，参照"固定资产"科目相关规定进行账务处理。保障性住房定期盘点清查的会计处理如表11-105所示。

表11-105　　　保障性住房定期盘点清查的会计处理

	财务会计处理	预算会计处理
盘盈的保障性住房	借：保障性住房 　　贷：待处理财产损溢	—
盘亏、毁损或报废的保障性住房	借：待处理财产损溢[账面价值] 　　保障性住房累计折旧 　　贷：保障性住房[账面余额]	—

3. 案例解析

【例11-136】某单位于2×19年底对单位的保障性住房进行盘点，发生以下业务。

盘盈保障性住房，价值50 000元。该业务的账务处理如下。

财务会计：

借：保障性住房　　　　　　　　　　　　　　　　　　　50 000
　　贷：待处理财产损溢　　　　　　　　　　　　　　　　　50 000

预算会计不需要做账务处理。

11.32　保障性住房累计折旧

保障性住房与固定资产在实物形态和价值标准方面也具有许多相似点，因此保障性住房的后续支出以及处置与固定资产的对应业务也基本相同，都包括计提折旧、发生修缮改良支出以及最终处置等。"保障性住房累计折旧"科目核算单位计提的保障性住房的累计折旧。

按月计提保障性住房折旧时

1. 业务概述

保障性住房要按月计提保障性住房折旧。

2. 账务处理

按月计提保障性住房折旧时，按照应计提的折旧额，财务会计应当借记"业务活动费用"科目，贷记"保障性住房累计折旧"科目。预算会计不需要做账务处理。按月计提保障性住房折旧的会计处理如表11-106所示。

表 11-106　　　按月计提保障性住房折旧的会计处理

	财务会计处理	预算会计处理
按月计提保障性住房折旧时	借：业务活动费用 　　贷：保障性住房累计折旧	—

3. 案例解析

【例 11-137】某事业单位新购进保障性住房一批，价值72 000元，计划使用6年，每月计提折旧1 000元。该业务的会计处理如下。

财务会计：

借：业务活动费用　　　　　　　　　　　　　　　　　　　　　1 000
　　贷：保障性住房累计折旧　　　　　　　　　　　　　　　　　1 000

预算会计不需要做账务处理。

11.33　受托代理资产

"受托代理资产"科目核算单位接受委托方委托管理的各项资产，包括受托指定转赠的物资、受托存储保管的物资等的成本。行政事业单位管理的罚没物资也应当通过"受托代理资产"科目核算。受托代理资产是在受托代理交易或事项中形成的，由受托方从委托方取得的，代为转交委托方或第三方的资产。受托方并不拥有受托代理资产的所有权和处分权，仅仅充当代为存储保管或代为转交的中介角色。具体来说，受托代理资产包括受托转赠物资、受托储存保管物资和受托收取并上缴罚没物资等。

11.33.1 受托转赠物资

1. 业务概述

受托转赠物资是指接受委托人的委托，受托人需要转赠给受赠人的物资。

2. 账务处理

（1）接受委托人委托需要转赠给受赠人的物资，其成本按照有关凭据注明的金额确定。财务会计应当借记"受托代理资产"科目，贷记"受托代理负债"科目。预算会计不需要做账务处理。如其成本无法可靠确定的，单位应当设置备查簿进行登记。

（2）受托协议约定由受托方承担相关税费、运输费等的，应当按照实际支付的相关税费、运输费等金额，财务会计应当借记"其他费用"科目，贷记"银行存款""财政拨款收入""零余额账户用款额度"等科目。预算会计应当借记"其他支出"科目，贷记"财政拨款预算收入""资金结存"科目。

（3）将受托转赠物资交付受赠人时，按照转赠或发出物资的成本，财务会计应当借记"受托代理负债"科目，贷记"受托代理资产"科目。预算会计不需要做账务处理。

（4）转赠物资的委托人取消了对捐赠物资的转赠要求，且不再收回捐赠物资的，应当将转赠物资转为单位的存货、固定资产等。按照转赠物资的成本，财务会计应当借记"受托代理负债"科目，贷记"受托代理资产"科目；同时，借记"库存物品""固定资产"等科目，贷记"其他收入"科目。预算会计不需要做账务处理。

受托转赠物资的会计处理如表 11-107 所示。

表 11-107　　　　　　　　受托转赠物资的会计处理

	财务会计处理	预算会计处理
接受委托人委托需要转赠给受赠人的物资	借：受托代理资产 　贷：受托代理负债	—
受托协议约定由受托方承担相关税费、运输费的	借：其他费用 　贷：财政拨款收入/零余额账户用款额度/银行存款等	借：其他支出[实际支付的相关税费、运输费等] 　贷：财政拨款预算收入/资金结存
将受托转赠物资交付受赠人时	借：受托代理负债 　贷：受托代理资产	—

续表

	财务会计处理	预算会计处理
转赠物资的委托人取消了对捐赠物资的转赠要求,且不再收回捐赠物资	借:受托代理负债 　　贷:受托代理资产 借:库存物品/固定资产等 　　贷:其他收入	—

3．案例解析

【例 11-138】2×19 年 6 月 3 日，某行政单位接受 E 公司委托转赠物资一批，已验收入库，该批物资的实际成本为 360 000 元，该行政单位使用银行存款支付运费 5 000 元。会计处理如下。

2×19 年 6 月 3 日，接受受托转赠物资时。

财务会计:

借:受托代理资产	360 000
贷:受托代理负债	360 000
借:其他费用	5 000
贷:银行存款	5 000

预算会计:

借:其他支出	5 000
贷:资金结存——货币资金	5 000

2×19 年 7 月 5 日，该行政单位将物资交付受赠人甲希望小学。会计处理如下。

财务会计:

借:受托代理负债	360 000
贷:受托代理资产	360 000

预算会计不需要做账务处理。

若 2×19 年 6 月 15 日，E 公司取消了对转赠物资的转赠要求，且不再收回转赠物资。会计处理如下。

财务会计:

借:受托代理负债	360 000
贷:受托代理资产	360 000
借:库存物品	360 000
贷:其他收入	360 000

预算会计不需要做账务处理。

11.33.2 受托储存保管物资

1. 业务概述

受托储存保管物资是指受托人接受委托人委托储存保管的之后可能根据委托人要求交付或发出的物资。

2. 账务处理

（1）接受委托人委托储存保管的物资，其成本按照有关凭据注明的金额确定。接受委托储存的物资验收入库，按照确定的成本，财务会计应当借记"受托代理资产"科目，贷记"受托代理负债"科目。预算会计不需要做账务处理。

（2）发生由受托单位承担的与受托储存保管的物资相关的运输费、保管费等费用时，按照支付的相关费用，财务会计应当借记"其他费用"科目，贷记"银行存款""财政拨款收入""零余额账户用款额度"等科目。预算会计应当借记"其他支出"科目，贷记"财政拨款预算收入""资金结存"科目。

（3）根据委托人要求交付或发出受托储存保管的物资时，按照发出物资的成本，财务会计应当借记"受托代理负债"科目，贷记"受托代理资产"科目。预算会计不需要做账务处理。

受托储存保管物资的会计处理如表 11-108 所示。

表 11-108　　　　　　　受托储存保管物资的会计处理

	财务会计处理	预算会计处理
接受委托人委托储存保管的物资	借：受托代理资产 　贷：受托代理负债	—
支付由受托单位承担的与受托储存保管的物资相关的运输费、保管费等	借：其他费用 　贷：财政拨款收入/零余额账户用款额度/银行存款等	借：其他支出[实际支付的运输费、保管费等] 　贷：财政拨款预算收入/资金结存
根据委托人要求交付受托储存保管的物资	借：受托代理负债 　贷：受托代理资产	—

3. 案例解析

【例 11-139】2×19 年 7 月 7 日，某行政单位接受 F 公司委托储存物资一批，实际成本为 480 000 元，该行政单位用银行存款支付运费 6 000 元，并将物资验收入库。该单位应做以下会计处理。

2×19年7月7日,接受受托储存物资时。

财务会计:

借:受托代理资产 480 000
　　贷:受托代理负债 480 000
借:其他费用 6 000
　　贷:银行存款 6 000

预算会计:

借:其他支出 6 000
　　贷:资金结存——货币资金 6 000

2×19年7月16日,该行政单位根据委托将受托储存物资交付。会计处理如下。

财务会计:

借:受托代理负债 480 000
　　贷:受托代理资产 480 000

预算会计不需要做账务处理。

11.33.3　罚没物资

1. 业务概述

依法查处走私贩私、投机倒把、违反物价管理等违法犯罪案件时取得的罚没款和没收物资,称为罚没物资。

2. 账务处理

(1) 取得罚没物资时,其成本按照有关凭据注明的金额确定。罚没物资验收入库,按照确定的成本,财务会计应当借记"受托代理资产"科目,贷记"受托代理负债"科目。罚没物资成本无法可靠确定的,单位应当设置备查簿进行登记。预算会计不需要做账务处理。

(2) 按照规定处置或移交罚没物资时,按照罚没物资的成本,财务会计应当借记"受托代理负债"科目,贷记"受托代理资产"科目。处置时取得款项的,按照实际取得的款项金额,借记"银行存款"等科目,贷记"应缴财政款"等科目。预算会计不需要做账务处理。

罚没物资的会计处理如表11-109所示。

表 11-109　　　　　　　　　　罚没物资的会计处理

	财务会计处理	预算会计处理
取得罚没物资时	借：受托代理资产 　贷：受托代理负债	—
按照规定处置罚没物资时	借：受托代理负债 　贷：受托代理资产 处置时取得款项的 借：银行存款等 　贷：应缴财政款等	—

3．案例解析

【例 11-140】2×19 年 10 月 1 日，某行政单位没收一批物资，该物资成本 30 000 元。会计处理如下。

财务会计：

借：受托代理资产　　　　　　　　　　　　　　　　　30 000
　　贷：受托代理负债　　　　　　　　　　　　　　　　　30 000

预算会计不需要做账务处理。

2×19 年 12 月 1 日，该行政单位按照规定处置该罚没物资，取得款项 30 500 元。会计处理如下。

财务会计：

借：受托代理负债　　　　　　　　　　　　　　　　　30 500
　　贷：受托代理资产　　　　　　　　　　　　　　　　　30 500
借：银行存款　　　　　　　　　　　　　　　　　　　30 500
　　贷：应缴财政款　　　　　　　　　　　　　　　　　　30 500

预算会计不需要做账务处理。

11.34　长期待摊费用

长期待摊费用，是指行政事业单位已经支出，但摊销期限在 1 年以上（不含 1 年）的各项费用。行政事业单位发生的固定资产大修理支出、租入固定资产的改良支出和已足额提取折旧的固定资产的改建支出等，应当在费用项目的受益期限内分期平均摊销。根据相关规定，固定资产的大修理支出，是指同时符合下列条件的支出：①修理支出达到取得固定资产时的计税基础 50% 以上；②修理后固定资产的使用年限延长 2 年以上。

11.34.1 发生长期待摊费用

1. 账务处理

发生长期待摊费用时，按照支出金额，财务会计应当借记"长期待摊费用"科目，贷记"财政拨款收入""零余额账户用款额度""银行存款"等科目。预算会计应当借记"行政支出""事业支出"等科目，贷记"财政拨款预算收入""资金结存"科目。

发生长期待摊费用的会计处理如表 11-110 所示。

表 11-110　　发生长期待摊费用的会计处理

	财务会计处理	预算会计处理
发生长期待摊费用	借：长期待摊费用 贷：财政拨款收入/零余额账户用款额度/银行存款等	借：行政支出/事业支出等 贷：财政拨款预算收入/资金结存

2. 案例解析

【例 11-141】2×19 年 4 月 1 日，某事业单位对其以经营租赁方式新租入的办公楼进行装修，一共发生 120 000 元的支出，使用财政授权支付方式进行结算。假定不考虑其他因素，该事业单位应做以下会计处理。

2×19 年 4 月 1 日。

财务会计：

借：长期待摊费用　　　　　　　　　　　　　　　　　　120 000
　　贷：零余额账户用款额度　　　　　　　　　　　　　　120 000

预算会计：

借：事业支出　　　　　　　　　　　　　　　　　　　　120 000
　　贷：资金结存——零余额账户用款额度　　　　　　　　120 000

11.34.2　按期摊销或一次转销长期待摊费用剩余账面余额

1. 业务概述

如果行政事业单位某项长期待摊费用已经不能使其受益，应当将其余金额一次全部转入当期费用。

2. 账务处理

按照受益期间摊销长期待摊费用时，按照摊销金额，财务会计应当借记"业务活动费用""单位管理费用""经营费用"等科目，贷记"长期待摊费用"科目。按照一次转销长期待摊费用剩余账面余额,借记"业务活动费用""单位管理费用""经营费用"等科目,贷记"长期待摊费用"科目。预算会计不需要做账务处理。

按期摊销或一次转销长期待摊费用剩余账面余额的会计处理如表 11-111 所示。

表 11-111　按期摊销或一次转销长期待摊费用剩余账面余额的会计处理

	财务会计处理	预算会计处理
按期摊销或一次转销长期待摊费用剩余账面余额	借：业务活动费用/单位管理费用/经营费用等 贷：长期待摊费用	—

3. 案例解析

【例 11-142】沿用【例 11-141】。2×19 年 11 月 30 日,该办公楼装修完工,达到预定可使用状态并交付使用,按租赁期 10 年开始进行摊销。假定不考虑其他因素,该事业单位应做以下会计处理。

2×19 年 12 月摊销装修支出时。

财务会计：

借：业务活动费用　　　　　　　　　　　　　　　　　　　　1 000
　　贷：长期待摊费用　　　　　　　　　　　　　　　　　　1 000

预算会计不需要做账务处理。

11.35　待处理财产损溢

"待处理财产损溢"科目属于资产类科目,核算行政事业单位在资产清查过程中已经查明的各种资产的盘盈、盘亏和毁损的价值。

11.35.1　账款核对时发现的现金短缺或溢余

1. 账务处理

每日账款核对中发现现金短缺或溢余,属于现金短缺,按照实际短缺的金额,财务会计应当借记"待处理财产损溢"科目,贷记"库存现金"科目；属于现金溢余,按照实际溢余的金额,借记"库存现金"科目,贷记"待处理财产损溢"科目。预算会计不需要做账务处理。

如为现金短缺，属于应由责任人赔偿或向有关人员追回的，财务会计应当借记"其他应收款"科目，贷记"待处理财产损溢"科目；属于无法查明原因的，报经批准核销时，借记"资产处置费用"科目，贷记"待处理财产损溢"科目。预算会计不需要做账务处理。

如为现金溢余，属于应支付给有关人员或单位的，财务会计应当借记"待处理财产损溢"科目，贷记"其他应付款"科目；属于无法查明原因的，报经批准后，借记"待处理财产损溢"科目，贷记"其他收入"科目。预算会计不需要做账务处理。

账务处理汇总表参照"库存现金"科目的账务处理汇总表。

2．案例解析

案例解析参照"库存现金"科目的案例解析。

11.35.2　盘盈的非现金资产

1．业务概述

为了做到账实相符，行政事业单位应当定期或不定期地对本单位的各类资产进行全部或部分清点，以掌握期末各类资产的数量和价值，同时针对账实不符之处，找出原因，提高单位管理水平。

2．账务处理

（1）转入待处理资产时，按照确定的成本，财务会计应当借记"库存物品""固定资产""无形资产""公共基础设施""政府储备物资""文物文化资产""保障性住房"等科目，贷记"待处理财产损溢"科目。预算会计不需要做账务处理。

（2）按照规定报经批准后处理时，对于盘盈的流动资产，财务会计应当借记"待处理财产损溢"科目，贷记"单位管理费用"[事业单位]或"业务活动费用"[行政单位]科目。对于盘盈的非流动资产，如属于本年度取得的，按照当年新取得相关资产进行账务处理；如属于以前年度取得的，按照前期差错处理，借记"待处理财产损溢"科目，贷记"以前年度盈余调整"科目。预算会计不需要做账务处理。

盘盈的非现金资产的会计处理如表 11-112 所示。

表 11-112　　　　　　　　盘盈的非现金资产的会计处理

		财务会计处理	预算会计处理
转入待处理财产时		借：库存物品/固定资产/无形资产/公共基础设施/ 　　政府储备物资/文物文化资产/保障性住房等 　贷：待处理财产损溢	—
报经批准 后处理时	流动资产	借：待处理财产损溢 　贷：单位管理费用[事业单位] 　　　业务活动费用[行政单位]	—
	非流动资产	借：待处理财产损溢 　贷：以前年度盈余调整	—

3. 案例解析

【例 11-143】某事业单位在 2×19 年 11 月 10 日对固定资产进行盘点时，盘盈一台设备，账面价值 3 000 元。报经批准后 2×19 年 12 月 10 日对该设备进行处理。会计处理如下。

2×19 年 11 月 10 日。

财务会计：

借：固定资产——设备　　　　　　　　　　　　　　　　　3 000
　　贷：待处理财产损溢　　　　　　　　　　　　　　　　　3 000

预算会计不需要做账务处理。

2×19 年 12 月 10 日。

财务会计：

借：待处理财产损溢　　　　　　　　　　　　　　　　　　3 000
　　贷：以前年度盈余调整　　　　　　　　　　　　　　　　3 000

预算会计不需要做账务处理。

11.35.3　盘亏或毁损、报废的非现金资产

1. 业务概述

除了盘存中发现的资产盘盈和盘亏，日常活动中，自然灾害以及管理不善等也会造成资产的毁损或报废，这些情况下，对于盘亏、报废或毁损的资产应当先记入"待处理财产损溢"科目，待查明原因并上报批准后，再进行下一步处理。

2. 账务处理

（1）转入待处理资产时，财务会计应当借记"待处理财产损溢——待处理财产价值"科目[盘亏、毁损或报废固定资产、无形资产、公共基础设施、保障性住房的，还应借记"固定资产累计折旧""无形资产累计摊销""公共基础设施累计折旧（摊销）""保障性住房累计折旧"科目]，贷记"库存物品""固定资产""无形资产""公共基础设施""政府储备物资""文物文化资产""保障性住房""在建工程"等科目。涉及增值税业务的，相关账务处理参见"应交增值税"科目。预算会计不需要做账务处理。

（2）报经批准处理时，财务会计应当借记"资产处置费用"科目，贷记"待处理财产损溢——待处理财产价值"科目。预算会计不需要做账务处理。

（3）处理毁损、报废实物资产过程中取得的残值或残值变价收入、保险理赔或过失人赔偿等，财务会计应当借记"库存现金""银行存款""库存物品""其他应收款"等科目，贷记"待处理财产损溢——处理净收入"科目。预算会计不需要做账务处理。

（4）处理毁损、报废实物资产过程中发生的相关费用，财务会计应当借记"待处理财产损溢——处理净收入"科目，贷记"库存现金""银行存款"等科目。预算会计不需要做账务处理。

（5）处理收支结清，如果处理收入大于相关费用的，按照处理收入减去相关费用后的净收入，财务会计应当借记"待处理财产损溢——处理净收入"科目，贷记"应缴财政款"等科目。预算会计不需要做账务处理。

（6）处理收支结清，如果处理收入小于相关费用的，按照相关费用减去处理收入后的净支出，财务会计应当借记"资产处置费用"科目，贷记"待处理财产损溢——处理净收入"科目。预算会计应当借记"其他支出"科目，贷记"资金结存"等科目。

盘亏或毁损、报废的非现金资产的会计处理如表 11-113 所示。

表 11-113　　盘亏或毁损、报废的非现金资产的会计处理

	财务会计处理	预算会计处理
转入待处理财产时	借：待处理财产损溢——待处理财产价值 　　固定资产累计折旧/公共基础设施累计折旧（摊销）/无形资产累计摊销/保障性住房累计折旧 贷：库存物品/固定资产/公共基础设施/无形资产/政府储备物资/文物文化资产/保障性住房/在建工程等	—

续表

	财务会计处理	预算会计处理
报经批准处理时	借：资产处置费用 　　贷：待处理财产损溢——待处理财产价值	—
处理毁损、报废实物资产过程中取得的残值或残值变价收入、保险理赔或过失人赔偿	借：库存现金／银行存款／库存物品／其他应收款等 　　贷：待处理财产损溢——处理净收入	—
处理毁损、报废实物资产过程中发生的相关费用	借：待处理财产损溢——处理净收入 　　贷：库存现金／银行存款等	—
处理收支结清，处理收入大于相关费用的	借：待处理财产损溢——处理净收入 　　贷：应缴财政款等	—
处理收支结清，处理收入小于相关费用的	借：资产处置费用 　　贷：待处理财产损溢——处理净收入	借：其他支出 　　贷：资金结存等 [支付的净支出]

3．案例解析

【例 11-144】某事业单位在 2×19 年 6 月 1 日对固定资产进行盘点时，盘点过程中，发现一台设备 B 毁损，设备 B 的账面余额为 5 000 元，已计提折旧 4 000 元。2×19 年 6 月 10 日，报经批准处理。2×19 年 6 月 30 日，该事业单位将毁损的设备 B 变卖，获取 300 元，另支付运费 100 元。账务处理如下。

2×19 年 6 月 1 日。

财务会计：

借：待处理财产损溢——待处理财产价值　　　　　　　　　1 000
　　固定资产累计折旧　　　　　　　　　　　　　　　　　4 000
　　贷：固定资产　　　　　　　　　　　　　　　　　　　　　　5 000

预算会计不需要做账务处理。

2×19 年 6 月 10 日。

借：资产处置费用　　　　　　　　　　　　　　　　　　　1 000
　　贷：待处理财产损溢——待处理财产价值　　　　　　　　　　1 000

预算会计不需要做账务处理。

2×19 年 6 月 30 日。

财务会计：

借：银行存款　　　　　　　　　　　　　　　　　　　　300
　　贷：待处理财产损溢——处理净收入　　　　　　　300
借：待处理财产损溢——处理净收入　　　　　　　　　100
　　贷：银行存款　　　　　　　　　　　　　　　　　100
借：待处理财产损溢——处理净收入　　　　　　　　　200
　　贷：应缴财政款　　　　　　　　　　　　　　　　200

预算会计不需要做账务处理。

第 12 章　负债类经济业务的会计处理

12.1　短期借款

短期借款是指事业单位经批准向银行或其他金融机构借入的期限在 1 年内（含 1 年）的各种借款。从经济意义上来看，短期借款实质上反映了事业单位与资金供给之间短期资金借贷的关系。

12.1.1　借入各种短期借款

1．业务概述

事业单位因生产经营需要，而需向银行或其他金融机构取得借款。办理该项借款时，事业单位应按有关规定向银行提出年度、季度借款计划，经银行核定后，在借款计划中根据借款借据办理借款，并在期限届满之后归还相应的金额。

2．账务处理

借入各种短期借款时，按照实际借入的金额，财务会计应当借记"银行存款"科目，贷记"短期借款"科目。预算会计应当借记"资金结存——货币资金"科目，贷记"债务预算收入"科目。

借入各种短期借款的账务处理如表 12-1 所示。

表 12-1　　　　　借入各种短期借款的账务处理

	财务会计处理	预算会计处理
借入各种短期借款	借：银行存款 　贷：短期借款	借：资金结存——货币资金 　贷：债务预算收入

3．案例解析

【例 12-1】某事业单位为满足业务发展的资金需要，从中国建设银行 A 支行借入 100 000 元，借款期限为 8 个月，年利率为 6%。账务处理如下。

财务会计：

借：银行存款　　　　　　　　　　　　　　　　　　　　　　100 000

贷：短期借款——中国建设银行A支行	100 000

预算会计：

借：资金结存——货币资金	100 000
贷：债务预算收入	100 000

12.1.2 银行承兑汇票到期却无力偿付

1．业务概述

事业单位银行承兑汇票到期但是由于资金不足或者其他原因暂时无法偿付资金时，应该按到期需要承兑的银行承兑汇票的票面金额转入短期借款。

2．账务处理

银行承兑汇票到期，本单位无力支付票款的，按照银行承兑汇票的票面金额，财务会计应当借记"应付票据"科目，贷记"短期借款"科目。预算会计应当借记"经营支出"等科目，贷记"债务预算收入"科目。

银行承兑汇票到期却无力偿付的账务处理如表12-2所示。

表12-2　　　　银行承兑汇票到期却无力偿付的账务处理

	财务会计处理	预算会计处理
银行承兑汇票到期，本单位无力支付票款	借：应付票据 　　贷：短期借款	借：经营支出等 　　贷：债务预算收入

3．案例解析

【例12-2】2×19年3月1日，某事业单位因采购需要向B银行申请了银行承兑汇票50 000元。至到期日2×19年9月1日，本单位无力支付票款。账务处理如下。

财务会计：

借：应付票据	50 000
贷：短期借款	50 000

预算会计：

借：经营支出	50 000
贷：债务预算收入	50 000

12.1.3 归还短期借款本息

1．业务概述

事业单位借入短期借款应支付利息。在实际工作中，如果短期借款利息是按期支付的,如按季度支付利息,或者利息在借款到期时连同本金一起归还,并且其数额较大的,事业单位应采用月末预提方式进行短期借款利息的核算。

2. 账务处理

短期借款利息属于筹资费用,应当于发生时直接计入当期财务费用。支付短期借款利息时,财务会计应当借记"其他费用"科目,贷记"银行存款"科目;归还本金时,借记"短期借款"科目,贷记"银行存款"科目。预算会计应当借记"其他支出""债务还本支出"科目,贷记"资金结存——货币资金"科目。

归还短期借款的账务处理如表 12-3 所示。

表 12-3　　　　　　　　　归还短期借款的账务处理

	财务会计处理	预算会计处理
归还短期借款	借:短期借款 贷:银行存款	借:债务还本支出 　　其他支出 贷:资金结存——货币资金

3. 案例解析

【例 12-3】沿用【例 12-1】。该事业单位到期归还短期借款,并支付借款利息。账务处理如下。

借款利息 =100 000×6%×8÷12=4 000(元)

财务会计:

借:短期借款	100 000
其他费用	4 000
贷:银行存款	104 000

预算会计:

借:债务还本支出	100 000
其他支出	4 000
贷:资金结存——货币资金	104 000

12.2　应交增值税

应交增值税是指行政事业单位销售货物或者提供加工、修理修配劳务活动本期应交的增值税。按照缴税主体不同,行政事业单位分为一般纳税人和小规模纳税人。

12.2.1 单位取得资产或接受服务等业务的进项税额的账务处理

1. 业务概述

进项税额抵扣的情况较为复杂，根据税法规定，不同业务进项税额抵扣的情形分为不可抵扣、可以抵扣，以及可以分期抵扣。进项税额抵扣情况如图 12-1 所示。

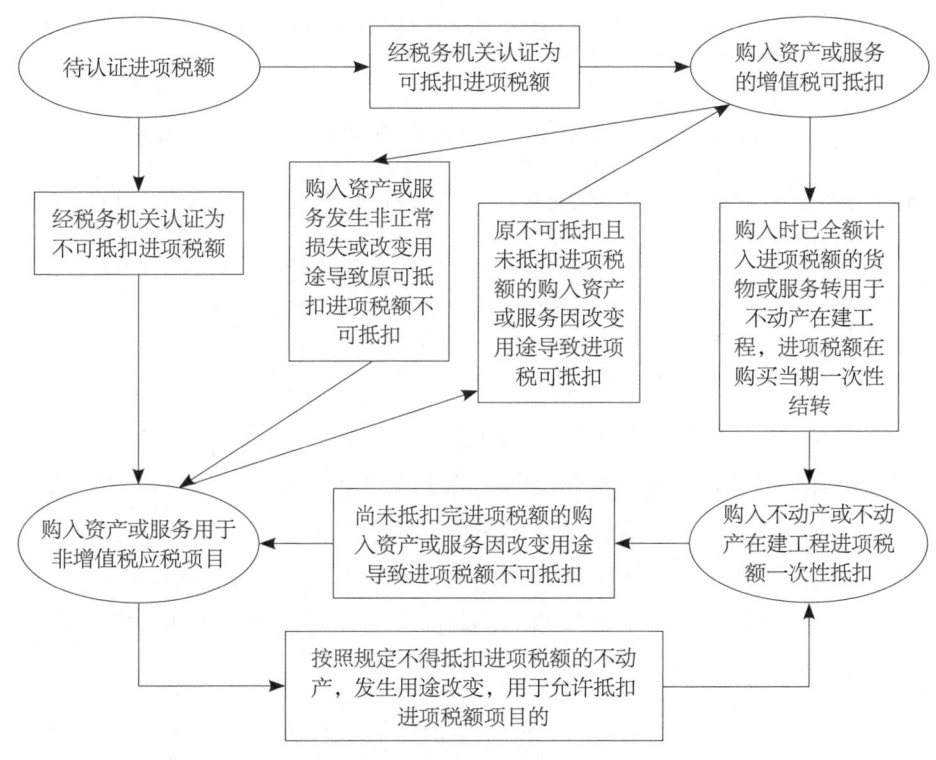

图 12-1 进项税额抵扣情况

2. 账务处理

（1）购入应税资产或服务时。

行政事业单位购买用于增值税应税项目的资产或服务等时，财务会计应当按照应计入相关成本费用或资产的金额，借记"业务活动费用""在途物品""库存物品""工程物资""在建工程""固定资产""无形资产"等科目，按照当月已认证的可抵扣增值税税额，借记"应交增值税——应交税金（进项税额）"科目，按照当月未认证的可抵扣增值税税额，借记"应交增值税——待认证进项税额"科目，按照应付或实际支付的金额，贷记"应付账款""应付票据""银行存款""零余额账户用款额度"等科目。发生退货的，如原增值税专用发票已做认证，应根据税务机关开具的红字增值税专用发票做相反的会计分录；如原增值税专用发票未做认证，应将发票退回并做相反的会计分录。

预算会计应当借记"事业支出""经营支出"科目，贷记"资金结存——货币资金"科目。

增值税一般纳税人购入应税资产或服务的账务处理如表12-4所示。

表12-4　　增值税一般纳税人购入应税资产或服务的账务处理

	财务会计处理	预算会计处理
增值税一般纳税人购入应税资产或服务时	借：业务活动费用/在途物品/库存物品/工程物资/在建工程/固定资产/无形资产等 应交增值税——应交税金（进项税额）[当月已认证可抵扣] 应交增值税——待认证进项税额[当月未认证可抵扣] 贷：银行存款/零余额账户用款额度[实际支付的金额]/应付票据[开出并承兑的商业汇票]/应付账款等[应付的金额]	借：事业支出/经营支出 贷：资金结存——货币资金等[实际支付的金额]

（2）经税务机关认证为不可抵扣进项税额时。

行政事业单位购进资产或服务等，用于简易计税方法计税项目、免征增值税项目、集体福利或个人消费，或小规模纳税人购买资产或服务等时，其进项税额按照现行增值税制度规定不得从销项税额中抵扣的，取得增值税发票时，财务会计应当按照增值税发票注明的金额，借记相关成本费用或资产科目，按照待认证的增值税进项税额，借记"应交增值税——待认证进项税额"科目，按照实际支付或应付的金额，贷记"银行存款""应付账款""零余额账户用款额度"等科目。经税务机关认证为不可抵扣进项税额时，借记"应交增值税——应交税金（进项税额）"科目，贷记"应交增值税——待认证进项税额"科目，同时，将进项税额转出，借记"业务活动费用"等科目，贷记"应交增值税——应交税金（进项税额转出）"科目。预算会计不需要做账务处理。

经税务机关认证为不可抵扣进项税额的账务处理如表12-5所示。

表12-5　　经税务机关认证为不可抵扣进项税额的账务处理

	财务会计处理	预算会计处理
经税务机关认证为不可抵扣进项税时	借：应交增值税——应交税金（进项税额） 　　贷：应交增值税——待认证进项税额 借：业务活动费用等 　　贷：应交增值税——应交税金（进项税额转出）	—

（3）购进不动产或不动产在建工程按照规定进项税额一次性抵扣。

行政事业单位取得应税项目为不动产或者不动产在建工程，其进项税额按照现行增值税制度规定自购进当期一次性抵扣进项税额，按照取得成本，借记"固定资产""在建工程"等科目，按照可抵扣的增值税税额，借记"应交增值税——应交税金（进项税额）"科目，按照应付或实际支付的金额，贷记"应付账款""应付票据""银行存款""零余额账户用款额度"等科目。预算会计应当借记"事业支出""经营支出"科目，贷记"资金结存"等科目。

自2019年4月1日起，《营业税改征增值税试点有关事项的规定》（财税〔2016〕36号印发）第一条第（四）项第1点、第二条第（一）项第1点停止执行，纳税人取得不动产或者不动产在建工程的进项税额不再分2年抵扣。此前按照相关规定尚未抵扣完毕的待抵扣进项税额，可自2019年4月税款所属期起从销项税额中抵扣。

关于一般纳税人购进应税不动产或在建工程的进项税额抵扣，具体账务处理如表12-6所示。

表12-6　购进应税不动产或在建工程按规定一次性抵扣进项税额的账务处理

	财务会计处理	预算会计处理
购进应税不动产或在建工程按规定一次性抵扣进项税额	借：固定资产/在建工程等 　　应交增值税——应交税金（进项税额） 贷：银行存款/零余额账户用款额度等[实际支付金额]/应付票据[开出并承兑的商业汇票]/应付账款等[应付的金额]	借：事业支出/经营支出 贷：资金结存等[实际支付的金额]

（4）进项税额抵扣情况发生改变。

行政事业单位因发生非正常损失或改变用途等，原已计入进项税额、待抵扣进项税额或待认证进项税额，但按照现行增值税制度规定不得从销项税额中抵扣的，财务会计应当借记"待处理财产损溢""固定资产""无形资产"等科目，贷记"应交增值税——应交税金（进项税额转出）""应交增值税——待抵扣进项税额""应交增值税——待认证进项税额"科目。预算会计不需要做账务处理。

购进属于增值税应税项目的资产后，发生非正常损失或改变用途的账务处理如表12-7所示。

表 12-7 购进属于增值税应税项目的资产后，发生非正常损失或改变用途的账务处理

	财务会计处理	预算会计处理
购进属于增值税应税项目的资产后，发生非正常损失或改变用途的	借：待处理财产损溢／固定资产／无形资产等 [按照现行增值税制度规定不得从销项税额中抵扣的进项税额] 贷：应交增值税——应交税金（进项税额转出） 　　应交增值税——待认证进项税额 　　应交增值税——待抵扣进项税额	—

原不得抵扣且未抵扣进项税额的固定资产、无形资产等，因改变用途等用于允许抵扣进项税额的应税项目的，按照允许抵扣的进项税额，财务会计应当借记"应交增值税——应交税金（进项税额）"科目，贷记"固定资产""无形资产"等科目。预算会计不需要做账务处理。固定资产、无形资产等经上述调整后，应按照调整后的账面价值在剩余尚可使用年限内计提折旧或摊销。

因改变用途等用于允许抵扣进项税额的应税项目的账务处理如表 12-8 所示。

表 12-8 因改变用途等用于允许抵扣进项税额的应税项目的账务处理

	财务会计处理	预算会计处理
原不得抵扣且未抵扣进项税额的固定资产、无形资产等，因改变用途等用于允许抵扣进项税额的应税项目	借：应交增值税——应交税金（进项税额）[可以抵扣的进项税额] 贷：固定资产／无形资产等	—

（5）购买方作为扣缴义务人时。

按照现行增值税制度规定，境外单位或个人在境内发生应税行为，在境内未设有经营机构的，以购买方作为增值税扣缴义务人。境内一般纳税人购进服务或资产时，财务会计应当按照应计入相关成本费用或资产的金额，借记"业务活动费用""在途物品""库存物品""工程物资""在建工程""固定资产""无形资产"等科目，按照可抵扣的增值税税额，借记"应交增值税——应交税金（进项税额）"科目 [小规模纳税人应借记相关成本费用或资产科目]，按照应付或实际支付的金额，贷记"银行存款""应付账款"等科目，按照应代扣代缴的增值税税额，贷记"应交增值税——代扣代交增值税"科目。

预算会计应当借记"事业支出""经营支出"科目，贷记"资金结存——货币资金"科目。

实际缴纳代扣代缴增值税时，按照代扣代缴的增值税税额，财务会计应当借记"应交增值税——代扣代交增值税"科目，贷记"银行存款""零余额账户用款额度"等科目。预算会计应当借记"事业支出""经营支出"科目，贷

记"资金结存——货币资金"科目。

购买方作为扣缴义务人的账务处理如表12-9所示。

表12-9 购买方作为扣缴义务人的账务处理

	财务会计处理	预算会计处理
购进资产或服务时作为扣缴义务人	借：业务活动费用/在途物品/库存物品/工程物资/在建工程/固定资产/无形资产等 应交增值税——应交税金（进项税额）[当期可抵扣] 贷：银行存款[实际支付的金额] 应付账款等 应交增值税——代扣代交增值税	借：事业支出/经营支出 贷：资金结存—— 货币资金[实际支付的金额]
	实际缴纳代扣代缴增值税时： 借：应交增值税——代扣代交增值税 贷：银行存款/零余额账户用款额度等	借：事业支出/经营支出 贷：资金结存—— 货币资金[实际支付的金额]

3．案例解析

【例12-4】2×19年5月1日，某事业单位买了一座办公楼，价值2 000万元，进项税额为180万元，款项由财政直接支付。会计处理如下。

财务会计：

借：固定资产　　　　　　　　　　　　　　　　　　　　20 000 000
　　应交增值税——应交税金（进项税额）　　　　　　　 1 800 000
　　贷：财政拨款收入　　　　　　　　　　　　　　　　21 800 000

预算会计：

借：事业支出　　　　　　　　　　　　　　　　　　　　　　900 000
　　贷：财政拨款预算收入　　　　　　　　　　　　　　　　900 000

【例12-5】沿用【例12-4】。在2×20年4月，单位将办公楼改造成员工食堂，用于集体福利。假设2×20年4月该不动产的净值为1 800万元。会计处理如下。

不动产净值率=1 800÷2 000×100%=90%

不得抵扣的进项税额=180×90%=162（万元）

由于不得抵扣的进项税额为162万元，小于已抵扣的进项税额180万元。所以该事业单位应做以下会计处理。

借：固定资产　　　　　　　　　　　　　　　　　　　　 1 620 000
　　贷：应交增值税——应交税金（进项税额转出）　　　 1 620 000

预算会计不需要做账务处理。

【例12-6】 沿用【例12-5】。假设2×20年4月,该不动产的净值为1 000万元,会计处理如下。

不动产净值率 = 1 000 ÷ 2 000 × 100% = 50%

不得抵扣的进项税额 = 180 × 50% = 90(万元)

由于不得抵扣的进项税额为90万元,小于已抵扣的进项税额180万元。所以该事业单位应做以下会计处理。

借:固定资产　　　　　　　　　　　　　　　　　　　　　9 900 000
　　贷:应交增值税——应交税金(进项税额转出)　　　　　9 900 000

预算会计不需要做账务处理。

【例12-7】 2×19年7月9日,某事业单位购入一台打印机用于办公,取得增值税专用发票并认证通过,专用发票上注明的金额为20 000元,增值税税额为2 600元。会计处理如下。

财务会计:

借:固定资产　　　　　　　　　　　　　　　　　　　　　20 000
　　应交增值税——应交税金(进项税额)　　　　　　　　　2 600
　　贷:财政拨款收入　　　　　　　　　　　　　　　　　　22 600

预算会计:

借:事业支出　　　　　　　　　　　　　　　　　　　　　22 600
　　贷:财政拨款预算收入　　　　　　　　　　　　　　　　22 600

假定该打印机分10年按直线法计提折旧,无残值。2×20年8月20日,该打印机改用于免税项目。

打印机每年计提的折旧 = 20 000 ÷ 10 = 2 000(元)

2×20年8月,打印机净值 = 20 000 - 2 000 = 18 000(元)

打印机转出进项税额 = 18 000 × 13% = 2 340(元)

财务会计:

借:固定资产　　　　　　　　　　　　　　　　　　　　　2 340
　　贷:应交增值税——应交税金(进项税额转出)　　　　　2 340

预算会计不需要做账务处理。

12.2.2　单位销售资产或提供服务等业务的销项税额的账务处理

1. 业务概述

一般纳税人在销售资产或提供服务时,应向购货方收取对应的增值税税额。

2. 账务处理

（1）销售资产或提供服务。

行政事业单位销售资产或提供服务，财务会计应当按照应收或已收的金额，借记"应收账款""应收票据""银行存款"等科目，按照确认的收入金额，贷记"经营收入""事业收入"等科目，按照现行增值税制度规定计算的销项税额（或采用简易计税方法计算的应纳增值税税额），贷记"应交增值税——应交税金（销项税额）"或"应交增值税——简易计税"科目。

按实际收到的含税金额，预算会计应当借记"资金结存——货币资金"科目，贷记"事业预算收入""经营预算收入"等科目。

按照政府会计制度及政府会计准则确认收入的时点早于按照增值税制度确认增值税纳税义务发生时点的，应将相关销项税额记入"应交增值税——待转销项税额"科目，待实际发生纳税义务时再转入"应交增值税——应交税金（销项税额）"或"应交增值税——简易计税"科目。

按照增值税制度确认增值税纳税义务发生时点早于按照政府会计制度及政府会计准则确认收入的时点的，应按照应纳增值税税额，借记"应收账款"科目，贷记"应交增值税——应交税金（销项税额）"或"应交增值税——简易计税"科目。

销售资产或提供服务的账务处理如表 12-10 所示。

表 12-10　　　　　　销售资产或提供服务的账务处理

	财务会计处理	预算会计处理
销售资产或提供服务时	借：银行存款/应收账款/应收票据等[包含增值税的价款总额] 贷：事业收入/经营收入等[扣除增值税销项税额后的价款] 　　应交增值税——应交税金（销项税额）/应交增值税——简易计税	借：资金结存——货币资金[实际收到的含税金额] 贷：事业预算收入/经营预算收入等

（2）金融商品转让。

金融商品实际转让月末，如产生转让收益，则按照应纳税额，财务会计应当借记"投资收益"科目，贷记"应交增值税——转让金融商品应交增值税"科目。预算会计不需要做账务处理。

如产生转让损失，则按照可结转下月抵扣税额，财务会计应当借记"应交增值税——转让金融商品应交增值税"科目，贷记"投资收益"科目。预算会计不需要做账务处理。

缴纳增值税时,财务会计应当借记"应交增值税——转让金融商品应交增值税"科目,贷记"银行存款"等科目。预算会计应当借记"投资预算收益"科目,贷记"资金结存——货币资金"科目。

年末如有借方余额,财务会计应当借记"投资收益"科目,贷记"应交增值税——转让金融商品应交增值税"科目。预算会计不需要做账务处理。

与金融商品转让相关的账务处理如表 12-11 所示。

表 12-11　　　　　　　　与金融商品转让相关的账务处理

	财务会计处理	预算会计处理
产生收益时	借:投资收益 [按净收益计算的应纳增值税] 贷:应交增值税——转让金融商品应交增值税	—
产生损失时	借:应交增值税——转让金融商品应交增值税 贷:投资收益 [按净损失计算的应纳增值税]	—
缴纳增值税时	借:应交增值税——转让金融商品应交增值税 贷:银行存款等	借:投资预算收益 贷:资金结存——货币资金 [实际支付的金额]
年末,如有借方余额	借:投资收益 贷:应交增值税——转让金融商品应交增值税	—

3. 案例解析

【例 12-8】某事业单位属于增值税一般纳税人,经营业务为销售商品,销售商品不含税价格共计 20 000 元,增值税销项税额 2 600 元,货款共计 22 600 元,款项尚未收到。

财务会计:

借:应收账款　　　　　　　　　　　　　　　　　　　　　22 600
　　贷:经营收入　　　　　　　　　　　　　　　　　　　　20 000
　　　　应交增值税——应交税金(销项税额)　　　　　　　 2 600

预算会计不需要做账务处理。

12.2.3　单位月末转出应交未交、多交的增值税的会计处理

1. 业务概述

月度终了,行政事业单位应当将当月应交未交或多交的增值税自"应交税

金"明细科目转入"未交税金"明细科目。

2. 账务处理

对于当月应交未交的增值税,财务会计应当借记"应交增值税——应交税金(转出未交增值税)"科目,贷记"应交增值税——未交税金"科目;对于当月多交的增值税,借记"应交增值税——未交税金"科目,贷记"应交增值税——应交税金(转出多交增值税)"科目。预算会计不需要做账务处理。

月末转出应交未交增值税的账务处理如表12-12所示,月末转出多交增值税的账务处理如表12-13所示。

表12-12　　　　月末转出应交未交增值税的账务处理

	财务会计处理	预算会计处理
月末转出应交未交增值税	借:应交增值税——应交税金(转出未交增值税) 贷:应交增值税——未交税金	—

表12-13　　　　月末转出多交增值税的账务处理

	财务会计处理	预算会计处理
月末转出多交增值税	借:应交增值税——未交税金 贷:应交增值税——应交税金(转出多交增值税)	—

12.2.4　单位缴纳增值税的会计处理

1. 业务概述

行政事业单位缴纳增值税的情况分为以下几种:缴纳当月应交增值税;缴纳以前期间未交增值税;预缴增值税;减免增值税。

2. 账务处理

(1)缴纳当月应交增值税。

行政事业单位缴纳当月应交的增值税,财务会计应当借记"应交增值税——应交税金(已交税金)"科目,贷记"银行存款""零余额账户用款额度"等科目。预算会计应当借记"事业支出""经营支出"科目,贷记"资金结存——货币资金"等科目。

本月缴纳当月应交增值税的账务处理如表12-14所示。

表 12-14　　　本月缴纳当月应交增值税的账务处理

	财务会计处理	预算会计处理
本月缴纳当月应交增值税时	借：应交增值税——应交税金（已交税金） 贷：银行存款 / 零余额账户用款额度等	借：事业支出 / 经营支出等 贷：资金结存——货币资金等

（2）缴纳以前期间未交增值税。

行政事业单位缴纳以前期间未交的增值税，财务会计应当借记"应交增值税——未交税金"科目，贷记"银行存款""零余额账户用款额度"等科目。预算会计应当借记"事业支出""经营支出"科目，贷记"资金结存"科目。

缴纳以前期间未交增值税的账务处理如表 12-15 所示。

表 12-15　　　缴纳以前期间未交增值税的账务处理

	财务会计处理	预算会计处理
本月缴纳以前期间未交增值税	借：应交增值税——未交税金 贷：银行存款 / 零余额账户用款额度等	借：事业支出 / 经营支出等 贷：资金结存

（3）预缴增值税。

行政事业单位预缴增值税时，财务会计应当借记"应交增值税——预交税金"科目，贷记"银行存款""零余额账户用款额度"等科目。预算会计应当借记"事业支出""经营支出"科目，贷记"资金结存"科目。

月末，单位应将"预交税金"明细科目余额转入"未交税金"明细科目，财务会计应当借记"应交增值税——未交税金"科目，贷记"应交增值税——预交税金"科目。预算会计不需要做账务处理。

按规定预缴增值税的账务处理如表 12-16 所示。

表 12-16　　　按规定预缴增值税的账务处理

	财务会计处理	预算会计处理
按规定预缴增值税	预缴时： 借：应交增值税——预交税金 　　贷：银行存款 / 零余额账户用款额度等 月末： 借：应交增值税——未交税金 　　贷：应交增值税——预交税金	借：事业支出 / 经营支出等 　　贷：资金结存

（4）减免增值税。

对于当期直接减免的增值税，财务会计应当借记"应交增值税——应交税金（减免税款）"科目，贷记"业务活动费用""经营费用"等科目。预算会计不需要做账务处理。

按照现行增值税制度规定，单位初次购买增值税税控系统专用设备支付的费用以及缴纳的技术维护费允许在增值税应纳税额中全额抵减的，按照规定抵减的增值税应纳税额，财务会计应当借记"应交增值税——应交税金（减免税款）"科目（小规模纳税人借记"应交增值税"科目），贷记"业务活动费用""经营费用"等科目。预算会计不需要做账务处理。

当期直接减免增值税的账务处理如表 12-17 所示。

表 12-17　　　　　　当期直接减免增值税的账务处理

	财务会计处理	预算会计处理
当期直接减免的增值税	借：应交增值税——应交税金（减免税款） 　　贷：业务活动费用/经营费用等	—

12.2.5　小规模纳税人业务

1．业务概述

小规模纳税人购进货物时，将支付的增值税计入材料的采购成本；销售货物或者提供劳务，一般情况下，开具增值税普通发票，按不含税价格的3%计算应交增值税。采用不含税销售额和应纳税额合并定价的，按照"不含税销售额 = 含税价格 ÷（1+3%）"计算出不含税销售额。

2．账务处理

（1）购入应税资产或服务时。

小规模纳税人购入应税资产或服务等时不能抵扣增值税，发生的增值税计入资产成本或相关成本费用。财务会计应当借记"业务活动费用""在途物品""库存物品"等科目，贷记"银行存款""应付账款""应付票据"等科目。

预算会计应当借记"事业支出""经营支出"等科目，贷记"资金结存——货币资金"科目。

小规模纳税人购入应税资产或服务的账务处理如表 12-18 所示。

表 12-18　小规模纳税人购入应税资产或服务的账务处理

	财务会计处理	预算会计处理
小规模纳税人购入应税资产或服务时	借：业务活动费用/在途物品/库存物品等[按价税合计金额] 贷：银行存款等[实际支付的金额]/应付票据[开出并承兑的商业汇票]/应付账款等[应付的金额]	借：事业支出/经营支出等 贷：资金结存——货币资金[实际支付的金额]

（2）购进资产或服务时作为扣缴义务人

发生代扣代缴义务时，财务会计应借记相关成本费用或资产科目，按照应付或实际支付的金额，贷记"银行存款""应付账款"等科目，按照应代扣代缴的增值税税额，贷记"应交增值税——代扣代交增值税"科目。

预算会计应当借记"事业支出""经营支出"等科目，贷记"资金结存——货币资金"科目。

实际缴纳代扣代缴增值税时，财务会计应当按照代扣代缴的增值税税额，借记"应交增值税——代扣代交增值税"科目，贷记"银行存款""零余额账户用款额度"等科目。

预算会计应当借记"事业支出""经营支出"等科目，贷记"资金结存——货币资金"科目。

小规模纳税人购入应税资产或服务作为扣缴义务人的账务处理如表12-19所示。

表 12-19　小规模纳税人购入应税资产或服务作为扣缴义务人的账务处理

	财务会计处理	预算会计处理
小规模纳税人购进应税资产或服务时作为扣缴义务人	借：在途物品/库存物品/固定资产/无形资产等 贷：应付账款/银行存款等 　　应交增值税——代扣代交增值税 实际缴纳增值税时参见一般纳税人的账务处理	借：事业支出/经营支出等 贷：资金结存——货币资金[实际支付的金额]

（3）金融商品转让。

相关账务处理参见12.2.2中（2）的账务处理。

（4）缴纳增值税时。

小规模纳税人缴纳增值税时，按实际缴纳的金额，财务会计应当借记"应交增值税"科目，贷记"银行存款"等科目。预算会计中，按照实际缴纳的金额，借记"事业支出""经营支出"等科目，贷记"资金结存"科目。

（5）减免增值税。

相关账务处理参见 12.2.4 中（4）的账务处理。

12.3 其他应交税费

其他应交税费是核算行政事业单位按照税法等有关规定计算应交的除增值税以外的各种税费，包括城市维护建设税、教育费附加、地方教育费附加、房产税、车船税、城镇土地使用税和企业所得税等。单位代扣代缴的个人所得税也通过"其他应交税费"科目核算。单位应缴纳的印花税不需要预提应交税费，直接通过"业务活动费用""单位管理费用""经营费用"等科目核算，不通过"其他应交税费"科目核算。

"其他应交税费"科目应当按照应交的税费种类进行明细核算。

"其他应交税费"科目借方反映当期应交税费的减少；贷方反映当期应交税费的增加。"其他应交税费"科目期末贷方余额，反映单位应交未交的除增值税以外的税费金额；期末如为借方余额，反映单位多缴纳的除增值税以外的税费金额。

12.3.1 发生并缴纳其他应交税费

1. 业务概述

行政事业单位应该根据相关业务活动计算并缴纳应交的城市维护建设税、教育费附加、地方教育费附加、车船税、房产税、城镇土地使用税等。

2. 账务处理

发生城市维护建设税、教育费附加、地方教育费附加、车船税、房产税、城镇土地使用税等纳税义务的，按照税法规定计算的应交税费金额，财务会计应当借记"业务活动费用""单位管理费用""经营费用"等科目，贷记"其他应交税费——应交城市维护建设税/应交教育费附加/应交地方教育费附加/应交车船税/应交房产税/应交城镇土地使用税等"科目。预算会计不需要做账务处理。

实际缴纳时，财务会计应当借记"其他应交税费——应交城市维护建设税/应交教育费附加/应交地方教育费附加/应交车船税/应交房产税/应交城镇土地使用税等"科目，贷记"银行存款"等科目。

预算会计应当借记"事业支出""经营支出"等科目，贷记"资金结存——货币资金"科目。

发生并缴纳其他应交税费的账务处理如表 12-20 所示。

表 12-20　　　　　发生并缴纳其他应交税费的账务处理

		财务会计处理	预算会计处理
城市维护建设税、教育费附加、地方教育费附加、车船税、房产税、城镇土地使用税等	发生时，按照税法规定计算的应交税费金额	借：业务活动费用/单位管理费用/经营费用等 贷：其他应交税费——应交城市维护建设税/应交教育费附加/应交地方教育费附加/应交车船税/应交房产税/应交城镇土地使用税等	—
	实际缴纳时	借：其他应交税费——应交城市维护建设税/应交教育费附加/应交地方教育费附加/应交车船税/应交房产税/应交城镇土地使用税等 贷：银行存款等	借：事业支出/经营支出等 　贷：资金结存——货币资金

3. 案例解析

【例 12-9】某事业单位本年应交车船税 1 000 元。账务处理如下。

财务会计：

借：业务活动费用　　　　　　　　　　　　　　　1 000
　　贷：其他应交税费——应交车船税　　　　　　　　1 000

预算会计不需要做账务处理。

该事业单位实际缴纳时，账务处理如下。

财务会计：

借：其他应交税费——应交车船税　　　　　　　　1 000
　　贷：银行存款　　　　　　　　　　　　　　　　1 000

预算会计：

借：事业支出　　　　　　　　　　　　　　　　　1 000
　　贷：资金结存——货币资金　　　　　　　　　　1 000

12.3.2　代扣代缴职工个人所得税

1. 业务概述

个人所得税是由员工自身负担的。代扣代缴个人所得税是指员工取得应纳税所得时，由企业先从员工工资中扣取，再需员工缴纳。

2. 账务处理

按照税法规定计算应代扣代缴职工（含长期聘用人员）的个人所得税，财务会计应当借记"应付职工薪酬"科目，贷记"其他应交税费——应交个人所得税"科目。预算会计不需要做账务处理。

按照税法规定计算应代扣代缴支付给职工（含长期聘用人员）以外人员劳务费的个人所得税，财务会计应当借记"业务活动费用""单位管理费用"等科目，贷记"其他应交税费——应交个人所得税"科目。预算会计不需要做账务处理。

实际缴纳代扣代缴个人所得税时，财务会计应当借记"其他应交税费——应交个人所得税"科目，贷记"银行存款""财政拨款收入""零余额账户用款额度"科目。预算会计应当借记"行政支出""事业支出""经营支出"科目，贷记"资金结存""财政拨款预算收入"科目。

代扣代缴职工个人所得税的账务处理如表12-21所示。

表12-21 代扣代缴职工个人所得税的账务处理

		财务会计处理	预算会计处理
代扣代缴职工个人所得税	计算应代扣代缴的职工个人所得税金额	借：应付职工薪酬 　　贷：其他应交税费——应交个人所得税	—
	计算应代扣代缴职工以外其他人员个人所得税	借：业务活动费用/单位管理费用等 　　贷：其他应交税费——应交个人所得税	—
	实际缴纳时	借：其他应交税费——应交个人所得税 　　贷：财政拨款收入/零余额账户用款额度/银行存款等	借：行政支出/事业支出/经营支出等 　　贷：财政拨款预算收入/资金结存

3. 案例解析

【例12-10】某行政单位从职工工资中代扣个人所得税60 000元，从劳务费中代扣个人所得税30 000元，应做以下会计处理。

计算代扣代缴个人所得税时。

财务会计：

借：应付职工薪酬　　　　　　　　　　　　　60 000

　　业务活动费用　　　　　　　　　　　　　30 000

贷：其他应交税费——应交个人所得税　　　　　　　　　90 000
预算会计不需要做账务处理。
实际缴纳代扣代缴个人所得税时。
财务会计：
借：其他应交税费——应交个人所得税　　　　　　　　　90 000
　　贷：银行存款　　　　　　　　　　　　　　　　　　　90 000
预算会计：
借：事业支出　　　　　　　　　　　　　　　　　　　　90 000
　　贷：资金结存——货币资金　　　　　　　　　　　　　90 000

12.3.3 发生企业所得税纳税义务

1. 业务概述

企业所得税是指对中华人民共和国境内的企业（居民企业及非居民企业）和其他取得收入的组织以其生产经营所得为课税对象所征收的一种所得税。作为企业所得税纳税人，各单位应依照《中华人民共和国企业所得税法》缴纳企业所得税，但个人独资企业及合伙企业除外。

2. 账务处理

发生企业所得税纳税义务的，按照按税法规定计算的应交企业所得税，财务会计应当借记"所得税费用"科目，贷记"其他应交税费——单位应交所得税"科目。预算会计不需要做账务处理。

实际缴纳时，财务会计应当借记"其他应交税费——单位应交所得税"科目，贷记"银行存款""财政拨款收入""零余额账户用款额度"科目。预算会计应当借记"非财政拨款结余"科目，贷记"资金结存"科目。

计算应交的企业所得税并缴纳的账务处理如表 12-22 所示。

表 12-22　　　　　发生企业所得税纳税义务的账务处理

		财务会计处理	预算会计处理
发生企业所得税纳税义务	发生时，按照税法规定计算的应交税费金额	借：所得税费用 　　贷：其他应交税费——单位应交所得税	—
	实际缴纳时	借：其他应交税费——单位应交所得税 　　贷：银行存款/财政拨款收入/零余额账户用款额度等	借：非财政拨款结余 　　贷：资金结存

3. 案例解析

【例 12-11】 某事业单位按照税法规定计算得出应交企业所得税 10 000 元。账务处理如下。

财务会计：

借：所得税费用　　　　　　　　　　　　　　　　　　　　10 000
　　贷：其他应交税费——单位应交所得税　　　　　　　　　　　　10 000

预算会计不需要做账务处理。

该事业单位实际缴纳企业所得税 10 000 元时，账务处理如下。

财务会计：

借：其他应交税费——单位应交所得税　　　　　　　　　　　10 000
　　贷：银行存款　　　　　　　　　　　　　　　　　　　　　　　10 000

预算会计：

借：非财政拨款结余　　　　　　　　　　　　　　　　　　　10 000
　　贷：资金结存——货币资金　　　　　　　　　　　　　　　　　10 000

12.4 应缴财政款

应缴财政款是指单位取得或应收的按照规定应当上缴财政的款项，包括应缴国库的款项和应缴财政专户的款项，但不包括单位按照税法等有关规定应当缴纳的各种税费。

12.4.1 取得或应收按照规定应上缴财政的款项

1. 业务概述

应缴财政款是行政事业单位因相关制度法规的要求向上级缴纳的款项。办理业务时，行政事业单位应按有关规定向上级部门及时缴纳相关资金，并进行账务处理。

2. 账务处理

财务会计应当借记"银行存款""应收账款"等科目，贷记"应缴财政款"科目。预算会计不需要做账务处理。取得或应收按照规定应上缴财政的款项的账务处理如表 12-23 所示。

表 12-23　取得或应收按照规定应上缴财政的款项的账务处理

	财务会计处理	预算会计处理
取得或应收按照规定应缴财政的款项时	借：银行存款/应收账款等 　　贷：应缴财政款	—

上缴财政款项时，财务会计应当借记"应缴财政款"科目，贷记"银行存款""应收账款"等科目。预算会计不需要做账务处理。上缴财政款项的账务处理如表 12-24 所示。

表 12-24　上缴财政款项的账务处理

	财务会计处理	预算会计处理
上缴财政款项时	借：应缴财政款 　　贷：银行存款/应收账款等	—

3．案例解析

【例 12-12】某事业单位收到一项事业性收费 5 000 元，已经存入银行账户。此款项按规定需要全额上缴财政专户。会计处理如下。

收到款项时。

财务会计：

借：银行存款　　　　　　　　　　　　　　　　　　　5 000

　　贷：应缴财政款　　　　　　　　　　　　　　　　5 000

预算会计不需要做账务处理。

上缴财政款时。

财务会计：

借：应缴财政款　　　　　　　　　　　　　　　　　　5 000

　　贷：银行存款　　　　　　　　　　　　　　　　　5 000

预算会计不需要做账务处理。

12.4.2　处置资产取得应上缴财政的处置净收入

1．业务概述

不管是行政单位还是事业单位，国有资产处置收入都属于国家所有，应当按照政府非税收入管理的规定，实行"收支两条线"管理。国有资产的处置收入都要计入应缴财政款，清理费用计入相关支出（行政单位计入行政支出或经营支出，事业单位计入事业支出或者经营支出）。

2. 账务处理

行政事业单位处置资产取得应上缴财政的处置净收入的账务处理,参见"待处理财产损溢"科目。

3. 案例解析

【例 12-13】某行政单位经批准将一项专利权出售,该项专利权原价 600 000 元,已计提摊销 400 000 元,售价 250 000 元。会计处理如下。

处置时。

财务会计:

借:资产处置费用	200 000
无形资产累计摊销	400 000
贷:无形资产	600 000
借:银行存款	250 000
贷:应缴财政款	250 000

预算会计不需要做账务处理。

上缴财政款时。

财务会计:

借:应缴财政款	250 000
贷:银行存款	250 000

预算会计不需要做账务处理。

12.5 应付职工薪酬

行政事业单位应当设置"应付职工薪酬"科目,对应付给职工及为职工支付的各种薪酬进行核算。"应付职工薪酬"科目应当根据国家有关规定按照"基本工资"[含离退休费]、"国家统一规定的津贴补贴""规范津贴补贴"[绩效工资]、"改革性补贴"、"社会保险费"、"住房公积金"、"其他个人收入"等进行明细核算。其中,"社会保险费"和"住房公积金"明细科目核算内容包括单位从职工工资中代扣代缴的社会保险费、住房公积金,以及单位为职工计算缴纳的社会保险费、住房公积金。

"应付职工薪酬"科目借方反映当期行政事业单位应付职工薪酬的减少;贷方反映当期行政事业单位应付职工薪酬的增加;期末贷方余额,反映行政事业单位应付未付的职工薪酬。

12.5.1 计算确认当期应付职工薪酬

1. 业务概述

行政事业单位计算确认的当期应付职工薪酬，包括基本工资、国家统一规定的津贴补贴、规范津贴补贴、改革性补贴、社会保险费（如职工基本养老保险费、基本医疗保险费等）、住房公积金等。应由生产产品、提供劳务负担的职工薪酬，计入产品成本或劳务成本，在税前扣除；应由在建工程、无形资产负担的职工薪酬，计入固定资产或无形资产成本，资本化后分期扣除。

2. 账务处理

（1）从事专业及其辅助活动人员的职工薪酬。

计提从事专业及其辅助活动人员的职工薪酬，财务会计应当借记"业务活动费用""单位管理费用"科目，贷记"应付职工薪酬"科目。预算会计不需要做账务处理。计提从事专业及其辅助活动人员的职工薪酬的账务处理如表12-25所示。

表12-25　计提从事专业及其辅助活动人员的职工薪酬的账务处理

	财务会计处理	预算会计处理
从事专业及其辅助活动人员的职工薪酬	借：业务活动费用/单位管理费用 　　贷：应付职工薪酬	—

（2）应由在建工程、加工物品、自行研发无形资产负担的职工薪酬。

计提应由在建工程、加工物品、自行研发无形资产负担的职工薪酬，财务会计应当借记"在建工程""加工物品""研发支出"等科目，贷记"应付职工薪酬"科目。预算会计不需要做账务处理。计提应由在建工程、加工物品、自行研发无形资产负担的职工薪酬的账务处理如表12-26所示。

表12-26　计提应由在建工程、加工物品、自行研发无形资产负担的职工薪酬的账务处理

	财务会计处理	预算会计处理
在建工程、加工物品、自行研发无形资产负担的职工薪酬	借：在建工程/加工物品/研发支出等 　　贷：应付职工薪酬	—

（3）从事专业及其辅助活动之外的经营活动人员的职工薪酬。

计提从事专业及其辅助活动之外的经营活动人员的职工薪酬，财务会计应当借记"经营费用"科目，贷记"应付职工薪酬"科目。预算会计不需要做账务处理。计提从事专业及其辅助活动之外的经营活动人员的职工薪酬的账务处理如表12-27所示。

表 12-27　计提从事专业及其辅助活动之外的经营活动人员的职工薪酬的账务处理

	财务会计处理	预算会计处理
从事专业及其辅助活动之外的经营活动人员的职工薪酬	借：经营费用 　　贷：应付职工薪酬	—

（4）因解除与职工的劳动关系而给予的补偿。

因解除与职工的劳动关系而给予的补偿，财务会计应当借记"单位管理费用"等科目，贷记"应付职工薪酬"科目。预算会计不需要做账务处理。因解除与职工的劳动关系而给予补偿的账务处理如表12-28所示。

表 12-28　因解除与职工的劳动关系而给予补偿的账务处理

	财务会计处理	预算会计处理
因解除与职工的劳动关系而给予补偿	借：单位管理费用等 　　贷：应付职工薪酬	—

3．案例解析

【例12-14】某行政单位本月职工薪酬总额为900 000元，其中，从事专业及其辅助活动职工工资720 000元，离退休费80 000元，地方津贴补贴50 000元，住房公积金50 000元，代扣代缴住房公积金50 000元，代扣代缴社会保险费12 000元，代扣代缴个人所得税36 000元，代扣为职工垫付的房租、水电费共75 000元。会计处理如下。

计算本月应付职工薪酬时。

财务会计：

借：业务活动费用　　　　　　　　　　　　　　900 000
　　贷：应付职工薪酬——基本工资　　　　　　　　720 000
　　　　　　　　　——离退休费　　　　　　　　　80 000
　　　　　　　　　——地方津贴补贴　　　　　　　50 000
　　　　　　　　　——住房公积金　　　　　　　　50 000

预算会计不需要做账务处理。

计算本月代扣代缴税费和代扣垫付费用时。

财务会计：

借：应付职工薪酬——基本工资　　　　　　　　173 000
　　贷：应付职工薪酬——住房公积金　　　　　　　50 000
　　　　　　　　　——社会保险费　　　　　　　　12 000

其他应交税费——应交个人所得税	36 000
其他应收款	75 000

预算会计不需要做账务处理。

使用财政直接支付方式支付职工薪酬和代缴住房公积金、社会保险费和个人所得税时。

财务会计：

借：应付职工薪酬——基本工资	547 000
——离退休费	80 000
——地方津贴补贴	50 000
——住房公积金	50 000
——住房公积金	50 000
——社会保险费	12 000
其他应交税费——应交个人所得税	36 000
贷：财政拨款收入	825 000

预算会计：

借：行政支出	825 000
贷：财政拨款预算收入	825 000

12.5.2　向职工支付工资、津贴补贴等薪酬

1．业务概述

行政事业单位应及时向职工支付工资、津贴补贴等薪酬，包括之前记入"应付职工薪酬"科目的基本工资、国家统一规定的津贴补贴、规范津贴补贴、改革性补贴、社会保险费（如职工基本养老保险费、基本医疗保险费等）、住房公积金等。

2．账务处理

按照实际支付的金额，财务会计应当借记"应付职工薪酬"科目，贷记"财政拨款收入""零余额账户用款额度""银行存款"等科目。在进行预算会计处理时，借记"行政支出""事业支出""经营支出"等，贷记"财政拨款收入""资金结存"等科目。向职工支付工资、津贴补贴等薪酬的账务处理如表12-29所示。

表 12-29　　　　向职工支付工资、津贴补贴等薪酬的账务处理

	财务会计处理	预算会计处理
向职工支付工资、津贴补贴等薪酬	借：应付职工薪酬 　贷：财政拨款收入/零余额账户用款额度/银行存款等	借：行政支出/事业支出/经营支出等 　贷：财政拨款预算收入/资金结存等

12.5.3　从职工薪酬中代扣各种款项

1．业务概述

按照税法规定，行政事业单位可以从职工薪酬中代扣以下款项：职工个人所得税；社会保险费和住房公积金；为职工垫付的水电费、房租等费用。

2．账务处理

（1）代扣职工个人所得税。

按照税法规定代扣职工个人所得税时，财务会计应当借记"应付职工薪酬——基本工资"科目，贷记"其他应交税费——应交个人所得税"科目。预算会计不需要做账务处理。代扣职工个人所得税的账务处理如表 12-30 所示。

表 12-30　　　　代扣职工个人所得税的账务处理

	财务会计处理	预算会计处理
代扣职工个人所得税	借：应付职工薪酬——基本工资 　贷：其他应交税费——应交个人所得税	—

（2）代扣社会保险费和住房公积金。

从应付职工薪酬中代扣社会保险费和住房公积金，按照代扣的金额，财务会计应当借记"应付职工薪酬——基本工资"科目，贷记"应付职工薪酬——社会保险费/住房公积金"科目。预算会计不需要做账务处理。代扣社会保险费和住房公积金的账务处理如表 12-31 所示。

表 12-31　　　　代扣社会保险费和住房公积金的账务处理

	财务会计处理	预算会计处理
代扣社会保险费和住房公积金	借：应付职工薪酬——基本工资 　贷：应付职工薪酬——社会保险费/住房公积金	—

（3）代扣为职工垫付的水电费、房租等费用。

从应付职工薪酬中代扣为职工垫付的水电费、房租等费用时，按照实际扣除的金额，财务会计应当借记"应付职工薪酬——基本工资"科目，贷记"其

他应收款"等科目。预算会计不需要做账务处理。代扣为职工垫付的水电费、房租等费用的账务处理如表12-32所示。

表12-32　代扣为职工垫付的水电费、房租等费用的账务处理

	财务会计处理	预算会计处理
代扣为职工垫付的水电费、房租等费用	借：应付职工薪酬——基本工资 　　贷：其他应收款等	—

12.5.4　缴纳职工社会保险费和住房公积金

1．业务概述

社会保险费和住房公积金简称"五险一金"。五险一金是用人单位给予劳动者的几种保障性待遇的合称，包括养老保险、医疗保险、失业保险、工伤保险和生育保险，以及住房公积金。其中养老保险、医疗保险、失业保险和住房公积金的缴纳方式为用人单位和劳动者各负担一定比例。

2．账务处理

按照国家有关规定缴纳职工社会保险费和住房公积金时，按照实际支付的金额，财务会计应当借记"应付职工薪酬——社会保险费/住房公积金"科目，贷记"财政拨款收入""零余额账户用款额度""银行存款"等科目。预算会计应当借记"行政支出""事业支出""经营支出"等科目，贷记"财政拨款预算收入""资金结存"科目。

缴纳职工社会保险费和住房公积金的账务处理如表12-33所示。

表12-33　缴纳职工社会保险费和住房公积金的账务处理

	财务会计处理	预算会计处理
缴纳职工社会保险费和住房公积金	借：应付职工薪酬——社会保险费/住房公积金 　　贷：财政拨款收入/零余额账户用款额度/银行存款等	借：行政支出/事业支出/经营支出等 　　贷：财政拨款预算收入/资金结存

12.5.5　从应付职工薪酬中支付的其他款项

从应付职工薪酬中支付其他款项时，财务会计应当借记"应付职工薪酬"科目，贷记"零余额账户用款额度""银行存款"等科目。预算会计应当借记"行政支出""事业支出""经营支出"等科目，贷记"资金结存"等科目。

从应付职工薪酬中支付其他款项的账务处理如表 12-34 所示。

表 12-34　从应付职工薪酬中支付其他款项的账务处理

	财务会计处理	预算会计处理
从应付职工薪酬中支付的其他款项	借：应付职工薪酬 　　贷：零余额账户用款额度 / 银行存款等	借：行政支出 / 事业支出 / 经营支出等 　　贷：资金结存等

12.6　应付票据

以应付票据结算方式购买商品

1．业务概述

应付票据，是指事业单位因购买材料、物资时所开出、承兑的商业汇票，包括银行承兑汇票和商业承兑汇票。按国家有关规定，事业单位之间只有在商品交易的情况下，才能使用商业汇票结算方式。在会计核算中，在购买商品采用商业汇票结算方式下，如果开出的是商业承兑汇票，必须由付款方（购买单位）承兑；如果是银行承兑汇票，必须经银行承兑。付款单位应在商业汇票到期前，及时将款项足额交存其开户银行，以使银行在到期日凭票将款项划转给收款人、被背书人或贴现银行。

2．账务处理

（1）开出、承兑商业汇票。

开出、承兑商业汇票时，财务会计应当借记"库存物品""固定资产"等科目，贷记"应付票据"科目。预算会计不需要做账务处理。涉及增值税业务的，相关账务处理参见"应交增值税"科目。开出、承兑商业汇票的账务处理如表 12-35 所示。

表 12-35　开出、承兑商业汇票的账务处理

	财务会计处理	预算会计处理
开出、承兑商业汇票	借：库存物品 / 固定资产等 　　贷：应付票据	—

（2）以商业汇票抵付应付账款。

以商业汇票抵付应付账款时，财务会计应当借记"应付账款"科目，贷记

"应付票据"科目。预算会计不需要做账务处理。以商业汇票抵付应付账款的账务处理如表12-36所示。

表12-36　以商业汇票抵付应付账款的账务处理

	财务会计处理	预算会计处理
以商业汇票抵付应付账款时	借：应付账款 　贷：应付票据	—

（3）支付银行承兑汇票的手续费。

支付银行承兑汇票的手续费时，财务会计应当借记"业务活动费用""经营费用"等科目，贷记"银行存款""零余额账户用款额度"等科目。预算会计应当借记"事业支出""经营支出"等科目，贷记"资金结存——货币资金"等科目。支付银行承兑汇票手续费的账务处理如表12-37所示。

表12-37　支付银行承兑汇票手续费的账务处理

	财务会计处理	预算会计处理
支付银行承兑汇票的手续费	借：业务活动费用/经营费用等 　贷：银行存款/零余额账户用款额度等	借：事业支出/经营支出 　贷：资金结存——货币资金等

（4）商业汇票到期。

商业汇票到期时，应当分以下情况处理。

①收到银行支付到期票据的付款通知时，财务会计应当借记"应付票据"科目，贷记"银行存款"科目。预算会计应当借记"事业支出""经营支出"等科目，贷记"资金结存——货币资金"科目。收到银行支付到期票据的付款通知的账务处理如表12-38所示。

表12-38　收到银行支付到期票据的付款通知的账务处理

	财务会计处理	预算会计处理
收到银行支付到期票据的付款通知	借：应付票据 　贷：银行存款	借：事业支出/经营支出等 　贷：资金结存——货币资金

②银行承兑汇票到期，单位无力支付票款的，按照应付票据账面余额，财务会计应当借记"应付票据"科目，贷记"短期借款"科目。预算会计应当借记"事业支出""经营支出"等科目，贷记"债务预算收入"科目。单位无力支付银行承兑汇票的账务处理如表12-39所示。

表 12-39　　　　单位无力支付银行承兑汇票的账务处理

	财务会计处理	预算会计处理
单位无力支付银行承兑汇票	借：应付票据 　贷：短期借款	借：事业支出/经营支出等 　贷：债务预算收入

③商业承兑汇票到期，单位无力支付票款的，按照应付票据账面余额，财务会计应当借记"应付票据"科目，贷记"应付账款"科目。预算会计不需要做账务处理。单位无力支付商业承兑汇票的账务处理如表 12-40 所示。

表 12-40　　　　单位无力支付商业承兑汇票的账务处理

	财务会计处理	预算会计处理
单位无力支付商业承兑汇票	借：应付票据 　贷：应付账款	—

3．案例解析

【例 12-15】某事业单位 2×19 年 3 月 2 日购入所需物资，共计 60 000 元，货物已经验收入库，并交付供货方金额为 60 000 元的银行承兑汇票。支付银行承兑汇票的手续费 2 000 元。会计处理如下。

财务会计：

借：库存物品　　　　　　　　　　　　　　　　　　　　　60 000
　　贷：应付票据　　　　　　　　　　　　　　　　　　　　60 000
借：业务活动费用　　　　　　　　　　　　　　　　　　　 2 000
　　贷：银行存款　　　　　　　　　　　　　　　　　　　　 2 000

预算会计：

借：事业支出　　　　　　　　　　　　　　　　　　　　　 2 000
　　贷：资金结存——货币资金　　　　　　　　　　　　　　 2 000

【例 12-16】沿用【例 12-15】。若该银行承兑汇票已到期，单位收到银行支付到期票据的付款通知。

财务会计：

借：应付票据　　　　　　　　　　　　　　　　　　　　　60 000
　　贷：银行存款　　　　　　　　　　　　　　　　　　　　60 000

预算会计：

借：事业支出　　　　　　　　　　　　　　　　　　　　　60 000
　　贷：资金结存——货币资金　　　　　　　　　　　　　　60 000

若该银行承兑汇票到期，单位无力支付票据。

财务会计：

借：应付票据　　　　　　　　　　　　　　　　　　　60 000

　　贷：短期借款　　　　　　　　　　　　　　　　　　60 000

预算会计：

借：事业支出　　　　　　　　　　　　　　　　　　　60 000

　　贷：债务预算收入　　　　　　　　　　　　　　　　60 000

12.7　应付账款

以应付账款购买商品

1．业务概述

应付账款是指行政事业单位因购买物资、接受服务、开展工程建设等而应付的偿还期限在1年以内（含1年）的款项。应付账款应当在收到所购物资或服务、完成工程时确认。"应付账款"科目应当按照债权人进行明细核算。对于建设项目，还应设置"应付器材款""应付工程款"等明细科目，并按照具体项目进行明细核算。

2．账务处理

（1）收到所购材料等但尚未付款。

收到所购材料、物资、设备或服务以及确认完成工程进度但尚未付款时，根据发票及账单等有关凭证，按照应付未付款项的金额，财务会计应当借记"库存物品""固定资产""在建工程"等科目，贷记"应付账款"科目。预算会计不需要做账务处理。涉及增值税业务的，相关账务处理参见"应交增值税"科目。收到所购材料等但尚未付款的账务处理如表12-41所示。

表12-41　收到所购材料等但尚未付款的账务处理

	财务会计处理	预算会计处理
收到所购材料等但尚未付款	借：库存物品/固定资产/在建工程等 　　贷：应付账款	—

（2）偿付应付账款。

偿付应付账款时，按照实际支付的金额，财务会计应当借记"应付账款"

科目，贷记"财政拨款收入""零余额账户用款额度""银行存款"等科目。预算会计应当借记"行政支出""事业支出""经营支出"等科目，贷记"财政拨款预算收入""资金结存"科目。偿付应付账款的账务处理如表12-42所示。

表12-42　　　　　　偿付应付账款的账务处理

	财务会计处理	预算会计处理
偿付应付账款	借：应付账款 贷：财政拨款收入/零余额账户用款额度/银行存款等	借：行政支出/事业支出/经营支出等 贷：财政拨款预算收入/资金结存

（3）开出、承兑商业汇票抵付应付账款。

开出、承兑商业汇票抵付应付账款时，财务会计应当借记"应付账款"科目，贷记"应付票据"科目。预算会计不需要做账务处理。开出、承兑商业汇票抵付应付账款的账务处理如表12-43所示。

表12-43　　　开出、承兑商业汇票抵付应付账款的账务处理

	财务会计处理	预算会计处理
开出、承兑商业汇票抵付应付账款	借：应付账款 贷：应付票据	—

（4）无法偿还或债权人豁免偿还的应付账款。

无法偿还或债权人豁免偿还的应付账款，应当按照规定报经批准后进行账务处理。经批准核销时，财务会计应当借记"应付账款"科目，贷记"其他收入"科目。预算会计不需要做账务处理。

核销的应付账款应在备查簿中保留登记。单位应该在每年末确认相关会计科目的余额并在相关账务中进行确定。

无法偿还或债权人豁免偿还应付账款的账务处理如表12-44所示。

表12-44　　　无法偿还或债权人豁免偿还应付账款的账务处理

	财务会计处理	预算会计处理
无法偿还或债权人豁免偿还的应付账款	借：应付账款 贷：其他收入	—

3．案例解析

（1）购入物资。

【例12-17】2×19年5月1日，某事业单位向某供应商购买自用材料一批，

增值税专用发票上注明含增值税的价格为2 260元,材料已经验收入库,款项未付。账务处理如下。

财务会计:

借:库存物品 2 000

应交增值税——应交税金(进项税额) 260

贷:应付账款——某供应商 2 260

预算会计不需要做账务处理。

(2)偿付应付账款。

【例12-18】沿用【例12-17】。2×19年6月30日,该事业单位偿付该笔应付账款,账务处理如下。

财务会计:

借:应付账款——某供应商 2 260

贷:银行存款 2 260

预算会计:

借:事业单位 2 260

贷:资金结存——货币资金 2 260

(3)开出商业汇票抵付应付账款。

【例12-19】某事业单位开出商业汇票用以抵付对甲公司的应付账款20 000元,账务处理如下。

财务会计:

借:应付账款 20 000

贷:应付票据 20 000

预算会计不需要做账务处理。

(4)甲方无法偿付或债权人豁免偿还的应付账款。

【例12-20】某事业单位的一项应付账款账面余额为1 700元,因债权人豁免偿还予以核销。

财务会计:

借:应付账款——某供应商 1 700

贷:其他收入 1 700

预算会计不需要做账务处理。

12.8 应付政府补贴款

应付政府补贴款的业务

1．业务概述

应付政府补贴款是指负责发放政府补贴的行政单位，按照有关规定应付给政府补贴接受者的各种政府补贴款。应付政府补贴款应当在规定发放政府补贴的时间确认。

"应付政府补贴款"科目借方反映当期行政单位应付政府补贴款的减少；贷方反映当期行政单位应付政府补贴款的增加；期末贷方余额，反映行政单位应付未付的政府补贴金额。

2．账务处理

（1）发生（确认）应付政府补贴款。

发生应付政府补贴时，按照依规定计算确定的应付政府补贴金额，财务会计应当借记"业务活动费用"科目，贷记"应付政府补贴款"科目。预算会计不需要做账务处理。发生（确认）应付政府补贴款的账务处理如表 12-45 所示。

表 12-45　发生（确认）应付政府补贴款的账务处理

	财务会计处理	预算会计处理
发生（确认）应付政府补贴款	借：业务活动费用 　　贷：应付政府补贴款	—

（2）支付应付政府补贴款。

支付应付政府补贴款时，按照支付的金额，财务会计应当借记"应付政府补贴款"科目，贷记"零余额账户用款额度""银行存款"等科目。预算会计应当借记"行政支出"科目，贷记"资金结存"等科目。支付应付政府补贴款的账务处理如表 12-46 所示。

表 12-46　支付应付政府补贴款的账务处理

	财务会计处理	预算会计处理
支付应付政府补贴款	借：应付政府补贴款 　　贷：零余额账户用款额度/银行存款等	借：行政支出 　　贷：资金结存

3. 案例解析

（1）发生（确认）应付政府补贴款。

【例 12-21】某行政单位负责给当地的低保居民发放政府给予的生活补助，共计 650 000 元。计算应付政府补贴时，应做以下会计处理。

财务会计：

借：业务活动费用　　　　　　　　　　　　　　　　　650 000
　　贷：应付政府补贴款——生活补助　　　　　　　　　　　　650 000

预算会计不需要做账务处理。

（2）支付应付政府补贴款。

【例 12-22】沿用【例 12-21】。该行政单位用财政授权支付方式支付上述政府补贴款，应做以下会计处理。

财务会计：

借：应付政府补贴款——生活补助　　　　　　　　　　650 000
　　贷：零余额账户用款额度　　　　　　　　　　　　　　　650 000

预算会计：

借：行政支出　　　　　　　　　　　　　　　　　　　650 000
　　贷：资金结存——零余额账户用款额度　　　　　　　　　650 000

12.9　应付利息

应付利息的计提与支付

1. 业务概述

应付利息是指事业单位按照合同约定应支付的借款利息，包括短期借款、分期付息到期还本的长期借款等应支付的利息。

2. 账务处理

（1）按期计提利息。

为建造固定资产、公共基础设施等借入的专门借款的利息，属于建设期间发生的，按期计提利息费用时，按照计算确定的金额，财务会计应当借记"在建工程"科目，贷记"应付利息"科目。预算会计不需要做账务处理。

不属于建设期间发生的，按期计提利息费用时，按照计算确定的金额，财务会计应当借记"其他费用"科目,贷记"应付利息"科目。预算会计不需要做账务处理。

按期计提利息的账务处理如表 12-47 所示。

表 12-47　　　　　　　　按期计提利息的账务处理

	财务会计处理	预算会计处理
按期计提利息时	借:在建工程/其他费用 　贷:应付利息	—

(2)实际支付利息时。

实际支付利息时,按照支付的金额,财务会计应当借记"应付利息"科目,贷记"银行存款"等科目。

预算会计应当借记"其他支出"科目,贷记"资金结存——货币资金"科目。

实际支付利息的账务处理如表 12-48 所示。

表 12-48　　　　　　　　实际支付利息的账务处理

	财务会计处理	预算会计处理
实际支付利息时	借:应付利息 　贷:银行存款等	借:其他支出 　贷:资金结存——货币资金

3. 案例解析

【例 12-23】某事业单位将借入 5 年期的到期还本每年付息的长期借款 5 000 000 元,合同约定年利率为 3.5%。其会计分录如下。

(1)计算确定利息费用时。

财务会计:

借:其他费用　　　　　　　　　　　　　　　　175 000
　　贷:应付利息　　　　　　　　　　　　　　　　175 000

单位每年支付的利息 =5 000 000×3.5%=175 000(元)

预算会计不需要做账务处理。

(2)实际支付利息时。

财务会计:

借:应付利息　　　　　　　　　　　　　　　　175 000
　　贷:银行存款　　　　　　　　　　　　　　　　175 000

预算会计:

```
借：其他支出                                    175 000
    贷：资金结存——货币资金                          175 000
```

12.10 预收账款

单位预先收取但尚未结算的业务

1. 业务概述

预收账款是指事业单位按照合同约定预先收取但尚未结算的款项。与应付账款不同，预收账款所形成的负债不以货币偿付，而是以货物偿付。

2. 账务处理

（1）收到预收账款。

收到预收款项时，按照实际预收的金额，财务会计应当借记"银行存款"等科目，贷记"预收账款"科目。预算会计应当借记"资金结存——货币资金"科目，贷记"事业预算收入""经营预算收入"等科目。收到预收款的账务处理如表 12-49 所示。

表 12-49　　　　　　　　收到预收款的账务处理

	财务会计处理	预算会计处理
收到预收款时	借：银行存款等 　　贷：预收账款	借：资金结存——货币资金 　　贷：事业预算收入/经营预算收入等

（2）确认相关收入。

确认有关收入时，财务会计应当按照预收账款账面余额，借记"预收账款"科目，按照应确认的收入金额，贷记"事业收入""经营收入"等科目，按照付款方补付或退回付款方的金额，借记或贷记"银行存款"科目。预算会计应当借记"资金结存——货币资金"科目，贷记"事业预算收入""经营预算收入"等科目。

涉及增值税业务的，相关账务处理参见"应交增值税"科目。

确认有关收入的账务处理如表 12-50 所示。

表 12-50　　　　　　　　确认有关收入的账务处理

	财务会计处理	预算会计处理
确认有关收入时	借：预收账款 　　银行存款 [收到补付款] 贷：事业收入 / 经营收入等 　　银行存款 [退回预收款]	借：资金结存——货币资金 贷：事业预算收入 / 经营预算收 　　入等 [收到补付款] 退回预收款做相反会计分录

（3）无法偿付或债权豁免。

无法偿付或债权人豁免偿还的预收账款，应当按照规定报经批准后进行账务处理。经批准核销时，财务会计应当借记"预收账款"科目，贷记"其他收入"科目。预算会计不需要做账务处理。

核销的预收账款应在备查簿中保留登记。

无法偿付或债权豁免的账务处理如表 12-51 所示。

表 12-51　　　　　　　无法偿付或债权豁免的账务处理

	财务会计处理	预算会计处理
无法偿付或债权豁免	借：预收账款 　　贷：其他收入	—

3．案例解析

（1）从付款方预收款项时。

【例 12-24】2×19 年 5 月，某事业单位与某企业签订购货协议，该企业在事业单位订购 A 产品，共计 500 000 元，按照购货协议，企业需要将 20% 的购货金额预先支付给该事业单位。账务处理如下。

财务会计：

借：银行存款　　　　　　　　　　　　　　　　　100 000
　　贷：预收账款　　　　　　　　　　　　　　　　100 000

预算会计：

借：资金结存——货币资金　　　　　　　　　　　100 000
　　贷：经营预算收入　　　　　　　　　　　　　　100 000

（2）确认有关收入时。

【例 12-25】沿用【例 12-24】。A 产品于 2×19 年 9 月全部交付，并验收入库，且该事业单位已经收到相应货款。账务处理如下。

财务会计：

借：银行存款　　　　　　　　　　　　　　　　　　　400 000
　　　预收账款　　　　　　　　　　　　　　　　　　100 000
　　贷：经营收入　　　　　　　　　　　　　　　　　　500 000

预算会计：

借：资金结存——货币资金　　　　　　　　　　　　　400 000
　　贷：经营预算收入　　　　　　　　　　　　　　　　400 000

（3）无法偿还或债权豁免。

【例12-26】沿用【例12-24】。若该事业单位无法偿付预收的款项，则该事业单位经批准核销该笔款项的账务处理如下。

财务会计：

借：预收账款　　　　　　　　　　　　　　　　　　　100 000
　　贷：其他收入　　　　　　　　　　　　　　　　　　100 000

预算会计不需要做账务处理。

12.11　其他应付款

其他应付款是指行政事业单位除应交增值税、其他应交税费、应缴财政款、应付职工薪酬、应付票据、应付账款、应付政府补贴款、应付利息、预收账款之外的其他各项偿还期限在1年以内（含1年）的应付及暂收款项，如存入保证金等。

12.11.1　发生暂收款项

1．业务概述

暂收款项是指行政事业单位暂时收到的除销售货款等以外的其他款项，这笔款项在以后的某个时期要退还或转交他人。暂收款项包括：收取的押金、保证金、已经报销但尚未偿还银行的本单位公务卡欠款等。

2．账务处理

发生其他应付及暂收款项时，财务会计应当借记"银行存款"等科目，贷记"其他应付款"科目。预算会计不需要做账务处理。

支付（或退回）其他应付及暂收款项时，财务会计应当借记"其他应付款"科目，贷记"银行存款"等科目。预算会计不需要做账务处理。

将暂收款项转为收入时，财务会计应当借记"其他应付款"科目，贷记

"事业收入"等科目。预算会计应当借记"资金结存"科目,贷记"事业预算收入"等科目。

发生暂收款项的账务处理如表12-52所示。

表12-52　　　　　　发生暂收款项的账务处理

	财务会计处理	预算会计处理
取得暂收款项时	借:银行存款等 　贷:其他应付款	—
确认收入时	借:其他应付款 　贷:事业收入等	借:资金结存 　贷:事业预算收入等
支付或退回暂收款项时	借:其他应付款 　贷:银行存款等	—

3. 案例详解

【例12-27】2×19年5月1日,某事业单位将办公楼出租,收取F公司押金10 000元,应做以下账务处理。

财务会计:

借:银行存款　　　　　　　　　　　　　　　　　　　10 000
　　贷:其他应付款——F公司——押金　　　　　　　　　　 10 000

预算会计不需要做账务处理。

2×19年5月10日,该单位将押金确认为收入,应做以下账务处理。

财务会计:

借:其他应付款——F公司——押金　　　　　　　　　　10 000
　　贷:事业收入　　　　　　　　　　　　　　　　　　　10 000

预算会计:

借:资金结存——货币资金　　　　　　　　　　　　　　10 000
　　贷:事业预算收入　　　　　　　　　　　　　　　　　10 000

若2×20年6月1日该事业单位与F公司的租赁合约到期,F公司不再租用办公楼,该事业单位返还押金,应做以下账务处理。

财务会计:

借:其他应付款——F公司——押金　　　　　　　　　　10 000
　　贷:银行存款　　　　　　　　　　　　　　　　　　　10 000

预算会计不需要做账务处理。

12.11.2 预拨款项

1. 业务概述

同级政府财政部门预拨的下期预算款和没有纳入预算的暂付款项,以及采用实拨资金方式通过本单位转拨给下属单位的财政拨款,也通过"其他应付款"科目核算。

2. 账务处理

收到同级政府财政部门预拨的下期预算款和没有纳入预算的暂付款项,按照实际收到的金额,财务会计应当借记"银行存款"等科目,贷记"其他应付款"科目。预算会计不需要做账务处理。收到同级政府财政部门预拨的下期预算款不在当期进行预算会计处理。待到下一预算期或批准纳入预算时,财务会计应当借记"其他应付款"科目,贷记"财政拨款收入"科目。预算会计应当借记"资金结存"科目,贷记"财政拨款预算收入"科目。

预拨款项相关的账务处理如表 12-53 所示。

表 12-53 预拨款项相关的账务处理

	财务会计处理	预算会计处理
按照实际收到的金额	借:银行存款等 贷:其他应付款	—
待到下一预算期或批准纳入预算时	借:其他应付款 贷:财政拨款收入	借:资金结存 贷:财政拨款预算收入

3. 案例解析

【例 12-28】2×19 年 12 月 6 日,某行政单位收到同级财政部门预拨的下期预算款 100 000 元。2×20 年 1 月 6 日,该笔款项批准纳入该年的预算。账务处理如下。

2×19 年 12 月 6 日。

财务会计:

借:银行存款 100 000
  贷:其他应付款 100 000

预算会计不需要做账务处理。

2×20 年 1 月 6 日。

财务会计:

借:其他应付款 100 000
  贷:财政拨款收入 100 000

预算会计：

借：资金结存——货币资金　　　　　　　　　　　　　　　　100 000

　　贷：财政拨款预算收入　　　　　　　　　　　　　　　　　　100 000

12.11.3　发生其他应付义务

1．业务概述

行政事业单位发生的其他应付义务包括本单位公务卡持卡人的报销、涉及质保金形成其他应付款等相关事项。

2．账务处理

确认其他应付款项时，财务会计应当借记"业务活动费用""单位管理费用"等科目，贷记"其他应付款"科目。预算会计不需要做账务处理。

支付其他应付款项时，财务会计应当借记"其他应付款"科目，贷记"银行存款"等科目。预算会计应当借记"行政支出""事业支出"等科目，贷记"资金结存"科目。

发生其他应付义务的相关账务处理如表 12-54 所示。

表 12-54　　　　　　发生其他应付义务的相关账务处理

	财务会计处理	预算会计处理
确认其他应付款项时	借：业务活动费用/单位管理费用等 　　贷：其他应付款	—
支付其他应付款项	借：其他应付款 　　贷：银行存款等	借：行政支出/事业支出等 　　贷：资金结存

经批准核销时，财务会计应当借记"其他应付款"科目，贷记"其他收入"科目。预算会计不需要做账务处理。其他应付款项无法偿付或豁免的账务处理如表 12-55 所示。

表 12-55　　　　其他应付款项无法偿付或豁免的账务处理

	财务会计处理	预算会计处理
其他应付款项无法偿付或豁免	借：其他应付款 　　贷：其他收入	—

3．案例解析

【例 12-29】沿用【例 12-27】。F 公司因破产清算无法偿付租金，该事业单位按规定报经批准后核销该笔押金，应做以下会计处理。

财务会计：

借：其他应付款——F 公司——押金　　　　　　　　　10 000
　　贷：其他收入　　　　　　　　　　　　　　　　　　10 000

预算会计不需要做账务处理。

12.12　预提费用

行政事业单位应设立"预提费用"科目，对本单位预先提取的已经发生但尚未支付的费用进行核算，例如预提租金，并按照预提费用的种类进行明细核算。

12.12.1　计提和发生项目间接费用或管理费

1．业务概述

行政事业单位按照规定从科研项目收入中提取的项目间接费用或管理费，也通过"预提费用"科目核算。对于提取的项目间接费用或管理费，应当在"预提费用"科目下设置"项目间接费用或管理费"明细科目，并按项目进行明细核算。行政事业单位计提的借款利息费用，通过"应付利息""长期借款"科目核算，不通过"预提费用"科目核算。"预提费用"科目期末贷方余额，反映单位已预提但尚未支付的各项费用。

2．账务处理

按规定从科研项目收入中提取项目间接费用或管理费时，按照提取的金额，财务会计应当借记"单位管理费用"科目，贷记"预提费用——项目间接费用或管理费"科目。预算会计应当借记"非财政拨款结转——项目间接费用或管理费"科目，贷记"非财政拨款结余——项目间接费用或管理费"科目。

实际使用计提的项目间接费用或管理费时，按照实际支付的金额，财务会计应当借记"预提费用——项目间接费用或管理费"科目，贷记"银行存款""库存现金"等科目。预算会计应当借记"事业支出"等科目，贷记"资金结存"科目。

计提和发生间接费用或管理费的相关账务处理如表 12-56 所示。

表 12-56　　计提和发生间接费用或管理费的相关账务处理

	财务会计处理	预算会计处理
计提间接费用或管理费	借：单位管理费用 　贷：预提费用——项目间接费用或管理费	借：非财政拨款结转——项目间接费用或管理费 　贷：非财政拨款结余——项目间接费用或管理费
实际使用计提的项目间接费用或管理费时	借：预提费用——项目间接费用或管理费 　贷：银行存款/库存现金等	借：事业支出等 　贷：资金结存

3. 案例解析

【例 12-30】2×19 年 6 月 6 日，某事业单位按规定从科研项目收入中提取项目间接费用 20 000 元，账务处理如下。

财务会计：

借：单位管理费用　　　　　　　　　　　　　　　　　　　　20 000
　　贷：预提费用——项目间接费用或管理费　　　　　　　　　　　20 000

预算会计：

借：非财政拨款结转——项目间接费用或管理费　　　　　　　20 000
　　贷：非财政拨款结余——项目间接费用或管理费　　　　　　　　20 000

2×19 年 12 月 6 日，该事业单位实际使用计提的项目间接费用 15 000 元，账务处理如下。

财务会计：

借：预提费用——项目间接费用或管理费　　　　　　　　　　15 000
　　贷：银行存款　　　　　　　　　　　　　　　　　　　　　　　15 000

预算会计：

借：事业支出　　　　　　　　　　　　　　　　　　　　　　15 000
　　贷：资金结存——货币资金　　　　　　　　　　　　　　　　　15 000

12.12.2　预提和支付租金

1. 业务概述

预提费用指应由受益期分担计入产品成本或商品流通费，而以后月份才实际支付的费用。根据权责发生制原则，属于本期承担的费用，无论是否支付都要计入本期费用。因此预提租金是指每月计提的租金计入费用，付款期时则不再计入费用。

2. 账务处理

按期预提租金等费用时,按照预提的金额,财务会计应当借记"业务活动费用""单位管理费用""经营费用"等科目,贷记"预提费用"科目。预算会计不需要做账务处理。

实际支付款项时,按照支付金额,财务会计应当借记"预提费用"科目,贷记"零余额账户用款额度""银行存款"等科目。预算会计应当借记"行政支出""事业支出""经营支出"等科目,贷记"资金结存"科目。

预提和支付租金的相关账务处理如表 12-57 所示。

表 12-57　　　　　　　预提和支付租金的相关账务处理

	财务会计处理	预算会计处理
按照规定预提每期租金等费用	借：业务活动费用/单位管理费用/经营费用等 贷：预提费用	—
实际支付款项时	借：预提费用 贷：银行存款/零余额账户用款额度等	借：行政支出/事业支出/经营支出等 贷：资金结存

3. 案例解析

【例 12-31】甲事业单位供销部门于 2×19 年 7 月 1 日租入一台运输设备,合同规定租期为半年,租赁期满一次付清租金 6 000 元。

甲事业单位租入设备使用期为 2×19 年 7 月至 11 月,该事业单位每月末应做以下相同分录。

财务会计：

借：经营费用　　　　　　　　　　　　　　　　　　　　　　　1 000

　　贷：预提费用　　　　　　　　　　　　　　　　　　　　　　1 000

预算会计不需要做账务处理。

2×19 年 12 月末开出转账支票支付租金时,应做以下分录。

财务会计：

借：经营费用　　　　　　　　　　　　　　　　　　　　　　　1 000

　　预提费用　　　　　　　　　　　　　　　　　　　　　　　 5 000

　　贷：银行存款　　　　　　　　　　　　　　　　　　　　　　6 000

预算会计：

借：经营支出　　　　　　　　　　　　　　　　　　　　　　　6 000

　　贷：资金结存——货币资金　　　　　　　　　　　　　　　　6 000

12.13　长期借款

借入并偿还长期借款

1．业务概述

长期借款是指事业单位经批准向银行或其他金融机构等借入的期限超过1年（不含1年）的各种借款本息。长期借款的偿付方式一般包括以下三种：到期还本付息、分期付息到期还本以及分期还本付息。

2．账务处理

（1）借入各项长期借款。

借入各项长期借款时，按照实际借入的金额，财务会计应当借记"银行存款"科目，贷记"长期借款——本金"科目。预算会计应当借记"资金结存——货币资金"科目，贷记"债务预算收入"[本金]科目。借入各项长期借款的账务处理如表12-58所示。

表 12-58　　　　　　借入各项长期借款的账务处理

	财务会计处理	预算会计处理
借入各项长期借款	借：银行存款 　贷：长期借款——本金	借：资金结存——货币资金 　贷：债务预算收入[本金]

（2）长期借款利息核算。

①资本化利息。

为建造固定资产、公共基础设施等应支付的专门借款利息，按期计提利息时，属于工程项目建设期间发生的利息，计入工程成本，按照计算确定的应支付的利息金额，财务会计应当借记"在建工程"科目，贷记"应付利息""长期借款——应计利息"科目。预算会计不需要做账务处理。

②费用化利息。

属于工程项目完工交付使用后发生的利息，计入当期费用，按照计算确定的应支付的利息金额，财务会计应当借记"其他费用"科目，贷记"应付利息"[分期付息、到期还本借款的利息]或"长期借款——应计利息"[到期一次还本付息借款的利息]科目。预算会计不需要做账务处理。

长期借款费用化利息的账务处理如表12-59所示。

表 12-59　　　　长期借款费用化利息的账务处理

长期借款费用化利息处理	财务会计处理	预算会计处理
长期借款费用化利息处理	借：其他费用 　贷：应付利息 [分期付息、到期还本] 　　　长期借款——应计利息 [到期一次还本付息]	—

③利息支付。

实际支付利息时，按照计算确定的应支付的利息金额，财务会计应当借记"应付利息"科目，贷记"银行存款"等科目。预算会计应当借记"其他支出"科目，贷记"资金结存"科目。支付长期借款利息的账务处理如表 12-60 所示。

表 12-60　　　　支付长期借款利息的账务处理

	财务会计处理	预算会计处理
实际支付利息时	借：应付利息 　贷：银行存款等	借：其他支出 　贷：资金结存

（3）归还本息。

到期归还长期借款本金、利息时，财务会计应当借记"长期借款——本金"或"长期借款——应计利息"科目，贷记"银行存款"科目。预算会计应当借记"债务还本支出"或"其他支出"科目，贷记"资金结存"科目。归还长期借款本息的账务处理如表 12-61 所示。

表 12-61　　　　归还长期借款本息的账务处理

	财务会计处理	预算会计处理
归还长期借款本息时	借：长期借款——本金 　　　长期借款——应计利息 [到期一次还本付息] 　贷：银行存款	借：债务还本支出 [支付的本金]/ 　　其他支出 　贷：资金结存

3．案例解析

（1）借入各项长期借款时。

【例 12-32】某事业单位于 2×19 年 1 月 1 日从银行借入资金 300 000 元，借款期限为 5 年，年利率为 8%，按年支付利息，到期一次还本。账务处理如下。

2×19 年 1 月 1 日，取得借款。

财务会计：

借：银行存款	300 000	
贷：长期借款——本金		300 000

预算会计：

借：资金结存——货币资金	300 000	
贷：债务预算收入		300 000

（2）为购建固定资产等支付利息。

【例12-33】沿用【例12-32】。该事业单位借入的长期借款用以建设办公楼，该办公楼于2×19年1月1日开工，于2×23年1月1日完工交付使用。2×23年12月31日该事业单位归还长期借款本息。

2×19年末至2×22年末的账务处理如下。

财务会计：

借：在建工程	24 000	
贷：应付利息		24 000
借：应付利息	24 000	
贷：银行存款		24 000

预算会计：

借：其他支出	24 000	
贷：资金结存——货币资金		24 000

2×23年末的会计处理如下。

财务会计：

借：其他费用	24 000	
贷：应付利息		24 000
借：应付利息	24 000	
贷：银行存款		24 000
借：长期借款——本金	300 000	
贷：银行存款		300 000

预算会计：

借：其他支出	24 000	
贷：资金结存——货币资金		24 000
借：债务还本支出	300 000	
贷：资金结存——货币资金		300 000

12.14 长期应付款

单位发生的长期应付款

1. 业务概述

长期应付款是指行政事业单位发生的除长期借款之外的长期应付款项,如以融资租赁方式取得固定资产应付的租赁费、以分期付款方式购入固定资产发生的应付款项等。长期应付款的偿还期限通常超过1年(不含1年)。

2. 账务处理

(1)发生长期应付款。

发生长期应付款时,财务会计应当借记"固定资产""在建工程"等科目,贷记"长期应付款"科目。预算会计不需要做账务处理。发生长期应付款的账务处理如表 12-62 所示。

表 12-62　　　　　　　发生长期应付款的账务处理

	财务会计处理	预算会计处理
发生长期应付款时	借:固定资产/在建工程等 贷:长期应付款	—

(2)支付长期应付款。

支付长期应付款时,按照实际支付的金额,财务会计应当借记"长期应付款"科目,贷记"财政拨款收入""零余额账户用款额度""银行存款"等科目。预算会计应当借记"行政支出""事业支出""经营支出"科目,贷记"资金结存"等科目。涉及增值税业务的,相关账务处理参考"应交增值税"科目。支付长期应付款的账务处理如表 12-63 所示。

表 12-63　　　　　　　支付长期应付款的账务处理

	财务会计处理	预算会计处理
支付长期应付款时	借:长期应付款 贷:财政拨款收入/零余额账户用款额度/银行存款等	借:事业支出/经营支出/行政支出等 贷:资金结存等

(3)无法偿付或豁免偿还长期应付款。

无法偿付或债权人豁免偿还的长期应付款,应当按照规定报经批准后进行账务处理。经批准核销时,财务会计应当借记"长期应付款"科目,贷记"其他收入"科目。预算会计不需要做账务处理。核销的长期应付款应当在备查簿中保留登记。涉及质保金形成长期应付款的，相关账务处理参见"固定资产"科目。无法偿付或债权人豁免偿还长期应付款的账务处理如表12-64所示。

表 12-64 无法偿付或债权人豁免偿还长期应付款的账务处理

	财务会计处理	预算会计处理
无法偿付或债权人豁免偿还的长期应付款	借：长期应付款 　　贷：其他收入	—

3. 案例解析

（1）发生长期应付款。

【例 12-34】某行政单位以分期付款方式从 G 公司购入一台仪器，总价款 270 000 元，分 3 年支付，于每年末支付。购入时，该单位应做以下会计处理。

财务会计：

借：固定资产　　　　　　　　　　　　　　　　　　　　270 000
　　贷：长期应付款　　　　　　　　　　　　　　　　　　270 000

预算会计不需要做账务处理。

（2）支付长期应付款。

【例 12-35】沿用【例 12-34】。该行政单位年末使用财政直接支付方式支付款项，应做以下会计处理。

财务会计：

借：长期应付款　　　　　　　　　　　　　　　　　　　90 000
　　贷：财政拨款收入　　　　　　　　　　　　　　　　　90 000

预算会计：

借：行政支出　　　　　　　　　　　　　　　　　　　　90 000
　　贷：财政拨款预算收入　　　　　　　　　　　　　　　90 000

（3）长期应付款的核销。

【例 12-36】沿用【例 12-34】。连续 2 年支付该笔长期应付款后，G 公司豁免最后一年应付的款项，该行政单位按照规定报经批准后予以核销，应做以下账务处理。

财务会计：

借：长期应付款　　　　　　　　　　　　　　　　　　　90 000
　　贷：其他收入　　　　　　　　　　　　　　　　　　　90 000

预算会计不需要做账务处理。

12.15　预计负债

产生或有事项的业务的账务处理

1. 业务概述

或有事项，是指过去的交易或者事项形成的，其结果需由某些未来事项的发生或不发生才能决定的不确定事项。或有事项具有以下特征。

（1）由过去交易或事项形成，是指或有事项的现存状况是过去交易或事项引起的客观存在。比如，未决诉讼虽然是正在进行的诉讼，但该诉讼是单位因过去的经济行为导致起诉其他单位或被其他单位起诉。或有事项是现存的一种状况而不是未来将要发生的事项。未来可能发生的自然灾害、交通事故、经营亏损等，不属于或有事项。

（2）结果具有不确定性，是指或有事项的结果是否发生具有不确定性，或者或有事项的结果预计将发生，但发生的具体时间或金额具有不确定性。例如，债务担保事项的担保方到期是否承担和履行连带责任，需要根据债务到期时被担保方能否按时还款来确定，债务担保事项的结果在担保协议达成时具有不确定性。

（3）由未来事项决定，是指或有事项的结果只能由未来不确定事项的发生或不发生才能决定。例如，只有在被担保方到期无力还款时单位（担保方）才履行连带责任。

常见的或有事项主要包括：未决诉讼或仲裁、债务担保、产品质量保证（含产品安全保证）、承诺、亏损合同、重组义务、环境污染整治等。

2. 账务处理

（1）确认预计负债。

确认预计负债时，按照预计的金额，财务会计应当借记"业务活动费用""经营费用""其他费用"等科目，贷记"预计负债"科目。预算会计不需要做账务处理。确认预计负债的账务处理如表12-65所示。

表 12-65　　　　　　　　确认预计负债的账务处理

	财务会计处理	预算会计处理
确认预计负债	借：业务活动费用/经营费用/其他费用等 　贷：预计负债	—

（2）偿付预计负债。

实际偿付预计负债时，按照偿付的金额，财务会计应当借记"预计负债"科目，贷记"银行存款""零余额账户用款额度"等科目。预算会计应当借记"其他支出""事业支出""经营支出"等科目，贷记"资金结存"科目。偿付预计负债的账务处理如表12-66所示。

表12-66 偿付预计负债的账务处理

	财务会计处理	预算会计处理
偿付预计负债	借：预计负债 　　贷：银行存款/零余额账户用款额度等	借：事业支出/经营支出/其他支出 　　贷：资金结存

（3）根据事项调整预计负债账面余额。

根据确凿证据需要对已确认的预计负债账面余额进行调整的，按照调整增加的金额，财务会计应当借记"业务活动费用""经营费用""其他费用"等科目，贷记"预计负债"科目；按照调整减少的金额，借记"预计负债"科目，贷记"业务活动费用""经营费用""其他费用"等科目。预算会计不需要做账务处理。根据事项调整预计负债账面余额的账务处理如表12-67所示。

表12-67 根据事项调整预计负债账面余额的账务处理

	财务会计处理	预算会计处理
根据事项调整预计负债账面余额	借：业务活动费用/经营费用/其他费用等 　　贷：预计负债 或做相反会计分录	—

3．案例解析

【例12-37】2×19年11月1日，某事业单位因合同违约而被甲公司起诉。2×19年12月31日，该事业单位尚未接到法院的判决。在咨询了单位的法律顾问后，该事业单位认为最终的法律判决很可能对单位不利。假定该事业单位预计将要支付的赔偿金额、诉讼费等费用为1 600 000元至2 000 000元，而且这个区间内每个金额的发生可能性都大致相同。

该事业单位应在资产负债表中确认一项预计负债，金额如下。

（1 600 000+2 000 000）÷2=1 800 000（元）

同时在2×19年12月31日的附注中进行披露。

该事业单位的有关账务处理如下。

财务会计：

借：业务活动费用　　　　　　　　　　　　　　　1 800 000

　　贷：预计负债——未决诉讼　　　　　　　　　　　　1 800 000

预算会计不需要做账务处理。

2×20年3月1日，法律判决表明该事业单位要支付赔偿金额等1 900 000元，账务处理如下。

财务会计：

借：预计负债——未决诉讼　　　　　　　　　　　1 800 000

　　业务活动费用　　　　　　　　　　　　　　　　100 000

　　贷：银行存款　　　　　　　　　　　　　　　　　1 900 000

预算会计：

借：事业支出　　　　　　　　　　　　　　　　　1 900 000

　　贷：资金结存——货币资金　　　　　　　　　　　1 900 000

12.16　受托代理负债

受托代理负债是指行政事业单位接受委托，取得受托管理资产时形成的负债。行政事业单位应当在收到受托代理资产并产生受托代理义务时确认受托代理负债。

行政事业单位应当设置"受托代理负债"科目，对受托代理负债进行核算。"受托代理负债"科目应当按照委托人等进行明细核算，属于指定转赠物资和资金的，还应当按照指定受赠人进行明细核算。

"受托代理负债"科目借方反映当期单位受托代理负债的减少；贷方反映当期单位受托代理负债的增加；期末贷方余额，反映单位尚未清偿的受托代理负债金额。

受托代理负债的会计核算参见"受托代理资产""库存现金""银行存款"等科目。

第 13 章 净资产类经济业务的会计处理

13.1 累计盈余

"累计盈余"科目核算单位历年实现的盈余扣除盈余分配后滚存的金额,以及因无偿调入调出资产产生的净资产变动额。按照规定上缴、缴回、单位间调剂结转结余资金产生的净资产变动额,以及对以前年度盈余的调整金额,也通过"累计盈余"科目核算。

13.1.1 年末将"本年盈余分配"科目余额转入

1. 业务概述

"本年盈余分配"科目应当在根据有关财务会计制度和规定正确进行会计核算以后,按项目和比例进行结转。行政事业单位应设置"本年盈余分配"科目,反映行政事业单位本年度盈余分配的情况和结果。

2. 账务处理

行政事业单位在年末需要将"本年盈余分配"科目的余额转入"累计盈余"科目,财务会计应借记或贷记"本年盈余分配"科目,贷记或借记"累计盈余"科目。预算会计不需要做账务处理。年末将"本年盈余分配"科目余额转入的账务处理如表 13-1 所示。

表 13-1　年末将"本年盈余分配"科目余额转入的账务处理

	财务会计处理	预算会计处理
年末,将"本年盈余分配"科目余额转入	借:本年盈余分配 　　贷:累计盈余 或做相反会计分录	—

3. 案例解析

【例 13-1】某行政事业单位 2×19 年 12 月 31 日"本年盈余分配"科目的贷方余额为 50 000 元。年末结转的相关账务处理如下。

财务会计:

| 借：本年盈余分配 | 50 000 |
| 贷：累计盈余 | 50 000 |

预算会计不需要做账务处理。

13.1.2 年末将"无偿调拨净资产"科目余额转入

1．业务概述

在各会计年度中发生了无偿调入或调出净资产的业务后，行政事业单位除了在专设的无偿调拨净资产账户予以日常核算外，在年度终了时还要将"无偿调拨净资产"科目的余额转入"累计盈余"科目。

2．账务处理

行政事业单位在年末需要将"无偿调拨净资产"科目的余额转入累计盈余，财务会计应当借记或贷记"无偿调拨净资产"科目，贷记或借记"累计盈余"科目。预算会计不需要做账务处理。年末将"无偿调拨净资产"科目余额转入的账务处理如表13-2所示。

表13-2　年末将"无偿调拨净资产"科目余额转入的账务处理

	财务会计处理	预算会计处理
年末，将"无偿调拨净资产"科目余额转入	借：无偿调拨净资产 　　贷：累计盈余 或做相反会计分录	—

3．案例解析

【例13-2】某行政事业单位2×19年12月31日"无偿调拨净资产"科目的贷方余额为150 000元。相关账务处理如下。

财务会计：

| 借：无偿调拨净资产 | 150 000 |
| 贷：累计盈余 | 150 000 |

预算会计不需要做账务处理。

13.1.3 与其他单位发生的调入调出资金结转

1．业务概述

事业单位调入、调出、上缴、缴回结转结余资金时，在财务会计中，通过"累计盈余"科目核算；在预算会计中，根据资金性质通过相应预算结余类科目核算。

（1）调入财政拨款结转资金。

事业单位按照规定从其他单位调入财政拨款结转资金时，财务会计中，按照实际调入金额，借记"零余额账户用款额度""银行存款"等科目，贷记"累计盈余"科目；预算会计中，按照实际调入金额，借记"资金结存"科目，贷记"财政拨款结转——归集调入"科目。

（2）上缴、缴回、调出结转结余资金。

事业单位按照规定上缴财政拨款结转结余资金、缴回非财政拨款结转资金、向其他单位调出财政拨款结转资金时，财务会计中，按照实际上缴、缴回、调出金额，借记"累计盈余"科目，贷记"财政应返还额度""零余额账户用款额度""银行存款"等科目；预算会计中，按照实际上缴、缴回、调出金额，借记"财政拨款结转——归集上缴""财政拨款结余——归集上缴""非财政拨款结转——缴回资金""财政拨款结转——归集调出"等科目，贷记"资金结存"科目。

2．账务处理

行政事业单位在年末按照规定上缴财政拨款结转结余、缴回非财政拨款结转资金、向其他单位调出财政拨款结转资金时，按照实际上缴、缴回、调出金额，财务会计应当借记"累计盈余"科目，贷记"财政应返还额度""零余额账户用款额度""银行存款"等科目。对于预算会计，参照"财政拨款结转""财政拨款结余""非财政拨款结转"等科目进行账务处理。单位在年末需要按照规定从其他单位调入财政拨款结转资金时，按照实际调入金额，财务会计应当借记"零余额账户用款额度""银行存款"等科目，贷记"累计盈余"科目。

与其他单位发生的调入调出资金结转的账务处理如表13-3所示。

表13-3　　与其他单位发生的调入调出资金结转的账务处理

	财务会计处理	预算会计处理
按照规定上缴财政拨款结转结余、缴回非财政拨款结转资金、向其他单位调出财政拨款结转资金时	借：累计盈余 　　贷：财政应返还额度/零余额账户用款额度/银行存款等	参照"财政拨款结转""财政拨款结余""非财政拨款结转"等科目进行账务处理
按照规定从其他单位调入财政拨款结转资金时	借：零余额账户用款额度/银行存款等 　　贷：累计盈余	借：资金结存——零余额账户用款额度/货币资金 　　贷：财政拨款结转——归集调入

3. 案例解析

【例13-3】某行政事业单位2×19年12月31日与其他单位发生资金调入20 000元。相关账务处理如下。

财务会计：

借：零余额账户用款额度　　　　　　　　　　　　　　20 000
　　贷：累计盈余　　　　　　　　　　　　　　　　　　　　　20 000

预算会计：

借：资金结存——零余额账户用款额度　　　　　　　　20 000
　　贷：财政拨款结转——归集调入　　　　　　　　　　　　　20 000

13.1.4　年末将"以前年度盈余调整"科目余额转入

1．业务概述

以前年度盈余调整是对以前年度财务报表中的重大错误的更正。这种错误包括计算错误、会计分录差错以及漏记事项。

2．账务处理

将"以前年度盈余调整"科目的余额转入"累计盈余"科目，财务会计应当借记或贷记"以前年度盈余调整"科目，贷记或借记"累计盈余"科目。预算会计不需要做账务处理。年末将"以前年度盈余调整"科目余额转入的账务处理如表13-4所示。

表13-4　年末将"以前年度盈余调整"科目余额转入的账务处理

	财务会计处理	预算会计处理
将"以前年度盈余调整"科目的余额转入	借：以前年度盈余调整 　　贷：累计盈余 或做相反会计分录	—

3．案例解析

【例13-4】某行政事业单位2×19年12月31日"以前年度盈余调整"科目的贷方余额为20 000元。年末结转的相关账务处理如下。

财务会计：

借：以前年度盈余调整　　　　　　　　　　　　　　　20 000
　　贷：累计盈余　　　　　　　　　　　　　　　　　　　　　20 000

预算会计不需要做账务处理。

13.2 专用基金

"专用基金"科目核算事业单位按照规定提取或设置的具有专门用途的净资产,主要包括职工福利基金、科技成果转换基金等。"专用基金"科目应当按照专用基金的类别进行明细核算。

13.2.1 年末提取专用基金

1. 业务概述

事业单位在年末根据有关规定从本年度非财政拨款结余或经营结余中提取专用基金。

2. 账务处理

事业单位在年末需要根据有关规定从本年度非财政拨款结余或经营结余中提取专用基金的,按照预算会计下计算的提取金额,财务会计应当借记"本年盈余分配"科目,贷记"专用基金"科目。同时,预算会计应当借记"非财政拨款结余分配"科目,贷记"专用结余"科目。年末提取专用基金的账务处理如表13-5所示。

表 13-5　　　　　　　　　年末提取专用基金的账务处理

	财务会计处理	预算会计处理
年末,按照规定从本年度非财政拨款结余或经营结余中提取专用基金	借:本年盈余分配 　贷:专用基金 [按照预算会计下计算的提取金额]	借:非财政拨款结余分配 　贷:专用结余

13.2.2 从收入中提取专用基金并计入费用

1. 业务概述

业务活动费用是指单位为满足业务经营的合理需要而支付的活动费用。事业单位一般会按照预算会计下基于预算收入计算的提取金额,从收入中提取专用基金并计入费用。

2. 账务处理

根据有关规定从收入中提取专用基金并计入费用的,一般按照预算会计下基于预算收入计算提取的金额,财务会计应当借记"业务活动费用"等科目,贷记"专用基金"科目。国家另有规定的,从其规定。预算会计不需要做账务处理。从收入中提取专用基金并计入费用的账务处理如表13-6所示。

表 13-6　从收入中提取专用基金并计入费用的账务处理

	财务会计处理	预算会计处理
根据规定从收入中提取专用基金并计入费用的	借：业务活动费用等 贷：专用基金 [一般按照预算收入计算提取的金额]	—

13.2.3　设置的其他专用基金

1．业务概述

其他专用基金，即事业单位按照国家有关规定提取或者设置的其他专用基金。

2．账务处理

根据有关规定设置的其他专用基金，按照实际收到的基金金额，借记"银行存款"等科目，贷记"专用基金"科目。预算会计不需要做账务处理。设置其他专用基金的账务处理如表 13-7 所示。

表 13-7　设置其他专用基金的账务处理

	财务会计处理	预算会计处理
根据有关规定设置的其他专用基金	借：银行存款等 贷：专用基金	—

13.2.4　使用专用基金

1．业务概述

专用基金应当按规定提取并按规定的用途使用。

2．账务处理

按照规定使用提取的专用基金时，财务会计应当借记"专用基金"科目，贷记"银行存款"等科目。

使用提取的专用基金购置固定资产、无形资产的，按照固定资产、无形资产成本金额，财务会计应当借记"固定资产""无形资产"科目，贷记"银行存款"等科目；同时，按照专用基金使用金额，借记"专用基金"科目，贷记"累计盈余"科目。

对于预算会计，使用从收入中提取并列入费用的专用基金，借记"事业支出"等科目，贷记"资金结存"科目；使用从非财政拨款结余或经营结余中提取的专用基金，借记"专用结余"科目，贷记"资金结存——货币资金"科目。

使用专用基金的账务处理如表13-8所示。

表 13-8　　　　　　　　使用专用基金的账务处理

	财务会计处理	预算会计处理
按照规定使用提取的专用基金	借：专用基金 　　贷：银行存款等 使用提取的专用基金购置固定资产、无形资产的 借：固定资产/无形资产 　　贷：银行存款等 借：专用基金 　　贷：累计盈余	使用从收入中提取并列入费用的专用基金： 借：事业支出等 　　贷：资金结存 使用从非财政拨款结余或经营结余中提取的专用基金： 借：专用结余 　　贷：资金结存——货币资金

3．案例解析

【例 13-5】某行政事业单位在 2×19 年利用从经营结余中提取的专用基金购置了一台固定资产，该固定资产的市场公允价值为 100 000 元，应缴纳的增值税税额为 13 000 元。相关账务处理如下。

财务会计：

借：固定资产　　　　　　　　　　　　　　　　　100 000
　　应交增值税——应交税金（进项税额）　　　　 13 000
　　　贷：银行存款　　　　　　　　　　　　　　　　　　113 000
借：专用基金　　　　　　　　　　　　　　　　　113 000
　　　贷：累计盈余　　　　　　　　　　　　　　　　　　113 000

预算会计：

借：专用结余　　　　　　　　　　　　　　　　　113 000
　　　贷：资金结存——货币资金　　　　　　　　　　　　113 000

13.3　权益法调整

"权益法调整"科目核算事业单位持有的长期股权投资采用权益法核算时，按照被投资单位除净损益和利润分配以外的所有者权益变动份额调整长期股权投资账面余额而计入净资产的金额。"权益法调整"科目应当按照被投资单位进行明细核算。

13.3.1 年末长期股权投资引起的权益法调整

1. 业务概述

年末,对于被投资单位除了净损益和利润分配以外的所有者权益变动应享有(或应分担)的份额,应当调整长期股权投资的账面余额,并记入"其他权益变动"二级科目。

2. 账务处理

单位年末应该按照被投资单位除净损益和利润分配以外的所有者权益变动应享有(或应分担)的份额,财务会计应借记或贷记"长期股权投资——其他权益变动"科目,贷记或借记"权益法调整"科目。预算会计不需要做账务处理。年末长期股权投资引起权益法调整的账务处理如表13-9所示。

表 13-9　　　　年末长期股权投资引起权益法调整的账务处理

		财务会计处理	预算会计处理
资产负债表日	按照被投资单位除净损益和利润分配以外的所有者权益变动的份额(增加)	借:长期股权投资——其他权益变动 贷:权益法调整	—
	按照被投资单位除净损益和利润分配以外的所有者权益变动的份额(减少)	借:权益法调整 贷:长期股权投资——其他权益变动	—

3. 案例解析

【例13-6】某事业单位投资的一单位在2×19年除净损益和利润分配以外的所有者权益变动金额为100 000元,该单位持有该被投资单位30%的股权,不考虑相关税费。相关账务处理如下。

财务会计:

借:长期股权投资——其他权益变动　　　　　　　　　　　30 000
　　贷:权益法调整　　　　　　　　　　　　　　　　　　　　　30 000

预算会计不需要做账务处理。

13.3.2 处置时长期股权投资引起的权益法调整

1. 业务概述

对于因被投资单位除净损益和利润分配以外的所有者权益变动而将应享有(或应分担)的份额计入单位净资产的,处置该项长期股权投资引起的权益法调整应当结转该科目。

2. 账务处理

采用权益法核算的长期股权投资，因被投资单位除净损益和利润分配以外的所有者权益变动而将应享有（或应分担）的份额计入单位净资产的，处置该项投资时，按照原计入净资产的相应部分金额，财务会计应当借记或贷记"权益法调整"科目，贷记或借记"投资收益"科目。预算会计不需要做账务处理。权益法下处置长期股权投资的账务处理如表 13-10 所示。

表 13-10　　　　　权益法下处置长期股权投资的账务处理

		财务会计处理	预算会计处理
长期股权投资处置时	"权益法调整"科目为借方余额	借：投资收益 　　贷：权益法调整 [与所处置投资对应部分的金额]	—
	"权益法调整"科目为贷方余额	借：权益法调整 [与所处置投资对应部分的金额] 　　贷：投资收益	—

3. 案例解析

【例 13-7】沿用【例 13-6】。该事业单位在 2×20 年处置了该项投资。相关账务处理如下。

财务会计：

借：权益法调整　　　　　　　　　　　　　　　　　　30 000
　　贷：投资收益　　　　　　　　　　　　　　　　　　30 000

预算会计不需要做账务处理。

13.4　本期盈余

本期盈余是指行政事业单位本期各项收入、费用相抵后的余额。"本期盈余"科目期末如为贷方余额，反映行政事业单位自年初至当期末累计实现的盈余；如为借方余额，反映行政事业单位自年初至当期末累计发生的亏损。年末结账后，"本期盈余"科目应无余额。

13.4.1　期末结转

1. 业务概述

期末结转，指期末结账时将某一账户的余额或差额转入另一账户。期末结转涉及两类科目，一是转出科目，二是转入科目。一般而言，结转后，转出科目将没有余额。

2. 账务处理

行政事业单位应该在期末，将各类收入科目的本期发生额转入本期盈余，财务会计应当借记"财政拨款收入""事业收入""上级补助收入""附属单位上缴收入""经营收入""非同级财政拨款收入""投资收益""捐赠收入""利息收入""租金收入""其他收入"科目，贷记"本期盈余"科目；将各类费用科目本期发生额转入本期盈余，财务会计应当借记"本期盈余"科目，贷记"业务活动费用""单位管理费用""经营费用""所得税费用""资产处置费用""上缴上级费用""对附属单位补助费用""其他费用"科目。预算会计不需要做账务处理。

期末结转的账务处理如表13-11所示。

表13-11　　　　　　　　　　期末结转的账务处理

		财务会计处理	预算会计处理
期末结转	结转收入	借：财政拨款收入/事业收入/上级补助收入/附属单位上缴收入/经营收入/非同级财政拨款收入/投资收益/捐赠收入/利息收入/租金收入/其他收入 贷：本期盈余 "投资收益"科目为发生额借方净额时，做相反会计分录	—
	结转费用	借：本期盈余 贷：业务活动费用/单位管理费用/经营费用/所得税费用/资产处置费用/上缴上级费用/对附属单位补助费用/其他费用	—

3. 案例解析

【例13-8】 某行政单位2×19年收入和费用科目的发生额如下。

（1）"财政拨款收入"科目发生额为20 000元，"事业收入"科目发生额为5 000元，"上级补助收入"科目发生额为10 000元，"附属单位上缴收入"科目发生额为20 000元，"经营收入"科目发生额为3 000元，"投资收益"科目发生额为2 000元，"其他收入"科目发生额为8 000元。

（2）"业务活动费用"科目发生额为9 000元，"单位管理费用"科目发生额为3 000元，"经营费用"科目发生额为3 000元，"资产处置费用"科目发生额为2 000元，"所得税费用"科目发生额为2 000元，"其他费用"科目发生额为2 000元。

相关账务处理如下。

（1）结转本期收入。

财务会计：

借：财政拨款收入	20 000
事业收入	5 000
上级补助收入	10 000
附属单位上缴收入	20 000
经营收入	3 000
其他收入	8 000
投资收益	2 000
贷：本期盈余	68 000

预算会计不需要做账务处理。

（2）结转本期费用。

借：本期盈余	21 000
贷：业务活动费用	9 000
单位管理费用	3 000
经营费用	3 000
资产处置费用	2 000
所得税费用	2 000
其他费用	2 000

预算会计不需要做账务处理。

13.4.2　年末结转

1．业务概述

行政事业单位在每年末，都需要将"本期盈余"科目结转，使其余额为零。

2．账务处理

行政事业单位应该于每年末，完成上述结转后，将"本期盈余"科目余额转入"本期盈余分配"科目，财务会计应当借记或贷记"本期盈余"科目，贷记或借记"本年盈余分配"科目。预算会计不需要做账务处理。年末结转的账务处理如表13-12所示。

表 13-12　年末结转的账务处理

		财务会计处理	预算会计处理
年末结转	"本期盈余"科目为贷方余额时	借：本期盈余 　贷：本年盈余分配	—
	"本期盈余"科目为借方余额时	借：本年盈余分配 　贷：本期盈余	—

3. 案例解析

【例 13-9】沿用【例 13-8】。该行政单位 2×19 年 12 月 31 日结转"本年盈余"科目的贷方余额 47 000 元。相关账务处理如下。

财务会计：

借：本期盈余　　　　　　　　　　　　　　　　　47 000
　　贷：本年盈余分配　　　　　　　　　　　　　47 000

预算会计不需要做账务处理。

13.5　本年盈余分配

"本年盈余分配"科目核算单位本年度盈余分配的情况和结果。

13.5.1　本年盈余的结转

1. 业务概述

行政事业单位在每年末，都需要将"本期盈余"科目结转，使其余额为零。

2. 账务处理

行政事业单位应该在每年末，将"本期盈余"科目余额转入"本期盈余分配"科目，财务会计应借记或贷记"本期盈余"科目，贷记或借记"本年盈余分配"科目。预算会计不需要做账务处理。年末结转本年盈余的账务处理如表 13-13 所示。

表 13-13　年末结转本年盈余的账务处理

		财务会计处理	预算会计处理
年末结转	"本期盈余"科目为贷方余额时	借：本期盈余 　贷：本年盈余分配	—
	"本期盈余"科目为借方余额时	借：本年盈余分配 　贷：本期盈余	—

3. 案例解析

【例 13-10】某行政单位 2×19 年 12 月 31 日"本期盈余"科目的贷方余额为 47 000 元。相关账务处理如下。

财务会计：

借：本期盈余　　　　　　　　　　　　　　　　　　47 000

　　贷：本年盈余分配　　　　　　　　　　　　　　　　47 000

预算会计不需要做账务处理。

13.5.2　提取专用基金

1. 业务概述

事业单位在年末根据有关规定从本年度非财政拨款结余或经营结余中提取专用基金。

2. 账务处理

行政事业单位应该于每年末，根据有关规定从本年度非财政拨款结余或经营结余中提取专用基金，按照预算会计下计算的提取金额，财务会计应当借记"本年盈余分配"科目，贷记"专用基金"科目。预算会计应当借记"非财政拨款结余分配"科目，贷记"专用结余"科目。提取专用基金的账务处理如表 13-14 所示。

表 13-14　　　　　　　　提取专用基金的账务处理

	财务会计处理	预算会计处理
年末，根据有关规定按照预算会计下计算的提取金额	借：本年盈余分配 　　贷：专用基金	借：非财政拨款结余分配 　　贷：专用结余

3. 案例解析

【例 13-11】某行政单位 2×19 年 12 月 31 日按有关规定提取专用基金 4 000 元。相关账务处理如下。

财务会计：

借：本年盈余分配　　　　　　　　　　　　　　　　4 000

　　贷：专用基金　　　　　　　　　　　　　　　　　4 000

预算会计：

借：非财政拨款结余分配　　　　　　　　　　　　　4 000

　　贷：专用结余　　　　　　　　　　　　　　　　　4 000

13.5.3 将"本年盈余分配"科目余额转入累计盈余

1．业务概述

行政事业单位在每年末，应当将"本年盈余分配"科目的余额进行结转，使其余额为零。

2．账务处理

行政事业单位应该于每年末，按照规定完成上述处理后，将"本年盈余分配"科目余额转入累计盈余，财务会计应当借记或贷记"本年盈余分配"科目，贷记或借记"累计盈余"科目。预算会计不需要做账务处理。将"本年盈余分配"科目余额转入累计盈余的账务处理如表 13-15 所示。

表 13-15　将"本年盈余分配"科目余额转入累计盈余的账务处理

		财务会计处理	预算会计处理
年末，将"本年盈余分配"科目余额转入累计盈余	"本年盈余分配"科目为贷方余额时	借：本年盈余分配 　贷：累计盈余	—
	"本年盈余分配"科目为借方余额时	借：累计盈余 　贷：本年盈余分配	—

3．案例解析

【例 13-12】某行政单位 2×19 年 12 月 31 日"本年盈余分配"科目的贷方余额为 43 000 元。相关账务处理如下。

财务会计：
借：本年盈余分配　　　　　　　　　　　　　　　　43 000
　　贷：累计盈余　　　　　　　　　　　　　　　　　　　43 000

预算会计不需要做账务处理。

13.6　无偿调拨净资产

"无偿调拨净资产"科目核算行政事业单位无偿调入或调出非现金资产所引起的净资产变动金额。

13.6.1　调入净资产

1．业务概述

行政事业单位之间调拨净资产存在调入和调出两种形式，分别是取得无偿调入的资产和经批准无偿调出资产。

2. 账务处理

按照规定取得无偿调入的存货、长期股权投资、固定资产、无形资产、公共基础设施、政府储备物资、文物文化资产、保障性住房等，财务会计应当按照确定的成本，借记"库存物品""长期股权投资""固定资产""无形资产""公共基础设施""政府储备物资""文物文化资产""保障性住房"等科目，按照调入过程中发生的归属于调入方的相关费用，贷记"零余额账户用款额度""银行存款"等科目，按照其差额，贷记"无偿调拨净资产"科目。预算会计应当按照发生的归属于调入方的相关费用，借记"其他支出"科目，贷记"资金结存"等科目。取得无偿调入资产的账务处理如表 13-16 所示。

表 13-16　　　　　　　取得无偿调入资产的账务处理

	财务会计处理	预算会计处理
取得无偿调入的资产时	借：库存物品/固定资产/无形资产/长期股权投资/公共基础设施/政府储备物资/保障性住房/文物文化资产等 贷：无偿调拨净资产 　　零余额账户用款额度/银行存款等[发生的归属于调入方的相关费用]	借：其他支出[发生的归属于调入方的相关费用] 贷：资金结存等

3. 案例解析

【例 13-13】某事业单位 2×19 年取得无偿调入存货 20 000 元，长期股权投资 10 000 元，固定资产 5 000 元，同时发生调入费用 5 000 元，用银行存款支付。相关账务处理如下。

财务会计：

借：库存物品	20 000
固定资产	5 000
长期股权投资	10 000
贷：无偿调拨净资产	30 000
银行存款	5 000

预算会计：

借：其他支出	5 000
贷：资金结存	5 000

13.6.2 调出净资产

1. 业务概述

行政事业单位之间调拨净资产存在调入和调出两种形式，分别是取得无偿调入的资产和经批准无偿调出资产。

2. 账务处理

按照规定经批准无偿调出存货、长期股权投资、固定资产、无形资产、公共基础设施、政府储备物资、文物文化资产、保障性住房等，财务会计应当按照资产的账面余额或账面价值，借记"无偿调拨净资产"科目，按照固定资产累计折旧、无形资产累计摊销、公共基础设施累计折旧或摊销、保障性住房累计折旧的金额，借记"固定资产累计折旧""无形资产累计摊销""公共基础设施累计折旧（摊销）""保障性住房累计折旧"科目，按照调出资产的账面余额，贷记"库存物品""长期股权投资""固定资产""无形资产""公共基础设施""政府储备物资""文物文化资产""保障性住房"等科目；同时，按照调出过程中发生的归属于调出方的相关费用，借记"资产处置费用"科目，贷记"零余额账户用款额度""银行存款"等科目。预算会计应当按照发生的归属于调出方的相关费用，借记"其他支出"科目，贷记"资金结存"等科目。经批准无偿调出资产的账务处理如表13-17所示。

表 13-17　　　　　经批准无偿调出资产的账务处理

	财务会计处理	预算会计处理
经批准无偿调出资产时	借：无偿调拨净资产 　　固定资产累计折旧/无形资产累计摊销/公共基础设施累计折旧（摊销）/保障性住房累计折旧 贷：库存物品/固定资产/无形资产/长期股权投资/公共基础设施/政府储备物资/文物文化资产等 [账面余额] 借：资产处置费用 贷：银行存款/零余额账户用款额度等 [发生的归属于调出方的相关费用]	借：其他支出 [发生的归属于调出方的相关费用] 贷：资金结存等

3. 案例解析

【例13-14】某事业单位2×19年无偿调出的无形资产的原价为20 000元，累计摊销为2 000元。同时，该事业单位无偿调出存货10 000元，无偿调出公共基础设施2 000元。相关账务处理如下。

财务会计：

借：无偿调拨净资产	30 000
无形资产累计摊销	2 000
贷：无形资产	20 000
库存物品	10 000
公共基础设施	2 000

预算会计不需要做账务处理。

13.6.3　将"无偿调拨净资产"科目余额转入累计盈余

1．业务概述

如果行政事业单位在各会计年度中发生了无偿调入或调出净资产的业务，除了在专设的"无偿调拨净资产"科目予以日常核算外，在年度终了还要将"无偿调拨净资产"科目的年终余额转入"累计盈余"科目，从而使"无偿调拨净资产"科目无余额。

2．账务处理

行政事业单位应该于每年末，将"无偿调拨净资产"科目余额转入累计盈余，财务会计应当借记或贷记"无偿调拨净资产"科目，贷记或借记"累计盈余"科目。预算会计不需要做账务处理。将"无偿调拨净资产"科目余额转入累计盈余的账务处理如表 13-18 所示。

表 13-18　将"无偿调拨净资产"科目余额转入累计盈余的账务处理

		财务会计处理	预算会计处理
年末，将"无偿调拨净资产"科目余额转入累计盈余	"无偿调拨净资产"科目为贷方余额时	借：无偿调拨净资产 　贷：累计盈余	—
	"无偿调拨净资产"科目为借方余额时	借：累计盈余 　贷：无偿调拨净资产	—

3．案例解析

【例 13-15】某事业单位 2×19 年末"无偿调拨净资产"科目的贷方余额为 5 000 元。年末结转的相关账务处理如下。

财务会计：

借：无偿调拨净资产	5 000
贷：累计盈余	5 000

预算会计不需要做账务处理。

13.7 以前年度盈余调整

"以前年度盈余调整"科目用于核算单位本年度发生的调整以前年度盈余的事项,包括本年度发生的重要前期差错更正涉及调整以前年度盈余的事项。

13.7.1 以前年度收入调整

1. 业务概述

当行政事业单位存在以前年度收入漏记或多记的情况时,应当及时通过"以前年度盈余调整"科目进行账务处理。

2. 账务处理

行政事业单位在调整增加以前年度收入时,按照调整增加的金额,财务会计应当借记有关科目,贷记"以前年度盈余调整"科目。调整减少的,做相反会计分录。

预算会计应当按照实际收到的金额,借记"资金结存"科目,贷记"财政拨款结转""财政拨款结余""非财政拨款结转""非财政拨款结余——年初余额调整"等科目。减少以前年度收入时,做相反的预算会计分录。

以前年度收入调整的账务处理如表 13-19 所示。

表 13-19　　以前年度收入调整的账务处理

		财务会计处理	预算会计处理
调整以前年度收入	增加以前年度收入时	借:有关资产或负债科目 贷:以前年度盈余调整	按照实际收到的金额 借:资金结存 　　贷:财政拨款结转/财政拨款结余/非财政拨款结转/非财政拨款结余——年初余额调整
	减少以前年度收入时	借:以前年度盈余调整 贷:有关资产或负债科目	按照实际支付的金额 借:财政拨款结转/财政拨款结余/非财政拨款结转/非财政拨款结余——年初余额调整 　　贷:资金结存

3. 案例解析

【例 13-16】某单位 2×20 年 3 月在单位账务自查中发现本单位存在上年度应该确认但是没有确认的收入 200 000 元。相关账务处理如下。

财务会计:

借:预收账款　　　　　　　　　　　　　　　　　　　　　　　200 000

　　　　贷：以前年度盈余调整　　　　　　　　　　　　　　　　　　200 000
　预算会计：
　　借：资金结存　　　　　　　　　　　　　　　　　　　　　　　　200 000
　　　　贷：财政拨款结转　　　　　　　　　　　　　　　　　　　　200 000

13.7.2　以前年度费用调整

1．业务概述

当行政事业单位存在以前年度费用漏记或多记的情况时，应当及时通过"以前年度盈余调整"科目进行会计处理。

2．账务处理

行政事业单位在调整增加以前年度费用时，按照调整增加的金额，财务会计应当借记"以前年度盈余调整"科目，贷记有关科目。费用调整减少的，做相反会计分录。预算会计应当按照实际支付的金额，借记"财政拨款结转""财政拨款结余""非财政拨款结转""非财政拨款结余——年初余额调整"等科目，贷记"资金结存"科目。减少以前年度费用时，做相反的预算会计分录。以前年度费用调整的账务处理如表13-20所示。

表13-20　　　　　　　　以前年度费用调整的账务处理

		财务会计处理	预算会计处理
调整以前年度费用	增加以前年度费用时	借：以前年度盈余调整 　　贷：有关资产或负债科目	按照实际支付的金额 借：财政拨款结转/财政拨款结余/ 　　非财政拨款结转/非财政拨款结余——年初余额调整 　　贷：资金结存
	减少以前年度费用时	借：有关资产或负债科目 　　贷：以前年度盈余调整	按照实际收到的金额 借：资金结存 　　贷：财政拨款结转/财政拨款结余/ 　　　　非财政拨款结转/非财政拨款结余——年初余额调整

13.7.3　盘盈非流动资产

1．业务概述

盘盈非流动资产通过"以前年度盈余调整"科目来核算。非流动资产出现盘盈通常是以前的记录错误造成的，所以不属于收入，单位应该调整以前年度的损益。

2. 账务处理

行政事业单位存在盘盈的各种非流动资产，报经批准后处理时，按照"待处理财产损溢"科目的金额，财务会计应当借记"待处理财产损溢"科目，贷记"以前年度盈余调整"科目。预算会计不需要做账务处理。盘盈非流动资产的账务处理如表13-21所示。

表13-21　　　　　　　盘盈非流动资产的账务处理

		财务会计处理	预算会计处理
盘盈非流动资产	报经批准处理时	借：待处理财产损溢 　　贷：以前年度盈余调整	—

13.7.4　年末，"以前年度盈余调整"科目余额的结转

1. 业务概述

行政事业单位在每年末应当将"以前年度盈余调整"科目进行结转，使其年末余额为零。

2. 账务处理

行政事业单位应该在每年末将"以前年度盈余调整"科目的余额转入"累计盈余"科目，财务会计应当借记或贷记"累计盈余"科目，贷记或借记"以前年度盈余调整"科目。"以前年度盈余调整"科目结转后应无余额。预算会计不需要做账务处理。年末，"以前年度盈余调整"科目余额结转的账务处理如表13-22所示。

表13-22　年末，"以前年度盈余调整"科目余额结转的账务处理

		财务会计处理	预算会计处理
将"以前年度盈余调整"科目余额转入累计盈余	"以前年度盈余调整"科目为借方余额时	借：累计盈余 　　贷：以前年度盈余调整	—
	"以前年度盈余调整"科目为贷方余额时	借：以前年度盈余调整 　　贷：累计盈余	—

3. 案例解析

【例13-17】某单位2×20年12月31日"以前年度盈余调整"科目的贷方余额为200 000元。年末结转的相关账务处理如下。

财务会计:
借: 以前年度盈余调整　　　　　　　　　　　　200 000
　　贷: 累计盈余　　　　　　　　　　　　　　　　200 000
预算会计不需要做账务处理。

第 14 章 收入类经济业务的会计处理

14.1 财政拨款收入

财政拨款收入是指从同级政府财政部门取得的各类财政拨款。同级政府财政部门预拨的下期预算款和没有纳入预算的暂付款项,以及采用实拨资金方式通过本单位转拨给下属单位的财政拨款,通过"其他应付款"科目核算,不通过"财政拨款收入"科目进行核算。"财政拨款收入"科目可按照一般公共预算财政拨款、政府性基金预算财政拨款等拨款种类进行明细核算。

14.1.1 收到拨款

1. 业务概述

取得财政拨款收入主要是指从同级政府财政部门取得各类财政拨款,取得方式主要有财政直接支付方式、财政授权支付方式和其他方式。

2. 账务处理

(1) 财政直接支付方式下,根据收到的"财政直接支付入账通知书"及相关原始凭证,按照通知书中的直接支付入账金额,财务会计应当借记"库存商品""固定资产""业务活动费用""单位管理费用""应付职工薪酬"等科目,贷记"财政拨款收入"科目。预算会计应当借记"行政支出""事业支出"等科目,贷记"财政拨款预算收入"科目。涉及增值税业务的,相关账务处理参见"应交增值税"科目。

(2) 财政授权支付方式下,根据收到的"财政授权支付额度到账通知书",按照通知书中的授权支付额度,财务会计应当借记"零余额账户用款额度"科目,贷记"财政拨款收入"科目。预算会计应当借记"资金结存——零余额账户用款额度"科目,贷记"财政拨款预算收入"科目。

(3) 其他方式下收到的财政拨款收入,按照实际收到的金额,财务会计应当借记"银行存款"等科目,贷记"财政拨款收入"科目。预算会计应当借记"资金结存——货币资金"科目,贷记"财政拨款预算收入"科目。

收到财政拨款的账务处理如表 14-1 所示。

表 14-1　　　　　　　　　收到财政拨款的账务处理

	财务会计处理	预算会计处理
财政直接支付方式下	借：库存商品/固定资产/业务活动费用/单位管理费用/应付职工薪酬等 贷：财政拨款收入	借：行政支出/事业支出等 贷：财政拨款预算收入
财政授权支付方式下	借：零余额账户用款额度 贷：财政拨款收入	借：资金结存——零余额账户用款额度 贷：财政拨款预算收入
其他方式下	借：银行存款等 贷：财政拨款收入	借：资金结存——货币资金 贷：财政拨款预算收入

3. 案例解析

【例14-1】某行政单位收到财政部门委托其代理银行转来的财政直接支付入账通知书，其中明确了财政部门为行政部门支付 100 000 元的日常行政活动经费，200 000 元的在职人员工资，70 000 元的为开展某项专业业务活动所发生的费用。相关账务处理如下。

财务会计：

借：业务活动费用　　　　　　　　　　　　　　　　170 000
　　应付职工薪酬　　　　　　　　　　　　　　　　200 000
　　贷：财政拨款收入　　　　　　　　　　　　　　　　　370 000

预算会计：

借：行政支出　　　　　　　　　　　　　　　　　　370 000
　　贷：财政拨款预算收入　　　　　　　　　　　　　　　370 000

14.1.2　年末确认拨款差额

1. 业务概述

每年末，本年度财政直接支付预算指标数通常和当年财政直接支付实际支付数不一样，会存在差额，此时单位需要确认拨款差额。

2. 账务处理

（1）年末，根据本年度财政直接支付预算指标数与当年财政直接支付实际支付数的差额，财务会计应当借记"财政应返还额度——财政直接支付"科目，贷记"财政拨款收入"科目。预算会计应当借记"资金结存——财政应返还额度"科目，贷记"财政拨款预算收入"科目。

（2）年末，本年度财政授权支付预算指标数大于零余额账户用款额度下达数的,根据未下达的用款额度,财务会计应当借记"财政应返还额度——财政授权支付"科目,贷记"财政拨款收入"科目。预算会计应当借记"资金结存——财政应返还额度"科目,贷记"财政拨款预算收入"科目。

年末确认拨款差额的账务处理如表 14-2 所示。

表 14-2　　　　　　　　年末确认拨款差额的账务处理

	财务会计处理	预算会计处理
根据本年度财政直接支付预算指标数与当年财政直接支付实际支付数的差额	借：财政应返还额度——财政直接支付 贷：财政拨款收入	借：资金结存——财政应返还额度 贷：财政拨款预算收入
本年度财政授权支付预算指标数大于零余额账户用款额度下达数的差额	借：财政应返还额度——财政授权支付 贷：财政拨款收入	借：资金结存——财政应返还额度 贷：财政拨款预算收入

3．案例解析

【例 14-2】某行政单位本年度财政直接支付的基本支出拨款预算指标数为 800 000 元,而当年财政直接支付实际支付数为 730 000 元,年末确定该行政单位应收财政返还的资金额度为 70 000 元。相关账务处理如下。

财务会计：

借：财政应返还额度——财政直接支付　　　　　　70 000
　　贷：财政拨款收入　　　　　　　　　　　　　　　70 000

预算会计：

借：资金结存——财政应返还额度　　　　　　　　70 000
　　贷：财政拨款预算收入　　　　　　　　　　　　　70 000

14.1.3　拨款退回

1．业务概述

拨款退回可分为以前年度支付的款项退回和本年度支付的款项退回。如果是因差错更正或购货退回等发生国库支付款项直接退回,通常为以前年度支付款项退回;如果是本期的购货退回等,通常为本年度支付的款项退回。

2．账务处理

因差错更正或购货退回等发生国库直接支付款项退回的,属于以前年度支付的款项退回,按照退回金额,财务会计应当借记"财政应返还额度——财政直接支付"科目,贷记"以前年度盈余调整""库存物品"等科目。对于预算会计,属于财政拨款结转资金的,应当借记"资金结存——财政应返还额度"科目,贷记"财政拨款结转——年初余额调整"科目;属于财政拨款结余资金的,应当借记"资金结存——财政应返还额度"科目,贷记"财政拨款结余——年初余额调整"科目。

属于本年度支付的款项,按照退回金额,财务会计应当借记"财政拨款收入"科目,贷记"业务活动费用""库存物品"等科目。预算会计应当借记"财政拨款预算收入"科目,贷记"行政支出""事业支出"等科目。

拨款退回的账务处理如表14-3所示。

表14-3　　　　　　　　　拨款退回的账务处理

	财务会计处理	预算会计处理
属于本年度支付的款项	借：财政拨款收入 　贷：业务活动费用/库存物品等	借：财政拨款预算收入 　贷：行政支出/事业支出等
属于以前年度支付的款项 （财政拨款结转资金）	借：财政应返还额度——财政直接支付 　贷：以前年度盈余调整/库存物品等	借：资金结存——财政应返还额度 　贷：财政拨款结转——年初余额调整
属于以前年度支付的款项 （财政拨款结余资金）		借：资金结存——财政应返还额度 　贷：财政拨款结余——年初余额调整

3．案例解析

【例14-3】某行政单位本年度发生了一笔由购货退回引起的国库直接支付款项退回的业务,经相关人员查证,相关款项属于本年度支付的款项,退回物品的金额为70 000元。相关账务处理如下。

财务会计：
借：财政拨款收入　　　　　　　　　　　　　　70 000
　　贷：库存商品　　　　　　　　　　　　　　　70 000
预算会计：
借：财政拨款预算收入　　　　　　　　　　　　70 000
　　贷：行政支出　　　　　　　　　　　　　　　70 000

14.1.4 年末结转

1. 业务概述

行政事业单位在每年末,都需要将"财政拨款收入"科目进行结转,使其余额为零。

2. 账务处理

年末,将"财政拨款收入"科目本期发生额转入本期盈余,财务会计应当借记"财政拨款收入"科目,贷记"本期盈余"科目。期末结转后,"财政拨款收入"科目应无余额。预算会计应当借记"财政拨款预算收入"科目,贷记"财政拨款结转——本年收支结转"科目。年末结转的账务处理如表14-4所示。

表14-4 年末结转的账务处理

	财务会计处理	预算会计处理
期末/年末结转	借:财政拨款收入 　　贷:本期盈余	借:财政拨款预算收入 　　贷:财政拨款结转——本年收支结转

3. 案例解析

【例14-4】某行政单位年末进行结账,"财政拨款收入"科目的贷方余额为7 900 000元。相关账务处理如下。

财务会计:

借:财政拨款收入　　　　　　　　　　　　　7 900 000

　　贷:本期盈余　　　　　　　　　　　　　　　　7 900 000

预算会计:

借:财政拨款预算收入　　　　　　　　　　　7 900 000

　　贷:财政拨款结转——本年收支结转　　　　　　7 900 000

14.2 事业收入

"事业收入"科目核算事业单位开展专业业务活动及其辅助活动实现的收入,不包括从同级政府财政部门取得的各类财政拨款。"事业收入"科目应当按照事业收入的类别、来源等进行明细核算。对于因开展科研及其辅助活动从非同级政府财政部门取得的经费拨款,应当在"事业收入"科目下单设"非同级财政拨款"明细科目进行核算。

14.2.1 采用财政专户返还方式

1. 业务概述

财政专户返还收入是采用财政专户返还方式管理的事业收入。

承担政府规定的社会公益性服务任务的事业单位，面向社会提供的公益服务是无偿的，或只按政府指导价格收取部分费用，其事业收费需要纳入财政专户管理。

如果事业单位的某项事业收费纳入了财政专户管理，则事业单位需要采用"收支两条线"的方式管理。在这种管理方式下，事业单位取得的各项事业收费不能立即安排支出，需要上缴同级财政部门设立的财政专户，支出时同级财政部门按资金支出计划从财政专户中拨付。事业单位经过审批取得从财政专户核拨的款项时，方可确认事业收入。

2. 账务处理

（1）实现应上缴财政专户的事业收入时，按照实际收到或应收的金额，财务会计应当借记"银行存款""应收账款"等科目，贷记"应缴财政款"科目。预算会计不需要做账务处理。

（2）向财政专户上缴款项时，按照实际上缴的款项金额，财务会计应当借记"应缴财政款"科目，贷记"银行存款"等科目。预算会计不需要做账务处理。

（3）收到从财政专户返还的事业收入时，按照实际收到的返还金额，财务会计应当借记"银行存款"等科目，贷记"事业收入"科目。预算会计应当借记"资金结存——货币资金"科目，贷记"事业预算收入"科目。

采用财政专户返还方式的账务处理如表14-5所示。

表14-5　　　　采用财政专户返还方式的账务处理

	财务会计处理	预算会计处理
实际收到或应收应上缴财政专户的事业收入时	借：银行存款/应收账款等 　贷：应缴财政款	—
向财政专户上缴款项时	借：应缴财政款 　贷：银行存款等	—
收到从财政专户返还的款项时	借：银行存款等 　贷：事业收入	借：资金结存——货币资金 　贷：事业预算收入

14.2.2 采用预收款方式

1. 业务概述

预收款是指事业单位向购货方预收的购货订金或部分货款。预收款是以买卖双方签订的协议或合同为依据,由购货方预先支付一部分(或全部)货款给供应方而发生的一项负债,销货方要用以后的商品或劳务来偿付这项负债。

2. 账务处理

(1)实际收到预收款项时,按照收到的款项金额,财务会计应当借记"银行存款"等科目,贷记"预收账款"科目。预算会计应当借记"资金结存——货币资金"科目,贷记"事业预算收入"科目。

(2)以合同完成进度确认事业收入时,按照基于合同完成进度计算的金额,财务会计应当借记"预收账款"科目,贷记"事业收入"科目。预算会计不需要做账务处理。

(3)涉及增值税业务的,相关账务处理参见"应交增值税"科目。

采用预收款方式的账务处理如表14-6所示。

表14-6　　　　　　采用预收款方式的账务处理

	财务会计处理	预算会计处理
实际收到款项时	借:银行存款等 　贷:预收账款	借:资金结存——货币资金 　贷:事业预算收入
按合同完成进度确认收入时	借:预收账款 　贷:事业收入	—

3. 案例解析

【例14-5】某事业单位7月初开展了一项鉴证服务,服务费10 000元,预计2个月完成,7月初预收了10 000元的款项,7月底按照服务完成进度确认了一半的事业收入。相关账务处理如下。

7月初。

财务会计:

借:银行存款　　　　　　　　　　　　　　　　　　　　10 000

　　贷:预收账款　　　　　　　　　　　　　　　　　　　　10 000

预算会计:

借:资金结存——货币资金　　　　　　　　　　　　　　10 000

　　贷:事业预算收入　　　　　　　　　　　　　　　　　　10 000

7月底。

财务会计：

借：预收账款　　　　　　　　　　　　　　　　　　　　　5 000

　　贷：事业收入　　　　　　　　　　　　　　　　　　　5 000

预算会计不需要做账务处理。

14.2.3　采用应收款方式

1．业务概述

应收款是指事业单位在正常的经营过程中因销售商品、产品、提供劳务等业务，应向购买单位收取的款项，包括应由购买单位或接受劳务单位负担的税金、代购买方垫付的各种运杂费等。

2．账务处理

（1）按照根据合同完成进度计算的本期应收的款项，财务会计应当借记"应收账款"科目，贷记"事业收入"科目。预算会计不需要做账务处理。

（2）按照实际收到的款项，财务会计应当借记"银行存款"等科目，贷记"应收账款"科目。预算会计应当借记"资金结存——货币资金"科目，贷记"事业预算收入"科目。

（3）涉及增值税业务的，相关账务处理参见"应交增值税"科目。

采用应收款方式的账务处理如表14-7所示。

表14-7　　　　　　　　采用应收款方式的账务处理

	财务会计处理	预算会计处理
根据合同完成进度计算本期应收的款项	借：应收账款 　　贷：事业收入	—
实际收到款项时	借：银行存款等 　　贷：应收账款	借：资金结存——货币资金 　　贷：事业预算收入

3．案例解析

【例14-6】某事业单位开展咨询服务，咨询服务费为10 000元，款项尚未收到。相关账务处理如下。

财务会计：

借：应收账款　　　　　　　　　　　　　　　　　　　　　10 000

　　贷：事业收入——咨询服务　　　　　　　　　　　　　10 000

预算会计不需要做账务处理。

14.2.4　采用其他方式

1. 业务概述

除采用财政专户返还方式、预收款方式和应收款方式外，事业单位还可采用其他方式。其他方式确认的事业收入一般表现为收到银行存款或库存现金。

2. 账务处理

其他方式下确认的事业收入，按照实际收到的金额，财务会计应当借记"银行存款""库存现金"等科目，贷记"事业收入"科目。预算会计应当借记"资金结存——货币资金"科目，贷记"事业预算收入"科目。涉及增值税业务的，相关账务处理参见"应交增值税"科目。其他方式下的账务处理如表 14-8 所示。

表 14-8　　　　　　　　其他方式下的账务处理

	财务会计处理	预算会计处理
其他方式下	借：银行存款/库存现金等 　贷：事业收入	借：资金结存——货币资金 　贷：事业预算收入

3. 案例解析

【例 14-7】某事业单位销售一批科研中间产品，单价 250 元，共 800 件，共计 200 000 元，增值税税额 26 000 元，款已收到。相关账务处理如下。

财务会计：

借：银行存款		226 000
贷：事业收入		200 000
应交增值税——应交税金（销项税额）		26 000

预算会计：

借：资金结存——货币资金		226 000
贷：事业预算收入		226 000

14.2.5　年末结转

1. 业务概述

事业单位在每年末，都需要将"事业收入"科目进行结转，使其余额为零。

2. 账务处理

年末，将"事业收入"科目本年发生额转入本期盈余，财务会计应当借记

"事业收入"科目,贷记"本期盈余"科目。年末结转后,"事业收入"科目应无余额。对于预算会计,属于专项资金收入的,应当借记"事业预算收入"科目,贷记"非财政拨款结转——本年收支结转"科目;属于非专项资金收入的,应当借记"事业预算收入"科目,贷记"其他结余"科目。年末结转的账务处理如表14-9所示。

表 14-9　　　　　　　　　年末结转的账务处理

	财务会计处理	预算会计处理
专项资金收入	借：事业收入 　贷：本期盈余	借：事业预算收入 　贷：非财政拨款结转——本年收支结转
非专项资金收入		借：事业预算收入 　贷：其他结余

3. 案例解析

【例 14-8】某事业单位年终进行结账,"事业收入"科目的贷方余额为 7 900 000 元,均为专项资金收入。相关账务处理如下。

财务会计：
借：事业收入　　　　　　　　　　　　　　　　　　 7 900 000
　　贷：本期盈余　　　　　　　　　　　　　　　　　　 7 900 000
预算会计：
借：事业预算收入　　　　　　　　　　　　　　　　　 7 900 000
　　贷：非财政拨款结转——本年收支结转　　　　　　　 7 900 000

14.3　上级补助收入

"上级补助收入"科目核算事业单位从主管部门或上级单位取得的非财政拨款收入。上级补助收入是事业单位收到主管部门或上级单位拨入的非财政补助资金。根据事业单位的管理体制,每个事业单位均有主管部门或上级单位,主管部门或上级单位可以利用自身的收入或集中的收入,对所属事业单位给予补助,以调剂事业单位的资金。"上级补助收入"科目应当按照发放补助单位、补助项目等进行明细核算。

14.3.1 日常核算

1. 业务概述

上级补助收入不同于财政补助收入,上级补助收入并非来源于财政部门,也不是财政部门安排的财政预算资金,而是由主管部门或上级单位拨入的非财政补助资金。上级补助收入并不是事业单位的常规收入,主管部门或上级单位一般根据自身的资金情况和事业单位的需要进行拨付。

2. 账务处理

确认上级补助收入时,按照应收或实际收到的金额,财务会计应当借记"其他应收款""银行存款"等科目,贷记"上级补助收入"科目;实际收到应收的上级补助款时,按照实际收到的金额,借记"银行存款"等科目,贷记"其他应收款"科目。预算会计应当按照实际收到的金额,借记"资金结存——货币资金"科目,贷记"上级补助预算收入"科目。日常核算的账务处理如表 14-10 所示。

表 14-10　　　　　　　　　　日常核算的账务处理

	财务会计处理	预算会计处理
确认时,按照应收或实际收到的金额	借:其他应收款/银行存款等 贷:上级补助收入	借:资金结存——货币资金 [按照实际收到的金额] 贷:上级补助预算收入
收到应收的上级补助收入时	借:银行存款等 贷:其他应收款	

3. 案例解析

【例 14-9】某事业单位收到主管部门拨来的补助款 100 000 元,款项已经到账。此款项是上级单位用其所集中的款项对附属单位基本支出进行的调剂。相关账务处理如下。

财务会计:

借:银行存款　　　　　　　　　　　　　　　　　　　　100 000
　　贷:上级补助收入——主管部门　　　　　　　　　　　100 000

预算会计:

借:资金结存——货币资金　　　　　　　　　　　　　　100 000
　　贷:上级补助预算收入　　　　　　　　　　　　　　　100 000

14.3.2 年末结转

1. 业务概述

事业单位在每年末,都需要将"上级补助收入"科目结转,使其余额为零。

2. 账务处理

年末,事业单位需将"上级补助收入"科目本年发生额转入本期盈余,财务会计应当借记"上级补助收入"科目,贷记"本期盈余"科目。年末结转后,"上级补助收入"科目应无余额。对于预算会计,属于专项资金收入的,借记"上级补助预算收入"科目,贷记"非财政拨款结转——本年收支结转"科目;属于非专项资金收入的,借记"上级补助预算收入"科目,贷记"其他结余"科目。年末结转的账务处理如表14-11所示。

表14-11 年末结转的账务处理

	财务会计处理	预算会计处理
专项资金收入	借:上级补助收入 贷:本期盈余	借:上级补助预算收入 贷:非财政拨款结转——本年收支结转
非专项资金收入		借:上级补助预算收入 贷:其他结余

3. 案例解析

【例14-10】年终,某事业单位结账,"上级补助收入"科目的贷方余额为900 000元,其中专项资金收入600 000元,非专项资金收入300 000元。相关账务处理如下。

财务会计:

借:上级补助收入　　　　　　　　　　　　　　　　900 000
　　贷:本期盈余　　　　　　　　　　　　　　　　　　900 000

预算会计:

借:上级补助预算收入　　　　　　　　　　　　　　900 000
　　贷:非财政拨款结转——本年收支结转　　　　　　600 000
　　　　其他结余　　　　　　　　　　　　　　　　　300 000

14.4　附属单位上缴收入

"附属单位上缴收入"科目核算事业单位取得的附属独立核算单位按照有关规定缴纳的各项收入。事业单位一般下设一些独立核算的附属单位,这些单位按规定应当上缴一定的收入,形成事业单位的附属单位上缴收入。"附属单位上缴收入"科目应当按照附属单位、缴款项目等进行明细核算。

14.4.1　日常核算

1. 业务概述

独立核算的附属单位是指事业单位内部设立的,实行独立核算的下级单位,其与上级单位存在一定的体制关系。附属单位缴款是事业单位收到的附属单位上缴的款项,事业单位与附属单位之间的往来款项,不通过"附属单位上缴收入"科目核算,事业单位对外投资获得的投资收益也不通过"附属单位上缴收入"科目核算。

2. 账务处理

(1) 确认附属单位上缴收入时,按照应收或实际收到的金额,财务会计应当借记"其他应收款""银行存款"等科目,贷记"附属单位上缴收入"科目。

(2) 实际收到应收附属单位上缴收入时,按照实际收到的金额,财务会计应当借记"银行存款"等科目,贷记"其他应收款"科目。

(3) 预算会计应当按照实际收到的金额,借记"资金结存——货币资金"科目,贷记"附属单位上缴预算收入"科目。

日常核算的账务处理如表 14-12 所示。

表 14-12　　　　　　　　日常核算的账务处理

	财务会计处理	预算会计处理
确认时,按照应收或实际收到的金额	借:其他应收款/银行存款等 贷:附属单位上缴收入	借:资金结存——货币资金[按照实际收到的金额] 贷:附属单位上缴预算收入
实际收到应收附属单位上缴收入时	借:银行存款等 贷:其他应收款	

3. 案例解析

【例 14-11】某事业单位下属的招待所为独立核算的附属单位。按事业单位与招待所签订的收入分配办法规定,2×13 年招待所应上缴分成款 60 000 元,事业单位已收到招待所上缴的款项。相关账务处理如下。

财务会计：

借：银行存款　　　　　　　　　　　　　　　　　　　　60 000

　　贷：附属单位上缴收入　　　　　　　　　　　　　　　　60 000

预算会计：

借：资金结存——货币资金　　　　　　　　　　　　　　60 000

　　贷：附属单位上缴预算收入　　　　　　　　　　　　　　60 000

14.4.2 年末结转

1. 业务概述

事业单位在每年末，都需要将"附属单位上缴收入"科目进行结转，使其余额为零。

2. 账务处理

年末，将"附属单位上缴收入"科目本年发生额转入本期盈余，财务会计应当借记"附属单位上缴收入"科目，贷记"本期盈余"科目。对于预算会计，属于专项资金收入的，应当借记"附属单位上缴预算收入"科目，贷记"非财政拨款结转——本年收支结转"科目；属于非专项资金收入的，应当借记"附属单位上缴预算收入"科目，贷记"其他结余"科目。年末结转的账务处理如表 14-13 所示。

表 14-13　　　　　　　　　年末结转的账务处理

	财务会计处理	预算会计处理
专项资金收入	借：附属单位上缴收入 　　贷：本期盈余	借：附属单位上缴预算收入 　　贷：非财政拨款结转——本年收支结转
非专项资金收入		借：附属单位上缴预算收入 　　贷：其他结余

3. 案例解析

【例 14-12】某事业单位年终进行结账，"附属单位上缴收入"科目的贷方余额为 900 000 元，均为专项资金收入。相关账务处理如下。

财务会计：

借：附属单位上缴收入　　　　　　　　　　　　　　　900 000

　　贷：本期盈余　　　　　　　　　　　　　　　　　　　900 000

预算会计：

借：附属单位上缴预算收入　　　　　　　　　　　　　　　900 000

　　贷：非财政拨款结转——本年收支结转　　　　　　　　900 000

14.5　经营收入

"经营收入"科目核算事业单位在专业业务活动及其辅助活动之外开展非独立核算经营活动取得的现金流入。经营收入是一种有偿收入，以提供各项服务或商品为前提，是事业单位在经营活动中通过收费等方式取得的收入。事业单位的主营业务活动是专业业务活动，在专业业务活动及其辅助活动以外开展的各项业务活动即经营活动。事业单位开展经营活动的目的是通过经营活动获取一定的收入，来获得事业经费。"经营收入"科目应当按照经营活动类别、项目和收入来源等进行明细核算。

14.5.1　确认经营收入时

1. 业务概述

事业单位确认经营收入时应满足两个条件：一是经营收入是事业单位在专业业务活动及其辅助活动之外取得的收入；二是经营收入是事业单位开展非独立核算经营活动取得的收入。事业单位应当在提供服务或发出存货，同时收讫价款或者取得索取价款的凭据时，按照实际收到或应收的金额予以确认经营收入。

经营收入的分类标准及其主要内容如表 14-14 所示。

表 14-14　　　　　经营收入的分类标准及其主要内容

分类标准	分类名称	主要内容
经营业务类型	经营服务收入	事业单位非独立核算部门对外提供经营服务取得的收入
	销售收入	事业单位非独立核算部门开展商品生产、加工对外销售商品取得的收入
	租赁收入	事业单位对外出租房屋、场地和设备等取得的收入
	其他经营收入	除上述收入以外的各项经营类业务收入

2. 账务处理

实现经营收入时，按照确定的收入金额，财务会计应当借记"银行存款""应收账款""应收票据"等科目,贷记"经营收入"科目。预算会计应当借记"资金结存——货币资金"科目,贷记"经营预算收入"科目。涉及增值税业务的,相关账务处理参见"应交增值税"科目。确认经营收入的会计处理如表 14-15 所示。

表 14-15　　　　　　　　　确认经营收入的会计处理

	财务会计处理	预算会计处理
确认经营收入时	借：银行存款/应收账款/应收票据等 贷：经营收入	借：资金结存——货币资金 贷：经营预算收入

3. 案例解析

【例 14-13】某事业单位附属的服务部提供打印服务应收取打印费 1 000 元,实际收到 800 元,款项已经存入银行。相关账务处理如下。

财务会计：

借：银行存款　　　　　　　　　　　　　　　　　　　800

　　应收账款　　　　　　　　　　　　　　　　　　　200

　　　贷：经营收入——打印服务　　　　　　　　　　　　　1 000

预算会计：

借：资金结存——货币资金　　　　　　　　　　　　　800

　　　贷：经营预算收入——打印服务　　　　　　　　　　　　800

14.5.2　年末结转

1. 业务概述

事业单位在每年末,都需要将"经营收入"科目结转,使其余额为零。

2. 账务处理

年末,将"经营收入"科目本年发生额转入本期盈余,财务会计应当借记"经营收入"科目,贷记"本期盈余"科目。年末结转后,"经营收入"科目应无余额。预算会计应当借记"经营预算收入"科目,贷记"经营结余"科目。年末结转的账务处理如表 14-16 所示。

表 14-16　　　　　　　　　年末结转的账务处理

	财务会计处理	预算会计处理
年末结转	借：经营收入 　　贷：本期盈余	借：经营预算收入 　　贷：经营结余

3. 案例解析

【例 14-14】某事业单位年终进行结账,"经营收入"科目的贷方余额为 800 000 元。相关账务处理如下。

财务会计:

借:经营收入 800 000
　　贷:本期盈余 800 000

预算会计:

借:经营预算收入 800 000
　　贷:经营结余 800 000

14.6 非同级财政拨款收入

"非同级财政拨款收入"科目核算行政事业单位从非同级政府财政部门取得的经费拨款,包括从同级政府其他部门取得的横向转拨财政款、从上级或下集政府财政部门取得的经费拨款等。事业单位因开展科研及其辅助活动从非同级政府财政部门取得的经费拨款,应通过"事业收入——非同级财政拨款"科目核算,不通过"非同级财政拨款收入"科目核算。"非同级财政拨款收入"科目应当按照本级横向转拨财政款和非本级财政拨款进行明细核算,并按照收入来源进行明细核算。

14.6.1 确认非同级财政拨款收入时

1. 业务概述

非同级财政拨款收入是指行政事业单位的应交未交的行政事业性收费、罚没收入、用单位资产从事取得的经营服务性收入、上级主管部门直接下拨的款项、下属单位上缴收入等。行政事业单位应当根据实际收到或应收的款项,确认非同级财政拨款收入。

2. 账务处理

确认非同级财政拨款收入时,按照应收或实际收到的金额,财务会计应当借记"其他应收款""银行存款"等科目,贷记"非同级财政拨款收入"科目。对于预算会计,按照实际收到的金额,借记"资金结存——货币资金"科目,贷记"非同级财政拨款预算收入"科目。确认非同级财政拨款收入的会计处理如表 14-17 所示。

表14-17　　　　　　　确认非同级财政拨款收入的会计处理

	财务会计处理	预算会计处理
确认收入时	借：其他应收款/银行存款等 　　贷：非同级财政拨款收入	借：资金结存——货币资金 　　贷：非同级财政拨款预算收入

3. 案例解析

【例14-15】某单位收到了非同级财政部门委托其代理银行转来的财政直接支付入账通知书，包含了银行存款900 000元。相关账务处理如下。

财务会计：

借：银行存款　　　　　　　　　　　　　　　　　　　　　900 000
　　贷：非同级财政拨款收入　　　　　　　　　　　　　　　900 000

预算会计：

借：资金结存——货币资金　　　　　　　　　　　　　　　900 000
　　贷：非同级财政拨款预算收入　　　　　　　　　　　　900 000

14.6.2　年末结转

1. 业务概述

行政事业单位在每年末，都需要将"非同级财政拨款收入"科目结转，使其余额为零。

2. 账务处理

年末，将"非同级财政拨款收入"科目本年发生额转入本期盈余，财务会计应当借记"非同级财政拨款收入"科目，贷记"本期盈余"科目。期末结转后，"非同级财政拨款收入"科目应无余额。对于预算会计，针对专项资金，借记"非同级财政拨款预算收入"科目，贷记"非财政拨款结转——本年收支结转"科目；针对非专项资金，借记"非同级财政拨款预算收入"科目，贷记"其他结余"科目。年末结转的账务处理如表14-18所示。

表14-18　　　　　　　年末结转的账务处理

	财务会计处理	预算会计处理
专项资金	借：非同级财政拨款收入 　　贷：本期盈余	借：非同级财政拨款预算收入 　　贷：非财政拨款结转——本年收支结转
非专项资金	借：非同级财政拨款收入 　　贷：本期盈余	借：非同级财政拨款预算收入 　　贷：其他结余

3. 案例解析

【例 14-16】某单位年终进行结账,"非同级财政拨款收入"科目的贷方余额为 900 000 元,其中,专项资金收入为 300 000 元,非专项资金收入为 600 000 元。相关账务处理如下。

财务会计:

借:非同级财政拨款收入　　　　　　　　　　　　　　　900 000
　　贷:本期盈余　　　　　　　　　　　　　　　　　　　　　900 000

预算会计:

借:非同级财政拨款预算收入　　　　　　　　　　　　　900 000
　　贷:非财政拨款结转——本年收支结转　　　　　　　　　300 000
　　　　其他结余　　　　　　　　　　　　　　　　　　　　600 000

14.7　投资收益

"投资收益"科目核算事业单位股权投资和债券投资所实现的收益或发生的损失。"投资收益"科目应当按照投资的种类等进行明细核算。

14.7.1　出售或到期收回短期债券本息

1. 业务概述

短期债券是为筹集短期资金而发行的债券。一般,期限在 1 年以内。有些在市场上流通的中长期债券,距离其到期日不足 1 年的,也视作短期债券。短期债券具有流动性强、风险低的特点。

2. 账务处理

出售或到期收回短期债券本息,财务会计应当按照实际收到的金额,借记"银行存款"科目,按照出售或收回短期投资的成本,贷记"短期投资"科目,按照其差额,贷记或借记"投资收益"科目。预算会计应按照实际收到的款项,借记"资金结存——货币资金"科目,按出售或收回短期投资的成本,贷记"投资支出""其他结余"科目,按其差额,贷记或借记"投资预算收益"科目。涉及增值税业务的,相关账务处理参见"应交增值税"科目。出售或到期收回短期债券本息的账务处理如表 14-19 所示。

表 14-19　　　出售或到期收回短期债券本息的账务处理

	财务会计处理	预算会计处理
出售或到期收回短期债券本息	借：银行存款 　　投资收益 [借差] 贷：短期投资 [成本] 　　投资收益 [贷差]	借：资金结存——货币资金 [实际收到的款项] 　　投资预算收益 [借差] 贷：投资支出 / 其他结余 [投资成本] 　　投资预算收益 [贷差]

3. 案例解析

【例 14-17】某事业单位一项短期国债投资到期兑付，其收到短期国债投资本息 61 200 元，其中短期投资成本为 60 000 元，利息为 1 200 元。相关账务处理如下。

财务会计：

借：银行存款　　　　　　　　　　　　　　　　　　　　　61 200
　　贷：短期投资　　　　　　　　　　　　　　　　　　　　60 000
　　　　投资收益　　　　　　　　　　　　　　　　　　　　 1 200

预算会计：

借：资金结存——货币资金　　　　　　　　　　　　　　　　61 200
　　贷：投资支出　　　　　　　　　　　　　　　　　　　　60 000
　　　　投资预算收益　　　　　　　　　　　　　　　　　　 1 200

14.7.2　持有的分期付息、一次还本的长期债券投资

1. 业务概述

长期债券是发行者为筹集长期资金而发行的债券。一般来说，偿还期限为 10 年以上的债券为长期债券。发行长期债券的目的，主要是筹集大型工程、市政设施及一些期限较长的建设项目的建设资金。

2. 账务处理

持有的分期付息、一次还本的长期债券投资，按期确认利息收入时，按照计算确定的应收未收利息，财务会计应当借记"应收利息"科目，贷记"投资收益"科目；预算会计不需要做账务处理。实际收到利息时，财务会计应当借记"银行存款"科目，贷记"应收利息"科目；预算会计应当借记"资金结存——货币资金"科目，贷记"投资预算收益"科目。

持有分期付息、一次还本的长期债券投资与利息相关的账务处理如表 14-20 所示。

表 14-20　持有分期付息、一次还本的长期债券投资与利息相关的账务处理

	财务会计处理	预算会计处理
确认应收未收利息	借：应收利息 　　贷：投资收益	—
实际收到利息时	借：银行存款 　　贷：应收利息	借：资金结存——货币资金 　　贷：投资预算收益

3. 案例解析

【例 14-18】某事业单位投资了一项长期债券，采用的支付方式是分期付息、一次还本，每期应计的利息为 5 000 元，利息已收到。相关账务处理如下。

财务会计：

借：应收利息　　　　　　　　　　　　　　　　　　　　　　5 000
　　贷：投资收益　　　　　　　　　　　　　　　　　　　　5 000
借：银行存款　　　　　　　　　　　　　　　　　　　　　　5 000
　　贷：应收利息　　　　　　　　　　　　　　　　　　　　5 000

预算会计：

借：资金结存——货币资金　　　　　　　　　　　　　　　　5 000
　　贷：投资预算收益　　　　　　　　　　　　　　　　　　5 000

14.7.3　持有的一次还本付息的长期债券投资

1. 账务处理

持有的一次还本付息的长期债券投资，按期确认利息收入时，按照计算确定的应收未收利息，财务会计应当借记"长期债券投资——应计利息"科目，贷记"投资收益"科目。预算会计不需要做账务处理。持有的一次还本付息的长期债券投资与利息相关的账务处理如表 14-21 所示。

表 14-21　持有的一次还本付息的长期债券投资与利息相关的账务处理

	财务会计处理	预算会计处理
持有的一次还本付息的长期债券投资	借：长期债券投资——应计利息 　　贷：投资收益	—

2. 案例解析

【例 14-19】某事业单位投资了一项长期债券，采用的支付方式是一次还本付息，当期应计利息为 5 000 元。相关账务处理如下。

财务会计：

借：长期债券投资——应计利息　　　　　　　　　　　　5 000
　　贷：投资收益　　　　　　　　　　　　　　　　　　　　　5 000

预算会计不需要做账务处理。

14.7.4　出售长期债券投资或到期收回长期债券投资本息

账务处理

出售长期债券投资或到期收回长期债券投资本息，财务会计应当按照实际收到的金额，借记"银行存款"等科目，按照债券初始投资成本和已计未收利息金额，贷记"长期债券投资——成本、应计利息"科目 [到期一次还本付息债券] 或"长期债券投资""应收利息"科目 [分期付息债券]，按照其差额，贷记或借记"投资收益"科目。对于预算会计，按照实际收到的款项，借记"资金结存——货币资金"科目，贷记"投资支出"或"其他结余"科目，按照其差额，贷记或借记"投资预算收益"科目。涉及增值税业务的，相关账务处理参见"应交增值税"科目。出售长期债券投资或到期收回长期债券投资本息的账务处理如表 14-22 所示。

表 14-22　出售长期债券投资或到期收回长期债券投资本息的账务处理

	财务会计处理	预算会计处理
出售或到期收回长期债券投资本息	借：银行存款等 　　投资收益 [借差] 　贷：长期债券投资 　　　应收利息 　　　投资收益 [贷差]	借：资金结存——货币资金 [实际收到的款项] 　　投资预算收益 [借差] 　贷：投资支出 / 其他结余 　　　投资预算收益 [贷差]

14.7.5　成本法下被投资单位宣告分派利润或股利

1．业务概述

成本法是指对长期股权投资按投资的实际成本计价的方法。该方法要求单位增加对外长期股权投资时才增加长期股权投资的账面价值。

2．账务处理

采用成本法核算的长期股权投资持有期间，被投资单位宣告分派现金股利或利润时，按照宣告分派的现金股利或利润中属于单位应享有的份额，财务会计应当借记"应收股利"科目，贷记"投资收益"科目；预算会计不需要做账务处理。取得分派的利润或股利时，按照实际收到的金额，财务会计应当借记"银行存款"科目，贷记"应收股利"科目；对于预算会计，取得分派的利润或股利时，按照实际收到的金额，借记"资金结存——货币资金"科目，贷记"投资预算收益"科目。

成本法下被投资单位宣告分派利润或股利的账务处理如表14-23所示。

表14-23　成本法下被投资单位宣告分派利润或股利的账务处理

	财务会计处理	预算会计处理
按照宣告分派的利润或股利中属于单位应享有的份额	借：应收股利 　贷：投资收益	—
取得分派的利润或股利，按照实际收到的金额	借：银行存款 　贷：应收股利	借：资金结存——货币资金 　贷：投资预算收益

3．案例解析

【例14-20】某事业单位持有的一项长期股权投资按成本法核算，被投资单位次年宣告分配股利20 000元，由该单位享有的股利份额为12 000元，股利尚未收到。相关账务处理如下。

财务会计：

借：应收股利　　　　　　　　　　　　　　　　　　　　　12 000

　　贷：投资收益　　　　　　　　　　　　　　　　　　　　12 000

预算会计不需要做账务处理。

14.7.6　权益法下长期股权投资持有期间

1．业务概述

权益法是指对长期股权投资按投资企业在被投资企业权益资本中所占比例计价的方法。长期股权投资采用权益法核算时，除增加、减少因股权影响长期股权投资而引起的账面价值的增减变动外，被投资企业发生盈利或亏损，投资企业要增加或减少长期股权投资的账面价值。

2．账务处理

采用权益法核算的长期股权投资持有期间，按照应享有或应分担的被投资单位实现的净损益的份额，财务会计应当借记或贷记"长期股权投资——损益调整"科目，贷记或借记"投资收益"科目；预算会计不需要做账务处理。被投资单位发生净亏损，但以后年度又实现净利润的，单位在其收益分享额弥补未确认的亏损分担额等后，恢复确认投资收益，财务会计应当借记"长期股权投资——损益调整"科目,贷记"投资收益"科目;预算会计不需要做账务处理。单位收到被投资单位发放的现金股利时,财务会计和预算会计的处理方法与成本法相同。

权益法下长期股权投资持有期间的账务处理如表 14-24 所示。

表 14-24　　权益法下长期股权投资持有期间的账务处理

	财务会计处理	预算会计处理
按照应享有或应分担的被投资单位实现的净损益的份额	借:长期股权投资——损益调整 　　贷:投资收益 [被投资单位实现净利润] 借:投资收益 [被投资单位发生净亏损] 　　贷:长期股权投资——损益调整	—
收到被投资单位发放的现金股利	借:银行存款 　　贷:应收股利	借:资金结存——货币资金 　　贷:投资预算收益
被投资单位发生净亏损,但以后年度又实现净利润的,按规定恢复确认投资收益	借:长期股权投资——损益调整 　　贷:投资收益	—

3. 案例解析

【例 14-21】某事业单位持有的一项长期股权投资按权益法核算,年底被投资单位实现净利润 60 000 元,按投资份额计算,由该事业单位享有的被投资单位净利润为 30 000 元。相关账务处理如下。

财务会计:

借:长期股权投资——损益调整　　　　　　　　　　　　　　30 000
　　贷:投资收益　　　　　　　　　　　　　　　　　　　　　30 000

预算会计不需要做账务处理。

被投资单位次年 3 月宣告分配股利 20 000 元,由该单位享有的股利份额为 10 000 元,股利尚未收到。相关账务处理如下。

财务会计:

借:应收股利　　　　　　　　　　　　　　　　　　　　　　10 000
　　贷:长期股权投资——损益调整　　　　　　　　　　　　　10 000

预算会计不需要做账务处理。

按照规定处置长期股权投资时有关投资收益的账务处理,参见"长期股权投资"科目。

14.7.7 年末结转

1. 业务概述

事业单位在每年末,都需要将"投资收益"科目结转,使其余额为零。

2. 账务处理

年末,将"投资收益"科目本年发生额转入本期盈余,财务会计应当借记或贷记"投资收益"科目,贷记或借记"本期盈余"科目。年末结转后,"投资收益"科目应无余额。预算会计应当借记或贷记"投资预算收益"科目,贷记或借记"其他结余"科目。年末结转的账务处理如表14-25所示。

表 14-25　　　　　　　　　年末结转的账务处理

		财务会计处理	预算会计处理
年末结转	"投资收益"科目为贷方余额时	借:投资收益 　贷:本期盈余	借:投资预算收益 　贷:其他结余
	"投资收益"科目为借方余额时	借:本期盈余 　贷:投资收益	借:其他结余 　贷:投资预算收益

3. 案例解析

【例14-22】某事业单位年终进行结账,"投资收益"科目的贷方余额为900 000元。相关账务处理如下。

财务会计:

借:投资收益　　　　　　　　　　　　　　　　　　900 000

　　贷:本期盈余　　　　　　　　　　　　　　　　　900 000

预算会计:

借:投资预算收益　　　　　　　　　　　　　　　　900 000

　　贷:其他结余　　　　　　　　　　　　　　　　　900 000

14.8　捐赠收入

"捐赠收入"科目核算行政事业单位接受其他单位或者个人捐赠取得的收入。"捐赠收入"科目应当按照捐赠资产的用途和捐赠单位等进行明细核算。

14.8.1 接受捐赠的货币资金

1．业务概述

行政事业单位接受其他单位或者个人捐赠的货币资金。

2．账务处理

接受捐赠的货币资金，按照实际收到的金额，财务会计应当借记"银行存款""库存现金"等科目，贷记"捐赠收入"科目。对于预算会计，按照实际收到的金额，借记"资金结存——货币资金"科目，贷记"其他预算收入——捐赠收入"科目。接受捐赠的货币资金的账务处理如表 14-26 所示。

表 14-26　　　　　　接受捐赠的货币资金的账务处理

	财务会计处理	预算会计处理
接受捐赠的货币资金	借：银行存款/库存现金等 贷：捐赠收入 [实际收到的金额]	借：资金结存——货币资金 贷：其他预算收入——捐赠收入 [实际收到的金额]

3．案例解析

【例 14-23】某单位接受了其他单位捐赠的货币资金，金额为 30 000 元。相关账务处理如下。

财务会计：

借：银行存款　　　　　　　　　　　　　　　　　30 000
　　贷：捐赠收入　　　　　　　　　　　　　　　　30 000

预算会计：

借：资金结存——货币资金　　　　　　　　　　　30 000
　　贷：其他预算收入——捐赠收入　　　　　　　　30 000

14.8.2 接受捐赠的存货、固定资产等

1．业务概述

行政事业单位接受其他单位或者个人捐赠的存货或固定资产。

2．账务处理

接受捐赠的存货、固定资产等非现金资产，财务会计应当按照确定的成本，借记"库存物品""固定资产"等科目，按照发生的相关税费、运输费等，贷记"银行存款"等科目，按照其差额，贷记"捐赠收入"科目。对于预算会计，按照发生的相关税费，借记"其他支出"科目，贷记"资金结存"

科目。

接受捐赠的资产按照名义金额入账的，按照名义金额，财务会计应当借记"库存物品""固定资产"等科目，贷记"捐赠收入"科目；同时，按照发生的相关税费、运输费等，借记"其他费用"科目，贷记"银行存款"等科目。对于预算会计，按照发生的相关税费，借记"其他支出"科目，贷记"资金结存"科目。

接受捐赠的存货、固定资产的账务处理如表14-27所示。

表14-27　　　　　　　接受捐赠的存货、固定资产的账务处理

	财务会计处理	预算会计处理
按照确定的成本	借：库存物品/固定资产等 　贷：银行存款等[相关税费支出] 　　　捐赠收入	借：其他支出[相关税费支出] 　贷：资金结存
按照名义金额入账	借：库存物品/固定资产等[名义金额] 　贷：捐赠收入 借：其他费用 　贷：银行存款等[相关税费支出]	借：其他支出[相关税费支出] 　贷：资金结存

3. 案例解析

【例14-24】某单位接受了其他单位捐赠的固定资产，成本为31 000元，其中发生的相关税费和运费为1 000元。相关账务处理如下。

财务会计：

借：固定资产	31 000
贷：捐赠收入	30 000
银行存款	1 000

预算会计：

借：其他支出	1 000
贷：资金结存——货币资金	1 000

14.8.3 年末结转

1. 业务概述

行政事业单位在每年末，都需要将"捐赠收入"科目结转，使其余额为零。

2. 账务处理

年末，将"捐赠收入"科目本年发生额转入本期盈余，财务会计应当借记

"捐赠收入"科目，贷记"本期盈余"科目。年末结转后，"捐赠收入"科目应无余额。对于预算会计，针对专项资金，借记"其他预算收入——捐赠收入"科目，贷记"非财政拨款结转——本年收支结转"科目；针对非专项资金，借记"其他预算收入——捐赠收入"科目，贷记"其他结余"科目。

年末结转的账务处理如表 14-28 所示。

表 14-28　　　　　　　　　年末结转的账务处理

	财务会计处理	预算会计处理
专项资金	借：捐赠收入 　贷：本期盈余	借：其他预算收入——捐赠收入 　贷：非财政拨款结转——本年收支结转
非专项资金		借：其他预算收入——捐赠收入 　贷：其他结余

3．案例解析

【例 14-25】某单位年终进行结账，"捐赠收入"科目的贷方余额为 600 000 元，均为非专项资金收入。相关账务处理如下。

财务会计：

借：捐赠收入　　　　　　　　　　　　　　　　　　600 000

　　贷：本期盈余　　　　　　　　　　　　　　　　　600 000

预算会计：

借：其他预算收入——捐赠收入　　　　　　　　　　600 000

　　贷：其他结余　　　　　　　　　　　　　　　　　600 000

14.9　利息收入

"利息收入"科目核算行政事业单位取得的银行存款利息收入。

14.9.1　确认银行存款利息收入

1．业务概述

当行政事业单位实际收到利息时，需要确认银行存款利息收入。

2．账务处理

取得银行存款利息时，按照实际收到的金额，财务会计应当借记"银行存款"科目，贷记"利息收入"科目。预算会计应当借记"资金结存——货币资金"科目，贷记"其他预算收入——利息收入"科目。确认银行存款利息收入的账务处理如表14-29所示。

表14-29　　　　　　确认银行存款利息收入的账务处理

	财务会计处理	预算会计处理
确认银行存款利息收入	借：银行存款 　　贷：利息收入	借：资金结存——货币资金 　　贷：其他预算收入——利息收入

3．案例解析

【例14-26】某单位在银行存了一笔款项，当期收到了银行存款利息收入1 000元。相关账务处理如下。

财务会计：

借：银行存款　　　　　　　　　　　　　　　　　　　　　　1 000

　　贷：利息收入　　　　　　　　　　　　　　　　　　　　　1 000

预算会计：

借：资金结存——货币资金　　　　　　　　　　　　　　　　1 000

　　贷：其他预算收入——利息收入　　　　　　　　　　　　1 000

14.9.2　年末结转

1．业务概述

行政事业单位在每年末都需要将"利息收入"科目进行结转，使其余额为零。

2．账务处理

年末，将"利息收入"科目本年发生额转入本期盈余，财务会计应当借记"利息收入"科目，贷记"本期盈余"科目。预算会计应当借记"其他预算收入——利息收入"科目，贷记"其他结余"科目。年末结转利息收入的账务处理如表14-30所示。

表14-30　　　　　　年末结转利息收入的账务处理

	财务会计处理	预算会计处理
年末结转利息收入	借：利息收入 　　贷：本期盈余	借：其他预算收入——利息收入 　　贷：其他结余

3. 案例解析

【例 14-27】某单位年终进行结账,"利息收入"科目的贷方余额为 900 000 元。相关账务处理如下。

财务会计:
借:利息收入　　　　　　　　　　　　　　　　　　900 000
　　贷:本期盈余　　　　　　　　　　　　　　　　　　900 000

预算会计:
借:其他预算收入——利息收入　　　　　　　　　　900 000
　　贷:其他结余　　　　　　　　　　　　　　　　　　900 000

14.10 租金收入

"租金收入"科目核算行政事业单位经批准利用国有资产出租取得并按照规定纳入本单位预算管理的租金收入。

14.10.1 预收租金

1. 业务概述

预收租金是预收账款大类中的一种,是负债类科目。行政事业单位在收到预收租金时,因双方签订的销售合同尚未履行,所以此时不能作为收入入账,只能确认为一项负债。单位根据合同的履行情况,逐期将未实现收入转成已实现收入。国有资产出租收入,应当在租赁期内各个期间按照直线法予以确认。

2. 账务处理

采用预收租金方式的,预收租金时,按照收到的金额,财务会计应当借记"银行存款"等科目,贷记"预收账款"科目。预算会计应当借记"资金结存——货币资金"科目,贷记"其他预算收入——租金收入"科目。

分期确认租金收入时,按照各期租金金额,财务会计应当借记"预收账款"科目,贷记"租金收入"科目。预算会计不需要做账务处理。

涉及增值税业务的,相关账务处理参见"应交增值税"科目。

采用预收租金方式的账务处理如表 14-31 所示。

表 14-31　　　　　　　　　采用预收租金方式的账务处理

	财务会计处理	预算会计处理
收到预付的租金时	借：银行存款等 　贷：预收账款	借：资金结存——货币资金 　贷：其他预算收入——租金收入
按照直线法分期确认租金收入时	借：预收账款 　贷：租金收入	—

3. 案例解析

【例 14-28】某单位和另一单位签订了一份办公楼租赁合同，约定租金支付方式为预收租金方式，当期预收款项为 100 000 元，租期为 10 个月。相关账务处理如下。

财务会计：

借：银行存款　　　　　　　　　　　　　　　　　　　100 000

　　贷：预收账款　　　　　　　　　　　　　　　　　100 000

预算会计：

借：资金结存——货币资金　　　　　　　　　　　　　100 000

　　贷：其他预算收入——租金收入　　　　　　　　　100 000

14.10.2　后付租金

1. 业务概述

后付租金，即承租人在各付租间隔期的期末支付租金。采用这种方式，能使租金支付时间向后推迟，这种方式对资金短缺的承租人有利。

2. 账务处理

采用后付租金方式的，每期确认租金收入时，按照各期租金金额，财务会计应当借记"应收账款"科目，贷记"租金收入"科目。预算会计不需要做账务处理。

收到租金时，按照实际收到的金额，财务会计应当借记"银行存款"等科目，贷记"应收账款"科目。预算会计应当借记"资金结存——货币资金"科目，贷记"其他预算收入——租金收入"科目。

涉及增值税业务的，相关账务处理参见"应交增值税"科目。

采用后付租金方式的账务处理如表 14-32 所示。

表 14-32　　　　　　　　采用后付租金方式的账务处理

	财务会计处理	预算会计处理
确认租金收入时	借：应收账款 　　贷：租金收入	—
收到租金时	借：银行存款等 　　贷：应收账款	借：资金结存——货币资金 　　贷：其他预算收入——租金收入

3．案例解析

【例 14-29】某单位和另一单位签订了一份办公楼租赁合同，约定租金支付方式为后付租金方式，租金总额为 100 000 元，租期为 10 个月，每期确认 10 000 元租金收入，款项尚未收到。相关账务处理如下。

财务会计：

借：应收账款　　　　　　　　　　　　　　　　　　　　10 000
　　贷：租金收入　　　　　　　　　　　　　　　　　　10 000

预算会计不需要做账务处理。

14.10.3　分期收取租金

1．业务概述

分期收取租金是指出租人按合同或条款规定的期间收取租金。

2．账务处理

采用分期收取租金方式的，每期收取租金时，按照租金金额，财务会计应当借记"银行存款"等科目，贷记"租金收入"科目。预算会计应当借记"资金结存——货币资金"科目，贷记"其他预算收入——租金收入"科目。

涉及增值税业务的，相关账务处理参见"应交增值税"科目。

采用分期收取租金方式的账务处理如表 14-33 所示。

表 14-33　　　　　　　　采用分期收取租金方式的账务处理

	财务会计处理	预算会计处理
分期收取租金	借：银行存款等 　　贷：租金收入	借：资金结存——货币资金 　　贷：其他预算收入——租金收入

3．案例解析

【例 14-30】某单位和另一单位签订了一份办公楼租赁合同，预定租金支付方式为分期收取租金方式，租金总额为 100 000 元，租期为 10 个月，每期收取 10 000

元租金。相关账务处理如下。

财务会计：

借：银行存款 10 000
　　贷：租金收入 10 000

预算会计：

借：资金结存——货币资金 10 000
　　贷：其他预算收入——租金收入 10 000

14.10.4　年末结转

1. 业务概述

行政事业单位在每年末都需要将"租金收入"科目进行结转，使其余额为零。

2. 账务处理

年末，将"租金收入"科目本年发生额转入本期盈余，财务会计应当借记"租金收入"科目，贷记"本期盈余"科目。预算会计应当借记"其他预算收入——租金收入"科目，贷记"其他结余"科目。年末结转租金收入的账务处理如表14-34所示。

表14-34　　　　　　　年末结转租金收入的账务处理

	财务会计处理	预算会计处理
年末结转租金收入时	借：租金收入 　　贷：本期盈余	借：其他预算收入——租金收入 　　贷：其他结余

3. 案例解析

【例14-31】某单位年终进行结账，"租金收入"科目的贷方余额为400 000元。相关账务处理如下。

财务会计：

借：租金收入 400 000
　　贷：本期盈余 400 000

预算会计：

借：其他预算收入——租金收入 400 000
　　贷：其他结余 400 000

14.11 其他收入

"其他收入"科目核算行政事业单位取得的除财政拨款收入、事业收入、上级补助收入、附属单位上缴收入、经营收入、非同级财政拨款收入、投资收益、捐赠收入、利息收入、租金收入以外的各项收入,包括现金盘盈收入、按照规定纳入单位预算管理的科技成果转化收入、行政单位收回已核销的其他应收款、无法偿付的应付及预收款项、置换换出资产评估增值等。

14.11.1 现金盘盈收入

1. 业务概述

现金盘盈是指实物数量比账面记录的数量多,一般是单位管理制度存在漏洞和收款人员的工作失误造成的,不存在恶意作假的问题。

2. 账务处理

每日现金账款核对中发现的现金溢余,属于无法查明原因的部分,报经批准后,财务会计应当借记"待处理财产损溢"科目,贷记"其他收入"科目。预算会计不需要做账务处理。现金盘盈的账务处理如表 14-35 所示。

表 14-35　　　　　　　　现金盘盈的账务处理

	财务会计处理	预算会计处理
现金盘盈收入属于无法查明原因的部分,报经批准后	借:待处理财产损溢 贷:其他收入	—

3. 案例解析

【例 14-32】某单位进行每日的现金账款核对,盘盈现金 10 000 元,无法查明原因,报经批准后,相关账务处理如下。

财务会计:

借:待处理财产损溢　　　　　　　　　　　　　　　　　　10 000
　　贷:其他收入　　　　　　　　　　　　　　　　　　　　10 000

预算会计不需要做账务处理。

14.11.2 科技成果转化收入

1. 业务概述

科技成果转化,是指为提高生产力水平而对科学研究与技术开发所产生的具有实用价值的科技成果所进行的后续试验、开发、应用、推广直至形成新产品、新工艺、新材料,发展新产业等活动。科技成果转化收入即因科技成果转化实现的收入。

2. 账务处理

行政事业单位科技成果转化所取得的收入,按照规定留归本单位的,按照所取得收入扣除相关费用之后的净收益,财务会计应当借记"银行存款"等科目,贷记"其他收入"科目。预算会计应当借记"资金结存——货币资金"科目,贷记"其他预算收入"科目。科技成果转化收入的账务处理如表14-36所示。

表14-36　　　　　　　　科技成果转化收入的账务处理

	财务会计处理	预算会计处理
科技成果转化收入	借：银行存款等 贷：其他收入	借：资金结存——货币资金 贷：其他预算收入

3. 案例解析

【例14-33】某单位进行科技成果转化,取得转化收入100 000元。相关账务处理如下。

财务会计：

借：银行存款　　　　　　　　　　　　　　　　　　　　　100 000

　　贷：其他收入　　　　　　　　　　　　　　　　　　　　100 000

预算会计：

借：资金结存——货币资金　　　　　　　　　　　　　　　100 000

　　贷：其他预算收入　　　　　　　　　　　　　　　　　　100 000

14.11.3　收回已核销的其他应收款

1. 业务概述

已核销的其他应收款是指行政事业单位某笔其他应收款确认无法收回,凭相关法律文书进行注销的款项。收回已核销的其他应收款指已核销的其他应收款在以后期间收回。

2. 账务处理

行政事业单位已核销的其他应收款在以后期间收回的,按照实际收回的金额,财务会计应当借记"银行存款"等科目,贷记"其他收入"科目。预算会计应当借记"资金结存——货币资金"科目,贷记"其他预算收入"科目。收回已核销的其他应收款的账务处理如表 14-37 所示。

表 14-37　　　　收回已核销的其他应收款的账务处理

	财务会计处理	预算会计处理
收回已核销的其他应收款	借:银行存款等 贷:其他收入	借:资金结存——货币资金 贷:其他预算收入

3.案例解析

【例 14-34】某单位收回了一笔已核销的其他应收款,金额为 50 000 元。相关账务处理如下。

财务会计:

借:银行存款　　　　　　　　　　　　　　　　　　　　50 000

　　贷:其他收入　　　　　　　　　　　　　　　　　　50 000

预算会计:

借:资金结存——货币资金　　　　　　　　　　　　　　50 000

　　贷:其他预算收入　　　　　　　　　　　　　　　　50 000

14.11.4　无法偿付的应付及预收款项

1.业务概述

无法偿付的应付及预收款项是指单位确实无法偿付或者债权人豁免偿还的应付及预收款项。

2.账务处理

无法偿付或债权人豁免偿还的应付账款、预收账款、其他应付款及长期应付款,财务会计应当借记"应付账款""预收账款""其他应付款""长期应付款"等科目,贷记"其他收入"科目。预算会计不需要做账务处理。无法偿付的应付及预付款项的账务处理如表 14-38 所示。

表 14-38　　　　无法偿付的应付及预付款项的账务处理

	财务会计处理	预算会计处理
无法偿付的应付及预付款项	借:应付账款/预收账款/其他应付款/ 　　长期应付款等 贷:其他收入	—

14.11.5 置换换出资产评估增值

1. 业务概述

行政事业单位在进行资产置换的过程中,可能会出现资产评估增值的情况。资产评估增值是指对行政事业单位的资产进行评估,并按资产评估确认的价值调整行政事业单位相应资产的原账面价值。

2. 账务处理

资产置换过程中,换出资产评估增值的,按照评估价值高于账面价值或账面余额的金额,财务会计应当借记有关科目,贷记"其他收入"科目。预算会计不需要做账务处理。置换换出资产评估增值的账务处理如表14-39所示。

表14-39　　　　　　　置换换出资产评估增值的账务处理

	财务会计处理	预算会计处理
按照换出资产评估价值高于资产账面价值的金额	借：有关科目 　贷：其他收入	—

3. 案例解析

【例14-35】某单位在进行固定资产置换的过程中,换出的固定资产被评估为增值,评估价值高于固定资产账面价值10 000元。相关账务处理如下。

财务会计：

借：固定资产　　　　　　　　　　　　　　　　　　　　　　　10 000
　　贷：其他收入　　　　　　　　　　　　　　　　　　　　　　10 000

预算会计不需要做账务处理。

14.11.6 其他情况

1. 业务概述

其他情况下的收入是指除了现金盘盈收入、科技成果转化收入、收回已核销的其他应收款、无法偿付的应付及预付款项和置换换出资产评估增值之外的收入。

2. 账务处理

确认上述5种收入以外的其他收入时,按照应收或实际收到的金额,财务会计应当借记"其他应收款""银行存款""库存现金"等科目,贷记"其他收入"科目。预算会计应当借记"资金结存——货币资金"科目,贷记"其他预算收入"科目。

涉及增值税业务的，相关账务处理参见"应交增值税"科目。

其他情况的账务处理如表 14-40 所示。

表 14-40　　　　　　　　其他情况的账务处理

	财务会计处理	预算会计处理
按照应收或实际收到的金额	借：其他应收款 / 银行存款 / 库存现金等 　　贷：其他收入	借：资金结存——货币资金 [按照实际收到的金额] 　　贷：其他预算收入

14.11.7　年末结转

1．业务概述

行政事业单位在每年末，都需要将"其他收入"科目结转，使其余额为零。

2．账务处理

年末，将"其他收入"科目本年发生额转入本期盈余，财务会计应当借记"其他收入"科目，贷记"本期盈余"科目。预算会计应当借记"其他预算收入"科目，贷记"非财政拨款结转——本年收支结转"科目 [专项资金] 或"其他结余"科目 [非专项资金]。年末结转的账务处理如表 14-41 所示。

表 14-41　　　　　　　　年末结转的账务处理

	财务会计处理	预算会计处理
专项资金	借：其他收入 　　贷：本期盈余	借：其他预算收入 　　贷：非财政拨款结转——本年收支结转
非专项资金		借：其他预算收入 　　贷：其他结余

3．案例解析

【例 14-36】某单位年终进行结账，"其他收入"科目的贷方余额为 900 000 元，其中，专项资金收入为 500 000 元，非专项资金收入为 400 000 元。相关账务处理如下。

财务会计：

借：其他收入　　　　　　　　　　　　　　　　　　　　　　900 000

　　贷：本期盈余　　　　　　　　　　　　　　　　　　　　　　900 000

预算会计：

借：其他预算收入 900 000
　　贷：非财政拨款结转——本年收支结转 500 000
　　　　其他结余 400 000

第 15 章　费用／预算支出类经济业务的会计处理

15.1　业务活动费用与行政支出／事业支出

1. 业务活动费用

业务活动费用是指行政事业单位为实现其职能目标，依法履职或开展专业业务活动及其辅助活动所发生的各项费用。"业务活动费用"科目应当按照项目、服务或者业务类别、支付对象等进行明细核算。为了满足成本核算需要，"业务活动费用"科目下还可按照"工资福利费用""商品和服务费用""对个人和家庭的补助费用""对企业补助费用""固定资产折旧费""无形资产摊销费""公共基础设施折旧（摊销）费""保障性住房折旧费""计提专用基金"等成本项目设置明细科目，归集能够直接计入业务活动或采用一定方法计算后计入业务活动的费用。期末结转后，"业务活动费用"科目应无余额。

2. 行政支出／事业支出

"行政支出"科目与"事业支出"科目是针对不同类型会计主体设置的科目。行政单位应当设置"行政支出"科目核算行政单位履行其职责实际发生的各项现金流出。事业单位应当设置"事业支出"科目核算事业单位开展专业业务活动及其辅助活动实际发生的各项现金流出。"行政支出""事业支出"科目应当分别按照"财政拨款支出""非财政专项资金支出""其他资金支出"，"基本支出"和"项目支出"等进行明细核算。

15.1.1　为履职或开展业务活动发生的薪酬和劳务费

1. 业务概述

本部分所称的薪酬和劳务费不包括计入在建工程、加工物品、无形资产成本的人员费用，其中本单位人员的薪酬通过"应付职工薪酬"科目核算，外部人员的劳务费通过"其他应付款"科目核算。

2. 账务处理

（1）计提薪酬和劳务费时。

为履职或开展业务活动的本单位人员以及外部人员计提薪酬和劳务费时，

按照计算的金额,财务会计应当借记"业务活动费用"科目,贷记"应付职工薪酬"或"其他应付款"科目。计提时没有实际的现金流出,因此不做预算会计的账务处理。计提薪酬和劳务费的账务处理如表 15-1 所示。

表 15-1　　　　　　　　　计提薪酬和劳务费的账务处理

	财务会计处理	预算会计处理
为履职或开展业务活动的本单位人员以及外部人员计提薪酬和劳务费	借:业务活动费用 　　贷:应付职工薪酬/其他应付款	—

(2)实际支付并代扣个人所得税时。

实际支付并代扣个人所得税时,财务会计应当按照计算确定的金额,借记"应付职工薪酬"或"其他应付款"科目,按照扣税后应付或实际支付的金额,贷记"财政拨款收入""零余额账户用款额度""银行存款"等科目,按照代扣代缴个人所得税的金额,贷记"其他应交税费——应交个人所得税"科目。

同时,在预算会计中,按照实际支付给个人的金额,借记"行政支出"或"事业支出"科目,贷记"财政拨款预算收入""资金结存"科目。

实际支付薪酬和劳务费并代扣个人所得税的账务处理如表 15-2 所示。

表 15-2　　　　实际支付薪酬和劳务费并代扣个人所得税的账务处理

	财务会计处理	预算会计处理
实际支付并代扣个人所得税时	借:应付职工薪酬/其他应付款 　　贷:财政拨款收入/零余额账户用款额度/银行存款等 　　　其他应交税费——应交个人所得税	借:行政支出/事业支出[按照支付给个人部分] 　　贷:财政拨款预算收入/资金结存

(3)实际缴纳税款时。

实际缴纳税款时,按实际缴纳的金额,财务会计应当借记"其他应交税费——应交个人所得税"科目,贷记"银行存款""零余额账户用款额度"等科目。

同时,在预算会计中,按照实际缴纳额,借记"行政支出"或"事业支出"科目,贷记"资金结存"等科目。

实际缴纳个人所得税的账务处理如表 15-3 所示。

表 15-3　　　　　　　　　实际缴纳个人所得税的账务处理

	财务会计处理	预算会计处理
实际缴纳个人所得税	借：其他应交税费——应交个人所得税 贷：银行存款/零余额账户用款额度等	借：行政支出/事业支出[按照实际缴纳额] 贷：资金结存等

3．案例解析

【例 15-1】某行政单位本月职工薪酬总额为 900 000 元，代扣代缴个人所得税 36 000 元，使用财政直接支付方式支付职工薪酬和个人所得税。账务处理如下。

（1）计提工资时。

财务会计：

借：业务活动费用——工资福利费用　　　　　　　　　　　　900 000
　　贷：应付职工薪酬——工资　　　　　　　　　　　　　　　　900 000

（2）实际支付给职工并代扣个人所得税时。

财务会计：

借：应付职工薪酬——工资　　　　　　　　　　　　　　　　900 000
　　贷：财政拨款收入——基本支出——人员经费　　　　　　　864 000
　　　　其他应交税费——应交个人所得税　　　　　　　　　　36 000

预算会计：

借：行政支出　　　　　　　　　　　　　　　　　　　　　　864 000
　　贷：财政拨款预算收入——基本支出——人员经费　　　　　864 000

（3）实际缴纳税款时。

财务会计：

借：其他应交税费——应交个人所得税　　　　　　　　　　　36 000
　　贷：财政拨款收入　　　　　　　　　　　　　　　　　　　36 000

预算会计：

借：行政支出　　　　　　　　　　　　　　　　　　　　　　36 000
　　贷：资金结存——财政拨款预算收入　　　　　　　　　　　36 000

15.1.2　为履职或开展业务活动发生的预付款项

1．业务概述

行政事业单位一般会在两种情况下出现为履职或开展业务活动发生的预付款项：一是单位按照购货、服务合同或协议规定预付给供应单位或个人的款项，即预付账款；二是单位在业务活动中与其他单位、所属单位或本单位职工发生的临时性待结算款项，如职工预借的差旅费、报销单位领用的备用金等，即暂付款项。

2. 账务处理

（1）预付账款。

发生预付账款时，按照预付金额，财务会计应当借记"预付账款"科目，贷记"财政拨款收入""零余额账户用款额度""银行存款"等科目。待结算时，财务会计应当按照实际成本，借记"业务活动费用"科目，按照相关预付账款的账面余额，贷记"预付账款"科目，按照实际补付的金额，贷记"财政拨款收入""零余额账户用款额度""银行存款"等科目。

对于预算会计，发生预付账款时，按照预付金额，借记"行政支出"或"事业支出"科目，贷记"财政拨款预算收入""资金结存"科目；待结算时，按照补付的金额，借记"行政支出"或"事业支出"科目，贷记"财政拨款预算收入""资金结存"科目。

为履职或开展业务活动发生预付款项的相关账务处理如表15-4所示。

表15-4　为履职或开展业务活动发生预付款项的相关账务处理

	财务会计处理	预算会计处理
发生预付账款时	借：预付账款 贷：财政拨款收入/零余额账户用款额度/银行存款等	借：行政支出/事业支出 贷：财政拨款预算收入/资金结存
结算时	借：业务活动费用 贷：预付账款 　　财政拨款收入/零余额账户用款额度/银行存款等[补付金额]	借：行政支出/事业支出 贷：财政拨款预算收入/资金结存[补付金额]

（2）暂付款项。

支付款项时，财务会计应当借记"其他应收款"科目，贷记"银行存款"等科目。待结算或报销时，财务会计应借记"业务活动费用"科目，贷记"其他应收款"科目。

对于预算会计，在支付款项时，不做账务处理；待结算或报销时，借记"行政支出"或"事业支出"科目，贷记"资金结存"等科目。

为履职或开展业务活动发生暂付款项的相关账务处理如表15-5所示。

表 15-5　为履职或开展业务活动发生暂付款项的相关账务处理

	财务会计处理	预算会计处理
支付款项时	借：其他应收款 　　贷：银行存款等	—
结算或报销时	借：业务活动费用 　　贷：其他应收款	借：行政支出/事业支出 　　贷：资金结存等

3. 案例解析

【例 15-2】某行政单位与 A 公司签订与业务相关的劳务合同，约定一个月内完成该业务，价款共 500 000 元，该行政单位使用财政授权方式预付 30% 的款项，A 公司收到预付款后开始提供劳务，一个月后该业务完成，行政单位支付剩余的 70% 价款。其会计分录如下。

（1）预付 30% 款时。

财务会计：

借：预付账款——A 公司　　　　　　　　　　　　　　　150 000
　　贷：零余额账户用款额度　　　　　　　　　　　　　150 000

预算会计：

借：行政支出　　　　　　　　　　　　　　　　　　　　150 000
　　贷：资金结存——零余额账户用款额度　　　　　　　150 000

（2）业务完成后支付剩余的 70% 价款时。

财务会计：

借：业务活动费用——商品和服务费用　　　　　　　　　500 000
　　贷：预付账款——A 公司　　　　　　　　　　　　　150 000
　　　　零余额账户用款额度　　　　　　　　　　　　　350 000

预算会计：

借：行政支出　　　　　　　　　　　　　　　　　　　　350 000
　　贷：资金结存——零余额账户用款额度　　　　　　　350 000

15.1.3　为履职或开展业务活动购买资产或支付在建工程款等

1. 业务概述

为履职或开展业务活动购买存货、固定资产、无形资产等以及支付在建工程款项时，其初始成本不应直接计入业务活动费用，应在未来期间内通过计提折旧或摊销的方式计入业务活动费用。在预算会计中，应按实际支付的金额直接计入行政支出或者事业支出，在未来期间计提折旧或摊销时不做预算会计账务处理。

2. 账务处理

为履职或开展业务活动购买资产或支付在建工程款时，按照实际支付或应付的价款，财务会计应当借记"库存物品""固定资产""无形资产""在建工程"等科目，贷记"财政拨款收入""零余额账户用款额度""银行存款""应付账款"等科目。

同时，在预算会计中，按照实际支付的金额，借记"行政支出"或"事业支出"科目，贷记"财政拨款预算收入""资金结存"科目。

为履职或开展业务购买资产或支付在建工程款的账务处理如表15-6所示。

表15-6 为履职或开展业务购买资产或支付在建工程款的账务处理

	财务会计处理	预算会计处理
为履职或开展业务购买资产或支付在建工程款	借：库存物品/固定资产/无形资产/在建工程等 贷：财政拨款收入/零余额账户用款额度/银行存款/应付账款等	借：行政支出/事业支出 贷：资金结存/财政拨款预算收入

3. 案例解析

【例15-3】某行政单位购入不需要安装的设备一台，用于开展业务活动，设备价格为800 000元，运输及保险费为100 000元，全部价款使用财政直接支付方式进行支付。其会计分录如下。

财务会计：

借：固定资产　　　　　　　　　　　　　　　　　　　　　900 000
　　贷：财政拨款收入　　　　　　　　　　　　　　　　　　900 000

预算会计：

借：行政支出　　　　　　　　　　　　　　　　　　　　　900 000
　　贷：财政拨款预算收入——基本支出——日常公用经费　　900 000

15.1.4 为履职或开展业务活动领用库存物品

1. 业务概述

为履职或开展业务活动领用库存物品仅指单位开展业务活动领用库存物品，不包括按照规定自主出售发出或加工发出库存物品。

2．账务处理

为履职或开展业务活动领用库存物品时，按照领用的库存物品的成本，财务会计应当借记"业务活动费用"科目，贷记"库存物品"科目。由于没有实际现金流出，不做预算会计账务处理。为履职或开展业务活动领用库存物品的账务处理如表15-7所示。

表 15-7　为履职或开展业务活动领用库存物品的账务处理

	财务会计处理	预算会计处理
为履职或开展业务活动领用库存物品	借：业务活动费用 　贷：库存物品	—

3．案例解析

【例 15-4】6 月 10 日，某行政单位购入一批价值 80 000 元的材料，使用财政授权支付方式进行支付，当日收到材料并验收合格入库。6 月 15 日，该行政单位领用 30 000 元的该材料，用于开展业务活动。其会计分录如下。

（1）购入材料时。

财务会计：

借：库存物品　　　　　　　　　　　　　　　　　　　　80 000
　贷：零余额账户用款额度　　　　　　　　　　　　　　　　80 000

预算会计：

借：行政支出　　　　　　　　　　　　　　　　　　　　80 000
　贷：资金结存——零余额账户用款额度　　　　　　　　　　80 000

（2）领用材料时。

财务会计：

借：业务活动费用——商品和服务费用　　　　　　　　　30 000
　贷：库存物品　　　　　　　　　　　　　　　　　　　　30 000

预算会计不需要做账务处理。

15.1.5　为履职或开展业务活动计提的固定资产、无形资产、公共基础设施、保障性住房的折旧（摊销）

1．业务概述

与业务活动相关的固定资产、无形资产、公共基础设施、保障性住房，其计提的累计折旧（摊销）应计入业务活动费用，计提折旧或摊销时不做预算会计账务处理。

2. 账务处理

按照计提的金额,财务会计应当借记"业务活动费用"科目,贷记"固定资产累计折旧""无形资产累计摊销""公共基础设施累计折旧(摊销)""保障性住房累计折旧"科目。预算会计不需要做账务处理。为履职或开展业务活动计提折旧或摊销的账务处理如表15-8所示。

表15-8　为履职或开展业务活动计提折旧或摊销的账务处理

	财务会计处理	预算会计处理
为履职或开展业务活动计提折旧或摊销	借:业务活动费用 贷:固定资产累计折旧/无形资产累计摊销/公共基础设施累计折旧(摊销)/保障性住房累计折旧	—

3. 案例解析

【例15-5】某行政单位的设备A专门用于开展业务活动,该设备采用直线法计提折旧,该设备原价为240 000元,预计使用年限为10年,预计净残值为零。截止2×19年4月30日,该设备已计提折旧120 000元,则2×19年5月31日,计提折旧的会计分录如下。

每月折旧金额=240 000÷10÷12=2 000(元)

财务会计:

借:业务活动费用——固定资产折旧费　　　　　　　　　　2 000
　　贷:固定资产累计折旧——设备A　　　　　　　　　　　　2 000

预算会计不需要做账务处理。

15.1.6　为履职或开展业务活动发生应负担的税金及附加

1. 业务概述

为履职或开展业务活动发生的税金及附加主要有城市维护建设税、教育费附加、地方教育费附加、车船税、房产税、城镇土地使用税等。

2. 账务处理

确认其他应交税费时,财务会计应当借记"业务活动费用"科目,贷记"其他应交税费"科目。待实际支付时,借记"其他应交税费"科目,贷记"银行存款"等科目。

对于预算会计，在确认其他应交税费时，不做账务处理，待实际支付时，借记"行政支出"或"事业支出"科目，贷记"资金结存"等科目。

为履职或开展业务活动发生应负担的税金及附加的账务处理如表 15-9 所示。

表 15-9 为履职或开展业务活动发生应负担的税金及附加的账务处理

	财务会计处理	预算会计处理
确认其他应交税费时	借：业务活动费用 　　贷：其他应交税费	—
支付其他应交税费时	借：其他应交税费 　　贷：银行存款等	借：行政支出／事业支出 　　贷：资金结存等

3．案例解析

【例 15-6】某行政单位 2×19 年 1 月因出租办公室产生应交增值税 5 000 元，城市维护建设税以及教育费附加的税率和征收率分别为 7%、3%。与城市维护建设税和教育附加相关的会计分录如下。

应交城市维护建设税 =5 000×7%=350（元）

应交教育费附加 =5 000×3%=150（元）

（1）确认应交税费时。

财务会计：

借：业务活动费用	500
贷：其他应交税费——城市维护建设税	350
——教育费附加	150

预算会计不需要做账务处理。

（2）支付税费时。

财务会计：

借：其他应交税费——城市维护建设税	350
——教育费附加	150
贷：银行存款	500

预算会计：

借：行政支出	500
贷：资金结存——货币资金	500

15.1.7 计提专用基金

1. 业务概述

专用基金是指事业单位按照规定提取或者设置的有专门用途的资金,包括修购基金、职工福利基金、医疗基金和其他基金。根据有关规定主要从事业收入和经营收入以及单位结余中提取行政,从事业收入中提取的专用基金并计入费用的,应计入业务活动费用。

2. 账务处理

根据有关规定从收入中提取专用基金并计入费用的,一般按照预算会计下基于预算收入计算提取的金额,财务会计应当借记"业务活动费用"科目,贷记"专用基金"科目。由于没有实际现金流出,不做预算会计账务处理。计提专用基金的账务处理如表15-10所示。

表15-10　　　　　　　　　计提专用基金的账务处理

	财务会计处理	预算会计处理
计提专用基金	借:业务活动费用 　贷:专用基金	—

3. 案例解析

【例15-7】2×19年,某事业单位按照规定从事业收入中提取100 000元作为修购基金,其会计分录如下。

借:业务活动费用——计提专用基金　　　　　　　　　　100 000
　　贷:专用基金——修购基金　　　　　　　　　　　　　　　100 000

15.1.8 购货退回等

1. 业务概述

发生当年购货退回等业务,如果货物已领用并计入业务活动费用,应冲减业务活动费用;如果还未领用,应减少相应的库存物品,同时按照收回或应收的方式增加相应的收入或资产。

2. 账务处理

发生当年购货退回等业务,对于已计入本年业务活动费用的,按照收回或应收的金额,财务会计应当借记"财政拨款收入""零余额账户用款额度""银行存款""应收账款"等科目,贷记"业务活动费用""库存物品"科目。

在预算会计中,因购货退回等发生款项退回,或者发生差错更正的,并属于当年支出收回的，按照收回或更正金额，借记"财政拨款预算收入""资金结存"等科目，贷记"行政支出"或"事业支出"科目。

发生当年购货退回的账务处理如表 15-11 所示。

表 15-11　　　　　　　发生当年购货退回的账务处理

	财务会计处理	预算会计处理
购货退回时	借：财政拨款收入/零余额账户用款额度/ 　　银行存款/应收账款等 贷：库存物品/业务活动费用	借：财政拨款预算收入/资金结存 　　贷：行政支出/事业支出

3. 案例解析

【例 15-8】某事业单位已领用的部分库存物品存在质量问题，价值 5 000 元，系当年用财政授权支付方式购入的存货，领用当时计入业务活动费用。已做退回处理，收到来自供应商的退款。其会计分录如下。

财务会计：

借：零余额账户用款额度　　　　　　　　　　　　　　　　5 000
　　贷：业务活动费用——商品和服务费用　　　　　　　　　5 000

预算会计：

借：资金结存——零余额账户用款额度　　　　　　　　　　5 000
　　贷：事业支出　　　　　　　　　　　　　　　　　　　5 000

15.1.9　为履职或开展业务活动发生其他各项费用

1. 业务概述

为履职或开展业务活动发生的其他各项费用，应按照费用确认金额计入业务活动费用。

2. 账务处理

按照费用确认金额，财务会计应当借记"业务活动费用"科目，贷记"财政拨款收入""零余额账户用款额度""银行存款""应付账款""其他应付款"等科目。同时，在预算会计中，按照实际支付的金额，借记"行政支出"或"事业支出"科目，贷记"财政拨款预算收入""资金结存"等科目。为履职或开展业务活动发生其他各项费用的账务处理如表 15-12 所示。

表 15-12　为履职或开展业务活动发生其他各项费用的账务处理

	财务会计处理	预算会计处理
为履职或开展业务活动发生其他各项费用	借：业务活动费用 　贷：财政拨款收入/零余额账户用款额度/银行存款/应付账款/其他应付款等	借：行政支出/事业支出[按照实际支付的金额] 　贷：财政拨款预算收入/资金结存

3. 案例解析

【例 15-9】某行政单位用于开展业务的固定资产发生日常维修费用 1 000 元，该费用不计入固定资产成本，用财政授权支付方式进行支付。其会计分录如下。

财务会计：

借：业务活动费用　　　　　　　　　　　　　　　　1 000
　　贷：零余额账户用款额度　　　　　　　　　　　　　1 000

预算会计：

借：行政支出　　　　　　　　　　　　　　　　　　1 000
　　贷：资金结存——零余额账户用款额度　　　　　　　1 000

15.1.10　期末/年末结转

1. 业务概述

期末，"业务活动费用"科目的本期发生额应转入本期盈余，期末无余额；年末，"行政支出"或"事业支出"科目的本年发生额应分类结转至相应科目，年末无余额。

2. 账务处理

期末，将"业务活动费用"科目的本期发生额转入本期盈余，财务会计应当借记"本期盈余"科目，贷记"业务活动费用"科目。

年末，将"行政支出""事业支出"科目本年发生额中的财政拨款支出转入财政拨款结转，预算会计应借记"财政拨款结转——本年收支结转"科目，贷记"行政支出""事业支出"科目下各财政拨款支出明细科目；将"行政支出""事业支出"科目本年发生额中的非同级财政专项资金支出转入非财政拨款结转，借记"非财政拨款结转——本年收支结转"科目，贷记"行政支出""事业支出"科目下各非同级财政专项资金支出明细科目；将"行政支出""事业支出"科目本年发生额中的其他资金支出（非同级财政、非专项资金支出）转入其他结余，借记"其他结余"科目，贷记"行政支出""事业支出"科目下其他资金支出明细科目。期末/年末结转的账务处理如表 15-13 所示。

表 15-13　　　　　　　　期末/年末结转的账务处理

	财务会计处理	预算会计处理
期末/年末结转时	借：本期盈余 　　贷：业务活动费用	借：财政拨款结转——本年收支结转 [财政拨款支出] 　　非财政拨款结转——本年收支结转 [非同级财政专项资金支出] 　　其他结余 [非同级财政、非专项资金支出] 　　贷：行政支出/事业支出

3．案例解析

【例15-10】2×19年12月30日，某事业单位的"业务活动费用"科目的借方余额为5 000元，"单位管理费用"科目的借方余额为2 000元，"经营费用"科目的借方余额为2 000元，"资产处置费用"科目的借方余额为1 000元，"所得税费用"科目的借方余额为5 000元，"其他费用"科目的借方余额为5 000元。

期末结转的分录如下。

财务会计：

借：本期盈余		20 000
贷：业务活动费用		5 000
单位管理费用		2 000
经营费用		2 000
资产处置费用		1 000
所得税费用		5 000
其他费用		5 000

预算会计不需要做账务处理。

【例15-11】某单位2×19年行政支出共计200 000元，其中财政拨款支出为100 000元，非同级财政专项资金支出为60 000元，非同级财政、非专项资金支出为40 000元。

年末结转的分录如下。

预算会计：

借：财政拨款结转——本年收支结转	100 000
非财政拨款结转——本年收支结转	60 000
其他结余	40 000
贷：行政支出	200 000

财务会计不需要做账务处理。

15.2 单位管理费用

单位管理费用是事业单位专有的费用。事业单位应当设置"单位管理费用"科目核算事业单位本级行政以及后勤管理部门开展管理活动发生的各项费用,包括单位行政以及后勤管理部门发生的人员经费、公用经费、资产折旧(摊销)等费用,以及由单位统一负担的离退休人员经费、工会经费、诉讼费、中介费等。

"单位管理费用"科目应当按照项目、费用类别、支付对象等进行明细核算。为了满足成本核算需要,"单位管理费用"科目下还可按照"工资福利费用""商品和服务费用""对个人和家庭的补助费用""固定资产折旧费""无形资产摊销费"等成本项目设置明细科目,归集能够直接计入单位管理活动或采用一定方法计算后计入单位管理活动的费用。"单位管理费用"科目期末结转后应当无余额。

15.2.1 为开展管理活动发生的薪酬和劳务费

1. 业务概述

本部分所称的薪酬和劳务费不包括计入在建工程、加工物品、无形资产成本的人员费用,其中本单位人员的薪酬通过"应付职工薪酬"科目核算,外部人员的劳务费通过"其他应付款"科目核算。

2. 账务处理

(1)计提薪酬和劳务费时。

为开展管理活动的本单位人员以及外部人员计提薪酬和劳务费时,按照计算的金额,财务会计应当借记"单位管理费用"科目,贷记"应付职工薪酬"或"其他应付款"科目。由于没有实际现金流出,不做预算会计账务处理。计提薪酬和劳务费的账务处理如表 15-14 所示。

表 15-14 计提薪酬和劳务费的账务处理

	财务会计处理	预算会计处理
计提薪酬和劳务费时	借:单位管理费用 贷:应付职工薪酬 [本单位人员] 　　其他应付款 [外部人员]	—

(2)实际支付并代扣个人所得税时。

实际支付并代扣个人所得税时,财务会计应当按照代扣代缴个人所得税的金额，贷记"其他应交税费——应交个人所得税"科目，按照扣税后应付或实际支付的金额，贷记"财政拨款收入""零余额账户用款额度""银行存款"等科目，按计算确定的金额，借记"应付职工薪酬"或"其他应付款"科目。

同时，按照实际支付给个人的金额，预算会计应当借记"事业支出"科目，贷记"财政拨款预算收入""资金结存"科目。

实际支付并代扣个人所得税的账务处理如表 15-15 所示。

表 15-15　　　　实际支付并代扣个人所得税的账务处理

	财务会计处理	预算会计处理
实际支付并代扣个人所得税时	借：应付职工薪酬 [本单位人员] 　　其他应付款 [外部人员] 贷：财政拨款收入 / 零余额账户用款额度 / 银行存款等 　　其他应交税费——应交个人所得税	借：事业支出 [按照支付给个人部分] 贷：财政拨款预算收入 / 资金结存

（3）实际缴纳税款时。

实际缴纳税款时，按实际缴纳的金额，财务会计应当借记"其他应交税费——应交个人所得税"科目，贷记"银行存款""零余额账户用款额度"等科目。

同时，在预算会计中，按照实际缴纳额，借记"事业支出"科目，贷记"资金结存"等科目。

缴纳个人所得税的账务处理如表 15-16 所示。

表 15-16　　　　缴纳个人所得税的账务处理

	财务会计处理	预算会计处理
缴纳个人所得税时	借：其他应交税费——应交个人所得税 贷：银行存款 / 零余额账户用款额度等	借：事业支出 [按照实际缴纳额] 贷：资金结存等

3. 案例解析

【例 15-12】某事业单位本月后勤部门人员薪酬总额为 50 000 元，代扣代缴个人所得税 1 000 元，使用财政直接支付方式支付职工薪酬和个人所得税。账务处理如下。

（1）计提工资时。

财务会计：

借：单位管理费用——工资福利费用　　　　　　　　　　50 000
　　贷：应付职工薪酬——工资　　　　　　　　　　　　　　50 000

预算会计不需要做账务处理。

（2）实际支付给职工并代扣个人所得税时。

财务会计：

借：应付职工薪酬——工资　　　　　　　　　　　　　　50 000

　　贷：财政拨款收入　　　　　　　　　　　　　　　　　49 000

　　　　其他应交税费——应交个人所得税　　　　　　　　 1 000

预算会计：

借：事业支出　　　　　　　　　　　　　　　　　　　　49 000

　　贷：财政拨款预算收入——基本支出——人员经费　　　49 000

（3）实际缴纳税款时。

财务会计：

借：其他应交税费——应交个人所得税　　　　　　　　　 1 000

　　贷：银行存款　　　　　　　　　　　　　　　　　　　 1 000

预算会计：

借：事业支出　　　　　　　　　　　　　　　　　　　　 1 000

　　贷：资金结存——货币资金　　　　　　　　　　　　　 1 000

15.2.2　开展管理活动发生的预付款项

1．业务概述

事业单位一般会在两种情况下出现为开展管理活动发生的预付款项：一是事业单位按照购货、服务合同或协议规定预付给供应单位（或个人）款项，即预付账款；二是事业单位在业务活动中与其他单位、所属单位或本单位职工发生临时性待结算款项，如职工预借的差旅费、报销单位领用的备用金等，即暂付款项。

2．账务处理

（1）预付账款。

发生预付账款时，按照预付金额，财务会计应当借记"预付账款"科目，贷记"财政拨款收入""零余额账户用款额度""银行存款"等科目。结算时，财务会计应按照实际成本，借记"单位管理费用"科目，按照相关预付账款的账面余额，贷记"预付账款"科目，并按照实际补付的金额，贷记"财政拨款收入""零余额账户用款额度""银行存款"等科目。

对于预算会计，支付款项时，按照预付金额，借记"事业支出"科目，贷记"财政拨款预算收入""资金结存"科目；结算时，按照补付的金额，借记

"事业支出"科目，贷记"财政拨款预算收入""资金结存"科目。

开展管理活动发生预付款项的账务处理如表 15-17 所示。

表 15-17　　　　开展管理活动发生预付款项的账务处理

	财务会计处理	预算会计处理
支付款项时	借：预付账款 　贷：财政拨款收入/零余额账户用款额度/银行存款等	借：事业支出 　贷：财政拨款预算收入/资金结存
结算时	借：单位管理费用 　贷：预付账款 　　　财政拨款收入/零余额账户用款额度/银行存款等[补付金额]	借：事业支出 　贷：财政拨款预算收入/资金结存 　　　[补付金额]

（2）暂付款项。

支付款项时，财务会计应当借记"其他应收款"科目，贷记"银行存款"等科目；结算或报销时，借记"单位管理费用"科目，贷记"其他应收款"科目。

对于预算会计，在支付款项时，不做账务处理；结算或报销时，借记"事业支出"科目，贷记"资金结存"等科目。

开展管理活动发生暂付款项的账务处理如表 15-18 所示。

表 15-18　　　　开展管理活动发生暂付款项的账务处理

	财务会计处理	预算会计处理
支付款项时	借：其他应收款 　贷：银行存款等	—
结算或报销时	借：单位管理费用 　贷：其他应收款	借：事业支出 　贷：资金结存等

3．案例解析

【例 15-13】某事业单位行政人员预借差旅费 5 000 元，用银行存款支付，行政人员出差回来后，财务部门审核所有发票并予以报销，没有发生资金退回或补付。其会计分录如下。

财务会计：

支付款项时。

借：其他应收款　　　　　　　　　　　　　　　　　　　5 000
　　贷：银行存款　　　　　　　　　　　　　　　　　　　　　5 000

报销时：

借：单位管理费用　　　　　　　　　　　　　　　　5 000
　　贷：其他应收款　　　　　　　　　　　　　　　　　　5 000

预算会计：

支付款项时不做账务处理。

报销时：

借：事业支出　　　　　　　　　　　　　　　　　　5 000
　　贷：资金结存——货币资金　　　　　　　　　　　　5 000

15.2.3　为开展管理活动购买资产或支付在建工程款

1．业务概述

为开展管理活动购买存货、固定资产、无形资产等以及支付在建工程款项时，其初始成本不应直接计入单位管理费用，应在未来期间内通过计提折旧或摊销的方式计入单位管理费用。在预算会计中，应按实际支付的金额直接计入事业支出，在未来期间计提折旧或摊销时不做预算会计账务处理。

2．账务处理

为开展管理活动购买资产或支付在建工程款时，按照实际支付或应付的价款，财务会计应当借记"库存物品""固定资产""无形资产""在建工程"等科目，贷记"财政拨款收入""零余额账户用款额度""银行存款""应付账款"等科目。

同时，在预算会计中，按照实际支付价款，借记"事业支出"科目，贷记"财政拨款预算收入""资金结存"科目。

为管理活动购买资产或支付在建工程款的账务处理如表15-19所示。

表15-19　为管理活动购买资产或支付在建工程款的账务处理

	财务会计处理	预算会计处理
为管理活动购买资产或支付在建工程款	借：库存物品/固定资产/无形资产/在建工程等 　　贷：财政拨款收入/零余额账户用款额度/银行存款/应付账款等	借：事业支出[按照实际支付的金额] 　　贷：财政拨款预算收入/资金结存

3．案例解析

【例15-14】某政府单位购入不需要安装的设备一台，用于管理活动，设备价格为800 000元，运输及保险费为100 000元，全部价款使用财政直接支付方式进行支付。其会计分录如下。

财务会计：

借：固定资产　　　　　　　　　　　　　　　　　　　900 000
　　贷：财政拨款收入　　　　　　　　　　　　　　　　900 000

预算会计：

借：事业支出　　　　　　　　　　　　　　　　　　　900 000
　　贷：财政拨款预算收入——基本支出——日常公用经费　900 000

15.2.4　管理活动所用固定资产、无形资产计提的折旧（摊销）

1．业务概述

与管理活动相关的固定资产、无形资产，其计提的累计折旧（摊销）应计入单位管理费用。

2．账务处理

按照计提的金额，财务会计应当借记"单位管理费用"科目，贷记"固定资产累计折旧""无形资产累计摊销"科目。由于没有实际现金流出，不做预算会计账务处理。管理活动所用固定资产、无形资产计提折旧（摊销）的账务处理如表15-20所示。

表15-20　管理活动所用固定资产、无形资产计提折旧（摊销）的账务处理

	财务会计处理	预算会计处理
管理活动所用固定资产、无形资产计提折旧（摊销）	借：单位管理费用 　　贷：固定资产累计折旧/无形资产累计摊销	—

3．案例解析

【例15-15】某事业单位的设备A专门用于管理活动，该设备采用直线法计提折旧，该设备原价为60 000元，预计使用年限为5年，预计净残值为零。截至2×19年3月31日，该设备已计提折旧30 000元，则2×19年4月30日，计提折旧的会计分录如下。

每月折旧金额=60 000÷5÷12=1 000（元）

财务会计：

借：单位管理费用——固定资产折旧费　　　　　　　　1 000
　　贷：固定资产累计折旧——设备A　　　　　　　　　1 000

预算会计不需要做账务处理。

15.2.5 开展管理活动内部领用库存物品

1. 业务概述

开展管理活动内部领用库存物品仅指单位开展管理活动领用库存物品,不包括按照规定自主出售发出或加工发出库存物品。

2. 账务处理

为开展管理活动内部领用库存物品时,按照领用的库存物品的成本,财务会计应当借记"单位管理费用"科目,贷记"库存物品"科目。由于没有实际现金流出,不做预算会计账务处理。开展管理活动内部领用库存物品的账务处理如表15-21所示。

表15-21　开展管理活动内部领用库存物品的账务处理

	财务会计处理	预算会计处理
开展管理活动内部领用库存物品	借:单位管理费用 　贷:库存物品	—

3. 案例解析

【例15-16】2×19年5月,某事业单位后勤部门领用库存物品,成本为3 000元。其会计分录如下。

财务会计:

借:单位管理费用——商品和服务费用　　　　　　　3 000
　　贷:库存物品　　　　　　　　　　　　　　　　　　　3 000

预算会计不需要做账务处理。

15.2.6 开展管理活动发生应负担的税金及附加

1. 业务概述

为开展管理活动发生的税金及附加主要有城市维护建设税、教育费附加、地方教育费附加、车船税、房产税、城镇土地使用税等。

2. 账务处理

确认其他应交税费时,按照计算确定的金额,财务会计应当借记"单位管理费用"科目,贷记"其他应交税费"科目;实际支付时,借记"其他应交税费"科目,贷记"银行存款"等科目。

对于预算会计,在确认其他应交税费时,不做账务处理;实际支付时,借记"事业支出"科目,贷记"资金结存"等科目。

开展管理活动发生税金及附加的账务处理如表 15-22 所示。

表 15-22　　开展管理活动发生税金及附加的账务处理

	财务会计处理	预算会计处理
按照计算确定应缴纳的金额	借：单位管理费用 　　贷：其他应交税费	—
实际缴纳时	借：其他应交税费 　　贷：银行存款等	借：事业支出 　　贷：资金结存等

3. 案例解析

【例 15-17】2×19 年，某事业单位管理用车辆发生车船税 460 元，已用银行存款支付。其会计分录如下。

财务会计：

确认其他应交税费时。

借：单位管理费用　　　　　　　　　　　　　　　　　　　460

　　贷：其他应交税费——车船税　　　　　　　　　　　　　460

缴纳税款时。

借：其他应交税费——车船税　　　　　　　　　　　　　　460

　　贷：银行存款　　　　　　　　　　　　　　　　　　　　460

预算会计：

确认其他应交税费时不做账务处理。

缴纳税款时。

借：事业支出　　　　　　　　　　　　　　　　　　　　　460

　　贷：资金结存——货币资金　　　　　　　　　　　　　　460

15.2.7　购货退回等

1. 业务概述

发生当年购货退回等业务，如果货物已领用并计入单位管理费用，应冲减单位管理费用；如果还未领用，应减少相应的库存物品，同时按照收回或应收的方式增加相应的收入或资产。

2. 账务处理

发生当年购货退回等业务，对于已计入本年单位管理费用的，按照收回或应收的金额，财务会计应当借记"财政拨款收入""零余额账户用款额度""银行存款""应收账款"等科目,贷记"库存物品""单位管理费用"等科目。

在预算会计中,因购货退回等发生款项退回,或者发生差错更正的,并属于当年支出收回的,按照收回或更正金额,借记"财政拨款预算收入""资金结存"等科目,贷记"事业支出"科目。

购货退回的相关账务处理如表15-23所示。

表15-23　　　　　　　　购货退回的相关账务处理

	财务会计处理	预算会计处理
购货退回时	借:财政拨款收入/零余额账户用款额度/银行存款/应收账款等 贷:库存物品/单位管理费用等	借:财政拨款预算收入/资金结存 贷:事业支出

3. 案例解析

【例15-18】某事业单位已领用的部分库存物品存在质量问题,价值2 000元,系当年用财政授权支付方式购入的存货,领用时计入单位管理费用。已做退回处理,收到来自供应商的退款。其会计分录如下。

财务会计:

借:零余额账户用款额度　　　　　　　　　　　　　　　2 000

　　贷:单位管理费用——商品和服务费用　　　　　　　2 000

预算会计:

借:资金结存——零余额账户用款额度　　　　　　　　2 000

　　贷:事业支出　　　　　　　　　　　　　　　　　　2 000

15.2.8　发生的其他与管理活动相关的各项费用

1. 业务概述

为开展管理活动发生的其他各项费用,应按照费用确认金额计入单位管理费用。

2. 账务处理

按照费用确认金额,财务会计应当借记"单位管理费用"科目,贷记"财政拨款收入""零余额账户用款额度""银行存款""应付账款"等科目。同时,在预算会计中,按照实际支付的金额,借记"事业支出"科目,贷记"财政拨款预算收入""资金结存"科目。发生其他与管理活动相关的各项费用的账务处理如表15-24所示。

表 15-24　发生其他与管理活动相关的各项费用的账务处理

	财务会计处理	预算会计处理
发生的其他与管理活动相关的各项费用	借：单位管理费用 　贷：财政拨款收入/零余额账户用款额度/银行存款/应付账款等	借：事业支出[按照实际支付的金额] 　贷：财政拨款预算收入/资金结存

3. 案例解析

【例 15-19】某事业单位管理用固定资产发生日常维修费用 5 000 元，该费用不计入固定资产成本，用财政授权支付方式进行支付。其会计分录如下。

财务会计：

借：单位管理费用——商品和服务费用　　　　　　　　5 000
　　贷：零余额账户用款额度　　　　　　　　　　　　　5 000

预算会计：

借：事业支出　　　　　　　　　　　　　　　　　　　5 000
　　贷：资金结存——零余额账户用款额度　　　　　　　5 000

15.2.9　期末/年末结转

1. 业务概述

期末，"单位管理费用"科目的本期发生额应转入本期盈余，期末无余额；"事业支出"科目的本年发生额应分类结转至相应科目，年末无余额。

2. 账务处理

期末，将"单位管理费用"科目的本期发生额转入本期盈余，财务会计应当借记"本期盈余"科目，贷记"单位管理费用"科目。

年末，将"事业支出"科目本年发生额中的财政拨款支出转入财政拨款结转，借记"财政拨款结转——本年收支结转"科目，贷记"事业支出"科目下各财政拨款支出明细科目；将"事业支出"科目本年发生额中的非财政专项资金支出转入非财政拨款结转，借记"非财政拨款结转——本年收支结转"科目，贷记"事业支出"科目下各非财政专项资金支出明细科目；将"事业支出"科目本年发生额中的其他资金支出（非财政、非专项资金支出）转入其他结余，借记"其他结余"科目，贷记"事业支出"科目下其他资金支出明细科目。

期末/年末结转的账务处理如表 15-25 所示。

表 15-25　　期末/年末结转的账务处理

	财务会计处理	预算会计处理
期末/年末结转时	借：本期盈余 　　贷：单位管理费用	借：财政拨款结转——本年收支结转 [财政拨款支出] 　　非财政拨款结转——本年收支结转 [非财政专项资金支出] 　　其他结余 [非财政、非专项资金支出] 　　贷：事业支出

3. 案例解析

【例 15-20】2×19 年 12 月 30 日，某事业单位"业务活动费用"科目的借方余额为 5 000 元，"单位管理费用"科目的借方余额为 2 000 元，"经营费用"科目的借方余额为 2 000 元，"资产处置费用"科目的借方余额为 1 000 元，"所得税费用"科目的借方余额为 5 000 元，"其他费用"科目的借方余额为 5 000 元。

期末结转的分录如下。

借：本期盈余　　　　　　　　　　　　　　　　　　　20 000
　　贷：业务活动费用　　　　　　　　　　　　　　　　5 000
　　　　单位管理费用　　　　　　　　　　　　　　　　2 000
　　　　经营费用　　　　　　　　　　　　　　　　　　2 000
　　　　资产处置费用　　　　　　　　　　　　　　　　1 000
　　　　所得税费用　　　　　　　　　　　　　　　　　5 000
　　　　其他费用　　　　　　　　　　　　　　　　　　5 000

15.3　经营费用与经营支出

1. 经营费用

事业单位应当设置"经营费用"科目核算事业单位在专业业务活动及其辅助活动之外开展非独立核算经营活动发生的各项费用，经营费用属于事业单位专有费用。"经营费用"科目应当按照经营活动类别、项目、支付对象等进行明细核算。为了满足成本核算需要，"经营费用"科目下还可按照"工资福利费用""商品和服务费用""对个人和家庭的补助费用""固定资产折旧费""无形资产摊销费"等成本项目设置明细科目，归集能够直接计入单位经营活动或采用一定方法计算后计入单位经营活动的费用。"经营费用"科目期末结转后无余额。

2. 经营支出

事业单位应当设置"经营支出"科目核算事业单位在专业业务活动及其辅助活动之外开展非独立核算经营活动实际发生的各项现金流出,属于事业单位专有科目。"经营支出"科目应当按照经营活动类别、项目、《政府收支分类科目》中"支出功能分类科目"的项级科目和"部门预算支出经济分类科目"的款级科目等进行明细核算。"经营支出"科目年末结转后无余额。

15.3.1 为经营活动人员支付职工薪酬

1. 业务概述

事业单位的开展专业业务活动及其辅助活动的人员的薪酬以及劳务费计入业务活动费用,而开展非独立核算经营活动的人员的薪酬计入经营费用。

2. 账务处理

(1)计提职工薪酬时。

为开展经营活动的职工计提职工薪酬时,按照计算的金额,财务会计应当借记"经营费用"科目,贷记"应付职工薪酬"科目。计提时没有实际的现金流出,因此不做预算会计的账务处理。为经营活动人员计提职工薪酬的账务处理如表15-26所示。

表 15-26 为经营活动人员计提职工薪酬的账务处理

	财务会计处理	预算会计处理
为经营活动人员计提职工薪酬	借:经营费用 　　贷:应付职工薪酬	—

(2)实际支付并代扣个人所得税时。

实际支付并代扣个人所得税时,按照代扣代缴个人所得税的金额,财务会计应当贷记"其他应交税费——应交个人所得税"科目,按照扣税后应付或实际支付的金额,贷记"银行存款"等科目,按计算确定的金额,借记"应付职工薪酬"科目。

同时,按照实际支付给个人的金额,预算会计应当借记"经营支出"科目,贷记"资金结存——货币资金"科目。

为经营活动人员支付职工薪酬并代扣个人所得税的账务处理如表 15-27 所示。

表 15-27　为经营活动人员支付职工薪酬并代扣个人所得税的账务处理

	财务会计处理	预算会计处理
为经营活动人员支付职工薪酬并代扣个人所得税	借：应付职工薪酬 　贷：银行存款等 　　　其他应交税费——应交个人所得税	借：经营支出 [按照支付给个人部分] 　贷：资金结存——货币资金

（3）实际缴纳时。

实际缴纳税款时，按实际缴纳的金额，财务会计应当借记"其他应交税费——应交个人所得税"科目，贷记"银行存款"等科目。

同时，在预算会计中，按照实际缴纳额，借记"经营支出"科目，贷记"资金结存——货币资金"科目。

实际缴纳个人所得税的账务处理如表 15-28 所示。

表 15-28　实际缴纳个人所得税的账务处理

	财务会计处理	预算会计处理
实际缴纳个人所得税	借：其他应交税费——应交个人所得税 　贷：银行存款等	借：经营支出 [按照实际缴纳额] 　贷：资金结存——货币资金

3．案例解析

【例 15-21】某事业单位开展经营活动，2×19 年 4 月经营活动人员薪酬总额为 70 000 元，代扣代缴个人所得税 3 000 元，使用银行存款支付职工薪酬和个人所得税。账务处理如下。

（1）计提工资时。

财务会计：

借：经营费用——工资福利费用　　　　　　　　　　　　　70 000
　　贷：应付职工薪酬——工资　　　　　　　　　　　　　　　70 000

预算会计不需要做账务处理。

（2）实际支付给职工并代扣个人所得税时。

财务会计：

借：应付职工薪酬——工资　　　　　　　　　　　　　　　　70 000
　　贷：银行存款　　　　　　　　　　　　　　　　　　　　　67 000
　　　　其他应交税费——应交个人所得税　　　　　　　　　　 3 000

预算会计：

借：经营支出——工资福利支出　　　　　　　　　　　　　　67 000

　　　　贷：资金结存——货币资金　　　　　　　　　　　　　　67 000

（3）实际缴纳税款时。

财务会计：

　　借：其他应交税费——应交个人所得税　　　　　　　　3 000
　　　　贷：银行存款　　　　　　　　　　　　　　　　　　3 000

预算会计：

　　借：经营支出　　　　　　　　　　　　　　　　　　　　3 000
　　　　贷：资金结存——货币资金　　　　　　　　　　　　3 000

15.3.2　为开展经营活动购买资产或支付在建工程款

1. 业务概述

为开展经营活动购买存货、固定资产、无形资产等以及支付在建工程款项时，其初始成本不应直接计入经营费用，应在未来期间内通过计提折旧或摊销的方式计入经营费用。在预算会计中，应按实际支付的金额直接计入经营支出，在未来期间计提折旧或摊销时不做预算会计账务处理。

2. 账务处理

为开展经营活动购买资产或支付在建工程款时，按照实际支付或应付的价款，财务会计应当借记"库存物品""固定资产""无形资产""在建工程"科目，贷记"银行存款""应付账款"等科目。

同时，在预算会计中，按照实际支付的价款，借记"经营支出"科目，贷记"资金结存——货币资金"科目。

为开展经营活动购买资产或支付在建工程款的账务处理如表15-29所示。

表15-29　为开展经营活动购买资产或支付在建工程款的账务处理

	财务会计处理	预算会计处理
为开展经营活动购买资产或支付在建工程款	借：库存物品/固定资产/无形资产/在建工程 　　贷：银行存款/应付账款等	借：经营支出 　　贷：资金结存——货币资金 [按照实际支付金额]

3. 案例解析

【例15-22】2×19年5月，某事业单位购买一项专利权，价值240 000元，用于开展经营活动，全部价款使用银行存款支付。其会计分录如下。

财务会计：

借：无形资产 240 000
　　贷：银行存款 240 000

预算会计：

借：经营支出 240 000
　　贷：资金结存——货币资金 240 000

15.3.3　经营活动用固定资产、无形资产计提的折旧、摊销

1. 业务概述

与经营活动相关的固定资产、无形资产，其计提的累计折旧、摊销应计入经营费用。

2. 账务处理

按照计提的金额，财务会计应当借记"经营费用"科目，贷记"固定资产累计折旧""无形资产累计摊销"科目。由于没有实际现金流出，预算会计不做账务处理。经营活动用固定资产、无形资产计提折旧、摊销的账务处理如表15-30所示。

表15-30　经营活动用固定资产、无形资产计提折旧、摊销的账务处理

	财务会计处理	预算会计处理
经营活动用固定资产、无形资产的折旧、摊销	借：经营费用 　　贷：固定资产累计折旧/无形资产累计摊销	—

3. 案例解析

【例15-23】沿用【例15-22】。假如该项专利权摊销年限为10年，则2×19年5月计提无形资产摊销的会计分录如下。

无形资产每月摊销金额 =240 000÷10÷12=2 000（元）

财务会计：

借：经营费用——无形资产摊销费 2 000
　　贷：无形资产累计摊销 2 000

预算会计不需要做账务处理。

15.3.4 开展经营活动内部领用材料或出售发出物品等

1. 业务概述

为开展经营活动内部领用材料或出售发出物品应按其成本计入经营费用,因为在购买该资产时预算会计已将其记入预算支出类科目,所以在领用或发出时不需做预算会计处理。

2. 账务处理

为开展经营活动领用或出售库存物品时,按照领用的库存物品的成本,财务会计应借记"经营费用"科目,贷记"库存物品"科目。预算会计不做账务处理。为开展经营活动领用材料或出售发出物品的账务处理如表15-31所示。

表15-31 为开展经营活动领用材料或出售发出物品的账务处理

	财务会计处理	预算会计处理
为开展经营活动领用材料或出售发出物品	借:经营费用 　贷:库存物品	—

3. 案例解析

【例15-24】某事业单位开展经营活动,2×19年4月出售一批库存物品,已发出,该批物品的成本为50 000元。其会计处理如下。

财务会计:

借:经营费用——商品和服务费用　　　　　　　　　　　　50 000
　　贷:库存物品　　　　　　　　　　　　　　　　　　　　　50 000

预算会计不需要做账务处理。

15.3.5 开展经营活动发生的预付款项

1. 业务概述

对于与经营活动相关的预付款项,可通过在"经营费用"科目下设置"待处理"明细科目进行明细核算,待确认具体支出项目后再转入"经营费用"科目下相关明细科目。年末结账前,应将"经营费用"科目下的"待处理"明细科目余额全部转入"经营费用"科目下相关明细科目。

2. 账务处理

(1)预付时。

预付时,按照预付的金额,财务会计应当借记"预付账款"科目,贷记"银行存款"等科目。按照预付金额,预算会计应当借记"经营支出"科目,贷记"资金结存——货币资金"科目。开展经营活动发生预付账款的账务处理如表15-32所示。

表15-32　开展经营活动发生预付账款的账务处理

	财务会计处理	预算会计处理
开展经营活动发生预付账款，预付时	借：预付账款 　贷：银行存款等	借：经营支出 　贷：资金结存——货币资金

（2）结算时。

结算时，按照最终结算金额，财务会计应当借记"经营费用"科目，按照相关预付账款的账面余额，贷记"预付账款"科目，并按照实际补付的金额，贷记"银行存款"等科目。按照补付金额，预算会计应当借记"经营支出"科目，贷记"资金结存——货币资金"科目。经营活动预付账款结算的账务处理如表15-33所示。

表15-33　经营活动预付账款结算的账务处理

	财务会计处理	预算会计处理
经营活动预付账款结算	借：经营费用 　贷：预付账款 　　银行存款等[补付金额]	借：经营支出 　贷：资金结存——货币资金 　　[补付金额]

3. 案例解析

【例15-25】某事业单位开展经营活动，拟向A公司购入出售用商品，价值100 000元，2×19年7月17日，该事业单位用银行存款向A公司预付30%的款项，7月28日，收到货物，验货后向A公司支付余下的70%款项。其会计分录如下。

（1）预付30%价款时。

财务会计：

借：预付账款——A公司　　　　　　　　　　　　　　　30 000
　　贷：银行存款　　　　　　　　　　　　　　　　　　　　30 000

预算会计：

借：经营支出——商品和服务费用　　　　　　　　　　30 000
　　贷：资金结存——货币资金　　　　　　　　　　　　　30 000

（2）验货后支付剩余的70%价款时。

财务会计：

借：经营费用　　　　　　　　　　　　　　　　　　　100 000

        贷：预付账款——A 公司　　　　　　　　　　　　　　　　30 000
            银行存款　　　　　　　　　　　　　　　　　　　　70 000
    预算会计：
        借：经营支出——商品和服务费用　　　　　　　　　　　70 000
            贷：资金结存——货币资金　　　　　　　　　　　　70 000

15.3.6　开展经营活动发生应负担的税金及附加

1．业务概述

为开展经营活动发生的税金及附加主要有城市维护建设税、教育费附加、地方教育费附加、车船税、房产税、城镇土地使用税等。

2．账务处理

确认其他应交税费时，按照计算确定的金额，财务会计应当借记"经营费用"科目，贷记"其他应交税费"科目；实际支付时，借记"其他应交税费"科目，贷记"银行存款"等科目。

对于预算会计，在确认其他应交税费时，不做账务处理；实际支付时，借记"经营支出"科目，贷记"资金结存——货币资金"等科目。

开展经营活动发生应负担的税金及附加的账务处理如表 15-34 所示。

表 15-34　开展经营活动发生应负担的税金及附加的账务处理

	财务会计处理	预算会计处理
计算确定时	借：经营费用 　　贷：其他应交税费	—
实际缴纳时	借：其他应交税费 　　贷：银行存款等	借：经营支出 　　贷：资金结存——货币资金

3．案例解析

【例 15-26】某事业单位开展经营活动，2×19 年 1 月，出售库存物品取得收入 20 000 元，增值税销项税额为 2 600 元，城市维护建设税以及教育费附加的税率和征收率分别为 7%、3%。计提并缴纳城市维护建设税以及教育费附加的会计分录如下。

应交城市维护建设税 = 2 600×7% = 182（元）

应交教育费附加 = 2 600×3% = 78（元）

（1）计算确定应交税费时。

财务会计：

借：经营费用——商品和服务费用　　　　　　　　260
　　　　贷：其他应交税费——城市维护建设税　　　　　182
　　　　　　　　　　　　——教育费附加　　　　　　　 78
预算会计不需要做账务处理。

（2）支付税费时。

财务会计：
　　借：其他应交税费——城市维护建设税　　　　　　182
　　　　　　　　　　　——教育费附加　　　　　　　 78
　　　　贷：银行存款　　　　　　　　　　　　　　　260
预算会计：
　　借：经营支出——商品和服务费用　　　　　　　　260
　　　　贷：资金结存——货币资金　　　　　　　　　260

15.3.7　计提专用基金

1. 业务概述

专用基金是指事业单位按照规定提取或者设置的有专门用途的资金，包括修购基金、职工福利基金、医疗基金和其他基金。根据有关规定主要从事业收入和经营收入以及单位结余中提取，从经营收入中提取的专用基金并计入费用的，应计入经营费用。

2. 账务处理

根据有关规定从经营收入中提取专用基金并计入费用的，按照计算提取的金额，财务会计应当借记"经营费用"科目，贷记"专用基金"科目。预算会计不需要做账务处理。从经营收入中计提专用基金的账务处理如表15-35所示。

表15-35　　　　从经营收入中计提专用基金的账务处理

	财务会计处理	预算会计处理
从经营收入中计提专用基金	借：经营费用 　　贷：专用基金	—

3. 案例解析

【例15-27】2×19年，某事业单位按照规定从经营收入中提取80 000元作为修购基金。其会计分录如下。

借：经营费用——计提专用基金 80 000
　　贷：专用基金——修购基金 80 000

预算会计不需要做账务处理。

15.3.8 购货退回等

1．业务概述

发生当年购货退回等业务，如果已领用或发出并计入经营费用，应冲减经营费用；如果还未领用，应减少相应的库存物品，同时按照收回或应收的方式增加相应的收入或资产。

2．账务处理

发生当年购货退回等业务，对于已计入本年经营费用的，财务会计应当按照收回或应收的金额，借记"银行存款""应收账款"等科目，贷记"库存物品""经营费用"科目。

在预算会计中，开展经营活动中因购货退回等发生款项退回，或者发生差错更正的，并属于当年支出收回的，按照收回或更正金额，借记"资金结存——货币资金"科目，贷记"经营支出"科目。

购货退回的账务处理如表 15-36 所示。

表 15-36　　　　　　　　　购货退回的账务处理

	财务会计处理	预算会计处理
购货退回，当年发生的	借：银行存款 / 应收账款等 　　贷：库存物品 / 经营费用	借：资金结存——货币资金 [按照实际收到的金额] 　　贷：经营支出

3．案例解析

【例 15-28】某事业单位经营部门已发出的部分库存物品存在质量问题，价值 2 000 元，系当年用银行存款支付方式购入的存货，领用当时计入经营费用。已做退货处理，收到来自供应商的退款。其会计分录如下：

财务会计：

借：银行存款 2 000
　　贷：经营费用——商品和服务费用 2 000

预算会计：

借：资金结存——货币资金 2 000
　　贷：经营支出——商品和服务支出 2 000

15.3.9 开展经营活动发生的其他各项费用

1. 业务概述

为开展经营活动发生的其他各项费用,应按照费用确认金额计入经营费用。

2. 账务处理

按照费用确认金额,财务会计应当借记"经营费用"科目,贷记"银行存款""应付账款"等科目。同时,在预算会计中,按照实际支付的金额,借记"经营支出"科目,贷记"资金结存——货币资金"等科目。开展经营活动产生其他各项费用的账务处理如表15-37所示。

表15-37 开展经营活动产生其他各项费用的账务处理

	财务会计处理	预算会计处理
开展经营活动产生其他各项费用时	借:经营费用 　贷:银行存款/应付账款等	借:经营支出[按照实际支付的金额] 　贷:资金结存——货币资金

3. 案例解析

【例15-29】2×19年5月,某事业单位发生经营部门退职人员生活补贴3 000元,已用银行存款支付。其会计分录如下。

财务会计:

借:经营费用——对个人和家庭的补助费用　　　　3 000
　　贷:银行存款　　　　　　　　　　　　　　　　　　3 000

预算会计:

借:经营支出——对个人和家庭的补助　　　　　　3 000
　　贷:资金结存——货币资金　　　　　　　　　　　　3 000

15.3.10 期末/年末结转

1. 业务概述

期末,"经营费用"科目的本期发生额应转入本期盈余,期末无余额;"经营支出"科目的本年发生额应结转至经营结余,年末无余额。

2. 账务处理

期末,将"经营费用"科目本期发生额转入本期盈余,财务会计应当借记"本期盈余"科目,贷记"经营费用"科目。

年末,将"经营支出"科目本年发生额转入经营结余,预算会计应当借记

"经营结余"科目,贷记"经营支出"科目。

经营费用与经营支出期末/年末结转的账务处理如表 15-38 所示。

表 15-38　经营费用与经营支出期末/年末结转的账务处理

	财务会计处理	预算会计处理
经营费用与经营支出期末/年末结转	借:本期盈余 　贷:经营费用	借:经营结余 　贷:经营支出

3. 案例解析

【例 15-30】2×19 年 12 月,某事业单位开展经营活动产生的经营费用为 60 000 元。其结转的会计分录如下。

财务会计:
借:本期盈余　　　　　　　　　　　　　　　　　　　　　60 000
　贷:经营费用　　　　　　　　　　　　　　　　　　　　　60 000

预算会计不需要做账务处理。

【例 15-31】2×19 年末,某事业单位"经营支出"科目的借方余额为 250 000 元。其结转的会计分录如下。

预算会计:
借:经营结余　　　　　　　　　　　　　　　　　　　　　250 000
　贷:经营支出　　　　　　　　　　　　　　　　　　　　　250 000

财务会计不需要做账务处理。

15.4　资产处置费用

资产处置的形式按照规定包括无偿调拨、出售、出让、转让、置换、对外捐赠、报废、毁损以及货币性资产损失核销等。行政事业单位应当设置"资产处置费用"科目核算行政事业单位经批准处置资产时发生的费用,包括转销的被处置资产价值,以及在处置过程中发生的相关费用或者处置收入小于相关费用形成的净支出。"资产处置费用"科目应当按照处置资产的类别、资产处置的形式等进行明细核算。"资产处置费用"科目期末结转后无余额。

存货、固定资产、无形资产、公共基础设施、文物文化资产、保障性住房、政府储备物资等资产的处置应通过"资产处置费用"科目核算,但应收款项、短期投资、长期股权投资、债券投资的处置不通过"资产处置费用"科目核算，应按照相关科目进行账务处理。

15.4.1 不通过"待处理财产损溢"科目核算的资产处置

1．业务概述

通过无偿调拨、出售、出让、转让、置换、对外捐赠等方式处置固定资产、无形资产、公共基础设施、保障性住房等资产不通过"待处理财产损溢"科目核算，直接通过"资产处置费用"科目核算。此外，行政单位对于超过规定年限、确认无法收回的其他应收款，按照规定报经批准后予以核销的亦通过"资产处置费用"科目核算。

2．账务处理

（1）转销被处置资产账面价值。

财务会计应当按照处置资产的账面价值，借记"资产处置费用"科目，处置固定资产、无形资产、公共基础设施、保障性住房的，还应借记"固定资产累计折旧""无形资产累计摊销""公共基础设施累计折旧（摊销）""保障性住房累计折旧"科目，按照处置资产的账面余额，贷记"库存物品""固定资产""无形资产""公共基础设施""政府储备物资""文物文化资产""保障性住房""其他应收款""在建工程"等科目。由于没有实际现金流入或流出，不做预算会计账务处理。

转销被处置资产账面价值的账务处理如表 15-39 所示。

表 15-39　　　　转销被处置资产账面价值的账务处理

	财务会计处理	预算会计处理
转销被处置资产账面价值	借：资产处置费用 　　固定资产累计折旧 / 无形资产累计摊销 / 公共基础设施累计折旧（摊销）/ 保障性住房累计折旧 贷：库存物品 / 固定资产 / 无形资产 / 公共基础设施 / 政府储备物资 / 文物文化资产 / 保障性住房 / 在建工程等 [账面余额] / 其他应收款 [行政单位]	—

（2）处置资产过程中仅发生相关费用的。

处置资产过程中仅发生相关费用的，按照实际发生金额，财务会计应当借记"资产处置费用"科目，贷记"银行存款""库存现金"等科目。

同时，在预算会计中，按照实际发生金额，借记"其他支出"科目，贷记"资金结存"科目。

资产处置过程中仅产生费用的账务处理如表 15-40 所示。

表 15-40　资产处置过程中仅产生费用的账务处理

	财务会计处理	预算会计处理
资产处置过程中仅产生费用的	借：资产处置费用 　　贷：银行存款/库存现金等	借：其他支出 　　贷：资金结存

（3）处置资产过程中取得收入的。

处置资产过程中取得收入的，财务会计应当按照取得的价款，借记"库存现金""银行存款"等科目，按照支付的费用金额，贷记"银行存款""库存现金"等科目，如果差额在贷方，则借记"资产处置费用"科目，如果差额在借方，则贷记"应缴财政款"科目。资产处置过程中取得收入的账务处理如表15-41所示。

表 15-41　资产处置过程中取得收入的账务处理

	财务会计处理	预算会计处理
资产处置过程中取得收入	借：库存现金/银行存款等 [取得的价款] 　　资产处置费用 [借差] 　　贷：银行存款/库存现金等 [支付的相关费用] 　　应缴财政款 [贷差]	—

3. 案例解析

【例15-32】某单位经批准无偿调出一项专利权，该项专利权原价500 000元，已计提摊销300 000元，调出过程中发生相关费用10 000元，已用银行存款支付。其会计分录如下。

财务会计：

借：资产处置费用	200 000
无形资产累计摊销	300 000
贷：无形资产	500 000
借：资产处置费用	10 000
贷：银行存款	10 000

预算会计：

借：其他支出	10 000
贷：资金结存——货币资金	10 000

15.4.2 通过"待处理财产损溢"科目核算的资产处置

1. 业务概述

行政事业单位在资产清查中查明的资产盘亏、毁损以及资产报废等，应当先通过"待处理财产损溢"科目进行核算，再将处理资产价值和处理净支出记入"资产处置费用"科目。

2. 账务处理

（1）行政事业单位账款核对中发现的现金短缺，属于无法查明原因的，报经批准核销时，财务会计应当借记"资产处置费用"科目，贷记"待处理财产损溢"科目。无须做预算会计账务处理。发现现金短缺的账务处理如表15-42所示。

表15-42　　　　　　　　发现现金短缺的账务处理

	财务会计处理	预算会计处理
账款核对中发现的现金短缺，无法查明原因的，报经批准核销时	借：资产处置费用 　　贷：待处理财产损溢	—

（2）行政事业单位资产清查过程中盘亏或者毁损、报废的存货、固定资产、无形资产、公共基础设施、政府储备物资、文物文化资产、保障性住房等，报经批准处理时，按照处理资产价值，财务会计应当借记"资产处置费用"科目，贷记"待处理财产损溢——待处理财产价值"科目。预算会计不需要做账务处理。

处理收支结清时，处理过程中所取得收入小于所发生相关费用的，按照相关费用减去处理收入后的净支出，财务会计应当借记"资产处置费用"科目，贷记"待处理财产损溢——处理净收入"科目。同时，在预算会计中，按照净支出金额，借记"其他支出"科目，贷记"资金结存"科目。

资产清查的账务处理如表15-43所示。

表15-43　　　　　　　　资产清查的账务处理

	财务会计处理	预算会计处理
盘亏、毁损、报废的资产，经批准处理时	借：资产处置费用 　　贷：待处理财产损溢——待处理财产价值	—
处理过程中所发生的费用大于所取得的收入的	借：资产处置费用 　　贷：待处理财产损溢——处理净收入	借：其他支出 [净支出] 　　贷：资金结存

3．案例解析

【例 15-33】 某行政单位在资产清查过程中发现用于开展业务活动的设备 A 已老化，无法继续正常使用，应报废。该设备原价为 300 000 元，已计提折旧 280 000 元。经批准后，设备 A 已做报废处理。其会计分录如下。

财务会计：

借：待处理财产损溢——待处理财产价值	20 000
固定资产累计折旧	280 000
贷：固定资产	300 000
借：资产处置费用	20 000
贷：待处理财产损溢——待处理财产价值	20 000

预算会计不需要做账务处理。

15.4.3 期末结转

1．业务概述

"资产处置费用"科目期末结转后无余额。

2．账务处理

期末，将"资产处置费用"科目本期发生额转入本期盈余，财务会计应当借记"本期盈余"科目，贷记"资产处置费用"科目。预算会计不需要做账务处理。期末结转的账务处理如表 15-44 所示。

表 15-44　　　　　　　　　　期末结转的账务处理

	财务会计处理	预算会计处理
期末结转	借：本期盈余 　　贷：资产处置费用	—

3．案例解析

【例 15-34】 2×19 年 11 月 30 日，某事业单位"业务活动费用"科目的借方余额为 5 000 元，"单位管理费用"科目的借方余额为 2 000 元，"经营费用"科目的借方余额为 2 000 元，"资产处置费用"科目的借方余额为 1 000 元，"所得税费用"科目的借方余额为 5 000 元，"其他费用"科目的借方余额为 5 000 元。

期末结转的分录如下。

财务会计：

借：本期盈余	20 000

贷：业务活动费用		5 000
单位管理费用		2 000
经营费用		2 000
资产处置费用		1 000
所得税费用		5 000
其他费用		5 000

预算会计不需要做账务处理。

15.5　投资支出

"投资支出"科目核算事业单位以货币资金对外投资发生的现金流出，属于事业单位专有科目。"投资支出"科目应当按照投资类型、投资对象、《政府收支分类科目》中"支出功能分类科目"的项级科目和"部门预算支出经济分类科目"的款级科目等进行明细核算。"投资支出"科目年末结转后无余额。

15.5.1　以货币资金对外投资时

1. 业务概述

事业单位以货币资金对外投资的方式主要有短期投资、长期股权投资以及长期债券投资。

2. 账务处理

以货币资金对外投资时，按照确定的投资成本，财务会计应当借记"短期投资""长期股权投资""长期债券投资"科目，贷记"银行存款"科目。

同时，按照确定的投资成本，预算会计应当借记"投资支出"科目，贷记"资金结存——货币资金"科目。

以货币资金对外投资的账务处理如表15-45所示。

表15-45　　　　　以货币资金对外投资的账务处理

	财务会计处理	预算会计处理
以货币资金对外投资时	借：短期投资/长期股权投资/长期债券投资 贷：银行存款	借：投资支出 　　贷：资金结存——货币资金

3. 案例解析

【例 15-35】 2×19 年 3 月 1 日,某事业单位以银行存款购买 50 000 元的有价债券,准备 9 个月后出售。

财务会计:

借:短期投资　　　　　　　　　　　　　　　　　　　　50 000
　　贷:银行存款　　　　　　　　　　　　　　　　　　　　50 000

预算会计:

借:投资支出　　　　　　　　　　　　　　　　　　　　50 000
　　贷:资金结存——货币资金　　　　　　　　　　　　　　50 000

15.5.2　出售、对外转让或到期收回本年度以货币资金取得的对外投资

1. 业务概述

出售、对外转让或到期收回本年度以货币资金取得的对外投资,如果投资收益纳入单位预算,确认投资预算收益;如果投资收益上缴财政,不确认投资预算收益。

2. 账务处理

出售、对外转让或到期收回本年度以货币资金取得的对外投资的,如果按规定将投资收益纳入单位预算,按照实际收到的金额,财务会计应当借记"银行存款"等科目,贷记"短期投资""长期债券投资""应收利息""投资收益"等科目。

预算会计应当借记"资金结存——货币资金"科目,按照取得投资时"投资支出"科目的发生额,贷记"投资支出"科目,按照其差额,贷记或借记"投资预算收益"科目。

出售、对外转让以货币资金取得的对外投资的账务处理如表 15-46 所示。

表 15-46　出售、对外转让以货币资金取得的对外投资账务处理

	财务会计处理	预算会计处理
实际取得价款大于投资成本的	借:银行存款等 [实际取得或收回的金额] 　　贷:短期投资/长期债券投资等 [账面余额] 　　　　应收利息 [账面余额] 　　　　投资收益	借:资金结存——货币资金 　　贷:投资支出 [投资成本] 　　　　投资预算收益

续表

	财务会计处理	预算会计处理
实际取得价款小于投资成本的	借：银行存款等 [实际取得或收回的金额] 　　投资收益 　贷：短期投资 / 长期债券投资等 [账面余额] 　　　应收利息 [账面余额]	借：资金结存——货币资金 　　投资预算收益 　贷：投资支出 [投资成本]

3．案例解析

【例 15-36】沿用【例 15-35】。12 月 1 日，该单位出售该债券，收到 50 500 元，并收到持有期间的其他利息 1 500 元。

财务会计：

借：银行存款　　　　　　　　　　　　　　　　　　52 000

　贷：短期投资　　　　　　　　　　　　　　　　　　50 000

　　　投资收益　　　　　　　　　　　　　　　　　　 2 000

预算会计：

借：资金结存——货币资金　　　　　　　　　　　　52 000

　贷：投资支出　　　　　　　　　　　　　　　　　　50 000

　　　投资预算收益　　　　　　　　　　　　　　　　 2 000

15.5.3　年末结转

1．业务概述

年末，将"投资支出"科目本年发生额转入其他结余，年末无余额。

2．账务处理

按照"投资支出"科目本年发生额，预算会计应当借记"其他结余"科目，贷记"投资支出"科目。财务会计不需要做账务处理。投资支出年末结转的账务处理如表 15-47 所示。

表 15-47　　　　　　投资支出年末结转的账务处理

	财务会计处理	预算会计处理
投资支出年末结转	—	借：其他结余 　贷：投资支出

3. 案例解析

【例 15-37】 2×19 年，某事业单位"投资支出"科目的借方余额为 20 000 元，则年末结转分录如下。

预算会计：

借：其他结余 20 000
　　贷：投资支出 20 000

财务会计不需要做账务处理。

15.6　上缴上级费用与上缴上级支出

1. 上缴上级费用

事业单位应设置"上缴上级费用"科目核算按照财政部门和主管部门的规定上缴上级单位款项发生的费用，属于事业单位专有科目。"上缴上级费用"科目应当按照收缴款项单位、缴款项目等进行明细核算。"上缴上级费用"科目期末结转后无余额。

2. 上缴上级支出

事业单位应设置"上缴上级支出"科目核算按照财政部门和主管部门的规定上缴上级单位款项发生的现金流出，属于事业单位专有科目。"上缴上级支出"科目应当按照收缴款项单位、缴款项目、《政府收支分类科目》中"支出功能分类科目"的项级科目和"部门预算支出经济分类科目"的款级科目等进行明细核算。"上缴上级支出"科目年末结转后无余额。

事业单位发生并缴纳上缴上级支出

1. 业务概述

事业单位发生上缴上级支出指实行收入上缴办法的事业单位按规定的定额或者比例上缴上级单位的支出。但事业单位返还上级单位在其事业支出中垫支的工资、水电费、房租、住房公积金和福利费等各种费用时，计入相应支出，不能作为上缴上级支出处理。

2. 账务处理

（1）事业单位发生上缴上级支出。

财务会计处理中，按照实际上缴的金额或者按照规定计算应当上缴上级单位的金额，借记"上缴上级费用"科目，贷记"银行存款""其他应付款"等科目；在实际上缴应交的金额时，借记"其他应付款"科目，贷记"银行存款"等科目。

预算会计处理中，按照实际上缴的金额或者按照规定计算应当上缴上级单位的金额与实际上缴应交的金额，借记"上缴上级支出"科目，贷记"资金结存——货币资金"科目。

上缴上级支出的账务处理如表 15-48 所示。

表 15-48　　　　　　　　　上缴上级支出的账务处理

	财务会计处理	预算会计处理
按照实际上缴的金额或者按照规定计算出应当上缴的金额	借：上缴上级费用 　贷：银行存款/其他应付款等	借：上缴上级支出[实际上交的金额] 　贷：资金结存——货币资金
实际上缴应交的金额	借：其他应付款 　贷：银行存款等	

（2）期末/年末结转。

期末，将"上缴上级费用"科目本期发生额转入本期盈余，财务会计应当借记"本期盈余"科目，贷记"上缴上级费用"科目。预算会计应当借记"其他结余"科目，贷记"上缴上级支出"科目。上缴上级支出期末/年末结转的账务处理如表 15-49 所示。

表 15-49　　　　　　　上缴上级支出期末/年末结转的账务处理

	财务会计处理	预算会计处理
上缴上级支出期末/年末结转	借：本期盈余 　贷：上缴上级费用	借：其他结余 　贷：上缴上级支出

3．案例解析

【例 15-38】2×19 年 12 月，某事业单位根据体制安排和本年事业收入的数额，经过计算，本年应上缴上级单位款项 100 000 元，事业单位通过银行转账上缴了款项。其会计分录如下。

财务会计：

借：上缴上级费用　　　　　　　　　　　　　　　　　　　　　　100 000
　　贷：银行存款　　　　　　　　　　　　　　　　　　　　　　　　100 000

预算会计：

借：上缴上级支出　　　　　　　　　　　　　　　　　　　　　　100 000

　　　　贷：资金结存——货币资金　　　　　　　　　　　　　　　　　100 000

【例15-39】沿用【例15-38】。假如该事业单位在2×19年没有发生其他的上缴上级支出，则期末和年末结转分录如下。

　　财务会计：
　　借：本期盈余　　　　　　　　　　　　　　　　　　　　　　　　100 000
　　　　贷：上缴上级费用　　　　　　　　　　　　　　　　　　　　　100 000
　　预算会计：
　　借：其他结余　　　　　　　　　　　　　　　　　　　　　　　　100 000
　　　　贷：上缴上级支出　　　　　　　　　　　　　　　　　　　　　100 000

15.7　对附属单位补助费用与对附属单位补助支出

1．对附属单位补助费用

事业单位应当设置"对附属单位补助费用"科目核算事业单位用财政拨款收入之外的收入对附属单位补助发生的费用，属于事业单位专有科目。"对附属单位补助费用"科目应当按照接受补助单位、补助项目等进行明细核算。"对附属单位补助费用"科目期末结转后无余额。

2．对附属单位补助支出

事业单位应当设置"对附属单位补助支出"科目核算事业单位用财政拨款预算收入之外的收入对附属单位补助发生的现金流出，"对附属单位补助支出"科目属于事业单位专有科目。"对附属单位补助支出"科目应当按照接受补助单位、补助项目、《政府收支分类科目》中"支出功能分类科目"的项级科目和"部门预算支出经济分类科目"的款级科目等进行明细核算。"对附属单位补助支出"科目年末结转后无余额。

事业单位发生对附属单位补助支出

1．业务概述

对附属单位的补助款项为财政拨款预算以外的资金，主要是收入较多的附属单位上缴的款项以及事业单位自己组织的除财政补助收入以外的其他资金。

2．账务处理

（1）发生对附属单位补助支出。

财务会计处理中，按照实际补助的金额或者按照规定计算出应当对附属单位补助的金额,借记"对附属单位补助费用"科目,贷记"银行存款""其他应付款"等科目;在实际支付时,借记"其他应付款"科目,贷记"银行存款"等科目。

预算会计处理中,按照实际补助的金额或者按照规定计算出应当对附属单位补助的金额与实际支出的补助费用,借记"对附属单位补助支出"科目,贷记"资金结存——货币资金"科目。

对附属单位补助支出的账务处理如表15-50所示。

表15-50　　　　对附属单位补助支出的账务处理

	财务会计处理	预算会计处理
按照实际补助的金额或者按规定计算出应当补助的金额	借:对附属单位补助费用 贷:银行存款/其他应付款等	借:对附属单位补助支出 [实际补助的金额] 贷:资金结存——货币资金
实际支出应补助的金额	借:其他应付款 贷:银行存款等	

(2)期末/年末结转。

期末,将"对附属单位补助费用"科目本期发生额转入本期盈余,财务会计应当借记"本期盈余"科目,贷记"对附属单位补助费用"科目。预算会计应当借记"其他结余"科目,贷记"对附属单位补助支出"科目。对附属单位补助支出期末/年末结转的账务处理如表15-51所示。

表15-51　　　对附属单位补助支出期末/年末结转的账务处理

	财务会计处理	预算会计处理
对附属单位补助支出期末/年末结转	借:本期盈余 贷:对附属单位补助费用	借:其他结余 贷:对附属单位补助支出

3. 案例解析

【例15-40】2×19年12月,某事业单位用自有经费对所属独立核算杂志社补助10 000元,以银行存款支付。其会计分录如下。

财务会计:

借:对附属单位补助费用——杂志社　　　　　　　　　　10 000
　　贷:银行存款　　　　　　　　　　　　　　　　　　　10 000

预算会计:

借:对附属单位补助支出——杂志社　　　　　　　　　　10 000
　　贷:资金结存——货币资金　　　　　　　　　　　　　10 000

【例 15-41】 沿用【例 15-40】。假如该事业单位在 2×19 年没有发生其他的对附属单位的补助支出,则期末和年末结转分录如下。

财务会计:
借:本期盈余　　　　　　　　　　　　　　　　　　　　10 000
　　贷:对附属单位补助费用　　　　　　　　　　　　　10 000
预算会计:
借:其他结余　　　　　　　　　　　　　　　　　　　　10 000
　　贷:对附属单位补助支出　　　　　　　　　　　　　10 000

15.8　所得税费用

有企业所得税缴纳义务的事业单位应当设置"所得税费用"科目,核算按规定缴纳企业所得税所形成的费用。行政单位无须设置"所得税费用"科目。"所得税费用"科目年末结转后无余额。

事业单位发生所得税费用

1. 业务概述

事业单位应就其取得的生产、经营所得以及其他应税所得缴纳企业所得税。实行独立经济核算的事业单位为企业所得税纳税人。

2. 账务处理

(1) 发生企业所得税纳税义务。

发生企业所得税纳税义务的,按照税法规定计算的应交税金数额,财务会计应当借记"所得税费用"科目,贷记"其他应交税费——单位应交所得税"科目。预算会计不需要做账务处理。

实际缴纳时,按照缴纳金额,财务会计应当借记"其他应交税费——单位应交所得税"科目,贷记"银行存款"等科目。预算会计应当借记"非财政拨款结余——累计结余"科目,贷记"资金结存——货币资金"科目。

所得税费用相关账务处理如表 15-52 所示。

表 15-52　　　　　　　　　　所得税费用相关账务处理

	财务会计处理	预算会计处理
按照税法规定计算应交税金数额	借：所得税费用 　　贷：其他应交税费——单位应交所得税	—
实际缴纳时	借：其他应交税费——单位应交所得税 　　贷：银行存款等	借：非财政拨款结余——累计结余 　　贷：资金结存——货币资金

（2）年末结转。

年末，将"所得税费用"科目本年发生额转入本期盈余，财务会计应当借记"本期盈余"科目，贷记"所得税费用"科目。预算会计不需要做账务处理。所得税费用年末结转的账务处理如表 15-53 所示。

表 15-53　　　　　　　　　所得税费用年末结转的账务处理

	财务会计处理	预算会计处理
所得税费用年末结转	借：本期盈余 　　贷：所得税费用	—

3．案例解析

【例 15-42】2×19 年，某事业单位按照税法规定应交所得税为 2 500 元，已用银行存款支付。其会计分录如下。

（1）计算并支付所得税费用。

财务会计：

借：所得税费用　　　　　　　　　　　　　　　　　　　　　2 500
　　贷：其他应交税费——单位应交所得税　　　　　　　　　　2 500
借：其他应交税费——单位应交所得税　　　　　　　　　　　　2 500
　　贷：银行存款　　　　　　　　　　　　　　　　　　　　　2 500

预算会计：

借：非财政拨款结余——累计结余　　　　　　　　　　　　　　2 500
　　贷：资金结存——货币资金　　　　　　　　　　　　　　　2 500

（2）年末结转。

财务会计：

借：本期盈余　　　　　　　　　　　　　　　　　　　　　　　2 500
　　贷：所得税费用　　　　　　　　　　　　　　　　　　　　2 500

预算会计不需要做账务处理。

15.9 其他费用与其他支出

1. 其他费用

行政事业单位应当设置"其他费用"科目核算单位发生的除业务活动费用、单位管理费用、经营费用、资产处置费用、上缴上级费用、附属单位补助费用、所得税费用以外的各项费用,包括利息费用、坏账损失、罚没支出、现金资产捐赠支出以及相关税费、运输费等。"其他费用"科目应当按照其他费用的类别等进行明细核算。"其他费用"科目期末结转后无余额。

2. 其他支出

行政事业单位应当设置"其他支出"科目核算单位除行政支出、事业支出、经营支出、上缴上级支出、对附属单位补助支出、投资支出、债务还本支出以外的各项现金流出,包括利息支出、对外捐赠现金支出、现金盘亏损失、接受捐赠(调入)和对外捐赠(调出)非现金资产发生的税费支出、资产置换过程中发生的相关税费支出、罚没支出等。"其他支出"科目应当按照其他支出的类别,"财政拨款支出""非财政专项资金支出""其他资金支出",《政府收支分类科目》中"支出功能分类科目"的项级科目和"部门预算支出经济分类科目"的款级科目等进行明细核算。"其他支出"科目年末结转后无余额。

15.9.1 利息费用/利息支出

1. 业务概述

为建造固定资产、公共基础设施等借入的专门借款在建设期间发生的利息应计入在建工程,其他借款的利息费用计入其他费用。单位发生的利息费用较多的,可以单独设置"利息费用""利息支出"科目。

2. 账务处理

(1)计算确定借款利息费用时。

为建造固定资产、公共基础设施等借入的专门借款的利息,属于建设期间发生的,按期计提利息费用时,财务会计应当按照计算确定的金额,借记"在建工程"科目,贷记"应付利息""长期借款——应计利息"科目;不属于建设期间发生的,按期计提利息费用时,按照计算确定的金额,借记"其他费用"科目,贷记"应付利息""长期借款——应计利息"科目。对于其他借款,按期计提利息费用时,按照计算确定的金额,财务会计应借记"其他费用"科目,贷记"应付利息""长期借款——应计利息"科目。

预算会计不需要做账务处理。

计算确定应付利息的账务处理如表 15-54 所示。

表 15-54　　　　　　　　计算确定应付利息的账务处理

	财务会计处理	预算会计处理
计算确定借款利息费用时	借：其他费用/在建工程 　　贷：应付利息/长期借款——应计利息	—

（2）实际支付利息时。

实际支付利息费用时，财务会计应当借记"应付利息"等科目，贷记"银行存款"等科目。同时，在预算会计中，借记"其他支出"科目，贷记"资金结存——货币资金"科目。支付应付利息的账务处理如表 15-55 所示。

表 15-55　　　　　　　　支付应付利息的账务处理

	财务会计处理	预算会计处理
实际支付应付利息时	借：应付利息等 　　贷：银行存款等	借：其他支出 　　贷：资金结存——货币资金

3．案例解析

【例 15-43】单位借入 5 年期、到期还本、每年付息的长期借款 5 000 000 元，合同约定年利率为 3.5%。其会计分录如下。

（1）计算确定每年的利息费用时。

财务会计：

借：其他费用——利息费用　　　　　　　　　　　　　　　175 000
　　贷：应付利息　　　　　　　　　　　　　　　　　　　　　　175 000

单位每年支付的利息 =5 000 000×3.5%=175 000（元）

预算会计不需要做账务处理。

（2）实际支付利息时。

财务会计：

借：应付利息　　　　　　　　　　　　　　　　　　　　　175 000
　　贷：银行存款　　　　　　　　　　　　　　　　　　　　　　175 000

预算会计：

借：其他支出——利息支出　　　　　　　　　　　　　　　175 000
　　贷：资金结存——货币资金　　　　　　　　　　　　　　　　175 000

15.9.2 现金资产对外捐赠

1. 业务概述

行政事业单位发生捐赠支出金额较大或业务较多的,可单独设置"捐赠支出"科目。

2. 账务处理

按照实际捐赠的金额,财务会计应当借记"其他费用"科目,贷记"银行存款""库存现金"等科目。同时,在预算会计中,借记"其他支出"科目,贷记"资金结存——货币资金"科目。现金资产对外捐赠的账务处理如表15-56所示。

表 15-56　　　　　　　现金资产对外捐赠的账务处理

	财务会计处理	预算会计处理
现金资产对外捐赠	借:其他费用 　贷:银行存款/库存现金等	借:其他支出 　贷:资金结存——货币资金

3. 案例解析

【例 15-44】某事业单位为支持社会公益事业的发展,向某慈善机构捐赠现款 100 000 元。

财务会计:

借:其他费用——捐赠费用　　　　　　　　100 000
　　贷:银行存款　　　　　　　　　　　　　　100 000

预算会计:

借:其他支出——其他资金支出　　　　　　100 000
　　贷:资金结存——货币资金　　　　　　　　100 000

15.9.3 坏账损失

1. 业务概述

事业单位应当于每年末,对收回后不需上缴财政的应收账款和其他应收款进行全面检查,如发生不能收回的迹象,应当计提坏账准备。

2. 账务处理

按照期末应收账款和其他应收款计算应计提的坏账准备金额大于"坏账准备"科目期末贷方余额时,当期计提坏账准备,按其差额,财务会计应借记"其他费用"科目,贷记"坏账准备"科目;按照期末应收账款和其他应收款计算应计提的坏账准备金额小于"坏账准备"科目期末贷方余额时，当期冲减坏账准备，按其差额，财务会计应借记"坏账准备"科目，贷记"其他费用"科目。预算会计不需要做账务处理。坏账损失相关账务处理如表 15-57 所示。

表 15-57　　　　　　　　　坏账损失相关账务处理

	财务会计处理	预算会计处理
按照规定对应收账款和其他应收款计提坏账准备	借：其他费用 　贷：坏账准备	—
冲减多提的坏账准备时	借：坏账准备 　贷：其他费用	—

3. 案例解析

【例 15-45】2×19 年，某事业单位根据应收款项余额百分比法计算出本年应计提的坏账准备金额为 25 000 元，"坏账准备"科目期末贷方余额为 20 000 元。则计提坏账准备的会计分录如下。

当期应补提的坏账准备 =25 000-20 000=5 000（元）

财务会计：

借：其他费用——坏账损失　　　　　　　　　　　　　　　　5 000
　贷：坏账准备　　　　　　　　　　　　　　　　　　　　　　5 000

预算会计不需要做账务处理。

【例 15-46】2×19 年，某事业单位根据应收款项余额百分比法计算出本年应计提的坏账准备金额为 25 000 元，"坏账准备"科目期末贷方余额为 30 000 元。则冲减坏账准备的会计分录如下。

当期应冲减的坏账准备 =30 000-25 000=5 000（元）

财务会计：

借：坏账准备　　　　　　　　　　　　　　　　　　　　　　5 000
　贷：其他费用——坏账损失　　　　　　　　　　　　　　　　5 000

预算会计不需要做账务处理。

15.9.4　罚没支出

1. 业务概述

罚没支出是指行政事业单位因违规违法接受行政罚款，如税务局税收滞纳金、财务审计检查罚款等，罚没支出应计入其他费用。

2. 账务处理

按照实际发生金额，财务会计应当借记"其他费用"科目，贷记"银行存款""库存现金""其他应付款"等科目。

同时，在预算会计中，实际缴纳罚没金额时，借记"其他支出"科目，贷记"资金结存——货币资金"科目。

罚没支出的账务处理如表 15-58 所示。

表 15-58　　　　　　　　　罚没支出的账务处理

	财务会计处理	预算会计处理
罚没支出	借：其他费用 　贷：银行存款/库存现金/其他应付款等	借：其他支出 　贷：资金结存——货币资金 [实际支付金额]

3. 案例解析

【例 15-47】某事业单位因未按规定按时缴纳税金，发生税收滞纳金 2 000 元，已用银行存款支付。其会计分录如下。

财务会计：

借：其他费用——罚没支出　　　　　　　　　　　　　2 000
　　贷：银行存款　　　　　　　　　　　　　　　　　　2 000

预算会计：

借：其他支出——其他资金支出　　　　　　　　　　　2 000
　　贷：资金结存——货币资金　　　　　　　　　　　　2 000

15.9.5　其他相关税费、运输费等

1. 业务概述

此部分所称的其他相关税费、运输费包括接受捐赠（或无偿调入）以名义金额计量的存货、固定资产、无形资产，以及成本无法可靠取得的公共基础设施、文物文化资产等发生的相关税费、运输费等，与受托代理资产相关的税费、运输费、保管费等。

2. 账务处理

按照实际发生金额，财务会计应当借记"其他费用"科目，贷记"零余额账户用款额度""银行存款"等科目。

同时，在预算会计中，按照实际支付金额，借记"其他支出"科目，贷记

"资金结存"科目。

发生其他相关税费、运输费等的账务处理如表 15-59 所示。

表 15-59　发生其他相关税费、运输费等的账务处理

	财务会计处理	预算会计处理
其他相关税费、运输费等	借：其他费用 贷：零余额账户用款额度 / 银行存款等	借：其他支出 贷：资金结存

3. 案例解析

【例 15-48】某事业单位接受了一项固定资产的捐赠，发生的相关税费以及运输费共计 5 000 元，已用银行存款支付。其会计分录如下。

财务会计：

借：其他费用　　　　　　　　　　　　　　　　　　　5 000
　　贷：银行存款　　　　　　　　　　　　　　　　　　　　5 000

预算会计：

借：其他支出——其他资金支出　　　　　　　　　　　5 000
　　贷：资金结存——货币资金　　　　　　　　　　　　　　5 000

15.9.6　期末 / 年末结转

1. 业务概述

"其他费用"科目的本期发生额应在期末结转至本期盈余，"其他支出"科目本年发生额在年末根据支出方式分别结转至"其他结余""非财政拨款结转——本年收支结转""财政拨款结转——本年收支结转"等科目。

2. 账务处理

期末结转"其他费用"科目，财务会计应当借记"本期盈余"科目，贷记"其他费用"科目。

预算会计处理中，将"其他支出"科目本年发生额中的财政拨款资金支出转入财政拨款结转，借记"财政拨款结转——本年收支结转"科目，贷记"其他支出"科目下各财政拨款资金支出明细科目；将"其他支出"科目本年发生额中的非财政专项资金支出转入非财政拨款结转，借记"非财政拨款结转——本年收支结转"科目，贷记"其他支出"科目下各非财政专项资金支出明细科目；将"其他支出"科目本年发生额中的其他资金支出（非财政、非专项资金支出）转入其他结余，借记"其他结余"科目，贷记"其他支出"科目下各其

他资金支出明细科目。

其他费用与其他支出期末/年末结转的账务处理如表15-60所示。

表15-60　其他费用与其他支出期末/年末结转的账务处理

	财务会计处理	预算会计处理
其他费用与其他支出期末/年末结转	借：本期盈余 　　贷：其他费用	借：其他结余[非财政、非专项资金支出] 　　非财政拨款结转——本年收支结转[非财政专项资金支出] 　　财政拨款结转——本年收支结转[财政拨款资金支出] 　　贷：其他支出

3. 案例解析

【例15-49】2×19年12月，某事业单位发生其他费用共计15 000元。期末结转的会计分录如下。

财务会计：

借：本期盈余　　　　　　　　　　　　　　　　　　　15 000
　　贷：其他费用　　　　　　　　　　　　　　　　　15 000

【例15-50】2×19年，某事业单位发生其他支出共计50 000元，其中财政拨款支出20 000元、非财政拨款支出20 000元、其他资金支出10 000元。年末结转分录如下。

预算会计：

借：财政拨款结转——本年收支结转　　　　　　　　　20 000
　　非财政拨款结转——本年收支结转　　　　　　　　20 000
　　其他结余　　　　　　　　　　　　　　　　　　　10 000
　　贷：其他支出　　　　　　　　　　　　　　　　　50 000

第 16 章 预算结余类业务的会计处理

16.1 资金结存

"资金结存"科目核算单位纳入部门预算管理的资金流入、流出、调整和滚存等情况。"资金结存"科目应当设置以下明细科目。①"零余额账户用款额度":"零余额账户用款额度"科目核算实行国库集中支付的单位根据财政部门批复的用款计划收到和支用的零余额账户用款额度。年末结账后,"零余额账户用款额度"科目无余额。②"货币资金":"货币资金"科目核算单位以库存现金、银行存款、其他货币资金形态存在的资金。"货币资金"科目年末借方余额,反映单位尚未使用的货币资金。③"财政应返还额度":"财政应返还额度"科目核算实行国库集中支付的单位可以使用的以前年度财政直接支付资金额度和财政应返还的财政授权支付资金额度。"财政应返还额度"科目下可设置"财政直接支付""财政授权支付"两个明细科目进行明细核算。"财政应返还额度"明细科目借方余额,反映单位应收财政返还的资金额度。

16.1.1 取得预算收入

1．业务概述

行政事业单位每年根据有关财政部门的相关规定会获得一部分财政划转资金,即单位获得的预算收入。行政事业单位应该在实际取得预算收入时,根据实际情况确认相关的预算收入。

2．账务处理

财政授权支付方式下,行政事业单位根据代理银行转来的财政授权支付额度到账通知书中的授权支付额度,财务会计应当借记"零余额账户用款额度"科目,贷记"财政拨款收入"科目。预算会计应当借记"资金结存——零余额账户用款额度"科目,贷记"财政拨款预算收入"科目。

以国库集中支付以外的其他支付方式取得预算收入时,按照实际收到的金额,财务会计应当借记"银行存款"科目,贷记"财政拨款收入""事业收入""经营收入"等科目。预算会计应当借记"资金结存——货币资金"科目,贷记"财政拨款预算收入""事业预算收入""经营预算收入"等科目。

取得预算收入的相关账务处理如表 16-1 所示。

表 16-1　　　　　　　　　取得预算收入的相关账务处理

	财务会计处理	预算会计处理
财政授权支付方式下	借:零余额账户用款额度 　贷:财政拨款收入	借:资金结存——零余额账户用款额度 　贷:财政拨款预算收入
国库集中支付以外的其他支付方式下	借:银行存款 　贷:财政拨款收入/事业收入/经营收入等	借:资金结存——货币资金 　贷:财政拨款预算收入/事业预算收入/经营预算收入等

3. 案例解析

【例 16-1】某行政单位本年度取得财政授权支付方式下的预算收入为 5 000 000 元。分录如下:

预算会计:

借:资金结存——零余额账户用款额度　　　　　　　　5 000 000
　　贷:财政拨款预算收入　　　　　　　　　　　　　　　　5 000 000

财务会计:

借:零余额账户用款额度　　　　　　　　　　　　　　5 000 000
　　贷:财政拨款收入　　　　　　　　　　　　　　　　　　5 000 000

16.1.2　发生预算支出

1. 业务概述

行政事业单位每年根据有关财政部门的相关规定会将财政划转资金用于本单位的发展及经营活动,发生的支出即单位的预算支出。行政事业单位应该在实际发生预算支出时,根据实际情况确认相关的预算支出。

2. 账务处理

财政授权支付方式下,发生相关支出时,按照实际支付的金额,财务会计应当借记"业务活动费用""单位管理费用""库存物品""固定资产"等科目,贷记"零余额账户用款额度"科目。预算会计应当借记"行政支出""事业支出"等科目,贷记"资金结存——零余额账户用款额度"科目。

使用以前年度财政直接支付额度发生支出时,财务会计应当借记"业务活动费用""单位管理费用""库存物品""固定资产"等科目,贷记"财政应返还额度"科目。预算会计应当借记"行政支出""事业支出"等科目,贷记

"资金结存——财政应返还额度"科目。

国库集中支付以外的其他支付方式下,发生相关支出时,按照实际支付的金额,财务会计应当借记"业务活动费用""单位管理费用""库存物品""固定资产"等科目,贷记"银行存款""库存现金"等科目。预算会计应当借记"事业支出""经营支出"等科目,贷记"资金结存——货币资金"科目。

发生预算支出的相关账务处理如表16-2所示。

表16-2　　　　　　　　发生预算支出的相关账务处理

	财务会计处理	预算会计处理
财政授权支付方式下	借:业务活动费用/单位管理费用/库存物品/固定资产等 贷:零余额账户用款额度	借:行政支出/事业支出等 贷:资金结存——零余额账户用款额度
使用以前年度财政直接支付额度	借:业务活动费用/单位管理费用/库存物品/固定资产等 贷:财政应返还额度	借:行政支出/事业支出等 贷:资金结存——财政应返还额度
国库集中支付以外的其他支付方式下	借:业务活动费用/单位管理费用/库存物品/固定资产等 贷:银行存款/库存现金等	借:事业支出/经营支出等 贷:资金结存——货币资金

3.案例解析

【例16-2】某事业单位本年度使用以前年度财政直接支付额度支付管理费用300 000元。分录如下。

预算会计:

借:事业支出　　　　　　　　　　　　　　　　　　　　　300 000

　　贷:资金结存——财政应返还额度　　　　　　　　　　　300 000

财务会计:

借:单位管理费用　　　　　　　　　　　　　　　　　　　300 000

　　贷:财政应返还额度　　　　　　　　　　　　　　　　　300 000

16.1.3　预算结转结余调整

1.账务处理

按照规定上缴财政拨款结转结余资金或注销财政拨款结转结余资金额度的,按照实际上缴资金数额或注销的资金额度数额,财务会计应当借记"累计盈余"科目,贷记"财政应返还额度""零余额账户用款额度""银行存款"

科目。预算会计应当借记"财政拨款结转——归集上缴"或"财政拨款结余——归集上缴"科目,贷记"资金结存——财政应返还额度/零余额账户用款额度/货币资金"科目。

按规定缴回非财政拨款结转资金的,按照实际缴回资金数额,财务会计应当借记"累计盈余"科目,贷记"银行存款"科目。预算会计应当借记"非财政拨款结转——缴回资金"科目,贷记"资金结存——货币资金"科目。

收到调入的财政拨款结转资金的,按照实际调入资金数额,财务会计应当借记"财政应返还额度""零余额账户用款额度""银行存款"科目,贷记"累计盈余"科目。预算会计应当借记"资金结存——财政应返还额度/零余额账户用款额度/货币资金"科目,贷记"财政拨款结转——归集调入"科目。

预算结转结余调整的相关账务处理如表 16-3 所示。

表 16-3　　　　　　　预算结转结余调整的相关账务处理

	财务会计处理	预算会计处理
按照规定上缴财政拨款结转结余资金或注销财政拨款结转结余额度的	借：累计盈余 　贷：财政应返还额度/零余额账户用款额度/银行存款	借：财政拨款结转——归集上缴/财政拨款结余——归集上缴 　贷：资金结存——财政应返还额度/零余额账户用款额度/货币资金
按照规定缴回非财政拨款结转资金的	借：累计盈余 　贷：银行存款	借：非财政拨款结转——缴回资金 　贷：资金结存——货币资金
收到调入的财政拨款结转资金的	借：财政应返还额度/零余额账户用款额度/银行存款 　贷：累计盈余	借：资金结存——财政应返还额度/零余额账户用款额度/货币资金 　贷：财政拨款结转——归集调入

2. 案例解析

【例 16-3】某事业单位本年度按照规定上缴财政拨款结余资金 200 000 元。分录如下。

财务会计：
借：累计盈余　　　　　　　　　　　　　　　　　　　　　　　　200 000
　　贷：零余额账户用款额度　　　　　　　　　　　　　　　　　　200 000
预算会计：
借：财政拨款结余——归集上缴　　　　　　　　　　　　　　　　　200 000
　　贷：资金结存——零余额账户用款额度　　　　　　　　　　　　200 000

16.1.4 使用专用基金

1. 账务处理

按照规定使用专用基金时,一般情况下,财务会计应当借记"专用基金"科目,贷记"银行存款"等科目。

购买固定资产、无形资产等时,财务会计应当做两笔分录:一笔借记"固定资产""无形资产"等科目,贷记"银行存款"等科目;另一笔借记"专用基金"科目,贷记"累计盈余"科目。

预算会计处理中,使用从非财政拨款结余或经营结余中计提的专用基金时,应当借记"专用结余"科目,贷记"资金结存——货币资金"科目;使用从收入中计提并计入费用的专用基金时,借记"事业支出"等科目,贷记"资金结存——货币资金"科目。

提取专用基金的相关账务处理如表 16-4 所示。

表 16-4　　　　　　　　提取专用基金的相关账务处理

	财务会计处理	预算会计处理
一般情况下	借:专用基金 　　贷:银行存款等	使用从非财政拨款结余或经营结余中计提的专用基金 借:专用结余 　　贷:资金结存——货币资金 使用从收入中计提并计入费用的专用基金 借:事业支出等 　　贷:资金结存——货币资金
购买固定资产、无形资产等	借:固定资产/无形资产等 　　贷:银行存款等 借:专用基金 　　贷:累计盈余	

2. 案例解析

【例 16-4】某单位使用从非财政拨款结余中提取的专用基金购置了价值 1 000 000 元的固定资产。分录如下。

预算会计:

借:专用结余　　　　　　　　　　　　　　　　　　　　　1 000 000
　　贷:资金结存——货币资金　　　　　　　　　　　　　　　　1 000 000

财务会计:

借:固定资产　　　　　　　　　　　　　　　　　　　　　1 000 000
　　贷:银行存款　　　　　　　　　　　　　　　　　　　　　1 000 000
借:专用基金　　　　　　　　　　　　　　　　　　　　　1 000 000
　　贷:累计盈余　　　　　　　　　　　　　　　　　　　　　1 000 000

16.1.5　发生会计差错更正、购货退回

1．业务概述

行政事业单位因发生以前年度的会计差错更正或者购货退回等发生国库直接支付、授权支付款项退回，或者收回货币资金的，需要进行相应的会计处理。

2．账务处理

因购货退回、发生差错更正等退回国库直接支付、授权支付款项，或者收回货币资金的，属于本年度支付的，财务会计应当借记"财政拨款收入""零余额账户用款额度""银行存款"等科目，贷记"业务活动费用""库存物品"等科目。预算会计应当借记"财政拨款预算收入"科目或"资金结存——零余额账户用款额度/货币资金"科目，贷记"行政支出""事业支出"等科目。

属于以前年度支付的，财务会计应当借记"财政应返还额度""零余额账户用款额度""银行存款"等科目，贷记"以前年度盈余调整"科目。预算会计应当借记"资金结存——财政应返还额度/零余额账户用款额度/货币资金"科目，贷记"财政拨款结转""财政拨款结余""非财政拨款结转""非财政拨款结余"科目。

发生会计差错更正、购货退回的相关账务处理如表 16-5 所示。

表 16-5　发生会计差错更正、购货退回的相关账务处理

	财务会计处理	预算会计处理
因购货退货、发生差错更正等退回国库直接支付、授权支付款项，或者收回货币资金，属于本年度的	借：财政拨款收入/零余额账户用款额度/银行存款等 贷：业务活动费用/库存物品等	借：财政拨款预算收入/资金结存——零余额账户用款额度、货币资金 贷：行政支出/事业支出等
属于以前年度的	借：财政应返还额度/零余额账户用款额度/银行存款等 贷：以前年度盈余调整	借：资金结存——财政应返还额度/零余额账户用款额度/货币资金 贷：财政拨款结转/财政拨款结余/非财政拨款结转/非财政拨款结余

3．案例解析

【例 16-5】某单位因购货退回收到属于本年度的货币资金 2 000 000 元。分录如下。

财务会计：

借：银行存款 2 000 000

　　贷：库存物品 2 000 000

预算会计：

借：资金结存——货币资金 2 000 000

　　贷：事业支出 2 000 000

16.1.6　缴纳企业所得税

1．账务处理

有企业所得税缴纳义务的事业单位缴纳所得税时，按照实际缴纳金额，财务会计应当借记"其他应交税费——单位应交所得税"科目，贷记"银行存款"等科目。按照实际缴纳金额，预算会计应当借记"非财政拨款结余——累计结余"科目，贷记"资金结存——货币资金"科目。缴纳企业所得税的账务处理如表16-6所示。

表16-6　　　　　　　　　缴纳企业所得税的账务处理

	财务会计处理	预算会计处理
有企业所得税缴纳义务的事业单位实际缴纳企业所得税时	借：其他应交税费——单位应交所得税 贷：银行存款等	借：非财政拨款结余——累计结余 贷：资金结存——货币资金

2．案例解析

【例16-6】某单位本年应缴纳的所得税为600 000元。分录如下。

预算会计：

借：非财政拨款结余——累计结余 600 000

　　贷：资金结存——货币资金 600 000

财务会计：

借：其他应交税费——单位应交所得税 600 000

　　贷：银行存款 600 000

16.1.7　确认未下达的财政用款额度

1．账务处理

年末，根据本年度财政直接支付预算指标数与当年财政直接支付实际支出数的差额，预算会计应当借记"资金结存——财政应返还额度"科目，贷记"财政拨款预算收入"科目。

财务会计处理中，财政直接支付方式下，借记"财政应返还额度——财政直接支付"科目，贷记"财政拨款收入"科目；财政授权支付方式下，借记"财政应返还额度——财政授权支付"科目，贷记"财政拨款收入"科目。

确认未下达的财政用款额度的账务处理如表 16-7 所示。

表 16-7　　　　确认未下达的财政用款额度的账务处理

	财务会计处理	预算会计处理
财政直接支付方式下	借：财政应返还额度——财政直接支付 　贷：财政拨款收入	借：资金结存——财政应返还额度 　贷：财政拨款预算收入
财政授权支付方式下	借：财政应返还额度——财政授权支付 　贷：财政拨款收入	

2．案例解析

【例 16-7】某单位本年度财政直接支付预算指标数与当年财政直接支付实际支出数的差额为 200 000 元。分录如下。

财务会计：

借：财政应返还额度——财政直接支付　　　　　　　　　　200 000
　贷：财政拨款收入　　　　　　　　　　　　　　　　　　　200 000

预算会计：

借：资金结存——财政应返还额度　　　　　　　　　　　　200 000
　贷：财政拨款预算收入　　　　　　　　　　　　　　　　　200 000

16.1.8　注销及恢复零余额账户用款额度

1．账务处理

年末，行政事业单位依据代理银行提供的对账单做注销额度的相关账务处理，财务会计应当借记"财政应返还额度——财政授权支付"科目，贷记"零余额账户用款额度"科目。预算会计应当借记"资金结存——财政应返还额度"科目，贷记"资金结存——零余额账户用款额度"科目。注销零余额账户用款额度的账务处理如表 16-8 所示。

表 16-8　注销零余额账户用款额度的账务处理

	财务会计处理	预算会计处理
注销零余额账户用款额度	借：财政应返还额度——财政授权支付 贷：零余额账户用款额度	借：资金结存——财政应返还额度 贷：资金结存——零余额账户用款额度

下月初，行政事业单位依据代理银行提供的额度恢复到账通知书做恢复额度的相关账务处理，财务会计应当借记"零余额账户用款额度"科目，贷记"财政应返还额度——财政授权支付"科目。预算会计应当借记"资金结存——零余额账户用款额度"科目，贷记"资金结存——财政应返还额度"科目。恢复零余额账户用款额度的账务处理如表 16-9 所示。

表 16-9　恢复零余额账户用款额度的账务处理

	财务会计处理	预算会计处理
下年初，恢复零余额账户用款额度或收到上年末下达的零余额账户用款额度的	借：零余额账户用款额度 贷：财政应返还额度——财政授权支付	借：资金结存——零余额账户用款额度 贷：资金结存——财政应返还额度

2. 案例解析

【例 16-8】某单位年末注销零余额账户用款额度 700 000 元。分录如下。

预算会计：

借：资金结存——财政应返还额度　　　　　　　　　700 000

　　贷：资金结存——零余额账户用款额度　　　　　　　700 000

财务会计：

借：财政应返还额度——财政授权支付　　　　　　　700 000

　　贷：零余额账户用款额度　　　　　　　　　　　　　700 000

16.2　财政拨款结转

"财政拨款结转"科目核算行政事业单位取得的同级财政拨款结转资金的调整、结转和滚存情况。"财政拨款结转"科目年末贷方余额，反映单位滚存的财政拨款结转资金数额。"财政拨款结转"科目应该根据实际情况设置以下明细科目。

1. 与会计差错更正、以前年度支出收回相关的明细科目

"年初余额调整"明细科目。"年初余额调整"科目核算因发生会计差错更正、以前年度支出收回等原因，需要调整财政拨款结转的金额。年末结账后，"年初余额调整"科目应无余额。

2. 与财政拨款调拨业务相关的明细科目

（1）"归集调入"明细科目。"归集调入"科目核算按照规定从其他单位调入财政拨款结转资金时，实际调增的额度数额或调入的资金数额。年末结账后，"归集调入"科目应无余额。

（2）"归集调出"明细科目。"归集调出"科目核算按照规定向其他单位调出财政拨款结转资金时，实际调减的额度数额或调出的资金数额。年末结账后，"归集调出"科目应无余额。

（3）"归集上缴"明细科目。"归集上缴"科目核算按照规定上缴财政拨款结转资金时，实际核销的额度数额或上缴的资金数额。年末结账后，"归集上缴"科目应无余额。

（4）"单位内部调剂"明细科目。"单位内部调剂"科目核算经财政部门批准对财政拨款结余资金改变用途，调整用于本单位其他未完成项目等的调整金额。年末结账后，"单位内部调剂"科目应无余额。

3. 与年末财政拨款结转业务相关的明细科目

（1）"本年收支结转"明细科目。"本年收支结转"科目核算单位本年度财政拨款收支相抵后的余额。年末结账后，"本年收支结转"科目应无余额。

（2）"累计结转"明细科目。"累计结转"科目核算单位滚存的财政拨款结转资金。"累计结转"科目年末贷方余额，反映单位财政拨款滚存的结转资金数额。

"财政拨款结转"科目还应当设置"基本支出结转""项目支出结转"两个明细科目，并在"基本支出结转"明细科目下按照"人员经费""日常公用经费"进行明细核算，在"项目支出结转"明细科目下按照具体项目进行明细核算；同时，"财政拨款结转"科目还应按照《政府收支分类科目》中"支出功能分类科目"的相关科目进行明细核算。有一般公共预算财政拨款、政府性基金预算财政拨款等两种或两种以上财政拨款的，还应当在"累计结转"科目下按照财政拨款的种类进行明细核算。

16.2.1 发生会计差错更正、购货退回

1. 业务概述

行政事业单位因发生会计差错更正或者购货退回以前年度国库直接支付、授权支付款项或财政性货币资金，或者因发生会计差错更正增加以前年度国库直接支付、授权支付支出或财政性货币资金支出，属于财政拨款结转资金的，需要进行相应的财政拨款结转资金的会计处理。

2. 账务处理

因会计差错更正、购货退回、预付款项收回等发生以前年度调整事项，调整增加相关资产的，财务会计应当借记"零余额账户用款额度""银行存款"等科目，贷记"以前年度盈余调整"科目。预算会计应当借记"资金结存——零余额账户用款额度/货币资金"等科目，贷记"财政拨款结转——年初余额调整"科目。

因会计差错更正等调整减少相关资产的，财务会计应当借记"以前年度盈余调整"科目，贷记"零余额账户用款额度""银行存款"等科目。预算会计应当借记"财政拨款结转——年初余额调整"科目，贷记"资金结存——零余额账户用款额度/货币资金"等科目。

发生会计差错更正、购货退回的账务处理如表16-10所示。

表16-10　发生会计差错更正、购货退回的账务处理

	财务会计处理	预算会计处理
因会计差错更正、购货退回、预付款项收回等发生以前年度调整事项，调整增加相关资产的	借：零余额账户用款额度/银行存款等 贷：以前年度盈余调整	借：资金结存——零余额账户用款额度/货币资金等 贷：财政拨款结转——年初余额调整
因会计差错更正调整减少相关资产	借：以前年度盈余调整 贷：零余额账户用款额度/银行存款等	借：财政拨款结转——年初余额调整 贷：资金结存——零余额账户用款额度/货币资金等

3. 案例解析

【例16-9】某单位年初发生了1 000 000元的预收款项退回业务，该款项属于本年度结转资金。分录如下：

预算会计：

借：财政拨款结转——年初余额调整　　　　　　　　　　1 000 000

　　贷：资金结存——货币资金　　　　　　　　　　　　　　　1 000 000

财务会计：

借：以前年度盈余调整 　　　　　　　　　　　　　　1 000 000

　　贷：银行存款 　　　　　　　　　　　　　　　　　　　　1 000 000

16.2.2　与其他单位发生财政拨款结转资金的调入和调出业务

1. 账务处理

按照规定从其他单位调入财政拨款结转资金的，按照实际调增的额度数额或调入的资金数额，财务会计应当借记"财政应返还额度""零余额账户用款额度""银行存款"科目，贷记"累计盈余"科目。预算会计应当借记"资金结存——财政应返还额度/零余额账户用款额度/货币资金"科目，贷记"财政拨款结转——归集调入"科目。

按照规定向其他单位调出财政拨款结转资金的，按照实际调减的额度数额或调出的资金数额，财务会计应借记"累计盈余"科目，贷记"财政应返还额度""零余额账户用款额度""银行存款"科目。预算会计应借记"财政拨款结转——归集调出"科目，贷记"资金结存——财政应返还额度/零余额账户用款额度/货币资金"科目。

与其他单位发生财政拨款结转资金的调入和调出业务的账务处理如表16-11所示。

表 16-11　与其他单位发生财政拨款结转资金的调入和调出业务的账务处理

	财务会计处理	预算会计处理
从其他单位调入财政拨款结转资金	借：财政应返还额度/零余额账户用款额度/银行存款 　　贷：累计盈余	借：资金结存——财政应返还额度/零余额账户用款额度/货币资金 　　贷：财政拨款结转——归集调入
向其他单位调出财政拨款结转资金	借：累计盈余 　　贷：财政应返还额度/零余额账户用款额度/银行存款	借：财政拨款结转——归集调出 　　贷：资金结存——财政应返还额度/零余额账户用款额度/货币资金

2. 案例解析

【例 16-10】某单位本年向其他单位调出财政授权内拨款结转资金 5 000 000 元。分录如下。

预算会计：

借：财政拨款结转——归集调出 　　　　　　　　　　5 000 000

贷：资金结存——零余额账户用款额度	5 000 000

财务会计：

借：累计盈余	5 000 000
贷：零余额账户用款额度	5 000 000

16.2.3 上缴或注销财政拨款结转资金或额度

1．业务概述

行政事业单位按照规定需要对本单位的结转资金进行上缴或注销财政拨款结转资金额度的，需要对财政拨款结转进行调整。

2．账务处理

按照规定上缴财政拨款结转资金或注销财政拨款结转资金额度的，按照实际上缴资金数额或注销的资金额度数额，财务会计应当借记"累计盈余"科目，贷记"财政应返还额度""零余额账户用款额度""银行存款"科目。预算会计应当借记"财政拨款结转——归集上缴"科目，贷记"资金结存——财政应返还额度/零余额账户用款额度/货币资金"科目。上缴或注销财政拨款结转资金或额度的账务处理如表16-12所示。

表 16-12　上缴或注销财政拨款结转资金或额度的账务处理

	财务会计处理	预算会计处理
按规定上缴或注销财政拨款结转资金或额度	借：累计盈余 贷：财政应返还额度/零余额账户用款额度/银行存款	借：财政拨款结转——归集上缴 贷：资金结存——财政应返还额度/零余额账户用款额度/货币资金

3．案例解析

【例16-11】某事业单位本年度按照规定上缴财政拨款结余资金300 000元，上述款项以银行存款缴纳。分录如下。

财务会计：

借：累计盈余	300 000
贷：银行存款	300 000

预算会计：

借：财政拨款结转——归集上缴	300 000
贷：资金结存——货币资金	300 000

16.2.4 单位内部调剂财政拨款结余资金

1．业务概述

行政事业单位根据财政部门的批准需要对本单位的结余资金改变用途，调整用于本单位基本支出或其他未完成项目支出的，需要对财政拨款结余进行调整。

2．账务处理

经财政部门批准对财政拨款结余资金改变用途，调整用于本单位基本支出或其他未完成项目支出的，按照批准调剂的金额，预算会计应当借记"财政拨款结余——单位内部调剂"科目，贷记"财政拨款结转——单位内部调剂"科目。财务会计不需要做账务处理。单位内部调剂财政拨款结余资金的账务处理如表 16-13 所示。

表 16-13　单位内部调剂财政拨款结余资金的账务处理

	财务会计处理	预算会计处理
单位内部调剂财政拨款结余资金	—	借：财政拨款结余——单位内部调剂 　贷：财政拨款结转——单位内部调剂

3．案例解析

【例 16-12】某事业单位本年度经财政部门批准将 1 000 000 元财政拨款结余资金由办公经费支出改为购买固定资产。分录如下。

预算会计：

借：财政拨款结余——单位内部调剂　　　　　　　　　1 000 000
　　贷：财政拨款结转——单位内部调剂　　　　　　　　1 000 000

财务会计不需要做账务处理。

16.2.5 年末结转和冲销

1．业务概述

行政事业单位在每年末进行账务处理时，需要对本年度发生的全部收入、费用科目进行相应的结转。同时，针对"财政拨款结转"科目的特征，年末只有"累计结转"明细科目下应该有相应的余额，所以需要对其他明细科目余额进行相应的结转。

2．账务处理

预算会计处理中，年末，将财政拨款预算收入本年发生额转入"财政拨款结转——本年收支结转"科目，借记"财政拨款预算收入"科目，贷记"财政拨款结转——本年收支结转"科目；将各项支出中财政拨款支出本年发生额转入"财政拨款结转——本年收支结转"科目，借记"财政拨款结转——本年收支结转"科目，贷记"行政支出""事业支出"等 [财政拨款支出部分] 科目。财务会计不需要做账务处理。

年末结转的相关账务处理如表 16-14 所示。

表 16-14　　　　　　　　年末结转的相关账务处理

	财务会计处理	预算会计处理
结转财政拨款预算收入	—	借：财政拨款预算收入 　　贷：财政拨款结转——本年收支结转
结转财政拨款预算支出	—	借：财政拨款结转——本年收支结转 　　贷：行政支出/事业支出等 [财政拨款支出部分]

对于年末冲销有关明细科目余额，预算会计处理中，将"财政拨款结转——本年收支结转、年初余额调整、归集调入、归集调出、归集上缴、单位内部调剂"科目余额转入"财政拨款结转——累计结转"科目。结转后，"财政拨款结转"科目除"累计结转"明细科目外，其他明细科目应无余额。财务会计不需要做账务处理。

年末冲销"财政拨款结转"科目有关明细科目余额的相关账务处理如表 16-15 所示。

表 16-15　年末冲销"财政拨款结转"科目有关明细科目余额的相关账务处理

	财务会计处理	预算会计处理
年末冲销"财政拨款结转"科目有关明细科目余额	—	借：财政拨款结转——年初余额调整 [该明细科目为贷方余额时]/归集调入/单位内部调剂/本年收支结转 [该明细科目为贷方余额时] 　　贷：财政拨款结转——累计结转 借：财政拨款结转——累计结转 　　贷：财政拨款结转——归集上缴/年初余额调整 [该明细科目为借方余额时]/归集调出/本年收支结转 [该明细科目为借方余额时]

年末完成上述结转后，应当对财政拨款结转各明细项目执行情况进行分析，按照有关规定将符合财政拨款结余性质的项目余额转入财政拨款结余，预算会计应借记"财政拨款结转——累计结转"科目，贷记"财政拨款结余——结转转入"科目。财务会计不需要做账务处理。

转入财政拨款结余的账务处理如表 16-16 所示。

表 16-16　　　　　　　　转入财政拨款结余的账务处理

	财务会计处理	预算会计处理
按照有关规定将符合财政拨款结余性质的项目余额转入财政拨款结余	—	借：财政拨款结转——累计结转 　贷：财政拨款结余——结转转入

3．案例解析

【例 16-13】某行政单位本年度发生预算收入 1 000 000 元，发生预算行政支出 500 000 元。年末结转和冲销的分录如下。

预算会计：

借：财政拨款预算收入　　　　　　　　　　　　　　　1 000 000
　　贷：财政拨款结转——本年收支结转　　　　　　　　1 000 000
借：财政拨款结转——本年收支结转　　　　　　　　　　500 000
　　贷：行政支出　　　　　　　　　　　　　　　　　　500 000
借：财政拨款结转——本年收支结转　　　　　　　　　　500 000
　　贷：财政拨款结转——累计结转　　　　　　　　　　500 000

财务会计不需要做账务处理。

16.3　财政拨款结余

"财政拨款结余"科目核算行政事业单位取得的同级财政拨款项目支出结余资金的调整、结转和滚存情况。"财政拨款结余"科目年末贷方余额，反映行政事业单位滚存的财政拨款结余资金数额。"财政拨款结余"科目应该根据实际情况设置以下明细科目。

（1）与会计差错更正、以前年度支出收回相关的明细科目。

"年初余额调整"明细科目。"年初余额调整"科目核算因发生会计差错更正、以前年度支出收回等原因，需要调整财政拨款结余的金额。年末结账后，"年初余额调整"科目应无余额。

（2）与财政拨款结余资金调整业务相关的明细科目。

①"归集上缴"明细科目。"归集上缴"科目核算按照规定上缴财政拨款结余资金时，实际核销的额度数额或上缴的资金数额。年末结账后，"归集上缴"科目应无余额。

②"单位内部调剂"明细科目。"单位内部调剂"科目核算经财政部门批准对财政拨款结余资金改变用途,调整用于本单位其他未完成项目等的调整金额。年末结账后,"单位内部调剂"科目应无余额。

(3)与年末财政拨款结余业务相关的明细科目。

①"结转转入"明细科目。"结转转入"科目核算行政事业单位按照规定转入财政拨款结余的财政拨款结转资金。年末结账后,"结转转入"科目应无余额。

②"累计结余"明细科目。"累计结余"科目核算单位滚存的财政拨款结余资金。"累计结余"明细科目年末贷方余额,反映单位财政拨款滚存的结余资金数额。

"财政拨款结余"科目还应当按照具体项目、《政府收支分类科目》中"支出功能分类科目"的相关科目等进行明细核算。

有一般公共预算财政拨款、政府性基金预算财政拨款等两种或两种以上财政拨款的,还应当在"财政拨款结余"科目下按照财政拨款的种类进行明细核算。

16.3.1 发生会计差错更正、购货退回

1. 业务概述

行政事业单位或部门因发生以前年度或本年度的会计差错更正退回或者相应的购货退回事项涉及以前年度国库直接支付、授权支付款项或财政性货币资金,或者因发生会计差错更正增加以前年度国库直接支付、授权支付支出或财政性货币资金支出中属于财政拨款结余资金的,需要进行相应的财政拨款结余资金的会计处理。

2. 账务处理

因发生会计差错更正退回以前年度国库直接支付、授权支付款项或财政性货币资金,或者因发生会计差错更正增加以前年度国库直接支付、授权支付支出或财政性货币资金支出,属于以前年度财政拨款结余资金的,财务会计应当借记"零余额账户用款额度""银行存款"等科目,贷记"以前年度盈余调整"科目。预算会计应当借记"资金结存——财政应返还额度、零余额账户用款额度、货币资金"科目,贷记"财政拨款结余——年初余额调整"科目。

因会计差错更正调整减少相关资产的,财务会计应当贷记"零余额账户用款额度""银行存款"等科目,借记"以前年度盈余调整"科目。预算会计应当贷记"资金结存——财政应返还额度、零余额账户用款额度、货币资金"科

目，借记"财政拨款结余——年初余额调整"科目。

发生会计差错更正、购货退回的账务处理如表 16-17 所示。

表 16-17　　发生会计差错更正、购货退回的账务处理

		财务会计处理	预算会计处理
因购货退回、会计差错更正等发生以前年度调整事项	调整增加相关资产	借：零余额账户用款额度/银行存款等 贷：以前年度盈余调整	借：资金结存——零余额账户用款额度/货币资金/财政应返还额度 贷：财政拨款结余——年初余额调整
	因会计差错更正调整减少相关资产	借：以前年度盈余调整 贷：零余额账户用款额度/银行存款等	借：财政拨款结余——年初余额调整 贷：资金结存——零余额账户用款额度/货币资金/财政应返还额度

3．案例解析

【例 16-14】某单位因年初发生了 100 000 元的购货退回收回国库授权支付额度，该款项属于本年度结余资金。分录如下。

预算会计：

借：资金结存——零余额账户用款额度　　　　　　　　　　100 000

　　贷：财政拨款结余——年初余额调整　　　　　　　　　　　100 000

财务会计：

借：零余额账户用款额度　　　　　　　　　　　　　　　　100 000

　　贷：以前年度盈余调整　　　　　　　　　　　　　　　　　100 000

16.3.2　上缴或注销财政拨款结余资金或额度

1．业务概述

行政事业单位或者部门按照规定需要对本单位的结余资金进行上缴或注销财政拨款结余资金额度的，需要对财政拨款结余进行调整。

2．账务处理

按照规定上缴财政拨款结余资金或注销财政拨款结余资金额度的，对于财务会计，应当按照实际上缴资金数额或注销的资金额度数额，借记"累计盈余"科目，贷记"财政应返还额度""零余额账户用款额度""银行存款"科目。对于预算会计，应当借记"财政拨款结余——归集上缴"科目，贷记"资金结存——财政应返还额度/零余额账户用款额度/货币资金"科目。上缴或注销财政拨款结余资金或额度的账务处理如表 16-18 所示。

表 16-18　上缴或注销财政拨款结余资金或额度的账务处理

		财务会计处理	预算会计处理
按照规定上缴财政拨款结余资金或注销财政拨款结余额度	按照实际上缴资金数额或注销的资金额度	借：累计盈余 　贷：财政应返还额度 / 　　　零余额账户用款 　　　额度 / 银行存款	借：财政拨款结余——归集上缴 　贷：资金结存——财政应返 　　　还额度 / 零余额账户用 　　　款额度 / 货币资金

3．案例解析

【例 16-15】某单位本年上缴财政拨款财政授权内拨款结余资金 5 000 000 元。分录如下：

预算会计：

借：财政拨款结余——归集上缴　　　　　　　　　　　　　5 000 000
　　贷：资金结存——货币资金　　　　　　　　　　　　　　　　　5 000 000

财务会计：

借：累计盈余　　　　　　　　　　　　　　　　　　　　　5 000 000
　　贷：银行存款　　　　　　　　　　　　　　　　　　　　　　　5 000 000

16.3.3　单位内部调剂财政拨款结余资金

1．业务概述

行政事业单位或者部门根据财政部门的批准需要对本单位的结余资金改变用途，调整用于本单位基本支出或其他未完成项目支出的，需要对财政拨款结余进行调整。

2．账务处理

经财政部门批准对财政拨款结余资金改变用途，调整用于本单位基本支出或其他未完成项目支出的，按照批准调剂的金额，预算会计应借记"财政拨款结余——单位内部调剂"科目，贷记"财政拨款结转——单位内部调剂"科目。财务会计不需要做账务处理。单位内部调剂财政拨款结余资金的账务处理如表 16-19 所示。

表 16-19　单位内部调剂财政拨款结余资金的账务处理

		财务会计处理	预算会计处理
单位内部调剂财政拨款结余资金	按照调整的金额	—	借：财政拨款结余——单位内部调剂 　贷：财政拨款结转——单位内部调剂

16.3.4 年末结转和冲销

1．业务概述

各行政事业单位或部门在每年末进行账务处理时，需要对本年度发生的符合财政拨款结余性质的项目余额转入财政拨款结余。同时，针对"财政拨款结余"科目的特征，年末只有"累计结余"明细科目下应该有相应的余额，所以需要对其他明细科目余额进行相应的结转。

2．账务处理

年末，对财政拨款结转各明细项目执行情况进行分析，按照有关规定将符合财政拨款结余性质的项目余额转入财政拨款结余，预算会计应当借记"财政拨款结转——累计结转"科目，贷记"财政拨款结余——结转转入"科目。财务会计不需要做账务处理。

年末冲销有关明细科目余额。预算会计应当将"财政拨款结余——年初余额调整/归集上缴/单位内部调剂"科目余额转入"财政拨款结余——累计结余"科目。结转后，"财政拨款结余"科目除"累计结余"明细科目外，其他明细科目应无余额。财务会计不需要做账务处理。

年末结转和冲销的账务处理如表16-20所示。

表16-20　　　　年末结转和冲销的账务处理

		财务会计处理	预算会计处理
年末，转入财政拨款结余	按照有关规定将符合财政拨款结余性质的项目余额转入财政拨款结余	—	借：财政拨款结转——累计结转 贷：财政拨款结余——结转转入
年末冲销"财政拨款结余"科目有关明细科目余额	"财政拨款结余"科目有关明细科目为贷方余额时	—	借：财政拨款结余——年初余额调整 贷：财政拨款结余——累计结余
	"财政拨款结余"科目有关明细科目为借方余额时	—	借：财政拨款结余——累计结余 贷：财政拨款结余——年初余额调整/归集上缴/单位内部调剂
	按照有关规定将符合财政拨款结余性质的项目余额转入财政拨款结余	—	借：财政拨款结余——结转转入 贷：财政拨款结余——累计结余

3．案例解析

【例16-16】某单位本年按照有关规定将符合财政拨款结余性质的项目余额300 000元转入财政拨款结余。分录如下：

预算会计:

借: 财政拨款结转——累计结转	300 000	
贷: 财政拨款结余——结转转入		300 000
借: 财政拨款结余——结转转入	300 000	
贷: 财政拨款结余——累计结余		300 000

财务会计不需要做账务处理。

16.4　非财政拨款结转

"非财政拨款结转"科目核算行政事业单位除财政拨款收支、经营收支以外各非同级财政拨款专项资金的调整、结转和滚存情况。"非财政拨款结转"科目年末贷方余额,反映行政事业单位滚存的非同级财政拨款专项结转资金数额。"非财政拨款结转"科目应该根据实际情况设置以下明细科目。

(1)"年初余额调整"明细科目。"年初余额调整"科目核算因发生会计差错更正、以前年度支出收回等原因,需要调整非财政拨款结转的资金。年末结账后,"年初余额调整"科目应无余额。

(2)"缴回资金"明细科目。"缴回资金"科目核算按照规定缴回非财政拨款结转资金时,实际缴回的资金数额。年末结账后,"缴回资金"科目应无余额。

(3)"项目间接费用或管理费"明细科目。"项目间接费用或管理费"科目核算行政事业单位取得的科研项目预算收入中,按照规定计提项目间接费用或管理费的数额。年末结账后,"项目间接费用或管理费"科目应无余额。

(4)"本年收支结转"明细科目。"本年收支结转"科目核算行政事业单位本年度非同级财政拨款专项收支相抵后的余额。年末结账后,"本年收支结转"科目应无余额。

(5)"累计结转"明细科目。"累计结转"科目核算行政事业单位滚存的非同级财政拨款专项结转资金。"累计结转"科目年末贷方余额,反映行政事业单位非同级财政拨款滚存的专项结转资金数额。

"非财政拨款结转"科目还应当按照具体项目、《政府收支分类科目》中"支出功能分类科目"的相关科目等进行明细核算。

16.4.1 提取项目管理费或间接费

1．业务概述

行政事业单位可能在每年根据相关财政部门的规定从科研项目预算收入中提取一定的项目管理费或间接费，用于项目的运转。

2．账务处理

按照规定从科研项目预算收入中提取项目管理费或间接费时，按照提取金额，财务会计应当借记"单位管理费用"科目，贷记"预提费用——项目间接费用或管理费"科目。预算会计应当借记"非财政拨款结转——项目间接费用或管理费"科目，贷记"非财政拨款结余——项目间接费用或管理费"科目。提取项目管理费或间接费的账务处理如表16-21所示。

表16-21 提取项目管理费或间接费的账务处理

	财务会计处理	预算会计处理
按照规定从科研项目预算收入中提取项目管理费或间接费	借：单位管理费用 　　贷：预提费用——项目间接费用或管理费	借：非财政拨款结转——项目间接费用或管理费 　　贷：非财政拨款结余——项目间接费用或管理费

3．案例解析

【例16-17】某单位从科研项目预算收入中提取项目管理费100 000元。账务处理如下。

预算会计：

借：非财政拨款结转——项目间接费用或管理费　　　　　　100 000
　　贷：非财政拨款结余——项目间接费用或管理费　　　　　　100 000

财务会计：

借：单位管理费用　　　　　　　　　　　　　　　　　　　100 000
　　贷：预提费用——项目间接费用或管理费　　　　　　　　　100 000

16.4.2 发生会计差错更正、购货退回

1．业务概述

行政事业单位因发生以前年度或本年度的会计差错更正退回或者相应的购货退回事项涉及非同级财政拨款货币资金，或者因发生会计差错更正增加非同级财政拨款货币资金中属于非财政拨款结转资金的，需要进行相应的非财政拨

款结转资金的会计处理。

2．账务处理

因会计差错更正收到或支出非同级财政拨款货币资金，属于非财政拨款结转资金的，财务会计应当按照收到或支出的金额，借记或贷记"银行存款"等科目，贷记或借记"以前年度盈余调整"科目；预算会计应当按照收到或支出的金额，借记或贷记"资金结存——货币资金"科目，贷记或借记"非财政拨款结转——年初余额调整"科目。因收回以前年度支出等收到非同级财政拨款货币资金，属于非财政拨款结转资金的，按照收到的金额，预算会计应借记"资金结存——货币资金"科目，贷记"非财政拨款结转——年初余额调整"科目；财务会计应借记"银行存款"等科目，贷记"以前年度盈余调整"科目。

发生会计差错更正、购货退回的账务处理如表 16-22 所示。

表 16-22　　发生会计差错更正、购货退回的账务处理

		财务会计处理	预算会计处理
因购货退回、会计差错更正等发生以前年度调整事项	调整增加相关资产	借：银行存款等 　贷：以前年度盈余调整	借：资金结存——货币资金 　贷：非财政拨款结转——年初余额调整
	调整减少相关资产	借：以前年度盈余调整 　贷：银行存款等	借：非财政拨款结转——年初余额调整 　贷：资金结存——货币资金

3．案例解析

【例 16-18】某单位发生以前年度的销售退回，退回金额为 300 000 元。账务处理如下。

财务会计：

借：以前年度盈余调整　　　　　　　　　　　　　　　300 000

　　贷：银行存款　　　　　　　　　　　　　　　　　　300 000

预算会计：

借：非财政拨款结转——年初余额调整　　　　　　　　300 000

　　贷：资金结存——货币资金　　　　　　　　　　　　300 000

16.4.3　缴回非财政拨款结转资金

1．业务概述

行政事业单位根据财政部门规定需要对本单位的非财政拨款结转资金进行

缴回,并对非财政拨款结转进行调整。

2. 账务处理

按照规定缴回非财政拨款结转资金的,财务会计应当按照实际缴回资金数额,借记"累计盈余"科目,贷记"银行存款"等科目。预算会计,应当借记"非财政拨款结转——缴回资金"科目,贷记"资金结存——货币资金"科目。缴回非财政拨款结转资金的账务处理如表 16-23 所示。

表 16-23　　　　缴回非财政拨款结转资金的账务处理

		财务会计处理	预算会计处理
按照规定缴回非财政拨款结转资金	按照实际缴回资金	借:累计盈余 贷:银行存款等	借:非财政拨款结转——缴回资金 贷:资金结存——货币资金

3. 案例解析

【例 16-19】某单位按照规定缴回的非财政拨款结转资金为 300 000 元,以银行存款支付。账务处理如下。

预算会计:

借:非财政拨款结转——缴回资金　　　　　　　　　　　　　300 000
　　贷:资金结存——货币资金　　　　　　　　　　　　　　　300 000

财务会计:

借:累计盈余　　　　　　　　　　　　　　　　　　　　　　300 000
　　贷:银行存款　　　　　　　　　　　　　　　　　　　　　300 000

16.4.4　年末结转和冲销

1. 业务概述

行政事业单位在每年末进行账务处理时,需要对本年度发生的全部收入、费用科目进行相应的结转。同时,针对"非财政拨款结转"科目的特征,年末只有"累计结转"明细科目下应该有相应的余额,所以需要对其他明细科目余额进行相应的结转。

2. 账务处理

年末,将事业预算收入、上级补助预算收入、附属单位上缴预算收入、非同级财政拨款预算收入、债务预算收入、其他预算收入本年发生额中的专项资金收入转入"非财政拨款结转"科目,财务会计应借记"事业预算收入""上级补助预算收入""附属单位上缴预算收入""非同级财政拨款预算收入""债务预算收入""其他预算收入"科目下各专项资金收入明细科目,贷记"非财政拨款结转——本年收支结转"科目；将行政支出、事业支出、其他支出本年发生额中的非财政拨款专项资金支出转入"非财政拨款结转——本年收支结转"科目，借记"非财政拨款结转——本年收支结转"科目，贷记"行政支出""事业支出""其他支出"科目下各非财政拨款专项资金支出明细科目。财务会计不需要做账务处理。

年末冲销有关明细科目余额。将"非财政拨款结转——年初余额调整／项目间接费用或管理费／缴回资金／本年收支结转"科目余额转入"非财政拨款结转——累计结转"科目。结转后，"非财政拨款结转"科目除"累计结转"明细科目外，其他明细科目应无余额。财务会计不需要做账务处理。

年末结转和冲销的账务处理如表 16-24 所示。

表 16-24　　年末非财政拨款结转和冲销的账务处理

		财务会计处理	预算会计处理
年末结转	结转非财政拨款专项收入	—	借：事业预算收入／上级补助预算收入／附属单位上缴预算收入／非同级财政拨款预算收入／债务预算收入／其他预算收入 贷：非财政拨款结转——本年收支结转
	结转非财政拨款专项支出	—	借：非财政拨款结转——本年收支结转 贷：行政支出／事业支出／其他支出
年末冲销"非财政拨款结转"科目有关明细科目余额	"非财政拨款结转"科目有关明细科目为贷方余额时	—	借：非财政拨款结转——年初余额调整 　　　　　　　　——本年收支结转 贷：非财政拨款结转——累计结转
	"非财政拨款结转"科目有关明细科目为借方余额时	—	借：非财政拨款结转——累计结转 贷：非财政拨款结转——年初余额调整 　　　　　　　　——缴回资金 　　　　　　　　——项目间接费用或管理费 　　　　　　　　——本年收支结转

3．案例解析

【例 16-20】某单位年末"非财政拨款结转"科目有关明细科目情况如下："年初余额调整"明细科目贷方余额 100 000 元，"项目间接费用或管理费"明细科目借方余额 70 000 元，"本年收支结转"明细科目贷方余额 200 000 元。账务处理如下。

预算会计：

借：非财政拨款结转——年末余额调整　　　　　　　　　　　　100 000

	——本年收支结转	200 000
	贷：非财政拨款结转——累计结转	300 000
	借：非财政拨款结转——累计结转	70 000
	贷：非财政拨款结转——项目间接费用或管理费	70 000

财务会计不需要做账务处理。

16.4.5 划转非财政拨款专项剩余资金

账务处理

年末完成上述结转后，应当对非财政拨款专项结转资金各项目情况进行分析，将留归本单位使用的非财政拨款专项（项目已完成）剩余资金转入非财政拨款结余，预算会计应当借记"非财政拨款结转——累计结转"科目，贷记"非财政拨款结余——结转转入"科目。财务会计不需要做账务处理。划转非财政拨款专项剩余资金的账务处理如表16-25所示。

表 16-25　　划转非财政拨款专项剩余资金的账务处理

	财务会计处理	预算会计处理
将留归本单位使用的非财政拨款专项剩余资金转入非财政拨款结余	—	借：非财政拨款结转——累计结转 贷：非财政拨款结余——结转转入

16.5　非财政拨款结余

"非财政拨款结余"科目核算单位历年滚存的非限定用途的非同级财政拨款结余资金，主要为非财政拨款结余扣除结余分配后滚存的金额。"非财政拨款结余"科目应该根据实际情况设置以下明细科目。

（1）"年初余额调整"明细科目。"年初余额调整"科目核算因发生会计差错更正、以前年度支出收回等原因，需要调整非财政拨款结余的资金。年末结账后，"年初余额调整"科目应无余额。

（2）"项目间接费用或管理费"明细科目。"项目间接费用或管理费"科目核算单位取得的科研项目预算收入中，按照规定计提的项目间接费用或管理费数额。年末结账后，"项目间接费用或管理费"科目应无余额。

（3）"结转转入"明细科目。"结转转入"科目核算按照规定留归单位使用，由单位统筹调配，纳入单位非财政拨款结余的非同级财政拨款专项剩余资金。年末结账后，"结转转入"科目应无余额。

（4）"累计结余"明细科目。"累计结余"科目核算单位历年滚存的非同级财政拨款、非专项结余资金。"累计结余"科目年末贷方余额，反映单位非同级财政拨款滚存的非专项结余资金数额。

"非财政拨款结余"科目还应当按照《政府收支分类科目》中"支出功能分类科目"的相关科目进行明细核算。

16.5.1 提取项目管理费或间接费

1．业务概述

单位可能在每年根据相关财政部门的规定从科研项目预算收入中提取一定的项目管理费或间接费，用于项目的运转。

2．账务处理

按照规定从科研项目预算收入中提取项目管理费或间接费时，财务会计应当按照提取的金额，借记"单位管理费用"科目，贷记"预提费用——项目间接费用或管理费"科目。预算会计应当按照提取的金额，借记"非财政拨款结转——项目间接费用或管理费"科目，贷记"非财政拨款结余——项目间接费用或管理费"科目。提取项目管理费或间接费的账务处理如表16-26所示。

表16-26　　　　　提取项目管理费或间接费的账务处理

	财务会计处理	预算会计处理
按照规定从科研项目预算收入中提取项目管理费或间接费	借：单位管理费用 　贷：预提费用——项目间接费用或管理费	借：非财政拨款结转——项目间接费用或管理费 　贷：非财政拨款结余——项目间接费用或管理费

3．案例解析

【例16-21】某单位按照规定从科研项目预算收入中提取项目管理费200 000元。账务处理如下。

财务会计：

借：单位管理费用　　　　　　　　　　　　　　　　　　　　200 000
　　贷：预提费用——项目间接费用或管理费　　　　　　　　　　200 000

预算会计：

借：非财政拨款结转——项目间接费用或管理费　　　　　　　　200 000
　　贷：非财政拨款结余——项目间接费用或管理费　　　　　　　200 000

16.5.2 实际缴纳企业所得税

1. 业务概述及账务处理

有企业所得税缴纳义务的事业单位实际缴纳企业所得税时,财务会计应当按照实际缴纳金额,借记"其他应交税费——单位应交所得税"科目,贷记"银行存款"等科目。预算会计应当按照缴纳金额,借记"非财政拨款结余——累计结余"科目,贷记"资金结存——货币资金"科目。实际缴纳企业所得税的账务处理如表 16-27 所示。

表 16-27　　　　实际缴纳企业所得税的账务处理

	财务会计处理	预算会计处理
实际缴纳企业所得税	借:其他应交税费——单位应交所得税 贷:银行存款等	借:非财政拨款结余——累计结余 贷:资金结存——货币资金

2. 案例解析

【例 16-22】某单位本年实际缴纳的企业所得税为 300 000 元。账务处理如下。

预算会计:

借:非财政拨款结余——累计结余　　　　　　　　　　　300 000
　　贷:资金结存——货币资金　　　　　　　　　　　　　　300 000

财务会计:

借:其他应交税费——单位应交所得税　　　　　　　　　300 000
　　贷:银行存款　　　　　　　　　　　　　　　　　　　　300 000

16.5.3 发生会计差错更正、购货退回

1. 业务概述

行政事业单位因发生以前年度或本年度的会计差错更正退回或者相应的购货退回事项涉及非同级财政拨款货币资金,或者因发生会计差错更正增加非同级财政拨款货币资金中属于非财政拨款结余资金的,需要进行相应的非财政拨款结余资金的会计处理。

2. 账务处理

因会计差错更正收到或支出非同级财政拨款货币资金,属于非财政拨款结余资金的,财务会计应当按照收到或支出的金额,借记或贷记"银行存款"等科目,贷记或借记"以前年度盈余调整"科目;预算会计应当按照收到或支出的金额,借记或贷记"资金结存——货币资金"科目,贷记或借记"非财政拨

款结余——年初余额调整"科目。因收回以前年度支出等收到非同级财政拨款货币资金,属于非财政拨款结余资金的,按照收到的金额,预算会计应借记"资金结存——货币资金"科目,贷记"非财政拨款结余——年初余额调整"科目;财务会计应借记"银行存款"科目,贷记"以前年度盈余调整"科目。发生会计差错更正、购货退回的账务处理如表 16-28 所示。

表 16-28　　　　发生会计差错更正、购货退回的账务处理

		财务会计处理	预算会计处理
因购货退回、会计差错更正等发生以前年度调整事项	调整增加相关资产	借:银行存款等 　贷:以前年度盈余调整	借:资金结存——货币资金 　贷:非财政拨款结余——年初余额调整
	调整减少相关资产	借:以前年度盈余调整 　贷:银行存款等	借:非财政拨款结余——年初余额调整 　贷:资金结存——货币资金

16.5.4　年末结转和冲销

1. 业务概述

各单位在每年末进行账务处理时,需要对本年度发生的符合非财政拨款结余性质的项目余额转入非财政拨款结余。同时,针对"非财政拨款结余"科目的特征,年末只有"累计结余"明细科目下应该有相应的余额,所以需要对其他明细科目余额进行相应的结转。

2. 账务处理

年末冲销有关明细科目余额。将"非财政拨款结余——年初余额调整/项目间接费用或管理费/结转转入"科目余额转入"非财政拨款结余——累计结余"科目。结转后,"非财政拨款结余"科目除"累计结余"明细科目外,其他明细科目应无余额。

年末,单位将"非财政拨款结余分配"科目余额转入非财政拨款结余。"非财政拨款结余分配"科目为借方余额的,预算会计应借记"非财政拨款结余——累计结余"科目,贷记"非财政拨款结余分配"科目;"非财政拨款结余分配"科目为贷方余额的,借记"非财政拨款结余分配"科目,贷记"非财政拨款结余——累计结余"科目。财务会计不需要做账务处理。

年末结转和冲销的账务处理如表 16-29 所示。

表 16-29　　　　　　　　年末结转和冲销的账务处理

		财务会计处理	预算会计处理
年末冲销"非财政拨款结余"科目相关明细科目余额	"非财政拨款结余"科目有关明细科目为贷方余额时	—	借：非财政拨款结余——年初余额调整 　　　　　　　　——项目间接费用或管理费 　　　　　　　　——结转转入 　　贷：非财政拨款结余——累计结余
	"非财政拨款结余"科目有关明细科目为借方余额时	—	借：非财政拨款结余——累计结余 　　贷：非财政拨款结余——年初余额调整 　　　　　　　　——缴回资金
年末结转	"非财政拨款结余分配"科目为贷方余额	—	借：非财政拨款结余分配 　　贷：非财政拨款结余——累计结余
	"非财政拨款结余分配"科目为借方余额	—	借：非财政拨款结余——累计结余 　　贷：非财政拨款结余分配

3．案例解析

【例 16-23】某单位年末"非财政拨款结余"科目有关明细科目情况如下："年初余额调整"明细科目贷方余额 700 000 元，"项目间接费用或管理费"明细科目借方余额 400 000 元。账务处理如下。

预算会计：

借：非财政拨款结余——年初余额调整　　　　　　　　700 000
　　贷：非财政拨款结余——累计结余　　　　　　　　　　　　700 000
借：非财政拨款结余——累计结余　　　　　　　　　　400 000
　　贷：非财政拨款结余——项目间接费用或管理费　　　　　　400 000

财务会计不需要做账务处理。

16.5.5　划转非财政拨款专项剩余资金

账务处理

年末，将留归本单位使用的非财政拨款专项（项目已完成）剩余资金转入"非财政拨款结余"科目，预算会计应借记"非财政拨款结转——累计结转"科目，贷记"非财政拨款结余——结转转入"科目。财务会计不需要做账务处理。划转非财政拨款专项剩余资金的账务处理如表 16-30 所示。

表 16-30　划转非财政拨款专项剩余资金的账务处理

	财务会计处理	预算会计处理
将留归本单位使用的非财政拨款专项剩余资金转入非财政拨款结余	—	借：非财政拨款结转——累计结转 　贷：非财政拨款结余——结转转入

16.6　专用结余

"专用结余"科目核算事业单位按照规定从非财政拨款结余或经营结余中提取的具有专门用途的资金的变动和滚存情况。"专用结余"科目年末贷方余额，反映事业单位从非财政拨款结余或经营结余中提取的专用基金的累计滚存数额。"专用结余"科目应当按照专用结余的类别进行明细核算。

16.6.1　提取专用基金

1．业务概述

事业单位可能会按照相关规定从非财政拨款结余或经营结余中提取具有专门用途的资金作为专项基金以用于以后的发展，因此需要对专用结余进行相应的账务处理。

2．账务处理

根据有关规定从本年度非财政拨款结余或经营结余中提取基金的，财务会计应当按照提取金额，借记"本年盈余分配"科目，贷记"专用基金"科目。预算会计应当借记"非财政拨款结余分配"科目，贷记"专用结余"科目。提取专用基金的账务处理如表 16-31 所示。

表 16-31　提取专用基金的账务处理

	财务会计处理	预算会计处理
从本年度非财政拨款结余或经营结余中提取基金	借：本年盈余分配 　贷：专用基金	借：非财政拨款结余分配 　贷：专用结余

3．案例解析

【例 16-24】某事业单位从本年度经营结余中提取基金 200 000 元。账务处理如下。

财务会计：

借：本年盈余分配　　　　　　　　　　　　　　　　　　　　200 000

贷：专用基金 200 000
预算会计：
借：非财政拨款结余分配 200 000
 贷：专用结余 200 000

16.6.2 使用专用基金

1．业务概述

事业单位每年可能会根据自身发展的需要从本年度非财政拨款结余或经营结余中提取基金购买固定资产、无形资产用于事业单位日后的正常运转，因此需要对专用结余进行相应的账务处理。

2．账务处理

根据规定使用从非财政拨款结余或经营结余中提取的专用基金时，对于财务会计，一般情况下，应当按照实际支付的金额，借记"专用基金"科目，贷记"银行存款"科目；购买固定资产、无形资产时，应当借记"固定资产""无形资产"科目，贷记"银行存款"等科目，同时，借记"专用基金"科目，贷记"累计盈余"科目。

对于预算会计，使用从非财政拨款结余或经营结余中提取的专用基金时，应当借记"专用结余"科目，贷记"资金结存——货币资金"科目；使用从预算收入中提取并计入费用的专用基金时，应当借记"事业支出"等科目，贷记"资金结存——货币资金"科目。

使用专用基金的账务处理如表 16-32 所示。

表 16-32　　　　　　　使用专用基金的账务处理

	财务会计处理	预算会计处理
按照规定使用提取的专用基金	一般情况下 借：专用基金 　贷：银行存款等 购置固定资产、无形资产时 借：固定资产/无形资产 　贷：银行存款等 借：专用基金 　贷：累计盈余	从非财政拨款结余或经营结余中提取 借：专用结余 　贷：资金结存——货币资金 从预算收入中提取并计入费用 借：事业支出等 　贷：资金结存——货币资金

3．案例解析

【例 16-25】某单位利用从经营结余中提取的专用基金购买一台价值 200 000

元的机器设备。账务处理如下。

财务会计：

借：固定资产　　　　　　　　　　　　　　　　　　　200 000
　　贷：银行存款　　　　　　　　　　　　　　　　　　　200 000
借：专用基金　　　　　　　　　　　　　　　　　　　200 000
　　贷：累计盈余　　　　　　　　　　　　　　　　　　　200 000

预算会计：

借：专用结余　　　　　　　　　　　　　　　　　　　200 000
　　贷：资金结存——货币资金　　　　　　　　　　　　200 000

16.7 经营结余

"经营结余"科目核算事业单位本年度经营活动收支相抵后余额弥补以前年度经营亏损后的余额。年末结账后，"经营结余"科目一般无余额，如为借方余额，则反映事业单位累计发生的经营亏损。"经营结余"科目可以按照经营活动类别进行明细核算。

16.7.1 年末经营收支结转

1. 业务概述

事业单位在每年末进行账务处理时，需要对本年度发生的全部经营预算收入、支出科目进行相应的结转，以反映事业单位本年度的经营结余的实际情况。

2. 账务处理

年末，将经营预算收入本年发生额转入"经营结余"科目，预算会计应当借记"经营预算收入"科目，贷记"经营结余"科目；将经营支出本年发生额转入"经营结余"科目，借记"经营结余"科目，贷记"经营支出"科目。财务会计不需要做账务处理。年末经营收支结转的账务处理如表 16-33 所示。

表 16-33　　　　　　　年末经营收支结转的账务处理

		财务会计处理	预算会计处理
年末经营收支结转	将经营预算收入本年发生额转入"经营结余"科目	—	借：经营预算收入 　　贷：经营结余
	将经营支出本年发生额转入"经营结余"科目	—	借：经营结余 　　贷：经营支出

3. 案例解析

【例16-26】某单位本年度发生经营预算收入200 000元，发生经营支出150 000元。账务处理如下。

预算会计：

借：经营预算收入　　　　　　　　　　　　　　　　200 000
　　贷：经营结余　　　　　　　　　　　　　　　　　　200 000
借：经营结余　　　　　　　　　　　　　　　　　　　150 000
　　贷：经营支出　　　　　　　　　　　　　　　　　　150 000

财务会计不需要做账务处理。

16.7.2 年末转入结余分配

1. 账务处理

完成上述结转后，如"经营结余"科目为贷方余额，将"经营结余"科目贷方余额转入"非财政拨款结余分配"科目，预算会计应当借记"经营结余"科目，贷记"非财政拨款结余分配"科目；如"经营结余"科目为借方余额，为经营亏损，不予结转。财务会计不需要做账务处理。年末转入结余分配的账务处理如表16-34所示。

表16-34　　　　　　　年末转入结余分配的账务处理

	财务会计处理	预算会计处理
年末转入结余分配	—	借：经营结余 　　贷：非财政拨款结余分配 年末结余在借方，则不予结转

2. 案例解析

【例16-27】沿用【例16-26】。该单位在完成上述结转后将"经营结余"科目贷方余额转入结余分配。账务处理如下。

预算会计：

借：经营结余　　　　　　　　　　　　　　　　　　50 000
　　贷：非财政拨款结余分配　　　　　　　　　　　　　50 000

财务会计不需要做账务处理。

16.8 其他结余

"其他结余"科目核算行政事业单位本年度除财政拨款收支、非同级财政专项资金收支和经营收支以外各项收支相抵后的余额。年末结账后,"其他结余"科目应无余额。

16.8.1 年末结转预算收入及支出

1. 业务概述

行政事业单位在每年末进行账务处理时,需要对本年度发生的全部符合其他结余核算条件的收入、支出科目进行相应的结转,以反映行政事业单位本年度的其他结余的实际情况。

2. 账务处理

年末,对于预算会计,将事业预算收入、上级补助预算收入、附属单位上缴预算收入、非同级财政拨款预算收入、债务预算收入、其他预算收入本年发生额中的非专项资金收入以及投资预算收益本年发生额转入"其他结余"科目,借记"事业预算收入""上级补助预算收入""附属单位上缴预算收入""非同级财政拨款预算收入""债务预算收入""其他预算收入"科目下各非专项资金收入明细科目和"投资预算收益"科目,贷记"其他结余"科目["投资预算收益"科目为借方净额时,借记"其他结余"科目,贷记"投资预算收益"科目];将行政支出、事业支出、其他支出本年发生额中的非财政、非专项资金支出,以及上缴上级支出、对附属单位补助支出、投资支出、债务还本支出本年发生额转入"其他结余"科目,借记"其他结余"科目,贷记"行政支出""事业支出""其他支出"科目下各非财政、非专项资金支出明细科目和"上缴上级支出""对附属单位补助支出""投资支出""债务还本支出"科目。财务会计不需要做账务处理。

年末结转预算收入及支出的账务处理如表16-35所示。

表 16-35　年末结转预算收入及支出的账务处理

		财务会计处理	预算会计处理
年末结转预算收入及支出	结转预算收入（除财政拨款收入、非同级财政专项收入、经营收入以外）	—	借：事业预算收入/上级补助预算收入/附属单位上缴预算收入/非同级财政拨款预算收入/债务预算收入/其他预算收入[非专项资金收入部分] 　　投资预算收益[为贷方余额时] 贷：其他结余 借：其他结余 贷：投资预算收益[为借方余额时]
	结转预算支出（除同级财政拨款支出、非同级财政专项支出、经营支出以外）	—	借：其他结余 贷：行政支出/事业支出/其他支出[非财政、非专项资金支出部分] 　　上缴上级支出/对附属单位补助支出/投资支出/债务还本支出

3．案例解析

【例 16-28】某行政单位本年度发生事业预算收入 200 000 元，债务预算收入 100 000 元，其他预算收入 100 000 元，发生相应的行政支出 150 000 元，事业支出 120 000 元，投资支出 150 000 元。账务处理如下。

预算会计：

借：事业预算收入	200 000
债务预算收入	100 000
其他预算收入	100 000
贷：其他结余	400 000
借：其他结余	420 000
贷：行政支出	150 000
事业支出	120 000
投资支出	150 000

财务会计不需要做账务处理。

16.8.2　其他结余年末转出

1．账务处理

行政单位将"其他结余"科目余额转入"非财政拨款结余——累计结余"科目；事业单位将"其他结余"科目余额转入"非财政拨款结余分配"科目。

对于预算会计,当"其他结余"科目为贷方余额时,借记"其他结余"科目,贷记"非财政拨款结余——累计结余"或"非财政拨款结余分配"科目;当"其他结余"科目为借方余额时,借记"非财政拨款结余——累计结余"或"非财政拨款结余分配"科目,贷记"其他结余"科目。财务会计不需要做账务处理。其他结余年末转出的账务处理如表16-36所示。

表16-36 其他结余年末转出的账务处理

		财务会计处理	预算会计处理
行政单位转入非财政拨款结余	"其他结余"科目为贷方余额	—	借:其他结余 　贷:非财政拨款结余——累计结余
	"其他结余"科目为借方余额	—	借:非财政拨款结余——累计结余 　贷:其他结余
事业单位年末转入结余分配	"其他结余"科目为贷方余额	—	借:其他结余 　贷:非财政拨款结余分配
	"其他结余"科目为借方余额	—	借:非财政拨款结余分配 　贷:其他结余

2. 案例解析

【例16-29】沿用【例16-28】。该行政单位年末需要进行相应结转。账务处理如下。

预算会计:

借:非财政拨款结余——累计结余　　　　　　　　　　　　　　20 000

　　贷:其他结余　　　　　　　　　　　　　　　　　　　　　20 000

财务会计不需要做账务处理。

16.9　非财政拨款结余分配

"非财政拨款结余分配"科目核算事业单位本年度非财政拨款结余分配的情况和结果。年末结账后,"非财政拨款结余分配"科目应无余额。

16.9.1　事业单位年末结余转入

1. 账务处理

年末,将"其他结余"科目的余额转入"非财政拨款结余分配"科目,当"其他结余"科目为贷方余额时,预算会计应借记"其他结余"科目,贷记

"非财政拨款结余分配"科目；当"其他结余"科目为借方余额时，借记"非财政拨款结余分配"科目，贷记"其他结余"科目。年末，将"经营结余"科目贷方余额转入"非财政拨款结余分配"科目，预算会计应借记"经营结余"科目，贷记"非财政拨款结余分配"科目。财务会计不需要做账务处理。

事业单位年末结余转入的账务处理如表 16-37 所示。

表 16-37　　　　　事业单位年末结余转入的账务处理

		财务会计处理	预算会计处理
事业单位年末结余转入	"其他结余"科目为借方余额	—	借：非财政拨款结余分配 　　贷：其他结余
	"其他结余"科目为贷方余额	—	借：其他结余 　　贷：非财政拨款结余分配
	"经营结余"科目为贷方余额时	—	借：经营结余 　　贷：非财政拨款结余分配

2. 案例解析

【例 16-30】某事业单位年末需要进行相应结转，本年度"其他结余"科目的贷方余额为 100 000 元。账务处理如下。

预算会计：

借：其他结余　　　　　　　　　　　　　　　　　　　　　　100 000
　　贷：非财政拨款结余分配　　　　　　　　　　　　　　　　100 000

财务会计不需要做账务处理。

16.9.2　计提专用基金

1. 账务处理

行政事业单位根据自身发展的需要在有关规定允许的范围内提取专用基金的，财务会计应当按照提取的金额，借记"本年盈余分配"科目，贷记"专用基金"科目。预算会计应当借记"非财政拨款结余分配"科目，贷记"专用结余"科目。计提专用基金的账务处理如表 16-38 所示。

表 16-38　　　　　计提专用基金的账务处理

		财务会计处理	预算会计处理
计提专用基金	按照提取的金额	借：本年盈余分配 　　贷：专用基金	借：非财政拨款结余分配 　　贷：专用结余

2. 案例解析

【例16-31】某单位从本年度非财政拨款结余中提取基金150 000元。账务处理如下：

财务会计：

借：本年盈余分配 150 000
  贷：专用基金 150 000

预算会计：

借：非财政拨款结余分配 150 000
  贷：专用结余 150 000

16.9.3 转入非财政拨款结余

1. 账务处理

年末，按照规定完成上述结转处理后，将"非财政拨款结余分配"科目余额转入非财政拨款结余。当"非财政拨款结余分配"科目为借方余额时，预算会计应借记"非财政拨款结余——累计结余"科目，贷记"非财政拨款结余分配"科目；当"非财政拨款结余分配"科目为贷方余额时，借记"非财政拨款结余分配"科目，贷记"非财政拨款结余——累计结余"科目。财务会计不需要做账务处理。转入非财政拨款结余的账务处理如表16-39所示。

表16-39　　　　　　　　转入非财政拨款结余的账务处理

转入非财政拨款结余		财务会计处理	预算会计处理
	"非财政拨款结余分配"科目为贷方余额	—	借：非财政拨款结余分配 　　贷：非财政拨款结余——累计结余
	"非财政拨款结余分配"科目为借方余额	—	借：非财政拨款结余——累计结余 　　贷：非财政拨款结余分配

2. 案例解析

【例16-32】沿用【例16-30】和【例16-31】。该单位年末需要对非财政拨款结余分配进行相应结转。账务处理如下。

预算会计：

借：非财政拨款结余——累计结余 50 000
  贷：非财政拨款结余分配 50 000

财务会计不需要做账务处理。

第 17 章　行政事业单位会计报表的编制

17.1　行政事业单位会计报表概述

政府会计制度的创新点之一在于实行"双报告"制度。所谓"双报告",即通过财务会计核算形成财务报告,通过预算会计核算形成决算报告。

17.1.1　会计报表的概念

1. 财务会计报表的概念

行政事业单位财务会计报表是反映行政事业单位一定时期财务状况、收支情况和现金流量的书面文件,是上级部门了解行政事业单位情况,指导其预算执行工作的重要资料,也是编制下年度财务收支计划的依据。编制和分析财务会计报表是会计工作的重要环节。

附注是为帮助使用者深入了解财务会计报表的有关内容和项目而以表格的形式对主要财务会计报表所做的补充说明和详细解释。它是行政事业单位财务会计报表的有机组成部分。

2. 预算会计报表的概念

行政事业单位预算会计报表是反映行政事业单位财务状况和预算执行结果的书面文件,至少包括预算收入支出表、预算结转结余变动表和财政拨款预算收入支出表。

预算会计报表,是行政事业单位根据日常核算资料,通过整理、汇总而编制的用以反映会计主体一定时期的财务状况和预算执行结果的书面文件。它综合、系统、全面地反映了行政事业单位预算收支活动的情况。

17.1.2　会计报表的编制要求

为了充分发挥会计报表的作用,行政事业单位必须按照财政部门和主管部门统一规定的格式、内容和编制方法编制会计报表,做到数字真实、内容完整、报送及时。会计报表的编制要求如图 17-1 所示。

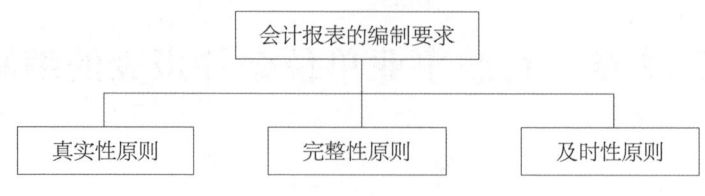

图 17-1 会计报表的编制要求

1. 真实性原则

行政事业单位会计报表必须真实可靠、数字准确,如实反映单位预算执行情况。编报时要以核对无误的会计账簿为依据,不能以估计数、计划数填报,更不能弄虚作假、篡改和伪造会计数据,也不能由上级单位以估计数代编。各单位必须按期结账,一般不能为赶编会计报表而提前结账。编制会计报表前,要认真核对有关账目,切实做到账表相符、账证相符、账账相符和账实相符,保证会计报表的真实性。

2. 完整性原则

行政事业单位会计报表必须内容完整,按照统一规定的报表种类、格式和内容编报齐全,不能漏报。无论是表内项目还是补充资料,应填的项目、内容要填列齐全,不能任意取舍,要形成一套完整的指标体系,以满足会计报表在本部门、本地区以及全国的逐级汇总分析需要。各级主管部门可以根据本系统内的特殊情况和特殊要求、规定增加一些报表或项目,但不得影响国家统一规定的报表和报表项目的编报。

3. 及时性原则

行政事业单位会计报表必须按照国家或上级机关规定的期限和程序,在保证报表真实、完整的前提下,在规定的期限内报送上级单位。如果一个单位的会计报表报送不及时,就会影响主管单位、财政部门乃至全国的逐级汇总,影响对会计信息的全局分析。为此,单位应当科学、合理地组织好日常的会计核算工作,加强会计部门内部及会计部门与有关部门的协作与配合,以便尽快地编制出会计报表,满足预算管理和财务管理的需要。

17.1.3 会计报表的分类

行政事业单位会计报表为反映不同的经济内容,可以按以下不同的标准进行分类。

1. 按照内容和形式分类

(1)资产负债表。资产负债表反映单位在某一特定日期全部资产、负债和净资产的情况。资产负债表的项目应当按财务会计要素的类别分别列示。

（2）收入费用表。收入费用表反映单位在某一会计期间内发生的收入、费用及当期盈余情况。收入费用表按单位实有的各项收支项目汇总列示。

（3）净资产变动表。净资产变动表反映单位在某一会计年度内净资产项目的变动情况。

（4）现金流量表。现金流量表反映单位在某一会计年度内现金流入和流出的信息。现金流量表应当按照日常活动、投资活动、筹资活动的现金流量分别反映。现金流量表所指的现金流量，是指现金的流入和流出。

（5）预算收入支出表。预算收入支出表反映单位在某一会计年度内各项预算收入、预算支出和预算收支差额的情况。

（6）预算结转结余变动表。预算结转结余变动表反映单位在某一会计年度内预算结转结余的变动情况。

（7）财政拨款预算收入支出表。财政拨款预算收入支出表反映单位本年财政拨款预算资金收入、支出及相关变动的具体情况。

2．按照编报时间分类

（1）月报。月报是反映行政事业单位截至报告月度资金活动和经费收支情况的报表。月报要求编报资产负债表、收入费用表。

（2）季报。季报是分析、检查行政事业单位季度资金活动情况和经费收支情况的报表，单位应在月报的基础上较详细地反映单位经费收支的全貌。各行政事业单位的季报，要求在月报的基础上加报基本数字表。

（3）年报。年报（年度决算）是全面反映年度资金活动和经费收支执行结果的报表。年度决算报表种类和要求等，单位按照财政部门和上级单位下达的有关决算编审规定组织执行。

3．按编报层次分类

（1）本级报表。本级报表是反映各单位预算执行情况和资金活动情况的报表。

（2）汇总报表。汇总报表是各主管部门和二级单位对本单位和所属单位的报表进行汇总后编制的报表。基层会计单位只编制本级报表，二级单位和主管会计单位要先编制本级报表，然后编制汇总报表。

17.1.4 年终清理

年终清理是行政事业单位编报年度决算的一个重要环节，也是保证行政事业单位决算报表数字准确、真实、完整的一项基础工作。各行政事业单位在年度终了前，应根据财政部门或上级主管部门的决算编审工作要求，对各项收支账目、往来款项、货币资金及财产物资进行全面的年终清理结算，并在此基础上办理年度结账、编报决算。

年终清理是对行政事业单位全年预算资金收支、其他资金收支活动进行全面清查、核对、整理和结算等工作。对任何一个单位来说，年终清理都包括对本单位财产全面清理及对会计、财务活动的总清理。

年终清理主要包括以下几方面。

1. 清理、核对年度预算收支数和各项缴拨款、上缴下拨款项

年终前，财政机关、上级单位和所属各单位之间，应当认真清理、核对全年预算数。同时要逐笔清理、核对上、下级之间预算拨款和预算缴款数字，按核定的预算或调整的预算，拨付该拨付的，交回该交回的，保证上、下级之间的年度预算数、领拨款经费数和上缴、下拨数一致。

为了保证会计年度按公历年度划期，凡属本年的应拨、应交款项，必须在本年12月31日前汇达对方。主管会计单位对所属各单位的预算拨款，截至12月25日，逾期一般不再下拨。凡是预拨下年度的款项，应注明款项所属年度，以免造成跨年错账。

2. 清理、核对各项收支款项

凡属本年的各项收入，都要及时入账。本年的各项应缴预算收入和应上缴上级的款项，要在年终前全部上缴。属于本年的各项支出，要按规定的支出渠道如实列报。年度单位支出决算，一律以基层用款单位截至12月31日的本年实际支出数为准，单位不得将年终前预拨下一年的预算拨款列入本年的支出，也不得以上级会计单位的拨款数代替基层会计单位实际支出数。

3. 清理各项往来款项

对行政事业单位的各种暂存、暂付等往来款项，要按照"严格控制，及时结算"的原则，分类清理。对各项应收款和应付款，原则上不宜跨年度挂账，应做到人欠收回，欠人归还；对外单位委托代办业务，凡托办业务已结束的，要及时向委托单位清算结报，委托单位不得以拨代支，受托单位不得以领代报。应转为各项收入和应列支出的往来款项，要及时转入有关收支账户，编入本年决算。对没有合法手续的各种往来款项，要查明原因并采取措施，做到该追回的追回，该退还的退还。

4. 清查货币资金和财产物资

年终要及时同开户银行对账。银行存款账面余额要同银行对账单的余额核对相符；库存现金的账面余额要同库存现金实际库存数核对相符；有价证券的账面数字要同实存的有价证券核对相符。各种财产物资年终都必须全部入账，各单位应配备专人对全部财产物资进行全面清查盘点。固定资产和材料的盘点结果和账面数如有差异，在年终结账前应查明原因，并按规定做出处理，调整账务，做到账账、账实相符。

17.2 资产负债表

17.2.1 资产负债表概述

资产负债表是反映行政事业单位某一特定日期财务状况的报表，反映行政事业单位在某一特定日期的全部资产、负债和净资产的情况。

资产负债表是会计报表的重要组成部分，可以提供反映会计期末行政事业单位占有或使用的资源、承担的债务和形成的净资产情况等会计信息。行政事业单位应当定期编制资产负债表，披露单位在会计期末的财务状况。资产负债表是行政事业单位会计报表体系中的主要报表，它能反映行政事业单位在某一时点占有或使用的经济资源和负担的债务情况，以及单位的偿债能力和财务前景。通过资产负债表，会计报表使用者可以得到的信息如图17-2所示。

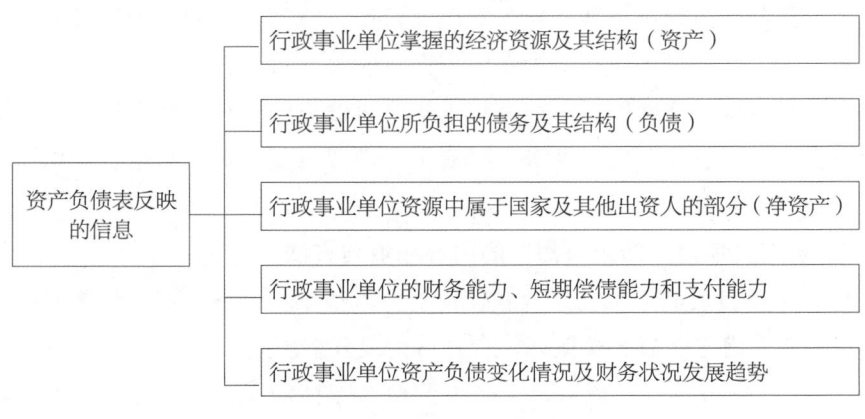

图 17-2　资产负债表反映的信息

17.2.2 资产负债表的内容

行政事业单位的资产负债表由表首标题和报表主体构成。报表主体部分包括编报项目、栏目及金额。

1. 表首标题

资产负债表的表首标题包括报表名称、编号（会政财 01 表）、编制单位、编表时间和金额单位等内容。资产负债表反映行政事业单位在某一时点的财务状况，属于静态报表，需要注明是某年某月某日的报表。按编报的时间不同，资产负债表分为月度资产负债表和年度资产负债表。

2. 报表主体

（1）编报项目。

资产负债表的编报项目包括资产、负债和净资产三个会计要素，按资产（左侧）和负债与净资产（右侧）排列，资产等于负债加净资产。资产项目按其流动性分别按流动资产、非流动资产排列；负债项目按其流动性分别按流动负债、非流动负债排列；净资产项目包括累计盈余、专用基金等。

（2）栏目及金额。

资产负债表包括"期末余额"和"年初余额"两栏数字。"期末余额"栏的数字根据本期各科目的期末余额直接填列，或经过分析、计算后填列；"年初余额"栏的数字根据上年末资产负债表"期末余额"栏内的数字填列。

17.2.3 资产负债表的编制

资产负债表的"年初余额"栏内各项数字，应当根据上年末资产负债表"期末余额"栏内数字填列。如果本年度资产负债表规定的各个项目的名称和内容同上年度不一致，应当对上年末资产负债表项目的名称和数字按照本年度的规定进行调整，将调整后的数字填入资产负债表的"年初余额"栏内。资产负债表中"资产总计"项目期末（年初）余额应当与"负债和净资产总计"项目期末（年初）余额相等。

1. 资产类项目"期末余额"的内容和填列方法

资产类项目反映单位占用或者使用的资产情况，一般根据会计账簿中资产类科目的期末借方余额直接填列、合并填列或分析填列。

（1）"货币资金"项目，反映单位期末库存现金、银行存款、零余额账户用款额度、其他货币资金的合计数。本项目应当根据"库存现金""银行存款""零余额账户用款额度""其他货币资金"科目的期末余额的合计数填列；若单位存在通过"库存现金""银行存款"科目核算的受托代理资产，还应当按照前述合计数扣减"库存现金""银行存款"科目下"受托代理资产"明细科目的期末余额后的金额填列。

（2）"短期投资"项目，反映事业单位期末持有的短期投资账面余额。本项目应当根据"短期投资"科目的期末余额填列。

（3）"财政应返还额度"项目，反映单位期末财政应返还额度的金额。本项目应当根据"财政应返还额度"科目的期末余额填列。

（4）"应收票据"项目，反映事业单位期末持有的应收票据的票面金额。本项目应当根据"应收票据"科目的期末余额填列。

（5）"应收账款净额"项目，反映单位期末尚未收回的应收账款减去已计提的坏账准备后的净额。本项目应当根据"应收账款"科目的期末余额，减去"坏账准备"科目中对应收账款计提的坏账准备的期末余额后的金额填列。

（6）"预付账款"项目，反映单位期末预付给商品或者劳务供应单位的款项。本项目应当根据"预付账款"科目的期末余额填列。

（7）"应收股利"项目，反映事业单位期末因股权投资而应收取的现金股利或应当分得的利润。本项目应当根据"应收股利"科目的期末余额填列。

（8）"应收利息"项目，反映事业单位期末因债券投资等而应收取的利息。事业单位购入的到期一次还本付息的长期债券投资持有期间应收的利息，不包括在本项目内。本项目应当根据"应收利息"科目的期末余额填列。

（9）"其他应收款净额"项目，反映单位期末尚未收回的其他应收款减去已计提的坏账准备后的净额。本项目应当根据"其他应收款"科目的期末余额减去"坏账准备"科目中对其他应收款计提的坏账准备的期末余额后的金额填列。

（10）"存货"项目，反映单位期末存储的存货的实际成本。本项目应当根据"在途物品""库存物品""加工物品"科目的期末余额的合计数填列。

（11）"待摊费用"项目，反映单位期末已经支出，但应当由本期和以后各期负担的分摊期在1年以内（含1年）的各项费用。本项目应当根据"待摊费用"科目的期末余额填列。

（12）"一年内到期的非流动资产"项目，反映单位期末非流动资产项目中将在1年内（含1年）到期的金额，如事业单位将在1年内（含1年）到期的长期债券投资金额。本项目应当根据"长期债券投资"等科目的明细科目的期末余额分析填列。

（13）"其他流动资产"项目，反映单位期末除资产负债表中上述各项之外的其他流动资产的合计金额，如将在1年内（含1年）到期的长期债券投资。本项目应当根据有关科目期末余额的合计数分析填列。

（14）"流动资产合计"项目，反映单位期末流动资产的合计数。本项目应当根据"货币资金""短期投资""财政应返还额度""应收票据""应收账款净额""预付账款""应收股利""应收利息""其他应收款净额""存货""待摊费用""一年内到期的非流动资产""其他流动资产"项目金额的合计数填列。

（15）"长期股权投资"项目，反映事业单位期末持有的长期股权投资的账面余额。本项目应当根据"长期股权投资"科目的期末余额填列。

（16）"长期债券投资"项目，反映事业单位期末持有的长期债券投资的账面余额。本项目应当根据"长期债券投资"科目的期末余额减去其中将于1年内（含1年）到期的长期债券投资余额后的金额填列。

（17）"固定资产原值"项目，反映单位期末固定资产的原值。本项目应当根据"固定资产"科目的期末余额填列。

"固定资产累计折旧"项目，反映单位期末固定资产已计提的累计折旧金额。本项目应当根据"固定资产累计折旧"科目的期末余额填列。

"固定资产净值"项目，反映单位期末固定资产的账面价值。本项目应当根据"固定资产"科目期末余额减去"固定资产累计折旧"科目期末余额后的金额填列。

（18）"工程物资"项目，反映单位期末为在建工程准备的各种物资的实际成本。本项目应当根据"工程物资"科目的期末余额填列。

（19）"在建工程"项目，反映单位期末所有的建设项目工程的实际成本。本项目应当根据"在建工程"科目的期末余额填列。

（20）"无形资产原值"项目，反映单位期末无形资产的原值。本项目应当根据"无形资产"科目的期末余额填列。

"无形资产累计摊销"项目，反映单位期末无形资产已计提的累计摊销金额。本项目应当根据"无形资产累计摊销"科目的期末余额填列。

"无形资产净值"项目，反映单位期末无形资产的账面价值。本项目应当根据"无形资产"科目期末余额减去"无形资产累计摊销"科目期末余额后的金额填列。

（21）"研发支出"项目，反映单位期末正在进行的无形资产开发项目开发阶段发生的累计支出数。本项目应当根据"研发支出"科目的期末余额填列。

（22）"公共基础设施原值"项目，反映单位期末控制的公共基础设施的原值。本项目应当根据"公共基础设施"科目的期末余额填列。

"公共基础设施累计折旧（摊销）"项目，反映单位期末控制的公共基础设施已计提的累计折旧和累计摊销金额。本项目应当根据"公共基础设施累计折旧（摊销）"科目的期末余额填列。

"公共基础设施净值"项目，反映单位期末控制的公共基础设施的账面价值。本项目应当根据"公共基础设施"科目期末余额减去"公共基础设施累计折旧（摊销）"科目期末余额后的金额填列。

（23）"政府储备物资"项目，反映单位期末控制的政府储备物资的实际成本。本项目应当根据"政府储备物资"科目的期末余额填列。

（24）"文物文化资产"项目，反映单位期末控制的文物文化资产的成本。本项目应当根据"文物文化资产"科目的期末余额填列。

（25）"保障性住房原值"项目，反映单位期末控制的保障性住房的原值。本项目应当根据"保障性住房"科目的期末余额填列。

"保障性住房累计折旧"项目，反映单位期末控制的保障性住房已计提的累计折旧金额。本项目应当根据"保障性住房累计折旧"科目的期末余额填列。

"保障性住房净值"项目，反映单位期末控制的保障性住房的账面价值。本项目应当根据"保障性住房"科目期末余额减去"保障性住房累计折旧"科目期末余额后的金额填列。

（26）"长期待摊费用"项目，反映单位期末已经支出，但应由本期和以后各期负担的分摊期限在1年以上（不含1年）的各项费用。本项目应当根据"长期待摊费用"科目的期末余额填列。

（27）"待处理财产损溢"项目，反映单位期末尚未处理完毕的各种资产的净损失或净溢余。本项目应当根据"待处理财产损溢"科目的期末借方余额填列；如"待处理财产损溢"科目期末为贷方余额，以"-"号填列。

（28）"其他非流动资产"项目，反映单位期末除上述各项之外的其他非流动资产的合计数。本项目应当根据有关科目的期末余额合计数填列。

（29）"非流动资产合计"项目，反映单位期末非流动资产的合计数。本项目应当根据"长期股权投资""长期债券投资""固定资产净值""工程物资""在建工程""无形资产净值""研发支出""公共基础设施净值""政府储备物资""文物文化资产""保障性住房净值""长期待摊费用""待处理财产损溢""其他非流动资产"项目金额的合计数填列。

（30）"受托代理资产"项目，反映单位期末受托代理资产的价值。本项目应当根据"受托代理资产"科目的期末余额与"库存现金""银行存款"

科目下"受托代理资产"明细科目的期末余额的合计数填列。

（31）"资产总计"项目，反映单位期末资产的合计数。本项目应当根据"流动资产合计""非流动资产合计""受托代理资产"项目金额的合计数填列。

2．负债类项目"期末余额"的内容和填列方法

负债类项目反映单位承担债务的情况，一般根据会计账簿中负债类科目的期末贷方余额直接填列，或分析债务的偿还期后填列。

（1）"短期借款"项目，反映事业单位期末短期借款的余额。本项目应当根据"短期借款"科目的期末余额填列。

（2）"应交增值税"项目，反映单位期末应交未交的增值税税额。本项目应当根据"应交增值税"科目的期末余额填列；如"应交增值税"科目期末为借方余额，以"-"号填列。

（3）"其他应交税费"项目，反映单位期末应交未交的除增值税以外的税费金额。本项目应当根据"其他应交税费"科目的期末余额填列；如"其他应交税费"科目期末为借方余额，以"-"号填列。

（4）"应缴财政款"项目，反映单位期末应当上缴财政但尚未缴纳的款项。本项目应当根据"应缴财政款"科目的期末余额填列。

（5）"应付职工薪酬"项目，反映单位期末按有关规定应付给职工及为职工支付的各种薪酬。本项目应当根据"应付职工薪酬"科目的期末余额填列。

（6）"应付票据"项目，反映事业单位期末应付票据的金额。本项目应当根据"应付票据"科目的期末余额填列。

（7）"应付账款"项目，反映单位期末应当支付但尚未支付的偿还期限在1年以内（含1年）的应付账款的金额。本项目应当根据"应付账款"科目的期末余额填列。

（8）"应付政府补贴款"项目，反映负责发放政府补贴的行政单位期末按照规定应当支付给政府补贴接受者的各种政府补贴款余额。本项目应当根据"应付政府补贴款"科目的期末余额填列。

（9）"应付利息"项目，反映事业单位期末按照合同约定应支付的借款利息。事业单位到期一次还本付息的长期借款利息不包括在本项目内。本项目应当根据"应付利息"科目的期末余额填列。

（10）"预收账款"项目，反映事业单位期末预先收取但尚未确认收入和实际结算的款项余额。本项目应当根据"预收账款"科目的期末余额填列。

（11）"其他应付款"项目，反映单位期末其他各项偿还期限在1年内（含1年）的应付及暂收款项余额。本项目应当根据"其他应付款"科目的期末余额填列。

（12）"预提费用"项目，反映单位期末已预先提取的已经发生但尚未支付的各项费用。本项目应当根据"预提费用"科目的期末余额填列。

（13）"一年内到期的非流动负债"项目，反映单位期末将于1年内（含1年）偿还的非流动负债的余额。本项目应当根据"长期应付款""长期借款"等科目的明细科目的期末余额分析填列。

（14）"其他流动负债"项目，反映单位期末除上述各项之外的其他流动负债的合计数。本项目应当根据有关科目的期末余额的合计数填列。

（15）"流动负债合计"项目，反映单位期末流动负债合计数。本项目应当根据"短期借款""应交增值税""其他应交税费""应缴财政款""应付职工薪酬""应付票据""应付账款""应付政府补贴款""应付利息""预收账款""其他应付款""预提费用""一年内到期的非流动负债""其他流动负债"项目金额的合计数填列。

（16）"长期借款"项目，反映事业单位期末长期借款的余额。本项目应当根据"长期借款"科目的期末余额减去其中将于1年内（含1年）到期的长期借款余额后的金额填列。

（17）"长期应付款"项目，反映单位期末长期应付款的余额。本项目应当根据"长期应付款"科目的期末余额减去其中将于1年内（含1年）到期的长期应付款余额后的金额填列。

（18）"预计负债"项目，反映单位期末已确认但尚未偿付的预计负债的余额。本项目应当根据"预计负债"科目的期末余额填列。

（19）"其他非流动负债"项目，反映单位期末除上述各项之外的其他非流动负债的合计数。本项目应当根据有关科目的期末余额合计数填列。

（20）"非流动负债合计"项目，反映单位期末非流动负债合计数。本项目应当根据"长期借款""长期应付款""预计负债""其他非流动负债"项目金额的合计数填列。

（21）"受托代理负债"项目，反映单位期末受托代理负债的金额。本项目应当根据"受托代理负债"科目的期末余额填列。

（22）"负债合计"项目，反映单位期末负债的合计数。本项目应当根据"流动负债合计""非流动负债合计""受托代理负债"项目金额的合计数填列。

3. 净资产类项目"期末余额"的内容和填列方法

净资产类项目反映单位净资产的情况,一般根据会计账簿中净资产类科目的期末贷方余额直接填列。

(1)"累计盈余"项目,反映单位期末未分配盈余(或未弥补亏损)以及无偿调拨净资产变动的累计数。本项目应当根据"累计盈余"科目的期末余额填列。

(2)"专用基金"项目,反映事业单位期末累计提取或设置但尚未使用的专用基金余额。本项目应当根据"专用基金"科目的期末余额填列。

(3)"权益法调整"项目,反映事业单位期末在被投资单位除净损益和利润分配以外的所有者权益变动中累积享有的份额。本项目应当根据"权益法调整"科目的期末余额填列。如"权益法调整"科目期末为借方余额,以"-"号填列。

(4)"无偿调拨净资产"项目,反映单位本年度截至报告期期末无偿调入的非现金资产价值扣减无偿调出的非现金资产价值后的净值。本项目仅在月度报表中列示,年度报表中不列示。月度报表中本项目应当根据"无偿调拨净资产"科目的期末余额填列;"无偿调拨净资产"科目期末为借方余额时,以"-"号填列。

(5)"本期盈余"项目,反映单位本年度截至报告期期末实现的累计盈余或亏损。本项目仅在月度报表中列示,年度报表中不列示。月度报表中本项目应当根据"本期盈余"科目的期末余额填列;"本期盈余"科目期末为借方余额时,以"-"号填列。

(6)"净资产合计"项目,反映单位期末净资产合计数。本项目应当根据"累计盈余""专用基金""权益法调整""无偿调拨净资产"[月度报表]、"本期盈余"[月度报表]项目金额的合计数填列。

(7)"负债和净资产总计"项目,应当按照"负债合计""净资产合计"项目金额的合计数填列。

17.2.4 资产负债表的编制实例

【例17-1】某事业单位2×19年12月31日结账后的各资产、负债和净资产类会计科目如表17-1所示。据此编制该事业单位的资产负债表。

表 17-1 科目余额表

2×19 年 12 月 31 日　　　　　　　　　　　　　　　　单位：元

资产	借方余额	负债和净资产	贷方余额
库存现金	3 500	短期借款	120 000
银行存款	161 500	应交增值税	0
零余额账户用款额度	0	其他应交税费	0
短期投资	22 500	应缴财政款	0
财政应返还额度	36 000	应付职工薪酬	0
应收票据	12 000	应付票据	0
应收账款	40 000	应付账款	8 000
预付账款	13 000	预收账款	1 000
其他应收款	4 500	其他应付款	2 000
存货	331 000	长期借款	320 000
长期股权投资	161 000	长期应付款	0
固定资产	1 957 500	累计盈余	1 106 000
固定资产累计折旧	-507 500	专用基金	1 000 000
在建工程	86 000	权益法调整	28 000
无形资产	266 000		
无形资产累计摊销	-53 000		
待处理财产损溢	51 000		
合计	2 585 000	合计	2 585 000

2×19 年 12 月 31 日编制的资产负债表为年末资产负债表时，"年初余额"栏内各项数字，应当根据上年末资产负债表"期末余额"栏内数字填列。"期末余额"栏内各项数字根据各科目的期末余额直接填列、合并填列或分析填列。主要项目的填列说明如下：

（1）"货币资金"项目。

货币资金的数额为库存现金、银行存款和零余额账户用款额度的合计数。

货币资金 = 3 500 + 161 500 + 0 = 165 000（元）

（2）"固定资产净值""无形资产净值"项目。

固定资产净值、无形资产净值按扣除累计折旧、累计摊销后的数额填列。

固定资产净值 = 1 957 500 - 507 500 = 1 450 000（元）

无形资产净值 =266 000-53 000=213 000（元）

（3）"长期借款"项目。

长期借款中，将于1年内（含1年）偿还的借款为85 000元，应列入"其他流动负债"项目。

长期借款 =320 000-85 000=235 000（元）

其他流动负债 =85 000元

（4）其他项目。

其他各项目均可根据各科目的期末余额直接填列。资产总计、负债合计、净资产合计等项目的数额按其内容汇总后填列。编制完成的2×19年12月31日的资产负债表如表17-2所示。

表17-2　　　　　　　　　　　　资产负债表

会政财01表

编制单位：×××　　　　　　　　2×19年12月31日　　　　　　　　单位：元

资产	期末余额	年初余额	负债和净资产	期末余额	年初余额
流动资产：			流动负债：		
货币资金	165 000	142 000	短期借款	120 000	100 000
短期投资	22 500	19 500	应交增值税	0	0
财政应返还额度	36 000	21 000	其他应交税费	0	0
应收票据	12 000	10 000	应缴财政款	0	0
应收账款净额	40 000	60 000	应付职工薪酬	0	0
预付账款	13 000	6 000	应付票据	0	1 000
应收股利	0	0	应付账款	8 000	5 000
应收利息	0	0	应付政府补贴款	0	0
其他应收款净额	4 500	3 000	应付利息	0	0
存货	331 000	323 500	预收账款	1 000	0
待摊费用	0	0	其他应付款	2 000	3 000
一年内到期的非流动资产	0	0	预提费用	0	0
其他流动资产	0	0	一年内到期的非流动负债	0	0
流动资产合计	624 000	585 000	其他流动负债	85 000	0
非流动资产：			流动负债合计	216 000	109 000

续表

资产	期末余额	年初余额	负债和净资产	期末余额	年初余额
长期股权投资	161 000	100 000	非流动负债：		
长期债券投资	0	0	长期借款	235 000	270 000
固定资产原值	1 957 500	1 512 000	长期应付款	0	0
减：固定资产累计折旧	507 500	392 000	预计负债	0	0
固定资产净值	1 450 000	1 120 000	其他非流动负债	0	0
工程物资	0	0	非流动负债合计	235 000	270 000
在建工程	86 000	150 000	受托代理负债	0	0
无形资产原值	266 000	287 500	负债合计	451 000	379 000
减：无形资产累计摊销	53 000	57 500			
无形资产净值	213 000	230 000			
研发支出	0	0			
公共基础设施原值	0	0			
减：公共基础设施累计折旧（摊销）	0	0			
公共基础设施净值	0	0			
政府储备物资	0	0			
文物文化资产	0	0			
保障性住房原值	0	0			
减：保障性住房累计折旧	0	0	净资产：		
保障性住房净值	0	0	累计盈余	1 106 000	1 000 000
长期待摊费用	0	0	专用基金	1 000 000	800 000
待处理财产损溢	51 000	0	权益法调整	28 000	6 000
其他非流动资产	0	0	无偿调拨净资产	—	—
非流动资产合计	1 961 000	1 600 000	本期盈余	—	—
受托代理资产	0	0	净资产合计	2 134 000	1 806 000
资产总计	2 585 000	2 185 000	负债和净资产总计	2 585 000	2 185 000

17.3 收入费用表

收入费用表是反映行政事业单位运行情况的报表。本节依据政府会计制度,阐述收入费用表的含义、内容,以及收入费用表的编制方法。

17.3.1 收入费用表概述

收入费用表是反映行政事业单位在一定会计期间的事业成果及其分配情况的会计报表,反映行政事业单位在某一会计期间内发生的各项收入、费用和当期盈余情况。

收入费用表是行政事业单位会计报表的重要组成部分,可以提供一定时期行政事业单位收入总额及构成情况、费用总额及构成情况,以及盈余及其分配内容的会计信息。行政事业单位应当定期编制收入费用表,披露行政事业单位在一定会计期间的业务活动成果。

17.3.2 收入费用表的内容

行政事业单位的收入费用表由表首标题和报表主体构成。报表主体部分包括编报项目、栏目及金额。

1. 表首标题

收入费用表的表首标题包括报表名称、编号(会政财02表)、编制单位、编表时间和金额单位等内容。由于收入费用表反映行政事业单位在某一时期的事业成果,属于动态报表,因此需要注明报表所属的期间,如××××年××月或××××年度。按编报时间的不同,收入费用表分为月度收入费用表和年度收入费用表。

2. 报表主体

(1)编报项目。

收入费用表应当按照收入、费用的构成和盈余分配情况分别列示,按本期收入、本期费用和本期盈余等项目分层次排列。

(2)栏目及金额。

月度收入费用表由"本月数""本年累计数""项目"三栏组成,年度收入费用表由"上年数""本年数""项目"三栏组成。收入费用表的各栏数额,应当根据相关收支科目的发生额填列,或经过计算、分析后填列。

17.3.3 收入费用表的编制

收入费用表反映单位在某一会计期间内发生的收入、费用及当期盈余情况。

收入费用表"本月数"栏反映各项目的本月实际发生数。编制年度收入费用表时,应当将本栏改为"本年数",反映各项目的本年度实际发生数。

收入费用表"本年累计数"栏反映各项目自年初至报告期期末的累计实际发生数。编制年度收入费用表时,应当将本栏改为"上年数",反映上年度各项目的实际发生数,"上年数"栏应当根据上年年度收入费用表中"本年数"栏内所列数字填列。

如果本年度收入费用表规定的项目的名称和内容同上年度不一致,应当对上年度收入费用表项目的名称和数字按照本年度的规定进行调整,将调整后的金额填入本年度收入费用表的"上年数"栏内。

如果本年度单位发生了因前期差错更正、会计政策变更等调整以前年度盈余的事项,还应当对年度收入费用表中"上年数"栏中的有关项目金额进行相应调整。

1. 本期收入

(1)"本期收入"项目,反映单位本期收入总额。本项目应当根据"财政拨款收入""事业收入""上级补助收入""附属单位上缴收入""经营收入""非同级财政拨款收入""投资收益""捐赠收入""利息收入""租金收入""其他收入"项目金额的合计数填列。

(2)"财政拨款收入"项目,反映单位本期从同级政府财政部门取得的各类财政拨款。本项目应当根据"财政拨款收入"科目的本期发生额填列。

"政府性基金收入"项目,反映单位本期取得的财政拨款收入中属于政府性基金预算拨款的金额。本项目应当根据与"财政拨款收入"相关明细科目的本期发生额填列。

(3)"事业收入"项目,反映事业单位本期开展专业业务活动及其辅助活动实现的收入。本项目应当根据"事业收入"科目的本期发生额填列。

(4)"上级补助收入"项目,反映事业单位本期从主管部门和上级单位收到或应收的非财政拨款收入。本项目应当根据"上级补助收入"科目的本期发生额填列。

(5)"附属单位上缴收入"项目,反映事业单位本期收到或应收的独立核算的附属单位按照有关规定上缴的收入。本项目应当根据"附属单位上缴收入"科目的本期发生额填列。

（6）"经营收入"项目，反映事业单位本期在专业业务活动及其辅助活动之外开展非独立核算经营活动实现的收入。本项目应当根据"经营收入"科目的本期发生额填列。

（7）"非同级财政拨款收入"项目，反映单位本期从非同级政府财政部门取得的财政拨款，不包括事业单位因开展科研及其辅助活动从非同级财政部门取得的经费拨款。本项目应当根据"非同级财政拨款收入"科目的本期发生额填列。

（8）"投资收益"项目，反映事业单位本期股权投资和债券投资所实现的收益或发生的损失。本项目应当根据"投资收益"科目的本期发生额填列；如为投资净损失，以"-"号填列。

（9）"捐赠收入"项目，反映单位本期接受捐赠取得的收入。本项目应当根据"捐赠收入"科目的本期发生额填列。

（10）"利息收入"项目，反映单位本期取得的银行存款利息收入。本项目应当根据"利息收入"科目的本期发生额填列。

（11）"租金收入"项目，反映单位本期经批准利用国有资产出租取得并按规定纳入本单位预算管理的租金收入。本项目应当根据"租金收入"科目的本期发生额填列。

（12）"其他收入"项目，反映单位本期取得的除以上收入项目外的其他收入的总额。本项目应当根据"其他收入"科目的本期发生额填列。

2．本期费用

（1）"本期费用"项目，反映单位本期费用总额。本项目应当根据"业务活动费用""单位管理费用""经营费用""资产处置费用""上缴上级费用""对附属单位补助费用""所得税费用""其他费用"项目金额的合计数填列。

（2）"业务活动费用"项目，反映单位本期为实现其职能目标，依法履职或开展专业业务活动及其辅助活动所发生的各项费用。本项目应当根据"业务活动费用"科目本期发生额填列。

（3）"单位管理费用"项目，反映事业单位本期本级行政及后勤管理部门开展管理活动发生的各项费用，以及由单位统一负担的离退休人员经费、工会经费、诉讼费、中介费等。本项目应当根据"单位管理费用"科目的本期发生额填列。

（4）"经营费用"项目，反映事业单位本期在专业业务活动及其辅助活动之外开展非独立核算经营活动发生的各项费用。本项目应当根据"经营费用"科目的本期发生额填列。

（5）"资产处置费用"项目，反映单位本期经批准处置资产时转销的资产价值以及在处置过程中发生的相关费用或者处置收入小于处置费用形成的净支出。本项目应当根据"资产处置费用"科目的本期发生额填列。

（6）"上缴上级费用"项目，反映事业单位按照规定上缴上级单位款项发生的费用。本项目应当根据"上缴上级费用"科目的本期发生额填列。

（7）"对附属单位补助费用"项目，反映事业单位用财政拨款收入之外的收入对附属单位补助发生的费用。本项目应当根据"对附属单位补助费用"科目的本期发生额填列。

（8）"所得税费用"项目，反映有企业所得税缴纳义务的事业单位本期计算应交的企业所得税。本项目应当根据"所得税费用"科目的本期发生额填列。

（9）"其他费用"项目，反映单位本期发生的除以上费用项目外的其他费用的总额。本项目应当根据"其他费用"科目的本期发生额填列。

3．本期盈余

"本期盈余"项目，反映单位本期收入扣除本期费用后的净额。本项目应当根据"本期收入"项目金额减去"本期费用"项目金额后的金额填列；如为负数，以"-"号填列。

17.3.4 收入费用表的编制实例

【例17-2】某事业单位2×19年收入、费用类科目发生额如表17-3所示。其他相关资料如下，该事业单位无所得税缴纳义务。

表17-3　　　　　　　　收入、费用类科目发生额

编制单位：××××　　　　　　2×19年度　　　　　　　　单位：元

费用类	本年累计数	收入类	本年累计数
业务活动费用	11 000 000	财政拨款收入	10 000 000
单位管理费用	200 000	其中：政府性基金收入	1 500 000
经营费用	156 000	事业收入	6 180 000
资产处置费用	280 000	上级补助收入	1 824 000
上缴上级费用	5 320 000	附属单位上缴收入	300 000

续表

费用类	本年累计数	收入类	本年累计数
对附属单位补助费用	1 512 000	经营收入	252 000
所得税费用	0	非同级财政拨款收入	200 000
其他费用	60 000	投资收益	10 000
		捐赠收入	75 000
		利息收入	20 000
		租金收入	20 000
		其他收入	144 000
单位管理费用	200 000		
费用合计	18 528 000	收入合计	19 025 000

编制该事业单位2×19年度收入费用表时,省略了"上年数"栏的数字。"本年数"栏主要项目的填列说明如下。

(1)本期收入计算过程如下。

本期收入=10 000 000+6 180 000+1 824 000+300 000+252 000+200 000+10 000+75 000+20 000+20 000+144 000=19 025 000(元)

(2)本期费用计算过程如下。

本期费用=11 000 000+200 000+156 000+280 000+5 320 000+1 512 000+0+60 000=18 528 000(元)

(3)本期盈余计算过程如下。

本期盈余=19 025 000-18 528 000=497 000(元)

编制完成的2×19年度收入费用表如表17-4所示。

表17-4　　　　　　　　　收入费用表

会政财02表

编制单位:××××　　　　2×19年度　　　　单位:元

项目	本年数	上年数(略)
一、本期收入	19 025 000	
(一)财政拨款收入	10 000 000	
其中:政府性基金收入	1 500 000	
(二)事业收入	6 180 000	

续表

项目	本年数	上年数（略）
（三）上级补助收入	1 824 000	
（四）附属单位上缴收入	300 000	
（五）经营收入	252 000	
（六）非同级财政拨款收入	200 000	
（七）投资收益	10 000	
（八）捐赠收入	75 000	
（九）利息收入	20 000	
（十）租金收入	20 000	
（十一）其他收入	144 000	
二、本期费用	18 528 000	
（一）业务活动费用	11 000 000	
（二）单位管理费用	200 000	
（三）经营费用	156 000	
（四）资产处置费用	280 000	
（五）上缴上级费用	5 320 000	
（六）对附属单位补助费用	1 512 000	
（七）所得税费用	0	
（八）其他费用	60 000	
三、本期盈余	497 000	

17.4 净资产变动表

17.4.1 净资产变动表概述

净资产变动表是反映单位在某一会计年度内各项净资产变动情况的报表。

净资产变动表是行政事业单位会计报表的重要组成部分，可以提供一定时期内行政事业单位净资产各个组成项目金额的变动情况。行政事业单位应当定期编制净资产变动表，披露行政事业单位在一定会计期间的资产结存状况。

17.4.2 净资产变动表的内容

行政事业单位的净资产变动表由表首标题和报表主体构成。报表主体部分包括编报项目、栏目及金额。

1. 表首标题

净资产变动表的表首标题包括报表名称、编号（会政财 03 表）、编制单位、编表时间和金额单位等内容。由于净资产变动表反映行政事业单位在某一时期的资产情况，属于动态报表，因此需要注明报表所属的期间，如××××年度。

2. 报表主体

（1）编报项目。

净资产变动表应当按本年数、上年数等情况分项列示，按上年年末余额、本年年初余额、以前年度盈余调整、本年变动金额和本年年末余额等项目分层次排列。

（2）栏目及金额。

净资产变动表由"本年数""上年数""项目"三栏组成。净资产变动表的各栏数额，应当根据相关科目的发生额填列，或经过计算、分析后填列。

17.4.3 净资产变动表的编制

净资产变动表"本年数"栏反映本年度各项目的实际变动数。净资产变动表"上年数"栏反映上年度各项目的实际变动数，应当根据上年度净资产变动表中"本年数"栏所列数字填列。如果上年度净资产变动表规定的项目的名称和内容与本年度不一致，应对上年度净资产变动表项目的名称和数字按照本年度的规定进行调整，将调整后的金额填入本年度净资产变动表"上年数"栏内。

17.4.4 净资产变动表的报表数填列方法

（1）"上年年末余额"行，反映单位净资产各项目上年末的余额。本行各项目应当根据"累计盈余""专用基金""权益法调整"科目上年末余额填列。

（2）"以前年度盈余调整"行，反映单位本年度调整以前年度盈余的事项对累计盈余进行调整的金额。本行"累计盈余"项目应当根据本年度"以前年度盈余调整"科目转入"累计盈余"科目的金额填列；如调整减少累计盈余，以"-"号填列。

（3）"本年年初余额"行，反映经过以前年度盈余调整后，单位净资产各项目的本年初余额。本行"累计盈余""专用基金""权益法调整"项目应当根据其各自在"上年年末余额"和"以前年度盈余调整"行对应项目金额的合计数填列。

（4）"本年变动金额"行，反映单位净资产各项目本年变动总金额。本行"累计盈余""专用基金""权益法调整"项目应当根据其各自在"本年盈余""无偿调拨净资产""归集调整预算结转结余""提取或设置专用基金""使用专用基金""权益法调整"行对应项目金额的合计数填列。

（5）"本年盈余"行，反映单位本年发生的收入、费用对净资产的影响。本行"累计盈余"项目应当根据年末由"本期盈余"科目转入"本年盈余分配"科目的金额填列；如转入时借记"本年盈余分配"科目，则以"-"号填列。

（6）"无偿调拨净资产"行，反映单位本年无偿调入、调出非现金资产事项对净资产的影响。本行"累计盈余"项目应当根据年末由"无偿调拨净资产"科目转入"累计盈余"科目的金额填列；如转入时借记"累计盈余"科目，则以"-"号填列。

（7）"归集调整预算结转结余"行，反映单位本年财政拨款结转结余资金归集调入、归集上缴或调出，以及非财政拨款结转资金缴回对净资产的影响。本行"累计盈余"项目应当根据"累计盈余"科目明细账记录分析填列；如归集调整减少预算结转结余，则以"-"号填列。

（8）"提取或设置专用基金"行，反映单位本年提取或设置专用基金对净资产的影响。本行"累计盈余"项目应当根据"从预算结余中提取"行"累计盈余"项目的金额填列。本行"专用基金"项目应当根据"从预算收入中提取""从预算结余中提取""设置的专用基金"行"专用基金"项目金额的合计数填列。

"从预算收入中提取"行，反映单位本年从预算收入中提取专用基金对净资产的影响。本行"专用基金"项目应当通过对"专用基金"科目明细账记录的分析，根据本年按有关规定从预算收入中提取基金的金额填列。

"从预算结余中提取"行，反映单位本年根据有关规定从本年度非财政拨款结余或经营结余中提取专用基金对净资产的影响。本行"累计盈余""专用基金"项目应当通过对"专用基金"科目明细账记录的分析，根据本年按有关规定从本年度非财政拨款结余或经营结余中提取专用基金的金额填列；本行

"累计盈余"项目以"-"号填列。

"设置的专用基金"行,反映单位本年根据有关规定设置的其他专用基金对净资产的影响。本行"专用基金"项目应当通过对"专用基金"科目明细账记录的分析,根据本年按有关规定设置的其他专用基金的金额填列。

(9)"使用专用基金"行,反映单位本年按规定使用专用基金对净资产的影响。本行"累计盈余""专用基金"项目应当通过对"专用基金"科目明细账记录的分析,根据本年按规定使用专用基金的金额填列;本行"专用基金"项目以"-"号填列。

(10)"权益法调整"行,反映单位本年按照被投资单位除净损益和利润分配以外的所有者权益变动份额而调整长期股权投资账面余额对净资产的影响。本行"权益法调整"项目应当根据"权益法调整"科目本年发生额填列;若本年净发生额为借方时,以"-"号填列。

(11)"本年年末余额"行,反映单位本年各净资产项目的年末余额。本行"累计盈余""专用基金""权益法调整"项目应当根据其各自在"本年年初余额""本年变动金额"行对应项目金额的合计数填列。

(12)各行"净资产合计"项目,应当根据所在行"累计盈余""专用基金""权益法调整"项目金额的合计数填列。

17.4.5 净资产变动表的编制实例

【例17-3】某事业单位2×19年运营增加的累计盈余为106 000元,政府下拨的专用基金为200 000元,按购买的长期股权投资除净损益和利润分配以外的所有者权益变动份额而调整长期股权投资账面余额22 000元。据此编制该事业单位的净资产变动表。该事业单位2×19年编制完成的净资产变动表如表17-5所示。

表 17-5　　　　　　　　　净资产变动表

会政财 03 表

编制单位：×××　　　　2×19 年　　　　　　　　　　　　　单位：元

项目	本年数				上年数			
	累计盈余	专用基金	权益法调整	净资产合计	累计盈余	专用基金	权益法调整	净资产合计
一、上年年末余额	1 000 000	800 000	6 000	1 806 000				
二、以前年度盈余调整（减少以"-"号填列）	0	—		0	—	—		
三、本年年初余额	1 000 000	800 000	6 000	1 806 000				
四、本年变动金额（减少以"-"号填列）	106 000	200 000	22 000	328 000				
（一）本年盈余	100 000			100 000				
（二）无偿调拨净资产	6 000			6 000				
（三）归集调整预算结转结余	0			0				
（四）提取或设置专用基金	0	200 000	—	200 000		—		
其中：从预算收入中提取	—	0	—	0	—			
从预算结余中提取	0	0		0				
设置的专用基金		200 000		200 000	—			
（五）使用专用基金	0	0		0				
（六）权益法调整	—	—	22 000	22 000	—	—		
五、本年年末余额	1 106 000	1 000 000	28 000	2 134 000				

17.5　现金流量表

现金流量表是反映行政事业单位在某一会计年度内现金流入和流出情况的报表。本节依据政府会计制度阐述现金流量表的含义、内容，以及现金流量表的编制方法。

17.5.1 现金流量表概述

现金流量表是反映单位在某一会计年度内现金流入和流出情况的报表。

现金流量表是行政事业单位会计报表的重要组成部分，可以提供一定时期内行政事业单位现金流入、流出情况和会计信息。行政事业单位应当定期编制现金流量表，披露行政事业单位在一定会计期间的现金流入、流出情况。

17.5.2 现金流量表的内容

行政事业单位的现金流量表由表首标题和报表主体构成。报表主体部分包括编报项目、栏目及金额。

1. 表首标题

现金流量表的表首标题包括报表名称、编号（会政财 04 表）、编制单位、编表时间和金额单位等内容。由于现金流量表反映行政事业单位在某一时期的现金流入、流出情况，属于动态报表，因此需要注明报表所属的期间，如××××年度。

2. 报表主体

（1）编报项目。

现金流量表应当按照本年日常活动、投资活动和筹资活动情况分别列示，按日常活动产生的现金流量、投资活动产生的现金流量和筹资活动产生的现金流量等项目分层次排列。

（2）栏目及金额。

现金流量表由"本年金额""上年金额""项目"三栏组成。现金流量表的各栏数额，应当根据相关科目的发生额填列，或经过计算、分析后填列。

17.5.3 现金流量表的编制

现金流量表是反映单位在某一会计年度内现金流入和流出信息的报表。现金流量表所指的现金，是指单位的库存现金以及其他可以随时用于支付的款项，包括库存现金、可以随时用于支付的银行存款、其他货币资金、零余额账户用款额度、财政应返还额度，以及通过财政直接支付方式支付的款项。

现金流量表应当按照日常活动、投资活动、筹资活动的现金流量分别反映。现金流量表所称的现金流量，是指现金的流入和流出。

现金流量表"本年金额"栏反映各项目的本年实际发生数。现金流量表"上年金额"栏反映各项目的上年实际发生数，应当根据上年现金流量表中

"本年金额"栏内所列数字填列。

单位应当采用直接法编制现金流量表。

现金流量表"本年金额"栏各项目的填列方法如下。

1. 日常活动产生的现金流量

（1）"财政基本支出拨款收到的现金"项目，反映单位本年接受财政基本支出拨款取得的现金。本项目应当根据"零余额账户用款额度""财政拨款收入""银行存款"等科目及其所属明细科目的记录分析填列。

（2）"财政非资本性项目拨款收到的现金"项目，反映单位本年接受除用于购建固定资产、无形资产、公共基础设施等资本性项目以外的财政项目拨款取得的现金。本项目应当根据"银行存款""零余额账户用款额度""财政拨款收入"等科目及其所属明细科目的记录分析填列。

（3）"事业活动收到的除财政拨款以外的现金"项目，反映事业单位本年开展专业业务活动及其辅助活动取得的除财政拨款以外的现金。本项目应当根据"库存现金""银行存款""其他货币资金""应收账款""应收票据""预收账款""事业收入"等科目及其所属明细科目的记录分析填列。

（4）"收到的其他与日常活动有关的现金"项目，反映单位本年收到的除以上项目之外的与日常活动有关的现金。本项目应当根据"库存现金""银行存款""其他货币资金""上级补助收入""附属单位上缴收入""经营收入""非同级财政拨款收入""捐赠收入""利息收入""租金收入""其他收入"等科目及其所属明细科目的记录分析填列。

（5）"日常活动的现金流入小计"项目，反映单位本年日常活动产生的现金流入的合计数。本项目应当根据"财政基本支出拨款收到的现金""财政非资本性项目拨款收到的现金""事业活动收到的除财政拨款以外的现金""收到的其他与日常活动有关的现金"项目金额的合计数填列。

（6）"购买商品、接受劳务支付的现金"项目，反映单位本年在日常活动中用于购买商品、接受劳务支付的现金。本项目应当根据"库存现金""银行存款""财政拨款收入""零余额账户用款额度""预付账款""在途物品""库存物品""应付账款""应付票据""业务活动费用""单位管理费用""经营费用"等科目及其所属明细科目的记录分析填列。

（7）"支付给职工以及为职工支付的现金"项目，反映单位本年支付给职工以及为职工支付的现金。本项目应当根据"库存现金""银行存款""零余额账户用款额度""财政拨款收入""应付职工薪酬""业务活动费用""单位管理费用""经营费用"等科目及其所属明细科目的记录分析填列。

（8）"支付的各项税费"项目，反映单位本年用于缴纳与日常活动相关的税费而支付的现金。本项目应当根据"库存现金""银行存款""零余额账户用款额度""应交增值税""其他应交税费""业务活动费用""单位管理费用""经营费用""所得税费用"等科目及其所属明细科目的记录分析填列。

（9）"支付的其他与日常活动有关的现金"项目，反映单位本年支付的除上述项目之外与日常活动有关的现金。本项目应当根据"库存现金""银行存款""零余额账户用款额度""财政拨款收入""其他应付款""业务活动费用""单位管理费用""经营费用""其他费用"等科目及其所属明细科目的记录分析填列。

（10）"日常活动的现金流出小计"项目，反映单位本年日常活动产生的现金流出的合计数。本项目应当根据"购买商品、接受劳务支付的现金""支付给职工以及为职工支付的现金""支付的各项税费""支付的其他与日常活动有关的现金"项目金额的合计数填列。

（11）"日常活动产生的现金流量净额"项目，应当按照"日常活动的现金流入小计"项目金额减去"日常活动的现金流出小计"项目金额后的金额填列；如为负数，以"-"号填列。

2. 投资活动产生的现金流量

（1）"收回投资收到的现金"项目，反映单位本年出售、转让或者收回投资收到的现金。本项目应该根据"库存现金""银行存款""短期投资""长期股权投资""长期债券投资"等科目的记录分析填列。

（2）"取得投资收益收到的现金"项目，反映单位本年因对外投资而收到被投资单位分配的股利或利润，以及收到投资利息而取得的现金。本项目应当根据"库存现金""银行存款""应收股利""应收利息""投资收益"等科目的记录分析填列。

（3）"处置固定资产、无形资产、公共基础设施等收回的现金净额"项目，反映单位本年处置固定资产、无形资产、公共基础设施等非流动资产所取得的现金，减去为处置这些资产而支付的有关费用之后的净额。自然灾害所造成的固定资产等长期资产损失而收到的保险赔款收入，也在本项目反映。本项目应当根据"库存现金""银行存款""待处理财产损溢"等科目的记录分析填列。

（4）"收到的其他与投资活动有关的现金"项目，反映单位本年收到的除上述项目之外与投资活动有关的现金。对于金额较大的现金流入，应当单列项目反映。本项目应当根据"库存现金""银行存款"等有关科目的记录分析填列。

（5）"投资活动的现金流入小计"项目，反映单位本年投资活动产生的现金流入的合计数。本项目应当根据"收回投资收到的现金""取得投资收益收到的现金""处置固定资产、无形资产、公共基础设施等收回的现金净额""收到的其他与投资活动有关的现金"项目金额的合计数填列。

（6）"购建固定资产、无形资产、公共基础设施等支付的现金"项目，反映单位本年购买和建造固定资产、无形资产、公共基础设施等非流动资产所支付的现金；融资租入固定资产支付的租赁费不在本项目反映，在筹资活动的现金流量中反映。本项目应当根据"库存现金""银行存款""固定资产""工程物资""在建工程""无形资产""研发支出""公共基础设施""保障性住房"等科目的记录分析填列。

（7）"对外投资支付的现金"项目，反映单位本年为取得短期投资、长期股权投资、长期债券投资而支付的现金。本项目应当根据"库存现金""银行存款""短期投资""长期股权投资""长期债券投资"等科目的记录分析填列。

（8）"上缴处置固定资产、无形资产、公共基础设施等净收入支付的现金"项目，反映本年单位将处置固定资产、无形资产、公共基础设施等非流动资产所收回的现金净额予以上缴财政所支付的现金。本项目应当根据"库存现金""银行存款""应缴财政款"等科目的记录分析填列。

（9）"支付的其他与投资活动有关的现金"项目，反映单位本年支付的除上述项目之外与投资活动有关的现金。对于金额较大的现金流出，应当单列项目反映。本项目应当根据"库存现金""银行存款"等有关科目的记录分析填列。

（10）"投资活动的现金流出小计"项目，反映单位本年投资活动产生的现金流出的合计数。本项目应当根据"购建固定资产、无形资产、公共基础设施等支付的现金""对外投资支付的现金""上缴处置固定资产、无形资产、公共基础设施等净收入支付的现金""支付的其他与投资活动有关的现金"项目金额的合计数填列。

（11）"投资活动产生的现金流量净额"项目，应当按照"投资活动的现金流入小计"项目金额减去"投资活动的现金流出小计"项目金额后的金额填列；如为负数，以"-"号填列。

3. 筹资活动产生的现金流量

（1）"财政资本性项目拨款收到的现金"项目，反映单位本年接受用于购建固定资产、无形资产、公共基础设施等资本性项目的财政项目拨款取得的现金。本项目应当根据"银行存款""零余额账户用款额度""财政拨款收入"等科目及其所属明细科目的记录分析填列。

（2）"取得借款收到的现金"项目，反映事业单位本年举借短期、长期借款所收到的现金。本项目应当根据"库存现金""银行存款""短期借款""长期借款"等科目记录分析填列。

（3）"收到的其他与筹资活动有关的现金"项目，反映单位本年收到的除上述项目之外与筹资活动有关的现金。对于金额较大的现金流入，应当单列项目反映。本项目应当根据"库存现金""银行存款"等有关科目的记录分析填列。

（4）"筹资活动的现金流入小计"项目，反映单位本年筹资活动产生的现金流入的合计数。本项目应当根据"财政资本性项目拨款收到的现金""取得借款收到的现金""收到的其他与筹资活动有关的现金"项目金额的合计数填列。

（5）"偿还借款支付的现金"项目，反映事业单位本年偿还借款本金所支付的现金。本项目应当根据"库存现金""银行存款""短期借款""长期借款"等科目的记录分析填列。

（6）"偿付利息支付的现金"项目，反映事业单位本年支付的借款利息等。本项目应当根据"库存现金""银行存款""应付利息""长期借款"等科目的记录分析填列。

（7）"支付的其他与筹资活动有关的现金"项目，反映单位本年支付的除上述项目之外与筹资活动有关的现金，如融资租入固定资产所支付的租赁费。本项目应当根据"库存现金""银行存款""长期应付款"等科目的记录分析填列。

（8）"筹资活动的现金流出小计"项目，反映单位本年筹资活动产生的现金流出的合计数。本项目应当根据"偿还借款支付的现金""偿付利息支付的现金""支付的其他与筹资活动有关的现金"项目金额的合计数填列。

（9）"筹资活动产生的现金流量净额"项目，应当按照"筹资活动的现金流入小计"项目金额减去"筹资活动的现金流出小计"金额后的金额填列；如为负数，以"-"号填列。

4．汇率变动对现金的影响额

"汇率变动对现金的影响额"项目，反映单位本年外币现金流量折算为人民币时，所采用的现金流量发生日的汇率折算的人民币金额与外币现金流量净额按期末汇率折算的人民币金额之间的差额。

5．现金净增加额

"现金净增加额"项目，反映单位本年现金变动的净额。本项目应当根据"日常活动产生的现金流量净额""投资活动产生的现金流量净额""筹资活动产生的现金流量净额""汇率变动对现金的影响额"项目金额的合计数填列；如为负数，以"-"号填列。

17.5.4 现金流量表的编制实例

【例 17-4】某事业单位 2×19 年的日常活动、投资活动、筹资活动中涉及的现金流入、流出情况如表 17-6 所示。

该事业单位无企业所得税缴纳义务，无汇率变动影响。

表 17-6　日常活动、投资活动、筹资活动中涉及的现金流入、流出情况

2×19年　　　　　　　　　　　　　　　　　　　　单位：元

日期	摘要	借	贷	现金流入	现金流出
2月1日	支付工资		11 000		支付给职工以及为职工支付的现金
2月3日	提现		800		
3月4日	财政基本拨款	100 000		财政基本支出拨款收到的现金	
3月4日	购买固定资产		3 000		购建固定资产、无形资产、公共基础设施等支付的现金
3月7日	财政非资本性项目拨款	200 000		财政非资本性项目拨款收到的现金	
3月10日	购买商品		10 600		购买商品、接受劳务支付的现金
4月1日	支付工资		11 000		支付给职工以及为职工支付的现金
4月3日	发生事业活动收到现金	3 000		事业活动收到的除财政拨款以外的现金	

续表

日期	摘要	借	贷	现金流入	现金流出
4月5日	收到3月应收款项	1 030		收到的其他与日常活动有关的现金	
4月6日	支付税金		420		支付的各项税费
4月8日	进行公共基础设施投资		5 000		购建固定资产、无形资产、公共基础设施等支付的现金
4月10日	取得投资收益	120		取得投资收益收到的现金	
4月30日	收回投资	22 000		收回投资收到的现金	
5月1日	支付工资		11 000		支付给职工以及为职工支付的现金
5月2日	为职工购买计算机		2 600		支付给职工以及为职工支付的现金
5月3日	处置专利权	30 000		处置固定资产、无形资产、公共基础设施等收回的现金净额	
5月5日	投资股票		1 000		对外投资支付的现金
5月10日	上缴处置专利权净收入		3 000		上缴处置固定资产、无形资产、公共基础设施等净收入支付的现金
5月15日	收到财政资本性项目拨款	10 000		财政资本性项目拨款收到的现金	
5月18日	取得借款	2 000		取得借款收到的现金	
5月28日	偿还借款		1 000		偿还借款支付的现金
5月28日	偿还利息		120		偿还利息支付的现金

编制该事业单位2×19年度现金流量表时，省略了"上年金额"栏的数字。"本年金额"栏主要项目的填列说明如下。

（1）日常活动现金流入。

本年日常活动现金流入=100 000+200 000+3 000+1 030=304 030（元）

（2）日常活动现金流出。

本年日常活动现金流出=11 000+10 600+11 000+420+11 000+2 600=46 620（元）

（3）日常活动现金流量净额。

本年日常活动现金流量净额 =304 030-46 620=257 410（元）

（4）投资活动现金流入。

本年投资活动现金流入 =120+22 000+30 000=52 120（元）

（5）投资活动现金流出。

本年投资活动现金流出 =3 000+5 000+1 000+3 000=12 000（元）

（6）投资活动现金流量净额。

本年投资活动现金流量净额 =52 120-12 000=40 120（元）

（7）筹资活动现金流入。

本年筹资活动现金流入 =10 000+2 000=12 000（元）

（8）筹资活动现金流出。

本年筹资活动现金流出 =1 000+120=1 120（元）

（9）筹资活动现金流量净额。

本年筹资活动现金流量净额 =12 000-1 120=10 880（元）

编制完成的该事业单位2×19年度现金流量表如表17-7所示。

表 17-7　　　　　　　　　　　现金流量表

会政财04表

编制单位：××××　　　　2×19年度　　　　　单位：元

项目	本年金额	上年金额（略）
一、日常活动产生的现金流量：		
财政基本支出拨款收到的现金	100 000	
财政非资本性项目拨款收到的现金	200 000	
事业活动收到的除财政拨款以外的现金	3 000	
收到的其他与日常活动有关的现金	1 030	
日常活动的现金流入小计	304 030	
购买商品、接受劳务支付的现金	10 600	
支付给职工以及为职工支付的现金	35 600	
支付的各项税费	420	
支付的其他与日常活动有关的现金	0	
日常活动的现金流出小计	46 620	
日常活动产生的现金流量净额	257 410	

续表

项目	本年金额	上年金额（略）
二、投资活动产生的现金流量：		
收回投资收到的现金	22 000	
取得投资收益收到的现金	120	
处置固定资产、无形资产、公共基础设施等收回的现金净额	30 000	
收到的其他与投资活动有关的现金	0	
投资活动的现金流入小计	52 120	
购建固定资产、无形资产、公共基础设施等支付的现金	8 000	
对外投资支付的现金	1 000	
上缴处置固定资产、无形资产、公共基础设施等净收入支付的现金	3 000	
支付的其他与投资活动有关的现金	0	
投资活动的现金流出小计	12 000	
投资活动产生的现金流量净额	40 120	
三、筹资活动产生的现金流量：		
财政资本性项目拨款收到的现金	10 000	
取得借款收到的现金	2 000	
收到的其他与筹资活动有关的现金	0	
筹资活动的现金流入小计	12 000	
偿还借款支付的现金	1 000	
偿还利息支付的现金	120	
支付的其他与筹资活动有关的现金	0	
筹资活动的现金流出小计	1 120	
筹资活动产生的现金流量净额	10 880	
四、汇率变动对现金的影响额	0	
五、现金净增加额	308 410	

17.6 预算收入支出表

预算收入支出表是反映行政事业单位预算收支情况的报表。本节依据政府会计制度，阐述预算收入支出表的含义、内容，以及预算收入支出表的编制方法。

17.6.1 预算收入支出表概述

预算收入支出表反映单位在某一会计年度内各项预算收入、预算支出和预算收支差额的情况。

预算收入支出表是行政事业单位会计报表的重要组成部分，可以提供一定时期内行政事业单位预算收入总额及构成情况、预算支出总额及构成情况，以及预算收支差额的会计信息。行政事业单位应当定期编制预算收入支出表，披露行政事业单位在一定会计期间的预算情况。

17.6.2 预算收入支出表的内容

行政事业单位的预算收入支出表由表首标题和报表主体构成。报表主体部分包括编报项目、栏目及金额。

1．表首标题

预算收入支出表的表首标题包括报表名称、编号（会政预01表）、编制单位、编表时间和金额单位等内容。由于预算收入支出表反映行政事业单位在某一时期的预算收支情况，属于动态报表，因此需要注明报表所属的期间，如××××年度。

2．报表主体

（1）编报项目。

预算收入支出表应当按照本年预算收入、本年预算支出的构成和本年预算收支差额情况分项列示，按本年预算收入、本年预算支出和本年预算收支差额等项目分层次排列。

（2）栏目及金额。

预算收入支出表由"本年数""上年数""项目"三栏组成。预算收入支出表的各栏数额，应当根据相关收支科目的发生额填列，或经过计算、分析后填列。

17.6.3 预算收入支出表的编制

预算收入支出表反映单位在某一会计年度内各项预算收入、预算支出和预算收支差额的情况。

预算收入支出表"本年数"栏反映各项目的本年实际发生数。预算收入支出表"上年数"栏反映各项目上年度的实际发生数，应当根据上年度预算收入支出表中"本年数"栏内所列数字填列。如果本年度预算收入支出表规定的项目的名称和内容同上年度的不一致，应当对上年度预算收入支出表项目的名称和数字按照本年度的规定进行调整，将调整后金额填入本年度预算收入支出表的"上年数"栏。

预算收入支出表"本年数"栏各项目的内容和填列方法如下。

1. 本年预算收入

（1）"本年预算收入"项目，反映单位本年预算收入总额。本项目应当根据"财政拨款预算收入""事业预算收入""上级补助预算收入""附属单位上缴预算收入""经营预算收入""债务预算收入""非同级财政拨款预算收入""投资预算收益""其他预算收入"项目金额的合计数填列。

（2）"财政拨款预算收入"项目，反映单位本年从同级政府财政部门取得的各类财政拨款。本项目应当根据"财政拨款预算收入"科目的本年发生额填列。

"政府性基金收入"项目，反映单位本年取得的财政拨款收入中属于政府性基金预算拨款的金额。本项目应当根据与"财政拨款预算收入"相关的明细科目的本年发生额填列。

（3）"事业预算收入"项目，反映事业单位本年开展专业业务活动及其辅助活动取得的预算收入。本项目应当根据"事业预算收入"科目的本年发生额填列。

（4）"上级补助预算收入"项目，反映事业单位本年从主管部门和上级单位取得的非财政补助预算收入。本项目应当根据"上级补助预算收入"科目的本年发生额填列。

（5）"附属单位上缴预算收入"项目，反映事业单位本年收到的独立核算的附属单位按照有关规定上缴的预算收入。本项目应当根据"附属单位上缴预算收入"科目的本年发生额填列。

（6）"经营预算收入"项目，反映事业单位本年在专业业务活动及其辅助活动之外开展非独立核算经营活动取得的预算收入。本项目应当根据"经营预算收入"科目的本年发生额填列。

（7）"债务预算收入"项目，反映事业单位本年按照规定从金融机构等借入的、纳入部门预算管理的债务预算收入。本项目应当根据"债务预算收入"的本年发生额填列。

（8）"非同级财政拨款预算收入"项目，反映单位本年从非同级政府财政部门取得的财政拨款。本项目应当根据"非同级财政拨款预算收入"科目的本年发生额填列。

（9）"投资预算收益"项目，反映事业单位本年取得的按规定纳入单位预算管理的投资收益。本项目应当根据"投资预算收益"科目的本年发生额填列。

（10）"其他预算收入"项目，反映单位本年取得的除上述收入以外的纳入单位预算管理的各项预算收入。本项目应当根据"其他预算收入"科目的本年发生额填列。

"利息预算收入"项目，反映单位本年取得的利息预算收入。本项目应当根据"其他预算收入"科目的明细账记录分析填列。单位单设"利息预算收入"科目的，应当根据"利息预算收入"科目的本年发生额填列。

"捐赠预算收入"项目，反映单位本年取得的捐赠预算收入。本项目应当根据"其他预算收入"科目明细账记录分析填列。单位单设"捐赠预算收入"科目的，应当根据"捐赠预算收入"科目的本年发生额填列。

"租金预算收入"项目，反映单位本年取得的租金预算收入。本项目应当根据"其他预算收入"科目明细账记录分析填列。单位单设"租金预算收入"科目的，应当根据"租金预算收入"科目的本年发生额填列。

2．本年预算支出

（1）"本年预算支出"项目，反映单位本年预算支出总额。本项目应当根据"行政支出""事业支出""经营支出""上缴上级支出""对附属单位补助支出""投资支出""债务还本支出""其他支出"项目金额的合计数填列。

（2）"行政支出"项目，反映行政单位本年履行职责实际发生的支出。本项目应当根据"行政支出"科目的本年发生额填列。

（3）"事业支出"项目，反映事业单位本年开展专业业务活动及其辅助活动发生的支出。本项目应当根据"事业支出"科目的本年发生额填列。

（4）"经营支出"项目，反映事业单位本年在专业业务活动及其辅助活动之外开展非独立核算经营活动发生的支出。本项目应当根据"经营支出"科目的本年发生额填列。

（5）"上缴上级支出"项目，反映事业单位本年按照财政部门和主管部门的规定上缴上级单位的支出。本项目应当根据"上缴上级支出"科目的本年发生额填列。

（6）"对附属单位补助支出"项目，反映事业单位本年用财政拨款收入之外的收入对附属单位补助发生的支出。本项目应当根据"对附属单位补助支出"科目的本年发生额填列。

（7）"投资支出"项目，反映事业单位本年以货币资金对外投资发生的支出。本项目应当根据"投资支出"科目的本年发生额填列。

（8）"债务还本支出"项目，反映事业单位本年偿还自身承担的纳入预算管理的从金融机构举借的债务本金的支出。本项目应当根据"债务还本支出"科目的本年发生额填列。

（9）"其他支出"项目，反映单位本年除以上支出以外的各项支出。本项目应当根据"其他支出"科目的本年发生额填列。

"利息支出"项目，反映单位本年发生的利息支出。本项目应当根据"其他支出"科目明细账记录分析填列。单位单设"利息支出"科目的，应当根据"利息支出"科目的本年发生额填列。

"捐赠支出"项目，反映单位本年发生的捐赠支出。本项目应当根据"其他支出"科目明细账记录分析填列。单位单设"捐赠支出"科目的，应当根据"捐赠支出"科目的本年发生额填列。

3. 本年预算收支差额

"本年预算收支差额"项目，反映单位本年各项预算收支相抵后的差额。本项目应当根据"本期预算收入"项目金额减去"本期预算支出"项目金额后的金额填列；如相减后金额为负数，以"-"号填列。

17.6.4 预算收入支出表的编制实例

【例17-5】某事业单位2×19年预算收入、支出类科目发生额见表17-8。该事业单位无企业所得税缴纳义务。

表 17-8　　　　　　　　　预算收入、支出类科目发生额

编制单位：××××　　　　　　　　2×19年　　　　　　　　　　　单位：元

支出类	本年数	收入类	本年数
行政支出	5 000 000	财政拨款预算收入	10 000 000
事业支出	1 500 000	其中：政府性基金收入	1 500 000
经营支出	200 000	事业预算收入	6 000 000
上缴上级支出	1 000 000	上级补助预算收入	1 000 000
对附属单位补助支出	1 000 000	附属单位上缴预算收入	300 000
投资支出	50 000	经营预算收入	250 000
债务还本支出	60 000	债务预算收入	200 000
其他支出	30 000	非同级财政拨款预算收入	70 000
其中：利息支出	13 000	投资预算收益	65 000
捐赠支出	17 000	其他预算收入	70 000
		其中：利息预算收入	20 000
		捐赠预算收入	30 000
		租金预算收入	20 000
支出合计	8 840 000	收入合计	17 955 000

编制该事业单位2×19年预算收入支出表时，省略了"上年数"栏的数字。"本年数"栏主要项目的填列说明如下。

（1）本年预算收入。

本年预算收入 =10 000 000+6 000 000+1 000 000+300 000+250 000+200 000+70 000+65 000+70 000=17 955 000（元）

（2）本年预算支出。

本年预算支出 =5 000 000+1 500 000+200 000+1 000 000+1 000 000+50 000+60 000+30 000=8 840 000（元）

（3）本年预算收支差额。

本年预算收支差额 =17 955 000-8 840 000=9 115 000（元）

编制完成的该事业单位2×19年度预算收入支出表如表17-9所示。

表 17-9　　　　　　　　　　　　　预算收入支出表

会政预 01 表

编制单位：×××　　　　　　　　　2×19 年度　　　　　　　　　单位：元

项目	本年数	上年数（略）
一、本年预算收入	17 955 000	
（一）财政拨款预算收入	10 000 000	
其中：政府性基金收入	1 500 000	
（二）事业预算收入	6 000 000	
（三）上级补助预算收入	1 000 000	
（四）附属单位上缴预算收入	300 000	
（五）经营预算收入	250 000	
（六）债务预算收入	200 000	
（七）非同级财政拨款预算收入	70 000	
（八）投资预算收益	65 000	
（九）其他预算收入	70 000	
其中：利息预算收入	20 000	
捐赠预算收入	30 000	
租金预算收入	20 000	
二、本年预算支出	8 840 000	
（一）行政支出	5 000 000	
（二）事业支出	1 500 000	
（三）经营支出	200 000	
（四）上缴上级支出	1 000 000	
（五）对附属单位补助支出	1 000 000	
（六）投资支出	50 000	
（七）债务还本支出	60 000	
（八）其他支出	30 000	
其中：利息支出	13 000	
捐赠支出	17 000	
三、本年预算收支差额	9 115 000	

17.7 预算结转结余变动表

17.7.1 预算结转结余变动表概述

预算结转结余变动表是反映单位在某一会计年度内预算结转、结余变动情况的报表。

预算结转结余变动表是行政事业单位会计报表的重要组成部分，可以提供一定时期内行政事业单位预算结转结余各个组成项目金额的变动情况。行政事业单位应当定期编制预算结转结余变动表，披露行政事业单位在一定会计期间的预算结转、结余状况。

17.7.2 预算结转结余变动表的内容

行政事业单位的预算结转结余变动表由表首标题和报表主体构成。报表主体部分包括编报项目、栏目及金额。

1．表首标题

预算结转结余变动表的表首标题包括报表名称、编号（会政预02表）、编制单位、编表时间和金额单位等内容。由于预算结转结余变动表反映行政事业单位在某一时期的预算结转、结余变动情况，属于动态报表，因此需要注明报表所属的期间，如××××年度。

2．报表主体

（1）编报项目。

预算结转结余变动表应当按照本年数、上年数等情况分项列示，按年初预算结转结存、年初余额调整、本年变动金额、年末预算结转结余等项目分层次排列。

（2）栏目及金额。

预算结转结余变动表由"本年数""上年数""项目"三栏组成。预算结转结余变动表的各栏数额，应当根据相关科目的发生额填列，或经过计算、分析后填列。

17.7.3 预算结转结余变动表的编制

预算结转结余变动表"本年数"栏反映各项目的本年实际发生数。预算结转结余变动表"上年数"栏反映各项目的上年实际发生数，应当根据上年度预算结转结余变动表中"本年数"栏内所列数字填列。如果本年度预算结转结余变动表规定的项目的名称和内容同上年度不一致,应当对上年度预算结转结余变动表项目的名称和数字按照本年度的规定进行调整,将调整后金额填入本年度预算结转结余变动表的"上年数"栏。预算结转结余变动表中"年末预算结转结余"项目金额等于"年初预算结转结余""年初余额调整""本年变动金额"三个项目的合计数。

17.7.4 预算结转结余变动表的报表数填列方法

(1)"年初预算结转结余"项目,反映单位本年预算结转结余的年初余额。本项目应当根据本项目下"财政拨款结转结余""其他资金结转结余"项目金额的合计数填列。

①"财政拨款结转结余"项目,反映单位本年财政拨款结转结余资金的年初余额。本项目应当根据"财政拨款结转""财政拨款结余"科目本年初余额合计数填列。

②"其他资金结转结余"项目,反映单位本年其他资金结转结余的年初余额。本项目应当根据"非财政拨款结转""非财政拨款结余""专用结余""经营结余"科目本年初余额的合计数填列。

(2)"年初余额调整"项目,反映单位本年预算结转结余年初余额调整的金额。本项目应当根据本项目下"财政拨款结转结余""其他资金结转结余"项目金额的合计数填列。

①"财政拨款结转结余"项目,反映单位本年财政拨款结转结余资金的年初余额调整金额。本项目应当根据"财政拨款结转""财政拨款结余"科目下"年初余额调整"明细科目的本年发生额的合计数填列;如调整减少年初财政拨款结转结余,以"-"号填列。

②"其他资金结转结余"项目,反映单位本年其他资金结转结余的年初余额调整金额。本项目应当根据"非财政拨款结转""非财政拨款结余"科目下"年初余额调整"明细科目的本年发生额的合计数填列;如调整减少年初其他资金结转结余,以"-"号填列。

(3)"本年变动金额"项目,反映单位本年预算结转结余变动的金额。本项目应当根据本项目下"财政拨款结转结余""其他资金结转结余"项目金额的合计数填列。

①"财政拨款结转结余"项目,反映单位本年财政拨款结转结余资金的变

动。本项目应当根据本项目下"本年收支差额""归集调入""归集上缴或调出"项目金额的合计数填列。

a."本年收支差额"项目，反映单位本年财政拨款资金收支相抵后的差额。本项目应当根据"财政拨款结转"科目下"本年收支结转"明细科目本年转入的预算收入与预算支出的差额填列；差额为负数的，以"-"号填列。

b."归集调入"项目，反映单位本年按照规定从其他单位归集调入的财政拨款结转资金。本项目应当根据"财政拨款结转"科目下"归集调入"明细科目的本年发生额填列。

c."归集上缴或调出"项目，反映单位本年按照规定上缴的财政拨款结转结余资金及按照规定向其他单位调出的财政拨款结转资金。本项目应当根据"财政拨款结转""财政拨款结余"科目下"归集上缴"明细科目，以及"财政拨款结转"科目下"归集调出"明细科目本年发生额的合计数填列，以"-"号填列。

② "其他资金结转结余"项目，反映单位本年其他资金结转结余的变动。本项目应当根据本项目下"本年收支差额""缴回资金""使用专用结余""支付所得税"项目金额的合计数填列。

a."本年收支差额"项目，反映单位本年除财政拨款外的其他资金收支相抵后的差额。本项目应当根据"非财政拨款结转"科目下"本年收支结转"明细科目、"其他结余"科目、"经营结余"科目本年转入的预算收入与预算支出的差额的合计数填列；如为负数，以"-"号填列。

b."缴回资金"项目，反映单位本年按照规定缴回的非财政拨款结转资金。本项目应当根据"非财政拨款结转"科目下"缴回资金"明细科目本年发生额的合计数填列，以"-"号填列。

c."使用专用结余"项目，反映本年事业单位根据规定使用从非财政拨款结余或经营结余中提取的专用基金的金额。本项目应当根据"专用结余"科目明细账中本年使用专用结余业务的发生额填列，以"-"号填列。

d."支付所得税"项目，反映有企业所得税缴纳义务的事业单位本年实际缴纳的企业所得税金额。本项目应当根据"非财政拨款结余"明细账中本年实际缴纳企业所得税业务的发生额填列，以"-"号填列。

（4）"年末预算结转结余"项目，反映单位本年预算结转结余的年末余额。本项目应当根据本项目下"财政拨款结转结余""其他资金结转结余"项目金额的合计数填列。

① "财政拨款结转结余"项目，反映单位本年财政拨款结转结余的年末余

额。本项目应当根据本项目下"财政拨款结转""财政拨款结余"项目金额的合计数填列。本项目下"财政拨款结转""财政拨款结余"项目，应当分别根据"财政拨款结转""财政拨款结余"科目的本年末余额填列。

②"其他资金结转结余"项目，反映单位本年其他资金结转结余的年末余额。本项目应当根据本项目下"非财政拨款结转""非财政拨款结余""专用结余""经营结余"项目金额的合计数填列。本项目下"非财政拨款结转""非财政拨款结余""专用结余""经营结余"项目，应当分别根据"非财政拨款结转""非财政拨款结余""专用结余""经营结余"科目的本年末余额填列。

17.7.5 预算结转结余变动表的编制实例

【例17-6】某事业单位2×19年12月31日结账后各资产、负债和净资产类会计科目的余额如表17-10所示。据此编制该事业单位的预算结转结余变动表。

表17-10　　　　　　　　　　会计科目余额表

2×19年12月31日　　　　　　　　　　　　　　　　　　单位：元

会计科目	年初数	年末数	本年变动数 （依据本年明细科目发生数）
财政拨款结转	600 000	1 100 000	500 000
——年初余额调整	0	0	0
——归集调入	0	0	0
——归集调出	0	0	0
——归集上缴	0	0	0
——单位内部调剂	0	0	0
——本年收支结转	0	0	0
——累计结转	600 000	1 100 000	500 000
财政拨款结余	800 000	1 000 000	200 000
——年初余额调整	0	0	0
——归集上缴	0	0	0
——单位内部调剂	0	0	0
——结转转入	0	0	0

续表

会计科目	年初数	年末数	本年变动数（依据本年明细科目发生数）
——累计结转	800 000	1 000 000	200 000
非财政拨款结转	100 000	150 000	50 000
——年初余额调整	0	0	10 000
——缴回资金	0	0	0
——项目间接费用或管理费	0	0	0
——本年收支结转	0	0	50 000
——累计结转	100 000	150 000	50 000
非财政拨款结余	250 000	380 000	130 000
——年初余额调整	0	0	130 000
——项目间接费用或管理费	0	0	0
——结转转入	0	0	0
——累计结转	250 000	380 000	130 000
专用结余	110 000	120 000	10 000
经营结余	400 000	200 000	200 000
其他结余	100 000	110 000	10 000

表 17-10 中"专用结余""经营结余""其他结余"科目的本年变动额均未涉及转入预算收入与预算支出的差额，各项目均可根据各科目的期末余额、发生数分析填列。编制完成的 2×19 年度该事业单位的预算结转结余变动表如表 17-11 所示。

表 17-11　　　　　　　预算结转结余变动表

会政预 02 表

编制单位：×××　　　　　2×19 年　　　　　　　　　　单位：元

项目	本年数	上年数
一、年初预算结转结余	2 260 000	—
（一）财政拨款结转结余	1 400 000	—
（二）其他资金结转结余	860 000	—
二、年初余额调整（减少以"-"号填列）	340 000	—

续表

项目	本年数	上年数
（一）财政拨款结转结余	200 000	—
（二）其他资金结转结余	140 000	—
三、本年变动金额（减少以"-"号填列）	540 000	—
（一）财政拨款结转结余	500 000	—
1. 本年收支差额	0	—
2. 归集调入	550 000	—
3. 归集上缴或调出	-50 000	—
（二）其他资金结转结余	40 000	—
1. 本年收支差额	50 000	—
2. 缴回资金	-10 000	—
3. 使用专用结余	0	—
4. 支付所得税	0	—
四、年末预算结转结余	2 950 000	—
（一）财政拨款结转结余	2 100 000	—
1. 财政拨款结转	1 100 000	—
2. 财政拨款结余	1 000 000	—
（二）其他资金结转结余	850 000	—
1. 非财政拨款结转	150 000	—
2. 非财政拨款结余	380 000	—
3. 专用结余	120 000	—
4. 经营结余（如有余额，以"-"号填列）	200 000	—

17.8 财政拨款预算收入支出表

17.8.1 财政拨款预算收入支出表概述

财政拨款预算收入支出表是反映单位本年财政拨款预算资金收入、支出及相关变动的具体情况的报表。

财政拨款预算收入支出表是行政事业单位会计报表的重要组成部分，可以提供一定时期内行政事业单位财政拨款预算收入支出各个组成项目金额的变动情况。行政事业单位应当定期编制财政拨款预算收入支出表，披露行政事业单位在一定会计期间的财政拨款预算收入支出的变动状况。

17.8.2　财政拨款预算收入支出表的内容

行政事业单位的财政拨款预算收入支出表由表首标题和报表主体构成。报表主体部分包括编报项目、栏目及金额。

1．表首标题

财政拨款预算收入支出表的表首标题包括报表名称、编号（会政预03表）、编制单位、编表时间和金额单位等内容。由于财政拨款预算收入支出表反映行政事业单位在某一时期的资产情况，属于动态报表，因此需要注明报表所属的期间，如××××年度。

2．报表主体

（1）编报项目。

财政拨款预算收入支出表应当按照年初财政拨款结转结余、本年归集调入等情况分项列示，按一般公共预算财政拨款、政府性基金预算财政拨款等项目分层次排列。

（2）栏目及金额。

财政拨款预算收入支出表"项目"栏内各项目，应根据单位取得的财政拨款种类分别设置。财政拨款预算收入支出表的各栏数额，应当根据相关科目的的发生额填列，或经过计算、分析后填列。

17.8.3　财政拨款预算收入支出表的编制

财政拨款预算收入支出表"项目"栏内各项目，应当根据单位取得的财政拨款种类分项设置。其中"项目支出"项目下，根据每个项目设置；单位取得除一般公共财政预算拨款和政府性基金预算拨款以外的其他财政拨款的，应当按照财政拨款种类增加相应的资金项目及其明细项目。

17.8.4　财政拨款预算收入支出表的报表数填列方法

（1）"年初财政拨款结转结余"栏中各项目，反映单位年初各项财政拨款结转结余的金额。各项目应当根据"财政拨款结转""财政拨款结余"及其明细科目的年初余额填列。本栏中各项目的数额应当与上年度财政拨款预算收入支出表中"年末财政拨款结转结余"栏中各项目的数额相等。

（2）"调整年初财政拨款结转结余"栏中各项目，反映单位对年初财政拨款结转结余的调整金额。各项目应当根据"财政拨款结转""财政拨款结余"科目下"年初余额调整"明细科目及其所属明细科目的本年发生额填列；如调整减少年初财政拨款结转结余，以"－"号填列。

（3）"本年归集调入"栏中各项目，反映单位本年按规定从其他单位调入的财政拨款结转资金金额。各项目应当根据"财政拨款结转"科目下"归集调入"明细科目及其所属明细科目的本年发生额填列。

（4）"本年归集上缴或调出"栏中各项目，反映单位本年按规定实际上缴的财政拨款结转结余资金，及按照规定向其他单位调出的财政拨款结转资金金额。各项目应当根据"财政拨款结转""财政拨款结余"科目下"归集上缴"科目和"财政拨款结转"科目下"归集调出"明细科目，及其所属明细科目的本年发生额填列，以"－"号填列。

（5）"单位内部调剂"栏中各项目，反映单位本年财政拨款结转结余资金在单位内部不同项目等之间的调剂金额。各项目应当根据"财政拨款结转"和"财政拨款结余"科目下的"单位内部调剂"明细科目及其所属明细科目的本年发生额填列；对单位内部调剂减少的财政拨款结余金额，以"－"号填列。

（6）"本年财政拨款收入"栏中各项目，反映单位本年从同级财政部门取得的各类财政预算拨款金额。各项目应当根据"财政拨款预算收入"科目及其所属明细科目的本年发生额填列。

（7）"本年财政拨款支出"栏中各项目，反映单位本年发生的财政拨款支出金额。各项目应当根据"行政支出""事业支出"等科目及其所属明细科目本年发生额中的财政拨款支出数的合计数填列。

（8）"年末财政拨款结转结余"栏中各项目，反映单位年末财政拨款结转结余的金额。各项目应当根据"财政拨款结转""财政拨款结余"科目及其所属明细科目的年末余额填列。

17.8.5　财政拨款预算收入支出表的编制实例

【例17-7】XYZ事业单位2×19年度按照收付实现制计算的各项收支资料汇总情况如下。

（1）各项预算收入汇总情况。

财政拨款预算收入500万元（其中，基本支出——人员经费280万元、基本支出——日常公用经费120万元、项目拨款100万元），事业预算收入1 000万元（其中，科研事业收入200万元），上级补助预算收入10万元，附属单位上缴预算收入10万元，经营预算收入30万元，其他预算收入5万元。

（2）各项预算支出汇总情况。

事业支出1 200万元（其中：基本支出1 000万元，包括财政拨款用于人员经费280万元和日常公用经费120万元；项目支出200万元，包括财政拨款项目支出80万元和科研项目支出50万元），经营支出20万元，上缴上级单位支出5万元，对附属单位补助支出10万元。

（3）各专项项目进展汇总情况。

财政项目拨款100万元：A项目拨款60万元，支出40万元，结转继续使用；B项目拨款40万元，支出40万元。

科研事业收入200万元：甲项目70万元，费用支出30万元，继续研究；乙项目90万元，费用支出40万元，实际支出20万元，正在正常进行中；丙项目40万元，尚未发生费用支出，留待下年度使用。

（4）预算会计核算的具体要求。

①计算预算收入、预算支出总额与收支差额。②计算与核算财政拨款（项目支出）结转和结余。③计算与核算财政拨款（基本支出）结转和结余。④计算与核算非财政拨款结转。⑤计算与核算经营结余。⑥计算与核算其他结余。⑦计算与核算非财政拨款结余。⑧计算与核算职工福利基金提取额（假设按照20%的非财政拨款结余提取职工福利基金）。⑨年末结转非财政拨款结余分配余额。⑩计算分析年末全部预算结转结余金额。⑪编制2×19年财政拨款预算收入支出表。

（5）解题过程分析。

①预算收入总额＝财政拨款预算收入＋事业预算收入＋上级补助预算收入＋附属单位上缴预算收入＋经营预算收入＋其他预算收入＝500+1 000+10+10+30+5=1 555（万元）

预算支出总额＝事业支出＋上缴上级单位支出＋经营支出＋对附属单位补助支出＝1 200+5+20+10=1 235（万元）

收支差额＝预算收入总额－预算支出总额＝1 555-1 235=320（万元）

②财政拨款（项目支出）的核算。

借：财政拨款预算收入——A项目　　　　　　　　　　　　600 000

	——B项目	400 000
贷：财政拨款结转——本年收支结转		1 000 000
借：财政拨款结转——本年收支结转		800 000
贷：事业支出——财政拨款支出——A项目		400 000
	——财政拨款支出——B项目	400 000
借：财政拨款结转——本年收支结转——A项目		200 000
贷：财政拨款结转——累计结转——A项目		200 000

③财政拨款（基本支出）的核算。

借：财政拨款预算收入——基本支出——人员经费　　2 800 000
　　　　　　　　　　——基本支出——公用经费　　1 200 000
　　贷：财政拨款结转——本年收支结转　　　　　　　4 000 000
借：财政拨款结转——本年收支结转　　　　　　　　　4 000 000
　　贷：事业支出——财政拨款支出——基本支出　　　4 000 000

④非财政拨款结转＝科研事业收入－科研项目支出＝200-50=150（万元），其核算如下。

借：事业预算收入——非财政专项资金收入——甲项目　　700 000
　　　　　　　　　　——非财政专项资金收入——乙项目　　900 000
　　　　　　　　　　——非财政专项资金收入——丙项目　　400 000
　　贷：非财政拨款结转——本年收支结转　　　　　　　　2 000 000
借：非财政拨款结转——本年收支结转　　　　　　　　　　500 000
　　贷：事业支出——非财政专项资金支出——甲项目　　　300 000
　　　　　　　　——非财政专项资金支出——乙项目　　　200 000
借：非财政拨款结转——本年收支结转　　　　　　　　　1 500 000
　　贷：非财政拨款结转——累计结转　　　　　　　　　1 500 000

⑤经营结余＝经营预算收入－经营支出＝30-20=10（万元），其核算如下。

借：经营预算收入　　　　　　　　　　　　　　　　　　300 000
　　贷：经营结余　　　　　　　　　　　　　　　　　　300 000
借：经营结余　　　　　　　　　　　　　　　　　　　　200 000
　　贷：经营支出　　　　　　　　　　　　　　　　　　200 000
借：经营结余　　　　　　　　　　　　　　　　　　　　100 000
　　贷：非财政拨款结余分配　　　　　　　　　　　　　100 000

⑥其他结余＝其他资金收入－其他资金支出＝825-685=140（万元），其核算如下。

其中，其他资金收入825万元的组成内容如下：事业预算收入1 000万元减去科研事业收入200万元的差额800万元；上级补助预算收入10万元；附属单位上缴预算收入10万元；其他预算收入5万元。其他资金支出685万元的组成内容如下：事业支出（基本支出——其他资金支出）1 000万元减去财政拨款基本支出400万元的差额600万元；事业支出（项目支出——其他资金支出）70万元（200-80-50）；上缴上级单位支出5万元，对附属单位补助支出10万元。

借：事业预算收入——其他资金收入　　　　　　　8 000 000
　　　上级补助预算收入——其他资金收入　　　　　100 000
　　　附属单位上缴预算收入——其他资金收入　　　100 000
　　　其他预算收入——其他资金收入　　　　　　　50 000
　　贷：其他结余　　　　　　　　　　　　　　　　8 250 000
借：其他结余　　　　　　　　　　　　　　　　　　6 850 000
　　贷：事业支出——基本支出——其他资金支出　　6 000 000
　　　　　——项目支出——其他资金支出　　　　　700 000
　　　　　——对附属单位补助支出　　　　　　　　100 000
　　　　　——上缴上级支出　　　　　　　　　　　50 000
借：其他结余　　　　　　　　　　　　　　　　　　1 400 000
　　贷：非财政拨款结余分配　　　　　　　　　　　1 400 000

⑦非财政拨款结余＝经营结余＋其他结余＝10+140=150（万元）
＝收支差额－（财政拨款结转＋财政拨款结余＋非财政拨款结转）
=320-（20+0+150）=150（万元）

⑧职工福利基金提取额＝非财政拨款结余×提取比例=150×20%=30（万元）

借：非财政拨款结余分配　　　　　　　　　　　　　300 000
　　贷：专用结余——职工福利基金　　　　　　　　300 000

⑨年末结转非财政拨款结余分配余额=150-30=120（万元）

借：非财政拨款结余分配　　　　　　　　　　　　　1 200 000
　　贷：非财政拨款结余——累计结余　　　　　　　1 200 000

经过上述结转，"非财政拨款结余分配"科目应无余额。"非财政拨款结余——累计结余"科目年末贷方余额为120万元，反映XYZ事业单位滚存的非财政拨款结余资金数额。

⑩"财政拨款结转"科目贷方余额为20万元，"财政拨款结余"科目余额为0。"非财政拨款结转"科目贷方余额为150万元，"非财政拨款结余"科目贷方余额为

120万元，"专用结余"科目贷方余额为30万元，全部预算结转结余合计为320万元。

⑪ 编制2×19年财政拨款预算收入支出表（见表17-12）。

表17-12　　　　　　　　　财政拨款预算收入支出表

编制单位：XYZ事业单位　　　　　　　2×19年　　　　　　　会政预03表　单位：元

项目	年初财政拨款结转结余		调整年初财政拨款结转结余	本年归集调入	本年归集上缴或调出	单位内部调剂		本年财政拨款收入	本年财政拨款支出	年末财政拨款结转结余	
	结转	结余				结转	结余			结转	结余
一、一般公共预算财政拨款								5 000 000	4 800 000	200 000	0
（一）基本支出								4 000 000	4 000 000	0	0
1.人员经费								2 800 000	2 800 000	0	0
2.日常公用经费								1 200 000	1 200 000	0	0
（二）项目支出								1 000 000	800 000	200 000	0
1.A项目								600 000	400 000	200 000	0
2.B项目								400 000	400 000	0	0
……											
二、政府性基金预算财政拨款											
（一）基本支出											
1.人员经费											
2.日常公用经费											
（二）项目支出											
1.……项目											
2.……项目											
……											
总计								5 000 000	4 800 000	200 000	0

17.9 附注

17.9.1 附注的概念

附注是对在会计报表中列示的项目所做的进一步说明,以及对未能在会计报表中列示项目的说明。附注是会计报表的重要组成部分。凡对报表使用者的决策有重要影响的会计信息,不论政府会计制度是否有明确规定,单位均应当充分披露。

17.9.2 附注的主要内容

附注主要包括下列内容。

（1）单位的基本情况。

单位应当简要披露其基本情况,包括单位主要职能、主要业务活动、所在地、预算管理关系等。

（2）会计报表编制基础。

（3）遵循政府会计准则、制度的声明。

（4）重要会计政策和会计估计。

单位应当采用与其业务特点相适应的具体会计政策,并充分披露报告期内采用的重要会计政策和会计估计。主要包括以下内容。

①会计期间。

②记账本位币、外币折算汇率。

③坏账准备的计提方法。

④存货类别、发出存货的计价方法、存货的盘存制度,以及低值易耗品和包装物的摊销方法。

⑤长期股权投资的核算方法。

⑥固定资产分类、折旧方法、折旧年限和年折旧率；融资租入固定资产的计价和折旧方法。

⑦无形资产的计价方法；使用寿命有限的无形资产,其使用寿命估计情况；使用寿命不确定的无形资产,其使用寿命不确定的判断依据；单位内部研究开发项目划分研究阶段和开发阶段的具体标准。

⑧公共基础设施的分类、折旧（摊销）方法、折旧（摊销）年限,以及其确定依据。

⑨政府储备物资分类,以及确定其发出成本所采用的方法。

⑩保障性住房的分类、折旧方法、折旧年限。

⑪其他重要的会计政策和会计估计。

⑫本期发生重要会计政策和会计估计变更的,变更的内容和原因、受其重要影响的报表项目名称和金额、相关审批程序,以及会计估计变更开始适用的时点。

17.9.3 会计报表重要项目的说明

单位应当按照资产负债表和收入费用表项目列示顺序,采用文字和数据描述相结合的方式披露重要项目的明细信息。报表重要项目的明细金额合计,应当与报表项目金额相衔接。报表重要项目说明应包括但不限于下列内容。

1. 货币资金

货币资金的披露格式如表 17-13 所示。

表 17-13　　　　　　　货币资金的披露格式

项目	期末余额	年初余额
库存现金		
银行存款		
其他货币资金		
合计		

2. 应收账款

应收账款按照债务人类别披露的格式如表 17-14 所示。

表 17-14　　　　　应收账款按照债务人类别披露的格式

债务人类别	期末余额	年初余额
政府会计主体:		
部门内部单位		
单位 1		
……		
部门外部单位		
单位 1		
……		

续表

债务人类别	期末余额	年初余额
其他		
单位1		
……		
合计		

注：1."部门内部单位"是指纳入单位所属部门财务报告合并范围的单位（下同）。

2.有应收票据、预付账款、其他应收款的，可比照应收账款进行披露。

3．存货

存货的披露格式如表17-15所示。

表 17-15　　　　　　　　存货的披露格式

存货种类	期末余额	年初余额
1.		
……		
合计		

4．其他流动资产

其他流动资产的披露格式如表17-16所示。

表 17-16　　　　　　其他流动资产的披露格式

项目	期末余额	年初余额
1.		
……		
合计		

注：有长期待摊费用、其他非流动资产的，可比照其他流动资产进行披露。

5．长期投资

（1）长期债券投资的披露格式如表17-17所示。

表 17-17　　　　　　　　长期债券投资的披露格式

债券发行主体	年初余额	本期增加额	本期减少额	期末余额
1.				
……				
合计				

注：有短期投资的，可比照长期债券投资进行披露。

（2）长期股权投资的披露格式如表 17-18 所示。

表 17-18　　　　　　　　长期股权投资的披露格式

被投资单位	核算方法	年初余额	本期增加额	本期减少额	期末余额
1.					
……					
合计					

（3）当期发生的重大投资净损益项目、金额及原因。

6．固定资产

（1）固定资产的披露格式如表 17-19 所示。

表 17-19　　　　　　　　固定资产的披露格式

项目	年初余额	本期增加额	本期减少额	期末余额
一、原值合计				
其中：房屋及构筑物				
通用设备				
专用设备				
文物和陈列品				
图书、档案				
家具、用具、装具及动植物				
二、累计折旧合计				
其中：房屋及构筑物				
通用设备				
专用设备				
家具、用具、装具				

续表

项目	年初余额	本期增加额	本期减少额	期末余额
三、账面价值合计				
其中：房屋及构筑物				
通用设备				
专用设备				
文物和陈列品				
图书、档案				
家具、用具、装具及动植物				

（2）已提足折旧的固定资产名称、数量等情况。

（3）出租、出借固定资产以及固定资产对外投资等情况。

7．在建工程

在建工程的披露格式如表17-20所示。

表17-20　　　　　　　　在建工程的披露格式

项目	年初余额	本期增加额	本期减少额	期末余额
1.				
……				
合计				

8．无形资产

（1）各类无形资产的披露格式如表17-21所示。

表17-21　　　　　　　　无形资产的披露格式

项目	年初余额	本期增加额	本期减少额	期末余额
一、原值合计				
1.				
……				
二、累计摊销合计				
1.				
……				
三、账面价值合计				

续表

项目	年初余额	本期增加额	本期减少额	期末余额
1.				
……				

（2）计入当期损益的研发支出金额、确认为无形资产的研发支出金额。

（3）无形资产出售、对外投资等处置情况。

9．公共基础设施

（1）公共基础设施的披露格式如表17-22所示。

表17-22　　　　　　　公共基础设施的披露格式

项目	年初余额	本期增加额	本期减少额	期末余额
一、原值合计				
市政基础设施				
1.				
……				
交通基础设施				
1.				
……				
水利基础设施				
1.				
……				
其他				
……				
二、累计折旧合计				
市政基础设施				
1.				
……				
交通基础设施				
1.				
……				
水利基础设施				

续表

项目	年初余额	本期增加额	本期减少额	期末余额
1.				
……				
其他				
……				
三、账面价值合计				
市政基础设施				
1.				
……				
交通基础设施				
1.				
……				
水利基础设施				
1.				
……				
其他				
……				

（2）确认为公共基础设施的单独计价入账的土地使用权的账面余额、累计摊销额及变动情况。

（3）已提取折旧继续使用的公共基础设施的名称、数量等。

10. 政府储备物资

政府储备物资的披露格式如表17-23所示。

表17-23　　　　　　政府储备物资的披露格式

物资类别	年初余额	本期增加额	本期减少额	期末余额
1.				
……				
合计				

注：如单位有因动用而发出需要收回或者预期可能收回，但期末尚未收回的政府储备物资，应当单独披露其期末账面余额。

11. 受托代理资产

受托代理资产的披露格式如表 17-24 所示。

表 17-24　　　　　受托代理资产的披露格式

资产类别	年初余额	本期增加额	本期减少额	期末余额
货币资金				
受托转赠物资				
受托储存保管物资				
罚没物资				
其他				
合计				

12. 应付账款

应付账款按照债权人类别披露的格式如表 17-25 所示。

表 17-25　　　　应付账款按照债权人类别披露的格式

债权人类别	期末余额	年初余额
政府会计主体：		
部门内部单位		
单位1		
……		
部门外部单位		
单位1		
……		
其他		
单位1		
……		
合计		

注：有应付票据、预收账款、其他应付款、长期应付款的，可比照应付账款进行披露。

13. 其他流动负债

其他流动负债的披露格式如表 17-26 所示。

续表

表17-26 其他流动负债的披露格式

项目	期末余额	年初余额
1.		
……		
合计		

注：有预计负债、其他非流动负债的，可以比照其他流动负债进行披露。

14．长期借款

（1）长期借款按照债权人披露的格式如表17-27所示。

表17-27 长期借款按照债权人披露的格式

债权人	期末余额	年初余额
1.		
……		
合计		

注：有短期借款的，可比照长期借款进行披露。

（2）单位有基建借款的，应当分基建项目披露长期借款年初数、本年变动数、年末数及到期期限。

15．事业收入

事业收入按照收入来源的披露格式如表17-28所示。

表17-28 事业收入按照收入来源的披露格式

收入来源	本期发生额	上期发生额
来自财政专户管理资金		
本部门内部单位		
单位1		
……		
本部门以外同级政府单位		
单位1		
……		
其他		

续表

收入来源	本期发生额	上期发生额
单位1		
……		
合计		

16. 非同级财政拨款收入

非同级财政拨款收入按收入来源的披露格式如表17-29所示。

表17-29　非同级财政拨款收入按收入来源的披露格式

收入来源	本期发生额	上期发生额
本部门以外同级政府单位		
单位1		
……		
本部门以外非同级政府单位		
单位1		
……		
合计		

17. 其他收入

其他收入按照收入来源的披露格式如表17-30所示。

表17-30　其他收入按照收入来源的披露格式

收入来源	本期发生额	上期发生额
本部门内部单位		
单位1		
……		
本部门以外同级政府单位		
单位1		
……		
本部门以外非同级政府单位		
单位1		
……		

续表

收入来源	本期发生额	上期发生额
其他		
单位 1		
……		
合计		

18. 业务活动费用

(1) 业务活动费用按经济分类的披露格式如表 17-31 所示。

表 17-31　　业务活动费用按经济分类的披露格式

项目	本期发生额	上期发生额
工资福利费用		
商品和服务费用		
对个人和家庭的补助费用		
对企业补助费用		
固定资产折旧费		
无形资产摊销费		
公共基础设施折旧（摊销）费		
保障性住房折旧费		
计提专用基金		
……		
合计		

注：有单位管理费用、经营费用的，可比照业务活动费用进行披露。

(2) 业务活动费用按支付对象的披露格式如表 17-32 所示。

表 17-32　　业务活动费用按支付对象的披露格式

支付对象	本期发生额	上期发生额
本部门内部单位		
单位 1		
……		
本部门以外同级政府单位		

续表

支付对象	本期发生额	上期发生额
单位1		
……		
其他		
单位1		
……		
合计		

注：有单位管理费用、经营费用的，可比照业务活动费用进行披露。

19. 其他费用

其他费用按照类别披露的格式如表17-33所示。

表17-33　　　　其他费用按照类别披露的格式

费用类别	本期发生额	上期发生额
利息费用		
坏账损失		
罚没支出		
……		
合计		

20. 本期费用

本期费用按照经济分类的披露格式如表17-34所示。

表17-34　　　　本期费用按照经济分类的披露格式

项目	本年发生额	上年发生额
工资福利费用		
商品和服务费用		
对个人和家庭的补助费用		
对企业补助费用		
固定资产折旧费		
无形资产摊销费		
公共基础设施折旧（摊销）费		

续表

项目	本年发生额	上年发生额
保障性住房折旧费		
计提专用基金		
所得税费用		
资产处置费用		
上缴上级费用		
对附属单位补助费用		
其他费用		
本期费用合计		

注：单位在按照政府会计制度规定编制收入费用表的基础上，可以根据需要按照此表披露的内容编制收入费用表。

17.9.4 本年盈余与预算结余的差异情况说明

为了反映单位财务会计和预算会计因核算基础和核算范围不同所产生的本年盈余数与本年预算结余数之间的差异，单位应当按照重要性原则，对本年度发生的各类影响收入（预算收入）和费用（预算支出）的业务进行适度归并和分析，披露将年度预算收入支出表中"本年预算收支差额"调节为年度收入费用表中"本期盈余"的信息。有关披露格式如表 17-35 所示。

表 17-35　　本年盈余与预算结余的差异情况披露格式

项目	金额
一、本年预算结余（本年预算收支差额）	
二、差异调节	
（一）重要事项的差异	
加：1. 当期确认为收入但没有确认为预算收入	
（1）应收款项、预收账款确认的收入	
（2）接受非货币性资产捐赠确认的收入	
2. 当期确认为预算支出但没有确认为费用	
（1）支付应付款项、预付账款的支出	
（2）为取得存货、政府储备物资等计入物资成本的支出	

续表

项目	金额
（3）为购建固定资产等的资本性支出	
（4）偿还借款本息支出	
减：1.当期确认为预算收入但没有确认为收入	
（1）收到应收款项、预收账款确认的预算收入	
（2）取得借款确认的预算收入	
2.当期确认为费用但没有确认为预算支出	
（1）发出存货、政府储备物资等确认的费用	
（2）计提的折旧费用和摊销费用	
（3）确认的资产处置费用（处置资产价值）	
（4）应付款项、预付账款确认的费用	
（二）其他事项差异	
三、本年盈余（本年收入与费用的差额）	

17.9.5 其他重要事项说明

（1）资产负债表日存在的重要或有事项说明。没有重要或有事项的，也应说明。

（2）以名义金额计量的资产名称、数量等情况，以及以名义金额计量理由的说明。

（3）通过债务资金形成的固定资产、公共基础设施、保障性住房等资产的账面价值、使用情况、收益情况及与此相关的债务偿还情况等的说明。

（4）重要资产置换、无偿调入（出）、捐入（出）、报废、重大毁损等情况的说明。

（5）事业单位将单位内部独立核算单位的会计信息纳入本单位财务报表情况的说明。

（6）政府会计具体准则中要求附注披露的其他内容。

（7）有助于理解和分析单位财务报表需要说明的其他事项。

17.10　会计报表的审核、汇总与分析

17.10.1　会计报表的审核

行政事业单位对已编好的会计报表应认真审核后上报，上级部门对所属单位会计报表应认真审核，然后汇总。会计报表的审核包括技术性审核和政策性审核两个方面。

1．技术性审核

技术性审核主要审核会计报表的数字是否正确、表内有关项目是否完整、有关数字之间的勾稽关系是否正确、有无漏报和错报的情况、会计报表的报送是否及时等。在审核会计报表时，应注意审核以下 4 个方面的数字关系。

（1）上下年度有关数字的一致性。例如，资产负债表、基本数字表、经费拨款收支明细表的年初数和上年末数是否一致。

（2）审核上下级单位之间的上缴、下拨数是否一致。例如，上级单位的经费拨款支出和下级单位的经费拨款收入是否一致、上级单位的专项资金拨出和下级单位的专项资金拨入是否一致等。

（3）审核会计报表中的有关数字和业务部门提供的数字是否一致。

（4）审核会计报表之间的有关数字是否一致。例如，资产负债表中的固定资产年末数要与固定资产统计表（附表）数字相核对等。

2．政策性审核

政策性审核主要是审核会计报表中反映的各项资金收支是否符合政策、制度，有无违反财经纪律的现象。

（1）对各项收入的审核。应着重审查各项收入是否符合政策性规定，预算资金的取得是否符合预算和用款计划，其他收入的收费标准是否符合有关规定，应交预算款是否及时、足额上缴，有没有截留、挪用等。

（2）对各项支出的审核。着重审查各项支出是否按预算和计划执行，有没有违反国家统一规定的开支范围和开支标准以及其他财务制度的规定，有没有将预算外支出挤入预算内报销，是否存在乱拉资金、乱上计划外项目、盲目扩大基本建设规模的问题等。

通过以上审核后，行政事业单位应将审核无误的会计报表进行汇总，编制本系统或二级会计单位的汇总会计报表。

17.10.2 会计报表的汇总

会计报表应当层层汇总编制。基层单位的会计报表，应根据登记完整、核对无误的账簿记录和其他有关资料编制，切实做到账表相符，不得估列代编。主管会计单位和二级会计单位，应根据本级报表和经审核后的所属单位会计报表编制汇总会计报表，借以反映全系统的预算执行情况和资金活动情况。汇总会计报表的种类、内容和格式与基层会计报表相同。汇总编制时应将相同项目的金额加计总额后填列，但上下级单位之间对应的上缴、下拨数以及系统内部各单位之间的往来款项应相互冲销。例如，上级单位拨出经费与所属单位的拨入经费对冲、系统内部本单位的暂收款和所属单位的暂付款相互冲销等，以免重复计算。

17.10.3 会计报表的分析

会计报表分析，即对会计报表所提供的数据进行加工、分解、比较、评价和解释。会计报表分析是会计记账、编制会计报表的沿续。一方面，由于会计报表是会计人员在日常会计核算的基础上编制而成的，所以会计报表是对过去事项的再现，具有历史性；另一方面，会计报表还要服务于众多使用者，如本单位管理人员、上级主管单位管理人员以及财政部门等，而他们的目的又存在差异，因此，会计报表具有多种目的性。对于一个具体使用者而言，必须在分析会计报表之后，才能做出有效的决策。同时，行政事业单位预算会计报表虽然反映了单位一定时期预算执行的结果和财务收支的状况，但由于预算收支错综复杂，涉及报告期内全部业务活动，会计报表所列数字还不能具体地说明预算执行结果的好坏及其形成原因。为了进一步弄清预算在执行中超支或结余的具体情况和原因，以找出差距、改进预算管理工作，就需要对会计报表的数字资料、各项指标内在因素的相互关系进行全面分析和研究，总结预算管理工作中的经验教训，探索增收节支、提高资金使用效益的途径，从而为编制下年度预算提供线索和依据，达到不断提高预算管理水平的目的。

行政事业单位会计报表的分析方法主要有对比分析法、因素分析法等，与企业会计报表分析方法基本相同，这里不赘述。

行政事业单位会计报表分析的内容一般包括对编制计划完成情况的分析、对预算收支情况的分析和对财务状况的分析等。

1. 对编制计划完成情况的分析

行政事业单位在分析会计报表时，应当进一步挖掘单位的内部潜力，以为编制下期计划提供资料；应当分析编制计划的完成情况，并查明未完成计划的原因。编制计划的完成情况，行政事业单位可根据各项基本数字进行分析，然后查明没有完成计划的原因，采取切实可行的必要措施，解决存在的问题。

现以某行政事业单位为例，编制基本数字对比分析表，如表17-36所示。

表17-36　　　　　　　　基本数字对比分析表

单位：某行政事业单位　　　　2×10年12月31日

项目	工资月开支的职工人数（人）	由机关开支的离退休人数（人）	小轿车（辆）	吉普车（辆）	摩托车（辆）
本年计划数	500	65	1	1	2
本年实际数	495	70		1	2
上年实际数	500	65			

（1）编制计划已完成，该单位2×10年末工资月开支的职工人数计划为500人，本年工资月开支的实际职工人数为495人，上年实际工资月开支的职工人数为500人。本年实际工资月开支人数与计划数和上年数相比，减少5人，原因就是本年有5人退休。

（2）本年计划购置小轿车和吉普车各1辆、摩托车2辆，经上级批准实际购吉普车1辆、摩托车2辆。

2．对预算收支情况的分析

由于行政事业单位一般收入较少、支出较多，因此，应重点对预算支出具体情况进行分析。在对预算支出具体情况进行分析时，应先根据行政事业单位预算会计报表有关资料，编制预算支出情况分析表，以便逐项进行分析。

现以某行政事业单位为例，编制预算支出情况分析表，如表17-37所示。

表17-37　　　　　　　　预算支出情况分析表

单位：某行政事业单位　　　　2×10年12月31日　　　　　　　　单位：元

预算科目名称	全年支出预算数	全年实际支出累计数	超支（+）或节约（-）	超支或节约占全年预算的比例（%）
行政机关经费	253 000	243 560	-9 440	-3.73
工资	78 000	71 500	-6 500	-8.33
职工福利费	25 000	24 400	-600	-2.4
离退休人员费	14 000	13 100	-900	-6.43

续表

预算科目名称	全年支出预算数	全年实际支出累计数	超支（+）或节约（-）	超支或节约占全年预算的比例（%）
公务费	60 200	80 560	+20 360	+33.82
设备购置费	73 000	50 000	-23 000	-31.51
修缮费	800	1 000	+200	+25
业务费	1 500	2 000	+500	+33.33
其他费用	500	1 000	+500	+100

从预算支出情况分析表可见，该行政事业单位的行政机关经费的全年实际支出累计数为 243 560 元，比预算数 253 000 元节约了 9 440 元，实际支出数为预算数的 96.27%，比预算节约 3.73%。进一步分析发现，节约额较大的是设备购置费，比预算数节约了 23 000 元，实际支出数为预算数的 68.49%，比预算节约 31.51%，这主要是因为该行政事业单位主动压缩了某些商品的购置。尽管总支出节约了，但其中几项费用超支了。公务费的全年支出预算数为 60 200 元，全年实际支出累计数为 80 560 元，比预算超支 20 360 元，超支 33.82%，这主要是因为当年物价上涨幅度较大，影响了费用开支，该行政事业单位管理上可能存在漏洞，对此应进一步找出原因，堵住漏洞，节约开支。修缮费的全年实际支出累计数为 1 000 元，超支 200 元，虽然绝对数小，但超支相对数却为 25%，这主要是因为当年修缮用材料价格上涨。业务费的全年支出预算数为 1 500 元，全年实际支出累计数为 2 000 元，超支 500 元，比预算超支了 33.33%。经分析发现，这主要是放松了业务费管理的结果，该行政事业单位应认真总结经验教训，加强业务费的管理。其他费用的全年支出预算数为 500 元，全年实际支出累计数为 1 000 元，超过预算 100%，这主要是因为增加了职工教育支出，包括文化教育、爱国教育等。这项费用的超支经仔细核实，以满足教育支出增加需要。

3. 对财务状况的分析

财务状况分析主要是分析行政事业单位预算中的资产、支出、负债、收入和净资产的增减变化是否正常合法，从而更加合理、有效地使用预算资金。财务状况分析的主要依据是资产负债表和有关的明细资料，一般对以下内容进行分析。

（1）对库存现金和银行存款的分析。即分析是否符合现金管理制度和银行结算制度的规定，是否出现挪用现金、违反库存现金限额管理、超过规定的范围增加库存现金以及通过借条抵现等现象，对银行存款的支取是否符合预算的批准。银行支出数与实际数的差额，一般应是行政事业单位进行正常业务所需的周转金，如果差额太大，则需查找原因，并做进一步分析。

（2）分析固定资产增减变化及其来源是否正当、合理。即分析新增固定资产中各类固定资产所占比重，重大的固定资产购置是否给予了优先安排，减少固定资产是否合理、有无合法的手续，现有固定资产利用状况如何，有无长期闲置积压固定资产的现象，等等。

（3）分析检查各项材料物资。即检查材料物资采购入库有无计划，库存是否合理，有无超储积压，领用出库是否符合规定的手续，材料物资的管理制度是否健全，等等。

（4）拨入经费的分析。即分析由上级部门或财政机关拨款的预算资金是否根据预算的用款计划及时、足额地拨付。拨入经费中有多少是用于转拨所属单位的，是否及时、足额地拨付，如有追加或追减预算部分，是否据以对原批准预算数字进行相应调整并与上级部门复核相符。

（5）往来款项的分析。主要分析各种暂存款、暂付款等项目的数额及未结清的原因，对长期未能清算的款项，应追查原因，及时处理。

（6）应缴预算款分析。分析应缴预算款是否及时、足额解缴，如未及时解缴，查明拖欠的原因。

（7）其他收入分析。分析其他收入的来源是否正当、合法，有关收费标准有没有违反国家的物价政策，有没有将应缴预算款和经费支出收回的款项作为其他收入入账。

17.10.4　会计报表分析的方法

会计报表分析的方法有比较分析法、结构分析法、因素分析法等。其中比较常用的是比较分析法和结构分析法。本节主要介绍比较分析法在行政事业单位会计报表分析中的运用。比较分析法的步骤如图17-3所示。

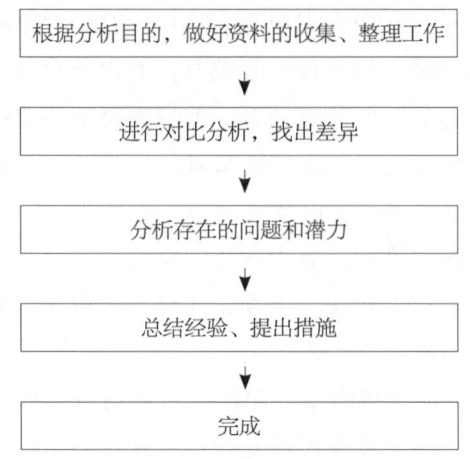

图 17-3 比较分析法的步骤

（1）根据分析目的，做好资料的收集、整理工作。

行政事业单位的会计报表服务于众多使用者，如本单位管理人员、上级主管单位管理人员以及财政部门等，而他们的目的又存在差异，因此，会计报表具有多种目的性。对于一个具体使用者来说，他必须根据自己的需要，确定分析目的，并根据分析目的，收集、整理资料，分析会计报表。

用于比较的参照物有预算（计划）数、上期数、历史最好数、其他单位同类指标数等。这就要求具体分析前，根据分析目的收集需要的相关信息。比较分析法要求对比的指标之间应具备可比性，因而在分析前，必须对收集的资料进行必要的调整，以统一口径。

（2）进行对比分析，找出差异。

使用比较分析法时比较的既可以是绝对数，也可以是相对数。若是前者，则分析得出的是金额变动数；若是后者，则分析得出的是比例变动数。通过研究这些变动数，可以发现对比数据之间的差异，从而发现存在的问题和潜力。

（3）分析存在的问题和潜力。

对比数据之间的差异表现为两方面：要么是好的差异，要么是不好的差异。前者说明可通过挖掘潜力减少支出或增加收入，后者则说明存在问题。差异的产生有两个原因：单位内部原因和宏观环境原因。通过分析这两个原因，可以进一步挖掘潜力，或者解决问题，消除不好的差异。

（4）总结经验、提出措施。

行政事业单位最后还应该总结经验，提出改善的措施，为进一步挖掘潜力和解决问题提供体制保障。

第 18 章　政府会计合并财务报表

本章解析了有关抵销处理的问题,并对部门(单位)合并财务报表和政府综合会计报表的编制过程和方法进行了阐述。

18.1　合并财务报表相关概念

为了规范政府会计主体财务报表的编制和列报,根据《政府会计准则——基本准则》,制定了《政府会计准则第 9 号——财务报表编制和列报》财会〔2018〕37 号,其中对政府会计主体财务报表合并的相关内容做出了规定。

合并财务报表,是指反映合并主体和其全部被合并主体形成的报告主体整体财务状况与运行情况的财务报表。

合并主体,是指有一个或一个以上被合并主体的政府会计主体。合并主体通常也是合并财务报表的编制主体。

被合并主体,是指符合《政府会计准则第 9 号——财务报表编制和列报》规定的纳入合并主体合并范围的会计主体。

合并财务报表至少包括下列组成部分:

(1)合并资产负债表;

(2)合并收入费用表;

(3)附注。

合并财务报表按照合并级次分为部门(单位)合并财务报表、本级政府合并财务报表和行政区政府合并财务报表。

部门(单位)合并财务报表,是指以政府部门(单位)本级作为合并主体,将部门(单位)本级及其合并范围内全部被合并主体的财务报表进行合并后形成的,反映部门(单位)整体财务状况与运行情况的财务报表。部门(单位)合并财务报表是政府部门财务报告的主要组成部分。

本级政府合并财务报表,是指以本级政府财政作为合并主体,将本级政府财政及其合并范围内全部被合并主体的财务报表进行合并后形成的,反映本级政府整体财务状况与运行情况的财务报表。本级政府合并财务报表是本级政府综合财务报告的主要组成部分。

行政区政府合并财务报表，是指以行政区本级政府作为合并主体，将本行政区内各级政府的财务报表进行合并后形成的，反映本行政区政府整体财务状况与运行情况的财务报表。行政区政府合并财务报表是行政区政府财务报告的主要组成部分。

部门（单位）合并财务报表由部门（单位）负责编制；本级政府合并财务报表由本级政府财政部门负责编制。

各级政府财政部门既负责编制本级政府合并财务报表，也负责编制本级政府所辖行政区政府合并财务报表。

18.2 合并财务报表的程序

合并财务报表的程序：首先规定了合并财务报表的合并基础，其次说明了编制合并财务报表的主要程序，最后罗列了被合并主体需要向合并主体提供的相关资料。

18.2.1 合并财务报表的合并基础

合并财务报表应当以合并主体和其被合并主体的财务报表为基础，根据其他有关资料加以编制。

合并财务报表应当以权责发生制为基础编制。合并主体和其合并范围内被合并主体个别财务报表应当采用权责发生制基础编制，按规定未采用权责发生制基础编制的，应当先调整为权责发生制基础的财务报表，再由合并主体进行合并。

18.2.2 编制合并财务报表的主要程序

编制合并财务报表时，应当将合并主体和其全部被合并主体视为一个会计主体，遵循政府会计准则制度规定的统一的会计政策。合并范围内合并主体、被合并主体个别财务报表未遵循政府会计准则制度规定的统一会计政策的，应当先调整为遵循政府会计准则制度规定的统一会计政策的财务报表，再由合并主体进行合并。

编制合并财务报表的程序主要包括：

（1）根据《政府会计准则第 9 号——财务报表编制和列报》规定，对需要进行调整的个别财务报表进行调整，以调整后的个别财务报表作为编制合并财务报表的基础；

（2）将合并主体和被合并主体个别财务报表中的资产、负债、净资产、收入和费用项目逐项进行合并；

（3）抵销合并主体和被合并主体之间、被合并主体相互之间发生的债权债务、收入费用等内部业务或事项对财务报表的影响。

对于在报告期内因划转而纳入合并范围的被合并主体，合并主体应当将其报告期内的收入、费用项目金额包括在本期合并收入费用表的本期数中，合并资产负债表的期初数不做调整。

对于在报告期内因划转而不再纳入合并范围的被合并主体，其报告期内的收入、费用项目金额不包括在本期合并收入费用表的本期数中，合并资产负债表的期初数不做调整。

合并主体应当确保划转双方的会计处理协调一致，确保不重复、不遗漏，并在合并财务报表附注中对划转情况及其影响进行充分披露。

在报告期内，被合并主体撤销的，其期初资产、负债和净资产项目金额应当包括在合并资产负债表的期初数中，其期初至撤销日的收入、费用项目金额应当包括在本期合并收入费用表的本期数中，其期初至撤销日的收入、费用项目金额所引起的净资产变动金额应当包括在合并资产负债表的期末数中。

18.2.3 被合并主体需要向合并主体提供的相关资料

在编制合并财务报表时，被合并主体除了应当向合并主体提供财务报表外，还应当提供下列有关资料：

（1）采用的与政府会计准则制度规定的统一的会计政策不一致的会计政策及其影响金额；

（2）其与合并主体、其他被合并主体之间发生的所有内部业务或事项的相关资料；

（3）编制合并财务报表所需要的其他资料。

【例18-1】编制政府合并财务报表时，为什么要对政府内部经济业务或事项进行抵销处理？

解析：部门财务报表和综合财务报表都属于合并财务报表。与一般汇总报表相比，合并财务报表要对政府内部各主体之间债权债务、收入费用等事项进行抵销处理，目的是避免资产、负债、收入、费用相关项目金额虚增，使合并财务报表反映的信息更为准确。这既是编制政府合并财务报表的特点、重点，也是与行政事业性国有资产报告的不同之处。

【例 18-2】 如何对政府内部经济业务事项进行抵销？具体有哪些规定？

解析：财政部制定的抵销处理规则，主要涉及抵销事项和抵销范围，总的思路是从易到难，循序渐进。

关于抵销事项，主要是对被合并主体之间发生的债权债务和收入费用分别进行抵销。其中抵销债权债务时，涉及已计提的坏账准备需要冲回等。实际工作中还有一些特殊情况，比如部分应抵销事项，由于单位之间处理习惯不一样，一方记资产，另一方记费用，或者一方记负债，另一方记收入等，相关项目无法匹配。鉴于此类事项十分复杂，拟请部门单位先行探索抵销方法，待条件成熟后，再统一加以完善。

关于抵销范围，这里指的是合并财务报表所涉及的单位范围，与合并财务报表编制主体相关。具体来说，如某一部门编制合并财务报表，需抵销本部门、本系统内行政事业单位之间的业务事项。涉及系统外单位的抵销事项则由上一级合并财务报表编制主体处理。财政部门编制政府综合财务报表时，应将属于政府内部各主体之间的经济业务事项进行抵销，包括部门与部门之间、财政和部门之间，以及财政内部不同资金主体之间发生的业务事项。

【例 18-3】 为何财政部要设置 10 万元的抵销门槛？

解析：设置抵销门槛是国际上编制政府综合财务报告国家的通行做法，如英国、新西兰等都有抵销门槛的规定。设置抵销门槛为 10 万元，是从实际情况出发，按照重要性原则确定的。综合分析中央和地方试点情况，10 万元以下的抵销事项笔数多（大约占 60%）、总额小，但处理成本高、效率低，工作量大，部门单位反映比较集中。设置抵销门槛对财务报表的可靠性及政府财务状况分析不会产生太大的实际影响，却可以减轻工作量，抓大放小，有利于提高报告质量。需要强调的是，应避免机械理解这一规定，10 万元以下且可以确认一致的内部交易事项，原则上应抵尽抵，不受门槛限制。

【例 18-4】 政府部门既要编制财务报告，也要编制部门决算报告，两套报告有什么关系？

解析：政府部门同时编制部门财务报告和决算报告，今后将成为一项常规工作。《政府会计准则——基本准则》第五条已经阐述了其必要性。

决算报告的目标是向决算报告使用者提供与政府预算执行情况有关的信息，综合反映政府会计主体预算收支的年度执行结果，有助于决算报告使用者进行监督和管理，并为编制后续年度预算提供参考和依据。决算报告的使用者包括各级人民代表大会及其常务委员会、各级政府及其有关部门、政府会计主体自身、社会公众和其他利益相关者。

财务报告的目标是向财务报告使用者提供与政府的财务状况、运行情况（含运行成本）和现金流量等有关的会计信息，反映政府会计主体公共受托责任履行情况，有助于财务报告使用者做出决策或者进行监督和管理。政府财务报告使用者包括各级人民代表大会常务委员会、债权人、各级政府及其有关部门、政府会计主体自身和其他利益相关者。

至于两套报告的关系，应当既有联系又有区别，各有侧重、互为补充、有机衔接。

【例 18-5】 根据预算法的规定，各级政府财政部门既要编制财政决算报告，也要编制政府综合财务报告。两者有什么不同？

解析：从原理上讲，财政决算报告和政府综合财务报告的关系，与前述部门决算报告、部门财务报告之间的关系大体接近。两者的区别主要体现在以下两点。第一，报告目的不同。财政决算报告主要从流量方面，反映年度预算收支执行情况，通过与当年预算对比发现问题，为科学编制预算、开展预算监督等提供支持。政府综合财务报告主要从存量和流量两个方面，通过编制资产负债表和收入费用表，反映政府整体财务状况和运行情况，为开展政府信用评级、加强资产负债管理、防范财政风险、促进财政中长期可持续发展等提供支持。第二，编制方法不同。财政决算报告主要根据财政总预算会计数据编制，政府综合财务报告不仅需要财政总预算会计数据，编制时还需要将财政与部门、部门与部门、财政内部不同资金主体之间的经济业务和事项进行抵销合并，相对来说方法较为复杂、难度更大。

18.3 部门（单位）合并财务报表

《政府会计准则第 9 号——财务报表编制和列报》第二十二条到第三十八条是部门（单位）合并财务报表相关内容，这部分提出了关于部门（单位）合并财务报表的相关规定。部门（单位）合并财务报表部分首先规定了部门（单位）合并财务报表的合并范围，其次说明了该类合并财务报表的合并基础以及抵销事项，最后对该类合并财务报表应当包括的具体内容做出了规定。

18.3.1 部门（单位）合并财务报表的合并范围

部门（单位）合并财务报表的合并范围一般应当以财政预算拨款关系为基础予以确定。有下级预算单位的部门（单位）为合并主体，其下级预算单位为被合并主体。合并主体应当将其全部被合并主体纳入合并财务报表的合并范围。部门（单位）所属的企业不纳入部门（单位）合并财务报表的合并范围。

18.3.2　合并财务报表的合并基础以及抵销事项

部门（单位）合并资产负债表应当以部门（单位）本级和其被合并主体符合《政府会计准则第9号——财务报表编制和列报》第十七条要求的个别资产负债表或合并资产负债表为基础，在抵销内部业务或事项对合并资产负债表的影响后，由部门（单位）本级合并编制。

编制部门（单位）合并资产负债表时，需要抵销的内部业务或事项包括：

（1）部门（单位）本级和其被合并主体之间、被合并主体相互之间的债权（含应收款项坏账准备，下同）、债务项目；

（2）部门（单位）本级和其被合并主体之间、被合并主体相互之间其他业务或事项对部门（单位）合并资产负债表的影响。

18.3.3　部门（单位）合并财务报表的具体内容

部门（单位）合并资产负债表中的资产类至少应当单独列示反映下列信息的项目：

（1）货币资金；

（2）短期投资；

（3）财政应返还额度；

（4）应收票据；

（5）应收账款净额；

（6）预付账款；

（7）应收股利；

（8）应收利息；

（9）其他应收款净额；

（10）存货；

（11）待摊费用；

（12）一年内到期的非流动资产；

（13）长期股权投资；

（14）长期债券投资；

（15）固定资产净值；

（16）工程物资；

（17）在建工程；

（18）无形资产净值；

（19）研发支出；

（20）公共基础设施净值；

（21）政府储备物资；

（22）文物文化资产；

（23）保障性住房净值；

（24）长期待摊费用；

（25）待处理财产损溢；

（26）受托代理资产。

部门（单位）合并资产负债表中的资产类应当包括流动资产、非流动资产的合计项目。

部门（单位）合并资产负债表中的负债类至少应当单独列示反映下列信息的项目：

（1）短期借款；

（2）应交增值税；

（3）其他应交税费；

（4）应缴财政款；

（5）应付职工薪酬；

（6）应付票据；

（7）应付账款；

（8）应付政府补贴款；

（9）应付利息；

（10）预收款项；

（11）其他应付款；

（12）预提费用；

（13）一年内到期的非流动负债；

（14）长期借款；

（15）长期应付款；

（16）预计负债；

（17）受托代理负债。

部门（单位）合并资产负债表中的负债类应当包括流动负债、非流动负债和负债的合计项目。

部门（单位）合并资产负债表中的净资产类至少应当单独列示反映下列信息的项目：①累计盈余；②专用基金；③权益法调整。

部门（单位）合并资产负债表中的净资产类应当包括净资产的合计项目。

部门（单位）合并资产负债表应当列示资产总计项目、负债和净资产总计项目。

部门（单位）合并收入费用表应当以部门（单位）本级和其被合并主体符合《政府会计准则第9号——财务报表编制和列报》第十七条要求的个别收入费用表或合并收入费用表为基础，在抵销内部业务或事项对合并收入费用表的影响后，由部门（单位）本级合并编制。

编制部门（单位）合并收入费用表时，需要抵销的内部业务或事项包括部门（单位）本级和其被合并主体之间、被合并主体相互之间的收入、费用项目。

部门（单位）合并收入费用表中的收入，应当按照收入来源进行分类列示。

部门（单位）合并收入费用表中的收入类至少应当单独列示反映下列信息的项目：

（1）财政拨款收入；

（2）事业收入；

（3）经营收入；

（4）非同级财政拨款收入；

（5）投资收益；

（6）捐赠收入；

（7）利息收入；

（8）租金收入。

部门（单位）合并收入费用表中的收入类应当包括收入的合计项目。

部门（单位）合并收入费用表中的费用，应当按照费用的性质进行分类列示。

部门（单位）合并收入费用表中的费用类至少应当单独列示反映下列信息的项目：

（1）工资福利费用；

（2）商品和服务费用；

（3）对个人和家庭补助费用；

（4）对企事业单位补贴费用；

（5）固定资产折旧费用；

（6）无形资产摊销费用；

（7）公共基础设施折旧（摊销）费用；

（8）保障性住房折旧费用；

（9）计提专用基金；

（10）所得税费用；

（11）资产处置费用。

部门（单位）合并收入费用表中的费用类应当包括费用的合计项目。

部门（单位）合并收入费用表应当列示本期盈余项目。本期盈余，是指部门（单位）某一会计期间收入合计金额减去费用合计金额后的差额。

18.3.4　部门（单位）合并财务报表的编制步骤

合并资产负债表和收入费用表的编制包括汇总单位会计报表、编制抵销分录、生成合并会计报表三个步骤。

（1）汇总单位会计报表。

上级单位对本单位和各所属单位上报的资产负债表和收入费用表进行分项加总，得出汇总的会计报表。

（2）编制抵销分录。

上级单位按照抵销事项清单（见表18-1）对本单位、所属单位之间发生的经济业务或事项，确认后予以抵销，并编制抵销分录和抵销工作底表（见表18-2）。按照重要性原则，设定10万元抵销阈值。对于单位和单位之间的债权债务事项，年末余额不超过10万元的，可以不进行抵销。对于单位和单位之间的收入费用事项，本年累计发生额不超过10万元的，可以不进行抵销。具备条件的需应抵尽抵，不受阈值限制。

表 18-1　　　　　　　　　　抵销事项清单

序号	抵销事项	抵销分录
1-1	部门内部单位之间发生的债权债务事项，应予以抵销	借：应付账款、预收账款、其他应付款、长期应付款 贷：应收账款、预付账款、其他应收款、长期应收款

续表

序号	抵销事项	抵销分录
1-2	部门内部单位之间发生的债权债务事项，债权方已计提坏账准备的，应予以抵销。其中，以前年度计提的贷记"累计盈余"、当期补提或冲减的贷记"其他费用"	借：坏账准备 贷：其他费用 　　累计盈余
1-3	部门内部单位之间发生的债权债务事项，债权方本年计提或冲销坏账准备的，还应根据其对本年盈余的影响调整累计盈余（系统自动生成）	借：对本年盈余的影响 贷：累计盈余
2	部门内部单位之间发生的上级补助收入与对附属单位补助费用，应予以抵销	借：上级补助收入 贷：对附属单位补助费用
3	部门内部单位之间发生的上缴上级费用与附属单位上缴收入，应予以抵销	借：附属单位上缴收入 贷：上缴上级费用
4	支付给部门内部单位的业务活动费用（商品和服务费用）、单位管理费用（商品和服务费用）、经营费用（商品和服务费用）和来自部门内部单位的事业收入、非同级财政拨款收入、经营收入、其他收入，应予以抵销。对涉及增值税的应税业务，按扣除增值税后的净额抵销	借：事业收入、非同级财政拨款收入、经营收入、其他收入 贷：业务活动费用、单位管理费用、经营费用

注：上述清单中未涵盖的抵销事项，可根据实际情况自行增设抵销分录。

表 18-2　　　　　　　　　　　　抵销工作底表　　　　　　　　　　单位：万元

序号	抵销事项	抵销分录	所属单位 A1	所属单位 A2	……	合计
1-1	部门内部单位之间发生的债权债务事项，应予以抵销	借：应付账款、预收款项、其他应付款、长期应付款 贷：应收账款、预付款项、其他应收款				
1-2	部门内部单位之间发生的债权债务事项，债权方已计提坏账准备的，应予以抵销。其中，以前年度计提的贷记"累计盈余"、当期补提或冲减的贷记"其他费用"（当期坏账准备冲减数以负数填列）	借：坏账准备 贷：其他费用 　　累计盈余				

续表

序号	抵销事项	抵销分录	所属单位 A1	所属单位 A2	……	合计
1-3	部门内部单位之间发生的债权债务事项，债权方本年计提或冲减坏账准备的，还应根据其对本年盈余的影响调整累计盈余 （系统自动生成）	借：对本年盈余的影响 贷：累计盈余				
2	部门内部单位之间发生的上级补助收入与对附属单位补助费用，应予以抵销	借：上级补助收入 贷：对附属单位补助费用				
3	部门内部单位之间发生的上缴上级费用与附属单位上缴收入，应予以抵销	借：附属单位上缴收入 贷：上缴上级费用				
4	支付给部门内部单位的业务活动费用（商品和服务费用）、单位管理费用（商品和服务费用）、经营费用（商品和服务费用）和来自部门内部单位的事业收入、非同级财政拨款收入、经营收入、其他收入，应予以抵销	借：事业收入、非同级财政拨款收入、经营收入、其他收入 贷：业务活动费用、单位管理费用、经营费用				

①抵销政府部门内部债权债务事项。

对于经确认的内部债权债务事项，要编制抵销分录：借记"应付账款""预收账款""其他应付款""长期应付款"科目，贷记"应收账款""预付账款""其他应收款"科目。已计提坏账准备的债权债务事项，应按债权债务原值编制抵销分录，同时应抵销已计提的坏账准备，借记"坏账准备"科目，贷记"累计盈余"科目[以前年度计提的金额]、"其他费用"科目[当期补提或冲减的金额]。

【例18-6】ABC单位有2个所属单位A1、A2单位。A1单位会计报表"其他应收款"明细信息显示，A1单位应收A2单位款项790万元；A2单位会计报表"其他应付款"明细信息显示，A2单位应付A1单位款项790万元。ABC单位经与A1、A2两单位确认无误后，在编制合并会计报表时，抵销分录如下（单位：万元）。

借：其他应付款——A1单位　　　　　　　　　　790
　　贷：其他应收款——A2单位　　　　　　　　　　790

【例 18-7】 XYZ 单位有 2 个所属单位 B1、B2 单位。B1 单位会计报表"应收账款"明细信息显示,应收 B2 单位款项 100 万元,假设该单位按照账龄分析法对此应收账款计提坏账准备 10 万元,年末应收账款净额为 90 万元。B2 单位会计报表"应付账款"明细信息显示,应付 B1 单位款项 100 万元。XYZ 单位经与 B1、B2 两单位确认无误后,第一年编制合并会计报表时,抵销分录如下(单位:万元)。

借:应付账款——B1 单位　　　　　　　　　　　　　　　100
　　贷:应收账款——B2 单位　　　　　　　　　　　　　　　100
借:坏账准备　　　　　　　　　　　　　　　　　　　　10
　　贷:其他费用　　　　　　　　　　　　　　　　　　　　10

第二年,B1 单位对该应收账款补提 5 万元的坏账准备,年末应收账款净额为 85 万元。第二年编制合并财务报表时,抵销分录如下(单位:万元)。

借:应付账款——B1 单位　　　　　　　　　　　　　　　100
　　贷:应收账款——B2 单位　　　　　　　　　　　　　　　100
借:坏账准备　　　　　　　　　　　　　　　　　　　　15
　　贷:其他费用　　　　　　　　　　　　　　　　　　　　5
　　　　累计盈余　　　　　　　　　　　　　　　　　　　10

第三年,B1 单位收回该应收账款 50 万元,冲减 8 万元的坏账准备,年末应收账款净额为 43 万元。第三年编制合并财务报表时,抵销分录如下(单位:万元)。

借:应付账款——B1 单位　　　　　　　　　　　　　　　50
　　贷:应收账款——B2 单位　　　　　　　　　　　　　　　50
借:坏账准备　　　　　　　　　　　　　　　　　　　　7
　　贷:其他费用　　　　　　　　　　　　　　　　　　　　-8
　　　　累计盈余　　　　　　　　　　　　　　　　　　　15

②抵销政府部门内部收入费用事项。

对经确认的内部收入费用事项,应编制以下抵销分录。

a."上级补助收入"与"对附属单位补助费用"之间存在抵销关系,抵销分录为:借记"上级补助收入"科目,贷记"对附属单位补助费用"科目。

b."附属单位上缴收入"与"上缴上级费用"之间存在抵销关系,抵销分录为:借记"附属单位上缴收入"科目,贷记"上缴上级费用"科目。

c."事业收入""非同级财政拨款收入""经营收入""其他收入"中属于来自本部门内部单位的部分与"业务活动费用(商品和服务费用)""单位管理费用(商品和服务费用)""经营费用(商品和服务费用)"中属于支付

给本部门内部单位的部分存在抵销关系，抵销分录为：借记"事业收入""非同级财政拨款收入""经营收入""其他收入"科目，贷记"业务活动费用——商品和服务费用""单位管理费用——商品和服务费用""经营费用——商品和服务费用"科目。对涉及增值税的应税业务，按扣除增值税后的净额抵销。

【例 18-8】ABC 单位有 2 个所属单位 A1、A2 单位。A1 单位会计报表"事业收入"明细信息显示，A1 单位收到来自 A2 单位的款项为 113 万元；A2 单位会计报表"业务活动费用（商品和服务费用）"明细信息显示，A2 单位支付给 A1 单位的款项 113 万元。ABC 单位经与 A1、A2 两单位确认无误后，在编制合并会计报表时，抵销分录如下（单位：万元）。

借：事业收入——A2 单位　　　　　　　　　　　　　　113
　　贷：业务活动费用——商品和服务费用——A1 单位　　113

【例 18-9】XYZ 单位有 2 个所属单位 B1、B2 单位。B1 单位收到来自 B2 单位的款项 100 万元，增值税税额 13 万元，B2 单位支付 B1 单位款项 113 万元。XYZ 单位经与 B1、B2 两单位确认无误后，在编制合并会计报表时，抵销分录如下（单位：万元）。

借：事业收入——B2 单位　　　　　　　　　　　　　　100
　　贷：业务活动费用——商品和服务费用——B1 单位　　100

（3）生成合并会计报表。

将抵销分录中相关数据填入抵销工作底表，根据抵销工作底表"合计"栏数据，对汇总后的资产负债表、收入费用表相关项目进行抵销，生成合并资产负债表和收入费用表。

18.4　本级政府合并财务报表

《政府会计准则第 9 号——财务报表编制和列报》第三节讲述了本级政府合并财务报表相关内容，该部分首先规定了本级政府合并财务报表的合并范围和合并主体的确定原则，其次对该类合并财务报表的编制基础以及抵销事项做出了说明，最后对该类合并财务报表的列示项目做出了详细的规定。

本级政府合并财务报表的合并范围一般应当以财政预算拨款关系为基础予以确定。本级政府财政为合并主体，其所属部门（单位）等为被合并主体。

本级政府合并财务报表应当以本级政府财政和其被合并主体符合《政府会计准则第 9 号——财务报表编制和列报》第十七条要求的个别财务报表或合并

财务报表为基础，在抵销内部业务或事项对合并财务报表的影响后，由本级政府财政部门合并编制。

编制本级政府合并财务报表时，需要抵销的内部业务或事项包括：

（1）本级政府财政和其被合并主体之间的债权债务、收入费用等项目；

（2）被合并主体相互之间的债权债务、收入费用等项目。

本级政府合并资产负债表中的资产类至少应当单独列示反映下列信息的项目：

（1）货币资金；

（2）短期投资；

（3）应收及预付款项；

（4）存货；

（5）一年内到期的非流动资产；

（6）长期投资；

（7）应收转贷款；

（8）固定资产净值；

（9）在建工程；

（10）无形资产净值；

（11）公共基础设施净值；

（12）政府储备物资；

（13）文物文化资产；

（14）保障性住房净值；

（15）受托代理资产。

本级政府合并资产负债表中的资产类应当包括流动资产、非流动资产的合计项目。

本级政府合并资产负债表中的负债类至少应当单独列示反映下列信息的项目：

（1）应付短期政府债券；

（2）短期借款；

（3）应付及预收款项；

（4）应付职工薪酬；

（5）应付政府补贴款；

（6）一年内到期的非流动负债；

（7）应付长期政府债券；

（8）应付转贷款；

（9）长期借款；

（10）长期应付款；

（11）预计负债；

（12）受托代理负债。

本级政府合并资产负债表中的负债类应当包括流动负债、非流动负债和负债的合计项目。

本级政府合并资产负债表应当列示净资产项目。

本级政府合并资产负债表应当列示资产总计项目、负债和净资产总计项目。

本级政府合并收入费用表中的收入，应当按照收入来源进行分类列示。

本级政府合并收入费用表中的收入类至少应当单独列示反映下列信息的项目：

（1）税收收入；

（2）非税收入；

（3）事业收入；

（4）经营收入；

（5）投资收益；

（6）政府间转移性收入。

本级政府合并收入费用表中的收入类应当包括收入的合计项目。

本级政府合并收入费用表中的费用，应当按照费用的性质进行分类列示。

本级政府合并收入费用表中的费用类至少应当单独列示反映下列信息的项目：

（1）工资福利费用；

（2）商品和服务费用；

（3）对个人和家庭补助费用；

（4）对企事业单位补贴费用；

（5）政府间转移性费用；

（6）折旧费用；

（7）摊销费用；

（8）资产处置费用。

本级政府合并收入费用表中的费用类应当包括费用的合计项目。

本级政府合并收入费用表应当列示本期盈余项目。

政府综合会计报表属于合并会计报表，在汇总本级政府各部门财务报表、财政总预算会计报表、土地储备资金财务报表、物资储备资金会计报表等被合并主体报表基础上，采用抵销、调整等方法合并编制形成。其中，抵销是指对本级政府各部门之间、政府财政与部门之间、财政内部之间的经济业务或事项进行抵销；调整是指按照权责发生制原则对财政总预算会计报表中的预算收入和预算支出，将其调整为应归属于当期的收入和费用。

（1）政府综合会计报表的数据来源。

编制政府综合会计报表的数据主要来源于以下报表。

①政府部门财务报表。

②财政总预算会计报表。

③土地储备资金财务报表。

④物资储备资金会计报表。

⑤政府持有股权的企业财务会计决算报表。

①至④类报表被称为被合并主体报表，⑤类报表被称为权益报表。

财政总预算会计报表应反映一般公共预算资金、政府性基金预算资金、国有资本经营预算资金、财政专户管理资金、专用基金和代管资金等资金活动的信息。

物资储备资金会计报表仅适用于中央。

（2）资产负债表和收入费用表编制。

资产负债表和收入费用表采用汇总工作表方式，按照以下步骤编制形成。汇总工作表属于工作底稿。

①按照"被合并主体报表项目与政府综合会计报表项目对照表"（以下简称"报表项目对照表"）将被合并主体报表各项目数据填列到汇总工作表对应栏。

将政府部门财务报表、财政总预算会计报表、土地储备资金财务报表、物资储备资金会计报表中的年末资产、年末负债、年末净资产、本年收入、本年费用（支出）项目数据按照"报表项目对照表"分项填入汇总工作表对应栏中。其中，能够直接对应到政府综合会计报表项目的，直接填入对应栏；不能直接对应的，分析填列至相应栏或填入"待抵销调整项目"。分析填列事项应做好备查记录。

②对被合并主体之间发生的经济业务或事项，按照"抵销调整事项清单"编制抵销分录，填入汇总工作表"抵销分录"栏。

a.抵销政府部门之间的经济业务或事项。

政府财政部门应当根据政府部门财务报表项目明细信息，对经确认的本级政府部门之间的经济业务或事项进行抵销。

按照重要性原则，设定 10 万元抵销阈值。不同部门的单位之间债权债务事项，年末余额不超过 10 万元的，可以不进行抵销。不同部门的单位之间收入费用事项，本年累计发生额不超过 10 万元的，可以不进行抵销。具备条件的须应抵尽抵，不受阈值限制。

1）抵销政府部门之间的债权债务事项。

政府部门之间发生的待抵销债权债务事项主要涉及应收账款、预付账款、其他应收款、应付账款、预收账款、其他应付款、长期应付款等报表项目。

对于经确认抵销的债权债务事项，要编制抵销分录：借记"应付账款""预收账款""其他应付款""长期应付款"科目；贷记"应收账款""预付账款""其他应收款"科目。已计提坏账准备的债权债务，应按债权债务原值编制抵销分录，同时应抵销已计提的坏账准备，借记"坏账准备"科目，贷记"累计盈余"科目 [以前年度计提的金额]、"其他费用"科目 [当期补提或冲减的金额]。

【例 18-10】ABC 部门财务报表"其他应收款"明细信息显示，ABC 部门应收 XYZ 部门款项 630 万元，XYZ 部门财务报表"其他应付款"明细信息显示，XYZ 部门应付 ABC 部门款项 630 万元。经确认无误后，编制抵销分录如下（单位：万元）。

借：其他应付款——ABC 部门　　　　　　　　　　　　630
　　贷：其他应收款——XYZ 部门　　　　　　　　　　　　630

【例 18-11】ABC 部门财务报表"应收账款"明细信息显示，应收 XYZ 部门款项 100 万元，假设该部门按照账龄分析法对此应收账款计提坏账准备 10 万元，年末应收账款净额为 90 万元。XYZ 部门财务报表"应付账款"明细信息显示，应付 ABC 部门款项 100 万元。第一年编制政府综合会计报表时，经确认无误后，编制抵销分录如下（单位：万元）。

借：应付账款——ABC 部门　　　　　　　　　　　　100
　　贷：应收账款——XYZ 部门　　　　　　　　　　　　100
借：坏账准备　　　　　　　　　　　　　　　　　　10
　　贷：其他费用　　　　　　　　　　　　　　　　　　10

第二年，ABC 部门对该应收账款补提 5 万元的坏账准备，年末应收账款净额为 85 万元。第二年编制政府综合会计报表时，抵销分录如下（单位：万元）。

借：应付账款——ABC 部门　　　　　　　　　　　　100

贷：应收账款——XYZ 部门　　　　　　　　　　　　　　　100
　　借：坏账准备　　　　　　　　　　　　　　　　　　　　　　15
　　　贷：其他费用　　　　　　　　　　　　　　　　　　　　　　5
　　　　累计盈余　　　　　　　　　　　　　　　　　　　　　　10

第三年，ABC 部门收回该应收账款 50 万元，冲减 8 万元的坏账准备，年末应收账款净额为 43 万元。第三年编制政府综合会计报表时，抵销分录如下（单位：万元）。

　　借：应付账款——ABC 部门　　　　　　　　　　　　　　　　50
　　　贷：应收账款——XYZ 部门　　　　　　　　　　　　　　　　50
　　借：坏账准备　　　　　　　　　　　　　　　　　　　　　　 7
　　　贷：其他费用　　　　　　　　　　　　　　　　　　　　　 −8
　　　　累计盈余　　　　　　　　　　　　　　　　　　　　　　15

2）抵销政府部门之间的收入费用事项。

　　政府部门之间发生的待抵销收入费用事项主要涉及事业收入、非同级财政拨款、经营收入、其他收入、商品和服务费用等报表项目。对于经确认抵销的收入费用事项，编制抵销分录：借记"事业收入——来自同级政府部门""非同级财政拨款收入（来自同级政府部门）""经营收入——来自同级政府部门""其他收入——来自同级政府部门"科目，贷记"商品和服务费用——支付给同级政府部门"科目。

【例 18-12】XYZ 部门财务报表中，来自同级 ABC 部门的事业收入 6 700 万元，ABC 部门支付给同级 XYZ 部门的商品和服务费用 6 700 万元。经确认无误后，编制抵销分录如下（单位：万元）。

　　借：事业收入——来自同级政府部门　　　　　　　　　　　6 700
　　　贷：商品和服务费用——支付给同级政府部门　　　　　　　6 700

b.抵销财政与部门之间发生的经济业务或事项。

1）财政总预算会计报表中的"应付国库集中支付结余"与政府部门财务报表、土地储备资金财务报表、物资储备资金会计报表中的"财政应返还额度""财政预算额度"之间存在抵销关系，应经相关方确认后抵销。抵销分录为：借记"应付国库集中支付结余"科目，贷记"财政预算额度""财政应返还额度"科目。

【例 18-13】政府部门财务报表中财政应返还额度 15 000 万元；物资储备资金会计报表中的财政预算额度 1 000 万元；财政总预算会计报表中应付国库集中支付结余 16 000 万元。经确认无误后，编制抵销分录如下（单位：万元）。

借：应付国库集中支付结余　　　　　　　　　　　　　　16 000
　　贷：财政应返还额度　　　　　　　　　　　　　　　　15 000
　　　　财政预算额度　　　　　　　　　　　　　　　　　 1 000

2）财政总预算会计报表中的"一般公共预算本级支出""政府性基金预算本级支出"等财政预算支出项目与政府部门财务报表的"财政拨款收入"存在抵销关系，应经相关方确认后抵销。抵销分录为：借记"财政拨款收入"科目，贷记"一般公共预算本级支出""政府性基金预算本级支出"科目。

【例 18-14】 政府部门财务报表中财政拨款收入 7 900 万元，其中一般公共预算安排 3 600 万元，政府性基金预算安排 4 300 万元。经确认无误后，编制抵销分录如下（单位：万元）。

借：财政拨款收入　　　　　　　　　　　　　　　　　　 7 900
　　贷：一般公共预算本级支出　　　　　　　　　　　　　 3 600
　　　　政府性基金预算本级支出　　　　　　　　　　　　 4 300

3）财政总预算会计报表中的"财政专户管理资金支出"与政府部门财务报表的"事业收入"中来自财政专户拨入的部分之间存在抵销关系，应经相关方确认后抵销。抵销分录为：借记"事业收入——财政专户管理资金"科目，贷记"财政专户管理资金支出"科目。

【例 18-15】 财政总预算会计报表中财政专户管理资金支出 5 800 万元，政府部门财务报表中事业收入中来自财政专户的资金 5 800 万元。经确认无误后，编制抵销分录如下（单位：万元）。

借：事业收入——财政专户管理资金　　　　　　　　　　　5 800
　　贷：财政专户管理资金支出　　　　　　　　　　　　　 5 800

4）财政总预算会计报表"借出款项"与政府部门财务报表中"其他应付款"之间存在抵销关系，应经确认后抵销。抵销分录为：借记"其他应付款"科目，贷记"借出款项"科目。

【例 18-16】 财政总预算会计报表借出款项中属于向 S 部门借出的金额为 4 300 万元，S 部门财务报表中的其他应付款为 4 300 万元。经确认无误后，编制抵销分录如下（单位：万元）。

借：其他应付款　　　　　　　　　　　　　　　　　　　　4 300
　　贷：借出款项　　　　　　　　　　　　　　　　　　　 4 300

5）财政总预算会计报表中的"预拨经费"与政府部门财务报表中的"其他应付款"之间存在抵销关系，应经确认后抵销。抵销分录为：借记"其他应付款"科目，贷记"预拨经费"科目。

【例18-17】 财政总预算会计报表中预拨经费7 200万元，政府部门财务报表中的其他应付款7 200万元。经确认无误后，编制抵销分录如下（单位：万元）。

借：其他应付款　　　　　　　　　　　　　　　　　　　　7 200
　　贷：预拨经费　　　　　　　　　　　　　　　　　　　　　7 200

6）财政代管预算单位资金，单位通过"其他应收款"科目核算的，财政总预算会计报表中的"应付代管资金"与政府部门财务报表中的"其他应收款"之间存在抵销关系，应经确认后抵销。抵销分录为：借记"应付代管资金"科目，贷记"其他应收款"科目。

【例18-18】 财政总预算会计报表应付代管资金中属于S部门的金额为2 000万元，S部门财务报表其他应收款中应收财政代管资金的金额为2 000万元。经确认无误后，编制抵销分录如下（单位：万元）。

借：应付代管资金　　　　　　　　　　　　　　　　　　　2 000
　　贷：其他应收款　　　　　　　　　　　　　　　　　　　　2 000

财政代管预算单位资金，单位通过"银行存款"科目核算的，财政总预算会计报表中的"应付代管资金"与政府部门财务报表中的"银行存款"之间存在抵销关系，应经确认后抵销。抵销分录为：借记"应付代管资金"科目，贷记"银行存款"科目。

【例18-19】 财政总预算会计报表应付代管资金中属于S部门的金额为2 000万元，S部门财务报表银行存款中应收财政代管资金的金额为2 000万元。经确认无误后，编制抵销分录如下（单位：万元）。

借：应付代管资金　　　　　　　　　　　　　　　　　　　2 000
　　贷：银行存款　　　　　　　　　　　　　　　　　　　　　2 000

c. 抵销财政内部之间发生的经济业务或事项。

1）财政总预算会计报表"专用基金收入"中来自一般公共预算安排的部分与"一般公共预算本级支出"之间存在抵销关系，应经确认后抵销。抵销分录为：借记"专用基金收入"科目，贷记"一般公共预算本级支出"科目。

【例18-20】 财政总预算会计报表专用基金收入中由一般公共预算本级支出安排的部分为25 600万元，经确认无误后，编制抵销分录如下（单位：万元）。

借：专用基金收入　　　　　　　　　　　　　　　　　　　25 600
　　贷：一般公共预算本级支出　　　　　　　　　　　　　　　25 600

2）财政总预算会计报表中不同预算类型资金之间的"调入资金"和"调出资金"之间存在抵销关系，应经确认后抵销。抵销分录为：借记"调入资金"科目，贷记"调出资金"科目。

【例18-21】财政总预算会计报表中调入资金、调出资金均为20 100万元，经确认无误后，编制抵销分录如下（单位：万元）。

借：调入资金　　　　　　　　　　　　　　　　　　　　20 100
　　贷：调出资金　　　　　　　　　　　　　　　　　　　20 100

③对应按权责发生制调整的事项，按照"抵销调整事项清单"编制调整分录，填入汇总工作表"调整分录"栏。

a.将财政总预算会计报表中"专用基金收入"分析调整至政府综合会计报表的"其他收入"。

财政总预算会计报表"专用基金收入"中不属于通过一般公共预算本级支出安排的部分，按照资金性质应列入政府综合会计报表中的"其他收入"项目。调整分录为：借记"专用基金收入"科目，贷记"其他收入"科目。

【例18-22】财政总预算会计报表专用基金收入中不属于一般公共预算本级支出安排的部分为420万元。编制调整分录如下（单位：万元）。

借：专用基金收入　　　　　　　　　　　　　　　　　　　420
　　贷：其他收入　　　　　　　　　　　　　　　　　　　　420

b.调减国有资本经营预算收入。

按照权责发生制原则，当年取得的国有资本经营预算收入中，利润收入、股利和股息收入实际是收到的报告年度以前年度应收国有资本经营收益，不属于当年收入；产权转让收入、清算收入等属于资产交易所得，不属于收入，应调减收入总额。调整分录为：借记"国有资本经营预算收入"科目，贷记"净资产"科目。

【例18-23】财政总预算会计报表国有资本经营预算本级收入33 000万元。编制调整分录如下（单位：万元）。

借：国有资本经营预算收入　　　　　　　　　　　　　　33 000
　　贷：净资产　　　　　　　　　　　　　　　　　　　　33 000

c.调减预算稳定调节基金相关收支。

按照权责发生制原则，财政总预算会计报表中的"动用预算稳定调节基金"不属于政府综合会计报表中的收入项目，应调减收入总额。调整分录为：借记"动用预算稳定调节基金"科目，贷记"净资产"科目。同理，财政总预算会计报表中的"安排预算稳定调节基金"不属于政府综合会计报表中的费用项目，应调减费用总额。调整分录为：借记"净资产"科目，贷记"安排预算稳定调节基金"科目。

【例18-24】财政总预算会计报表中动用预算稳定调节基金10 000万元，安排预算稳定调节基金20 000万元。编制调整分录如下（单位：万元）。

借：动用预算稳定调节基金	10 000
贷：净资产	10 000
借：净资产	20 000
贷：安排预算稳定调节基金	20 000

d.调减债务收入、债务转贷收入。

按照权责发生制原则，财政总预算会计报表中的"债务收入""债务转贷收入"不属于政府综合会计报表中的收入项目，应调减收入总额。调整分录为：借记"债务收入""债务转贷收入"科目，贷记"净资产"科目。

【例18-25】财政总预算会计报表中债务转贷收入75 000万元。编制调整分录如下（单位：万元）。

借：债务转贷收入	75 000
贷：净资产	75 000

e.调减债务还本支出、债务转贷支出。

按照权责发生制原则，财政总预算会计报表中的"债务还本支出""债务转贷支出"不属于政府综合会计报表中的费用项目，应调减费用总额。调整分录为：借记"净资产"科目，贷记"债务还本支出""债务转贷支出"科目。

【例18-26】财政总预算会计报表中债务还本支出3 600万元，债务转贷支出22 000万元。编制调整分录如下（单位：万元）。

借：净资产	3 600
贷：债务还本支出	3 600
借：净资产	22 000
贷：债务转贷支出	22 000

f.调减财政部门直接发生的资本性支出。

按照权责发生制原则，财政总预算会计报表中属于财政部门直接发生的形成政府资产的资本性支出不属于政府综合会计报表中的费用项目，应调减费用总额。调整分录为：借记"净资产"科目，贷记"一般公共预算本级支出""政府性基金预算本级支出""国有资本经营预算本级支出"等科目。

【例18-27】财政总预算会计报表反映,一般公共预算安排用于投资基金股权投资的支出50 000万元。编制调整分录如下(单位:万元)。

  借:净资产   50 000
    贷:一般公共预算本级支出   50 000

g. 将财政直接支出分析调整填入相应费用栏。

未安排到部门预算且由财政直接安排的一般公共预算本级支出、政府性基金预算本级支出等支出中属于工资福利费用、商品和服务费用、对个人和家庭的补助费用、对企业的补助费用、对社会保障基金补助费用等部分,应分析调整填入上述费用。借记"工资福利费用""商品和服务费用""对个人和家庭的补助费用""对企业的补助费用""对社会保障基金补助费用""财务费用"等,贷记"一般公共预算本级支出""政府性基金预算本级支出""国有资本经营预算本级支出"等。

【例18-28】财政总预算会计报表一般公共预算本级支出中直接列支的对企业的补助费用支出9 372万元。编制调整分录如下(单位:万元)。

  借:对企业的补助费用   9 372
    贷:一般公共预算本级支出   9 372

h. 将财政总预算会计报表中"专用基金支出"分析调整至政府综合会计报表相应的费用项目。

对财政总预算会计报表中的专用基金支出,应按支出经济分类分析调整为政府综合会计报表中的"商品和服务费用""对个人和家庭的补助费用""对企业的补助费用"等项目。调整分录为:借记"商品和服务费用""对个人和家庭的补助费用""对企业的补助费用"等科目,贷记"专用基金支出"科目。

【例18-29】财政总预算会计报表专用基金支出中用于对企业的补助费用19 800万元,对个人和家庭的补助费用5 300万元。编制调整分录如下(单位:万元)。

  借:对个人和家庭的补助费用   5 300
    对企业的补助费用   19 800
    贷:专用基金支出   25 100

i. 调整长期投资、应收股利、投资收益。

1)关于财政总预算会计尚未核算的政府持有股权的企业股权投资及相关收益的调整。

编制政府综合会计报表时,应根据政府持有股权的国有企业财务会计决算报表中资产负债表的所有者权益和应付股利,以及利润表中的综合收益总额,乘以国家资本占比分别计算长期投资、应收股利、投资收益的金额,并编制调整分录。调整分录为:借记"长期投资""应收股利"科目,贷记"净资产""投资收益"科目。

长期投资调整额 = 所有者权益年末数[1] × 国家资本占比[2]

应收股利调整额 = 应付股利年末数 × 国家资本占比

投资收益调整额 = 企业综合收益[3] × 国家资本占比

净资产调整额 = 长期投资调整额 + 应收股利调整额 − 投资收益调整额

已实行国有资本经营预算的地区,可按照报告年度的下一年度国有资本经营预算数填列应收股利,同时将国有资本经营预算数与上述公式计算得到的应收股利数的差额转入长期投资。

【例18-30】某政府的国有企业财务会计决算报表上列示的国有企业所有者权益年末数为400 000万元,国家资本占比为60%。国有企业当年综合收益为100 000万元,应付股利为20 000万元。经计算,应调整的金额分别为,长期投资 = 400 000×60% = 240 000(万元);应收股利 = 20 000×60% = 12 000(万元);投资收益 = 100 000×60% = 60 000(万元)。编制调整分录如下(单位:万元)。

借:长期投资　　　　　　　　　　　　　　　　　240 000

　　应收股利　　　　　　　　　　　　　　　　　 12 000

　贷:投资收益　　　　　　　　　　　　　　　　　60 000

　　净资产　　　　　　　　　　　　　　　　　　192 000

2)关于财政总预算会计已核算的政府股权投资产生的投资收益的调整。

按照《财政总预算会计制度》规定,政府股权投资当期应取得的投资收益,应确认记入"资产基金"科目。编制政府综合会计报表时,对于已确认入账的投资收益部分,应将其从资产负债表的"净资产"项目调至收入费用表的"投资收益"项目。调整分录为:借记"净资产"科目,贷记"投资收益"科目。

【例18-31】某财政总预算会计已根据某投资基金年末会计报表净利润5 000万元以及政府财政投资比例15%,计算确认投资收益750万元(5 000×15%),记入"资

---

[1] 企业为集团公司的,所有者权益年末数为财企01表中"归属于母公司所有者权益合计"项目所列金额。

[2] 国家资本占比 = 国家资本/实收资本。

[3] 企业为集团公司的,企业综合收益为财企02表中"归属于母公司所有者的综合收益"项目所列金额。

产基金"科目。编制调整分录如下（单位：万元）。

　　借：净资产　　　　　　　　　　　　　　　　　　　750
　　　贷：投资收益　　　　　　　　　　　　　　　　　　　750

　　j.根据调整分录中收入调整总额与费用调整总额的差额，调整净资产项目。

　　由于对收入和费用的调整最终会影响净资产总额，因此应当按照收入调整总额与费用调整总额的差额，调整净资产。按照所有调整分录汇总后计算（收入调增额－收入调减额－费用调增额＋费用调减额）的差额，如果差额为正数，则调增净资产；如果差额为负数，则调减净资产。

　　④将汇总工作表各项目对应的"原始数据栏""抵销分录栏""调整分录"栏中的数据，分别计算出经过抵销调整后的金额。

　　a.资产类项目。

　　资产类项目中，各项目"被合并主体报表对应项目"栏金额加总，得到"原有金额合计"；"原有金额合计"加上该项目"抵销分录"借方金额，减去该项目"抵销分录"栏贷方金额，得到"包括抵销后合计"；"包括抵销后合计"加上该项目"调整分录"借方金额，减去"调整分录"贷方金额，得到"包括抵销调整后合计"。

　　"待抵销调整项目"抵销调整后原则上无余额。若有余额，填入"其他资产"。

　　资产类各项目加总后，计算出"原有金额合计""包括抵销后合计""包括抵销调整后合计"对应的"资产合计"数。

　　b.负债类项目。

　　负债类项目，各项目"被合并主体报表对应项目"栏金额加总，得到"原有金额合计"；"原有金额合计"减去该项目"抵销分录"借方金额，加上该项目"抵销分录"栏贷方金额，得到"包括抵销后合计"；"包括抵销后合计"减去该项目"调整分录"借方金额，加上"调整分录"贷方金额，得到"包括抵销调整后合计"。

　　"待抵销调整项目"抵销调整后原则上无余额。若有余额，填入"其他负债"。

　　负债类各项目加总后，计算出"原有金额合计""包括抵销后合计""包括抵销调整后合计"对应的"负债合计"数。

　　c.净资产类项目。

　　将"被合并主体报表对应项目"栏各项目金额加总，得到"原有金额合计"；"原有金额合计"减去该项目"抵销分录"借方金额，加上该项目"抵销分录"栏贷方金额，得到"包括抵销后合计"；"包括抵销后合计"减去该项目"调整分录"借方金额，加上"调整分录"贷方金额，得到"包括抵销调整后合计"。

净资产类各项目加总后，计算出"原有金额合计""包括抵销后合计""包括抵销调整后合计"对应的"净资产合计"数。

d. 收入类项目。

收入类项目，各项目"被合并主体报表对应项目"栏金额加总，得到"原有金额合计"；"原有金额合计"减去该项目"抵销分录"借方金额，加上该项目"抵销分录"栏贷方金额，得到"包括抵销后合计"；"包括抵销后合计"减去该项目"调整分录"借方金额，加上"调整分录"贷方金额，得到"包括抵销调整后合计"。

"待抵销调整项目"抵销调整后原则上无余额。若有余额，填入"其他收入"。

收入类各项目加总后，计算出"原有金额合计""包括抵销后合计""包括抵销调整后合计"对应的"收入合计"数。

e. 费用类项目。

费用类项目，"被合并主体报表对应项目"栏金额加总，得到"原有金额合计"；"原有金额合计"加上该项目"抵销分录"借方金额，减去该项目"抵销分录"栏贷方金额，得到"包括抵销后合计"；"包括抵销后合计"加上该项目"调整分录"借方金额，减去"调整分录"贷方金额，得到"包括抵销调整后合计"。

"待抵销调整项目"抵销调整后原则上无余额。若有余额，填入"其他费用"。

费用类各项目加总后，计算出"原有金额合计""包括抵销后合计""包括抵销调整后合计"对应的"费用合计"数。

f. 本年盈余项目。

按照"本年盈余＝本年收入－本年费用"，计算各报表及政府本年盈余数额。

⑤试算平衡后，将数据填入政府综合会计报表对应项目，生成政府综合会计报表。

对调整后的各项目金额进行试算平衡。试算平衡方法：按照"期末净资产总额＝原始报表期末净资产总额＋根据所有调整分录汇总的净资产调整额"计算政府综合会计报表中政府期末净资产总额。所计算的期末净资产总额应当符合恒等式"期末净资产总额＝期末资产总额－期末负债总额"计算的政府期末净资产总额。

试算平衡后，将汇总工作表"包括抵销调整后合计"栏数据对应填入政府综合会计报表中"资产负债表"各项目"年末数"栏，"收入费用表"各项目的"本年数"栏。

18.5 行政区政府合并财务报表

行政区政府合并财务报表部分首先规定了行政区政府合并财务报表的合并范围和合并主体的确定原则，其次说明了应当编制行政区政府合并财务报表的政府级别要求，最后规定了该类合并财务报表的编制基础和抵销事项的处理原则。值得注意的是，与部门（单位）合并财务报表和本级政府合并财务报表的相关规定不同的是，本部分并未对行政区政府合并财务报表的列示项目和具体内容做出相关规定。

行政区政府合并财务报表的合并范围一般应当以行政隶属关系为基础予以确定。行政区本级政府为合并主体，其所属下级政府为被合并主体。

县级以上政府应当编制本行政区政府合并财务报表。

行政区政府合并财务报表应当以本级政府和其所属下级政府合并财务报表为基础，在抵销内部业务或事项对合并财务报表的影响后，由本级政府财政部门合并编制。

编制行政区政府合并财务报表时，需要抵销的内部业务或事项包括：

（1）本级政府和其所属下级政府之间的债权债务、收入费用等项目；

（2）本级政府所属下级政府相互之间的债权债务、收入费用等项目。

行政区政府合并财务报表的项目列示与本级政府合并财务报表一致。

18.6 附注

附注部分主要介绍了合并财务报表附注应当披露的信息和事项。附注是对在合并财务报表中列示的项目所做的进一步说明，以及对未能在合并财务报表中列示项目的说明。附注是合并财务报表的重要组成部分。凡对报表使用者的决策有重要影响的会计信息，不论是否有明确规定，合并财务报表附注均应当充分披露。

合并财务报表附注一般应当披露下列信息。

（1）合并财务报表的编制基础。

（2）遵循政府会计准则制度的声明。

（3）合并财务报表的合并主体、被合并主体清单。

合并财务报表包含的主体至少包括以下内容。

①资金主体。

a.本级政府财政管理的一般公共预算资金、政府性基金预算资金、国有资本经营预算资金、财政专户管理资金、专用基金和代管资金等各项资金，以及土地储备资金和物资储备资金等。

b.本年资金主体变动情况。

②机构主体。

a.纳入政府综合财务报告编报范围的部门名称、部门所属单位的数量、实有人数情况等。

b.本年机构主体变动情况。

（4）合并主体、被合并主体个别财务报表所采用的编制基础，所采用的与政府会计准则制度规定不一致的会计政策，编制合并财务报表时的调整情况及其影响。

合并主体、被合并主体的重要会计政策和会计估计主要包括以下情况。

①会计期间。

②记账本位币，外币折算汇率。

③坏账准备的计提方法。

④存货类别、发出存货的计价方法、存货的盘存制度，以及低值易耗品和包装物的摊销方法。

⑤长期股权投资的核算方法。

⑥固定资产分类及折旧方法、折旧年限和年折旧率；融资租入固定资产的计价和折旧方法。

⑦无形资产的计价方法；使用寿命有限的无形资产，其使用寿命估计情况；使用寿命不确定的无形资产，其使用寿命不确定的判断依据；单位内部研究开发项目划分研究阶段和开发阶段的具体标准。

⑧公共基础设施的分类、折旧（摊销）方法、折旧（摊销）年限，以及其确定依据。

⑨政府储备物资分类，以及确定其发出成本所采用的方法。

⑩保障性住房的分类、折旧方法和折旧年限。

⑪其他重要的会计政策和会计估计。

⑫本期发生重要会计政策和会计估计变更的，变更的内容和原因、受其重要影响的报表项目名称和金额、相关审批程序，以及会计估计变更开始适用的时点。

（5）本期增加、减少被合并主体的基本情况及影响。

（6）合并财务报表重要项目明细信息及说明。

合并财务报表应当按照资产负债表和收入费用表项目列示顺序，采用文字和数据描述相结合的方式披露重要项目的明细信息。报表重要项目的明细金额合计，应当与报表项目金额相衔接。

合并财务报表重要项目明细信息应至少包括下列报表。

①货币资金明细表。

②应收及预付款项明细表。

③一年内到期的非流动资产明细表。

④长期投资及投资收益明细表。

⑤应收转贷款明细表。

⑥固定资产明细表。

⑦在建工程明细表。

⑧无形资产明细表。

⑨公共基础设施明细表。

⑩政府储备物资明细表。

⑪保障性住房明细表。

⑫应付及预收款项明细表。

⑬一年内到期的非流动负债明细表。

⑭应付长期政府债券明细表。

⑮应付转贷款明细表。

⑯长期借款明细表。

⑰政府间转移性收入明细表。

⑱政府间转移性支出明细表。

（7）未在合并财务报表中列示但对报告主体财务状况和运行情况有重大影响的事项的说明。

（8）需要说明的其他事项。

需要说明的其他事项应包括以下内容。

①社保基金。按照社保基金的种类，分别列示社保基金的收入、支出及结

余情况。

②资产负债表日后重大事项。

③对于政府部门管理的公共基础设施、文物文化资产、保障性住房、自然资源资产等重要资产，披露种类和实物量等相关信息。

④在建工程中土地收储项目名称及面积等情况。

⑤或有事项。披露政府或有事项的事由和金额，如担保事项、未决诉讼或仲裁、承诺（补贴、代偿）、救助等，若无法预计金额应说明理由。

⑥政府会计具体准则中要求附注披露的其他内容，以及其他未在报表中列示，但对政府财务状况有重大影响的事项。

18.7 附则

附则部分主要规定了《政府会计准则第 9 号——财务报表编制和列报》的未尽事项以及生效日期。

合并财务报表的具体合并范围由财政部另行规定。

部门（单位）合并资产负债表的格式参见《政府会计制度——行政事业单位会计科目和报表》规定的资产负债表格式。

部门（单位）合并收入费用表的格式参见表 18-3。

本级政府合并财务报表、行政区政府合并财务报表的格式以及部门（单位）合并财务报表附注的披露格式由财政部另行规定。

《政府会计准则第 9 号——财务报表编制和列报》自 2019 年 1 月 1 日起施行，适用于 2019 年度及以后的财务报表。

18.8 部门（单位）合并收入费用表格式

政府会计部门（单位）合并收入费用表的格式，如表 18-3 所示。

表 18-3　　　　　　　　　合并收入费用表

编制单位：　　　　　　　　　　年　　　　　　　　　　单位：元

项目	本年数	上年数
一、本期收入		
（一）财政拨款收入		
（二）事业收入		

续表

项目	本年数	上年数
其中：非同级财政拨款收入		
（三）上级补助收入*		
（四）附属单位上缴收入*		
（五）经营收入		
（六）非同级财政拨款收入		
（七）投资收益		
（八）捐赠收入		
（九）利息收入		
（十）租金收入		
（十一）其他收入		
二、本期费用		
（一）工资福利费用		
（二）商品和服务费用		
（三）对个人和家庭补助费用		
（四）对企事业单位补贴费用		
（五）固定资产折旧费用		
（六）无形资产摊销费用		
（七）公共基础设施折旧（摊销）费用		
（八）保障性住房折旧费用		
（九）计提专用基金		
（十）所得税费用		
（十一）资产处置费用		
（十二）上缴上级费用*		
（十三）对附属单位补助费用*		
（十四）其他费用		
三、本期盈余		

注：1.本表中"本期费用"各项目应当根据个别财务报表附注中"本期费用按经济分类的披露格式"所提供的信息合并填列。

2.编制部门（单位）合并收入费用表时，标*项目原则上应抵销完毕，金额为零。

第 19 章 政府会计调整相关业务的会计分录

财政部制定的《政府会计准则第 7 号——会计调整》适应了权责发生制政府综合财务报告制度改革需要,能够有效规范政府会计调整的确认、计量和相关信息的披露,提高了会计信息质量。

19.1 总则

《政府会计准则第 7 号——会计调整》总则部分首先规定了本准则的制定依据;其次,对会计调整、会计政策、会计估计、会计差错、报告日后事项等基本概念做出了解释,后面这些基本概念分别进行详细阐述及案例分析;最后,总则对政府会计主体的具体会计政策和会计估计的确定程序等提出了相应的要求。

19.1.1 《政府会计准则第 7 号——会计调整》制定依据及相关概念

首先,《政府会计准则第 7 号——会计调整》第一条对其制定依据进行了规定;其次,《政府会计准则第 7 号——会计调整》第二条解释了与政府会计调整相关的几个概念,例如会计调整、会计政策、会计估计等。

为了规范政府会计调整的确认、计量和相关信息的披露,根据《政府会计准则——基本准则》,制定《政府会计准则第 7 号——会计调整》。

《政府会计准则第 7 号——会计调整》所称会计调整,是指政府会计主体因按照法律、行政法规和政府会计准则制度的要求,或者在特定情况下对其原采用的会计政策、会计估计,以及发现的会计差错、发生的报告日后事项等所做的调整。

会计政策,是指政府会计主体在会计核算时所遵循的特定原则、基础以及所采用的具体会计处理方法。特定原则,是指政府会计主体按照政府会计准则制度所制定的、适合于本政府会计主体的会计处理原则。具体会计处理方法,是指政府会计主体从政府会计准则制度规定的诸多可选择的会计处理方法中所选择的、适合于本政府会计主体的会计处理方法。

会计估计,是指政府会计主体对结果不确定的经济业务或者事项以最近可利用的信息为基础所做的判断，如固定资产、无形资产的预计使用年限等。

会计差错，是指政府会计主体在会计核算时，在确认、计量、记录、报告等方面出现的错误，通常包括计算或记录错误、应用会计政策错误、疏忽或曲解事实产生的错误、财务舞弊等。

报告日后事项，是指自报告日（年度报告日通常为 12 月 31 日）至报告批准报出日之间发生的需要调整或说明的事项，包括调整事项和非调整事项两类。

19.1.2 对政府会计主体会计调整的要求

《政府会计准则第 7 号——会计调整》第三条对政府会计主体所确定的会计估计和会计政策做出了相关规定。具体内容如下。

政府会计主体应当根据《政府会计准则第 7 号——会计调整》及相关政府会计准则制度的规定，结合自身实际情况，确定本政府会计主体具体的会计政策和会计估计，并履行本政府会计主体内部报批程序；法律、行政法规等规定应当报送有关方面批准或备案的，从其规定。

政府会计主体的会计政策和会计估计一经确定，不得随意变更。如需变更，应重新履行上述程序，并按规定处理。

19.2 会计政策及其变更

会计政策及其变更部分主要规定了政府会计主体的会计政策及其变更的确认，以及追溯调整法和未来适用法在会计政策变更中的应用等。本部分首先介绍了会计政策的定义和特点，其次阐述了会计政策变更的定义及条件，最后对追溯调整法和未来适用法分别进行了说明，并附有多个具体案例。

19.2.1 会计政策的定义

会计政策是指政府会计主体在编制财务报表过程中所运用的特定原则、基础和实务中所采用的具体处理方法的统称。由于经济业务具有不确定性，在确认不同的资产、负债、收入和费用时，可能有多种备选的会计政策，究竟哪一种更适合，政府会计主体需要做出职业判断。

首先，财务报告的编制是基于一般原则的，即在正常情况下，综合财务报告是在持续运营的基础上，以权责发生制为基础，以历史成本为计量基础（个别项目也会采用重置成本、公允价值和名义金额)来编制的。

其次，会计政策提供了备选处理方法，相同的交易需要采用同一种会计处理方法。例如，存货的发出成本计算方法可以在先进先出法、月末一次加权平均法和移动加权平均法中选择。

最后，特殊事项需要选择特定的会计准则来规范。例如，对于新建的政府PPP（Public-Private Partnership，政府和社会资本合作）项目资产，政府会计主体初始确认的PPP项目净资产金额等于PPP项目资产初始入账金额；若政府会计主体使用其现有资产形成PPP项目资产的，在初始确认PPP项目资产时，除了终止确认现有资产外，也不确认PPP项目净资产。

19.2.2 会计政策的特点

而对于政府会计而言，只有在对同一经济业务所允许采用的会计处理方法存在多种选择时，会计政策才具有实际意义，因此会计政策就政府会计主体而言有以下特点。

（1）会计政策的可选择性。政府会计主体应当在准则允许的会计原则、计量基础和会计处理方法中，结合自身实际情况，做出具体选择。但由于经济业务具有不确定性，在准则允许的范围内，某些业务往往有多种备选会计处理方法。例如，计提应收款项坏账准备的方法有余额百分比法、账龄分析法和个别认定法等。

（2）会计政策的强制性。政府会计主体必须在法律法规允许的会计政策范围内，做到因地制宜，即结合自身实际情况，选择适合的会计原则、计量基础以及会计处理方法。而不能选择准则允许范围之外的会计政策，如对于政府会计主体来说，一般不采用年数总和法和双倍余额递减法来计算固定资产折旧。

（3）会计政策的层次性。会计政策包括会计确认、计量基础和列报三个层次。例如，在确认层面，《政府会计准则第1号——存货》中所规定的"与该存货相关的服务潜力很可能实现或经济利益很可能流入政府会计主体"及"该存货的成本或价值能够可靠地计量"，就是政府会计主体在确认存货时要遵循的会计原则；在计量层面，《政府会计准则第1号——存货》中所规定的政府会计主体未经资产评估的盘盈存货的成本按重置成本确定，此时重置成本即计量基础；在列报层面，《政府会计准则第1号——存货》中所规定的政府会计主体应在附注中披露的各类存货期初期末账面余额，确定发出存货成本采用的方法，以名义金额计量的存货名称、数量、理由及其他相关重要信息，即所要求列报的内容。会计确认、计量基础和列报三者是具有内在逻辑、不可分割的整体，为保证会计政策的应用和落实，三者缺一不可。

19.2.3　会计政策变更的定义及条件

无论是会计政策变更的定义，还是会计政策变更的条件，《政府会计准则第7号——会计调整》对其做出了明确的规定，对于政府会计主体而言，这些规定可以帮助其更好地开展经济业务和相关工作。

（1）会计政策变更的定义。对同一经济业务或事项由原会计政策变更为另一会计政策的行为，称为会计政策变更。政府会计主体执行的会计政策并非一成不变，但为确保会计信息的可比性，对于相同业务或者相似事项的会计处理，政府会计主体需要采用同一会计政策。

（2）会计政策变更的条件。在以下两种情况下，政府会计主体可以变更会计政策。

①法律、行政法规或者政府会计准则制度等要求变更。在这种情况下，政府会计主体应当按照法律、行政法规以及政府会计准则制度的规定，将原会计政策改为新的会计政策。例如，新准则下应收账款应计提坏账准备，这就要求政府会计主体按照新准则的规定，将原来不计提坏账准备的应收账款进行计提坏账准备处理。

②客观情况发生变化，会计政策变更能够提供更加可靠、相关的会计信息。由于客观环境发生了变化，政府会计主体原采用的会计政策无法再提供具有可靠性和相关性的会计信息，其所反映的财务状况、运行情况及现金流量可能与实际存在差异。因此，为了向会计信息使用者提供更加可靠、相关的会计信息，政府会计主体在进行相应会计处理时，应采用新的会计政策。例如，某医学研究院为加强主要研究阶段研发费用的归集与核算，建立健全各阶段研发项目的风险评估机制，谨慎确定研发费用的资本化时点，决定将相关研发费用资本化时点由开始注册临床试验阶段改为产品注册检验阶段，同时对相关费用进行追溯调整。

（3）不属于会计政策变更的情形。在对会计政策变更进行认定时，需要注意以下两种情况不属于会计政策变更。

①与前期的经济业务或事项相比，本期已发生根本变化，故采用新的会计政策。对于这类情况，政府会计主体需要针对经济业务或事项制定特定的会计

政策，如果该经济业务或事项已发生根本变化，那么政府会计主体实际上是为了新业务或事项选择了恰当的会计政策，而不是变更会计政策。例如，某高校新校区建成后，将原校区部分自用教学楼改为出租给某教育培训机构，这就是采用了新的会计政策，不属于会计政策变更。

②变更首次发生事项的会计政策，或者对不重要的经济业务或事项采用新的会计政策。这类情况之所以不属于会计政策变更，是因为这类情况属于为首次发生或不重要的业务或事项选择合适的会计政策，没有改变原会计政策。例如，政府会计主体在运营过程中，由于使用的低值易耗品量少且价值较低，所以对领用的低值易耗品的核算采用一次转销法。但是近期该政府会计主体的相关活动增加，耗用的低值易耗品数量增加，价值增加，于是该政府会计主体采用了五五摊销法。由于低值易耗品价值在该主体的运营费用中占比较小，改变摊销方法后对盈余的影响较小，属于不重要事项，因此也不属于会计政策变更。

19.2.4 会计政策变更的处理方法

政府会计准则制度对会计政策变更未做出规定的应当如何处理，会计政策变更的影响或者累积影响不能合理确定的又应当如何应对呢？《政府会计准则第 7 号——会计调整》做出了相关规定。

政府会计主体应当按照政府会计准则制度规定对会计政策变更进行处理。政府会计准则制度对会计政策变更未做出规定的，通常情况下，政府会计主体应当采用追溯调整法进行处理。

追溯调整法，是指对某项经济业务或者事项变更会计政策时，视同该项经济业务或者事项初次发生时即采用变更后的会计政策，并以此对财务报表相关项目进行调整的方法。

采用追溯调整法时，政府会计主体应当将会计政策变更的累积影响调整最早前期有关净资产项目的期初余额，其他相关项目的期初数也应一并调整；涉及收入、费用等项目的，应当将会计政策变更的影响调整受影响期间的各个相关项目。

会计政策变更的累积影响，是指按照变更后的会计政策对以前各期追溯计算的最早前期各个受影响的净资产项目以及其他相关项目的期初应有金额与现有金额之间的差额；会计政策变更的影响，是指按照变更后的会计政策对以前各期追溯计算的各个受影响的项目变更后的金额与现有金额之间的差额。

政府会计主体按规定编制比较财务报表的，对于比较财务报表可比期间的会计政策变更影响，应当调整各该期间的收入或者费用以及其他相关项目，视同该政策在比较财务报表期间一直采用。对于比较财务报表可比期间以前的会计政策变更的累积影响，政府会计主体应当调整比较财务报表最早期间所涉及的期初净资产各项目，财务报表其他相关项目的期初数也应一并调整。

会计政策变更的影响或者累积影响不能合理确定的，政府会计主体应当采用未来适用法对会计政策变更进行处理。

未来适用法，是指将变更后的会计政策应用于变更当期及以后各期发生的经济业务或者事项，或者在会计估计变更当期和未来期间确认会计估计变更的影响的方法。

采用未来适用法时，政府会计主体不需要计算会计政策变更产生的影响或者累积影响，也无须调整财务报表相关项目的期初数和比较财务报表相关项目的金额。

19.2.5 追溯调整法

在对会计政策变更进行处理时有两种方法，即追溯调整法和未来适用法。需要注意的是，二者有不同的适用情形，政府会计主体应当按照政府会计准则制度的规定对会计政策变更进行相应处理，通常情况下应采用追溯调整法。

追溯调整法，即在对相关经济业务或事项进行调整时，视同该业务或事项从一开始就采用变更后的会计政策，同时以此为基础对报表相关项目进行调整的会计处理方法。需要说明的是，在追溯调整法下，如果存在比较财务报表期间的会计政策变更，需要看作从一开始便采用了新的会计政策对累计盈余及其他项目进行相关调整。此外，对于财务报表可比期间之前的比较，如果涉及会计政策变更而引起的累积影响，需要对财务报表的期初累计盈余和其他相关项目的数字进行调整。

采用追溯调整法的步骤如下。

（1）计算确定会计政策变更的累积影响数。按照新的会计政策对之前各期追溯计算的报告期初累计盈余应计金额与现有金额之间的差额，即会计政策变更的累积影响数。即差额＝按新会计政策计算的变更当年年初应计累计盈余－按原会计政策反映的变更当年年初现有累计盈余。计算方法如下：

①根据变更后的新会计政策重新计算相关的前期交易或事项；

②计算会计政策变更前后之间的差异；

③计算会计政策变更引起的累积影响数。

（2）调整会计政策变更相关累积影响数，并编制相关项目的调整分录。对于会计政策变更涉及的累积影响数，应当直接计入累计盈余，不通过"以前年度盈余调整"科目核算。另外，由于税收政策并未发生变化，会计政策变更追溯调整不影响以前年度应交所得税，因此不需要调整"应交所得税"科目。更为重要的是，纳税影响在《政府会计准则第7号——会计调整》中不做考虑，因为所得税与许多政府会计主体并不相关，例如，大多数行政单位几乎不涉及所得税问题。

（3）调整列报前期最早期初财务报表相关项目及金额。具体内容包括：根据编制的调整分录涉及的项目，调整当年资产负债表相关项目的期初数；调整当年收入费用表的上年数，只需调整上年的影响数，不需要按合计数调整；调整和变更当年净资产变动表，需要调整"会计政策变更"行"累计盈余"栏，且需要在净资产变动表中增加"会计政策变更"行，这样才能完整反映该类调整事项。需要说明的是，上述事项均不需要调整现金流量表。

简要总结，关于追溯调整法的要点如下。

（1）核心：确认累积影响数。

（2）采用追溯调整法，既要追溯调账，也要追溯调表。

①调账时。

a.资产负债表项目：正常写。

b.利润表项目：用"利润分配－未分配利润"表示。

②调表时。

a.资产负债表调整变化年度的年初数。

b.利润表调整变化年度的上年数。

【例19-1】假设会计政策变更日为20×2年1月1日，需要调整20×2年年度资产负债表项目、20×2年年度收入费用表项目以及20×2年年度净资产变动表项目。

具体内容如下。

（1）20×2年年报需要调整资产负债表项目。调整20×2年资产负债表项目的期初数，调整项目为4个：有关资产、负债、净资产项目和累计盈余。

（2）20×2年年报需要调整收入费用表项目。调整20×2年收入费用表项目的上期数（即20×1年的金额），调整项目为3个：收入、费用和本期盈余。

（3）20×2年年报需要调整净资产变动表项目。调整20×2年净资产变动表"会计政策变更"项目中的上年数（即20×0年末余额），调整项目为累计盈余；调整20×2年净资产变动表"会计政策变更"项目中的本年数（即20×1年末余额），调整项目为累计盈余。

【例19-2】20×6年1月1日A高校新校区二期开始建设，建设期5年，向银行借入非专门借款12亿元，年利率4.95%，从20×6年1月1日起至20×8年12月31日止，A高校按原制度在此期间将上述利息费用进行了资本化，利息已按季度支付。按照新政府会计制度的要求，非专门借款的利息费用不能资本化，从20×9年1月1日起A高校需要将利息费用从资本化改为费用化，并进行追溯调整。

年利息费用=120 000×4.95%=5 940（万元）

（1）计算确定会计政策变更的累积影响数，具体如表19-1所示。

表19-1　　　　　　　会计政策变更的累积影响数　　　　　　单位：万元

年度	新政策影响 当期盈余 （1）	原政策影响 当期盈余 （2）	差异 （3）=（1）-（2）
20×6	5 940	0	5 940
20×7	5 940	0	5 940
小计	11 880	0	11 880
20×8	5 940	0	5 940
合计	17 820	0	17 820

（2）调整会计政策变更累积影响数，编制有关项目的调整分录。

财务会计：

借：累计盈余（其他费用）　　　　　　　　　　　　　　17 820

　　贷：在建工程　　　　　　　　　　　　　　　　　　　　17 820

预算会计不需要调整。

（3）调整列报前期最早期初财务报表相关项目及金额，如表19-2、表19-3和表19-4所示。

表 19-2　　　　　　　　　　　资产负债表（简表）

编制单位：A 高校　　　　　　　　　20×9 年　　　　　　　　　　　　单位：万元

资产	年初余额		负债和净资产	年初余额	
	调整前	调整后		调整前	调整后
……			……		
在建工程	42 157	24 337	……		
……			……		
			累计盈余	98 195	80 375
……			……		

表 19-3　　　　　　　　　　　收入费用表（简表）

编制单位：A 高校　　　　　　　　　20×9 年　　　　　　　　　　　　单位：万元

项目	上期金额	
	调整前	调整后
一、本期收入	322 256	322 256
（一）财政拨款收入	211 889	211 889
……		
二、本期费用	302 145	308 085
……		
（八）其他费用	16 801	22 741
三、本期盈余	20 111	14 171

表 19-4　　　　　　　　　　　净资产变动表（简表）

编制单位：A 高校　　　　　　　　　20×9 年　　　　　　　　　　　　单位：万元

项目	本年金额	上年金额
……	累计盈余	累计盈余
一、上年年末余额	98 195	
加：会计政策变更	−17 820	−11 880
前期差错更正		
二、本年年初余额	80 375	
……		

【例 19-3】 A 事业单位于 20×6 年 1 月 1 日对 B 公司进行长期股权投资，占 B 公司有表决权股份的 20%，采用成本法核算该投资，初始投资成本为 450 000 元，且与应享有的 B 公司所有者权益份额相等。20×9 年 1 月 1 日起按新政府会计准则规定改按权益法核算，A 事业单位按本年度非财政拨款结余的 15% 提取专用基金。按税法规定，A 事业单位与 B 公司适用的所得税税率均为 25%。

B 公司 20×6 年、20×7 年、20×8 年的净利润以及 A 事业单位于 20×6 年、20×7 年、20×8 年从 B 公司分得的现金股利如表 19-5 所示。

表 19-5　　　　B 公司的净利润与 A 事业单位确认的投资收益　　　　单位：元

年度	B 公司净利润	A 事业单位确认的投资收益（按成本法核算）
20×6	100 000	0
20×7	50 000	10 000
20×8	75 000	7 500
合计	225 000	17 500

根据上述资料，A 事业单位的会计处理如下。

首先，计算确定会计政策变更的累积影响数，如表 19-6 所示。

表 19-6　　　　　　会计政策变更的累积影响数　　　　　　单位：元

年度	按原会计政策确认的投资收益	按变更后的会计政策计算的投资收益	应纳税暂时性差异	递延所得税费用影响	累积影响数
20×6	0	20 000	20 000	0	20 000
20×7	10 000	10 000	0	0	0
20×8	7 500	15 000	7 500	0	7 500
合计	17 500	45 000	27 500	0	27 500

由于 A 事业单位与 B 公司适用的所得税税率均为 25%，因此，递延所得税费用影响为 0。

其次，进行相关项目的账务处理。调整会计政策变更累积影响数。

借：长期股权投资——B 公司——损益调整　　　　　　27 500
　　贷：累计盈余　　　　　　　　　　　　　　　　　　　　27 500

调整累计盈余。

借：累计盈余（27 500×15%）　　　　　　　　　　　　4 125
　　贷：专用基金　　　　　　　　　　　　　　　　　　　　4 125

最后，调整财务报表的相关项目。A事业单位在列报20×9年财务报表时，应调整20×9年资产负债表有关项目的年初余额、收入费用表有关项目的上年金额及净资产变动表有关项目的上年金额和本年金额。

一是资产负债表项目的调整。调增长期股权投资年初余额27 500元，调增专用基金年初余额4 125元，调增累计盈余年初余额23 375元。

二是收入费用表项目的调整。调增投资收益上年金额7 500元，调增本期盈余上年金额7 500元。

三是净资产变动表项目的调整。调增专用基金上年初金额3 000元、累计盈余上年初金额17 000元、净资产合计上年初金额20 000元；调增专用基金上年金额1 125元、累计盈余上年金额6 375元、净资产合计上年金额7 500元；调增专用基金本年初金额4 125元、累计盈余本年年初金额23 375元、净资产合计本年初金额27 500元。

19.2.6　未来适用法

在会计政策变更的影响或累积影响无法合理确定的特殊情况下，政府会计主体应当采用未来适用法进行会计政策变更。

在进行会计政策变更时，只将新的会计政策应用于本期及以后期间发生的经济业务或事项，或确认会计估计变更对本期及以后期间的影响的方法，即未来适用法。由于该方法无须对以前期间进行会计处理，因此政府会计主体无须计算因会计政策变更造成的影响或累积影响数，同时也不需要编制相关调整分录和调整报表项目，只需在附注中说明会计政策变更影响数即可。

【例19-4】A研究所自20×9年开始执行新政府会计制度，经研究所党委批准，对有关科学研究材料（存货）的会计政策做以下变更。发出存货成本的计量方法由加权平均法改为先进先出法。20×9年末A研究所按先进先出法计算确定的材料（存货）发出成本为100万元，本年确认的收入为210万元，其他费用为8万元，年末按加权平均法计算确定的销售成本为150万元。假设上述款项均为非财政拨款专项资金，提取职工福利基金比例为20%。

会计政策变更对当年累计盈余的影响＝先进先出法下的累计盈余81.6万元［（210－100－8）×80%］－加权平均法下的累计盈余41.6万元［（210－150－8）×80%］＝40（万元）

【例19-5】A行政单位原对存货采用先进先出法计价，为更准确地核算存货成本，从20×9年1月1日起改为个别计价法。假定A行政单位20×9年1月1日存货账面价值为 125 000 元，20×9 年购入存货实际成本为 900 000 元，20×9 年 12 月 31 日按个别计价法计算确定的存货价值为 110 000 元，20×9 年 12 月 31 日按先进先出法计算的存货价值为 225 000 元。

A 行政单位为更准确地核算存货成本而改变会计政策，属于会计政策变更，对其采用未来适用法进行处理，即对存货采用个别计价法这一政策适用于 20×9 年 1 月 1 日及其后，不需要计算 20×9 年 1 月 1 日以前按个别计价法计算存货应有的余额，以及对累计盈余的影响金额。

首先，采用个别计价法计算的计入业务活动费用的存货成本如下。

期初存货＋本期购入存货实际成本－期末存货 =125 000+900 000-110 000=915 000（元）

其次，采用先进先出法计算的计入业务活动费用的存货成本如下。

期初存货＋本期购入存货实际成本－期末存货 =125 000+900 000-225 000=800 000（元）

即会计政策变更使 A 行政单位当期业务活动费用增加了 115 000 元，当期盈余减少了 115 000 元。

对于上述情形，A 行政单位应在期末财务报表附注中进行以下说明。为更准确地核算存货成本，20×9 年 A 行政单位对存货采用的计价方法由先进先出法改为个别计价法。由于存货品种较多，存货收发比较频繁，按个别计价法计算确定存货成本工作量太大，根据成本效益原则，对于该项会计政策变更，无法合理确定其累计影响数，因而 A 行政单位采用未来适用法核算。由于该项会计政策变更，当期盈余减少 115 000 元。

19.3 会计估计变更

会计估计变更部分主要规定了会计估计变更的确认、未来适用法在会计估计变更中的应用等。本部分通过具体案例对政府会计主体会计估计变更的会计处理做出分析，并对会计估计变更与会计政策变更的区别做出了阐释。

政府会计主体据以进行估计的基础发生了变化，或者由于取得新信息、积累更多经验以及后来的发展变化，可能需要对会计估计进行修订。会计估计变更应以掌握的新情况、新进展等真实、可靠的信息为依据。

政府会计主体应当对会计估计变更采用未来适用法处理。

会计估计变更时，政府会计主体不需要追溯计算前期产生的影响或者累积影响，但应当对变更当期和未来期间发生的经济业务或者事项采用新的会计估计进行处理。

会计估计变更仅影响变更当期的，其影响应当在变更当期予以确认；会计估计变更既影响变更当期又影响未来期间的，其影响应当在变更当期和未来期间分别予以确认。

政府会计主体对某项变更难以区分为会计政策变更或者会计估计变更的，应当按照会计估计变更的处理方法进行处理。

19.3.1 会计估计变更的定义

会计估计是指政府会计主体根据最新的有价值的信息，来判断那些结果暂未可知的交易或事项。会计估计变更是指资产和负债的现状和预计未来的经济利益、义务发生了变化，导致资产和负债的账面价值或资产的定期消耗金额发生变化，进而重新进行估计和调整。

19.3.2 会计估计变更的特点

会计估计发生变更时，政府会计主体需要采用新的会计估计来处理在变更当期发生的相关事项和未来期间发生的经济业务，而不需要对之前的累积影响进行调整计算。因此，会计估计变更有以下特点：

（1）受经济活动中不确定性因素的影响；

（2）通常基于最新的、有价值的信息或资料来进行估计；

（3）不会对会计确认和计量的可靠性造成影响。

此外，如果会计估计变更只对变更当期造成影响，需要在当期确认有关影响；如果会计估计变更对当期和未来期间都造成影响，则需要分别进行确认。

19.3.3 会计估计变更的会计处理

对于会计估计变更，应当采用未来适用法进行处理。

【例19-6】A医院有一台医疗设备，原始价值30 000元，预计可以使用6年，无净残值。该设备从2×20年1月开始采用直线法计提折旧。2×22年1月因为技术革新，需要对该设备的使用寿命进行修正，修正后预计可以使用4年，无净残值。

（1）A医院对上述会计估计变更的处理。

基于之前的估计，该设备每年的折旧额为5 000元，A医院已提折旧2年，共提折旧10 000元，固定资产净值为20 000元，第3年相关科目的年初余额为20 000元。

按照修正后预计使用寿命来看，2×22年1月起每年计提的折旧费用为10 000元[20 000÷（4-2）]。需要说明的是，2×22年A医院不需要再调整以前年度已提折旧，只需要以新的预计尚可使用寿命为计算基础来计提年折旧费用即可。

（2）编制会计分录。

财务会计：

借：单位管理费用　　　　　　　　　　　　　　　　　10 000

　　贷：累计折旧　　　　　　　　　　　　　　　　　　10 000

预算会计不需要进行账务处理。

该会计估计变更使本年度累计盈余减少5 000元（10 000-5 000）。

19.3.4　会计政策变更与会计估计变更的区分

政府会计主体应根据一贯性、适用性和效益性原则，基于我国现行的政府会计准则、制度和相关法律法规的要求，正确选择和确定政府会计主体所采用的会计政策与会计估计，合理区分会计政策变更与会计估计变更。

政府会计主体会计政策变更主要包括以下内容：

（1）历史成本改按公允价值计量；

（2）坏账准备由不计提改为计提；

（3）变更发出存货计价方法；

（4）将长期股权投资的账务处理方式由成本法转变为权益法；

（5）借款费用资本化与费用化转变；

（6）预计负债的确认和计量。

政府会计主体会计估计变更主要包括以下内容：

（1）预计公允价值确定方法的变更；

（2）坏账准备具体计提方法的变更（如由余额百分比法改为账龄分析法）；

（3）无形资产摊销方法的变更；

（4）预计使用年限的变更、净残值率的变更、坏账准备计提比例的变更。

需要说明的是，政府会计主体在判断和分析会计政策变更与会计估计变更时，应核实事项的会计确认、计量基础和列报项目。如果会计确认、计量基础和列报项目中的一项或多项变更，就可以判断属于会计政策变更；如果会计确认、计量基础和列报项目中的任何一项都没有变更，就可以判断属于会计估计变更。

19.4 会计差错更正

会计差错更正部分主要规定了本期发现的会计差错以及报告日后期间发现的会计差错的会计处理。在实务中，由于政府会计主体的会计差错更正在时间顺序上存在多种情况，因此本部分首先对可能出现的各种情况分别进行解释，其次通过多个案例对实务中可能存在的情况进行分析说明，并对以前"年度盈余调整"这一重要科目进行阐述。

政府会计主体在本报告期（以下简称"本期"）发现的会计差错，应当按照以下原则处理。

（1）本期发现的与本期相关的会计差错，应当调整本期报表（包括财务报表和预算会计报表，下同）相关项目。

（2）本期发现的与前期相关的重大会计差错，如影响收入、费用或者预算收支的，应当将其对收入、费用或者预算收支的影响或者累积影响调整发现当期期初的相关净资产项目或者预算结转结余，并调整其他相关项目的期初数；如不影响收入、费用或者预算收支的，应当调整发现当期相关项目的期初数。经上述调整后，视同该差错在差错发生的期间已经得到更正。

与前期相关的重大会计差错的影响或者累积影响不能合理确定的，政府会计主体可比照后文（3）的规定进行处理。

重大会计差错，是指政府会计主体发现的使本期编制的报表不再具有可靠性的会计差错，一般是指差错的性质比较严重或者差错的金额比较大。该差错会影响报表使用者对政府会计主体过去、现在或者未来的情况做出评价或者预测，则认为性质比较严重，如未遵循政府会计准则制度、财务舞弊等原因产生的差错。通常情况下，导致差错的经济业务或者事项对报表某一具体项目的影响或者累积影响金额占该类经济业务或者事项对报表同一项目的影响金额的10%及以上，则认为金额比较大。

政府会计主体滥用会计政策、会计估计及其变更，应当作为重大会计差错予以更正。

（3）本期发现的与前期相关的非重大会计差错，应当将其影响数调整相关项目的本期数。

政府会计主体在报告日至报告批准报出日之间发现的报告期以前期间的重大会计差错，应当视同本期发现的与前期相关的重大会计差错，比照《政府会计准则第 7 号——会计调整》第十四条（二）的规定进行处理。

政府会计主体在报告日至报告批准报出日之间发现的报告期间的会计差错

及报告期以前期间的非重大会计差错，应当按照《政府会计准则第7号——会计调整》第五章中的调整事项进行处理。

政府会计主体按规定编制比较财务报表的，对于比较财务报表期间的重大会计差错，应当调整各该期间的收入或者费用以及其他相关项目；对于比较财务报表期间以前的重大会计差错，应当调整比较财务报表最早期间所涉及的各项净资产项目的期初余额，财务报表其他相关项目的金额也应一并调整。

对于比较财务报表期间和以前的非重大会计差错，以及影响或者累积影响不能合理确定的重大会计差错，应当调整相关项目的本期数。

19.4.1 前期差错及更正的内容

前期差错是指因为未运用或错误运用了下列两种信息，对前期财务报表产生的影响：①在编制前期财务报表时，预计可以得到有价值的信息；②在前期财务报告批准报出时，可以获取的有用信息。需要说明的是，以下几种情况会导致前期差错：对账户进行了错误分类和因计算导致的错误；采用会计制度所禁止的会计政策，以及违反法律法规；疏忽或者曲解了相关事实所导致的错误，以及会计舞弊。

19.4.2 前期差错及更正的分类

前期差错按重要性进行分类，可以分为重要和非重要两种。能够对财务报表使用者判断政府财务状况是否合理、现金流量是否充足、运行情况是否良好造成影响的，就是重要的前期差错；除此之外，就是非重要的前期差错。前期差错是否具有重要性，应以漏报或错报相关会计信息所导致差错的性质的严重性和规模大小为基础进行判断。也就是说，判断前期差错是否具有重要性的关键因素，就是被该前期差错所影响的财务报表项目的性质或金额。通常情况下，如果一项前期差错对所涉及的财务报表项目造成的影响性质越严重、金额越大，也就意味着该前期差错的重要性水平越高。

需要说明的是，对于当期的差错，直接对相关项目进行调整即可，不需要对重要性进行区分。对于非重要的前期差错，直接对相关项目进行调整；而对于重要的前期差错，如果该差错与收入和费用有关，需要通过"以前年度盈余调整"科目核算。

19.4.3 "以前年度盈余调整"科目

"以前年度盈余调整"科目核算本年度发生的调整以前年度盈余的事项。对于本年度发生的重要前期差错更正，如果涉及调整以前年度盈余的事项，也通过"以前年度盈余调整"科目核算。本科目仅涉及本年度发生的调整以前年度的收支和非流动性资产盘盈时的事项，调整其他事项不通过本科目核算，年末将其结转至"累计盈余"科目，结转后无余额。

（1）调整增加以前年度收入或减少以前年度费用。财务会计：借记有关科目（如"预收账款"科目等），贷记"以前年度盈余调整"科目。预算会计：借记"资金结存"科目，贷记"财政拨款结转""财政拨款结余""非财政拨款结转""非财政拨款结余——年初余额调整"科目。

（2）调整减少以前年度收入或增加以前年度费用。财务会计：借记"以前年度盈余调整"科目，贷记有关科目（如"应付账款"科目等）。预算会计：借记"财政拨款结转""非财政拨款结转""财政拨款结余""非财政拨款结余——年初余额调整"科目，贷记"资金结存"科目。

（3）盘盈的各种非流动资产报经批准后的处理。财务会计：借记"待处理财产损溢"科目，贷记"以前年度盈余调整"科目。预算会计不需要进行账务处理。

（4）调整后转入累计盈余。财务会计：借记或贷记"累计盈余"科目，贷记或借记"以前年度盈余调整"科目。预算会计不需要进行账务处理。

【例19-7】A医院在2×20年12月31日发现一台价值12 000元的大型医疗设备应计入固定资产。该设备于2×19年3月1日开始计提折旧，在2×19年计入了当期业务活动费用。A医院对固定资产采用直线法计提折旧，该设备预计使用年限为4年，假设不考虑净残值因素。则在2×20年12月31日更正此差错的会计分录如下。

财务会计：

年折旧额=12 000÷4=3 000（元）

2×19年应提折旧=3 000÷12×10=2 500（元）

借：固定资产　　　　　　　　　　　　　　　　　　　　　　12 000

　　贷：业务活动费用（如是前期重要差错则记"以前年度盈余调整"科目　6 500

　　　　固定资产累计折旧　　　　　　　　　　　　　　　　　5 500

预算会计不需要进行账务处理。

需要说明的是，该项差错如果在2×23年2月后才发现，则不需要做任何会计处理。

【例 19-8】本期发现与本期相关的会计差错

某事业单位 2×19 年 10 月发现有 8 月一笔预收账款 1 万元，付款方已经收到商品，并达到收入确认条件，但 8 月未确认收入。不考虑相关税费。

分析：该项差错属于本期发现的本期差错，应当采用补充登记法，调整相关项目的本期数。

财务会计：

借：事业收入　　　　　　　　　　　　　　　　　　　　　　10 000
　　贷：预收账款　　　　　　　　　　　　　　　　　　　　　　10 000

该差错调整不影响本期预算结余，故无须进行预算会计的账务处理。

【例 19-9】本期发现与本期相关的会计差错

2×19 年 9 月，A 医院财务人员发现，支付给研究生 7 月的劳务费用为 4 500 元，而财务人员在登记入账时实际计入劳务费 4 000 元，少提 500 元。

分析：由于该项差错属于在当期发现当期的会计差错，应当采用补充登记法直接对 A 医院的财务报表以及预算报表进行调整。

财务会计：

借：业务活动费用——科教项目费用——商品与服务费用　　　　500
　　贷：银行存款　　　　　　　　　　　　　　　　　　　　　　500

预算会计：

借：事业支出——科教项目支出——劳务费　　　　　　　　　　500
　　贷：资金结存——货币资金　　　　　　　　　　　　　　　　500

【例 19-10】本期发现与收支相关的本期差错

2×19 年 4 月，A 电子科技大学发现上月购入一批科研专用材料款为 15 000 元，入账 10 000 元、漏记 5 000 元。

分析：上述会计差错为当期发现的与当期收支相关的会计差错，仅影响当期收支，故采用补充登记法调整当期相关收支项目即可。

财务会计：

借：业务活动费用——科研材料费　　　　　　　　　　　　　5 000
　　贷：银行存款或库存现金　　　　　　　　　　　　　　　　5 000

预算会计：

借：事业支出——科研支出　　　　　　　　　　　　　　　　5 000

贷：资金结存——货币资金　　　　　　　　　　　　　　　　　5 000

【例 19-11】本期发现与前期相关的非重大会计差错

某事业单位 2×19 年 12 月在单位账务自查中发现，由于计算错误，多收了某企业的业务手续费 3 000 元，款项已退还。该项差错未达到重要性标准，属于前期非重大会计差错。

分析：该项差错属于本期发现的前期非重大差错，不需调整相关项目的期初数，只调整相关项目的本期数。

财务会计：
借：经营收入　　　　　　　　　　　　　　　　　　　　　　　　3 000
　　贷：银行存款　　　　　　　　　　　　　　　　　　　　　　　3 000

预算会计：
借：经营预算收入　　　　　　　　　　　　　　　　　　　　　　　3 000
　　贷：资金结存——货币资金　　　　　　　　　　　　　　　　　3 000

【例 19-12】本期发现与前期相关的非重大会计差错

2×19 年 A 医院在进行财务清查时发现，2×18 年 3 月支付测试化验加工费的 2 000 元，由于财务人员的疏忽，将出账项目勾选错误。

分析：因为此项差错属于非重大会计调整同时也满足不对收支造成影响的条件，所以只需调整发现当期的期初余额。

财务会计：
借：业务活动费用——科教项目费用——商品与服务费用　　　　　2 000
　　贷：业务活动费用——科教项目费用——材料费　　　　　　　2 000

预算会计：
借：业务活动费用——科教项目费用　　　　　　　　　　　　　　2 000
　　贷：业务活动费用——科教项目费用　　　　　　　　　　　　2 000

【例 19-13】本期发现以前期间非重大会计差错

2×19 年 1 月，A 建筑大学按照政府会计准则进行账务调整与账务清查，发现 2×16 年 4 月某科研项目一项开支费用处理科目出现会计差错，金额 2 000 元。

分析：此项会计差错属于当期发现以前期间非重大会计差错且对当期收支没有影响，仅仅是会计科目出现错误，故调整当期相关项目及金额即可。

财务会计：
借：业务活动费用——科研费用——应支项目　　　　　　　　　　2 000

贷：业务活动费用——科研费用——错支项目　　　　　　　2 000

因金额没有错误，仅仅是支出项目错误，故可以不编制预算会计分录。

【例19-14】 本期发现与前期相关的重大会计差错

2×18年3月A医院组织一批医生去外省医院学习，共花费2万元。财务人员错将2万元的差旅费用计入业务接待费。2×19年A医院进行会计清算时发现这一错误，同时发现2×18年发生的差旅费用共计15万元。

分析：由于2×18年3月发生的差旅费用占年度总差旅费用的10%以上，所以将此项差错确认为重大差错。

财务会计：

借：以前年度盈余调整——差旅费　　　　　　　　　　　　　　20 000
　　贷：以前年度盈余调整——业务接待费　　　　　　　　　　　20 000

预算会计：

借：非财政拨款结转——年初余额调整　　　　　　　　　　　　20 000
　　贷：非财政拨款结转——年初余额调整　　　　　　　　　　　20 000

【例19-15】 本期发现与前期相关的重大会计差错

某事业单位2×19年12月在单位账务自查中发现，上年度发生的物业管理费2万元至今尚未支付，现通过授权支付给物业公司。该项差错达到重要性标准，属于前期重大会计差错。

分析：该项差错属于本期发现的前期重大差错，且涉及收入、费用及预算收支，需通过"以前年度盈余调整"科目及相关预算结转结余科目，调整相关项目的期初数。

财务会计：

借：以前年度盈余调整　　　　　　　　　　　　　　　　　　　20 000
　　贷：零余额账户用款额度　　　　　　　　　　　　　　　　　20 000

调整后"以前年度盈余调整"科目余额需结转至"累计盈余"科目。

借：累计盈余　　　　　　　　　　　　　　　　　　　　　　　　20 000
　　贷：以前年度盈余调整　　　　　　　　　　　　　　　　　　　20 000

预算会计：

借：财政拨款结转——年初余额调整　　　　　　　　　　　　　20 000
　　贷：资金结存——零余额账户用款额度　　　　　　　　　　　20 000

年末，"财政拨款结转——年初余额调整"科目余额需结转至"财政拨款结转——累计结转"科目。

预算会计：

借：财政拨款结转——累计结转　　　　　　　　　　　　　20 000
　　贷：财政拨款结转——年初余额调整　　　　　　　　　　　　20 000

【例19-16】本期发现以前年度重大差错

A林业大学2×19年账务清查发现2×17年5月发生的外出活动费错误入账为业务接待费，金额为20万元，本应记入"业务出国经费"明细科目。假设当年A林业大学业务招待费合计150万元。

分析：根据准则规定，会计错报涉及的金额达到某一项目金额10%以上则为重大错报。由于错报金额20万元占业务招待费项目总金额150万元的比例为13.33%，超过了10%，故属于以前期间重大会计差错，需通过A林业大学的"以前年度盈余调整"科目调整（单位：万元）。

财务会计：

借：以前年度盈余调整——业务出国经费　　　　　　　　　20
　　贷：以前年度盈余调整——业务接待费　　　　　　　　　　　20

因金额没有错误，仅仅是支出项目错误，故可以不编制预算会计分录。

【例19-17】报告日至报告批准报出日之间发现的报告期以前期间的重大会计差错

某事业单位2×19年度财务报表于2×20年3月20日编制完成，注册会计师于2×20年4月10日完成审计工作并签署审计报告，单位负责人于2×20年4月17日批准财务报告对外报出，财务报告于2×20年4月21日实际对外公布。单位财务人员于2×20年2月发现，2×18年收到的上级补助收入1万元仍挂在往来账中反映，现进行调整。该项差错达到重要性标准。

分析：该项差错属于报告日至报告批准报出日之间发现的报告期以前期间的重大会计差错，按要求应当视同本期发现的与前期相关的重大会计差错，因此不调整2×19年相关项目的数额，而应调整2×20年有关项目的期初数。

财务会计：

借：预收账款　　　　　　　　　　　　　　　　　　　　10 000
　　贷：以前年度盈余调整　　　　　　　　　　　　　　　　　10 000

调整后"以前年度盈余调整"科目余额需结转至"累计盈余"科目。

借：以前年度盈余调整　　　　　　　　　　　　　　　　10 000
　　贷：累计盈余　　　　　　　　　　　　　　　　　　　　　10 000

预算会计：

借：资金结存——货币资金　　　　　　　　　　　　　　10 000

贷：非财政拨款结转——年初余额调整　　　　　　　　10 000

年末，"非财政拨款结转——年初余额调整"科目余额需结转至"非财政拨款结转——累计结转"科目。

借：非财政拨款结转——年初余额调整　　　　　　　　10 000
　　贷：非财政拨款结转——累计结转　　　　　　　　　10 000

说明：该项业务虽未涉及预算资金的变动，但按衔接要求，预算收入中已经收到但尚未计入预算收入的金额应登记在"非财政拨款结转"科目的贷方，同时登记在"资金结存——货币资金"科目的借方。

【例19-18】 报告日至报告批准报出日之间发现的报告期的会计差错及报告期以前期间的非重大会计差错

沿用【例19-17】。假定单位财务人员于2×20年2月发现2×19年收到的上级补助收入1万元仍挂在往来账中反映，现进行调整。

假定单位财务人员于2×20年2月发现2×18年收到的上级补助收入1万元仍挂在往来账中反映，现进行调整。该项差错未达到重要性标准。

分析：上述两项差错属于报告日至报告批准报出日之间发现的报告期会计差错以及报告期以前期间的非重大会计差错，按规定应作为调整事项进行处理，调整报告期报表，因此本例应编制的财务会计分录与预算会计分录同【例19-17】，只是本例的调整分录调整的是2×19年财务报表相关项目的本期数。

【例19-19】 盘盈非流动资产

盘盈非流动资产需通过"以前年度盈余调整"科目进行调整。

某事业单位2×19年1月进行资产清查时，盘盈投影仪一台，经资产评估机构评估，价格为8 000元。

分析：根据《政府会计准则第3号——固定资产》的规定，盘盈固定资产时按规定经过资产评估的，其成本按照评估价值确定；未经资产评估的，其成本按照重置成本确定。

财务会计：

盘盈时。

借：固定资产　　　　　　　　　　　　　　　　　　　　8 000
　　贷：待处理财产损溢　　　　　　　　　　　　　　　8 000

经批准后处理。

借：待处理财产损溢　　　　　　　　　　　　　　　　　8 000
　　贷：以前年度盈余调整　　　　　　　　　　　　　　8 000

调整后。

借：以前年度盈余调整　　　　　　　　　　　　　　　　　　　8 000
　　贷：累计盈余　　　　　　　　　　　　　　　　　　　　　　8 000

无须进行预算会计的账务处理。

【例 19-20】 会计差错更正的其他几种举例

（1）会计差错更正、购货退回的会计更正。

事业单位因发生的以前年度的会计差错更正退回或者购货退回国库直接支付、授权支付款项，或者收回货币资金的，需要进行相应的会计处理，具体如表 19-7 所示。

表 19-7　　会计差错更正、购货退回的会计更正账务处理

会计事项	财务会计处理	预算会计处理
属于本年度的会计差错更正、购货退回的会计更正	借：财政拨款收入/银行存款/零余额账户用款额度 　　贷：业务活动费用/库存物品等	借：财政拨款预算收入[退回国库直接支付资金]/资金结存——货币资金[收回货币资金]/资金结存——零余额账户用款额度[收回授权支付款项] 　　贷：事业支出等
属于以前年度的会计差错更正、购货退回的会计更正	借：银行存款/零余额账户用款额度 　　贷：以前年度盈余调整[涉及以前年度收入费用调整]/库存物品等	借：资金结存——货币资金/资金结存——零余额账户用款额度 　　贷：财政拨款结转/财政拨款结余/非财政拨款结转/非财政拨款结转——年初余额调整

因购货退回、发生差错更正等退回国库直接支付、授权支付款项或者收回货币资金的，属于本年度支付的，预算会计应借记"财政拨款预算收入"科目或"资金结存——零余额账户用款额度、货币资金"科目，贷记相关支出科目。

属于以前年度支付的，预算会计应借记"资金结存——财政应返还额度、零余额账户用款额度、货币资金"科目，贷记"财政拨款结转""财政拨款结余""非财政拨款结转""非财政拨款结余"科目。

（2）会计差错更正、购货退回的会计更正。

行政事业单位因发生以前年度的会计差错更正或者购货退回以前年度国库直接支付、授权支付款项或财政性货币资金，或者因发生会计差错更正增加以前年度国库直接支付、授权支付支出或财政性货币资金支出需要进行账务的追溯调整中属于财政拨款结转资金的，需要进行相应的财政拨款结转资金的会计处理，具体如表 19-8 所示。

表 19-8　　　会计差错更正、购货退回的会计更正账务处理

会计事项	财务会计处理	预算会计处理
涉及以前年度收入费用调整	借：有关资产或负债科目 　贷：以前年度盈余调整	当且仅当业务涉及国库直接支付、授权支付款项，或财政性货币资金退回时： 借：资金结存——财政应返还额度、零余额账户用款额度、货币资金 　贷：财政拨款结转——年初余额调整
仅涉及以前年度资产负债科目之间的调整	借：有关资产或负债科目 　贷：有关资产或负债科目	

因发生会计差错更正退回以前年度国库直接支付、授权支付款项或财政性货币资金，或者因发生会计差错更正增加以前年度国库直接支付、授权支付支出或财政性货币资金支出，属于以前年度财政拨款结转资金的，预算会计应借记或贷记"资金结存——财政应返还额度、零余额账户用款额度、货币资金"科目，贷记或借记"财政拨款结转——年初余额调整"科目。

因购货退回、预付款项收回等发生以前年度支出又收回国库直接支付、授权支付款项或收回财政性货币资金，属于以前年度财政拨款结转资金的，预算会计应借记"资金结存——财政应返还额度、零余额账户用款额度、货币资金"科目，贷记"财政拨款结转——年初余额调整"科目。

（3）会计差错更正、购货退回的会计更正。

单位或部门因发生以前年度或本年度的会计差错更正或者相应的购货退回事项退回以前年度国库直接支付、授权支付款项或财政性货币资金，或者因发生会计差错更正增加以前年度国库直接支付、授权支付支出或财政性货币资金支出中属于财政拨款结余资金的，需要进行相应的财政拨款结余资金的会计处理，具体如表19-9所示。

表 19-9　　　会计差错更正、购货退回的会计更正账务处理

会计事项	财务会计处理	预算会计处理
涉及以前年度收入费用调整	借：有关资产或负债科目 　贷：以前年度盈余调整	当且仅当业务涉及国库直接支付、授权支付款项，或财政性货币资金退回时： 借：资金结存——财政应返还额度、零余额账户用款额度、货币资金 　贷：财政拨款结余——年初余额调整
仅涉及以前年度资产负债科目之间的调整	借：有关资产或负债科目 　贷：有关资产或负债科目	

因发生会计差错更正退回以前年度国库直接支付、授权支付款项或财政性货币资金，或者因发生会计差错更正增加以前年度国库直接支付、授权支付支出或财政性货币资金支出，属于以前年度财政拨款结余资金的，预算会计应借记或贷记"资金结

存——财政应返还额度、零余额账户用款额度、货币资金"科目，贷记或借记"财政拨款结存——年初余额调整"科目。

因购货退回、预付款项收回等发生以前年度支出又收回国库直接支付、授权支付款项或收回财政性货币资金，属于以前年度财政拨款结存资金的，预算会计应借记"资金结存——财政应返还额度、零余额账户用款额度、货币资金"科目，贷记"财政拨款结存——年初余额调整"科目。

19.5 报告日后事项

报告日后事项部分主要规定了报告日后调整事项的会计处理和非调整事项的披露。本部分首先对《政府会计准则第 7 号——会计调整》中的重要概念进行了说明，其次以具体案例对政府会计主体报告日后事项的会计处理做出分析，最后对报告日后调整事项与会计政策变更在会计处理上的区别做出阐释。

报告日以后获得新的或者进一步的证据，有助于对报告日存在状况的有关金额做出重新估计，应当作为调整事项，据此对报告日的报表进行调整。调整事项包括已证实资产发生了减损、已确定获得或者支付的赔偿、财务舞弊或者差错等。

报告日以后发生的调整事项，应当如同报告所属期间发生的事项一样进行会计处理，对报告日已编制的报表相关项目的期末数或者本期数做相应的调整，并对当期编制的报表相关项目的期初数或者上期数进行调整。

报告日以后才发生或者存在的事项，不影响报告日的存在状况，但如不加以说明，将会影响报告使用者做出正确估计和决策，这类事项应当作为非调整事项，在财务报表附注中予以披露，如自然灾害导致的资产损失、外汇汇率发生重大变化等。

19.5.1 报告日后事项的定义和期间

报告日后事项是指从报告日（通常为 12 月 31 日）开始到批准报出日这段时间内发生的需要调整或说明的事项。报告日后事项所涵盖的期间，是指报告年度次年的 1 月 1 日至政府主管部门对财务报告的批准报出日这一段时间。如在实际报出之前、被批准报出之后发生了与报告日后事项相关的事项，应该按照再次批准财务报告对外公布的当日为截止日期。

【例 19-21】A 事业单位 2×19 年综合财务报告于 2×20 年 2 月 23 日编制完成，注册会计师对审计报告进行签署的日期为 2×20 年 5 月 7 日，相关部门批准的财务报告对外公布日期是 5 月 18 日，实际上对外公布的日期是 5 月 22 日。报告日后事项所涵盖的期间为 2×20 年 1 月 1 日至 2×20 年 5 月 18 日。

19.5.2 调整事项

调整事项，是指对在报告日时已存在的事项找到新的证据，从而进行进一步调整的事项。

通常情况下，对于政府会计主体来说，发生以下情形时，需进行调整。

（1）在报告日后才结案的诉讼案件，如果法院明确了政府会计主体在报告日已经存在现时义务，就必须进行相关调整。

（2）在报告日后得到确切证据，能够表明某项资产在报告日发生了减值，或者需要对某项资产原先确认的减值金额进行调整。

（3）报告日后进一步确定报告日前购入资产的成本或售出资产的收入。

（4）报告日后发现了财务报表舞弊或差错。

19.5.3 非调整事项

非调整事项是指在报告日后发生的不需要调整的事项。非调整事项不会对报告日财务报表造成影响，对于财务报表使用者而言，如果非调整事项没有相关说明，则会对其做出正确判断造成影响，不利于其进行相关决策。政府会计主体发生的非调整事项，通常包括报告日后发生的重大诉讼、仲裁、承诺、自然灾害导致的资产损失、外汇汇率发生重大变化等，具体包括：①报告日并未发生或存在，完全是日后才发生的事项；②对理解和分析财务报表会造成一定影响的事项。

19.5.4 调整事项的处理原则

就政府会计主体而言，其在做出调整事项的决定时也需要做到具体情况具体分析，进一步区分相关事项是否与盈余或者盈余分配有关，然后按照一定的方法进一步对这些事项进行调整。总体而言，调整事项的处理原则主要为以下 4 点。

（1）如果是与盈余有关的事项，应通过"以前年度盈余调整"科目核算。对减少以前年度盈余或增加以前年度赤字的事项进行调整时，应通过"以前年度盈余调整"科目的借方来核算；对增加以前年度盈余或减少以前年度赤字的事项进行调整时，应通过"以前年度盈余调整"科目的贷方来核算。完成全部调整后，把"以前年度盈余调整"科目的余额（可能在贷方，也可能在借方）转入"累计盈余"科目。

（2）如果是和盈余分配有关的事项，直接在"累计盈余"科目核算。需要注意的是，政策变更事项应直接通过"累计盈余"科目核算；前期差错更正、报告日后事项应先通过"以前年度损益调整"科目核算，再将其余额转入"累计盈余"科目。

（3）如果不涉及盈余及盈余分配的有关事项，则只需调整相关科目即可。

（4）完成上述调整之后，还应对财务报表相关项目的金额进行调整，包括：在报告日编制的财务报表有关项目的期末余额或当年的发生额；当期编制的财务报表有关项目的期初金额；有关财务报表附注内容。

【例19-22】资产负债表日后调整事项的处理

对于日后调整事项，既需要调整报告年度报表相关项目，又需要调整相关账务处理。总的处理步骤分为4步。

（1）税前调整。

①涉及盈余的事项，通过"以前年度损益调整"科目核算。

②涉及盈余分配的事项，直接在"累计盈余"科目核算。

③不涉及盈余及盈余分配的事项，直接调整相关科目。

（2）所得税调整。

所得税调整既可能对"应交税费"产生影响，也可能对"递延所得税"产生影响。所得税的调整原则如下。若日后调整事项引起纳税义务发生变动，且在所得税汇算清缴前，则可以调整报告年度的应交所得税；若在所得税汇算清缴后，则不调整报告年度的应交所得税，此时不涉及所得税的调整。若日后调整事项引起暂时性差异变动，应确认或转回递延所得税。

（3）税后调整。

通过上述处理后，将"以前年度损益调整"科目的余额转入"累计盈余"科目，同时相应调整"盈余公积"科目。

（4）报表项目的调整。

①资产负债表日编制的财务报表相关项目的期末数或本年发生数。

②当期编制的财务报表相关项目的期初数。

③上述调整涉及报表附注内容的，还应当调整财务报表附注相关项目的数字。

【例19-23】A高校于2×19年1月做出决议,为扩大招生规模和提高教学质量,决定建造一幢教学楼,为此,经批准于2×19年2月与甲建筑公司达成协议,商定甲公司最晚应于2×19年10月向A高校交付教学楼。但由于施工计划延误,甲公司没有按照协议建造完成教学楼,导致A高校原定教学计划和招生计划落空,遭受重大损失。2×19年11月,A高校向当地人民法院起诉甲公司,要求甲公司赔偿90万元。直到2×19年12月31日,当地人民法院尚未判决,对于该诉讼事项A高校没有对应收赔偿款进行确认。2×20年2月人民法院宣布判决结果,甲公司应当赔偿A高校80万元,A高校和甲公司都服从判决。判决当天,甲公司向A高校支付赔偿款80万元。

本例中,法院的判决证实了在报告日(即2×19年12月31日),A高校享有获赔权利,甲公司存在赔偿义务,所以双方都应将"法院判决"这一事项作为调整事项进行处理。

(1) A高校的账务处理。

财务会计:

借:其他应收款——甲公司　　　　　　　　　　800 000
　　贷:以前年度盈余调整——其他收入　　　　　　　800 000

借:银行存款　　　　　　　　　　　　　　　　800 000
　　贷:其他应收款——甲公司　　　　　　　　　　　800 000

借:以前年度盈余调整——本年盈余　　　　　　800 000
　　贷:累计盈余　　　　　　　　　　　　　　　　　800 000

预算会计:

借:资金结存——货币资金　　　　　　　　　　800 000
　　贷:非财政拨款结余——年初余额调整　　　　　　800 000

(2) A高校调整报告年度财务报表相关项目。对资产负债表相关项目进行调整:调增其他应收款80万元,调增累计盈余80万元。对收入费用表相关项目进行调整:调增其他收入80万元,调增本期盈余80万元。对净资产变动表相关项目进行调整:调增本年盈余80万元。

19.5.5　报告日后调整事项与会计政策变更在会计处理上的区别

在实务中,报告日后调整事项与会计政策变更在会计处理上有明显区别:在调整分录方面,前者通过"以前年度盈余调整"科目核算,后者不使用该科目;在报表项目调整方面,报告日后调整主要调整上期(报告期间)报表的期末数或本年数和调整本期报表的期初数或上年数,会计政策变更主要调整本期报表的期初数或上年数。

19.6 披露

披露部分主要包括了财务报表附注中应当披露的与会计调整相关的内容，以及多个会计期间内的会计政策变更、会计估计的披露的相关规定。政府会计主体应当严格按照此规定对会计调整相关事宜进行披露。

政府会计主体应当在财务报表附注中披露以下信息。

（1）会计政策变更的内容和理由、会计政策变更的影响，以及影响或者累积影响不能合理确定的理由。

（2）会计估计变更的内容和理由、会计估计变更对当期和未来期间的影响数。

（3）重大会计差错的内容和重大会计差错的更正方法、金额，以及与前期相关的重大会计差错影响或者累积影响不能合理确定的理由。

（4）与报告日后事项有关的下列信息。

①财务报告的批准报出者和批准报出日。

②每项重要的报告日后非调整事项的内容，及其估计对政府会计主体财务状况、运行情况的影响；无法做出估计的，应当说明其原因。

政府会计主体在以后的会计期间，不需要重复披露在以前期间的财务报表附注中已披露的会计政策变更、会计估计变更和会计差错更正的信息。

19.7 附则

附则部分主要包括《政府会计准则第 7 号——会计调整》的例外事项和生效日期。

财政总预算会计中涉及的会计调整事项，按照《财政总预算会计制度》和财政部其他相关规定处理。

行政事业单位预算会计涉及的会计调整事项，按照部门决算报告制度有关要求进行披露。

《政府会计准则第 7 号——会计调整》自 2019 年 1 月 1 日起施行。

第 20 章 政府和社会资本合作项目的账务处理

为建立健全政府会计准则体系，财政部制定并发布了《政府会计准则第 10 号——政府和社会资本合作项目合同》（以下简称"PPP 会计准则"），此准则规范了政府方对政府和社会资本合作项目合同的确认、计量和相关信息的列报，这对做好政府和社会资本合作项目的账务处理起了关键作用。

20.1 关于 PPP 会计准则适用范围的判断

20.1.1 适用 PPP 会计准则的情形

PPP 会计准则主要规范了政府方对依法依规签订的 PPP 项目合同的确认、计量和相关信息的列报。

PPP 会计准则所指的政府方，是指政府授权或指定的 PPP 项目实施机构，通常为政府有关职能部门或事业单位。对于由多级政府跨区域或本级政府跨部门共同实施的 PPP 项目合同，应当根据合同约定确定具体的政府会计主体。

PPP 会计准则所指的 PPP 项目合同应同时具有以下两个特征（以下简称"双特征"）。①社会资本方在合同约定的运营期间内代表政府方使用 PPP 项目资产提供公共产品和服务（以下简称"特征一"）。②社会资本方在合同约定的期间内就其提供的公共产品和服务获得补偿（以下简称"特征二"）。

PPP 会计准则适用于符合"双特征"要求，同时满足以下"双控制"标准的 PPP 项目合同。①政府方控制或管制社会资本方使用 PPP 项目资产必须提供的公共产品和服务的类型、对象和价格（以下简称"控制标准一"）。② PPP 项目合同终止时，政府方通过所有权、收益权或其他形式控制 PPP 项目资产的重大剩余权益（以下简称"控制标准二"）。

采用建设－运营－移交（BOT）、转让－运营－移交（TOT）、改建－运营－移交（ROT）方式运作的 PPP 项目合同，通常情况下同时满足"双特征"与"双控制"标准的，适用 PPP 会计准则。采用建设－拥有－经营－移交（BOOT）、委托运营（O&M）等其他运作方式的项目合同，同时满足"双特征""双控制"标准的,也适用 PPP 会计准则。

政府方应当按照相应流程来判断确定 PPP 会计准则的适用范围,如图 20-1 所示。

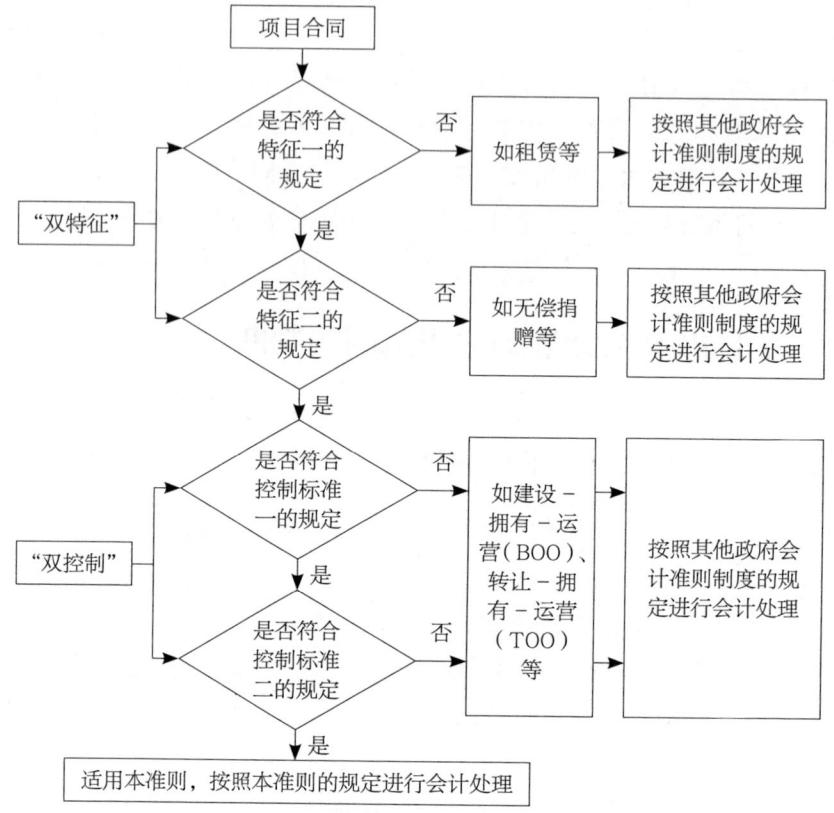

图 20-1　PPP 会计准则适用范围判断流程

20.1.2　不适用 PPP 会计准则的情形

项目合同未同时满足"双特征""双控制"标准的,不适用 PPP 会计准则,包括但不限于以下情形。

1. 不满足"双特征"的情形

(1)政府方作为出租人的租赁合同,因承租方虽然可能使用项目资产提供公共产品和服务,但并非代表政府方来提供,不满足特征一的规定,不适用 PPP 会计准则。对于租赁合同,政府方应当按照其他政府会计准则制度的规定进行会计处理。

(2)政府方作为接受捐赠方的无偿捐赠合同,因捐赠方未获得补偿,不满足特征二的规定,不适用 PPP 会计准则。政府方接受捐赠取得的资产,应当按照其他政府会计准则制度的规定进行会计处理。

2. 满足"双特征",但不满足"双控制"标准的情形

(1)采用建设-拥有-运营(BOO)方式的项目合同,社会资本方拥有项目资产所有权,且政府方未控制项目资产的重大剩余权益,不满足"双控制"标准,不适用PPP会计准则。

(2)采用转让-拥有-运营(TOO)方式的项目合同,政府方将项目资产所有权有偿转让给社会资本方,并由社会资本方负责运营和维护,政府方未控制项目资产的重大剩余权益,不满足"双控制"标准,不适用PPP会计准则。政府方转让资产时应当按照其他政府会计准则制度的规定进行会计处理。

20.2 关于PPP会计准则第二条"双特征"的说明

① "合同约定的运营期间",指的是社会资本方对PPP项目资产的使用期或运营期,通常在PPP项目合同中有明确约定。

② "社会资本方代表政府方使用PPP项目资产提供公共产品和服务",指的是根据合同约定或政府方授权,社会资本方享有建设、运营、管理、维护本项目设施等权利,同时承担代表政府方提供公共产品和服务的义务。

③ "社会资本方就其提供的公共产品和服务获得补偿",指的是社会资本方就其在运营期内运营或维护项目资产等按照合同约定获得回报。

20.3 关于PPP会计准则第三条"双控制"标准的说明

1. 关于控制标准一的说明

(1)"控制",指的是政府方通过具有法律效力的合同条款等方式,有权决定社会资本方提供的公共产品和服务的类型、对象和价格。通常情况下,政府方和社会资本方在PPP项目合同中应当明确规定社会资本方提供的公共产品和服务的类型、对象和价格。

(2)"管制",是指社会资本方提供的公共产品和服务的类型、对象和价格,虽未在PPP项目合同中进行明确规定,但受有关法律法规或监管部门规章制度的约束。

(3)如果定价的基础或框架受到监管约束,政府方对价格的"控制或管制"不需要完全控制价格,这种情况仍然符合控制标准。如设定政府调价机制,进行调价前应当经过政府方审核同意,即满足控制标准一的价格控制要求。如果项目合同条款给予社会资本方自主定价权，但约定政府方有权参与分享PPP项目资产的超额收益部分，则仍然满足控制标准一中的价格控制要求。

2. 关于控制标准二的说明

控制标准二中的"重大剩余权益"，指的是PPP项目合同终止时，在项目资产剩余使用寿命内使用、处置该项目资产所能获得的权益。政府方对"重大剩余权益"的控制具体表现为以下两种情形。

（1）PPP项目合同终止时，社会资本方应当将项目资产移交给政府方，且移交的项目资产预期仍能为政府方带来经济利益流入或者产生服务潜力。

（2）政府方能够通过合同条款限制社会资本方处置或抵押项目资产，保障重大剩余权益不受损害。

3. "双控制"标准的应用

（1）关于项目资产更新改造时"双控制"标准的应用。在合同约定的运营期间，对不可分离的项目资产进行更新改造的（包括更换部分设施设备），应当将更新改造前后的项目资产视为一个整体来考虑。如果政府方控制了更新改造后项目资产的重大剩余权益，则项目合同仍然适用PPP会计准则。

（2）关于项目资产部分受政府方控制时"双控制"标准的应用。

项目资产部分受政府方控制的，分为以下两种情况。

①项目资产在功能设置和空间分布上可分割且能独立运营的，应当单独进行分析。如果政府方不能控制该部分资产，则该部分资产不适用PPP会计准则。

②使用PPP项目资产提供不受政府方控制的辅助性服务，并不减损政府方对PPP项目资产的控制，在应用"双控制"标准时不应当考虑该项服务。

（3）关于运营期占项目资产全部使用寿命时"双控制"标准的应用。

对于运营期占项目资产全部使用寿命的项目合同，即使项目合同结束时项目资产不存在重大剩余权益，如果该项目合同满足前述"双控制"标准中的控制标准一，则仍然适用PPP会计准则。

20.4 关于PPP会计准则第二十条"政府方承担向社会资本方支付款项的义务"的说明

PPP会计准则第二十条规定，按照PPP项目合同约定，政府方承担向社会资本方支付款项义务的，相关义务应当按照《政府会计准则第8号——负债》有关规定进行会计处理，会计处理结果不影响 PPP 项目资产及净资产的账面价值。政府方按照《政府会计准则第 8 号——负债》有关规定确认负债的，应当同时确认当期费用，在以后期间支付款项时，相应冲减负债的账面余额。

按照我国 PPP 有关规章制度规定，规范的 PPP 项目应建立按效付费机制，不得通过降低考核标准等方式，提前锁定、固化政府支出责任。因此，PPP 会计准则中"政府方承担的向社会资本方支付款项的义务"，是指在项目运营期的每一个会计期间内，当社会资本方提供的公共产品或服务满足合同约定的绩效考核要求时，政府方根据合同约定按期应向社会资本方进行补偿的义务。对于这种义务的会计处理，分为以下两种情况。①政府方在义务发生的当期及时向社会资本方支付款项的，在支付款项时确认当期费用，同时在预算会计中确认预算支出。②政府方在义务发生的当期未及时向社会资本方支付款项的，应当按照应付未付的金额确认当期费用和负债（应付账款等）；在后续实际支付款项时冲减负债的账面余额，同时在预算会计中确认预算支出。

对于 PPP 项目合同中政府承担的法律风险、政策风险以及因政府方原因导致项目合同终止的违约风险等，不属于政府方应承担的现时义务，不满足负债的确认条件。但是，当相关事项发生，政府方承担的潜在义务转化为现时义务，满足预计负债的确认条件时，政府方应当按照其他政府会计准则制度的相关规定进行会计处理。

20.5 关于会计科目设置及主要账务处理

20.5.1 应增设的会计科目

对于 PPP 项目中的资产，政府方应当设置相关科目进行核算，其中包括对资产类别、项目等进行明细核算，也包括对资产累计折旧、项目净资产等的核算。

（1）政府方应当设置"1841 PPP 项目资产"一级科目，核算按照 PPP 会计准则规定确认的 PPP 项目资产，并按照资产类别、项目等进行明细核算。本科目的期末借方余额，反映 PPP 项目资产的账面余额。

（2）政府方应当设置"1842 PPP 项目资产累计折旧（摊销）"一级科目，核算按照 PPP 会计准则规定计提的 PPP 项目资产累计折旧（摊销），并按照资产类别、项目等进行明细核算。本科目期末贷方余额，反映政府方计提的PPP项目资产折旧（摊销）的累计数。

（3）政府方应当设置"3601 PPP项目净资产"一级科目，核算按照PPP会计准则规定所确认的PPP项目净资产。本科目的期末贷方余额，反映PPP项目净资产的账面余额。

20.5.2 主要账务处理

1. PPP项目资产取得时的账务处理

取得PPP项目资产时，政府方需要进一步区分该资产的形成方式，具体的形成方式有：社会资本方投资建造形成，从第三方购买形成，使用社会资本方或政府方现有资产形成，以及社会资本方对政府方原有资产进行改建、扩建形成等。这些不同的形成方式对应不同的账务处理方法，具体如下：

（1）社会资本方投资建造形成的PPP项目资产，政府方应当在资产验收合格交付使用时，按照确定的成本（包括该项资产自建造开始至验收合格交付使用前所发生的全部必要支出），借记"PPP项目资产"科目，贷记"PPP项目净资产"科目。对于已交付使用但尚未办理竣工财务决算手续的PPP项目资产，政府方应当按暂估价值，借记"PPP项目资产"科目，贷记"PPP项目净资产"科目；待办理竣工财务决算后，政府方应当按照实际成本与暂估价值的差额，借记或贷记"PPP项目资产"科目，贷记或借记"PPP项目净资产"科目。

（2）社会资本方从第三方购买形成的PPP项目资产，政府方应当在资产验收合格交付使用时，按照确定的成本（包括该项资产的购买价款、相关税费以及验收合格交付使用前发生的可归属于该项资产的运输费、装卸费、安装费和专业人员服务费等），借记"PPP项目资产"科目，贷记"PPP项目净资产"科目。

（3）使用社会资本方现有资产形成的PPP项目资产，政府方应当在PPP项目开始运营日，按照该项资产的评估价值，借记"PPP项目资产"科目，贷记"PPP项目净资产"科目。

（4）使用政府方现有资产形成的PPP项目资产，无须进行资产评估的，政府方应当在PPP项目开始运营日，按照该资产的账面价值，借记"PPP项目资产"科目，按照资产已计提的累计折旧或摊销，借记"公共基础设施累计折旧（摊销）"等科目，按照资产的账面余额，贷记"公共基础设施"等科目；按照相关规定需要进行资产评估的，政府方应当按资产评估价值，借记

"PPP 项目资产"科目,按照资产已计提的累计折旧或摊销,借记"公共基础设施累计折旧(摊销)"等科目,按照资产的账面余额,贷记"公共基础设施"等科目,按照资产评估价值与账面价值的差额贷记"其他收入"科目或借记"其他费用"科目。

(5)社会资本方对政府方原有资产进行改建、扩建形成的 PPP 项目资产,政府方应当在资产验收合格交付使用时,按照资产改建、扩建前的账面价值加上改建、扩建发生的支出,再扣除资产被替换部分账面价值后的金额,借记"PPP 项目资产"科目,按照资产改建、扩建前已计提的累计折旧或摊销,借记"公共基础设施累计折旧(摊销)"等科目,按照资产的账面余额,贷记"公共基础设施"等科目,按照 PPP 项目资产初始入账金额与原有资产账面价值的差额,贷记"PPP 项目净资产"科目。

【例 20-1】甲公司在境内从事各类公路的投资建设和运营业务

2×21 年 1 月,甲公司与当地政府签订 PPP 项目合同,甲公司作为社会资本方负责当地高速公路的建设、运营和维护。根据 PPP 项目合同约定,PPP 项目合同期间为 10 年,其中项目建设期为 2 年、运营期为 8 年。甲公司有权在运营期内向通行车辆收取高速公路通行费,政府不对未来能够收取的车辆通行费或者通过的车流量提供保证。运营期间,该高速公路需要保持一定的使用状态,假定运营期间对道路的磨损是平均发生的,当路面磨损程度低于特定标准时,甲公司需要对路面进行翻修。甲公司预计其将在 2×28 年末进行路面翻修的支出为 1 000 万元。运营期满后,甲公司将 PPP 项目资产无偿移交给政府方。假设甲公司的建造服务和运营服务均构成单项履约义务,均满足在某一时段确认收入的条件,且甲公司从事 PPP 项目的身份为主要责任人;甲公司对路面翻修不构成单项履约义务。假设该合同满足《企业会计准则解释第 14 号》(财会〔2021〕1 号)的"双特征"和"双控制"标准。

甲公司预计其提供建造和运营服务的成本如下。甲公司从事该 PPP 项目的资金全部来源于银行借款,借款年利率为 6.7%。假设市场中类似建造服务的合理毛利率为 5%;甲公司 2×23 年和 2×24 年根据实际车流量收取的通行费用均为 1 600 万元(以后年度略);合同期间各年的现金流均在年末发生。假定不考虑其他因素和相关税费。

分析:本例中,甲公司向政府方提供建造高速公路的服务,并获得在合同约定的运营期内运营该高速公路的权利。虽然甲公司在运营期间有权向通行车辆收取高速公路通行费,但是其金额不确定,取决于通行车辆的类型、数量以及通行距离等,因此该权利不构成一项无条件收取现金的权利,应当按照《企业会计准则解释第 14 号》(财会〔2021〕1 号)第一部分相关会计处理第 4 条进行会计处理。甲公司通过向政府方提供建造服务取得高速公路运营权,属于非现金对价安排,甲公司应当按照《企业会计准则第14号——收入》(财会〔2017〕22号)的相关规定,按照非现金对价在合同开始日的公允价值确定交易价格,确认建造服务的收入。由于该无形资产的公允价值不能合理估计,甲公司采用成本加成法确定建造服务的单独售价,从而确定交易价格。考虑市场情况、行业平均毛利水平等因素之后,估计建造服务的合理毛利率为5%。甲公司预计其提供建造服务的成本和收入如表20-1所示。

表20-1　　　　甲公司预计其提供建造服务的成本和收入　　　　单位:万元

项目	年份	成本	收入
建造服务(每年)	2×21—2×22	4 000	4 200[4 000×(1+5%)]

甲公司在建造期间每年确认建造服务收入4 200万元,同时确认合同资产,在项目资产达到预定可使用状态时,将合同资产结转为无形资产,并按照《企业会计准则第6号——无形资产》(财会〔2006〕3号)的规定进行会计处理。在运营期间,甲公司将收到的通行费确认为运营服务收入。甲公司承担的路面翻修义务,是在运营期对高速公路的使用和磨损导致的,不构成单项履约义务,应当按照《企业会计准则第13号——或有事项》(财会〔2006〕3号)的相关规定,按照履行相关现时义务所需支出的最佳估计数确认一项预计负债,并考虑货币时间价值(本例假定折现率为6%)。因为甲公司预计在运营期间对道路的磨损是平均发生的,则在进行道路翻修前的运营期间内平均每年的金额约为167万元(即1000÷6,考虑折现影响前),路面翻修义务预计负债的确定如表20-2所示。

表20-2　　　　　路面翻修义务预计负债的确定　　　　　　单位:万元

年份	当期确认的预计负债	当期确认的利息费用	预计负债余额
	①	②=期初③×6%	③=期初③+①+②
2×23年	125*	—	125
2×24年	132	8	265
2×25年	140	16	421
2×26年	149	25	595
2×27年	158	36	789
2×28年	167	44**	1 000
合计	871	129	

注:*125=167÷(1+6%)^5,以此类推。
**做尾数调整:44=1000-789-167

甲公司在合同期间各年的账务处理如下（单位：万元）。

（1）2×21年的账务处理。

确认建造服务收入和成本。

借：合同资产 4 200
　　贷：主营业务收入 4 200

借：合同履约成本 4 000
　　贷：原材料、应付职工薪酬等 4 000

借：主营业务成本 4 000
　　贷：合同履约成本 4 000

由于现金流在年末发生，因此第一年没有借款费用资本化的影响。

（2）2×22年的账务处理。

①确认建造服务收入和成本（账务处理与2×21年相同）。

②确认资本化的借款费用。

借：PPP借款支出（4 000×6.7%） 268
　　贷：短期借款、长期借款 268

③PPP项目资产达到预定可使用状态。

借：无形资产（8 400+268） 8 668
　　贷：合同资产 8 400
　　　　PPP借款支出 268

（3）2×23年的账务处理。

①确认运营服务收入和成本。

借：银行存款 1 600
　　贷：主营业务收入 1 600

借：合同履约成本　80（1 600×5%=80）
　　贷：原材料/应付职工薪酬等 80

借：主营业务成本 80
　　贷：合同履约成本 80

②对无形资产进行摊销。

借：主营业务成本（8 668÷8） 1 084
　　贷：无形资产——累计摊销 1 084

③确认路面翻修义务预计负债。

借：主营业务成本 125

贷：预计负债　　　　　　　　　　　　　　　　　　　　　　125

（4）2×24年的账务处理。

①确认运营服务收入和成本（账务处理与2×23年相同）。

②对无形资产进行摊销（账务处理与2×23年相同）。

③确认路面翻修义务预计负债。

借：主营业务成本　　　　　　　　　　　　　　　　　　　　132
　　财务费用　　　　　　　　　　　　　　　　　　　　　　　8
　　贷：预计负债　　　　　　　　　　　　　　　　　　　　140

（5）2×25年及以后账务处理略。

【例20-2】 甲公司在境外某地从事各类公路的投资建设和运营业务。2×21年1月，甲公司与当地政府签订PPP项目合同，甲公司作为社会资本方负责当地高速公路的建设、运营和维护。根据PPP项目合同约定，PPP项目合同期间为10年，其中项目建设期为2年、运营期为8年。根据PPP项目合同约定，合同期间的第8年末（即2×28年末），甲公司需要对路面进行翻修，以使该道路保持一定的使用状态。运营期满后，甲公司将PPP项目资产无偿移交给政府方。甲公司的履约义务包括提供道路建造、运营和路面翻修的服务，假设上述服务均构成单项履约义务，均满足在某一时段确认收入的条件，且甲公司从事PPP项目的身份是主要责任人。假设该合同满足《企业会计准则解释第14号》（财会〔2021〕1号）的"双特征"和"双控制"标准。按照PPP项目合同约定，政府方需要对甲公司提供的PPP项目资产进行验收，包括满足道路如期完工通车、符合当地环保要求，并在运营期间持续保持道路的使用状态和正常通行等要求。如果未满足验收条件，政府方则有权要求甲公司进行整改，直至验收合格。政府方验收合格后，在运营期间每年末向甲公司支付1 600万元。甲公司合理估计其能够达到验收条件。

甲公司采用成本加成法确定各单项履约义务的单独售价，考虑市场情况、行业平均毛利水平等因素之后，估计建造、运营以及路面翻修服务的合理毛利率分别为5%、20%和10%。甲公司预计其提供建造、运营和路面翻修服务的成本和收入如表20-3所示。

表20-3　甲公司预计其提供建造、运营和路面翻修服务的成本和收入　　单位：万元

项目	年份	成本	收入
建造服务（每年）	2×21—2×22	4 000	4 200[4 000×（1+5%）]
运营服务（每年）	2×23—2×30	80	96[80×（1+20%）]
路面翻修服务	2×28年	800	880[800×（1+10%）]

假设合同期间各年的现金流均在年末发生,通过插值法(使在合同开始日各项履约义务确认的收入现值等于各期现金流量现值的折现率)计算出该 PPP 项目的实际年利率为 6.18%(假设该实际利率体现了合同开始时甲公司与政府方进行单独融资交易所反映的利率)。假定不考虑其他因素和相关税费。

分析:本例中,根据 PPP 项目合同约定,在项目运营期间,甲公司每年自政府方取得 1 600 万元的对价,即甲公司在项目运营期间有权收取可确定金额的现金,应当适用《企业会计准则解释第 14 号》(财会〔2021〕1 号)第一部分相关会计处理第 5 条的相关规定。甲公司在建造期间每年确认建造服务收入 4 200 万元,同时确认合同资产,并在以后年度拥有收取对价的权利(该权利仅取决于时间流逝的因素)时,将合同资产转为应收款项。甲公司在运营期间每年确认的运营服务收入为 96 万元,在 2×28 年确认的路面翻修服务收入为 880 万元。

甲公司在合同期间各年的账务处理如下(单位:万元)。

(1)2×21 年的账务处理。

确认建造服务收入和成本。

借:合同资产	4 200
贷:主营业务收入	4 200
借:合同履约成本	4 000
贷:原材料、应付职工薪酬等	4 000
借:主营业务成本	4 000
贷:合同履约成本	4 000

由于现金流在年末发生,因此第一年没有融资成分的影响。

(2)2×22 年的账务处理。

①确认建造服务收入和成本(账务处理与 2×21 年相同)。

②确认融资成分的影响。

借:合同资产(4 200×6.18%)	260
贷:财务费用、利息收入等	260

(3)2×23 年的账务处理。

①确认运营服务收入和成本。

借:合同资产	96
贷:主营业务收入	96
借:合同履约成本	80
贷:应付职工薪酬等	80

借：主营业务成本	80	
贷：合同履约成本		80

②确认融资成分的影响。

借：合同资产	535	
贷：财务费用、利息收入等		535

535=[4 200×（1+6.18%）+4 200]×6.18%

③甲公司在拥有收取对价的权利（该权利仅取决于时间流逝的因素）时，本例为政府方承担向甲公司支付款项的义务时，将合同资产转为应收款项。

借：应收账款	1 600	
贷：合同资产		1 600

④从政府方收到款项。

借：银行存款	1 600	
贷：应收账款		1 600

（4）2×24年至2×27年每年比照2×23年的会计分录进行账务处理，此处略。

（5）2×28年的账务处理。

①确认路面翻修服务收入和成本。

借：合同资产	880	
贷：主营业务收入		880
借：合同履约成本	800	
贷：原材料、应付职工薪酬等		800
借：主营业务成本	800	
贷：合同履约成本		800

②其余业务的账务处理比照2×23年的会计分录进行，此处略。

【例20-3】甲公司在境外某地从事各类公路的投资建设和运营业务。2×21年1月，甲公司与当地政府签订PPP项目合同，甲公司作为社会资本方负责当地某段高速公路的建设、运营和维护。根据PPP项目合同约定，PPP项目合同期间为10年，其中项目建设期为2年、运营期为8年。运营期满后，甲公司将PPP项目资产无偿移交给政府方。甲公司的履约义务包括提供道路建造、运营服务，假设上述服务均构成单项履约义务，均满足在某一时段确认收入的条件，且甲公司从事PPP项目的身份为主要责任人。假设该合同满足《企业会计准则解释第14号》（财会〔2021〕1号）的"双特征"和"双控制"标准。按照PPP项目合同约定，运营期间甲公司有权向通行车辆收取通行费。由于该条高速公路尚未全线贯通，对车流量可能有一定的不利影响，为保证甲公司的投资回报,政府方向甲公司保证甲公司在运营期间收到的金额不少于 5 600 万元,以及以按 6% 年利率确定的利息金额补偿甲公司取得收益的货币时间价值。甲公司预计运营期间每年收取的通行费用是 1 600 万元。

甲公司采用成本加成法确定各单项履约义务的单独售价,考虑市场情况、行业平均毛利水平等因素之后,估计建造服务的合理毛利率为 5%。甲公司预计其提供建造和运营服务的成本如表 20-4 所示。

表 20-4　　　　　提供建造和运营服务的成本　　　　　单位:万元

项目	年份	成本
建造服务(每年)	2×21—2×22 年	4 000
运营服务(每年)	2×23—2×30 年	80

甲公司从事该 PPP 项目的资金全部来源于银行借款,借款年利率为 6.7%。假设合同期间各年的现金流均在年末发生。假定不考虑其他因素和相关税费。

分析:本例中,甲公司为政府方提供建造高速公路的服务,其有权收取对价的权利包括两部分:一是自政府方收取 5 600 万元现金的收款权利;二是在运营期间向通行车辆收取通行费的权利。由于确认的建造收入金额超过有权收取的可确定金额的现金,因此应按照《企业会计准则解释第 14 号》(财会〔2021〕1 号)第一部分相关会计处理第 5 条的相关规定进行会计处理。

甲公司建造期间每年确认的收入金额为 4 200 万元 [4 000×(1+5%)],两年合计金额为 8 400 万元,甲公司在确认建造收入的同时确认合同资产,其中未来将分别确认为应收款项和无形资产的部分的分摊如表 20-5 所示。

表 20-5　　未来将分别确认为应收款项和无形资产的部分的分摊　　单位:万元

年份	履约义务	收入	应收账款	无形资产
2×21 年	建造服务	4 200	2 800	1 400
2×22 年	建造服务	4 200	2 800	1 400
合计		8 400	5 600	2 800
分摊比例			67%	33%

甲公司提供建造服务取得对价中对应应收款项的部分包含重大融资成分,应当考虑货币时间价值的影响,在建造期间应确认的利息收入为 168 万元(2 800×6%)。因此,在建造期结束时,甲公司未来应确认为应收款项的合同资产金额为 5 768 万元(5 600+168)。

运营期间甲公司收到的通行费需要在应收款项和无形资产之间进行分摊：分摊至应收款项的部分，视为应收款项的收回；分摊至无形资产的部分，确认为运营服务收入。具体的分摊情况如表20-6所示。

表20-6　　　　将通行费在应收款项和无形资产之间分摊　　　　单位：万元

运营期初合同资产余额	5 768
实际年利率	6%
运营期年数	8
每年分摊至应收款项的部分	929*
每年分摊至无形资产的部分	671（1 600－929）

*注：通过年金方法计算，929＝5 768÷(P/A,6%,8)。

甲公司在合同期间各年的账务处理如下（单位：万元）。

（1）2×21年的账务处理。

确认建造服务收入和成本。

借：合同资产	4 200
贷：主营业务收入	4 200
借：合同履约成本	4 000
贷：原材料、应付职工薪酬等	4 000
借：主营业务成本	4 000
贷：合同履约成本	4 000

（2）2×22年的账务处理。

①确认建造服务收入和成本（账务处理与2×21年相同）。

②确认融资成分的影响。

借：合同资产（2 800×6%）	168
贷：财务费用、利息收入等	168

③确认资本化的借款费用。

借：PPP借款支出（4 000×6.7%×33%）	88
贷：短期借款、长期借款	88

2×22年的其余借款费用180万元（4 000×6.7%×67%）按照《企业会计准则第17号——借款费用》的相关规定计入财务费用。

④在PPP项目资产达到预定可使用状态时，将合同资产及PPP借款支出结转为无形资产。

借:无形资产 2 888
　　贷:合同资产 2 800
　　　　PPP借款支出 88

建造期结束后,"合同资产"科目的余额为5 768万元(4 200×2+168-2 800),该部分合同资产属于在未来收取可确定金额的部分(即5 600万元),并按照实际利率法确认融资成分的影响,在甲公司拥有收取对价的权利(该权利仅取决于时间流逝的因素)时确认为应收款项;"无形资产"科目余额为2 888万元,该部分无形资产在运营期间按照直线法进行摊销。

(3)2×23年的账务处理。

①当甲公司拥有收取对价的权利(该权利仅取决于时间流逝的因素)时,将取得无条件收款权的对价转为应收款项。当甲公司收到款项时,确认应收款项的收回。

借:应收账款 929
　　贷:合同资产 929
借:银行存款 929
　　贷:应收账款 929

②确认融资成分的影响。

借:合同资产(5 768×6%) 346
　　贷:财务费用、利息收入等 346

③确认运营服务收入和成本。

借:银行存款 671
　　贷:主营业务收入 671
借:合同履约成本 80
　　贷:原材料、应付职工薪酬等 80
借:主营业务成本 80
　　贷:合同履约成本 80

④对无形资产进行摊销。

借:主营业务成本(2 888/8) 361
　　贷:无形资产——累计摊销 361

(4)2×24年及以后年度的账务处理略。

2.PPP项目资产在项目运营期间的账务处理

(1)对于为维护PPP项目资产的正常使用而发生的日常维修、养护等后续支出,不计入PPP项目资产的成本。

（2）对于为提升PPP项目资产的使用效能或延长其使用年限而发生的大修、改建、扩建等后续支出，政府方应当在资产验收合格交付使用时，按照相关支出扣除资产被替换部分账面价值的差额，借记"PPP项目资产"科目，贷记"PPP项目净资产"科目。

【例20-4】根据高速公路PPP项目协议规定，移交前2年，项目公司A应对A段高速公路是否处于良好技术状态且能够保证车辆的安全通行进行检查，如不符合国务院主管部门颁布的养护标准，则需要进行路面的修复，若出现因修复不及时而导致移交的延误，则项目公司A需要支付赔偿金，并承担相关的费用支出。

根据协议的规定，特许经营权30年，其中3年为建设期，公路运营期为27年（第4年至第30年）。项目公司A根据行业经验，预计在第25年将需要按照协议规定对破损的路面进行修复，以达到可以移交的要求。

项目公司A重铺路面的合同义务来自运营期间对公路的消耗或使用，如果该使用使得路面状况低于移交时要求的特定标准，就产生了《企业会计准则第13号——或有事项》中对预计负债所定义的现时义务，因此项目公司A应于每个报表日采用合理的估计预提所需的支出。本例中，假设该损耗与实际车流量呈比例，市场年利率为6%，运营第一年确认预计负债为5万元，并且因损耗而预计发生的未来恢复性支出每年新增20万元，至运营第25年实施义务时需要一次性支付500万元。项目公司A的会计处理如下（单位：万元）。

①运营第1年期末确认预计负债。

借：主营业务成本　　　　　　　　　　　　　　　　5
　　贷：预计负债　　　　　　　　　　　　　　　　　　　5
借：PPP项目资产　　　　　　　　　　　　　　　　5
　　贷：PPP项目净资产　　　　　　　　　　　　　　　　5

②运营第N+1年期末确认预计负债（以运营第3年为例）。

a.计提预计负债的时间价值。

借：财务费用　　　　　　　　　　　　　　　　　　1
　　贷：预计负债　　　　　　　　　　　　　　　　　　　1
借：PPP项目资产　　　　　　　　　　　　　　　　1
　　贷：PPP项目净资产　　　　　　　　　　　　　　　　1

b.确认当年新增的预计负债。

借：主营业务成本　　　　　　　　　　　　　　　　6
　　贷：预计负债　　　　　　　　　　　　　　　　　　　6

借：PPP 项目资产　　　　　　　　　　　　　　　　6
　　贷：PPP 项目净资产　　　　　　　　　　　　　　　　6

③运营第 25 年实施铺路义务。

借：预计负债　　　　　　　　　　　　　　　　　500
　　贷：银行存款　　　　　　　　　　　　　　　　　500
借：PPP 项目资产　　　　　　　　　　　　　　　500
　　贷：PPP 项目净资产　　　　　　　　　　　　　　500

【例 20-5】根据垃圾焚烧发电 PPP 项目协议规定，移交前一年，项目公司 A 应对垃圾焚烧发电设施是否处于良好技术状态进行检查，如不符合国务院主管部门颁布的相关标准，则需要进行设备的大修，若出现因修复不及时而导致移交的延误，则项目公司 A 需要支付赔偿金。

根据协议的规定，特许经营权 30 年，其中 2 年为建设期，运营期为 28 年（第 3 年至第 30 年）。项目公司 A 根据行业经验，预计在运营第 27 年需要按照协议对老旧的厂房设备进行修复，以达到可以移交的要求。

项目公司 A 恢复性大修的合同义务来自运营期间对垃圾焚烧发电基础设施的消耗或使用，当该基础设施使用状态低于移交时要求的特定标准时，就产生了《企业会计准则第 13 号——或有事项》中对预计负债所定义的现时义务，因此项目公司 A 应于当期计提恢复至交付标准所需的支出，并对长期预计负债考虑其时间价值的影响。本案例中，假设项目公司 A 从第 1 年末就产生低于移交状态的损耗情况，市场年利率为 7.09%，运营第 1 年期末预计负债为 3 万元，且估计因损耗而预计发生的未来恢复性支出每年新增 15 万元，至运营第 27 年实施义务时需要一次性支付 405 万元。A 公司具体会计处理如下（单位：万元）。

①正常运营第 1 年期末确认预计负债。

借：主营业务成本　　　　　　　　　　　　　　　3
　　贷：预计负债　　　　　　　　　　　　　　　　　3
借：PPP 项目资产　　　　　　　　　　　　　　　3
　　贷：PPP 项目净资产　　　　　　　　　　　　　　3

②正常运营第 N+1 年期末确认预计负债（以运营第 4 年为例）。

a. 计提预计负债的时间价值。

借：财务费用　　　　　　　　　　　　　　　　　1
　　贷：预计负债　　　　　　　　　　　　　　　　　1
借：PPP 项目资产　　　　　　　　　　　　　　　1

　　　　贷：PPP项目净资产　　　　　　　　　　　　　　　　　　　　1
　　b.确认当年新增的预计负债。
　　　借：主营业务成本　　　　　　　　　　　　　　　　　　　　　3
　　　　贷：预计负债　　　　　　　　　　　　　　　　　　　　　　3
　　　借：PPP项目资产　　　　　　　　　　　　　　　　　　　　　3
　　　　贷：PPP项目净资产　　　　　　　　　　　　　　　　　　　3
　　③于第27年实施恢复性大修义务（假设后续计量中未发生预计现金流出金额及折现率估计的改变）。
　　　借：预计负债　　　　　　　　　　　　　　　　　　　　　　405
　　　　贷：银行存款　　　　　　　　　　　　　　　　　　　　　405
　　　借：PPP项目资产　　　　　　　　　　　　　　　　　　　　405
　　　　贷：PPP项目净资产　　　　　　　　　　　　　　　　　　405

　　（3）在PPP项目运营期间，政府方应当按月对PPP项目资产计提折旧（摊销），但社会资本方持续进行良好维护使得其性能得到永久维护的PPP项目资产除外。对于作为PPP项目资产单独计价入账的土地使用权，政府方应当按照其他政府会计准则制度的规定进行摊销。

　　政府方初始确认的PPP项目净资产金额等于PPP项目资产初始入账金额的，按月计提PPP项目资产折旧（摊销）时，应当按照计提的PPP项目资产折旧（摊销）金额，借记"PPP项目净资产"科目，贷记"PPP项目资产累计折旧（摊销）"科目。

　　政府方初始确认的PPP项目净资产金额小于PPP项目资产初始入账金额的，按月计提PPP项目资产折旧（摊销）时，应当按照计提的PPP项目资产折旧（摊销）金额的相应比例（即PPP项目净资产初始入账金额占PPP项目资产初始入账金额的比例），借记"PPP项目净资产"科目，按照计提的PPP项目资产折旧（摊销）金额，贷记"PPP项目资产累计折旧（摊销）"科目，按照当期计提的折旧（摊销）金额与所冲减的PPP项目净资产金额的差额，借记"业务活动费用"等科目。

　　【例20-6】PPP项目特许经营权的摊销
　　在某市污水处理厂PPP项目中，与该PPP项目无形资产相关的建造成本支出为11 000万元，在建造期间资本化的利息为240万元。假设本例中污水处理厂在建造阶段无其他成本发生，因此无形资产的账面价值被确认为11 240万元。
　　假设该污水处理厂在试运行期间产生的净收益使无形资产账面价值减少84万元，

则在20×1年7月1日正式运行开始时，该PPP项目的无形资产账面价值为11 156万元，所涉及的基础设施使用寿命为25年，但特许经营权经营期限为自项目正式运行之日起的20年。根据《企业会计准则第6号——无形资产》关于无形资产后续计量的规定，源自合同性权利或其他法定权利取得的无形资产，其使用寿命不应超过合同性权利或其他法定权利的期限，因此本例中，该无形资产摊销期限应为20年，期末无残值。因此年摊销额约为558万元，月摊销额约为47万元。

社会资本方于20×1年7月开始计提无形资产摊销，月度的会计分录如下所示(单位：万元)。

借：主营业务成本 47
　　贷：无形资产——无形资产摊销 47
借：PPP项目净资产 47
　　贷：PPP项目资产累计摊销 47

3. PPP项目合同终止时的账务处理

（1）PPP项目合同终止时，PPP项目资产按规定移交至政府方的，政府方应当根据PPP项目资产的性质和用途，将其重分类为公共基础设施等资产。无须对所移交的PPP项目资产进行资产评估的，政府方应当按移交日PPP项目资产的账面价值，借记"公共基础设施"等科目，按照已计提的累计折旧（摊销），借记"PPP项目资产累计折旧（摊销）"科目，按照PPP项目资产的账面余额，贷记"PPP项目资产"科目；按规定需要对所移交的PPP项目资产进行资产评估的，政府方应当按照资产评估价值，借记"公共基础设施"等科目，按照已计提的累计折旧（摊销），借记"PPP项目资产累计折旧（摊销）"科目，按照PPP项目资产的账面余额，贷记"PPP项目资产"科目，按照资产评估价值与PPP项目资产账面价值的差额，贷记"其他收入"科目或借记"其他费用"科目。

（2）PPP项目合同终止时，政府方应当将尚未冲减完的PPP项目净资产账面余额转入累计盈余，即按PPP项目净资产的账面余额，借记"PPP项目净资产"科目，贷记"累计盈余"科目。

4. 其他相关业务的账务处理

对于上述未明确的其他相关经济业务或事项，政府方应当按照其他政府会计准则制度的规定进行账务处理。

（1）社会资本方根据PPP项目合同约定，在项目运营期间，满足有权收取可确定金额的现金或其他金融资产条件的，应当在社会资本方拥有收取该对价的权利（该权利仅取决于时间流逝的因素）时确认为应收款项，并按照《企业会计准则第 22 号——金融工具确认和计量》的规定进行会计处理。社会资本方应当在 PPP 项目资产达到预定可使用状态时，将相关 PPP 项目资产的对价金额或确认的建造收入金额超过有权收取可确定金额的现金或其他金融资产的差额，确认为无形资产。

根据《企业会计准则第 22 号——金融工具确认和计量》，在以收取合同现金流量为目标的业务模式下，社会资本方管理金融资产旨在通过在金融资产存续期内收取合同付款来实现现金流量，而不是通过持有并出售金融资产产生整体回报。

尽管社会资本方持有金融资产以收取合同现金流量为目标，但是社会资本方无须将所有此类金融资产持有至到期。因此，即使社会资本方出售金融资产或者预计未来会出售金融资产，此类金融资产的业务模式仍然可能是以收取合同现金流量为目标。社会资本方在评估金融资产是否属于该业务模式时，应当考虑此前出售此类资产的原因、时间、频率和出售时的价值，以及对未来出售的预期。但是，此前出售资产的事实只能为社会资本方提供相关依据，而不能决定业务模式。

在以收取合同现金流量为目标的业务模式下，金融资产的信用质量影响着社会资本方收取合同现金流量的能力。为减少因信用恶化所导致的潜在信用损失而进行的风险管理活动与以收取合同现金流量为目标的业务模式并不矛盾。因此，即使社会资本方在金融资产的信用风险增加时为减少信用损失而将其出售，金融资产的业务模式仍然可能是以收取合同现金流量为目标的业务模式。

如果社会资本方在金融资产到期日前出售金融资产，即使与信用风险管理活动无关，在出售只是偶然发生（即使价值重大），或者单独及汇总而言出售的价值非常小（即使频繁发生）的情况下，金融资产的业务模式仍然可能是以收取合同现金流量为目标。如果社会资本方能够解释出售的原因并且证明出售并不反映业务模式的改变，出售频率或者出售价值在特定时期内提高或增加不一定与以收取合同现金流量为目标的业务模式相矛盾。此外，如果出售发生在金融资产临近到期时，且出售所得接近待收取的剩余合同现金流量，金融资产的业务模式仍然可能是以收取合同现金流量为目标。

（2）社会资本方不得将《企业会计准则解释第 14 号》规定的 PPP 项目资产确认为其固定资产。

【例 20-7】20×1 年，某市政府为推进供排水等市政公用事业的改革，提高公用事业服务水平，并将市场化融资方式应用于市政公用基础设施的建设与运营，决定对拟建的本市 A 污水处理厂面向全国招标，并最终确定 B 公司为 A 污水处理厂 BOT（建设－运营－移交）项目中标人。

拟建的 A 污水处理厂是一座设计工艺完整的城市二级污水处理厂，主要包括污水、污泥两大处理系统：污水处理工艺采用传统活性污泥法，鼓风曝气形式；污泥处理工艺采用厌氧消化，二级中温处理。每年可去除 COD 量为 23 000 吨，NH3-N 量为 100 吨，SS 量为 12 000 吨，污水处理量约为 3 300 吨，垃圾沉渣处理量为 2 100 吨，经生化处理后的污水，达到国家 GB 8978—1996 规定的标准。

A 污水处理厂是全国大型污水处理厂之一，厂区占地 12 公顷，服务面积 70 平方千米，服务人口约 80 万人，主要接纳处理的城市污水来源于区域内党政机关、工厂、部队、企事业单位的工业废水及区域内的生活污水。

A 污水处理厂的建造和运营，可以显著减少该市水域的污染物，对相关地区水体环境的改善起到举足轻重的作用。

在本例中，根据《企业会计准则解释第 14 号》相关规定，社会资本方（即 B 公司）不得将该污水处理厂项目资产确认为固定资产。

（3）社会资本方根据 PPP 项目合同，自政府方取得其他资产，该资产构成政府方应付合同对价的一部分的，社会资本方应当按照《企业会计准则第 14 号——收入》的规定进行会计处理，不作为政府补助。

（4）PPP 项目资产达到预定可使用状态后，社会资本方应当按照《企业会计准则第 14 号——收入》确认与运营服务相关的收入。

【例 20-8】根据该 PPP 项目协议规定，除收取通行费外，项目公司 A 有权经营 A 段公路用地范围内的加油站、停车场、饭店、商场、餐饮、租赁、车辆维护、广告等各项业务。

自 20×4 年 1 月 1 日开始运营，项目公司 A 主要收入包括通行费和 A 段公路沿途的广告费，其中全年通行费 4 000 万元（已收）、广告收入 300 万元（未收）。项目公司 A 具体会计处理如下（单位：万元）。

借：库存现金/银行存款　　　　　　　　　　　　　　4 000
　　应收账款　　　　　　　　　　　　　　　　　　　　300
　　贷：主营业务收入　　　　　　　　　　　　　　　　　4 000
　　　　其他业务收入　　　　　　　　　　　　　　　　　　300

【例 20-9】日常发生与经营有关的成本费用

在某高速公路 PPP 项目运营过程中，每月项目公司 A 均会发生与公路运营直接相关的成本，主要的成本明细及发生金额为：人工费 240 万元、水电费 80 万元、办公费 40 万元、差旅费 20 万元、其他费用 20 万元，总计 400 万元。其中水电费、办公费于当月发生当月支付。

上述与生产经营有关的成本费用，通过主营业务成本核算，其会计处理如下所示（单位：万元）。

借：主营业务成本　　　　　　　　　　　　　　　400
　　贷：应付职工薪酬　　　　　　　　　　　　　240
　　　　应付账款　　　　　　　　　　　　　　　40
　　　　银行存款　　　　　　　　　　　　　　　120

20.6　关于财务报表项目

20.6.1　关于资产负债表

对于资产负债表而言，政府方应该对相关项目进行调整。具体调整内容如下。

（1）政府方应当在"保障性住房净值"和"长期待摊费用"项目之间依次增加"PPP项目资产""减：PPP项目资产累计折旧（摊销）""PPP项目资产净值"项目。

（2）政府方应当在"权益法调整"项目和"无偿调拨净资产"项目之间增加"PPP项目净资产"项目。

20.6.2　关于净资产变动表

就净资产变动表而言，政府方也应当做出相应调整，调整内容如下。

（1）政府方应当在"本年数""上年数"两栏中的"权益法调整"和"净资产合计"项目之间增加"PPP项目净资产"列项目。

（2）政府方应当在"（六）权益法调整"和"五、本年年末余额"项目之间增加"PPP项目净资产"行项目。

20.7　关于新旧衔接规定

政府方需要根据"双特征"和"双控制"的标准，依据PPP项目纳入全国 PPP 综合信息平台项目库的时点对 PPP 项目采取不同的衔接规定。同时进一步根据不同项目资产的确认方式进行账务处理。此外，政府方还应确认 PPP 项目资产折旧的相关政策和规定。

20.7.1 关于 PPP 会计准则首次执行时已入库的 PPP 项目合同

对于符合 PPP 会计准则"双特征"和"双控制"标准且已纳入全国 PPP 综合信息平台项目库的 PPP 项目合同，在 PPP 会计准则首次执行日，有关衔接规定如下。

（1）项目资产已由政府方确认为公共基础设施、固定资产等资产的，政府方应当按照所确认资产的账面价值，将其重分类为 PPP 项目资产。具体进行账务处理时，按照资产的账面价值，借记"PPP 项目资产"科目，按照计提的累计折旧或摊销（如果有），借记"公共基础设施累计折旧（摊销）""固定资产累计折旧"等科目，按照资产账面余额，贷记"公共基础设施""固定资产"等科目。

（2）项目资产未由政府方确认，但已由社会资本方确认的，政府方应当按照社会资本方确认的资产账面原值，确认 PPP 项目资产，同时确认 PPP 项目净资产。具体进行账务处理时，按照确定的资产入账成本，借记"PPP 项目资产"科目，贷记"PPP 项目净资产"科目。

（3）政府方和社会资本方均未确认的项目资产，政府方应当及时确认入账，并按照以下原则确定其初始入账成本：可以取得相关原始凭据的，其成本按照有关原始凭据注明的金额确定；没有相关凭据可供取得，但按规定经过资产评估的，其成本按照资产评估价值确定；没有相关凭据可供取得也未经资产评估的，其成本按照重置成本确定。具体进行账务处理时，按照确定的资产入账成本，借记"PPP 项目资产"科目，贷记"PPP 项目净资产"科目。

20.7.2 关于 PPP 会计准则首次执行时未入库的特许经营项目协议

对于符合 PPP 会计准则"双特征"和"双控制"标准但未纳入全国 PPP 综合信息平台项目库的特许经营项目协议，在 PPP 会计准则首次执行日，有关衔接规定如下。

（1）协议中不含提前锁定、固化政府支出责任等兜底条款的，在《政府会计准则第 10 号——政府和社会资本合作项目合同》首次执行日，政府方应当参照已入库项目的新旧衔接规定进行会计处理。

（2）协议中含有提前锁定、固化政府支出责任等兜底条款的，政府方应当按照《政府会计准则第 5 号——公共基础设施》《政府会计准则第 8 号——负债》等准则规定，对政府方控制的公共基础设施及相应的负债进行会计处理。

20.7.3　关于 PPP 项目资产折旧（摊销）政策规定

在国务院财政部门对 PPP 项目资产折旧（摊销）年限做出规定之前，政府方在 PPP 项目资产首次入账时暂不考虑补提折旧（摊销），初始入账后也暂不计提折旧（摊销）。

20.8　附则

《政府会计准则第 10 号——政府和社会资本合作项目合同》应用指南自 2021 年 1 月 1 日起施行。